객체지향 소프트웨어 공학

Object-Oriented
Software Engineering

지은이 최은만 emchoi@dongguk.edu

현재 동국대학교 컴퓨터공학과 교수로 재직 중이며, 소프트웨어 공학에서 다루는 여러 가지 이론과 방법, 도구 중에서 첨단 기술이면서 개발 현장에서 사용되는 필수적인 내용을 전파하는 데 힘쓰고 있다. 연구 분야는 객체지향 및 컴포넌트 소프트웨어 공학, 소프트웨어 테스트, 소프트웨어 품질 메트릭, 관점 지향 프로그래밍이고, 저서로 『소프트웨어 공학의 모든 것』(생능출판사, 2020), 『새로 쓴 소프트웨어 공학』(정익사, 2014), 『UML을 활용한 시스템 분석 설계』(생능출판사, 2010)가 있다.

약력

1985 한국과학기술원 전산학과 졸업(공학 석사)
1993 미국 일리노이공과대학교 전산학과 졸업(전산학 박사)
1985 한국표준연구소 연구원
1986~1988 충남대학교, 목원대학교, 대전산업대학교 강사
1988 한국데이터통신(주) 주임연구원
1992 시카고주립대학교 전산학과 강사
1997~2004 한국정보과학회 소프트웨어 공학 연구회 운영위원
2000, 2007 콜로라도주립대학교(포트콜린스) 전산학과 방문 교수
2001~2005 한국정보처리학회 학회지 편집위원
2002 카네기멜론대학교 소프트웨어 공학 단기과정 연수
2003~2007 TTA 테스트 엔지니어 인력 양성 프로그램 운영
2009 삼성첨단기술연구소 객체지향 분석 및 설계 강사
2013 TOPCIT 출제 감수위원
2014 베일러대학교 컴퓨터과학과 방문 교수
1993~현재 동국대학교 컴퓨터공학과 교수

객체지향 소프트웨어 공학

초판발행 2017년 04월 10일
5쇄발행 2024년 01월 30일

지은이 최은만 / **펴낸이** 전태호
펴낸곳 한빛아카데미㈜ / **주소** 서울시 서대문구 연희로2길 62 한빛아카데미㈜ 2층
전화 02-336-7112 / **팩스** 02-336-7199
등록 2013년 1월 14일 제2017-000063호 / **ISBN** 979-11-5664-319-7 93000

총괄 박현진 / **책임편집** 유경희 / **기획·편집** 변소현 / **교정** 박민정 / **진행** 김미정
디자인 표지 조현덕, 내지 여동일 / **제작** 박성우, 김정우
영업 김태진, 김성삼, 이정훈, 임현기, 이성훈, 김주성 / **마케팅** 길진철, 김호철, 심지연

이 책에 대한 의견이나 오탈자 및 잘못된 내용에 대한 수정 정보는 아래 홈페이지나 이메일로 알려주십시오.
잘못된 책은 구입하신 서점에서 교환해 드립니다. 책값은 뒤표지에 표시되어 있습니다.

홈페이지 www.hanbit.co.kr / 이메일 question@hanbit.co.kr

Published by HANBIT Academy, Inc. Printed in Korea

OBJECT ORIENTED

객체지향 소프트웨어 공학

객체지향 소프트웨어 개발의 모든 것

최은만 지음

한빛아카데미
Hanbit Academy, Inc.

원론적인 이해를 넘어 실제 개발에 적용할 수 있기를 바라며

대규모 소프트웨어를 개발하는 일은 히말라야를 등반하는 것과 같습니다. 수많은 장비와 인원을 동원하여 등반 계획을 세우고, 예측하기 어려운 외부 조건에 대해 늘 생각해야 합니다. 만약 여러 명이 등반한다면 필요한 장비와 식량이 무엇이고 어떻게 운반할지, 눈사태가 나거나 장비를 유실했을 때 어떻게 대처할지 등을 치밀하게 계획하고 구성원 각자 역할 분담을 해야 합니다. 실제로 등반할 때는 현재 여건이 변경되는 것을 파악하고 있다가 대처해야 합니다.

복잡하고 변경이 많은 소프트웨어 시스템을 개발할 때도 프로그래밍 이외에 다음과 같은 다양한 분야의 내용을 알아야 합니다.

- 사용자의 요구를 잘 파악해야 합니다. 그러자면 사용자의 요구를 파악하는 방법과 이를 정리하는 요구 분석 방법을 알아야 합니다.
- 프로젝트의 성격 및 여건을 고려하여 소프트웨어의 구조를 설계해야 합니다.
- 설계 경험의 축적이라고 할 수 있는 디자인 패턴의 종류와 적용 방법을 알아야 합니다.
- 완성된 소프트웨어에서 결함을 찾아내는 테스트 작업, 새로운 기능 요구가 있을 때 소프트웨어를 수정하는 유지보수 작업의 방법과 절차를 알아야 합니다.

10년 전에 설계하여 지은 건물과 최근 완공한 건물은 자재뿐만 아니라 설계 기술, 공법, 마감재 등 여러 면에 차이가 있습니다. 소프트웨어 공학 분야에서도 프로그래밍, 설계, 프로세스 기술이 빠르게 발전하고 있는데, 최신 기술의 두 가지 큰 축은 객체지향 방법론과 애자일 프로세스입니다.

이 책에서는 현재 거의 사용하지 않는 구조적 방법을 피하고 자바, C++, C#과 같은 프로그래밍 언어를 사용하여 소프트웨어를 개발하는 객체지향 방법론을 설명합니다. 또한 이러한 방법론의 설계 표현 방법인 UML을 본격적으로 다루고, 프로그래밍 과정에 유용하게 적용할 수 있는 디자인 패턴과 객체지향 프로그래밍의 원리와 스타일도 소개합니다.

그리고 부담스러운 문서 작업은 줄이고 코딩과 테스트 중심으로 소프트웨어를 개발하는 애자일 프로세스를 소개합니다. 애자일 프로세스는 개발 팀의 팀워크, 변경을 고려한 설계, 짧은 개발 주기의 반복, 사용자의 적극적인 참여 등을 강조한 방법으로 여러 프로젝트에서 좋은 성과를 보이고 있습니다.

필자는 대학교에서 객체지향 소프트웨어 공학을 제대로 공부하고 싶은 학생들, 실제 소프트웨어를 개발하는 엔지니어 및 프로젝트 관리자들이 최신 기술을 배우고 정리할 수 있기를 바라는 마음으로 이 책을 집필했습니다. 소프트웨어 공학에서 다루는 여러 가지 이론과 방법, 도구 중에서 최신 기술을 엄선하여 실제 개발 현장에 적용할 수 있도록 사례 위주로 설명했습니다.

이 책이 출간되기까지 수고해준 한빛아카데미(주) 편집부 외 직원 여러분께 감사드립니다. 아울러 많은 독자가 객체지향 소프트웨어 개발 기술을 이해하고 적용하는 데 이 책이 도움이 되기를 바랍니다.

저자 **최은만**

누구를 위한 책인가

객체지향에 대해 막연히 어렵다고 생각했던 학생이나 애자일과 같은 새로운 패러다임으로 전환하려는 소프트웨어 엔지니어 또는 프로젝트 관리자는 이 책을 통해 객체지향 소프트웨어 개발의 개념과 구체적인 기법을 이해할 수 있습니다. 또한 정보시스템 감리사, 정보처리 기술사, 임용고시를 준비하는 데 주교재로 삼아도 좋습니다.

학습 로드맵

이 책은 객체지향 방법으로 소프트웨어를 개발하는 과정을 다음과 같은 순서로 설명합니다.

개요	소프트웨어 개발	후속 관리
1장_소프트웨어 공학의 소개	3장_요구 분석	10장_유지보수
2장_객체지향 개념	4장_클래스 모델링	11장_프로젝트 관리
	5장_동적 모델링	12장_품질 보증
	6장_아키텍처 설계	
	7장_디자인 패턴	
	8장_구현	
	9장_테스트	

강의 보조 자료

한빛아카데미 홈페이지에서 '교수회원'으로 가입하신 분은 인증 후 교수용 강의 보조 자료를 제공받을 수 있습니다. 한빛아카데미 홈페이지 상단의 〈교수전용공간〉 메뉴를 클릭하세요.

http://www.hanbit.co.kr/academy

차례

Chapter 04 클래스 모델링 • 151

Chapter 08 구현 • 339

Chapter 09 테스트 • 391

Chapter 01

소프트웨어 공학의 소개

학습목표

- 소프트웨어는 다른 제품과 어떻게 다르며 그 특징은 무엇인지 설명할 수 있다.
- 소프트웨어 공학을 정의할 수 있다.
- 소프트웨어 품질을 정의하고 어떤 요소가 품질을 결정하는지 설명할 수 있다.
- 프로젝트는 어떤 유형이 있으며 중요한 작업이 무엇인지 설명할 수 있다.
- 소프트웨어 프로젝트에는 어떤 작업이 있는지 설명할 수 있다.
- 객체지향 방식의 소프트웨어 개발 방법이 다른 방법과 어떻게 다른지 설명할 수 있다.

00 개요

소프트웨어는 현대 사회에 없어서는 안 될 중요한 요소로 기업의 경영 환경과 개인의 작업 환경, 학교의 교육 환경, 가정의 생활 환경 등에 많은 영향을 주고 있다. 또한 점점 지능화되는 전자 기기, 자동차, 항공기 같은 제조 산업에서도 변화를 주도하고 있다. 미래의 경제와 우리 삶은 소프트웨어에 더욱 의존할 것이며, 빠르고 값싼 소프트웨어가 더 많이 필요해질 것이다.

그렇다면 소프트웨어 개발 환경은 어떨까? 소프트웨어의 규모가 커지고 복잡해지면서 전문적인 기술을 가진 엔지니어 없이는 개발하기가 어려워졌다. 규모가 작고 단순했던 과거의 소프트웨어는 엔지니어링 원리 없이 개인의 특출한 솜씨로 제작이 가능했다. 그러나 장인 수준을 벗어나지 못한 개인적인 노하우로는 다수의 전문가가 개발에 참여하는 소프트웨어 프로젝트를 성공적으로 이끌기 어렵다. 또한 전자, 자동차, 건설, 조선, 항공 우주 등 다양한 분야에 소프트웨어가 적용되어 시스템 엔지니어링으로 융합되어야 그 효과를 발휘할 수 있다.

소프트웨어를 개발하는 일은 오케스트라에 비유할 수 있다. 오케스트라에 참여하는 사람들은 음악 이론과 각자 다루는 악기에 잘 훈련된 연주자이다. 오케스트라의 연주는 탁월한 능력을 가진 소수의 연주자에 달려 있는 것이 아니라 전체적인 하모니와 각 연주자의 실수 유무에 좌우된다. 소프트웨어도 마찬가지로 어느 정도의 규모를 넘어서면 개발의 성패가 그 집단의 엔지니어링 숙달 정도maturity에 크게 좌우된다.

소프트웨어 프로젝트 작업은 단순한 프로그래밍 작업이 아니다. 구체화되지 않은 사용자의 요구를 모델링하고 시스템의 청사진을 제시하는 것도 포함된다. 또한 엔지니어링 원리를 적용하여 고품질의 소프트웨어를 경제적인 프로세스로 제작하기 위한 여러 가지 방법과 도구가 동원된다.

01 소프트웨어란?

1 소프트웨어의 정의

소프트웨어란 입력된 자료를 처리하여 결과를 출력하는 프로그램과 프로그램의 개발 · 운용 · 보수에 필요한 자료 일체를 말한다(소프트웨어에 프로그램 이외의 문서와 자료를 포함하는 이유는 이러한 것 모두가 소프트웨어 엔지니어의 작업 결과이기 때문이다). 일반적으로 프로그램은 프로그래밍 언어로 작성된 코드를 가리키는 정적인 의미이다. 하지만 소프트웨어는 프로그램이 컴퓨터를 가동시킨다는 동적인 의미도 포함하고 있다.

소프트웨어 엔지니어는 기계, 건축, 자동차, 전자 시스템 등을 설계하는 엔지니어처럼 소프트웨어 시스템을 설계한다. 그러나 하드웨어를 생산하는 엔지니어와 작업 과정이나 결과에 많은 차이가 있는데 구체적으로 살펴보면 다음과 같다.

- 다른 엔지니어링 결과물보다 실체를 감지하기 어렵다. 소프트웨어는 종이나 자기 디스크 등의 매체에 저장되지만 개념적이고 무형적이다. 건물이나 자동차는 생산물을 보고 구조를 쉽게 파악할 수 있으나 소프트웨어는 생산물의 구조가 코드 안에 숨어 있다. 따라서 개발 작업의 품질을 평가하기가 매우 어렵다.
- 소프트웨어는 극히 적은 비용으로 복제 및 대량 생산을 할 수 있다. 다른 엔지니어링에서 생산하는 제품의 경우, 제품을 구성하는 부품의 비용과 생산에 드는 노력의 비중이 크다. 즉 기계나 교량, 건물 등은 유형의 실체를 설계한 이후 생산하는 데 드는 비용이 많다. 하지만 소프트웨어는 적은 비용으로 CD에 복제하거나 온라인상에서 내려받도록 하여 판매할 수 있다. 따라서 소프트웨어를 생산하는 데 드는 비용은 대부분 설계와 개발 단계에 집중된다.
- 소프트웨어 산업은 노동 집약적이다. 다른 엔지니어링 분야는 많은 부분이 기계화되어 생산 인력을 줄일 수 있다. 하지만 소프트웨어의 설계와 프로그래밍 작업은 완전히 자동화하기 어렵다.
- 엔지니어가 훈련받지 않으면 쉽게 이해되고 수정하기 쉬운 소프트웨어를 제작하기 어렵다. 초보 프로그래머가 개발한 시스템은 유용한 기능이 포함되어 있더라도 설계 관점에서 보면 구성이 빈약한 경우가 많다. 또한 다른 분야의 엔지니어링 작업은 잘못된 설계를 쉽게 발견할 수 있

으나 소프트웨어는 수천 행의 원시코드에 묻혀 있어 발견하기가 쉽지 않다.

- 소프트웨어는 쉽게 변경할 수 있지만 복잡하기 때문에 올바로 고치기가 어렵다. 완전히 이해하고 수정하지 않으면 오히려 잘못 수정되어 오류가 파급될 수 있다.
- 소프트웨어는 닳아 없어지지 않는다. 그러나 계속 수정을 가하면 설계 구조가 악화될 수 있다. 즉 수정이 새로운 결함을 초래할 수 있고, 수정된 소프트웨어의 설계 구조는 완전히 다시 설계할 때까지 더 나빠질 수 있다.

이와 같이 소프트웨어는 다른 제품에 비해 상대적으로 품질을 높이기가 쉽지 않다. 또한 소비자가 다른 제품에서 경험하는 것보다 품질 수준이 낮다. 실제로 소프트웨어의 수요가 폭발적으로 늘어나고 규모가 기하급수로 커졌지만, 공급을 높이기 위한 생산성 향상이 더디고 품질 향상 또한 쉽지 않은 상황이 계속되었다. 많은 소프트웨어 프로젝트가 지연되어 납기를 맞추지 못하거나 예산이 초과되었다. 게다가 개발이 완료된 소프트웨어에 결함이 많아 폐기하거나 수정을 많이 해야 하는 일이 발생했다. 이와 같은 현상을 '소프트웨어 위기'라 일컫는다. 소프트웨어 위기는 소프트웨어가 지닌 복잡한 성질에 더하여, 경제 원리를 적용하기 어렵고 인간의 작업을 기계처럼 정확히 예측하기 어렵다는 데에서 비롯된 것이다.

NOTE_ 소프트웨어의 특징

소프트웨어는 시간이 지날수록 점점 더 복잡해지고 규모가 커진다. 또한 시간이 지났다고 해서 닳지 않는다. 다음 그림을 보자. (a)는 우주 로켓에 장착되는 소프트웨어의 규모를 나타낸 것으로 시간이 흐를수록 기하급수적으로 증가한다는 것을 알 수 있다. (b)는 소프트웨어가 닳아 없어지지 않는다는 것을 보여준다. 소프트웨어를 오랜 시간 사용하다 오류를 발견 및 수정하면 결함률이 낮아진다. 하지만 버전업을 위해 수정이 계속될 경우, 영향을 받는 부분의 오류가 오히려 늘어날 수 있다.

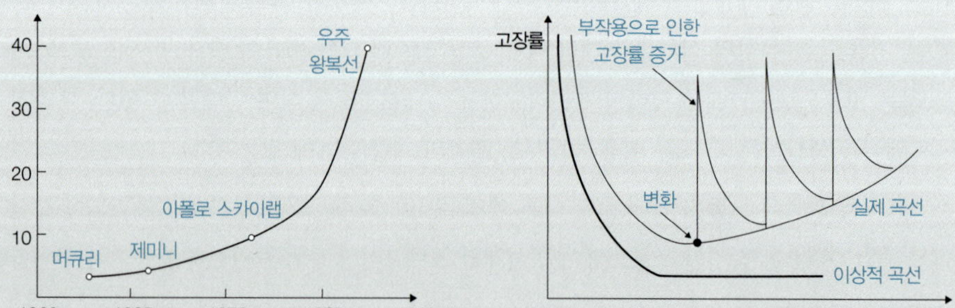

(a) 우주 로켓에 장착된 소프트웨어의 수요
출처: Bohem(1981). Software Engineering Economics.

(b) 시간이 지나도 닳지 않는 소프트웨어
출처: Pressman(2009). Software Engineering: A Practitioner's Approach.

그림 1-1 소프트웨어의 특징

이 책의 목적은 소프트웨어를 공학적으로 접근하는 방법을 배우도록 하기 위함으로, 예측이 잘 맞고 위험을 초래하지 않는 엔지니어링 방법을 다룬다. 소프트웨어의 복잡성을 최소화하고 원리를 적용하여 설계하는 방법을 동원하면 비용의 낭비와 품질 저하를 막을 수 있다.

2 소프트웨어의 유형

소프트웨어는 사용자에게 공급하는 방식에 따라 주문형 소프트웨어, 패키지형 소프트웨어, 임베디드 소프트웨어로 나눌 수 있다. 또한 자료를 처리하는 방식에 따라 리얼타임 소프트웨어와 자료 처리 소프트웨어로 나눌 수 있다.

2.1 공급 방식에 따른 유형

■ **주문형 소프트웨어**

주문형 소프트웨어는 특정 고객의 수요를 만족시키기 위해 개발된 소프트웨어이다. 따라서 다른 사용자나 기관에는 쓸모가 없거나 잘 맞지 않는다. 주문형 소프트웨어는 사용할 기관 내부에서 개발하는 경우가 많지만 외부에 발주하여 개발을 의뢰하기도 한다. 계약에 의해 개발된 주문형 소프트웨어는 사용자가 한정되고 개발의 성패가 사용자의 결정과 필요에 절대적으로 좌우된다. 주문형 소프트웨어의 예로는 웹 사이트, 항공기 · 교통 제어 시스템, 대기업의 재정 관리 시스템 등을 들 수 있다.

■ **패키지형 소프트웨어**

패키지형 소프트웨어는 공개된 시장에 내놓고 판매하기 위한 것으로 범용 컴퓨터에서 실행되어 기능을 수행하기 때문에 범용 소프트웨어라고도 한다. 소프트웨어에 대한 요구는 전적으로 시장의 요구에 따라 결정된다. 패키지형 소프트웨어는 주문형 소프트웨어보다 훨씬 저렴하고 신뢰도가 높기 때문에 비즈니스 분야에서 주로 사용하지만, 특정 기관의 요구에 꼭 맞지 않을 수도 있다는 단점도 존재한다.

■ **임베디드 소프트웨어**

임베디드 소프트웨어는 시장에서 판매되는 하드웨어 장치, 예를 들면 세탁기, VCR, 전자레인지, 자동차 등에 탑재되어 실행되는 소프트웨어를 말한다. 따라서 하드웨어를 교체하거나 펌웨어의 소프트웨어를 업그레이드하는 번거로운 절차가 필요하다. 임베디드 소프트웨어는 하드웨어 장치나 패키지형 소프트웨어가 대중에게 판매되는 것과 유사하지만 개발 방법과 프로세스가 달라 별도의 분야로 취급된다.

[표 1-1]에 주문형 소프트웨어, 패키지형 소프트웨어, 임베디드 소프트웨어의 특징을 요약했다. 임베디드 시스템은 대량 소비 상품을 추구하므로 소프트웨어 카피의 수가 많다. 반면 패키지형 소프트웨어는 PC와 같은 범용 컴퓨터에서 실행되므로 임베디드 소프트웨어보다 카피가 적다. 그리고 주문형 소프트웨어는 카피의 수는 가장 적지만 시스템이 다양하고 개발에 종사하는 인력이 많다. 패키지형 소프트웨어를 구입하여 커스텀화하는 방법도 있는데, 이는 비용이 적게 들지만 패키지형 소프트웨어의 새 버전이 출시되면 커스텀화 작업을 반복해야 하는 번거로움이 있다.

표 1-1 주문형, 패키지형, 임베디드 소프트웨어의 차이점

구분	주문형	패키지형	임베디드
사용되는 카피의 수	낮음	중간	높음
소프트웨어 실행에 필요한 하드웨어의 성능	낮음	높음	중간
개발 노력	높음	중간	낮음

2.2 자료 처리 방식에 따른 유형

■ 리얼타임 소프트웨어

리얼타임 소프트웨어는 임베디드 시스템이나 산업용 플랜트, 통신 네트워크와 같이 특수 목적의 하드웨어에 장착된다. 리얼타임 소프트웨어는 외부로부터의 반응, 즉 사용자가 버튼을 누르거나 센서로부터 신호가 발생했을 때 신속히 반응한다. 따라서 대부분의 설계 노력이 반응 시간을 보장하는 데 소모된다.

스프레드시트나 컴퓨터 게임 등의 범용 소프트웨어도 사용자의 입력에 반응해야 하므로 어느 정도 리얼타임 특성을 지니고 있다. 그러나 시간 제약에 맞추지 못했을 때 피해가 있는 것은 아니며 시스템 사용이 느려지기만 할 뿐이다. 한편 임베디드 시스템은 리얼타임 제약이 충족되지 않으면 실패나 심각한 피해를 초래한다. 따라서 엄격한 시간 제약이 따르는데, 이러한 시스템을 설계할 때는 시간 제약을 보장하여 안전성을 확보하는 것이 중요하다.

■ **자료 처리 소프트웨어**

비즈니스 경영에 사용되는 자료 처리 소프트웨어는 판매 기록, 회계 관리, 영수증 발행 등의 기능을 수행한다. 이러한 시스템을 설계할 때 중요한 점은 자료를 어떻게 구성하고 어떤 유용한 정보를 제공하여 사용자의 작업을 효과적으로 도와주느냐 하는 것이다. 또한 정확성, 자료의 보안이 중요한 관심사이다. 전통적인 자료 처리 업무의 특징은, 자료가 발생된 시점에 처리하는 것이 아니라 나중에 모아서 일괄적으로 처리한다는 것이다.

리얼타임과 자료 처리의 측면을 함께 지닌 소프트웨어도 있다. 예를 들면 전화통신 시스템은 전화를 리얼타임으로 관리하는 동시에 통신료 청구서를 발행하는 자료 처리의 성격도 가지고 있다.

소프트웨어의 나이도 다양하여 20~30년 전에 개발된 것이 오늘날까지 사용되는 것도 있다. 최근 개발된 소프트웨어는 프로그래밍 언어, 자료 저장 방법, 사용자 인터페이스 기술, 디자인 기법 등 여러 측면에서 다르다.

NOTE_ '소프트웨어'라는 용어

'소프트웨어software'에서 '소프트soft'는 '부드럽다'는 뜻으로, '딱딱하고 변경하기 어렵다'는 뜻의 '하드hard'와 반대되는 개념이다. 그런데 소프트웨어를 제작하는 엔지니어의 입장에서 소프트웨어 규모가 크고 복잡해지면 오히려 변경하기 어렵다. 또한 하드웨어는 고장 난 부품을 찾기 쉽지만 소프트웨어는 결함이 있는 부분을 찾기도 어렵다. 이러한 점에서 볼 때 실제 소프트웨어를 개발하는 일과 '소프트웨어'라는 용어 사이에는 아이러니가 존재한다.

02 소프트웨어 공학이란?

1 소프트웨어 공학의 출현 배경

공학이란 과학과 수학을 기초로 하여 구조나 기계, 시스템 등을 생산하는 데 체계적인 방법을 적용하는 것을 말한다. 예를 들면 토목 엔지니어가 도로나 댐, 교량과 같은 구조물 건설에 공학 원리와 기술을 적용하는 것과 마찬가지이다. 구조 설계와 건설에는 정해진 절차와 표준이 있다. 또한 지진과 바람의 영향 등 설계할 때 고려해야 할 사항에 대한 지침이 있다. 철골과 콘크리트, 기타 자재가 견딜 수 있는 허용 외압도 고려해야 한다. 설계가 완성되면 모의실험도 한다. 이와 같이 튼튼한 구조물을 건설하는 토목 엔지니어를 위한 기술과 절차, 도구가 잘 개발되어 있는데, 이러한 공학적 원리를 소프트웨어 개발에 적용하는 것이 소프트웨어 공학이다.

모든 분야의 엔지니어링 원리는 단계적으로 발전한다. 처음에는 반복 생산을 가능하게 하는 개인의 재주에 의존하다 점점 과학적 원리가 도입되어 숙련공이 많아지고 엔지니어링 노하우가 무르익으면 공학이 탄생하는 것이다. 소프트웨어 분야도 이러한 단계를 밟아 발전하고 있다. 처음에는 프로그래밍에 재능을 가진 개인의 능력에 의존했다. 그러나 프로그램 규모가 커지고 컴퓨터의 보급이 확산되면서 소프트웨어 개발에 대한 관심이 커지고, 소프트웨어 개발에 공학적 원리를 적용하려는 움직임이 일어났다. 이는 소프트웨어의 개발과 유지보수에 드는 막대한 비용의 효율을 극대화하려는 것이었다. 즉 소프트웨어의 개발과 유지보수에 대해 체계적이고 합리적인 접근 방법이 필요해져서 소프트웨어 공학이 출현하게 된 것이다.

2 소프트웨어 공학의 정의

소프트웨어 개발을 모두 소프트웨어 공학으로 볼 수는 없다. 모든 건축물에 엔지니어링 기법이 도입되지 않는 것과 같은 이치이다. 집 마당 작은 연못에 간단한 다리 구조물을 설치하는 경우와 여러 가지 운송 수단 및 사람이 건너다니는 다리를 놓는 경우는 큰 차이가 있다. 대규모 구조물을 건설하려면 오랜 경험과 지식을 갖춘 전문 엔지니어가 동원되어야 한다. 마찬가지로 개인의 증권 거래 정보를 보관하고 추적하는 간단한 프로그램은 엔지니어 없이도 약간의 프로그래밍 경험으로 완성할 수 있으나 증권 회사의 증권 거래나 회계 시스템을 개발하려면 소프트웨어 엔지니어가 반드시 필요하다.

그렇다면 소프트웨어 공학이란 무엇일까? 여러 가지 정의가 있지만 필자는 '고객의 문제를 해결해주기 위해 품질 좋은 대규모 소프트웨어 시스템을 정해진 시간과 비용으로 개발하거나 발전시키는 체계적인 과정'이라고 정의한다. 이 정의에서 중요한 어귀의 의미를 자세히 살펴보자.

NOTE_ IEEE 소프트웨어 공학 용어 표준에는 소프트웨어 공학이 '소프트웨어의 개발, 운용, 유지보수 및 파기에 대한 체계적인 접근 방법'으로 정의되어 있다.

■ 고객의 문제 해결

고객의 문제를 해결하는 것은 모든 소프트웨어 공학의 궁극적인 목표이다. 따라서 소프트웨어 공학과 관련된 모든 결정을 할 때 고객의 문제를 해결하는 데 진정한 도움이 되는지 살펴보아야 한다. 특히 이러한 목표에 일치하지 않는 것, 예를 들면 불필요한 기능이 추가되지 않았는지 찾아내야 한다. 또한 소프트웨어를 개발하지 않는 것이 오히려 고객에게 도움이 되는지, 아니면 간단한 소프트웨어를 개발하는 것이 좋은지, 또는 개발된 것을 구입하는 것이 효과적인지 판단해야 한다.

소프트웨어 엔지니어가 해결하는 문제는 대체로 사람의 작업과 관련이 있다. 따라서 소프트웨어 엔지니어는 작업을 이해하기 위해 사람들과 효과적으로 의사소통하고 협의하는 방법을 배워야 한다. 개발된 소프트웨어를 사용하는 사람들의 작업 생산성이 얼마나 영향을 받는지도 알아야 하기 때문이다.

■ 체계적인 개발과 발전

소프트웨어 개발은 엔지니어가 이해하고 있는 기술을 조직된 원리와 방법으로 소프트웨어 개발에 적용하는 과정이다. 소프트웨어 공학은 다른 공학에 비해 완전히 새로운 분야이다. 따라서 기술과 기법이 빠르게 변화하고 발전하며 국제표준화기구[ISO]나 한국표준협회[KS]를 통해 빠르게 표준화되고 있다.

대부분의 소프트웨어는 이미 개발된 소프트웨어를 변경하여 완벽해질 때까지 계속 발전시켜나간다. 이를 유지보수라고 하며, 체계적인 방법으로 소프트웨어를 지속적으로 수정하는 이러한 유지보수 작업은 소프트웨어 공학의 중요한 요소이다.

■ **대규모 고품질 소프트웨어 시스템**

소규모 시스템은 프로그래머 혼자 개발할 수 있다. 하지만 많은 기능과 컴포넌트를 가진 대규모 시스템은 너무 복잡하여 공학적 원리를 적용하지 않을 수 없다. 수많은 코드가 포함된 시스템은 혼자 개발하기 어렵고 여러 명이 팀을 이루어 작업해야 한다. 따라서 소프트웨어 공학에서는 팀워크가 중요하다. 또한 작업을 어떻게 분할해야 팀원이 효과적으로 의사소통을 하며, 어떻게 협동해야 대규모 시스템을 잘 동작시킬 수 있는지를 과제로 다룬다.

이 책에서 다루는 대부분의 기술은 대규모 시스템을 개발할 때 유용하다. 최종 개발된 제품은 충분히 좋은 품질을 갖추고 있어야 한다. 소프트웨어 공학 기술은 설계 품질을 높이려는 목표에 초점을 맞추고 있으며, 소프트웨어가 출시되기 전 품질이 충분히 좋은지 검증하는 기술도 포함된다.

■ **비용과 시간의 제약**

공학 작업의 중요한 특징은 문제를 해결할 때 경제적인 제약을 고려한다는 것이다. 경제적인 제약이란 시간, 인력 등의 자원에 제한이 있음을 의미한다. 얻는 이득이 없다면 비용을 지출하면서 어떤 작업을 할 필요가 없다. 소프트웨어 엔지니어는 한정된 예산으로 정해진 일정 내에 소프트웨어 시스템을 완성해야 한다. 따라서 실현 가능한 계획을 세우고, 시스템을 개발하는 데 어떤 작업이 필요하며 얼마나 걸릴지 잘 알고 있어야 한다.

안타깝게도 소프트웨어 프로젝트에서는 비용과 시간 예산을 지키지 못하는 경우가 많다. 이는 소프트웨어가 복잡하기도 하지만 소프트웨어 공학 기술이 상대적으로 성숙되지 않았고 소프트웨어 엔지니어의 지식과 경험이 부족하기 때문이다. 또한 계약을 따내기 위해 가격을 낮추고 개발 일정을 짧게 잡는 것 등도 문제이다.

3 소프트웨어 공학의 목표와 다루는 주제

소프트웨어 공학을 정의하는 또 다른 방법은 소프트웨어 공학의 목표를 살펴보는 것이다. 소프트웨어 공학에서는 다음과 같은 목표를 달성하기 위해 여러 가지 원리와 방법을 적용한다.

품질 좋은 소프트웨어를

최소의 비용으로

계획된 일정에 맞추어 개발한다.

'최소의 비용'은 소프트웨어를 최적의 비용으로 계획된 예산에 맞추어 개발하는 것을 의미한다. 또한 소프트웨어는 계획된 기간 내에 개발하여 정해진 날에 인도해야 한다. 중간 점검을 통해 개발이 제대로 되고 있는지 확인해야 하며 품질 점검도 필요하다. 비용과 일정의 문제는 소프트웨어를 생산하는 능률과 직접 관련된다. 여러 가지 방법론과 도구, 관리 기법을 통해 생산성을 높이는 것이 또 하나의 목적이다. 품질 좋은 소프트웨어와 개발 생산성은 소프트웨어 공학을 이해하는 데 핵심이 된다.

품질과 생산성이라는 두 가지 목표를 위해 소프트웨어 공학 분야에서 다루는 주제는 [표 1-2]에서 보듯이 방법method, 도구tool, 프로세스process, 패러다임paradigm으로 나눌 수 있다.

표 1-2 소프트웨어 공학에서 다루는 주제

주제	의미	사례	요리에 비유
방법	소프트웨어 제작에 사용하는 기법이나 절차	• 구조적 분석, 설계 방법 • 객체지향 분석, 설계 방법	익히는 방법(구이, 찜, 훈제 등)
도구	자동화된 시스템	• 설계 도구 • 프로그래밍 도구 • 테스트 도구	요리 도구(프라이팬, 압력 솥, 오븐 등)
프로세스	도구와 기법을 사용하여 작업하는 순서	• Unified Process • eXtreme Programming	조리 순서(조리법)
패러다임	접근 방법, 스타일	• 구조적 방법론 • 객체지향 방법론	음식 스타일(한식, 일식, 중식 등)

4 시스템 공학

소프트웨어는 그 자체를 단독으로 개발하는 경우보다 하드웨어, 기계, 건축 등 다른 요소에 탑재하기 위해 개발하는 경우가 많다. 이를 임베디드 시스템이라 부른다. 임베디드 시스템 안의 요소들은 일정한 목표를 위해 서로 상호작용한다. 예를 들면 공항의 수하물 자동 처리 시스템은 수하물을 공항의 어느 지점까지 이동하기 위해 컨베이어와 고속 트랙 위를 운행하는, 도착 위치가 코딩된 운반차가 포함되어 있다. 임베디드 시스템의 또 다른 예로 우편 처리 시스템, 항공 관제 시스템, 공정 제어 시스템 등이 있다. 이러한 시스템은 소프트웨어만 따로 설계할 수 없고 전체 시스템을 고려해야 하므로 시스템 공학적 접근이 필요하다.

소프트웨어로만 구성된 시스템을 개발할 때도 시스템 공학적 접근 방법이 필요하다. 예를 들어 ERP[enterprise resource planning] 시스템을 생각해보자. ERP 시스템은 기업 전체의 관리 정보를 통합한 것이다. 즉 마케팅, 판매, 제조, 프로젝트 관리, 회계, 고객 관리 등을 총망라하여 기업의 기능과 작업 흐름 전체를 자동화한다. 이러한 ERP 시스템을 개발할 때도 여러 가지 이유로 시스템 공학이 요구된다. ERP 시스템은 다양한 비즈니스 및 조직 기능이 포함되어 있으며 각 기능의 원리와 운영 방법이 다르기 때문에 다양한 원리에 따라 개발해야 한다. ERP 시스템은 대체로 크고 복잡하다. 긴 세월 동안 개발 및 사용된 레거시[legacy] 시스템이 포함되어 있을 수도 있다. 현재 사용하는 데이터베이스와 비즈니스 프로세스를 통합하여 새로 설계하는 것이 쉽지 않기 때문에 시스템 공학적 접근이 필요하다.

시스템 공학도 소프트웨어와 마찬가지로 작업 절차가 있다. [그림 1-2]에서 보듯이 먼저 전체 시스템의 요구를 정의하고, 이를 바탕으로 시스템의 구조와 각 구성 요소(서브시스템이라고도 함)의 인터페이스를 설계한다. 즉 각 요소가 어떻게 상호작용할 것인지 정의해야 한다.

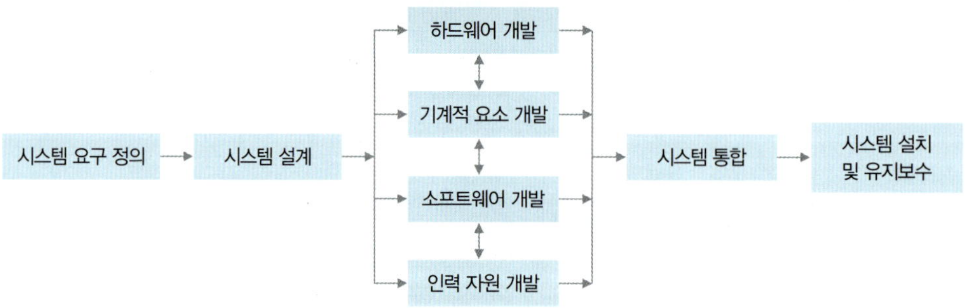

그림 1-2 시스템 공학의 절차

다음으로 설계에서 확정한, 시스템을 이루는 각 요소를 해당되는 공학 분야의 원리를 적용하여 개발한다. 기계적 요소가 있다면 기계 공학 원리를 동원하여 개발하고, 전자적 요소는 전자 공학 원리, 소프트웨어는 소프트웨어 공학 원리를 적용하는 것이다. 즉 전체 시스템의 요구를 각 요소에 분배하여 별도의 분리된 서브시스템으로 개발한다.

각 요소를 개발하고 나면 통합하고 서브시스템이 서로 잘 협력하여 작동하는지 테스트해본다. 이렇게 잘 작동하는 것을 확인한 후 설치하면 유지보수 단계로 들어가게 된다.

03 소프트웨어 품질

공학적 접근 방법에서 중요한 이슈 중의 하나는 품질이다. 공학적 원리를 적용하여 생산된 제품, 예를 들면 전자 제품, 건물, 교량, 자동차, 선박, 항공기 등은 높은 품질 수준을 요구한다. 대량 생산되어 많은 사람이 사용하는 가전제품이나 자동차, 항공기의 결함은 큰 사고를 유발하여 인명과 재산에 막대한 피해를 줄 수 있기 때문이다. 따라서 공학적 접근 방법은 어떻게 하면 품질을 높일 수 있는가에 대한 끊임없는 고민과 연구의 결과이다. 한 예로 ISO 9000, 9001은 품질을 관리하는 시스템을 표준으로 정하고 인증하기 위한 노력을 보여준다.

1 소프트웨어 품질을 바라보는 관점

소프트웨어 공학의 목표 중 하나인 좋은 품질의 소프트웨어를 개발하는 일은 엔지니어와 사용자 모두가 원하는 것이다. 소프트웨어 품질에 대해 딱 잘라 말하기는 어렵다. 아주 많은 품질 요소가 소프트웨어에 내포되어 있고, 사람마다 미의 기준이 다른 것처럼 관련자의 역할에 따라 중요하게 생각하는 품질 요소가 다르기 때문이다.

[그림 1-3]은 소프트웨어에 관련된 사람들의 역할에 따라 어떤 품질 요소가 중요한지를 나타낸 것이다. 관련자들이 개발하거나 유지보수한 결과가 품질 요소를 만족시키면 좋은 품질의 소프트웨어라고 간주한다.

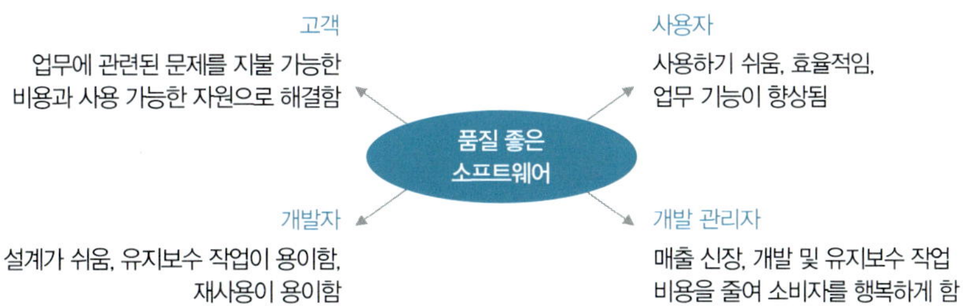

그림 1-3 **소프트웨어 품질을 바라보는 관점**

■ **고객**

고객은 소프트웨어를 주문하고 구매하는 주체이므로 소프트웨어 품질을 경제적인 관점에서 평가한다. 즉 구매 또는 개발 비용을 투자하여 당면한 문제를 충분히 해결하는지, 경제적인 이익과 효과가 있는지 따져본다. 투자 대비 수익이 소프트웨어 품질의 중요한 판단 기준이 된다.

■ **사용자**

컴퓨터는 사용자의 업무를 도와주는 도구이다. 사용자 입장에서 소프트웨어의 품질을 측정하는 척도는 신뢰도와 효율성이다. 믿고 사용할 수 있으며, 일을 효율적으로 처리해주고, 배우기 쉽고 사용하는 데 불편이 없어야 한다.

■ **개발자**

개발자에게는 설계하기 쉽고, 유지보수 작업이 용이하며, 재사용하기 쉬운 소프트웨어가 품질 좋은 소프트웨어로, 이런 소프트웨어는 오류가 적고 문서화가 잘되어 있다. 문서화에는 원시코드 안의 설명뿐만 아니라 개발하는 동안 작성된 문서도 포함된다. 개발 문서에는 소프트웨어의 구조나 설계 과정 중에 결정된 사항이 포함되어 있기 때문에 유지보수 작업을 하는 데 매우 중요하다.

■ **개발 관리자**

마지막으로 개발 관리자의 입장에서는 소프트웨어의 매출이 증가하고 결함의 수정과 추가 유지보수 작업의 비용이 줄어들어 고객의 지출이 절약되는 소프트웨어를 좋은 소프트웨어로 본다.

2 소프트웨어 품질의 특성

소프트웨어 엔지니어는 한정된 시간과 비용을 가지고 전체 시스템의 품질이 극대화되도록 여러 품질 특성을 저울질하여 소프트웨어를 설계한다.

■ **사용 용이성usability**

사용자가 소프트웨어를 쉽게 사용할 수 있는지를 의미한다. 사용 용이성에는 여러 가지 측면이 있는데 초보자가 쉽게 배울 수 있는 특성, 전문가가 효율적으로 사용할 수 있는 특성,

오류를 쉽게 다룰 수 있는 특성 등이 포함된다.

- **효율성**efficiency

  효율성이 좋은 소프트웨어는 CPU 시간, 메모리, 디스크 용량, 네트워크 대역, 그 밖의 자원 사용이 적은 것을 의미한다. 자원의 효율적인 사용은 사용자 입장에서 보면 소프트웨어를 작동시키는 데 드는 비용의 절감을 뜻하므로 매우 중요하다.

- **신뢰성**reliability

  결함이 적을수록 신뢰성이 높다. 소프트웨어 엔지니어가 의도적으로 소프트웨어에 고장을 일으키는 것이 아니므로 결함은 오류, 실수의 유형과 횟수에 비례한다. 설계 담당자가 소프트웨어를 구현하고 변경하기 쉽도록 설계해야 신뢰성을 높일 수 있다. 고장이 나더라도 시스템을 쉽게 복구하고 다룰 수 있다면 신뢰성이 높다고 할 수 있다.

- **유지보수성**maintainability

  소프트웨어를 쉽게 변경할 수 있는 성질을 말하며, 변경하기 어려울수록 유지보수성이 낮다. 소프트웨어 엔지니어는 미래의 사용을 예측하고 융통성을 증진하기 위해 유지보수성이 높은 소프트웨어를 설계해야 한다. 유지보수성이 좋은 소프트웨어는 비용을 절감시켜 개발자와 고객 모두에게 이익이 된다.

- **재사용성**reusability

  소프트웨어 부품을 조금만 변경하여 다른 여러 시스템에서 사용할 수 있다면 재사용성이 높은 것이다. 재사용성이 높으면 장기적으로 개발비를 절약할 수 있다.

위에서 설명한 품질 특성은 모두 중요하지만 각 특성의 중요도는 관련자의 역할에 따라, 시스템에 따라 상대적인 차이가 있다. 예를 들면 신뢰성이나 효율성은 일반 고객과 사용자 모두에게 중요하나 원자력 발전 관련 시스템의 경우 신뢰성이 효율성보다 훨씬 중요하다. 효율성은 고속 하드웨어를 도입하여 해결 가능하지만 신뢰성은 인명과 재산에 큰 피해를 줄 수 있는 요소이기 때문이다. 한편 인공위성의 궤도를 계산하는 우주과학자 입장에서는 효율성이 가장 중요한 요소이다. 궤도 계산에 오류가 있을 때 정정하여 다시 실행하면 되지만 궤도 계산이 하루나 걸린다면 큰 문제가 되기 때문이다.

소프트웨어 엔지니어는 하나의 품질 특성을 향상하기 위해 다른 특성을 희생시킬 수도 있다.

다시 말해 서로 상충되는 요소들을 저울질trade-off해야 한다. 품질 특성이 상충되는 예를 살펴보자.

- 효율성을 높이는 것은 이해 용이성에 해가 될 수도 있다. 이해하기 어려운 알고리즘이나 논리 흐름을 그대로 사용하기 때문이다. 유지보수성을 희생시키는 경우는 결함을 유발할 가능성이 커서 신뢰도가 낮아진다.
- 높은 신뢰성을 갖도록 프로그램에서 반복하여 오류를 검사하고 계산하는 경우가 있다. 이는 효율성을 높이는 노력과 반대되는 작업인데, 효율성을 높이려면 계산이나 중복을 제거해야 하기 때문이다.
- 사용 용이성을 증진하려면 사용자에게 피드백을 제공하기 위한 원시코드를 추가해야 하는데, 그 결과 전체적인 효율성이 떨어진다.

프로젝트를 시작할 때 품질 목표를 설정하고 이를 달성하기 위해 시스템을 설계하는 것이 바람직한 공학 작업이다. 설정된 품질 목표를 달성하도록 설계하면 관련자 모두가 소프트웨어에 만족하게 된다. 또한 목표가 없을 때 모든 품질 요소를 최대한 만족시키기 위해 쓸데없이 노력을 낭비하는 것을 방지할 수 있다.

소프트웨어가 시장에서 성공하고 경쟁력을 얻으려면 특정 디자인 요소를 최적화할 필요가 있다. 즉 특정 품질 특성을 최대 수준으로 높이기 위해 다른 품질 특성의 목표를 일정 수준 이상 초과하지 않는 전략이 필요하다.

3 외부 품질 특성과 내부 품질 특성

지금까지 설명한 소프트웨어의 품질 특성은 외부 관련자에게 직접적으로 영향을 미치는 외부 품질 특성이다. 이와 더불어 소프트웨어 설계의 특징을 좌우하고 외부 품질 특성에 영향을 미치는 내부 품질 특성이 있다. 다음의 예를 살펴보자.

- 원시코드에 있는 주석의 분량. 주석이 포함된 원시코드의 비율로 측정하며, 이는 유지보수성에 영향을 주고 신뢰성에도 간접적으로 영향을 준다.
- 원시코드에서 중복 구조의 깊이로 측정되는 프로그램의 복잡성. 분기 문장이나 복잡한 프로그래밍 구조를 사용함으로써 유지보수성과 신뢰성에 직접적으로 영향을 준다.

외부 품질 특성에 영향을 주는 그 밖의 내부 품질 특성은 5장에서 상세히 설명할 것이다.

4 단기적 품질과 장기적 품질

인간 세상에서의 의사 결정은 주로 단기적인 요구에 더 관심을 가지고 장기적인 결과는 무시하는 편인데 이는 심각한 결과를 초래할 수 있다. 소프트웨어 공학에서도 단기적으로 영향을 미치는 품질에 주로 초점을 둔다. 고객이 당장 요구하는 것을 소프트웨어가 만족시킬 수 있는지, 오늘 처리할 분량을 효율적으로 소화할 수 있는지 등이 단기적 품질이다.

단기적 품질에만 초점을 맞출 경우 유지보수성이나 고객의 장기적 요구가 무시될 수 있다. 소프트웨어 엔지니어는 이와 같은 실수를 오랫동안 해왔으며 이로 인해 개발 완료 후 드는 비용이 천문학적인 수치이다. 경험 많은 엔지니어도 납기일이 정해진 또 다른 프로젝트나 새로운 시장 개척에 혈안이 되어 장기적 품질을 무시하는 함정에 빠지곤 하는데, 장기적 품질도 단기적 품질만큼 신경 써야 한다.

04 소프트웨어 프로젝트의 유형

소프트웨어 공학 작업은 일반적으로 프로젝트를 중심으로 이루어진다. 소규모 소프트웨어 시스템은 10명 이하의 적은 인원이 한 프로젝트에 매달리지만 대규모 시스템은 다수의 프로젝트로 구성된다.

소프트웨어 공학 작업은 처음부터 무無에서 소프트웨어를 만들어내는 것인지, 아니면 사용하던 시스템을 발전 · 진화시키는 유형인지에 따라 조금씩 다를 수 있다. 프로젝트의 유형은 다음과 같이 세 가지 형태로 구분할 수 있다. 무에서 시스템을 개발하는 유형, 현재 사용 중인 시스템을 변경 및 개선하는 유형, 이미 개발된 컴포넌트로부터 새 시스템을 구축하기 위해 빠진 부분을 개발하는 유형이 그것이다.

1 새로운 시스템 개발

아무것도 없는 상태에서 완전히 새로운 시스템을 개발하는 프로젝트 유형이다. 완전히 새로운 시스템을 개발하는 프로젝트는 요구 분석과 설계 작업에 창조력을 발휘해야 한다. 이러한 유형의 프로젝트는 설계를 위한 의사 결정이 자유롭고 이전 시스템의 오류나 문제점에 의한 제한을 받지 않는다. 그러나 무에서 시작하므로 복잡한 시스템을 구축하기 위해 많은 작업과 시간이 소요된다. 특히 완성된 소프트웨어가 사용될 분야의 지식(도메인 지식이라고 함)을 습득하는 일과 사용자의 요구를 확정하고 소프트웨어의 구조를 설계하는 일에 충분한 시간을 할애하여 작업해야 한다.

건축에 비유한다면 처음에 부지를 마련하여 설계하고 땅을 파는 기초 공사부터 튼튼히 해나가는 작업이 필요하다. 또한 미래를 염두에 두고 확장을 고려하여 신중하게 설계해야 한다. 건물을 신축할 때 무엇보다 기초 공사와 구조 설계가 중요한 것처럼 소프트웨어를 개발할 때도 구조 설계와 핵심 컴포넌트의 성능을 깊이 다루어야 한다.

그림 1-4 **기초 공사**

2 진화 유형

소프트웨어의 수요 증가가 완만해지고 소프트웨어 산업이 어느 정도 안정되면서 대부분의 소프트웨어 프로젝트는 현존하는 시스템을 변경하는 유형이 되었다. 이와 같은 유형을 유지보수 작업으로 생각할 수도 있으나, 단순히 문제점을 파악하여 고치는 것이 아니라 중요한 새 기능을 추가하고 개선하는 작업이므로 또 다른 개발 작업에 속한다.

오랜 기간 사용된 소프트웨어가 계속 발전되는 진화 유형의 프로젝트에는 대부분 초기 개발자가 참여하지 않는다. 또한 초기 시스템의 설계에 반영한 의견이나 소프트웨어 구조 유형이 사라지게 된다. 이러한 시스템을 레거시 시스템이라 하며, 유지보수하면서 사용하던 오래된 건물을 새롭게 리모델링하여 많은 부분을 개선하는 것과 유사하다.

그림 1-5 **리모델링**

진화 유형의 프로젝트는 다음과 같이 세분할 수 있다.

- 새로운 메이저 버전업을 위해 사용자가 원하는 새로운 기능을 대규모로 추가하는 유형
- 사용자에게 보이는 외부의 기능은 크게 바꾸지 않고 내부적으로 구조를 바꾸는 리엔지니어링 유형

진화 유형의 소프트웨어 프로젝트에서는 기존 시스템에 대한 이해가 중요하다. 기존 시스템의 문제점뿐만 아니라 각 컴포넌트의 관계, 설계의 맹점을 속속들이 파악하고 있어야 한다. 또한 새로 추가하는 기능이 기존 시스템의 구조와 조화를 이루도록 컴포넌트의 인터페이스를 잘 설계해야 한다.

진화 유형의 프로젝트에서 중요한 작업 중의 하나는 리엔지니어링하는 것이 좋은지, 아니면 새로 개발하는 것이 더 경제적인지 초기 단계에 판단하는 것이다. 시스템의 안정성과 가용성이 중요한 요소라면 새로운 시스템을 처음부터 다시 개발하는 것이 리엔지니어링보다 더 위험할 수도 있다.

3 컴포넌트 기반

컴포넌트 기반 유형은 아무것도 없는 상태에서 개발을 시작하는 것도 아니고, 그렇다고 사용하던 시스템이 있는 것도 아니다. 이는 이미 개발된 부품, 즉 컴포넌트나 프레임워크에서 출발하여 컴포넌트를 조립plug-in하거나 없는 부분을 채워넣는 방식의 개발 유형으로, 여기서 프레임워크란 다른 프로젝트에 사용할 목적으로 설계한 공통의 틀이라고 할 수 있다.

프레임워크는 중요한 공통 기능을 가지고 있고 고객의 요구나 제품에 필요한 특수한 요구를 커스터마이징할 수 있는 융통성이 있다. 예를 들어 티켓을 발매하는 시스템의 프레임워크를 생각해보자. 어떤 행사나 공연의 티켓을 예약하고 발매하는 기본 기능을 가지고 있을 것이다. 기본 틀이 되는 기능은 프레임워크 개발자가 이미 잘 설계하고 테스트하여 준비된 상태이지만 자세한 세부 사항은 추가하고 채워넣어야 한다. 영화 티켓, 연극 티켓, 운동경기 티켓에 따라 조금씩 다른 부분이 있기 때문이다. 또한 휴대전화와 같이 여러 제품 계열product line에 장착될 유사한 소프트웨어의 틀도 프레임워크로 간주할 수 있다. 새로운 모델에 추가될 기능만을 프레임워크에 추가하여 개발할 수 있기 때문이다.

컴포넌트를 사용하는 예로는 재무회계 패키지나 회의 예약 패키지를 생각해볼 수 있다. 번호

사 사무실에 설치할 소프트웨어를 개발한다고 할 때, 상담을 예약하고 자동적으로 시간당 비용을 부과한다면 회계 컴포넌트와 연결하여 시스템을 완성할 수 있다. 이때 컴포넌트들을 연결하기 위해 작성한 프로그램을 글루glue라고 한다.

프레임워크나 컴포넌트를 사용하면 이미 신뢰성을 확증한 소프트웨어를 다시 사용함으로써 얻는 이득이 있다. 또한 처음부터 새로 시작하는 프로젝트 유형에서 허용될 수 있는 자유로운 혁신이 가능하다.

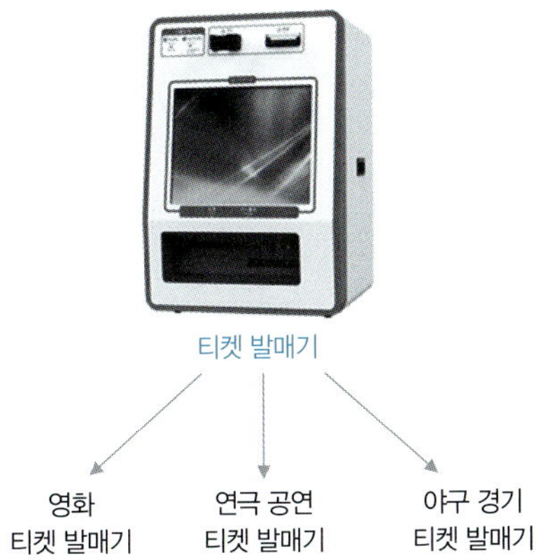

그림 1-6 티켓 발매기

지금까지 살펴본 소프트웨어 프로젝트 유형의 특징을 정리하면 [표 1-3]과 같다.

표 1-3 소프트웨어 프로젝트의 유형

프로젝트의 유형	특징
새로운 시스템 개발	• 창조력을 발휘해야 함 • 자유로운 설계가 가능함 • 작업에 많은 시간이 소요됨 • 소프트웨어 구조가 중요함
진화 유형	• 기존 시스템에 대한 깊은 이해가 필요함 • 새로 추가하는 기능과 조화를 이루도록 설계해야 함
컴포넌트 기반	• 프레임워크나 컴포넌트를 기초로 시작함 • 조립과 커스터마이징이 주된 작업임

05 소프트웨어 프로젝트 작업

소프트웨어 공학 프로젝트에서 흔히 발견할 수 있는 작업은 요구 분석, 설계, 모델링, 프로그래밍, 테스트, 품질 보증, 프로젝트 관리 등이다. 작업의 종류와 순서는 개발 프로세스 모형에 따라 다르며 11장에서 자세히 다룰 것이다.

1 요구 분석

고객의 문제를 해결하려면 우선 고객의 비즈니스 환경과 문제, 그리고 문제를 해결하는 데 필요한 기술을 파악해야 한다. 그리고 고객 및 사용자와 만나 문제를 해결하기 위해 수행할 작업과 순서를 결정해야 한다. 만일 소프트웨어를 개발하거나 수정하는 것이 최선의 방법이라면 소프트웨어가 제공해야 할 기능이 무엇인지 결정한다.

요구 분석의 전체 프로세스는 다음과 같은 작업으로 구성된다.

- **도메인 분석**: 문제를 이해하고 해결하는 데 최선의 결정을 내릴 수 있도록 관련 배경 지식을 분석하는 작업이다. 예를 들면 기업 회계 소프트웨어를 개발할 때 장부 기장 방법이나 회계 시스템을 이해하는 것, 운영체제를 개발할 때 운영체제의 개념, 즉 프로세스 관리, 메모리 관리, 파일 관리 등의 기법을 이해하는 것 등이다.
- **문제 정의**: 해결하려는 문제를 더 정확히 결정하기 위해 시스템의 범위를 좁혀나가는 작업이다. 회계 장부의 수기를 전산화하는 문제, 더 가벼운 네트워크 운영체제를 개발하는 문제 등을 예로 들 수 있다.
- **요구 추출**: 소프트웨어가 무엇을 해야 하는가에 대한 아이디어를 취합하는 작업이다.
- **요구 분석**: 수집한 정보를 잘 정리하고, 개발될 소프트웨어가 실제로 무엇을 해야 하는지 결정을 내리는 작업이다. 요구 추출이나 명세화를 포함한 더 큰 의미로 소프트웨어 분석이라고도 한다.
- **요구 명세화**: 소프트웨어가 무엇을 할 것인지 정확히 정의하기 위해 명령어 형태로 작성하는 것을 말한다. 작성된 명령은 사용자 관점에서 볼 때 소프트웨어가 어떻게 동작하는지를 나타내야 한다. 하지만 구현에 대한 자세한 사항을 나타낼 필요는 없다.

NOTE_ 소프트웨어 프로젝트 작업과 담당자

소프트웨어 프로젝트와 관련이 있는 당사자stakeholder는 다음과 같이 네 가지로 나눌 수 있다.

- **사용자**

  개발한 소프트웨어를 사용할 사람으로, 소프트웨어를 사용하여 담당 업무의 능률을 향상하려는 목적을 가지고 있다. 자동화로 인해 자신의 업무를 잃을지도 모른다는 두려움을 가질 수도 있지만 대부분은 새로운 소프트웨어에 흥미를 보이고 업무 효율의 향상으로 즐거워한다. 쉽게 배울 수 있고 작업을 더 간편하게 해주는 소프트웨어를 원한다.

- **고객**

  소프트웨어를 주문하고 구매하는 당사자이다. 사용자가 될 수도 있으나 대부분 기업이나 기관의 소프트웨어 개발 및 구매를 위해 발주하고 자금을 확보 · 지불하는 책임을 맡고 있다. 이들의 관심은 업무의 효율을 향상하여 비용을 줄이거나 많은 이윤을 창출하는 것이며, 소프트웨어를 구매함으로써 사용자나 기관의 생산성이 높아지기를 바란다. 주문형 소프트웨어는 고객이 누군지 잘 알아야 하고 범용 소프트웨어는 잠재적인 고객을 잘 알아야 한다.

- **소프트웨어 개발자**

  소프트웨어를 개발하거나 유지보수하는 사람들로 소프트웨어 엔지니어라고 부른다. 개발 팀 안에서 역할에 따라 요구 분석가, 아키텍트, 프로그래머, 데이터베이스 전문가, 기술 문서 작성자, 테스트 엔지니어, 형상 관리 전문가, 트레이너 등으로 나뉜다. 개발자는 성과에 따른 보상을 원하기도 하지만, 어려운 문제를 해결하려는 도전의식이 있고 작업 분야에서 최고 전문가라는 자부심이 강하다. 대부분의 개발자에게는 높은 기술 수준에 대한 명성이 동기 부여가 된다.

- **프로젝트 관리자**

  소프트웨어 개발 프로젝트를 관리하는 사람들로 비즈니스 경영 교육을 받은 경우도 있다. 관리자의 목표는 좋은 소프트웨어를 개발하여 사용자를 즐겁게 하는 것이다. 소프트웨어 개발에 관한 자세한 사항보다는 프로젝트를 어떻게 관리하는가에 대한 지식이 중요하다. 따라서 풍부한 소프트웨어 개발 경험을 바탕으로 계획, 예측, 조직, 모니터링 등을 담당한다.

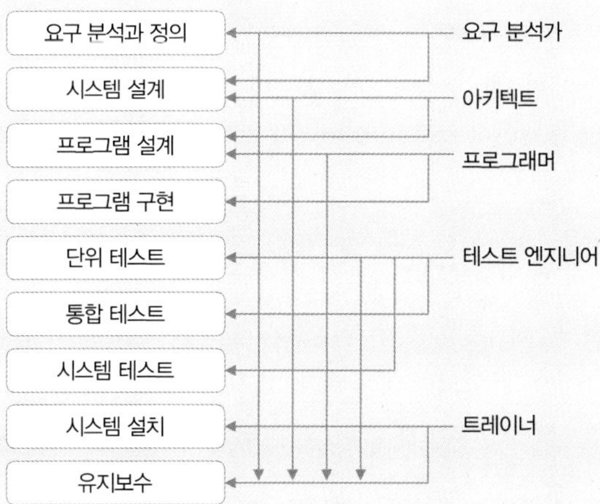

그림 1-7 소프트웨어 개발자의 역할

요구 분석에서 가장 중요한 것은 'what'과 'how'를 분리하는 일이다. 'what'은 요구, 즉 문제 해결을 위해 필요한 것이 무엇인지를 의미하고, 'how'는 문제 해결이 어떻게 설계 및 구현되는지를 나타낸다. 요구는 프로젝트 초기에 확정되어야 하지만 고객의 요구는 변하는 경향이 있다. 그러므로 요구 분석은 소프트웨어 시스템의 생명주기 전체에 걸쳐 계속되어야 한다. 요구 분석과 관련된 자세한 내용은 3장에서 살펴볼 것이다.

2 설계

설계는 쓸 수 있는 기술을 이용하여 요구 사항을 어떻게 구현할 것인지 결정하는 과정이다. 설계 단계에 이루어지는 중요한 작업은 다음과 같다.

- 요구 사항 중 어떤 것을 하드웨어로 구현하고 어떤 것을 소프트웨어로 구현할 것인지 결정한다. 이를 시스템 공학이라 하는데, 임베디드 시스템이나 리얼타임 시스템에서만 필요한 과정이다. 임베디드 시스템에서는 점점 더 많은 기능을 소프트웨어로 구현하는 추세이므로 하드웨어가 더 단순화 · 일반화되고 있다.
- 시스템을 서브시스템으로 분할하고 서브시스템이 어떻게 서로 상호작용하는지 결정한다. 이러한 작업을 소프트웨어 아키텍처라 하며, 잘 알려진 소프트웨어 구성 형태를 아키텍처 패턴 또는 아키텍처 스타일이라 한다. 아키텍처 패턴은 6장에서 살펴볼 것이다.
- 각 서브시스템 안의 상세한 사항이 어떤 방식으로 구성되는지 결정하며, 이 과정을 상세 설계라 한다. 상세한 사항이란 자료 구조, 클래스, 알고리즘, 프러시저 등을 말한다.
- 사용자가 어떻게 시스템과 상호작용하는지 결정한다. 이를 사용자 인터페이스 설계라 하며 7장에서 자세히 설명할 것이다.
- 자료를 어떻게 저장하는지 결정한다. 관계형 데이터베이스의 경우 테이블의 정의와 키를 결정하는 작업이 여기에 해당되고, 파일이라면 파일의 유형과 레코드 구성을 설계하는 작업이 포함된다.

대규모 시스템을 개발할 때는 지엽적인 요구 사항보다는 궁극적인 목표와 관련된 요구 사항, 즉 추상성이 높은 요구 사항부터 설계한다. 시스템을 서브시스템으로 나누는 작업도 여기에 해당된다. 상세 요구 사항은 각 서브시스템에 포함되어 개발된다. 소규모 시스템과 하위층의 서브시스템은 설계를 시작하기 전에 요구 사항을 개발해야 한다. 그렇지 않으면 요구가 바뀌었을 때 다시 설계해야 하기 때문이다.

3 모델링

모델링은 도메인이나 소프트웨어에 대해 심벌, 수식 등의 표현을 만들어나가는 과정이다. 복잡한 소프트웨어를 바로 프로그래밍하기 어렵기 때문에 기능, 동작과 구성을 자세히 표현해 보는 작업이 바로 모델링이다. 객체지향 요구 분석과 설계 작업에서 사용되는 여러 가지 모델링 접근 방법은 다음과 같다.

- **사용 사례 모델링**: 소프트웨어 사용자가 수행하는 작업을 순서대로 표현하는 것으로 3장에서 자세히 다루었다.
- **정적 모델링**: 도메인 또는 소프트웨어에 존재하는 클래스나 객체를 표현하는 것으로 4장에서 자세히 다루었다.
- **동적 모델링**: 시스템의 상태 변동 또는 수행하는 작업 등을 나타내는 것으로 5장에서 자세히 다루었다.

모델링은 다이어그램을 사용하여 시각적으로 표현하거나 정보를 체계적 또는 수학적으로 표현하기 위해 정형적 언어를 사용한다. 이 책에서는 주로 정형적 언어와 다이어그램으로 이루어진 UML^Unified Modeling Language^이라는 비주얼 언어를 사용한다.

4 프로그래밍

프로그래밍은 소프트웨어 공학의 모든 작업을 통합하는 작업을 말한다. 높은 수준의 설계를 정해진 프로그래밍 언어로 옮기는 작업으로, 프로그래밍 언어 구문을 올바로 사용하고 변수 선언 등에 대한 결정을 내린다. 따라서 어떤 의미에서는 이 단계가 디자인의 마지막 단계이다. 주로 프로그래머가 이러한 코딩 작업을 담당하지만 최근에는 더 높은 수준의 디자인도 담당하여 작업 영역이 모호한 상황이다. 상위 수준의 설계를 담당하는 인력을 소프트웨어 아키텍트^architect^라고 부른다.

소프트웨어 공학의 연구 주제 가운데 하나는 프로그래밍을 자동화하는 것이다. 어느 정도 코드를 자동으로 생성하는 도구의 성공 사례가 있지만 모든 부분을 자동화하기는 어렵고 인간이 개입하여 프로그래밍을 할 필요가 있다.

이 책은 독자가 프로그래밍 언어를 알고 있다는 것을 전제로 설명을 진행한다. 2장에서는 자바 언어를 기초로 한 객체지향 개념, 4, 5장에서는 설계를 자바 코드로 바꾸는 방법, 8장에서는 자바 언어로 프로그래밍을 할 때 알아두어야 할 코딩 표준 스타일을 설명할 것이다.

5 테스트

프로그램을 작성한 후에는 개별 코드를 테스트하는데, 이를 단위 테스트 또는 모듈 테스트 작업이라 한다. 모듈의 테스트 결과가 만족스러우면 모듈들을 연결하여 제대로 작동하는지 시험한다. 이를 통합 테스트라 하는데, 전체 모듈이 다 연결될 때까지 하나씩 추가하여 통합한다. 마지막 테스트 단계는 시스템 테스트로, 빌드build한 시스템의 기능이 원하는 대로 작동하는지, 성능은 어떤지 요구 분석 결과와 비교해본다.

6 품질 보증

품질 보증은 3절에서 설명한 품질 목표를 달성하기 위해 작업하는 모든 프로세스를 망라한 것이다. 품질 보증은 프로젝트 수행 전 단계에 걸쳐 이루어지며 다음과 같은 작업으로 구성된다.

- **리뷰와 인스펙션**: 요구, 설계, 코드가 원하는 수준에 맞는지 토의하는 공식 회의
- **테스트**: 소프트웨어가 예상대로 작동하는지 체계적으로 수행해보는 작업 과정

품질 보증은 확인validation과 검증verification으로 나뉜다. 확인은 요구 사항을 설계하고 구현하는 과정이 맞는지 판단하는 작업이고, 검증은 구현된 결과가 고객이 요구하는 문제 해결인지 아닌지를 결정하는 작업이다.

개발한 소프트웨어를 리뷰할 때 사용하는 여러 종류의 체크리스트는 뒤에서 제시한다. 테스트 및 품질 보증 작업은 12장에서 자세히 설명할 것이다.

7 프로젝트 관리

프로젝트 관리란 소프트웨어 개발 시 적용되는 모든 프로세스를 통합하여 관리하는 것을 말한다. 프로젝트 관리에 대한 내용은 11장에서 자세히 다룰 것이다. 소프트웨어 개발자는 관리자를 보조하는 일을 하며 장래에 관리자가 되고자 한다. 관리자는 앞에서 설명한 작업을 이끌면서 다음과 같은 일을 수행한다.

- **시스템 비용 추정**: 요구 사항을 연구하고 설계하며 구현하는 데 드는 노력을 결정한다.
- **계획**: 개발자들에게 일을 할당하고 마감 일정을 정한다.

관리자는 처음에 비용 추정과 계획을 개략적으로 작성하므로 프로젝트를 진행하면서 주기적으로 조사하여 갱신해야 한다.

NOTE_ 소프트웨어 프로세스 국제 표준

ISO/IEC 12207 프로세스는 소프트웨어 공학 프로젝트에서 이루어지는 작업의 집합을 정의한 국제 표준이다. 이 프로세스는 결함이 없는 작업을 위한 가이드로서의 역할을 할 뿐만 아니라 소프트웨어 개발 프로세스의 성숙도를 평가하는 기준이 되기도 하며, 소프트웨어 공급자와 발주자가 정확한 의사소통을 하는 데 도움을 주기도 한다.

[그림 1-8]은 ISO/IEC 12207 프로세스를 도식화한 것이다. 그림을 보면 소프트웨어를 개발하기 위한 입찰 준비부터 공급까지 계약 관점의 작업, 소프트웨어를 개발하고 운영하며 유지보수하는 공학 및 운영 관점의 작업, 그리고 품질 보증 같은 품질 경영 관점의 작업과 조직 관리 관점의 작업이 포함되어 있다.

그림 1-8 ISO/IEC 12207 프로세스

06 객체지향 소프트웨어 공학

객체지향 소프트웨어 공학object-oriented software engineering은 객체지향 프로그래밍 언어에 특화된 소프트웨어 공학으로, 시스템이 객체로 구성되고 관련된 객체 사이의 상호작용이라는 관점을 중요하게 여긴다. 즉 시스템을 함수의 집합체로 보는 절차적인 패러다임과 다르며, 객체지향 소프트웨어를 개발하기 위해 다음과 같은 지원을 한다.

1 객체지향 모델링과 설계 언어

1980년대에 C++ 언어가 빠르게 보급되면서 객체지향 소프트웨어를 개발하기 위한 설계 방법이 요구되었다. 모델링과 설계 언어는 표현 요소와 그 사용 규칙을 정의한 것으로, 개발 팀의 구성원들이 분석 및 설계 내용에 대한 아이디어를 표현하고 교환하는 데 필요하다.

객체지향 개발 방법론으로 제안된 것 중 많이 알려진 것은 부치Grady Booch의 방법, 객체 모델링 기법object modeling technique, OMT, 유즈케이스 엔지니어링use case engineering이다. 각 방법은 각기 다른 모델링 개념과 요소를 사용하므로 다른 방법론을 사용하는 시스템들을 통합하는 데 문제가 있는데, 이 문제를 해결하기 위해 객체관리그룹Object Management Group, OMG에서는 UML로 표준화했다. UML 다이어그램은 개발 팀이 애플리케이션의 요구와 업무 흐름을 이해하는 데 도움을 주며, 설계 단계에서 설계 명세로 사용된다.

2 객체지향 개발 프로세스

요구 분석, 설계, 프로그래밍, 테스트 작업을 순차적으로 하는 전통적인 프로세스는 요구의 변경이 어려운 데다, 요구의 변경이 설계와 구현에 미치는 영향이 커서 비용이 많이 든다. 그런데 실제 프로젝트에서는 시장 환경이 급변하기 때문에 요구가 자주 변경된다. 전통적인 프로세스인 폭포수 모델은 개발 기간이 길어 시스템이 릴리스되자마자 구식이 되기 쉽다. 시스템의 요구나 성능이 오래전에 파악된 것이기 때문이다. 이런 문제를 극복하기 위해 여러 가지 소프트웨어 프로세스 모델이 제안되었으며, 개발 작업이 엄격하게 순차적으로 이루어지는 것이 아니라 반복 및 점증적으로 이루어지도록 발전하고 있다.

3 객체지향 방법론

일반적인 소프트웨어 개발 방법론은 작업 단계를 명시하고 각 단계에 작업을 수행하기 위해 어떤 단계를 밟아야 하는지를 나타낸다. 그러나 객체지향 방법론은 '언제 무엇을 할 것인가'를 다룬다. 즉 개발 작업의 순서와 결과물 등을 정의하지만, 어떻게 작업을 수행하는지는 정의하지 않는다. UML은 객체지향 방법론으로 설계한 내용을 모델링하는 데 사용하는 언어로, 분석과 설계 과정에서 나온 아이디어를 다이어그램으로 표현한다.

07 최신 소프트웨어 공학의 핵심 기술

앤서니 와서먼Anthony I. Wasserman은 소프트웨어 공학의 변화에 영향을 준 여덟 가지 요인을 파악하여 최신 소프트웨어 공학 기술의 핵심을 다음과 같이 정의했다.

■ **추상**

사용자가 표현한 문제를 있는 그대로 보는 것은 소프트웨어 시스템의 설계에 도움이 되지 않는다. 문제에서 지엽적이거나 중요하지 않은 부분을 생략하고 문제의 핵심을 개괄적으로 표현하여 집중하는 것을 추상화abstraction라고 한다. 최근에 많이 사용하는 객체지향 방법에서는 추상화가 매우 중요한데, 시스템에서 다루어야 할 데이터와 함수에 대한 추상적인 표현이 바로 객체이기 때문이다.

■ **분석과 설계 방법**

대부분의 공학 작업은 시공이나 제품 제작에 앞서 설계를 표현하는 방법이 있다. 예를 들면 건축 설계사는 설계 도면을 작성하여 동료 설계사나 시공자에게 전문적인 의견을 전달하는데, 마찬가지로 소프트웨어 공학에서도 설계 의도와 아이디어를 잘 표현할 수 있는 표준 방법이 필요하다. 4, 5장에서 다루는 UML이 바로 이런 방법에 속한다.

■ **사용자 인터페이스 프로토타이핑**

프로토타이핑prototyping은 기능이 제한된 소규모 시스템 버전을 구축하는 것으로, 사용자나 고객이 시스템의 중요한 요구 사항을 파악하는 데 도움을 주거나 설계 또는 제작 방향이 옳은지 판단하려는 것이 목적이다. 프로토타이핑은 주로 좋은 사용자 인터페이스를 설계하는 데 사용되는 것으로 알려져 있으나 임베디드 시스템의 개발에도 프로토타이핑을 사용할 수 있다. 프로토타입은 사용자에게 시스템이 어떤 기능을 가질 것인지 미리 보여주어 개발자의 의도와 사용자의 요구가 일치하는지 점검할 수 있도록 한다.

■ **소프트웨어 구조**

시스템이 어떤 컴포넌트로 나뉘고 각 컴포넌트가 어떤 역할을 담당하며 어떻게 인터페이스

하는지를 나타낸 것이 소프트웨어 구조이며, 이는 구현과 테스트뿐 아니라 유지보수 작업의 속도와 효율성을 높이는 데 많은 영향을 끼친다. 소프트웨어 구조는 클라이언트-서버, 중앙 리포지터리, 계층형 등의 대표적인 유형(이를 구조 스타일이라 함)이 있으며(Garlan, 1996), 6장에서 자세히 살펴볼 것이다. 웹 기반의 엔터프라이즈 애플리케이션 등 대규모 시스템을 개발할 때 소프트웨어 구조 설계가 아주 중요하다.

■ **소프트웨어 프로세스**

1980년대 후반부터 소프트웨어 엔지니어들은 소프트웨어를 개발하는 절차, 즉 프로세스에 관심을 가지기 시작했다. 이들은 소프트웨어 개발 작업의 요소와 순서, 원리가 소프트웨어의 품질과 개발 속도에 많은 영향을 준다는 것을 발견했다. 단일 사용자 시스템 또는 소규모 시스템은 적은 인원의 개발 팀이 여러 가지 도구를 이용하여 문제없이 개발할 수 있다. 그러나 글로벌 기업과 같은 큰 조직의 수많은 사람이 사용하는 시스템은 기능과 구조가 복잡하기 때문에 전체 개발 작업 과정을 확립하고 진척을 관리하는 일이 매우 중요하다.

■ **재사용**

서로 다른 애플리케이션이라도 공통부분이 있다면 소프트웨어의 개발과 유지보수 작업이 수월해진다. 예컨대 지난번 프로젝트에서 개발한 데이터베이스나 사용자 인터페이스를 조금만 고쳐서 다음 시스템 개발에 사용할 수 있다. 마찬가지로 요구 분석, 설계, 테스트 스크립트 등 개발 도중에 나온 결과물을 다시 사용할 수 있다. 최근 많이 언급되는 개념은 컴포넌트에 의한 재사용이며, 분산객체 환경에서 사용할 수 있는 EJB[Enterprise Java Beans]는 대표적인 블랙박스 형태의 재사용 컴포넌트이다.

■ **측정**

소프트웨어 공학 분야 발전의 원동력은 개선, 즉 프로세스, 방법, 자원 등을 향상하려는 노력이다. 이러한 개선 노력에는 정량적인 목표가 있어야 정확히 작업을 정의하고 수행한 후 객관적으로 평가할 수 있다. 정량적인 측정은 프로세스와 프로덕트(완성된 소프트웨어 제품)에 대한 자세한 특성을 명확하게 보여주며 관리와 조절을 가능하게 한다.

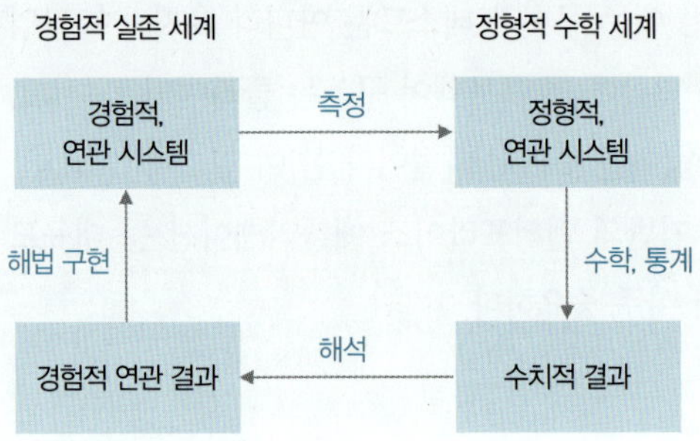

그림 1-9 문제 해결을 위한 측정 사용

■ **도구와 통합 환경**

오랫동안 툴 벤더들은 CASE(Computer-Aided Software Engineering)라는 이름으로 소프트웨어 개발을 위한 표준화된 통합 환경을 제공해왔다. 하지만 개발자들이 사용하는 프로세스, 방법, 자원이 각기 달라 말처럼 쉽게 표준화되지 않았다. 또한 벤더들이 제공하는 대부분의 툴은 소프트웨어 개발 단계 중 일부, 예컨대 설계나 테스트 등의 작업만을 지원한다. 도구의 통합을 위해서는 다음과 같은 사항이 해결되어야 한다(Wasserman, 1990).

- **플랫폼 통합**: 이기종 네트워크에도 상호 작동할 수 있는 도구 필요
- **표현 통합**: 사용자 인터페이스의 공통성 유지
- **프로세스 통합**: 도구나 개발 프로세스의 연결 가능
- **데이터 통합**: 도구들이 사용하는 데이터 공유
- **제어 통합**: 도구들 간 작동 제어

위에 제시한 여덟 가지 요인은 이 책의 곳곳에서 다룰 것이다. 소프트웨어 공학의 기술을 학습한 후 각 주제에 대해 더 깊이 있는 과학적 원리를 발견하려는 노력을 계속하길 바란다.

요약

- 소프트웨어 공학은 소프트웨어의 생산성과 품질을 높이기 위해 적용하는 프로세스와 방법, 원리라고 정의할 수 있다. 소프트웨어 위기 현상과 소프트웨어 프로젝트에서 미숙한 경험으로 인해 발생하는 여러 가지 문제 때문에 소프트웨어 공학이 필요하다.
- 소프트웨어 공학의 궁극적인 목표는 생산성과 품질의 향상이다. 소프트웨어 공학이 적용된 프로젝트에서는 요구 분석, 설계, 모델링, 프로그래밍, 테스트, 품질 보증, 프로젝트 관리 작업이 이루어진다.
- 객체지향 소프트웨어 공학은 시스템을 관련 객체와 그것들 사이의 상호작용으로 본다. 객체지향 패러다임은 모델링과 언어, 프로세스, 방법론으로 구성된다.

연습문제

01 소프트웨어 시스템의 유형에 대한 예로 적절한 것은?

① 패키지형: 원자로의 반응률을 제어하는 시스템
② 임베디드: 방사능 피폭을 모니터링하기 위해 원자력 발전소에서 근무하는 인력이 입는 옷에 부착하는 센서의 프로그램
③ 리얼타임형: 원자력 발전소에서 일하는 비서가 공문을 작성하기 위한 프로그램
④ 자료 처리형: 원자로에서 작업하는 인력의 연간 방사능 피폭률을 정리하는 데 사용되는 프로그램

02 소프트웨어 유형과 프로젝트의 특징 및 접근 방법에 대한 설명으로 옳은 것은?

① 주문형: 정해진 고객의 수요를 충족해야 하므로 요구 분석보다 테스트에 역점을 두어야 한다.
② 패키지형: 불특정 일반 고객을 위한 시스템이므로 요구가 불분명해도 크게 문제 되지 않는다.
③ 임베디드형: 수량이 많고 안정성 및 성능 요구가 엄격하여 테스트가 중요하다.
④ 자료 처리형: 자료와 계산이 많아서 리얼타임 제약이 엄격하여 문서화가 중요하다.

03 소프트웨어 품질 목표 중 사용자가 요구하는 기능을 충족시키는 정도를 의미하는 것은?

① 신뢰성 ② 이식 가능성

③ 정확성 ④ 효율성

04 소프트웨어를 대하는 관점에 따라 소프트웨어 품질의 평가 기준에 차이가 있다. 소프트웨어를 대하는 관점과 거리가 먼 것은?

① 소프트웨어 개발 발주자의 관점

② 소프트웨어 사용자의 관점

③ 프로그래머의 관점

④ 소프트웨어 판매자의 관점

05 소프트웨어 위기의 발생 요인과 거리가 먼 것은?

① 소프트웨어 개발 적체 현상

② 프로젝트 개발 일정과 예산 측정의 어려움

③ 소프트웨어 생산성 기술의 낙후

④ 소프트웨어 규모의 증대와 복잡도에 따른 개발 비용 감소

06 소프트웨어 공학에 대한 설명으로 거리가 먼 것은?

① 소프트웨어 공학이란 소프트웨어의 개발, 운용, 유지보수 및 파기에 대한 체계적인 접근 방법이다.

② 소프트웨어 공학은 소프트웨어 제품의 품질을 향상하고 소프트웨어 생산성과 작업 만족도를 증대하는 것이 목적이다.

③ 소프트웨어 공학의 궁극적 목표는 최대의 비용으로 계획된 일정보다 가능한 한 빠른 시일 내에 소프트웨어를 개발하는 것이다.

④ 소프트웨어 공학은 신뢰성 있는 소프트웨어를 경제적인 비용으로 획득하기 위해 공학적 원리를 정립하고 이를 이용하는 학문이다.

07 소프트웨어 공학에서 다루는 네 가지 주제에 대한 설명으로 옳지 않은 것은?

① 방법: 어떻게 만들 것인가?
② 도구: 어떤 분야에 사용할 것인가?
③ 프로세스: 어떤 과정/단계로 만들 것인가?
④ 패러다임: 어떤 접근법/스타일을 사용할 것인가?

08 소프트웨어 공학에 대한 설명으로 옳지 않은 것은?

① 공학적 지식을 소프트웨어 설계와 제작에 응용하고 이를 개발, 운영 및 유지보수하는 데 필요한 문서화 과정이다.
② 비교적 큰 규모의 소프트웨어 시스템을 대상으로 한다.
③ 각 프로그래머가 소프트웨어 시스템을 공학적인 원리로 개발하는 것을 의미한다.
④ 소프트웨어 제품의 체계적 생산과 유지보수에 관련된 기술적 · 관리적인 원리이다.

09 소프트웨어 내부의 논리적인 측면과 외부의 기능적인 측면에서 기능이 정상인지 확인하는 과정은?

① 설계
② 테스트
③ 코딩
④ 요구 분석

10 소프트웨어 프로젝트 관련자의 역할에 대한 설명으로 옳지 않은 것은?

① 사용자: 개발하려는 소프트웨어를 사용할 사람으로서 개발 프로젝트에 참여하여 요구를 제시한다.
② 고객: 사용자와 같은 역할을 하며, 누구보다 소프트웨어에 담을 요구를 잘 알고 있다.
③ 소프트웨어 개발자: 문제를 분석하고 설계와 프로그래밍을 담당한다.
④ 개발 관리자: 프로젝트 인원, 일정, 예산 전반을 관리하고 계획한다.

11 객체지향 소프트웨어 개발에 대한 설명으로 옳지 않은 것은?

① 객체지향 기법 사용의 혜택 정도는 구현 단계에서 객체지향 언어의 사용 여부보다는 성공적인 객체지향 분석 및 설계에 달려 있다.

② 객체지향 기법에서는 객체와 객체 사이의 통신이 메시지 패싱을 통해 이루어진다.

③ 객체지향 CASE 도구는 자동으로 코드를 생성해주기 때문에 프로그래머의 생산성 향상에 기여한다.

④ 객체지향의 기본 개념에서 각 객체는 관련 함수 및 타 객체와 통신하기 위한 인터페이스로 구성된다.

12 소프트웨어 공학의 핵심 기술과 거리가 먼 것은?

① 구체화

② 분석과 설계 방법

③ 프로세스

④ 재사용

13 이제 소프트웨어 개발자가 관심을 두지 않는 것은?

① 왜 소프트웨어가 탑재될 하드웨어보다 비싼가?

② 왜 소프트웨어 개발에 오랜 시간이 소요되는가?

③ 왜 소프트웨어 개발에 많은 비용이 드는가?

④ 왜 소프트웨어의 결함을 릴리스 전에 찾지 못하는가?

14 소프트웨어 프로젝트 작업 중 서브시스템의 분할과 그것들 사이의 인터페이스를 정하는 단계는?

① 요구 분석

② 인터페이스 설계

③ 프로그래밍

④ 아키텍처 설계

15 소프트웨어 프로젝트 유형의 특징에 대한 설명으로 옳은 것은?

① 새로운 시스템 개발: 소프트웨어 구조보다 요구 분석이 중요하다.

② 진화 유형: 기존 시스템에 대한 이해와 추가 기능의 조화가 중요하다.

③ 컴포넌트 기반: 컴포넌트의 조립보다 개발이 중요하다.

④ 임베디드: 먼저 소프트웨어를 개발한 후 하드웨어 및 다른 엔지니어링 결과와 통합한다.

Chapter 02

객체지향 개념

학습목표

- 절차지향 패러다임과 객체지향 패러다임의 근본적인 차이를 설명할 수 있다.
- 클래스와 객체를 구분하여 설명할 수 있다.
- 인스턴스 변수와 클래스 변수, 메소드와 오퍼레이션의 의미를 설명할 수 있다.
- 클래스의 상속 계층이 무엇이며, 다형성이 어떻게 적용되는지 설명할 수 있다.
- 객체지향 모델링이 어떻게 이루어지며, 표준 언어인 UML이 무엇인지 설명할 수 있다.
- 객체지향 설계와 코딩이 어떤 관계인지 설명할 수 있다.

00 개요

최근 완공된 건물은 10년 전에 지은 건물과 비교하여 자재, 설계 기술, 공법, 마감재 등 여러 면에서 발전된 기술이 적용되었다. 이처럼 소프트웨어 개발 분야도 프로그래밍, 설계, 테스트 기술이 빠르게 발전하고 있는데, 최근 많이 사용하는 기술 중 하나가 객체지향이다. 이 장에서는 이 책의 주제인 객체지향 방법으로 소프트웨어를 설계하고 구현하는 데 기초가 되는 개념을 설명한다.

먼저 '객체'라는 용어의 사전적 의미는 '의도나 행위가 미치는 대상'으로 다소 포괄적이고 법률적이다. 여기에 '지향'이라는 말을 붙이면 '행위가 미치는 대상으로 쏠리려는 의지' 정도로 풀이할 수 있는데, 이는 '객체지향object-oriented'이라는 의미를 잘 나타내지 못하는 듯하다.

객체지향의 개념을 잘 설명하려면 객체지향적 소프트웨어를 구성하는 성질을 나열하고 개념을 설명해야 한다. 이 장에서는 객체지향의 중요한 개념인 클래스, 객체, 오퍼레이션, 상속, 캡슐화, 다형성 등을 살펴볼 것이다. 이러한 개념은 객체지향 프로그램을 작성하는 데 필수적이지만 모델링과 연계할 필요도 있다. 객체지향 개념이 자바 같은 특정 프로그래밍 언어뿐만 아니라 설계에서 어떤 모델링 언어로 표현되는지 알아야 하기 때문이다. 이 책에서는 객체지향 모델링 언어인 UML과 UML 다이어그램에 대해 개괄적으로 소개한다.

01 객체지향이란?

1 프러시저 추상화와 데이터 추상화

객체지향 프로그램은 '추상화'라는 개념을 이용한다. 추상화는 자세한 사항을 다루는 것에서 해방시켜주는 개념으로, 회화에 비유하자면 대상의 자세한 묘사를 생략하고 특징만 포착해서 그리는 것이라고 할 수 있다. 객체지향 프로그램은 프러시저 추상화와 데이터 추상화를 묶어 놓은 것이다.

■ **프러시저 추상화**

프러시저(=함수) 추상화란 특정 프러시저를 사용할 때 프러시저 안에서 어떤 계산이 이루어지는지 자세히 모르더라도 어떻게 호출하고 무엇을 수행하는지만 알고 있으면 자세한 것은 걱정할 필요가 없는 것을 의미한다. 결국 프로그램에 대한 프로그래머의 관점이 단순해지고 복잡한 것을 쉽게 이해할 수 있게 된다.

■ **데이터 추상화**

데이터 추상화란 데이터 자체만 정의하는 것이 아니라 데이터에 대한 조작, 즉 오퍼레이션도 함께 정의하는 개념이다. 데이터 추상화를 적용한 시스템은 서비스를 제공하는 객체들의 집합으로 볼 수 있다. 데이터 추상화는 시스템의 복잡성을 줄이는 데 도움이 된다.

객체지향 패러다임을 잘 이해하려면 초기 프로그래밍 기법인 절차지향 패러다임과 비교해보아야 한다. 단순한 프로그래밍 문법의 차이가 아니라 프로그래밍적인 사고의 틀을 바꾸어야 올바른 객체지향 설계와 프로그래밍을 할 수 있기 때문이다. 프러시저 추상화와 데이터 추상화의 관점에서 절차지향 패러다임을 분석하면 다음과 같다.

■ **프러시저 추상화 관점**

절차지향 패러다임에서 프로그램은 프러시저의 집합으로 구성된다. 메인 프러시저가 다른 프러시저를 호출하고 이것들이 계속 다른 프러시저를 호출하는 것이다. 절차지향 프로그램은 단순한 데이터를 계산하는 목적에는 적합하지만 복잡한 형태의 데이터를 가진 응용 문제에는 적합하지 않다. 각기 다른 데이터 타입에 대해 다른 프러시저가 작동하고, 각 프러시저마다 많은 데이터 타입을 고려해야 하므로 프로그램이 매우 복잡해지기 때문이다.

■ **데이터 추상화 관점**

초기에 소개된 데이터 추상화 방법은 레코드나 구조체 개념을 적용한 것으로, 의미 있는 데이터들을 모아 큰 단위를 만들어 정의함으로써 편하게 조작하는 것이었다. 하지만 이러한 데이터 추상화를 따르더라도 절차지향 패러다임을 이용하는 프로그래머는 복잡한 코드를 작성할 수밖에 없다.

예를 들어 은행에서 사용하는 '예금 계좌 관리' 프로그램을 절차지향 방법으로 프로그래밍한다고 생각해보자. 예금 계좌의 성격에 따라 이자 계산, 만기 계산, 인출 등의 방식이 다를 것이고, 따라서 다음과 같이 데이터 타입을 확인하는 부분이 프로그램 여기저기에 있을 것이다. 은행의 고객은 다른 계좌를 여러 개 가지고 있고, 계좌들은 서로 연결되어 자동이체되는 식으로 복잡하게 얽혀 있다. 계좌의 성격에 따라 이자 계산, 예금 · 인출 방법, 만기 계산 등 규칙이 달라 결국 다음과 같은 코드 조각이 '예금 계좌 관리' 시스템 여러 곳에 산재되어 이자율 등을 변경하기가 매우 어려워진다.

```
if (account=='정기적금') then
    do something
else if (account=='정기예금') then
    do something else
else if (account=='보통예금') then
    do something else
else
    do yet another thing
endif
```

2 객체지향 패러다임

객체지향 패러다임은 데이터 및 데이터에 접근하고 수정하는 프러시저를 같은 범주 안에 두고 캡슐화encapsulation하는 접근 방법이다. 객체는 프로그램을 이루는 구문 단위인 클래스의 인스턴스로서 데이터 추상화와 프러시저 추상화를 모두 실현한 개념이다.

객체지향 패러다임은 1980년대 후반부터 복잡한 대규모 시스템을 모듈화하고 단순화하는 좋은 방법으로 받아들여지게 되었다. 객체지향 패러다임에서는 주어진 작업을 수행하기 위해 협력하는 객체들의 모임이 바로 프로그램이 된다.

[그림 2-1]은 절차지향 프로그램과 객체지향 프로그램의 구조를 보여준다. 절차지향 프로그램은 프러시저가 계층적인 구조를 이루며, 각 프러시저는 여러 가지 타입의 데이터를 처리한다. 프러시저는 함수와 같은 개념의 구문으로, 프러시저 안에서만 사용하는 데이터(로컬 데이터)를 정의하여 사용하거나, 그렇지 않은 공용 데이터는 프러시저 밖에서 별도로 정의하여 사용한다. 반면에 객체지향 프로그램은 클래스의 모임으로 이루어지며, 각 클래스에는 클래스의 인스턴스인 객체의 값을 조작할 수 있는 프러시저들이 모여 있다.

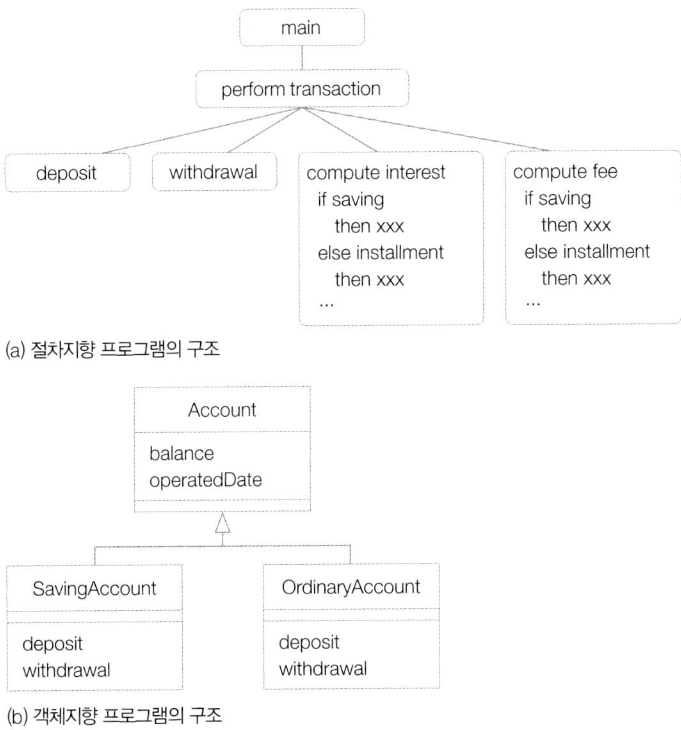

그림 2-1 절차지향 프로그램과 객체지향 프로그램의 구조

결론적으로 절차지향 프로그램은 최고층이 존재하며 각 프러시저가 하위 계층의 프러시저를 호출하고 실행을 제어하는 계층적인 구조로 되어 있다. 그러나 객체지향 프로그램은 클래스들이 프로그램 구문의 기초 단위를 이루며 호출 관계가 아닌 다른 형태의 관계로 계층을 형성한다.

예를 들어 화씨온도를 섭씨온도로 바꾸는 프로그램을 생각해보자. 절차지향 프로그램은 다음과 같이 프러시저를 호출하여 여러 가지 계산을 수행한다. 즉 프러시저가 서로 데이터를 주고받으며 작업하고, 프러시저와 데이터는 철저히 분리된다.

```
float c=getTemperature();          // assume Celsius
float f=toFahrenheitFromCelsius(c);
float k=toKelvinFromCelsius(c);
float x=toKelvinFromFahrenheit(f);
float y=toFahrenheitFromKelvin(k);
```

한편 객체지향 프로그램은 다음과 같이 객체들 사이에 메시지를 주고받으며 작업한다. 절차지향 프로그램에서는 프러시저를 호출하여 매개변수로 데이터를 전달했는데, 그럴 필요 없이 데이터를 가진 객체를 불러 여기에 속한 오퍼레이션을 호출한다.

```
Temp temp=getTemperature();        // temp is an object
float c=temp.toCelsius();          // toCelsius is a message to temp
float f=temp.toFahrenheit();
float k=temp.toKelvin();
```

NOTE_ Fahrenheit: 화씨온도 Celsius: 섭씨온도 Kelvin: 절대온도

02 클래스와 객체

클래스와 객체는 객체지향 패러다임에서 가장 기초가 되는 개념이다. 절차지향 프로그램에서는 언제나 알고리즘, 즉 컴퓨터가 계산하거나 제어하는 작업과 그 순서를 생각했다. 그러나 객체지향에서는 프로그램이 다루는 대상thing을 중심으로 문제를 풀어나간다. 예를 들어 학교 수강 신청 시스템을 객체지향으로 설계한다면 수강 신청 절차보다는 교수, 학생, 과목, 강좌, 강의실 등의 대상을 중심으로 사고하여 설계한다.

1 객체

객체는 실행되는 프로그램에 존재하는 구조화된 데이터의 덩어리로, 절차지향 프로그램에서 구조체로 선언된 변수 또는 배열에 저장된 값과 같이 생각할 수 있다. 즉 데이터를 객체라 불리는, 식별 가능한 분리된 개체로 만든 것이다.

모든 객체는 상태state와 행위behavior라는 두 가지 요소를 가지고 있다. 예를 들어 하천의 댐을 제어하는 시스템이 있다면 댐은 객체가 되고, 수문이 닫힌 상태와 열린 상태는 객체의 상태로 볼 수 있다. 그리고 수문을 여는 행위, 즉 닫힌 상태에서 열린 상태로 변화시키는 행위는 객체의 행위이며, 수문을 여는 행위가 적용되면 자동으로 사이렌이 울리도록 하여 천변의 행락객들을 대피시킬 수 있다.

객체의 또 다른 예는 다음과 같다.

- 급여 시스템에서 사원 개개인을 나타내는 객체
- 대학의 수강 신청 시스템에서 학생, 강좌, 교수를 나타내는 객체
- 공장 자동화 시스템에서 조립 라인, 로봇, 조립 부품, 완제품을 나타내는 객체

객체지향 프로그램을 개발할 때 분석 단계에서는 어떤 객체가 중요한지 결정하고 이 객체들의 구조, 관계, 행위 등을 파악하는 작업을 한다. 이때 객체를 프로그래밍 언어로 어떻게 표현할지, 디스크에 어떻게 저장할지 등은 걱정할 필요가 없다. 분석이 완료된 후 객체지향 설계

단계로 접어들 때까지 이런 문제는 접어두고 객체의 결정에 집중해야 한다. 그만큼 객체지향 프로그램에서는 무엇을 객체로 만들 것이냐가 중요하다.

2 클래스

클래스는 객체지향 프로그램에서 데이터를 추상화하는 단위이다. 더 정확히 말하면 클래스는 유사한 객체들(클래스의 인스턴스라고 함)을 정의한 프로그램 모듈이다. 같은 상태와 행위를 가진 모든 객체는 같은 클래스에 속한다.

2.1 클래스의 구성 요소

클래스는 객체와 관련된 다음 두 가지 사항을 포함하고 있다.

- **속성**: 각 객체에 저장된 자료의 특성과 이름을 정의한 코드
- **메소드**: 객체의 행위를 구현한 프러시저

다음 그림은 은행 시스템에 필요한 객체를 객체지향 설계를 표현하는 그래픽 언어인 UML로 나타낸 것이다. 은행의 사원, 각종 계좌 및 은행 업무가 객체로 표현되어 있다.

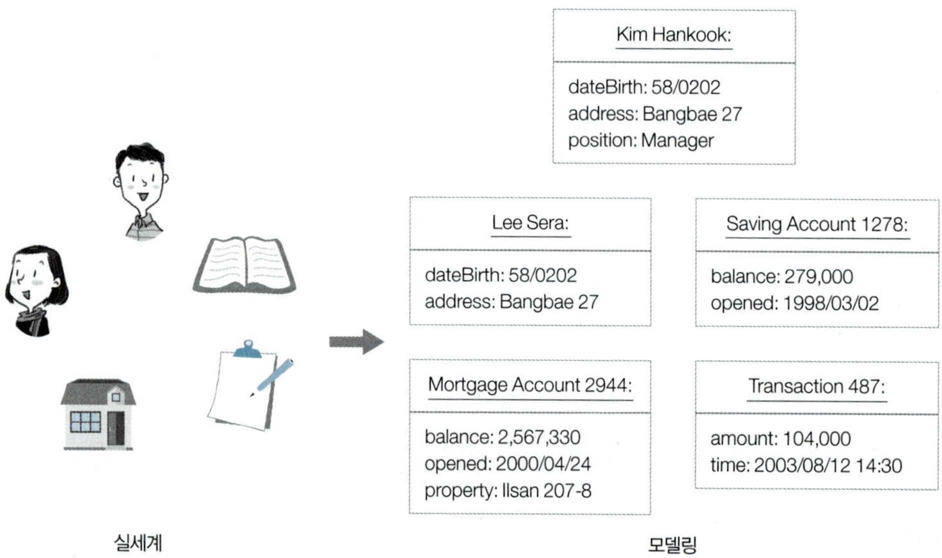

그림 2-2 은행 시스템에 필요한 객체

[그림 2-2]에서 Kim Hankook과 Lee Sera는 은행의 사원이며, 이들은 Employee라는 클래스로 묶인다. [그림 2-3]은 Employee 클래스에 속하는 모든 객체가 이름name, 생년월일dateOfBirth, 주소address, 직위position 등의 속성attribute을 가진다는 것을 정의한 것이다. 속성은 객체의 상태를 나타내는 값이다.

Employee
name dateOfBirth address position

(a) Employee 클래스

```
class Employee
{
    public:
        promote(from, to);
        increase_salary(new_salary);
        ⋮
    prvate:
        char*           name;
        int             dateOfBirth;
        char*           address;
        positionType    position;
}
```

(b) Employee 클래스 정의

그림 2-3 은행 시스템의 사원 클래스

그런데 [그림 2-3]에 표현된 Employee 클래스 안에는 name과 address 같은 속성만 정의하는 것이 아니라 새로운 사원을 추가하거나 사원의 이름, 주소, 직위 등을 변경시키는 메소드도 정의해야 한다. 클래스를 찾아내고 속성과 메소드를 정의하는 정적 모델링 방법은 4장에 구체적으로 살펴보겠다.

결국 클래스란 각각의 객체가 가진 속성과 적용 가능한 메소드가 정의되어 있는 일종의 틀template이다. 프로그램에서는 클래스의 인스턴스, 즉 객체를 다음과 같이 생성하여 사용한다.

```
Employee     KimHankook, LeeSera;
```

2.2 클래스가 될 조건

무엇이 클래스가 될 수 있는지 정하는 것은 초보자에게 매우 어려운 작업인데 다음의 두 가지 규칙이 도움이 될 것이다.

- 일반적으로 인스턴스를 가질 수 있는 것은 클래스이다.
- 일반적으로 정의된 클래스에 속하는 멤버가 될 수 있는 것은 인스턴스이다.

예를 들어 의료 시스템에서 사용될 Doctor나 Hospital을 생각해보자. Doctor는 진료 기관에 따라 차이가 있지만 여러 명의 의사가 있다면 클래스이다. 그리고 Hospital은 시스템에서 하나만 존재하는 병원 이름 정도로 생각할 수 있으나 여러 병원을 관리하는 의료 시스템이라면 클래스로 정의해야 한다.

예제 2-1 클래스 찾기

다음 중 어떤 것이 클래스 또는 인스턴스가 될 수 있는지 판단해보자. 판단 결과 클래스라면 그 인스턴스를 예로 들고, 인스턴스라면 그것이 속할 수 있는 클래스를 제시한다.

① 영화

② 영화 CD

③ 시리얼 넘버 KR-200402가 붙은 영화 CD

④ 대한극장 1번 관에서 7시에 상영하는 영화 〈태극기 휘날리며〉

정답

① 클래스. 인스턴스의 예는 〈바람과 함께 사라지다〉, 〈미션 임파서블 5〉, 〈국제시장〉

② 클래스. 인스턴스의 예는 구체적인 어떤 영화 동영상이 담긴 CD

③ 인스턴스. 클래스는 영화 CD

④ 인스턴스. 클래스는 ShowingofFilm

NOTE_ 객체지향 관련 문서를 읽을 때나 프로젝트를 진행할 때 '객체'와 '클래스'라는 용어가 혼용되는 경우도 많다. "Passenger 객체의 디자인을 끝냈다"고 말했을 때 정확한 의미는 'Passenger 객체'가 아니라 'Passenger 클래스'이다.

2.3 인스턴스

'인스턴스'와 '객체'라는 용어는 같은 의미이다. 인스턴스는 '어떤 클래스에 속하는 특정 사례'라는 뜻으로 관계를 나타내는 용어이다. 예를 들면 '딸'은 관계를 나타내는 단어이지만 '여자아이'는 독립된 개념의 단어이다. 따라서 인스턴스는 어떤 클래스의 인스턴스로 정확하게 표현하는 것이 좋다. '인스턴스가 메모리에 저장되었다'보다 '어떤 클래스의 인스턴스 또는 특정 객체가 메모리에 저장되었다'가 더 정확한 표현이다. 또한 'Passenger 클래스가 10개의 객체를 가지고 있다'보다 'Passenger 클래스가 10개의 인스턴스를 가지고 있다'가 더 정확한 표현이다.

NOTE_ 클래스 이름 붙이기

객체지향 프로그램에서 가장 중요한 것 중 하나는 클래스를 찾아내는 일이다. 다음은 클래스에 이름을 붙일 때 주의할 사항이다.

- **단수형 명사 사용**

  클래스에 이름을 붙일 때는 Employee, Hospital, Doctor와 같이 영어 명사를 사용하되 단수형 명사여야 한다. 클래스는 객체, 즉 인스턴스를 모아놓은 것이라기보다 인스턴스들의 공통 속성을 정의한 것, 다시 말해 대표성을 지닌 유형을 정의한 것이므로 단수형을 사용한다.

- **첫 글자는 대문자로**

  다른 인스턴스 이름이나 변수 이름과 구별하기 위해 클래스 이름의 첫 글자는 대문자로 하는 것이 좋다. 또한 두 단어 이상을 사용할 경우 단어 사이에 공백 없이 밑줄 문자(_)를 넣거나 뒤 단어의 첫 글자를 대문자로 바꾼다. 예를 들면 Part_Time_Employee나 PartTimeEmployee와 같이 사용한다.

- **구체적으로 명시**

  클래스의 이름은 프로그램의 용도와 범위를 고려하여 되도록 구체적으로 명시하는 것이 좋다. 예를 들면 교통정보 프로그램을 만들 때 Bus라는 클래스 이름은 버스 차량을 의미할 수도 있고, 버스가 운행되는 노선을 의미할 수도 있다. 따라서 버스 차량은 BusVehicle로, 노선은 BusRoute로 구체적인 이름을 붙이는 것이 좋다.

- **범위를 제한하는 표현 지양**

  클래스의 이름을 너무 제한적으로 정하는 것도 피해야 한다. 예를 들어 본적 주소 클래스의 이름은 City로 정의하기보다, 모두 도시에만 사는 것은 아니므로 출생지라는 의미의 Municipality로 정하는 것이 더 좋다.

- **컴퓨터 시스템과 관련된 단어 지양**

  클래스에 이름을 붙일 때 컴퓨터 시스템 내부를 반영하는 단어, 즉 Record, Table, Data, Structure, Information 같은 단어는 사용하지 않는 것이 좋다. 예컨대 고객 정보 클래스는 CustomerData로 하지 말고 Customer로 정의하면 충분하다.

03 인스턴스 변수, 클래스 변수, 메소드, 오퍼레이션

1 인스턴스 변수

변수는 데이터를 저장하는 장소이다. 클래스는 각 인스턴스에 존재하는 데이터를 저장하기 위해 여러 개의 변수를 정의하는데, 이러한 변수를 인스턴스 변수라 부른다. 인스턴스 변수는 클래스의 속성을 나타내는 변수와 클래스 사이의 관계association를 나타내는 변수로 나눌 수 있다.

속성은 객체의 상태를 나타내는 값이다. 예를 들면 Person이라는 클래스는 다음과 같은 속성을 가질 수 있다.

- name(이름)
- dataOfBirth(생년월일)
- idCardNumber(주민등록번호)
- telephoneNumber(전화번호)
- address(주소)

관계는 클래스의 인스턴스와 다른 클래스의 인스턴스 간 연관 관계를 나타낸다. 예를 들면 특정 회사의 비즈니스 시스템에서 Person 클래스는 다음과 같은 연관 관계를 가질 수 있다.

- supervisor(Person의 관리자인 Manager 클래스와의 연관 관계)
- taskToDo(Person이 하는 작업인 Task 클래스와의 연관 관계)

클래스의 인스턴스들 간 관계 설정은 4장에서 자세히 설명하겠다.

NOTE_ 변수와 객체

객체지향 프로그램에서 변수와 객체를 혼동하는 경우가 있는데 변수와 객체는 구별해서 사용해야 한다. 변수는 어떤 시점에 객체를 담고 있을 수도 있고 그렇지 않을 수도 있다. 이를 레퍼런스reference라고 하는데, 프로그램이 수행되는 동안 변수는 객체 레퍼런스가 변동되기도 한다. 또한 하나의 객체가 여러 변수에 담겨 있는 경우도 있다. 변수의 타입 선언은 변수가 어떤 클래스 타입에 속하는 객체를 담고 있을지 결정하는 것이다.

2 클래스 변수

클래스 안에 var이라는 인스턴스 변수를 선언했다면 클래스에 속하는 모든 객체는 var이라는 이름의 자리가 생기게 된다. 예를 들어 Employee라는 클래스 안에 supervisor라는 인스턴스 변수가 선언되어 있다고 하자. 이 변수 안에 담기는 값은 객체마다 다르다. 즉 Employee에 속하는 각 객체는 supervisor라는 변수 안에 Manager에 속하는 여러 객체를 담게 된다.

클래스를 운영하다 보면 클래스에 속하는 객체들이 공유해야 하는 값이 필요한 경우가 있는데 이를 클래스 변수 또는 정적 변수라 부른다. 클래스에 속하는 객체가 클래스 변수의 값을 저장하면 다른 객체들이 저장한 값에 접근할 수 있다. 주의할 점은 초보자의 경우 클래스 변수를 남용하여 인스턴스 변수를 사용해야 하는 부분에 클래스 변수로 정의하는 것이다. 클래스 변수는 다음과 같은 정보를 저장하는 경우에만 적합하다.

- 클래스 안에 정의한 메소드에 의해 널리 사용되는 디폴트 또는 상숫값
- 특정 클래스 안에 존재하는 알고리즘에 의해 사용되는, 항목을 가려내기 위한 테이블이나 구조체

3 메소드와 오퍼레이션

메소드는 클래스의 행위를 구현하는 데 사용하는 일종의 프러시저이다. 절차지향 프로그램에서 사용되던 프러시저, 즉 함수에 가까운 것으로 클래스 안에 존재한다.

오퍼레이션은 클래스 행위의 타입을 뜻하는 용어로 메소드의 추상적 개념이다(행위를 구현한 코드, 즉 메소드와 독립된 함수 타입을 의미한다). 다른 클래스 안에 같은 이름과 같은 개념의 오퍼레이션을 다르게 구현한 메소드가 존재할 수 있다. 메소드라는 말은 오퍼레이션을 수행하는 방법이 다르다는 의미를 담고 있다.

3.1 오퍼레이션의 다형성

실행 중인 프로그램은 같은 이름의 메소드 중 어떤 것을 호출할지 결정해야 하는데 이를 오퍼레이션의 다형성polymorphic이라 한다. 결정은 호출되는 메소드 앞에 표시된 객체가 어떤 클래스에 속하느냐에 달려 있다. 예를 들어 은행 시스템에서 SavingAccount(예금 계좌)와 MortgageAccount(대출 계좌) 객체의 이자를 계산하는 calculateInterest(이자 계산)라는 오퍼레이션이 있을 때 어떤 객체에 대해 calculateInterest(이자 계산)를 호출했느냐에 따라 메소드가 결정된다.

일단 메소드가 호출되면 해당 객체의 속성에 조작을 가할 수 있다. SavingAccount 객체 KimsAccount를 만든 후 이자율을 적용하여 잔고를 변화시켜보자.

```
KimsAccount    SavingAccount;
KimsAccount.calculateInterest(Date date);
```

여기서 사용한 calculateInterest라는 메소드는 SavingAccount 객체인 KimsAccount의 인스턴스 변수 balance의 값을 변화시킨다. 이를 메시지라고 하며 [그림 2-4]와 같이 UML로 나타낼 수 있다.

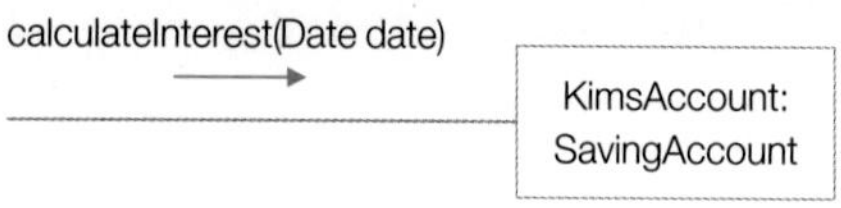

그림 2-4 메시지 호출의 형상화

일반적으로 객체 Obj1이 객체 Obj2에게 메시지를 보내려면 다음과 같은 세 가지 조건을 만족해야 한다.

- Obj2를 부르는 이름을 알고 있어야 한다. 즉 Obj2를 변수 중의 하나로 인식하고 있어야 한다.
- Obj2가 가지고 있는 오퍼레이션 이름(위의 예에서는 calculateInterest)을 알고 있어야 한다.
- 실행하려는 오퍼레이션의 보조 정보, 매개변수 타입, 리턴 타입 등을 알고 있어야 한다.

04 상속

1 상속

여러 클래스가 같은 속성, 관계, 오퍼레이션을 가진다면 공통적인 사항을 별도의 클래스에 중복 정의하는 것은 비효율적이다. 따라서 기본 클래스를 정의하고 여기서 파생된 구체적인 클래스로 특수화하는 것이 좋다.

예를 들어 은행의 '예금 계좌 관리' 시스템에서 여러 종류의 계좌를 구현하려면 상속 개념이 적용되어야 한다. 잔고와 예금주 같은 속성은 모든 계좌에 공통적이며, 계좌를 개설하고 말소하는 오퍼레이션 또한 모든 계좌에 적용된다. 그러나 조금씩 다른 오퍼레이션, 예컨대 주택 마련 대출 계좌 같은 것은 마이너스 잔고가 가능하고 계좌의 종류마다 이자 계산법이 다르다. 따라서 Account를 기본 클래스로 정의하고 MortgageAccount(대출 계좌), InstallmentAccount(적금 계좌), SavingAccount(예금 계좌) 등과 같이 더 구체화된 서브클래스를 정의한다.

이처럼 여러 개의 서브클래스로부터 공통점을 찾아내어 하나의 슈퍼클래스를 도출하는 과정을 일반화generalization라고 한다. 그리고 일반화 관계를 여러 단계 형성한 것을 상속 계층 구조inheritance hierarchy 또는 is-a 계층 구조라 부른다. 서브클래스는 크게 보아 슈퍼클래스의 일종으로 더욱 구체화된 것이기 때문이다. 그러므로 상속 관계가 있는지 판단하려면 is-a 관계가 두 클래스 사이에 성립하는지 확인하면 된다.

상속 구조는 [그림 2-5]와 같이 나타낼 수 있다. 화살표가 슈퍼클래스를 가리키도록 그리고 슈퍼클래스를 위쪽에, 서브클래스를 아래쪽에 배치한다.

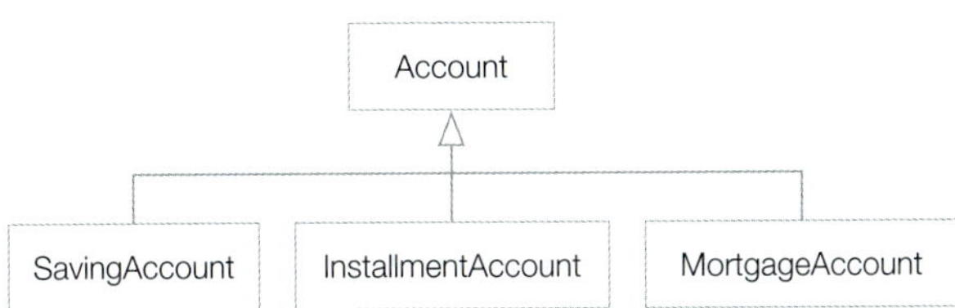

그림 2-5 은행 계좌의 상속 구조

상속이란 슈퍼클래스에 정의한 변수와 메소드를 서브클래스가 묵시적으로 소유하게 하는 것이다. 어떤 클래스를 슈퍼클래스로 정의하고 이에 대한 상속 클래스를 정의하면 클래스에 속한 모든 객체는 자동적으로 상속 관계를 맺는다. 따라서 객체지향 프로그램을 설계할 때는 상속 계층 구조를 만들어 상속 관계를 조정한다.

예컨대 Account의 모든 기능은 SavingAccount, InstallmentAcount, MortgageAccount에 모두 존재한다. [그림 2-6]은 [그림 2-5]의 내용을 구체화한 것으로, Account 클래스에 존재하는 속성과 오퍼레이션이 세 가지 서브클래스에 상속된다는 것을 보여준다. 클래스를 나타내는 박스에서 중간층이 속성을 표시하는 부분이고 하위층이 오퍼레이션을 표시하는 부분이다. 상속된 기능은 서브클래스에 중복해서 표시하지 않고 서브클래스에 새로 추가된 기능만 표시한다.

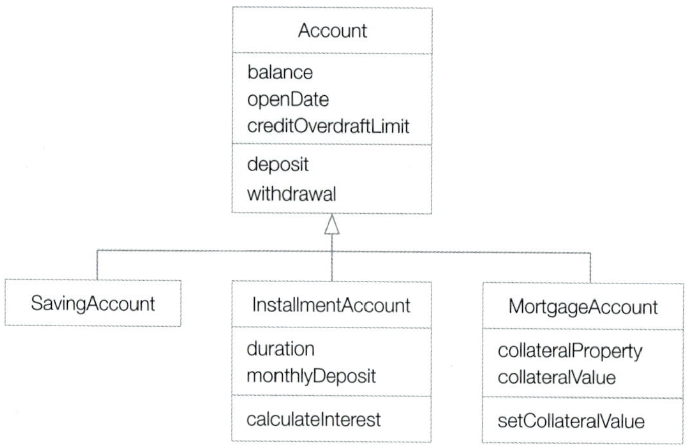

그림 2-6 속성과 오퍼레이션이 포함된 은행 계좌의 상속 구조

2 is-a 규칙

클래스를 상속 계층 구조로 구성하는 것은 객체지향 프로그램을 설계하고 구현하는 데 중요한 작업이다. 그런데 설계를 하다 보면 잘못된 계층 구조를 만들기 쉽다. 따라서 상속 관계를 가진 클래스들이 is-a 규칙을 만족시키는지 살펴보아야 한다. 이 규칙은 'an A is a B'가 성립하면 A 클래스가 B 클래스의 서브클래스가 된다는 것이다.

예를 들면 '예금 계좌(SavingAccount)는 은행 계좌(Account)의 일종이다'는 성립한다. 따라서 예금 계좌는 은행 계좌의 서브클래스가 된다. 하지만 '예금 계좌는 보통 예금의 일종이다'는 성립하지 않는다. 따라서 예금 계좌는 보통 예금의 서브클래스가 될 수 없다.

is-a 규칙을 만족시키지 않는다면 일반화 개념을 잘못 적용한 것이다. 그러나 is-a 규칙을 만족시키는 모든 경우를 일반화 개념이 적용된 사례로 볼 수도 없다. 다음 예를 살펴보자.

- 슈퍼클래스나 서브클래스의 이름이 모호하면 일반화 관계를 정의하기 어렵다. 예를 들어 구체적으로 BusVehicle이라 하지 않고 Bus라고만 한 경우 일반화된 클래스를 발견하기 어렵다.
- 서브클래스는 항구적으로 고유한 속성을 가져야 한다. 예를 들어 OverdrawnAccount를 서브클래스로 만들었을 때, is-a 규칙을 적용하면 '잔고 부족 통장은 통장의 일종이다'라고 할 수 있다. 그러나 잔고 부족 통장은 잔고를 충분히 채우면 OverdrawnAccount가 아니다. 따라서 OverdrawnAccount는 일반화를 적용하여 별도의 클래스로 만들기에 부적당하다.
- 상속된 모든 기능은 서브클래스에서도 의미가 있어야 한다. [그림 2-6]에 있는 세 가지 서브클래스는 balance(잔고), openDate(개설일), creditOverdraftLimit(마이너스 한도) 속성 모두가 필요한 것이어야 한다. 또한 오퍼레이션 deposit(예금)과 withdrawal(인출)이 각 서브클래스에서 수행되는 것이 의미 있고 일관되어야 한다. withdrawal(인출)이 MortgageAccount(대출 계좌)에서 의미가 없는 것 같지만 처음에 많은 금액을 대출하는 것을 인출로 볼 수 있다.

위의 세 가지 사항을 간과하면 필요하지 않은 상속을 구현하기 위한 조건 체크가 많아지고 이해하기 어려워진다. 결국 상속을 이용하여 일반화 관계를 정의하면 중복 정의를 피하게 되고 재사용이 향상된다. 잘못 설계된 일반화 관계는 문제를 더욱 악화시킬 수 있다.

예제 2-2 상속 구조 만들기

다음과 같은 클래스를 상속 구조로 구성해보자.

원을 나타내는 Circle, 점을 나타내는 Point, 사각형을 나타내는 Rectangle, 표를 나타내는 Matrix, 타원을 나타내는 Ellipse, 선을 나타내는 Line, 평면을 나타내는 Plane

정답

여러 가지 방법이 있으며 한 예로 다음 그림처럼 구성할 수 있다.

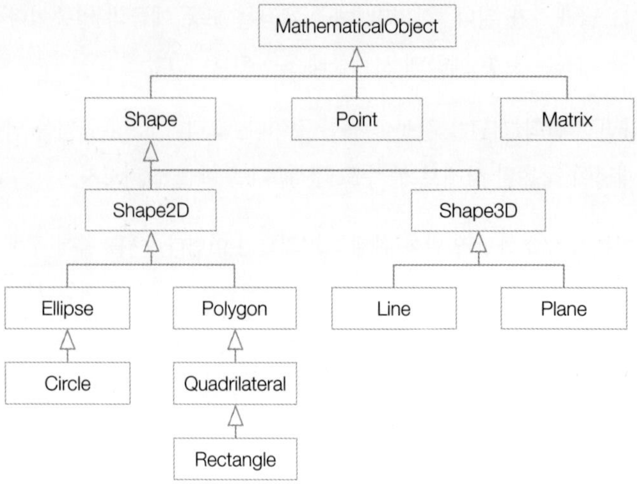

그림 2-7 도형 관련 객체의 상속 구조

위 그림에서 제시한 설계에 대해 다음과 같은 추가 의견을 생각해볼 수 있다.

- Point를 Shape의 일종이며 퇴화된 것으로 생각할 수도 있다. Point를 몇 차원으로 표시하느냐에 따라 Point2D, Point3D로 나누어 정의할 수 있다.
- 마찬가지로 Line도 2차원 또는 3차원이 될 수 있다.
- 수학적으로 원은 타원이 지닌 모든 성질을 가지므로 [그림 2-7]과 같이 원(Circle)을 타원(Ellipse)의 서브클래스로 생각할 수 있다. 그러나 타원은 두 개의 초점을 가지고 있고 원은 두 개의 초점이 원점으로 같기 때문에, 타원의 경우 한 초점의 위치를 변경하는 오퍼레이션이 가능하지만 타원의 서브클래스인 원은 이러한 오퍼레이션이 적용될 수 없다. 따라서 원을 타원의 일종으로 정의하여 두 개의 초점이 같은 것으로 정의하지 않고 [그림 2-8]과 같이 원과 타원의 속성을 구별하여 따로 정의하는 방법도 있다. 또 다른 방법은 원을 완전히 배제하고 타원 클래스만 정의하여 사용하는 것이다. 이런 경우 타원을 항상 원으로 만들어주는 constrainAsCircle이라는 속성을 추가한다.

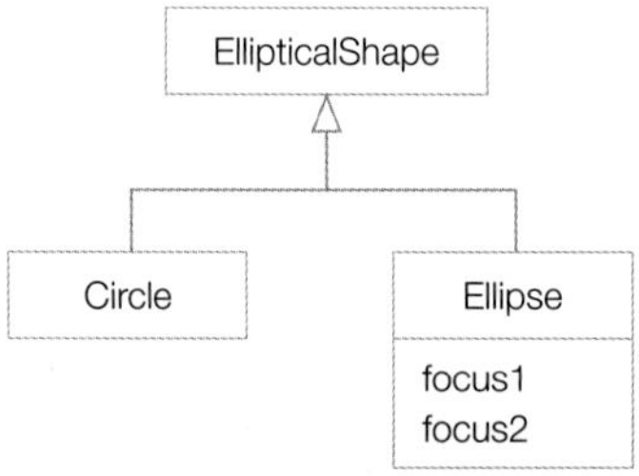

그림 2-8 타원과 원을 정의하는 다른 방법

05 다형성

1 다형성

객체지향 패러다임의 장점은 대부분 다형성과 상속 개념에서 비롯된다. 여기서 다형성은 '다양한[many] 모양[form]을 가지는 성질'을 뜻한다. 객체지향 패러다임에서 다형성은 다음 두 가지로 정의할 수 있는데 두 가지 모두 객체지향의 장점이 된다.

① 다형성은 오퍼레이션이나 속성의 이름이 하나 이상의 클래스에서 정의되고 각 클래스에서 다른 형태로 구현될 수 있는 개념이다.

② 다형성은 속성이나 변수가 서로 다른 클래스에 속하는 객체를 지칭할 수 있는 성질이다.

[그림 2-9]와 같은 여러 가지 다각형을 그래픽 프로그램에서 사용하기 위해 이차원 평면상의 다각형 폴리곤(Polygon)을 구성하는 문제를 다시 생각해보자.

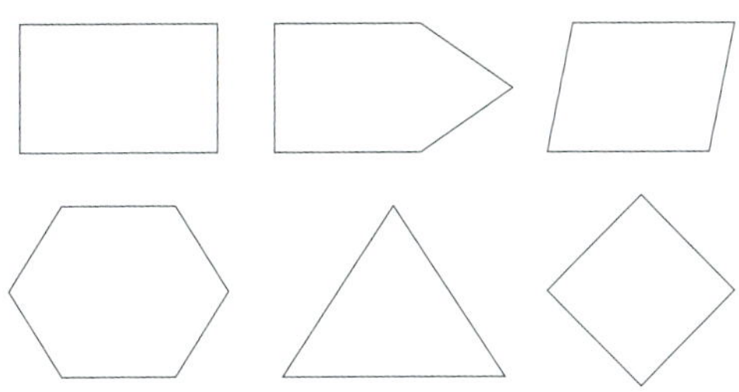

그림 2-9 이차원 다각형의 예

폴리곤은 다각형의 면적을 계산하는 getArea 오퍼레이션을 가질 수 있다. 계산 후의 결과는 area라는 속성에 저장되도록 Polygon 클래스에 정의한다. getArea 오퍼레이션은 [그림 2-9]와 같은 다각형의 모양에 따라 다양한 알고리즘으로 구현되어야 한다.

다각형에는 다양한 모양이 있지만 일단 Triangle(삼각형), Rectangle(사각형), Hexagon(육각형)을 Polygon의 서브클래스로 추가해보자. 삼각형, 사각형, 육각형은 일종의 다각형이기 때문에 is-a 관계가 성립한다. 따라서 [그림 2-10]과 같은 상속 관계를 가진다.

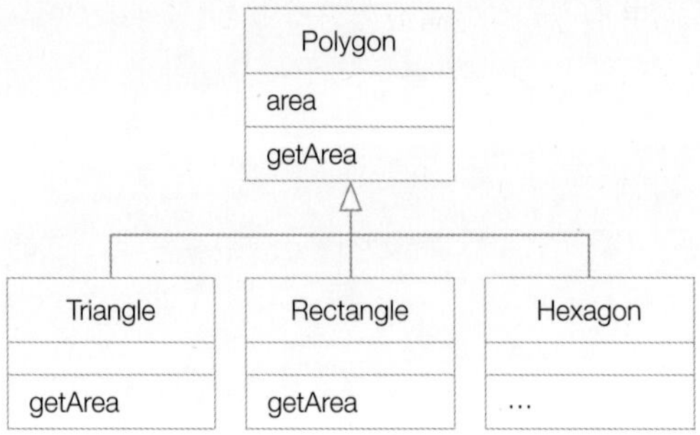

그림 2-10 Polygon과 세 개의 서브클래스

Triangle과 Rectangle은 getArea라는 이름의 오퍼레이션을 모두 가진다. getArea 오퍼레이션은 모양에 따라 면적 계산법이 다르지만 Polygon들의 면적을 계산하는 데 같은 이름으로 사용된다. 이것이 같은 모양의 다른 뜻을 가진 다형성이다. Rectangle의 getArea는 Triangle의 getArea 계산법과 다르기 때문에 getArea 메소드의 프로그램 내용이 달라진다. 하지만 오퍼레이션의 이름은 같게 하는 것이 다형성의 핵심이다.

그렇다면 왜 실제적으로는 다른 메소드를 같은 이름으로 만드는 것일까? 예를 들어 twoDShape로 불리는 객체의 면적을 계산하기 위해 다음과 같은 프로그램을 작성했다고 하자.

```
twoDShape.getArea;
```

면적을 구하는 메소드 중 어떤 것이 사용되었는지 알 수 없다. twoDShape가 어떤 클래스에 속하는 객체인지 실행 전에는 정확히 알 수 없기 때문이다. 결과적으로 다음과 같은 다섯 가지 경우가 가능하다.

- **twoDShape가 Triangle의 인스턴스인 경우**: Triangle에 속한 getArea가 수행될 것이다.
- **twoDShape가 Rectangle의 인스턴스인 경우**: Rectangle에 속한 getArea가 수행될 것이다.
- **twoDShape가 Hexagon의 인스턴스인 경우**: Hexagon에 getArea 오퍼레이션이 정의되어 있지 않으므로 Polygon에 정의된 getArea를 상속받아 수행될 것이다.
- **twoDShape가 일반적인 임의 Polygon의 인스턴스인 경우**: Polygon에 정의된 getArea가 수행될 것이다.

- **twoDShape가 앞의 네 가지 클래스가 아닌 어떤 클래스 C에 속한 객체인 경우**: 클래스 C에는 getArea 오퍼레이션이 정의되어 있지 않아 컴파일 오류가 발생할 것이다.

이때 메시지를 보내려는 대상 객체를 모르고 보낼 수 있냐는 의문이 생긴다. 이런 일은 실행 과정에서 흔히 발생하는데 다음 예를 살펴보면 이해가 될 것이다. Polygon 타입으로 정의된 p 변수가 컴파일 타임에는 어떤 객체가 될지 알 수 없다. 실행될 때 사용자의 선택에 따라 결정되기 때문이다.

```
Polygon    p;
Triangle   t=new Triangle();
Hexagon    h=new Hexagon();
 ⋮
if(user says OK)
     p=t;
else
     p=h;
 ⋮
p.getArea;      // p may refer to a Triangle or Hexagon
```

위 프로그램에서는 p.getArea가 어떤 버전의 getArea 오퍼레이션을 실행하는지 알아보기 위해 테스트하는 것도 무의미하다. p는 Polygon을 상속한 어떤 서브클래스의 객체(예를 들면 Octagon)가 되더라도 원시코드를 변경하지 않고 수행될 수 있다. 타깃 객체가 면적을 계산할 수 있는지가 관건이며 메시지를 보내는 프로그램은 걱정할 필요가 없다.

또 한 가지 주의할 점은 Polygon p; 문장이다. 이 문장은 p라는 변수가 너무 많은 형태로 변하는 것에 대한 안전한 제한 장치를 의미한다고 할 수 있다. 구문의 의미를 살펴보면 변수 p는 Polygon 클래스의 객체나 Polygon 서브클래스의 객체를 담을 수 있다. 만일 p가 완전히 다른 Customer 클래스의 객체를 갖게 된다면 런타임 오류가 발생한다.

75쪽 다형성의 정의 ①에 명시된 것처럼 getArea 오퍼레이션은 여러 클래스 안에서 정의될 수 있다. 다형성의 정의 ②는 위의 사례에서 변수 p가 다른 여러 클래스, Triangle이나 Hexagon 등의 객체를 지칭할 수도 있다는 것을 의미한다. 지금까지 사례에서 살펴본 다형성의 두 가지 측면은 객체지향 프로그램을 간결하게 만드는 데 기여한다.

객체지향에서 다형성은 동적 바인딩dynamic binding으로 실현된다. 동적 바인딩은 실행되는 정확한 코드가 런타임(컴파일 타임과 반대되는)에 결정되는 기법이다. 즉 메시지를 보내는 타깃 객체가 프로그램의 최종 실행 단계에 가서 확정되는 개념이다.

2 함수 재정의

[그림 2-10]을 보면 getArea가 Polygon에서도 정의되고 Triangle에서도 정의되었는데 이를 함수 재정의overriding라 한다. 함수 재정의는 슈퍼클래스에서 정의된 메소드가 서브클래스에서 다시 정의되는 것을 말한다. 원래 Polygon에서 정의된 getArea 오퍼레이션이 Triangle에서 재정의되었다. getArea 오퍼레이션은 같은 이름을 가지고 있으나 다른 알고리즘으로 구현된다. 이렇게 같은 이름의 다른 뜻을 가진 오퍼레이션을 서브클래스에 다시 정의하는 것은 재정의라고 일컫는다.

경우에 따라서 슈퍼클래스에서 정의된 오퍼레이션을 서브클래스에서 취소시키기 위해 재정의를 사용하기도 한다. 이때 재정의한 오퍼레이션의 구현에는 오류를 리턴하는 문장이 포함된다. 하지만 재정의를 과다하게 사용되면 상속 구조를 뒤흔드는 결과가 되기 때문에 피하는 것이 좋다.

재정의와 관련하여 혼동하기 쉬운 개념으로 오버로딩overloading이 있다. 오버로딩은 같은 클래스 안에 이름이 같은 여러 오퍼레이션을 정의하는 것이다. 다형성과 오버로딩 모두 수행될 오퍼레이션을 런타임에 선택하게 하는 방법이다. 그러나 다형성은 같은 이름의 오퍼레이션을 다른 여러 클래스에 정의하는 것이고, 오버로딩은 같은 이름의 오퍼레이션을 같은 클래스 안에 여러 번에 걸쳐 다르게 정의한다는 것이 차이점이다.

예제 2-3 ▶ 다형성 이해하기

[예제 2-2]에서 살펴본 이차원 평면(Shape2D)의 다각형 클래스를 상속 구조로 구성하고 속성과 오퍼레이션을 정의해보자.

정답

[그림 2-11]과 같이 네 가지 수준의 계층 관계로 일반화할 수 있다. 포함된 클래스에 대한 자세한 설명은 다음과 같다.

- 타원(Ellipse)은 장축과 단축, 두 개 축의 길이로 정의된다. 장축의 반을 semiMajorAxis라고 하며 원은 반지름과 같다.
- 정다각형(RegularPolygon)은 모든 꼭짓점이 같은 원주상에 있고 각 변의 길이가 같은 것이다. 정삼각형, 정사각형, 정오각형이 여기에 해당된다.
- 부정다각형(ArbitraryPolygon)은 정다각형이 아닌 것으로 꼭짓점의 위치로 정의된다.

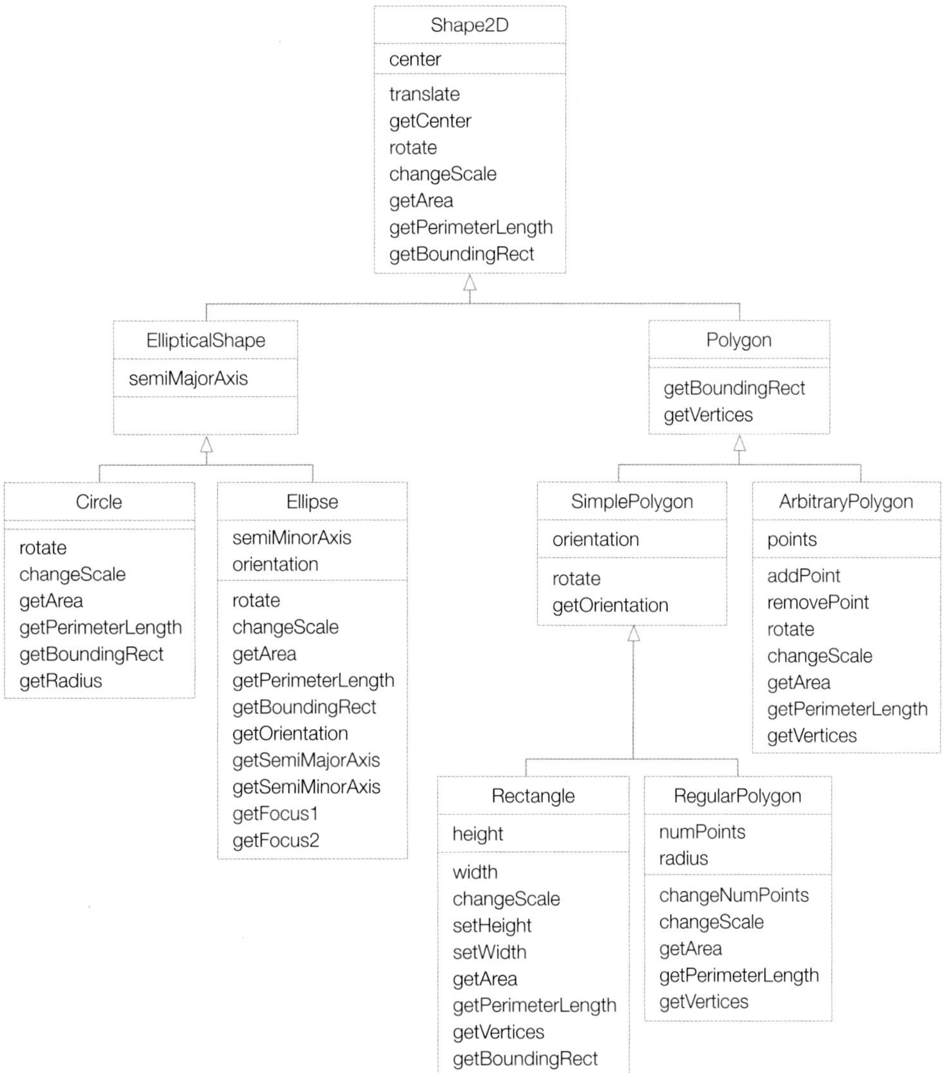

그림 2-11 Shape2D 클래스의 상속 구조

클래스 Shape2D는 일곱 개의 오퍼레이션(translate, getCenter, rotate, changeScale, getArea, getPerimeterLength, getBoundingRect)을 정의했다. 일곱 개의 오퍼레이션을 여기에 정의한 이유는 하부에 있는 여덟 개의 서브클래스에서도 오퍼레이션이 모두 의미 있고 동작할 수 있기 때문이다. 서브클래스에서는 모두 의미가 다르므로 다른 메소드로 구현될 것이다. 클래스 Shape2D에 있는 오퍼레이션의 수행 내용은 다음과 같으며, 그 효과는 [그림 2-12]에 나타냈다.

- **translate**: x 좌푯값과 y 좌푯값, 두 개의 매개변수를 받아 x축, y축을 기준으로 이동한다.
- **getCenter**: center 값을 반환한다.
- **rotate**: 한 개의 매개변수를 받아 주어진 각도만큼 도형을 회전시킨다.
- **changeScale**: 한 개의 매개변수 퍼센트 값을 받아 비율만큼 크거나 작게 만든다.
- **getArea**: 면적을 계산하여 리턴한다.
- **getPerimeterLength**: 둘레를 계산하여 리턴한다.
- **getBoundingRect**: 도형의 주위를 충분히 포함하는 큰 사각형을 리턴한다.

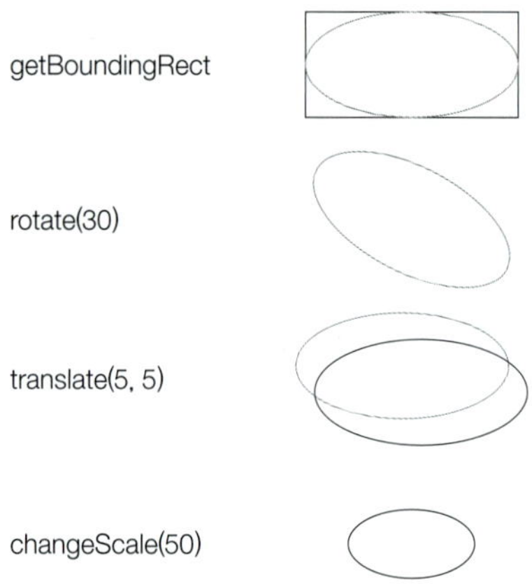

그림 2-12 Ellipse에 대한 오퍼레이션 결과

3 추상 클래스

[그림 2-11]의 네 개 클래스(Circle, Ellipse, SimplePolygon, ArbitraryPolygon)를 보면 rotate 오퍼레이션을 따로 정의했다. 각 클래스의 고유한 rotate 메소드를 살펴보자.

- **Circle**: 원은 돌리더라도 모양의 변화가 전혀 없기 때문에 rotate 메소드는 의미가 없다. 즉 메소드는 존재하지만 내용이 없다.
- **Ellipse, SimplePolygon**: 이 도형은 회전시키는 각도, orientation 속성이 필요하다.
- **ArbitraryPolygon**: 회전시키는 방법이 더 복잡하다. 즉 회전 후 각 변을 그리는 방법을 SimplePolygon과 다르게 접근해야 하기 때문이다.

이처럼 rotate 오퍼레이션을 구현하는 방법이 다 달라서 오퍼레이션의 구현을 슈퍼클래스인 Shape2D에 할 수 없다. 오퍼레이션의 정의는 Shape2D에 하더라도 회전시키는 방법이 다르기 때문에 메소드를 서브클래스에 구현해야 한다. 이렇게 오퍼레이션 정의만 하는 것을 가상함수virtual function라 부른다.

Shape2D, EllipticalShape, Polygon, SimplePolygon은 개념만 가진 클래스로 구체적인 인스턴스를 가질 수 없는데 이를 추상 클래스라 한다. [그림 2-11]과 같은 상속 계층을 나타내는 트리에서 단말 노드에 있는 클래스들은 구체적인 객체를 가질 수 있으나 중간 노드에 있는 클래스들은 추상 클래스로 선언해야 한다. 따라서 추상 클래스의 주요 목적은 서브클래스에 의해 상속받을 기능을 정의하는 것이다.

[그림 2-11]에서 발견할 수 있는 추상 클래스에 대한 사실은 다음과 같다.

- rotate와 더불어 클래스 Shape2D에는 두 가지 가상함수가 있다. 가상함수는 필요하면 단말 노드에 있는 클래스에 도달하기 전에 오퍼레이션을 구현할 수 있다. 예를 들면 SimplePolygon의 rotate는 하위 서브클래스에 공통 알고리즘이 적용되므로 SimplePolygon에 정의된다.
- SimplePolygon은 구체화된 두 개의 메소드가 있지만 추상 클래스이다. changeScale, getArea, getPerimeterLength와 같은 오퍼레이션의 구체적인 구현을 상속받을 수 없기 때문이다.
- 클래스 Shape2D에는 가상함수 getBoundingRect가 존재한다. 이 함수는 Polygon에서 구체화되어 구현할 수 있다. 도형의 꼭짓점을 계산할 수 있는 getVertices 메소드가 존재하므로 도형을 감싸는 사각형을 구할 수 있고, 따라서 Polygon에서 구현할 수 있다.

NOTE_ 객체지향의 역사

객체지향은 한순간에 탄생한 것이 아니라 여러 사람이 오랫동안 연구하여 얻은 산물이다. 오늘날 객체지향 개념이 사용되기까지 기여한 사람들을 통해 객체지향의 역사를 살펴보자.

- **래리 콘스턴틴**Larry Constantine

  객체지향 개념과 직접 관련된 것은 아니지만 1960년대에 좋은 소프트웨어 설계의 근본적인 기준이 무엇인지 연구하여, 프로그래밍하기 전에 소프트웨어를 설계할 수 있다는 것을 제안했다. 그때 콘스턴틴이 제안한 응집과 결합 개념이 객체지향 패러다임에서 실현되고 있다.

- **올레 요한 달**Ole-Johan Dahl**과 크리스텐 니가드**Kristen Nygaard

  1966년 시뮬라Simula라는 시뮬레이션 언어를 개발하면서 오늘날 객체지향 패러다임의 중요한 개념, 예를 들면 클래스와 같은 것들을 소개했다.

- **앨런 케이**Alan Kay**와 아델 골드버그**Adele Goldberg

  1970년 제록스 팰로앨토연구소에서 스몰토크Smalltalk라는 최초의 객체지향 언어를 개발하여 객체지향 패러다임을 실현했다. 메시지, 상속 등 대부분의 주요 개념이 여기서 제안되었으며, 스몰토크는 객체지향 개념에 충실한 언어로 아직도 사용되고 있다.

- **에츠허르 데이크스트라**Edsger W. Dijkstra

  오류 없는 소프트웨어를 만들기 위해 증명에 대한 연구를 많이 했고, 의미적 분리를 위해 추상화 수준에 따라 소프트웨어를 구축하는 아이디어를 내놓았다. 객체지향에서 중요한 개념인 캡슐화를 제안했다.

- **바버라 리스코프**Barbara Liskov

  1970년대에 추상 데이터 타입에 대한 개념을 제안하여 객체지향의 기초를 다졌다. CLU라는 언어를 개발하여 내부 데이터를 숨기는 아이디어를 제안했다.

- **데이비드 파르나스**David Parnas

  1972년 모듈화 원리를 제안한 기념비적인 논문을 작성하여 객체지향 구문 형성에 공헌했다. 특히 정보 은닉이란 개념을 제안하여 객체지향 시스템에 적용하게 했다.

- **비야르네 스트로스트룹**Bjarne Stroustrup

  C++ 언어를 탄생시킨 장본인이다. 마틴 리처드Martin Richard의 BCPL이 B라는 언어로 발전하고 스트로스트룹이 B를 C로, 그리고 다시 C++로 발전시킨 것이다. 스트로스트룹은 어셈블러, C 언어를 사용하던 동료들이 좀 더 쉽게 프로그램을 작성하도록 C++ 언어를 창안했다. 자바가 소개된 후에도 많이 사용하던 C 언어와의 이식성, 호환성 때문에 여전히 많이 사용하고 있다.

- **베르트랑 메예르**Bertrand Meyer

  메예르는 컴퓨터 과학의 대표적인 아이디어를 객체지향이란 개념으로 잘 묶어놓았고, 그 결과 에펠Eiffel이라는 객체지향 언어를 개발했다. 에펠은 독특하게도 학계와 산업계 모두에서 좋은 반응을 얻고 있다.

- **그래디 부치**Grady Booch**, 이바르 야콥손**Ivar Jacobson**, 제임스 럼보**James Rumbaugh

  부치, 야콥손, 럼보는 협력하여 객체지향 설계를 표현하기 위한 그래픽 언어, UML을 표준화했다. 1990년대 초까지 제각각이던 다양한 객체지향 설계 표현 방법이 이들에 의해 단일화되었다.

06 UML

설계 작업에서는 복잡한 아이디어를 간결하고 정확하게 표현하여 이를 교환해야 한다. 특히 매우 다양한 기술과 문화적 배경을 지닌 기술자들이 참여하는 프로젝트에서 정확하고 간결하게 표현하는 것은 잘못된 의사소통을 줄이는 데 필수적이며 중요한 요건이다.

정확히 의사 전달을 하려면 먼저 표현 방법이 나타내는 의미semantic를 잘 정의해야 한다. 또한 시스템의 특성을 표현하는 데 적합해야 하고 프로젝트 참여자들이 이해하기 쉬워야 한다. 복잡한 의미를 잘 표현하려면 약자와 심벌을 사용하는 것이 효과적이다. 사람의 단기 기억 능력에는 한계가 있기 때문에 상세한 것을 일차원적인 문자로 나타낸 것보다 그 내용을 적절히 숨겨 단계적으로 추상화하는 것이 의사 전달에 효과적이다. 심벌과 계층적 추상화를 이용하면 복잡한 문제를 쉽게 다루고 잘 표현할 수 있다.

또한 표현 방법의 표준이나 규격이 필요하다. 누구나 같은 표현 방법을 사용한다면 잘못되거나 모호한 해석이 없을 것이다. 반면에 유사한 표현 방법이 여러 가지라면 서로 해석이 달라 잘못된 이해를 유발하기 쉽다.

이 책에서는 객체지향 설계의 표현 방법으로 UML을 소개한다. UML은 심벌의 의미가 잘 정의되어 있고 시스템의 다양한 특성을 표현할 수 있어서 객체지향 설계 표현 방법의 표준으로 사용되고 있다.

1 UML

UMLUnified Modeling Language은 객체지향 소프트웨어를 모델링하는 표준 그래픽 언어로, 심벌과 그림을 사용하여 객체지향 개념을 나타낼 수 있다. UML은 '나타내는 방법notation'이므로 소프트웨어 제품도, 소프트웨어 도구도 아니며 또한 방법론methodology도 아니다. 1988년부터 제안되어 사용된 여러 가지 객체지향 방법론은 모두 객체지향으로 모델링하는 과정modeling process과 모델링에 사용하는 언어modeling language를 정의하고 있다. 모델링 과정은 객체지향으로 분석하고 설계하는 프로세스를 말하고, 모델링 언어는 설계를 표현할 때 사용하는 그래픽 심벌을 의미한다. UML은 프로세스나 방법을 안내하지 않고 표현 방법만을 제시할 뿐이다.

UML은 건축물의 설계 도면이 다양한 것처럼 소프트웨어에 대한 다양한 관점을 제공한다.

- **기능적 관점**functional view: 사용자 측면에서 본 소프트웨어의 기능을 나타낸다. 즉 소프트웨어가 바깥 세계와 어떻게 상호작용하는지를 나타낸다. 사용 사례 모델링이라고도 부르며, 주로 요구 분석 단계에 사용한다.
- **정적 관점**static view: 소프트웨어 내부의 구성 요소와 그것들 사이의 구조적 관계를 나타낸다. 클래스 및 그것들 사이의 관계, 패키지 안의 클래스 구성과 패키지 사이의 관계 등을 예로 들 수 있다.
- **동적 관점**dynamic view: 소프트웨어의 내부 동작을 나타낸다. 각 요소가 시스템의 요구를 만족시키기 위해 어떻게 동작하고 상호작용하는지를 나타낸다.

2 UML 다이어그램

UML에는 여러 가지 다이어그램이 있다. 각 다이어그램은 개발될 소프트웨어에 대한 고객과 개발자의 관점을 다양하게 표현한 것이다. 예를 들어 건물을 설계할 때 평면도, 입면도, 조감도, 온수 배관도, 전기 배선도 등을 그리는데, 이는 건물을 보는 위치와 관점에 따라 차이가 있기 때문이다. 마찬가지로 소프트웨어의 복잡한 요소 중에서 관심 있는 요소를 초점으로 간략하게 그린 것이 다이어그램이다.

UML의 주요 다이어그램은 다음과 같다.

■ **사용 사례 다이어그램**

액터와 사용 사례를 통해 시스템의 기능을 모델링하는 데 사용한다. 개발하려는 시스템의 기능적 요구 또는 업무 프로세스의 개관을 나타낸다.

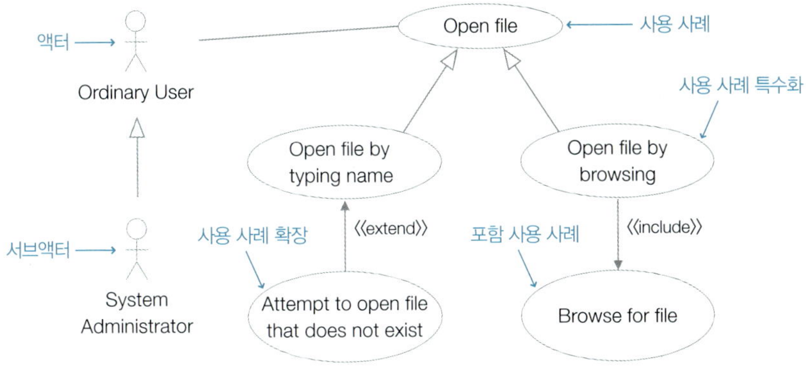

그림 2-13 사용 사례 다이어그램의 예

■ 클래스 다이어그램

객체지향 시스템의 가장 근간이 되는 다이어그램으로 시스템의 정적인 구조를 나타낸다. 또한 도메인(문제 영역)의 개념과 그것들 사이의 관계를 표시한다.

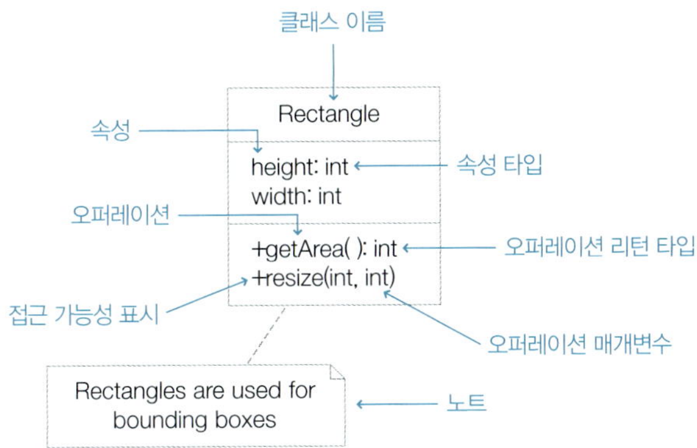

그림 2-14 클래스 다이어그램의 예

■ 시퀀스 다이어그램

객체 사이의 메시지 교환을 시간의 흐름에 따라 나타낸 것이다. 즉 사용 사례로 표시된 업무 프로세스에 대해 시스템 안에 존재하는 객체가 어떤 식으로 개입하여 상호작용하는지를 나타낸다.

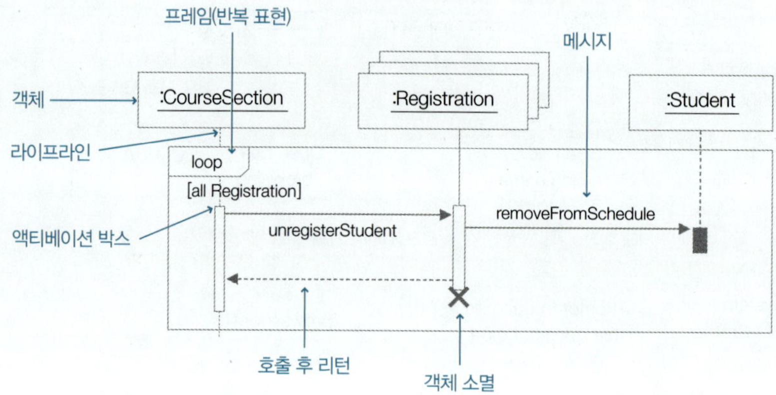

그림 2-15 시퀀스 다이어그램의 예

■ 상태 다이어그램

외부 자극에 대한 시스템의 동적 상태 변화를 나타낸다. 외부 이벤트에 대해 민감하게 상태를 변화시키는 객체를 모델링한다.

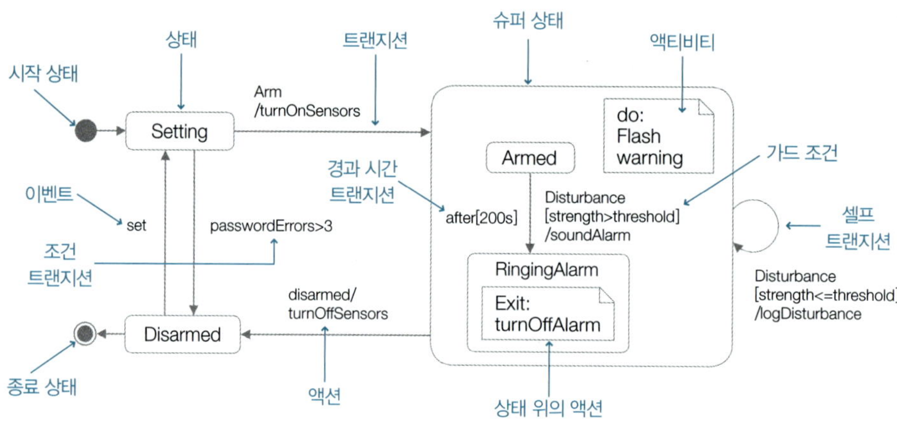

그림 2-16 상태 다이어그램의 예

■ 액티비티 다이어그램

시스템의 내부 프로세스를 단계별 작업 흐름 형태로 모델링한다. 시스템의 동적 특징을 나타낸다.

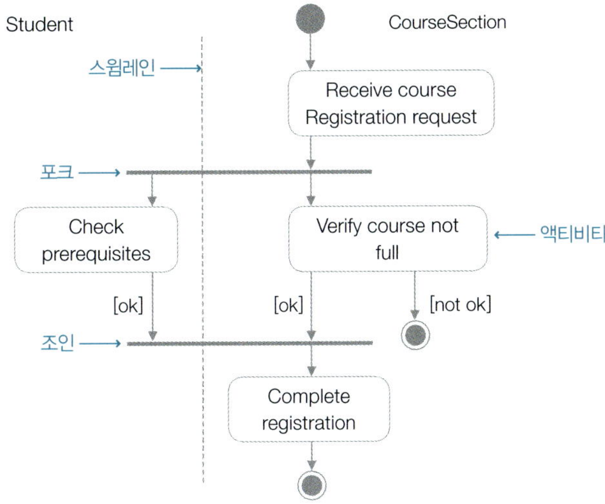

그림 2-17 액티비티 다이어그램의 예

■ **패키지 다이어그램**

관련된 클래스를 패키지로 그루핑하여 복잡한 시스템을 조직화하는 데 사용한다.

그림 2-18 패키지 다이어그램의 예

■ **배치 다이어그램**

노드, 컴포넌트, 커넥터 등 시스템의 물리적 자원 배치를 나타낸다.

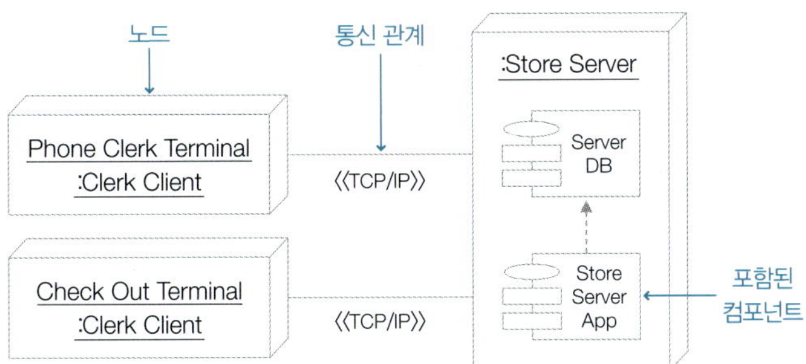

그림 2-19 배치 다이어그램의 예

UML 다이어그램의 목적은 소프트웨어 개발에 도움을 주는 것이다. 개발 과정에 여러 가지 다이어그램으로 설계하면 구조가 좋아지고 개발자들 간의 의사 교환이 쉬워진다. 그러나 명확한 이해 없이 UML을 사용하면 오히려 객체지향 소프트웨어 개발에 방해가 될 수도 있다.

UML은 방법론이 아니기 때문에 단계별로 어떻게 작업해야 하는지 자세하게 나타내지 않는다. 래셔널Rational 사에서 제안한 Unified ProcessRUP는 대표적인 객체지향 개발 방법론이다.

3 UML의 특징

UML은 소프트웨어를 시각적으로 모델링하기 위해 사용한다. UML의 특징은 다음과 같다.

■ **비주얼화**

UML은 소프트웨어의 구성 요소와 그것들의 관계 및 상호작용을 시각화한 것이다. 즉 UML은 다이어그램을 구성하는 그래픽 요소들의 집합이다. 각 다이어그램은 소프트웨어의 비주얼 표현이며 소프트웨어에 대한 관점을 가진다.

■ **명세**

UML은 소프트웨어 개발의 중요한 작업인 분석, 설계, 구현의 정확하고 완벽한 모델을 제공한다. 세 가지 관점의 모델은 개발 사이클에 반복적으로 사용된다. 분석 단계에서는 기능적 모델이 개념적인 수준으로 작성되고, 설계 단계에서는 동작 수준의 모델로, 구현 단계에서는 더 자세한 상호작용 모델 수준으로 명세된다.

■ **구축**

UML은 객체지향 언어와 호환이 된다. UML은 프로그래밍 언어가 아니지만 모델이 객체지향 언어로 매핑될 수 있다. 따라서 UML 기반 모델링과 개발 도구는 어느 정도의 코드 자동 생성과 코드에서 모델을 추출하는 역공학을 제공한다. 따라서 비주얼 모델에 대한 변경을 코드에서 추적할 수 있으며, 거꾸로 코드의 변경을 모델에서 추적할 수도 있다.

■ **문서화**

UML은 소프트웨어 생명주기의 중요한 개발 작업을 추적하고 문서화하는 데 도움을 준다. UML 모델링은 개발 프로젝트에 포함된 작업으로 문서화, 명세화 작업과 같기 때문에 문서화 작업 중 모순되는 부분을 줄일 수 있다.

■ **테스트 기준**

UML 모델링에 의한 명세는 구현 결과에 대한 테스트 기준이 된다. 즉 설계에서 의도한 내용이 코딩 결과에 잘 담겨 작동하는지 검사하는 데 사용된다.

이와 같이 UML 모델은 설계 작업을 도와줄 뿐만 아니라 설계를 분석하고 검토하는 작업에도 사용된다. 따라서 시스템을 기술하는 문서의 핵심이라 할 수 있다. 이 책에서는 고품질의 다이어그램과 모순 없는 모델을 생성하는 여러 가지 방법을 소개할 것이다.

예제 2-4 문제 은행 만들기

지금까지 학습한 객체지향 개념을 적용하여 시험 문제를 출제할 때 사용할 문제 은행을 만들어보자. 문제는 정오형, 단답형, 다중 선택형, 서술형이 있고 문제 은행은 질문을 하나씩 제시해야 한다.

정답

객체지향 언어로 구현하기 전에 정적 모델링 작업을 해보자. 문제 은행 시스템은 [그림 2-20]과 같이 크게 두 부분으로 나눌 수 있다.

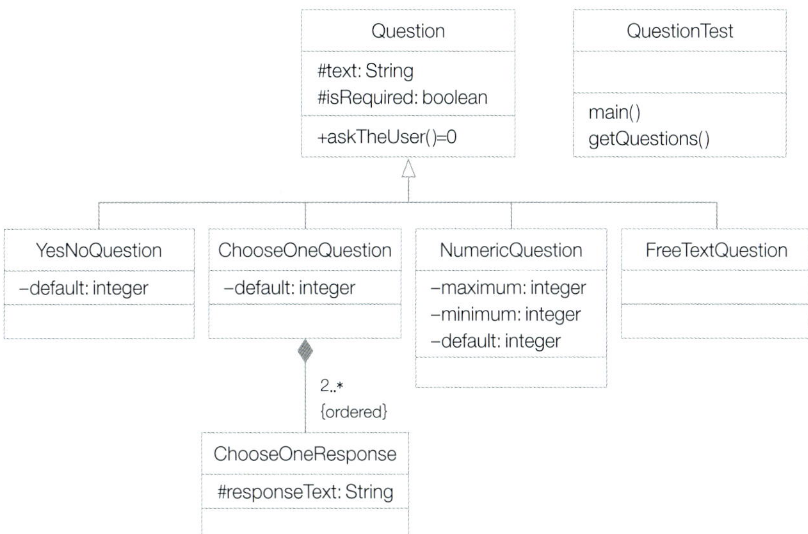

그림 2-20 문제 은행 시스템을 위한 클래스

먼저 여러 가지 형태의 문제 유형을 표현할 상속 구조를 찾아낸다. 다중 선택형뿐만 아니라 정오형, 단답형, 서술형을 다룰 수 있어야 한다면 [그림 2-20]과 같이 Question 클래스를 다양하게 세분하여 정의한다. 다음으로 필요한 것은 앞에서 정의한 Question 클래스에 담겨 있는 유형을 이용하여 문제를 만드는 프로그램, QuestionTest이다.

Question 클래스를 상속하는 여러 유형의 문제에 대한 클래스 정의는 다음과 같다.

- Question 클래스는 추상 클래스로서 인스턴스가 생성될 수 없으며, 문제의 질문을 저장하는 text 필드와 필수 여부를 표시하는 isRequired 필드를 가진다. 또한 askTheUser()는 각 문제의 질문을 생성하는 함수로 서브클래스에서 구체적으로 유형에 맞게 구현되어야 한다.
- YesNoQuestion은 간단한 정오를 답하는 문제로, default에 문제의 정답을 저장해둔다.
- ChooseOneQuestion은 다중 선택형 문제로, 정답은 default에 저장되고 각 문항은 ChooseOneResponse에 저장된다. ChooseOneResponse는 두 개부터 n개까지 다양하게 지정할 수 있다.
- FreeTextQuestion은 주관식 문제로, 답을 텍스트로 보관할 수 있는 필드가 필요하다.

QuestionTest 클래스는 Question 클래스를 이용하여 문제를 만드는 클라이언트 프로그램이다. 이 클래스의 main() 함수에서는 만든 문제를 화면이나 프린터 등의 출력 장치에 출력하는 작업을 한다. getQuestions() 함수에서는 여러 유형의 실제 문제를 만들어내는 작업을 한다. Question 타입의 객체 배열을 문항 수만큼 생성하여 각각 문제 유형의 서브클래스 객체로 만들어넣는다. QuestionTest 클래스는 일종의 사용자 인터페이스를 담당하는 클래스이다.

다음은 위에서 설계한 문제 은행을 자바 프로그래밍 언어로 구현한 것이다.

```
package question;
abstract class Question  { // Full class name is question.QuestionTest
    public Question( String _text ) // Constructor      {
        theText = _text;
    }
    public abstract void askTheUser();
    protected String theText;
}

class YesNoQuestion extends Question {
    public YesNoQuestion( String _text ) { super( _text ); }
    public void askTheUser() {
        System.out.println( theText );
        System.out.println( "YES or NO ...?" );
```

```
    }
}

class FreeTextQuestion extends Question {
    public FreeTextQuestion( String _text ) { super( _text ); }
    public void askTheUser() {
        System.out.println( theText );
        System.out.println( "Well...? What's the answer...?" );
    }
}

public class QuestionTest {
    public static void main( String[] args ) {
        Question[] questions = getQuestions();
        for( int i = 0; i < questions.length; i++ ) {
            questions[i].askTheUser(); // Polymorphism !!!
        }
    }

    private static Question[] getQuestions() {
        Question[] qs = new Question[2];
        qs[0] = new YesNoQuestion( "Do you understand polymorphism?" );
        qs[1] = new FreeTextQuestion( "Why is polymorphism good?" );
        return qs;
    }
}
```

요약

- 객체지향의 중요한 원리는 소프트웨어가 데이터와 프러시저가 묶인 형태인 클래스로 구성된다는 것이다. 클래스의 실체인 객체들이 서로 메시지를 보내 원하는 작업을 수행하므로 복잡한 문제에 쉽게 접근할 수 있다.
- 객체지향 패러다임은 상속 계층과 다형성이라는 개념에서 비롯된다. 상속을 사용함으로써 클래스의 정의를 재사용할 수 있고, 다형성을 통해 프로그램의 복잡한 타입 체크를 피할 수 있다. 그러나 이러한 기능을 남용하면 유지보수가 어려워지므로 정확하게 이해하고 사용해야 한다.
- UML은 객체지향 소프트웨어를 표현하는 그래픽 언어 표준이다. UML의 다양한 다이어그램을 통해 객체지향 소프트웨어를 모델링하고, 그 결과를 기준으로 삼아 구현하면 소프트웨어를 효과적으로 개발할 수 있다.

연습문제

01 객체지향 기법에 대한 설명으로 거리가 먼 것은?

① 프러시저에 근간을 두고 프로그래밍을 구현하는 기법이다.
② 현실 세계를 모형화하여 사용자와 개발자가 쉽게 이해할 수 있다.
③ 소프트웨어의 재사용률이 높아진다.
④ 소프트웨어의 유지보수성이 향상된다.

02 객체지향 원리에 대한 설명으로 옳지 않은 것은?

① 인스턴스는 한 클래스의 모든 속성을 상속받고, 거기에 자신의 속성을 추가하여 만들어진 서브클래스이다.
② 캡슐화는 데이터와 그것의 처리에 관한 작업이 하나로 모아져 있는 것이므로 객체지향 원리만의 특징이라 할 수 없다.
③ 상속은 객체지향 원리의 특성이나, 다중 상속이 적용된 경우 또는 상속 깊이가 깊은 경우에는 개발 및 유지보수에 어려움이 따를 수 있다.
④ 다형성과 동적 바인딩은 유지보수에 부정적인 영향을 줄 수 있다.

03 객체지향 기법에서 다음 설명에 해당하는 것은?

- 다른 객체에게 자신의 정보를 숨기고 자신의 연산만을 통해 접근한다.
- 유지보수와 소프트웨어 확장 시 오류를 최소화할 수 있다.

① 추상화　② 정보 은닉
③ 상속　④ 다형성

04 C++ 언어에서 두 개의 클래스 A , B가 다음과 같은 상속 관계일 때, 이에 대한 설명으로 옳지 않은 것은? (단, A의 데이터 멤버와 멤버 함수는 모두 public으로 정의되어 있다.)

```
class B : A  {
⋮
};
```

① A를 상위 클래스라고 한다.
② B를 하위 클래스라고 한다.
③ A가 B에 상속될 때 삭제되는 A의 멤버 함수는 없다.
④ B가 사용되던 자리에 A를 대체해도 시스템은 이상 없이 작동한다.

05 객체지향 소프트웨어 개발에 대한 설명으로 옳지 않은 것은?

① UML은 객체지향 분석 및 설계 시에 사용되는 객체관리그룹[OMG] 표준 모델링 언어이다.
② 객체지향 기법 사용의 혜택 정도는 구현 단계에서 객체지향 언어의 사용 여부보다는 성공적인 객체지향 분석 및 설계에 달려 있다.
③ 객체지향 기법에서 객체와 객체 사이의 통신은 메시지 패싱을 통해 이루어진다.
④ 객체지향에서 각 객체는 관련 함수 및 다른 객체와 통신하기 위한 인터페이스로 구성된다.

06 객체지향 개념에서 연관된 데이터와 함수를 함께 묶어 외부와 경계를 만들고 필요한 인터페이스만 밖으로 드러내는 과정을 무엇이라고 하는가?

① 메시지　② 캡슐화
③ 상속　④ 다형성

07 객체지향 개념 중 하나 이상의 유사한 객체들을 묶어 공통된 특징을 표현한 데이터 추상화를 의미하는 것은?

① 메소드 ② 클래스
③ 상속성 ④ 메시지

08 객체지향 기법에서 캡슐화에 대한 옳은 설명을 모두 나열한 것은?

> ㉠ 캡슐화를 하면 객체 간의 결합도가 높아진다.
> ㉡ 캡슐화된 객체들은 재사용이 용이하다.
> ㉢ 프로그램 변경에 대한 오류의 파급 효과가 적다.
> ㉣ 인터페이스가 단순해진다.

① ㉠, ㉡ ② ㉠, ㉢, ㉣
③ ㉡, ㉢, ㉣ ④ ㉠, ㉡, ㉢, ㉣

09 객체지향 기법 중 다음 설명이 의미하는 것은?

> 객체의 성질을 분해하고 공통된 성질을 추출하여 클래스를 선정하는 것이다. 즉 불필요한 부분을 생략하고 객체의 속성 중 가장 중요한 것에만 중점을 두어 개략화 · 모델화하는 것이다. 예를 들면 자동차와 말이란 클래스에서 '타는 것'이란 클래스를 만드는 것이다.

① 상속 ② 추상화
③ 다형성 ④ 캡슐화

10 객체지향 기법에 관한 설명에서 빈칸에 공통으로 들어갈 말은?

> (　　　)은(는) 클래스 내의 객체에 의한 함수이거나 변형이다. 한 클래스 내의 모든 객체는 같은 (　　　)을(를) 공유하고, 개개 (　　　)은(는) 묵시적 매개변수로서 타깃 객체를 가지며 행위를 서술한다. 메소드는 한 클래스에 대한 (　　　)의 구현이며, 일반적으로 객체지향 설계에서는 동일시하고 함수지향 설계에서는 함수로 대응된다.

① 오퍼레이션 ② 인스턴스
③ 메시지 ④ 정보 은닉

11 다음 클래스 다이어그램에서 적용되지 않은 개념은?

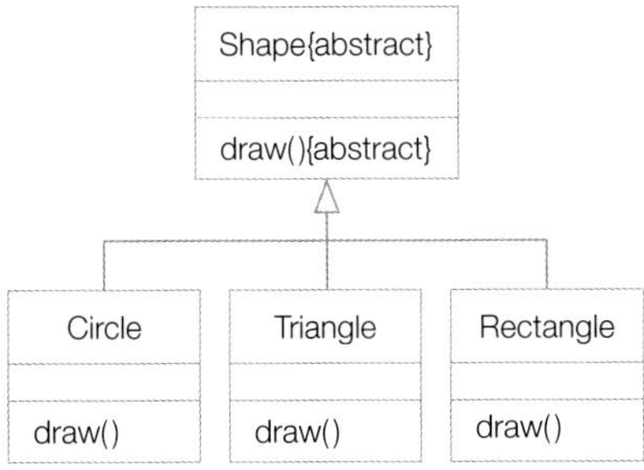

① 일반화 ② 상속
③ 다형성 ④ 합성

12 다음은 어떤 개념에 대한 설명인가?

> 원(Circle)의 면적을 구하는 getArea( ) 함수를 가지고 있는 객체, 직사각형(Rectangle)의 면적을 구하는 getArea( ) 함수를 가지고 있는 객체, 삼각형(Triangle)의 면적을 구하는 getArea( ) 함수를 가지고 있는 객체는 getArea( )라는 함수를 공통적으로 가지고 있다. 여기서 getArea( ) 함수는 각 객체의 면적을 구하는 함수인데, 실제로 면적을 계산할 때는 객체의 모양에 따라 계산 방법이 각각 다르다.

① 캡슐화 ② 상속성
③ 다형성 ④ 추상화

13 UML은 시스템의 정적인 부분과 동적인 부분을 표현하기 위해 여러 다이어그램을 제공한다. 정적인 부분을 표현하는 다이어그램은 시스템의 구조를 나타내는 데 사용되고, 동적인 부분을 표현하는 다이어그램은 시스템의 행위를 나타내는 데 사용된다. 다음 중 성격이 다른 다이어그램은?

① 클래스 다이어그램 ② 협동 다이어그램
③ 상태 다이어그램 ④ 활동 다이어그램

14 다음 중 UML 다이어그램이 아닌 것은?

① 클래스 다이어그램 ② 속성 다이어그램
③ 사용 사례 다이어그램 ④ 시퀀스 다이어그램

15 UML 다이어그램에 대한 설명으로 옳지 않은 것은?

① 사용 사례 다이어그램: 시스템의 기능을 모델링하는 데 사용된다.

② 상태 다이어그램: 객체 사이의 메시지 교환을 시간의 흐름에 따라 표현한다.

③ 클래스 다이어그램: 시스템의 정적인 구조를 나타낸다.

④ 액티비티 다이어그램: 시스템의 동적인 특징을 나타낸다.

Chapter 03

요구 분석

학습목표

- 요구 분석 과정을 설명할 수 있다.
- 고객의 문제를 이해하고 프로젝트의 범위를 정할 수 있다.
- 소프트웨어 요구가 무엇이며, 요구의 종류에는 어떤 것이 있는지 설명할 수 있다.
- 사용 사례를 이용하여 요구를 파악할 수 있다.
- 소프트웨어 요구를 정리하여 명세서를 작성할 수 있다.
- 소프트웨어 요구 명세서를 검토할 수 있다.

00 개요

요구 분석은 무엇을 개발할지 결정하는 것으로, 여기서 요구란 시스템의 외형적 기능이나 내부 성능, 조건을 말한다. 집을 지을 때 맨 먼저 거주자가 원하는 것이 무엇인지, 그리고 택지의 입지 조건, 제약 사항 등을 알아볼 필요가 있는 것처럼, 소프트웨어를 개발할 때도 이러한 사항이 중요한 기준이 된다.

요구 분석은 작업 방법에 따라 강조하는 점이 다를 수 있으나 '어떻게[how]'보다는 '무엇을[what]'에 관점을 두어야 한다. 무엇을 하는 시스템을 개발할지 정하는 것이 요구 분석 단계이며, 자세한 과정은 [그림 3-1]과 같다.

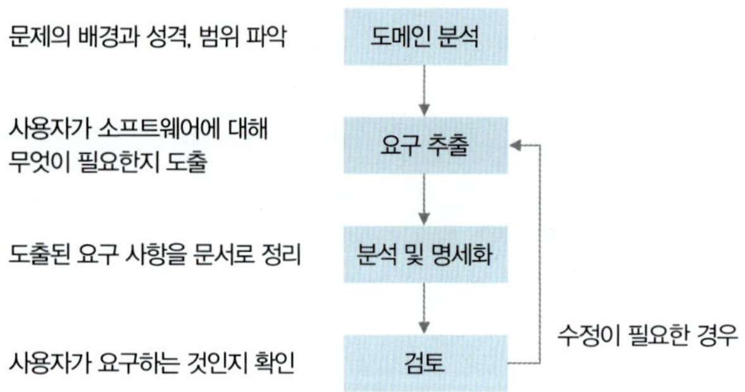

그림 3-1 요구 분석 과정

- **도메인 분석**: 소프트웨어 개발은 기본적으로 광범위한 문제를 해결하는 작업이라 할 수 있다. 따라서 문제를 해결하기에 앞서 문제 자체를 이해하는 작업이 필요하다. 또한 사용자에게 필요한 사항을 파악하기 전에 문제의 배경과 성격, 범위를 파악해야 하는데 이를 도메인 분석[domain analysis]이라 한다.
- **요구 추출**: 문제를 이해하기 위해 정보를 수집하고 사용자에게 무엇이 필요한지 찾아내는 것을 요구 추출[requirement elicitation]이라 한다. 컴퓨터와 소프트웨어를 잘 다루지 못하는 사용자의 요구를 정확히 파악하기란 쉽지 않다. 그러나 요구를 정확히 추출하는 작업은 소프트웨어 개발의 성패에 대단히 큰 영향을 미치므로 다양한 방법을 동원하여 정확성을 기해야 한다.

- **분석 및 명세화**: 문제와 현재의 상태를 파악하고 요구를 도출한 후 해결책을 제시하고 소프트웨어가 어떤 기능을 가져야 하는지 정확히 기술하는 단계를 요구 문서화 또는 명세화specification라 한다. 요구 문서는 앞으로 이어질 설계와 코딩 작업 및 이를 검증하는 데 기준이 되므로 중요한 문서이다.
- **검토 및 수정**: 도출한 요구 사항이 적절한지 검토하고, 수정이 필요하면 다시 요구 추출 단계로 돌아간다. 소프트웨어를 만드는 데는 다른 엔지니어링 작업보다 수정하는 일이 많고 요구 사항도 개발 과정 중에 무수히 수정된다. 요구 사항의 변경을 어떻게 관리하는가도 프로젝트의 성패에 관건이 된다.

01 도메인 분석

도메인 분석은 소프트웨어 엔지니어가 개발하려는 분야의 배경 지식을 알아가는 과정이다. 그 분야에 대한 정보를 충분히 알고 있어야 문제를 이해할 수 있고, 요구 분석 단계나 다른 소프트웨어 프로세스에서 올바른 결정을 내릴 수 있다.

도메인이란 말은 소프트웨어를 사용할 것으로 예상되는 고객이 일하는 분야의 비즈니스나 기술을 의미한다. 도메인은 광범위한 분야도 있고 아주 협소한 분야도 있다. 예를 들면 항공권 예약, 의료 검진, 경제 분석 등은 범위가 넓지만 수강 신청, 회의 일정 계획 같은 것은 범위가 좁다. 도메인에서 일하여 그 분야의 전문 지식이 많은 사람을 도메인 전문가domain expert라고 하는데, 도메인 전문가는 대부분 사용자이자 고객이다.

1 도메인 분석의 장점

도메인을 분석하려면 먼저 정보를 모아야 한다. 정보는 보통 도메인 전문가와 관련 서적 또는 현재 사용되는 소프트웨어나 문서로부터 얻을 수 있다. 소프트웨어 개발자로 일하는 경우, 도메인 전문가가 될 정도는 아니더라도 도메인 분석 작업에 상당히 많은 노력을 쏟게 된다. 이러한 도메인 분석은 다음과 같은 장점이 있다.

■ **빠른 개발**

도메인을 분석하면 소프트웨어 개발 관련자들과 더욱 효과적으로 의사소통을 하므로 더 빨리 요구를 파악할 수 있다. 도메인 분석을 수행하는 것 자체가 가장 핵심적인 부분에 초점을 맞추는 것이다.

■ **좋은 시스템**

도메인의 세밀한 부분까지 안다면 고객의 문제를 효과적으로 해결하는 솔루션을 결정할 수 있으며, 그만큼 오류도 적어지고 어떤 절차와 표준을 따를 것인지 알 수 있다. 도메인 분석은 응용 도메인의 전반적인 그림을 그릴 수 있도록 시야를 넓혀주기 때문에 더 좋은 추상적 개념을 유도하여 설계를 향상하는 것이다.

■ **확장 예견**

도메인 지식으로 무장하면 앞으로의 추세를 예감하는 능력이 생겨서 미래의 개발에 대한 기회를 예고할 수 있다. 또한 적응도 높은 시스템을 구축할 수 있게 된다.

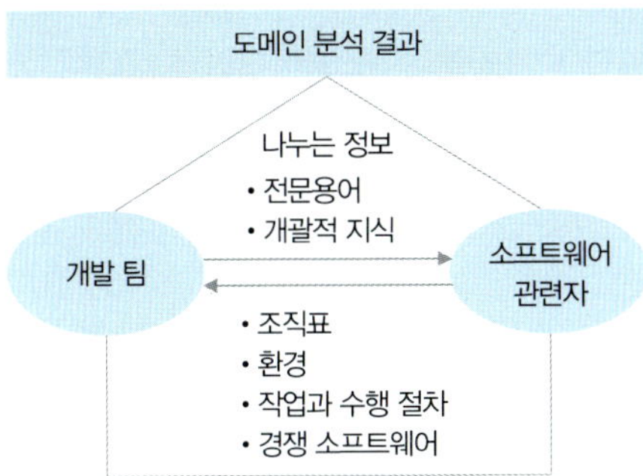

그림 3-2 **도메인 분석**

2 도메인 분석서 작성

도메인 분석을 하는 동안 알아낸 정보는 잘 정리해서 문서로 남겨두는 것이 좋다. 문서를 작성하기 위해 정보를 정리함으로써 도메인 지식을 더 잘 이해할 수 있기 때문이다. 또한 문서로 남기면 나중에 개발 팀에 참여하는 개발자들을 교육하는 데도 도움이 된다.

도메인 분석서에 포함할 내용은 다음과 같다.

■ **개요**

도메인의 이름과 도메인 분석을 하는 동기를 기술한다. 동기를 적을 때는 특정 문제를 해결하기 위해 소프트웨어 시스템을 개발하거나 확장하려는 의도를 기술한다.

■ **용어**

도메인에서 사용하는 전문용어나 일상용어의 의미를 정확히 정의한다. 보통 이러한 용어는 계속 나오기 때문에 도메인 분석서 시작 부분에서 정의하고 설명한다. 고객이나 사용자는 의사소통을 원활히 하기 위해 정의된 용어를 숙지하고 있어야 한다. 이러한 용어는 소프트웨어의 사용자 인터페이스에 나올 수도 있고 이후 문서에도 자주 등장할 것이기 때문이다. 만약 다른 문서에 용어가 잘 정리되어 있다면 새로 작성하는 대신 그 문서를 언급해도 좋다.

■ **개괄적 지식**

도메인 전문가가 알고 있는 중요한 사실이나 규칙을 말한다. 이러한 지식은 도메인 전문가 대상 교육에 포함되는 사항으로, 과학적 원리일 수도 있고 비즈니스 프로세스, 분석 기술, 특정 기술의 동작 원리일 수도 있다. 개괄적 지식은 처리해야 할 데이터와 수행해야 할 작업을 이해하는 데 도움이 되며, 개괄적 지식을 나타낼 때 그림을 사용하면 더욱 효과적이다. 또한 가능하면 도메인 분석서를 보는 사람들에게 쉽게 구할 수 있는 책이나 문서를 알려주는 것도 좋다.

■ **고객과 사용자**

소프트웨어를 누가 구입할 것인지, 어떤 산업 분야에서 사용하는지 등을 기술한다. 또한 도메인에서 일하는 다른 인력에 대해서도 설명한다. 그들의 배경 지식과 태도를 비롯해 조직 구성표를 만들어 서로의 관계도 설명한다.

■ **환경**

사용하는 장비나 시스템에 대해 기술한다. 새로 개발하거나 확장하는 시스템은 여기에 기술한 환경에 맞게 작동되어야 한다.

■ **작업과 수행 절차**

일에 착수하면서 인력이 담당하는 작업의 리스트를 작성한다. 또한 인력이 작업할 때 따르는 절차와 그들만이 알고 있는 손쉬운 방법을 이해하는 것이 중요하다. 만일 양식에 어떤 정보를 기입한다면 작업과 수행 절차를 다시 쓸 필요가 없다. 이 부분에 기록하는 내용은 추후 자동화의 대상이 된다.

■ **경쟁 소프트웨어**

사용자나 고객에게 도움이 될 소프트웨어 가운데 이미 시장에서 판매되어 사용되는 것이 있는지 기술하고 그것의 장점과 단점을 논한다. 이러한 정보는 요구 분석에 대한 아이디어가 되며, 피해야 할 실수를 미리 알아두는 데 도움이 된다.

■ **도메인과 조직의 유사도**

무엇이 일반적이고 무엇이 특수한 사항인지 이해한다면 많이 판매되고 다시 사용되는 소프트웨어를 만들어낼 수 있다. 따라서 도메인 분석 시 고객의 조직이 다른 조직과 어떻게 다른지, 공통점이 무엇인지 알아두는 것이 중요하다.

> **NOTE_** 도메인 분석서를 작성할 때는 출처 문헌을 반복해서 작성하지 않도록 주의한다. 알아낸 정보를 중복 없이 간결하게 정리하고, 다른 사람들이 관련 정보를 찾기 쉽게 작성하면 충분하다.

도메인을 정복했다면 요구 추출 단계, 즉 해결할 문제를 정의하고 어떤 소프트웨어를 만들 것인지 정하는 단계로 넘어간다. 그러나 요구 추출 단계로 넘어갔다고 해서 도메인 분석이 종료되었다고 할 수는 없다. 소프트웨어 엔지니어는 개발이 진행되는 동안 계속 이해 수준을 향상하기 위해 노력할 의무가 있다. 시스템이 확장되어 후속 버전이 릴리스된다면 주변 도메인을 분석하는 것도 도움이 된다.

예제 3-1 도메인 분석을 위한 정보 수집하기

'항공권 예약 시스템'을 개발하기 위한 도메인 분석 작업에서 어떤 정보를 모아야 하는지 알아보자.

정답

- 항공편 일정이 어떻게 계획되었는지, 요금은 얼마이며 요금 체계는 어떠한지, 의뢰받은 항공사와 다른 항공사의 예약, 발권은 어떤 방식으로 이루어지는지 등 되도록 많은 정보를 수집해야 한다.
- 항공권 예약과 관련된 비즈니스에 종사하는 사람들, 즉 여행사와 항공사 직원들이 어떻게 일을 하는지 연구해야 한다.
- 현재 예약 시스템이 있다면 어떻게 작동하는지, 이 분야에 어떤 법규나 조례 등의 규범이 적용되는지 알아보는 것도 필요하다.
- 경쟁하는 예약 시스템의 기능도 연구해야 한다.
- 여행사 직원이 항공권 예약 업무를 처리하다가 탑승객이 직접 항공권 예약을 하게 된 후 일어난 변화에 대해서도 연구해야 한다.

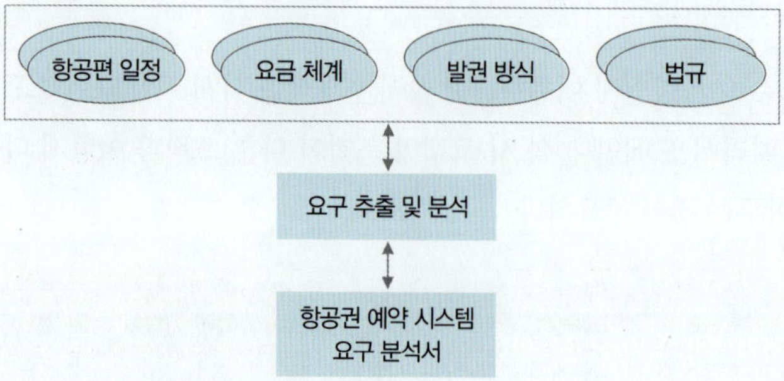

그림 3-3 '항공권 예약 시스템'의 도메인 분석

도메인에 대한 확실한 분석 없이 소프트웨어 개발 프로젝트에 착수할 수는 없다. 성공한 소프트웨어 제품은 대부분 소프트웨어 개발자의 손길이 닿기 전에 도메인에서 활동적으로 일한 사람들의 노력이 담겨 있다. 이들은 정말 필요한 것이 무엇인지 잘 알고 있다.

3 프로젝트 착수

소프트웨어 개발 프로젝트 팀이 일을 시작하는 방법은 유형에 따라 상당히 다르다. 프로젝트에 착수할 때 유사한 소프트웨어가 존재하느냐, 요구가 이미 존재하느냐에 따라 시작 방법이 달라진다. 프로젝트 착수 유형은 [그림 3-4]와 같이 정리할 수 있다.

	요구가 아직 결정되지 않음	고객이 이미 요구를 결정함
신규 개발	A	B
현재 시스템 확장	C	D

그림 3-4 소프트웨어 프로젝트의 착수 유형

착수 유형 중 A와 B는 아무것도 존재하지 않는 상태, 즉 거의 무無에서 시작하여 새로운 소프트웨어를 만들어나가는 형태이다. C와 D는 기존의 시스템을 확장하고 발전시키는 유형으로 최근에 많이 나타나는 형태이다. 건축에 비유한다면 A와 B는 새로 짓는 것이고 C와 D는 리모델링이나 확장이라고 할 수 있다.

A와 C는 판매될지도 모를 소프트웨어에 좋은 아이디어를 내고 문제를 해결하는 좋은 방법을

개발 팀이 스스로 찾아내는 유형으로 소프트웨어의 요구를 개발 팀이 결정한다. 반면에 B와 D는 이미 정해진 구체적인 요구 사항에 대해 설계하고 구현하는 작업만 개발 팀이 담당한다. 후자의 경우 고객 기관이 요구 분석을 담당하여 고객 기관 소속 소프트웨어 엔지니어나 컨설팅 전문 업체가 수행한다.

요구가 이미 제시된 프로젝트는 신중하게 다루어야 한다. 만일 고객이 분석과 명세화 작업을 충실히 하지 않았다면 요구 사항이 부실할 것이다. 예를 들어 고객이 비현실적으로 큰 시스템을 요구하거나 문제를 명확히 제시하지 않는 경우가 있다. 소프트웨어를 개발하는 엔지니어의 책임은, 요구를 다른 사람이 정리했다고 하더라도 요구가 좋은 품질의 밑거름이 되도록 노력하는 것이다. 요구를 직접 평가해보고 문제가 있으면 고객과 함께 해결해나가야 한다. 이러한 측면을 고려한다면 요구 사항을 변경할 수 없는 시스템을 구현하기로 계약하는 것은 매우 위험한 일이다.

이 장에서는 A와 C 유형의 프로젝트를 다룬다고 가정하고 개발 팀이 스스로 요구를 찾아내는 기법을 설명한다. 이는 '개발 팀 이외 조직이 정리한 요구'를 가지고 개발 팀이 개발하기에 앞서 요구 사항을 다시 한 번 살펴볼 때도 도움이 될 것이다.

02 문제 정의와 범위 설정

도메인에 대해 충분히 숙지했다면 드디어 요구를 결정할 수 있는데 이를 '요구 추출'이라 한다. 이때 먼저 해결하려는 문제를 정의하고 프로젝트 범위를 결정한 후 여러 가지 방법을 활용하여 요구를 추출한다. 이 절에서는 요구를 추출하기 위한 '문제 정의와 범위 설정'에 대해 알아보고, 요구 추출에 관한 내용은 3~5절에서 자세히 살펴본다.

1 문제 정의와 프로젝트 범위 설정

문제는 사용자나 고객이 당면한 어려운 점 또는 생산성이나 판매량을 높여 이익을 얻을 수 있는 기회라고 표현할 수 있다. 이러한 문제를 해결하기 위해 소프트웨어를 구입하는 것이 좋은지, 아니면 소프트웨어 이외의 방법으로 해결할 수 있는지 결정해야 한다. 문제를 정상적으로 해결하는 데에는 대개 소프트웨어 개발이 수반될 수밖에 없다.

문제는 간결한 문장으로 작성해야 한다. 문제 정의에 심혈을 기울이는 중요한 이유는 향후 개발된 요구에 대해 평가할 때 다음과 같은 질문을 기준으로 삼기 때문이다.

> "문제를 적절히 해결하고 있는가?"

잘된 문제 정의서는 짧고 간결하다. 한두 문장으로 표현할 수 있다면 최상이다. 예를 들어 학생들을 위한 수강 신청 시스템을 새로 개발할 때 다음과 같이 문제를 정의할 수 있다.

> "시스템은 학생들이 쉽고 빠르게 강좌를 신청하고 변경할 수 있도록 해야 한다. 또한 시스템은 학생들의 개인적인 목표, 즉 짧은 시간 내에 학위를 받고 흥미롭고 만족스러운 강의를 수강할 수 있도록 도와주어야 한다."

문제에 광범위하고 부수적으로 해결해야 할 것이 많으면 시스템은 범위가 크고 복잡해진다. 시스템의 중요한 목적은 문제를 더 상세히 정의하여 범위를 좁히는 것이다. 예를 들어 위에서 언급한 수강 신청 시스템의 문제 정의에 "시스템은 교무행정실의 모든 기능을 자동화한다"고 적었다면 너무 광범위하다. 수강료 수납, 개설된 강의 리스트 작성, 강의실 지정 등의 모든 기능을 포함할 여지를 남겨놓아야 하기 때문이다.

범위를 정하는 방법은 시스템이 해결할 것으로 예상되는 모든 문제를 리스트로 적는 것이다. 범위를 축소하려면 문제 리스트에서 몇 가지를 삭제하여 별도의 프로젝트로 남겨둔다. [그림 3-5]에 문제 범위의 축소 과정을 나타냈다.

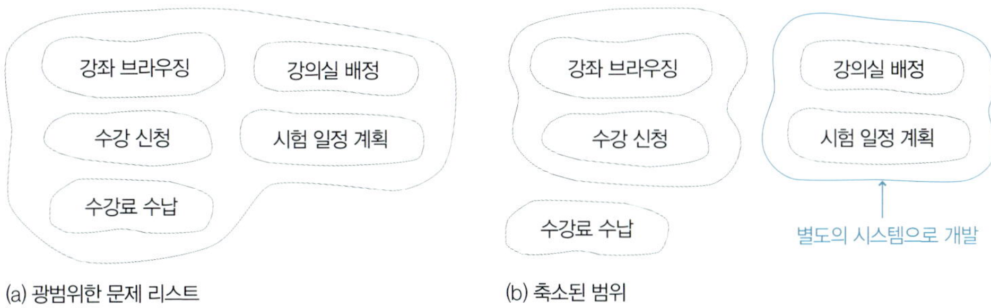

그림 3-5 프로젝트의 범위 축소

문제 정의에서 부적절한 선택으로 범위가 너무 축소되거나 완전히 잘못되는 경우가 있다. 그런 경우인지 아닌지 판단하려면 사용자가 시스템을 사용할 때 궁극적으로 원하는 최상위 목표가 무엇인지, 또한 고객이 시스템 개발을 의뢰한 목표가 무엇인지 잘 생각해보아야 한다.

수강 신청 시스템의 예에서 학생들의 목표는 수강 신청을 완료하는 것이다. 하지만 학생들이 생각하는 상위 목표는 흥미롭고 만족스러운 강의를 수강하여 단기에 원하는 학위를 취득하는 것이다. 후자의 목표는 문제를 새로운 시각에서 바라볼 수 있게 한다. 예를 들면 학생들의 학문적 또는 개인적 취향을 프로파일로 만들어 분석한 후 시스템에 강좌를 제안하는 기능을 추가할 수 있다.

상세한 요구 분석에 들어가기 전에 가능하면 빨리 문제와 프로젝트의 범위를 정의하는 것이 좋다. 그래야 불필요한 요구를 찾지 않게 된다. 그러나 도메인 분석을 수행했기 때문에 요구 분석이 계속 이어지면서 문제에 대한 이해가 더욱 향상될 수도 있다. 이해가 달라지면 문제 정의는 여러 번 갱신될 필요가 있다. 3, 4절에서 소개하는 요구 추출 기술은 문제 정의와 시스템 범위 설정에 도움이 된다. 인터뷰는 관련자들의 개인적인 관점을 파악할 수 있게 하며, 브레인스토밍은 문제점을 찾아낼 수 있는 아이디어 리스트를 제공한다. 또한 프로토타이핑은 무엇이 가능한지 잘 예측하고 전망할 수 있게 하고, 사용 사례 분석은 시스템이 할 수 있는 모든 기능의 리스트를 제공한다.

예제 3-2 문제 정의하기 1

대학의 '수강 신청 시스템'에서 다루는 문제와 범위를 정의해보자.

정답

대학의 교무행정실은 여러 가지 기능을 담당하는데, 다음에 나열한 것은 시스템으로 구현될 것으로 보이는 기능이다. 문제 정의 범위는 처음에 매우 넓게 할 수 있다.

> "교무행정실의 모든 기능을 자동화한다."

하지만 관련자들과 여러 차례 협의하면서 문제 정의 범위를 다음과 같이 좁힐 수 있다.

> "시스템은 교무처 직원들이 강좌, 학위 취득 요건, 수강 신청 성적 리스트를 관리하는 것을 도와준다. 또한 학생들이 학위를 취득하기 위해 흥미 있는 강좌를 선택하고 신청하는 것을 도와준다."

다음에는 어떤 기능이 시스템에 포함되어야 하는지 결정한다. 우선순위를 정하는 것도 필요하다. '+'로 표시한 기능은 포함해야 할 것이고 '–'로 표시한 것은 제외될 것을 의미한다. '–'로 표시된 기능을 그대로 두는 것은 다른 팀이 개발하거나 추후 별도의 버전으로 개발하도록 남겨둔다는 의미이다.

- 수강료 수납 및 관련 회계, 고지서 발급(–)
- 입학을 위한 지원(–)
- 강의 리스트, 강의 해설, 선수 과목 리스트의 편집과 조회(+)
- 학위 취득을 위한 요건의 편집과 조회(+)
- 특정 학기에 개설된 강좌 리스트의 편집과 조회(+)
- 개설된 강의의 시간 배정(–)
- 학위 취득 요건, 지난 학기까지의 수강 과목, 일정, 선호도를 분석하여 어떤 강의를 수강할 것인지 결정하는 데 도와주는 기능(+)
- 학생 등록(+)
- 성적 기록(+)
- 성적증명서 인쇄(+)

예제 3-3 문제 정의하기 2

다음 글을 읽고 문제의 핵심은 무엇이며 어떻게 이해하는 것이 해결책을 찾는 데 도움이 되는지 이야기해보자.

> A 병원에서는 처음 내원한 환자의 정보를 '환자 정보 시스템'에 입력한다. 환자가 병원에 오면 데스크의 직원이 환자의 이름, 주소, 전화번호 등을 물어보고 정보를 직접 입력하는 것이다. 그런데 얼마 전 직원이 해당 시스템의 데이터베이스가 받아들일 수 없는 잘못된 자료를 입력하여 병원 행정에 문제가 발생했다. 직원은 사용자 인터페이스가 명확하지 않아 자료를 엉뚱한 곳에 입력했기 때문이라고 말했다.

정답

위의 글에서는 사용자 인터페이스를 명확히 하면 문제가 해결될 것이라고 말하고 있다. 하지만 문제의 핵심을 잘 생각해보면 더 좋은 해결책은 자료 입력 과정을 완전히 없애든지 상당 부분을 줄이는 것이다. 예를 들면 환자 정보는 국민건강보험공단이나 보험 회사가 이미 사용 중인 데이터베이스에서 가져오거나 환자의 주민등록증 또는 다른 증명서를 스캔하는 방법으로 얻을 수 있다. 직원이 입력한 정보가 모두 필요한지 확인해보는 것도 해결 방법이 될 수 있다. 이와 같이 문제의 핵심을 찾아 개선하면 입력해야 할 정보가 줄어들고, 그만큼 중요한 정보의 정확성을 확인하는 데 더 많은 노력을 기울일 수 있다.

03 요구 추출

1 요구의 정의

요구requirement는 한마디로 제안된 시스템이 무엇을 하는가를 나타낸 문장으로, 이는 고객의 문제가 적절히 해결되도록 관련자들이 동의한 것이어야 한다. 요구의 특징은 다음과 같다.

■ **요구는 문장이다.**

요구는 어떤 사실을 짧고 간결한 정보로 표현한 것으로서 단순 명료한 문장이나 그림으로 표현할 수 있다. 이러한 요구들을 모아놓은 것을 요구 문서라고 부른다.

■ **시스템이 무엇을 하는가를 나타낸다.**

요구는 시스템이 완수할 것으로 예상되는 작업에 대해 기술한 것이다. 도메인을 설명한 것도 아니고, 시스템이 어떤 방법으로 구현될지를 나타낸 것도 아니다.

■ **관련자 모두가 동의한 것이다.**

요구는 시스템에 대한 정의를 모든 관련자(사용자, 고객, 개발자, 관리자)가 검토하고 수정이 필요하면 타협하여 합법적으로 정리한 것이다. 따라서 관련자 모두가 동의하기 전까지는 공식 요구로 선언하지 않아야 한다.

■ **고객의 문제를 적절히 해결하기 위한 것이다.**

요구는 고객의 문제를 해결하는 데 도움이 될 때 존재하는 것이다. 소프트웨어 공학이 다루는 여러 가지는 고객이 안고 있는 문제의 해결과 직결된다.

2 요구의 유형

요구는 크게 기능적 요구functional requirement와 비기능적 요구nonfunctional requirement로 나뉜다.

- **기능적 요구**: 시스템이 외형적으로 나타내는 기능이나 성능 등의 동작을 말한다. 예를 들면 현

금인출기의 외형적 기능은 현금 인출, 잔금 조회, 계좌 이체, 현금 서비스 등이다.

- **비기능적 요구**: 기능이 아닌 성능이나 효율, 반응 시간, 제약 조건 등도 사용자의 요구에 해당되는데, 이를 비기능적 요구라 한다.

2.1 기능적 요구

기능적 요구는 시스템이 무엇을 하는지, 즉 사용자나 다른 시스템을 위해 제공하는 서비스가 무엇인지 기술한 것이다. 따라서 기능적 요구에는 시스템이 무엇을 하는지에 관한 사항, 개발하려는 시스템과 연결된 다른 시스템에 관한 모든 사항이 포함되어야 한다.

기능적 요구의 내용은 다음과 같이 세분할 수 있다.

- **입력**: 시스템이 받아들이는 입력이 무엇이며 어떤 조건에서 입력되는지에 대한 것이다. 사용자와 다른 시스템으로부터 유입되는 데이터와 명령어가 모두 포함된다.
- **출력**: 시스템이 생성하는 출력이 무엇이며 어떤 조건에서 생성되는지에 대한 것이다. 출력은 화면에 디스플레이될 수도 있고 인쇄될 수도 있다. 특수 입출력 장치나 클라이언트, 서버와 같은 다른 시스템에 전달될 수도 있다.
- **저장**: 시스템이 어떤 데이터를 다른 시스템이 사용할 수 있도록 저장하는지를 말한다. 어떤 의미에서 다른 시스템에 대한 입력이 될 수 있는 특수한 형태의 출력으로 해석할 수 있다.
- **컴퓨팅**: 시스템에서 어떤 계산이 이루어지는지를 찾아낸다. 계산 과정은 어떤 수준의 독자라도 이해할 수 있을 정도로 쉽게 작성되어야 한다. 예컨대 작업 결과가 계좌번호 오름차순으로 정렬되어야 한다는 식으로 작성하면 된다. 이 단계에서는 특정 알고리즘을 사용한다고 명기하지 않는다.
- **타이밍과 동기화**: 이는 모든 시스템에 해당되지 않지만 하드웨어 장치를 제어하고 리얼타임에 작업을 수행하는 시스템에서는 아주 중요하다. 통신 시스템이나 발전소 · 공장 제어 시스템, 자동차 · 비행기 제어 시스템 등이 여기에 해당된다.

독립 시스템에 대한 요구 사항은 위에 나열한 분류 중 하나에만 속하는 것이 아니라 여러 가지에 해당할 수 있다. 예를 들어 다음과 같은 워드프로세서의 요구 사항을 살펴보자.

> "사용자가 워드 카운트라는 메뉴를 선택하면 시스템은 대화상자에 음절, 단어, 문장, 줄, 문단, 문장당 단어 수를 계산하여 디스플레이한다."

앞의 요구 사항에서 워드 카운트 선택은 입력이고 여러 가지 카운트 결과 디스플레이는 출력, 카운트와 문장당 단어 수 계산은 컴퓨팅에 해당된다.

예제 3-4 기능적 요구 분석하기

전자오븐에 내장되어 동작하는 '전자오븐 제어 시스템'의 기능적 요구를 찾아보자.

정답

'전자오븐 제어 시스템'은 [표 3-1]과 같은 요소로 구성되어 있다.

표 3-1 전자오븐의 구성 요소

구성 요소	설명
키패드	0부터 9까지의 숫자 버튼, 세 가지 레벨 버튼(상, 중, 하), 세 가지 온도 버튼(냉동, 냉장, 실온), 다섯 가지 액션 버튼(해동, 가열, 시작, 취소, 시간) 등을 말한다. 버튼을 누르면 내장 시스템에 인터럽트가 발생한다.
도어 센서	문이 닫히거나 열리면 시스템에 인터럽트가 발생한다.
증기 감지 센서	음식에서 발생하는 증기의 양을 감지한다. 증기의 양을 질의할 수도 있다.
디지털 LCD	모니터에 결과를 출력한다.
사운드 발생기	여러 가지 소리를 내어 시스템의 상태를 알린다.
쿠킹 하드웨어	전자파 발생기, 팬, 회전반 등을 말한다. 소프트웨어가 이를 제어하여 다섯 가지 수준의 열로 조절하고 끌 수 있다.

전자오븐의 중요한 기능적 요구는 다음과 같이 정리할 수 있다. (아래의 요구 분석서는 완전한 형태가 아니다. 완전한 요구 분석서는 8절의 '사례 연구'를 참조하기 바란다.)

1. 시스템은 입력, 출력 조건에 따라 다음 네 가지 모드로 구성된다.
   - **무작동**idle **상태**: 시스템에 스위치가 켜지거나, 쿠킹 모드가 끝나거나, '취소' 버튼을 누르면 들어가는 상태이다. 시스템이 입력을 받기 시작하면 이 모드에서 빠져나간다.
   - **입력 상태**: 시스템이 중지 상태였다 사용자가 '취소' 또는 '시작' 버튼을 누르면 들어가는 상태이다. 쿠킹 모드로 들어가거나 사용자가 '취소' 버튼을 누를 때 또는 시간을 세팅하는 과정을 끝냈을 때 이 모드에서 빠져나간다.
   - **쿠킹 상태**: 문이 닫히고 시스템이 중지 상태나 입력 상태였다 사용자가 '시작' 버튼을 누른 다음에는 쿠킹 상태로 들어간다. 문을 열거나 '취소' 버튼을 누르면 이 모드에서 빠져나간다.

- **중지**[suspend] **상태**: 쿠킹 도중에 사용자가 문을 열었을 때 들어가는 상태이다. 사용자가 '취소' 또는 '시작' 버튼을 누르면 이 모드에서 빠져나간다.

2. 사용자가 다음 방법 중의 하나로 쿠킹을 지정한다(입력).
   - 분과 초를 나타내는 다섯 자리 숫자를 연속해서 입력한다. 처음 세 자리는 분, 그다음 두 자리는 초를 나타낸다. 숫자를 입력한 후 파워 레벨을 선택하는 버튼을 누른다.
   - '해동' 버튼을 누른 후 무게를 나타내는 숫자를 입력한다. 만일 해동하려는 음식의 무게를 생략하면 1그램으로 간주한다.
   - '가열' 버튼을 누른 후 온도를 나타내는 숫자를 입력한다. 만일 온도를 생략하면 디폴트로 '해동' 모드가 된다.
3. 쿠킹 방법을 지정한 후 사용자는 가동시킨다는 의미로 '시작' 버튼을 누른다(입력).
4. '시간' 버튼을 누르면 시각을 설정할 수 있다. 시와 분을 나타내는 네 자리 숫자를 누른 후 '시간' 버튼을 누른다(입력).
5. 무작동 상태일 때 시스템은 am이나 pm 표시 없이 네 자리 숫자를 이용하여 시각을 나타낸다.
6. 사용자가 버튼을 누를 때는 항상 시스템이 '삑' 소리를 낸다. 만일 버튼이 유효하다면 높은 소리를 내고 버튼이 잘못되었다면 낮은 소리를 낸다. 예를 들어 문이 열렸을 때 '시작' 버튼을 누르거나 '해동' 버튼을 누른 후 바로 '가열' 버튼을 누르는 것은 잘못된 입력이다(출력과 출력 조건).
7. 시스템이 입력 모드일 때 사용자가 입력한 버튼을 디스플레이에 표시한다(출력).
8. 사용자가 '해동'을 선택했을 때 음식의 무게를 고려하여 가열 시간과 레벨을 계산한다(계산).
9. 쿠킹 모드에 들어갈 때 시스템은 외부에서 지정되거나 내부에서 계산된 레벨로 쿠킹을 시작하도록 쿠킹 하드웨어에 신호를 보낸다(출력).
10. 시스템이 쿠킹 중이고 '가열'이 표시되어 있을 때,
    - 시스템은 전자오븐 안에 증기가 충분하다는 것을 감지하고 음식이 뜨거워졌다고 판단되면 쿠킹을 중지한다(입출력).
    - 시스템은 남은 쿠킹 시간을 예측하여 표시한다. 음식의 처음 온도, 사용자가 처음 설정한 시간, 감지된 증기의 양을 고려하여 예측한다. 시스템은 이러한 예측을 계속한다(컴퓨팅, 출력).
    - 안전장치로서 시스템이 일정한 온도에 이르거나 증기의 증가가 탐지되지 않으면 쿠킹을 중단한다(컴퓨팅, 타이밍, 출력).

11. 시스템이 쿠킹 모드이고 일정 시간 동안 '해동'이 표시되어 있을 때,

- 시스템은 파워 레벨과 남은 쿠킹 시간을 디스플레이한다(출력).
- 남은 시간이 0이면 시스템은 쿠킹을 중단한다(타이밍, 출력).

12. 시스템이 쿠킹을 중단하면 쿠킹 하드웨어의 스위치를 끄고 '삑' 소리를 짧게 내도록 신호를 보낸다(출력).

2.2 비기능적 요구

비기능적 요구는 소프트웨어를 개발하는 동안 고수해야 할 제약 조건으로, 사용하는 하드웨어 자원의 제약, 소프트웨어 품질의 특성에 대한 수준의 범위를 정해놓은 것이다. 이러한 조건으로 인해 소프트웨어 엔지니어는 자유롭게 결정하는 데 제한을 받는다.

비기능적 요구를 파악할 때 가장 중요한 사항 중 하나는 검증할 수 있게 하는 것이다. 즉 시스템을 구현한 후 비기능적 요구가 충족되었는지 아닌지 결정하여 확인할 수 있어야 한다. 검증은 시스템의 여러 특성을 측정하고 측정값이 요구에 맞는지 확인함으로써 이루어진다. 비기능적 요구는 품질 특성, 시스템의 환경과 기술, 프로젝트 계획 및 개발 방법으로 분류할 수 있다.

비기능적 요구의 첫 번째 카테고리는 1장에서 설명한 다섯 가지 품질 특성, 즉 사용 용이성, 효율성, 신뢰성, 유지보수성, 재사용성 등의 수준에 맞추기 위한 사항을 설계의 제약 조건으로 명시한 것이다. 구체적인 내용은 다음과 같다.

- **반응 시간**: 대규모 자료를 처리하고 네트워크 사용이 많은 시스템에서는 사용자가 최소 시간 안에 피드백을 받을 수 있어야 한다. 예를 들면 결과가 3초 이내에 계산되어야 한다거나 탐색 결과가 1초 안에 나와야 한다는 것을 정해야 한다. 매우 엄격한 리얼타임 시스템에서는 반응 시간에 대한 요구 사항을 비기능적 요구가 아니라 기능적 요구로 분류하기도 한다.
- **처리량**: 시간이 많이 걸리는 계산 프로그램이나 클라이언트의 요청을 계속 받아 처리하는 서버 프로그램의 요구는 분당 트랜잭션 수와 같은 방법으로 처리량을 표시하는 것이 좋다.
- **자원 사용량**: 메모리나 네트워크 주파수 대역과 같이 중요한 자원을 사용하는 시스템의 경우에는 시스템이 사용하는 최대 용량을 표시해야 한다. 그래야만 하드웨어 업그레이드 등의 계획을 잡을 수 있기 때문이다. 예를 들면 개발 시스템이 최대 30MB 메모리를 사용할 수 있다거나 특

정 운영체제를 사용하는 500MHz CPU의 10% 이상을 소비할 수 없다는 제약을 명시한다.

- **신뢰도**: 신뢰도는 시스템을 고장 없이 사용할 수 있는 평균 시간으로 측정한다. 즉 고장 사이의 평균 시간이나 주어진 시간 동안의 고장률로 측정할 수 있다. 신뢰도에 대한 구체적인 목표를 처음부터 정하는 것이 좋다. 예를 들면 계속 실행되어야 하는 서버는 일주일에 한 번 이상 장애가 있어서는 안 된다고 미리 정의할 수 있다. 또한 어떤 것을 고장으로 볼 것인지 명확한 정의가 필요하다. 예를 들면 예상치 못한 프로그램 종료, 사용자가 보고한 소프트웨어의 결함, 즉 특정한 기능이 수행되지 않는 것 등이다.
- **가용성**: 가용성은 서버가 사용자에게 반응할 수 있도록 항상 실행되고 준비된 상태에 있는 시간을 의미한다. 신뢰도와 마찬가지로 가용성에 대한 목표를 설정한다. 예를 들면 서버는 99% 이상 가용 상태에 있어야 하며 다운 시간이 1분을 초과할 수 없다. 통신 시스템은 매우 엄격한 가용성 기준을 적용하는데, 예컨대 20년 동안 3분 이상의 다운이 있으면 안 된다고 엄격히 규정한다.
- **장애에서의 회복**: 고장으로 인해 영향을 받는 최대 허용치로 나타낸다. 하드웨어나 소프트웨어가 고장을 일으켜 동작이 멈추었을 때 일정한 시간 안에 자료 손실을 최소화하면서 회복되어야 할 것이다. 예를 들어 워드프로세서의 경우는 사용자가 20자 이상의 입력과 포매팅 명령을 장애로 인해 손실하지 않고 일을 계속할 수 있게 하는 것이다. 한 가지 주의할 점은 장애에서 회복되는 자세한 절차에 대한 정의는 기능적 요구라는 것이다.
- **유지보수와 확장의 허용**: 시스템이 장래에 적응할 수 있도록 릴리스 후에 이루어지는 변경을 기록으로 잘 남겨야 한다. 새로운 기능 요구를 명시적으로 추가하지 않고 설계를 제한하거나 품질을 높이는 것이므로 비기능적인 사항이다.
- **재사용성의 허용**: 다른 카테고리의 비기능적 요구와 마찬가지로 시스템의 일정 부분(예를 들면 원시코드 LOC^lines of code^의 40%)이 재사용될 수 있도록 설계되어야 한다는 정량적인 제약 조건을 명시할 수 있다.

비기능적 요구의 두 번째 카테고리는 시스템의 환경과 기술에 관한 것이다.

- **플랫폼**: 개발할 소프트웨어가 어떤 하드웨어와 운영체제에서 실행될 것인지 명확히 해야 한다. 플랫폼에 관한 요구는 대체로 최소한의 기기 사양을 제시하여 그 이상의 기종에서 수행 가능해야 한다는 것을 명시한다. 예를 들면 32MB 이상의 램, 40GB 이상의 하드디스크를 가진 윈도우 10 이상의 운영체제에서 수행되어야 한다고 명시할 수 있다. 플랫폼에 관한 요구는 앞에서 설명한 자원 사용량에 관한 요구와는 의미가 다르다. 자원 사용량은 시스템이 그 이상의 자원을

사용하지 않는다는 것을 의미하고, 플랫폼에 대한 제약은 적합하지 않은 자원에서는 수행되지 않는다는 것을 의미한다.

- **사용 기술**: 시스템을 구현하는 방법을 선택할 수 있도록 설계자에게 융통성을 주는 방법도 현명하지만 제한해야 하는 것도 있다. 예를 들면 프로그래밍 언어나 데이터베이스 시스템은 명시해야 한다. 이렇게 요구 사항으로 명시해두어야 기관에 속한 모든 시스템이 동일한 기술을 교육받고 사용하므로 경제적이다. 한 기관에서 같은 분야에 속하는 다른 기술을 사용한다면 교육비가 많이 들고 협동 작업도 어려워진다. 기업의 경우에는 특정 기술에 상당한 비용을 투자하여 최대한의 효과를 거두려 한다.

비기능적 요구의 세 번째 카테고리는 프로젝트 개발 방법에 대한 계획이다.

- **사용하는 개발 프로세스(방법론)**: 소프트웨어 품질을 높이기 위해 특정 프로세스를 따를 것을 요구 문서에 명시하는 경우도 있다. 예를 들면 테스트 작업에 대한 접근 방법을 정하기도 한다. 자세한 작업 과정을 요구에 포함하지는 않고 이를 언급하는 참고 문헌을 소개하는 수준에 그친다.
- **비용과 납기일**: 가장 중요한 제약 조건이다. 요구 분석서보다는 시스템 개발 계약서나 별도의 프로젝트 계획서에 명시하는 경우가 많다.

대개의 경우 비기능적 요구와 기능적 요구 사이의 구분이 뚜렷하다. 그러나 특정 요구가 기능적 요구 또는 비기능적 요구 내에서 어떤 카테고리에 해당하는지 분명하게 구분하기란 쉽지 않다. 다음을 읽고 어떤 요구에 속하는지 생각해보자.

> "워드프로세서를 설계하는데 자동 저장 기능을 만들어 컴퓨터가 꺼지거나 고장이 났을 때 작업 결과를 잃지 않도록 하고 싶다. 이때 자동 저장 기능은 워드프로세서의 기능적 요구인가, 아니면 설계에 대한 제약, 즉 비기능적 요구인가?"
>
> → 자동 저장은 워드프로세서의 기본적인 기능이므로 기능적 요구에 속한다.

예제 3-5 기능적 요구와 비기능적 요구 구분하기

다음은 '항공권 예약 시스템'의 요구 사항을 나열한 것이다. 어떤 것이 기능적인 요구이고 어떤 것이 비기능적인 요구인지, 또한 요구가 될 수 없는 것은 무엇인지 구분해보자.

- 항공편, 탑승객, 예약을 입력하는 방법을 결정해야 한다.

- 티켓과 리포트에 어떤 정보를 표시할지 결정해야 한다.
- 요금 계산 방법을 결정해야 한다.
- 여행사와 고객이 데이터베이스에 접근할 때 어떤 정보를 얻을 수 있는지 결정해야 한다.
- 자주 탑승하는 고객을 서비스하기 위해 시스템을 확장할 수 있도록 설계해야 한다.
- 시스템은 언제나 사용할 수 있어야 한다. 일주일에 2분 정도의 다운만 허용한다.
- 항공편을 출발 시각으로 정렬할 때 합병 정렬 알고리즘을 이용해야 한다.

정답

- 항공편, 탑승객, 예약을 입력하는 방법을 결정해야 한다. → 입력 기능이므로 기능적 요구
- 티켓과 리포트에 어떤 정보를 표시할지 결정해야 한다. → 출력 기능이므로 기능적 요구
- 요금 계산 방법을 결정해야 한다. → 계산에 관한 것이므로 기능적 요구
- 여행사와 고객이 데이터베이스에 접근할 때 어떤 정보를 얻을 수 있는지 결정해야 한다. → 자료 저장에 대한 기능적 요구
- 자주 탑승하는 고객을 서비스하기 위해 시스템을 확장할 수 있도록 설계해야 한다. → 시스템 확장성에 대한 비기능적 요구
- 시스템은 언제나 사용할 수 있어야 한다. 일주일에 2분 정도의 다운만 허용한다. → 가용성에 대한 비기능적 요구
- 항공편을 출발 시각으로 정렬할 때 합병 정렬 알고리즘을 이용해야 한다. → 구현 방법에 대한 것이므로 요구가 아니고 설계 이슈

04 요구 추출 방법

요구는 도메인 분석에서 정보를 얻을 때 사용했던 여러 출처, 예컨대 관련 당사자, 유사한 소프트웨어, 습득할 수 있는 문서를 통해 모을 수 있다. 요구를 효과적으로 추출하고 분석하는 방법을 [표 3-2]에 정리했다.

표 3-2 요구 추출 방법

요구 추출 방법	작업 방법	특징
관찰	사용자의 업무를 관찰하며 기록	감추어진 문제를 잘 드러냄
인터뷰	여러 관련 당사자를 만나 질문을 하고 대답을 기록	정확한 요구 추출이 가능하며 요구에 대한 오해를 줄일 수 있음
브레인스토밍	여러 사람이 모인 그룹에서 아이디어를 쏟아놓음	효과적인 정보 추출이 가능함
프로토타이핑	시범적으로 시스템을 구현	요구에 대한 빠른 피드백이 가능함
사용 사례 분석	시스템의 외부 기능 파악	체계적인 요구 구성이 가능함

관찰 방법은 관련자가 미처 이야기해주지 못한 미묘한 것을 발견해내는 데 도움이 된다. 그리고 인터뷰, 브레인스토밍, 프로토타이핑 방법으로는 관련자들의 의견이나 지식을 적극적으로 물을 뿐만 아니라 마음속에 있는 것을 속속들이 찾아낸다. 사용자가 요구에 대한 의견을 구하는 이러한 방법에 참여한다면 개인적으로 그 프로젝트에 상당히 깊이 동참한다고 느끼게 되고, 개발된 최종 시스템을 쉽게 승인할 것이다. 또한 사용 사례 분석 방법은 요구를 체계적으로 구성하는 여러 기술 중의 하나이다. 분석은 개인적으로 할 수도 있고 그룹으로 할 수도 있다. 객체지향 모델링 방법에서는 이것을 요구 분석 방법으로 채택하고 있으며 UML에도 포함되어 있다.

NOTE_ 요구 추출과 코딩

요구 추출 작업은 [표 3-2]의 어떤 방법을 사용하든 적절한 시간과 노력을 투입해야 한다. 소프트웨어 엔지니어가 요구를 서둘러 추출하고 설계나 코딩 단계로 넘어가면 이후 프로젝트 진행 시 문제가 발생할 소지가 있다. 코딩을 조기에 하는 것은 프로토타이핑 방법에만 적용된다.

1 관찰

요구를 파악하기 위해 관련 문서를 읽고 사용자와 심각하게 논의할 수 있다. 그러나 사용자의 업무를 관찰하는 것이야말로 대화에서 놓치기 쉬운 자세한 사항을 파악할 수 있는 방법이다. 예를 들면 도매상 관련 소프트웨어를 개발하기 위해 점원이 고객과 물건을 매매하는 과정을 관찰한다. 또한 사원들이 업무를 하고 있을 때 무엇을 하는지 질문할 수도 있다. 또 다른 방법은 비디오로 촬영하여 더 자세한 것을 나중에 분석해보는 것이다.

관찰하고 결과 정보를 분석하는 데에는 시간이 많이 소요된다. 특히 대규모 시스템을 개발할 때는 잠재적인 사용자들이 수행하는 복잡한 작업을 관찰해야 하므로 시간 계획을 미리 짜두어야 한다.

2 인터뷰

인터뷰는 미리 잘 계획해야 많은 정보를 얻을 수 있다. 인터뷰는 중요한 방법임에도 불구하고 소프트웨어 개발자가 인터뷰 방법을 교육받는 경우는 드물다. 아래에 소개한 가이드라인은 인터뷰의 각 단계를 효과적으로 수행하는 데 도움이 될 것이다.

2.1 인터뷰 준비 절차

가능한 한 많은 관련 당사자가 소프트웨어 개발 팀 사람들과 인터뷰할 수 있도록 계획한다. 관련자 이외의 사람들을 인터뷰하는 것도 고려하고 경쟁 제품의 사용자, 마케팅 담당자, 다른 시스템을 사용하는 사용자와도 이야기해본다.

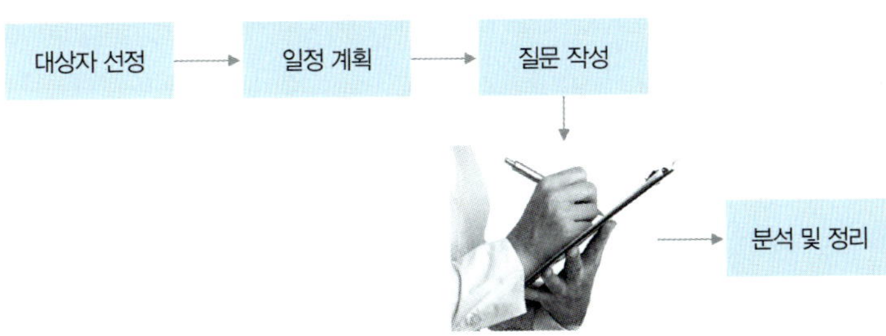

그림 3-6 인터뷰 준비 절차

인터뷰 일정을 분산하고, 오래 걸리지 않을 것으로 예상하더라도 각 인터뷰마다 여유 시간을 할애해야 한다. 인터뷰 사이에는 들은 이야기를 분석하고 정리하는 시간을 갖고 추가 질문을 생각해본다. 또한 인터뷰 대상자가 많은 정보를 제공하고 약속 시간을 넘기더라도 여유를 가지고 계속 진행한다. 가장 중요한 관련자라면 여러 번의 인터뷰를 계획하여 깊이 있게 다룬다. 여러 번으로 나누어 하면 중간 기간 동안에 지식과 분석이 향상된다.

2.2 인터뷰 질문의 유형

인터뷰 시간이 여유롭지 않더라도 충분한 분량의 질문을 준비한다. 질문 리스트를 만드는 작업은 이어서 설명할 브레인스토밍 방법으로 하는 것이 적절하다. 잊지 말고 포함해야 할 질문 유형은 다음과 같다.

■ **최대, 최소, 예외 규칙, 예상되는 변동 등 아주 자세한 사항까지 질문한다.**

만약 어떤 기관의 문서 결재 시스템을 개발할 때 의사 결정을 위한 결재 단계가 일곱 가지라면 그것이 무엇인지, 단계의 개수를 바꿀 수 있는지도 물어본다. 사용자가 변동 가능성이 없다고 하더라도 설계 단계에서는 확장을 고려해야 한다. 신문, 잡지 등의 저널리스트가 육하원칙 중 누가, 언제, 어디서, 무엇을, 왜를 묻는 것이 요구 추출을 위한 인터뷰에도 적용될 수 있다.

■ **관련자에게 시스템에 대한 미래의 비전을 질문한다.**

이런 질문으로 획기적인 아이디어를 발견할 수도 있고, 시스템이 어떤 융통성을 가져야 하는지 제안될 수도 있다. 비전을 제시하는 아이디어는 쉽게 즉시 구현될 수도 있지만 검토하여 결정해야 한다. 기술에 익숙지 않은 사용자와 고객이 단지 현재의 작업 과정을 자동화하는 것으로 생각하고 더 이상의 획기적인 변화는 얻기 어렵다고 믿을 수도 있기 때문이다. 사용자와 고객이 시스템에 대한 구체적인 아이디어를 제시한다면 또 다른 차선의 방법이 있는지, 개발 측이 가지고 있는 대안에 대한 생각은 어떤지 질문한다. 이렇게 하면 시스템의 융통성을 검증할 수 있다.

■ **문제에 대해 최소한의 허용 가능한 솔루션이 무엇인지 질문한다.**

요구를 수집하면서 너무 많은 아이디어를 얻는 경우가 있다. 이럴 때 무엇보다 중요한 것은 고객과 사용자가 기본적으로 필요한 것이 무엇인지 실감하는 것이다. 이런 정보가 없다면 나중에 사용되지 않을 너무 많은 기능을 만들어내게 된다.

■ **다른 정보원이 있는지 물어본다.**

보고 싶은 문서를 인터뷰 대상자가 가지고 있을 수도 있고, 유용한 지식을 지닌 다른 사람을 알고 있을 수도 있다.

■ **인터뷰 대상자에게 다이어그램을 작성하게 한다.**

다이어그램을 통해 정보의 흐름, 명령의 순서, 기술이 어떻게 작용하는지 실제적인 것을 나타낼 수 있다. 다이어그램은 정보 수집을 더욱 촉진하는 초점이 되기도 한다.

2.3 인터뷰 시 유의 사항

인터뷰하는 사람은 무엇보다도 고객과 사용자에게 공감하고 잘 듣는 훈련이 되어 있어야 한다. 공감은 인터뷰 대상자의 마음에 가까이 다가가서 그 사람이 느끼는 것에 진정으로 공감하는 것을 의미한다. 그리고 경청하는 기술은 인터뷰 대상자가 말하는 것을 참을성 있게 흡수하고 그것을 자기 말로 바꾸어 말해줌으로써 오해가 없는지 확인하는 것으로, 공감하면 훨씬 잘 경청할 수 있다. 인터뷰하는 사람은 대상자의 감정을 이해한다는 것을 보여주는 동시에 대상자로부터 사실과 요구를 찾아낼 수 있어야 한다.

인터뷰는 다른 사람을 위협하는 일이 될 수도 있는데, 이런 경우 고객과 사용자가 화를 내기도 한다. 두 당사자가 상당히 다른 배경 지식을 가지고 있기 때문에 의사소통에 심각한 문제가 생길 수도 있다. 이런 마찰을 피하기 위해 대화의 수준을 명확히 할 필요가 있다. 만일 이해할 수 없는 복잡한 것을 인터뷰 대상자가 이야기하면 쉽게 말해달라고 요청한다. 이미 알고 있는 것을 인터뷰 대상자가 설명할 때는 알고 있는 것을 정리해서 말해준다. 그러면 그는 똑같은 말을 되풀이할 필요가 없다고 느낄 것이다.

인터뷰의 초기 단계에는 주로 정보를 수집하므로 분석이 이루어질 수 없다. 특히 사용자가 시스템에서 보고 싶은 것을 불러주었을 때 원하는 것을 그대로 인도받을 것이라는 인상을 주어서는 안 된다. 제시해준 아이디어는 중요하지만 분석해보고 다른 사람들과 상의할 것이라고 말해둔다.

인터뷰 절차의 다음 단계는 앞서 찾아낸 정보를 요약하고 이를 관련자들과 함께 나누면서 의견을 묻는 것이다. 이렇게 하면 관련자들을 자극하여 더 많은 아이디어를 발굴하는 데 도움이 된다.

3 브레인스토밍

브레인스토밍은 여러 사람으로부터 정보를 얻는 효과적인 방법이다. 일반적으로는 그룹을 지어 테이블에 둘러앉아 아이디어를 낼 목적으로 특정 주제에 대해 토론을 한다. 인터뷰와 같이 브레인스토밍 과정을 체계적으로 만들면 더 많은 정보를 추출하는 데 도움이 된다. 훈련된 요원이 주재하여 브레인스토밍 과정을 잘 구성하는 것이 성공의 열쇠이다.

3.1 브레인스토밍 진행 방법

브레인스토밍을 효과적으로 구성하고 수행하는 방법은 다음과 같다.

① 관련자 모두가 참여하는 회의를 소집한다. 브레인스토밍을 효과적으로 진행하려면 5~30명으로 구성하는 것이 좋다.

② 브레인스토밍 회의를 운영하고 이끌 수 있는 경험 많은 사람을 회의 주재자로 선정한다. 원할 경우 주재자는 토론에 참여할 수도 있다.

③ 테이블에 참석자를 배석시키고 작업할 종이를 많이 준다.

④ 토론을 유도하는 질문을 정한다. 이는 중요한 작업으로, 유도 질문은 참석자들이 '예, 아니요'라는 대답이 아닌 짧은 문장의 대답이 나올 수 있는 질문이어야 한다. 다음은 유도 질문의 대표적인 예이다.

- 이 시스템에서 중요한 기능은 무엇인가?
- 미래에 어디서 새로운 자료가 발생할 것으로 예상되는가?
- 시스템에서 어떤 출력이 생성되어야 하는가?
- 도메인 모델에서 어떤 클래스가 필요한가?
- 인터뷰에서 무엇을 질문할 것인가?
- 고려하지 않을 이슈는 무엇인가?
- 이 프로젝트의 리스크는 무엇인가?
- 유도 질문은 무엇인가?

⑤ 참여자에게 다음 지시에 따라 질문한다.

a. 쉽든 어렵든 간에 유도 질문에 대한 대답을 생각하게 한다.

b. 종이에 답을 한두 줄로 쓰되 한 장에 하나의 아이디어만 쓰게 한다.

c. 답을 적은 종이를 옆에 앉은 사람에게 전달하여 생각해보게 한다.

d. 옆에 앉은 사람의 답을 보면 자신의 아이디어를 내는 데 자극이 된다.

⑥ ⑤번 단계를 5~15분 정도 계속하되 아이디어가 더 이상 나오지 않으면 중단한다.

⑦ 테이블 주위를 돌아가면서 모두 앞에 있는 종이에 적힌 아이디어를 읽게 한다. 설명이 필요하면 원래 작성한 참석자가 간단히 부연 설명을 한다(익명으로 진행한다면 설명하지 않을 수도 있다). 주재자 또는 간사가 아이디어를 칠판에 쓰고 그룹 전체가 간단히 토의할 수도 있다.

⑧ 일정 시간이 지난 후 모든 아이디어를 칠판에 기록하고 우선순위를 정하기 위해 투표를 한다.

테이블에서 아이디어를 전달하는 방법은 [그림 3-7]과 같다.

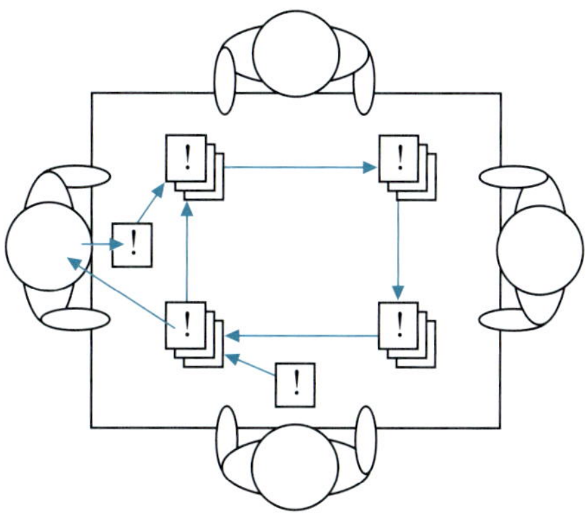

그림 3-7 브레인스토밍에서 아이디어를 전달하는 방법

NOTE_ JAD와 브레인스토밍

JAD joint application development(결합 응용 개발)는 최종 사용자와 개발자가 한자리에 모여 시스템 설계 및 개발에 대해 논의하는 방법으로 브레인스토밍과 관련된다. JAD에서 개발자는 고객과 사용자를 격리된 장소에서 사나흘 동안 만나면서 그들의 요구를 정의하기 위해 공동으로 작업한다. 이 과정에서 정기적인 브레인스토밍과 문서화 작업을 하기도 한다. 참석자들은 하나의 그룹으로 작업할 수도 있고, 특정 문제에 대해 작업하는 여러 개의 작은 그룹으로 나눌 수도 있다. 최종 결과는 요구 문서로 작성한다.

JAD에서 중요한 규칙은 참여자 어느 누구도 다른 업무 때문에 회의 참석이 중단되거나 방해를 받아서는 안 된다는 것이다. 따라서 JAD 회의는 학회나 수련회처럼 참석자가 근무하는 사무실이 아닌 다른 곳에서 이루어져야 한다. 업무 시간뿐만 아니라 밤에 일을 할 수도 있기 때문이다. JAD 회의를 집중적으로 하면 요구 분석에 필요한 기간을 수개월에서 수일 단축할 수 있다.

3.2 브레인스토밍의 장점

브레인스토밍은 다음과 같은 장점을 가지고 있다.

- 다른 사람의 아이디어에 자극을 받아 열정적으로 더 많은 아이디어를 내기 위해 노력하게 된다.
- 내향적이고 소심한 사람들은 확신이 결여되어 자신의 아이디어가 좋지 않다고 생각할 수 있는데, 브레인스토밍은 발언에 익명성이 보장되어 이들이 효과적으로 이야기하게 한다.

4 프로토타이핑

프로토타입은 최종 시스템의 예상 기능 중 일부를 빠르게 구현한 프로그램이다. 그리고 프로토타이핑의 목적은 소프트웨어 엔지니어의 아이디어에 대한 피드백을 조기에 받아서 요구 사항을 취합하는 것이다.

가장 단순한 프로토타입의 형태는 사용자 인터페이스를 종이에 그린 것이다. 이는 시스템이 수행될 때 무슨 일이 일어날지 설명하기 위해 고객과 사용자에게 보이는 화면을 순서대로 그린 것으로, 아이디어를 추출하고 피드백을 받기에 적합하며 적은 노력으로 만들 수 있다. 종이에 그린 프로토타입은 만들기 쉬워서 여러 개를 병행하여 만들기에 적합하다. 여러 개를 병행하여 만든다는 것은 다수의 소프트웨어 엔지니어가 자신의 시스템에 대한 관점에서 별도의 프로토타입을 만들 수 있다는 의미이다. 여러 프로토타입의 결과를 평가하고 그중에서 가장 좋은 기능을 시스템의 요구로 정하면 효율적이다.

프로토타입으로 가장 흔히 쓰는 것은 프로토타이핑 전용 언어rapid prototyping language로 시스템의 모의mock-up 사용자 인터페이스를 만드는 것이다. 프로토타이핑 전용 언어는 사용자 인터페이스의 중요한 부분을 디스플레이하기 위해 신속하게 코드를 작성하게 한다. 하지만 복잡한 시스템의 최종 버전을 생성하기 위한 좋은 기능을 제한하는 취약점을 가지고 있다. 예를 들면 비효율적이고 강인하며 융통성 있는 설계를 만드는 데 제약이 있다.

사용자는 프로토타입을 어느 정도까지는 실제와 같이 사용할 수 있다. 하지만 사용자 인터페이스 배후에 있는 여러 가지 사항, 즉 계산을 하거나 데이터베이스에 접근하거나 다른 시스템과 상호작용을 하는 것은 불가능하다. 프로토타입은 사용자로부터 피드백을 받아 계속 바꾸어야 하지만 아키텍처를 설계하는 데 노력할 필요는 없다. 설계한 것을 유지하기도 어렵고 버그가 많을 것이기 때문이다. 프로토타입은 바로 최종 시스템으로 전환하지 말고 요구를 취합

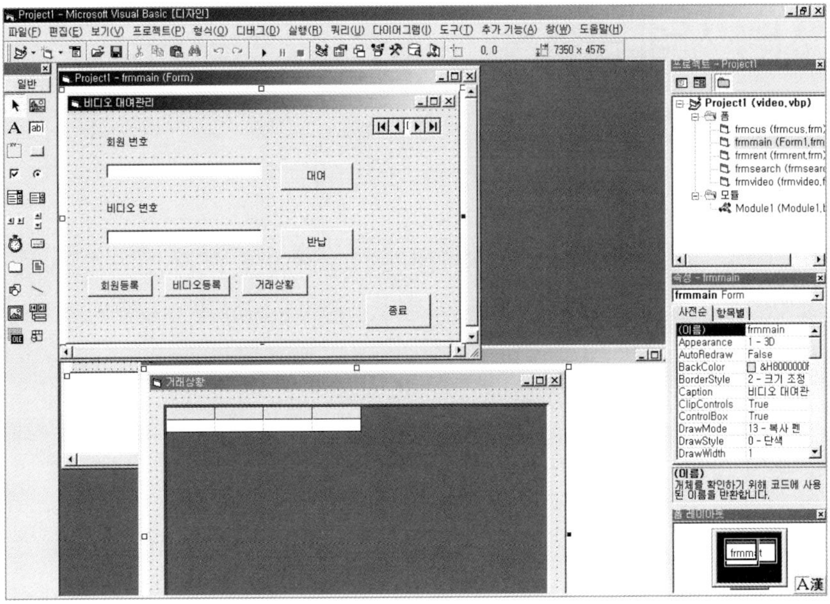

그림 3-8 사용자 인터페이스 프로토타이핑

하는 도구로만 사용하는 것이 좋다.

사용자 인터페이스를 프로토타이핑하는 것과 더불어 시스템의 다른 측면, 예컨대 알고리즘이나 데이터베이스를 프로토타이핑하기 위해 사용하기도 한다. 모든 프로토타입은 현재 발굴된 아이디어를 시험하고 검증하며 새로운 아이디어를 창출하려는 목적으로 만든다.

05 사용 사례 분석

사용 사례 분석use case analysis은 개발한 소프트웨어를 가지고 사용자가 무엇을 할 수 있는지를 검증하는 체계적인 접근 방법이다. 이 절에서는 기본적인 원리와 UML을 이용한 사용 사례 모델링을 살펴본다.

1 사용 사례 분석 과정

사용 사례 분석은 액터 찾기, 사용 사례 찾기, 사용 사례 다이어그램 그리기의 세 단계로 진행된다.

1.1 액터 찾기

사용 사례 분석의 첫 단계는 개발할 시스템의 기능을 사용하는 사용자 클래스 또는 다른 시스템을 결정하는 일이다. 이러한 사용자 클래스나 외부 시스템을 액터actor라 부르며, 각 액터는 시스템에 대해 각기 다른 작업을 필요로 하는 주체이다. 도메인 분석을 했다면 이미 여러 종류의 사용자를 나열했을 것이다. 동일한 사용자가 하나 이상의 역할을 수행하는 경우도 있다. 그러나 사용 사례 분석에서는 사람이 아니라 별개의 업무 역할을 발견하는 데 관심을 두고 살펴보아야 한다.

예제 3-6 액터 찾기

도서관의 업무를 관리하는 시스템을 개발하려고 한다. 이 시스템의 액터를 찾아보자.

정답

도서관 시스템의 액터가 될 수 있는 것은 대출자, 대출 직원, 사서 등이다.

1.2 사용 사례 찾기

사용 사례 분석의 두 번째 단계는 각 액터가 시스템을 사용할 필요가 있는 작업을 결정하는 일이다. 이러한 작업을 사용 사례라 부르는데, 이는 시스템이 사용되는 특정한 유형을 나타내는 것이다. 다시 말해 시스템의 범위를 정하고 고객이 문제를 해결하기 위해 시스템을 사용할 때 액터가 사용할 사용 사례를 나열하는 작업이다.

예제 3-7 **사용 사례 찾기**

도서관 시스템의 액터, 즉 대출자, 대출 직원, 사서, 회계 시스템과 연결된 사용 사례를 찾아보자.

정답

도서관 시스템의 액터와 연결된 사용 사례는 다음 표와 같다.

액터	사용 사례
대출자	• 제목으로 검색 • 저자로 검색 • 주제로 검색 • 다른 사람이 대출한 책을 예약 • 대출자의 개인 정보와 대출한 책의 리스트를 체크
대출 직원	• 대출자가 책을 대출 • 반납된 책을 확인 • 책의 대출 기간을 연장 • 지불된 연체료를 기록 • 대출자를 추가 • 대출자의 정보, 주소, 전화번호 등을 갱신
사서	• 새 책을 도서관 장서로 추가 • 책을 도서관 장서에서 삭제 • 책에 대해 시스템이 기록한 정보를 변경
회계 시스템 (별개로 작동)	• 대출자가 지불한 연체료를 전달

1.3 사용 사례 다이어그램 그리기

사용 사례를 분석한 최종 결과는 다이어그램으로 그리고 각 사용 사례를 더 자세히 분할한다. 사용 사례 다이어그램은 액터와 사용 사례의 관계를 나타내기 위한 UML의 표현법으로, 시스템의 기능을 개략적으로 나타내어 개발자에게 도움을 준다. 모든 시스템이나 서브시스템에 대해 사용 사례 다이어그램을 만들 필요는 없다. 액터가 한두 개뿐인 소규모 시스템은 사용 사례의 리스트만으로도 충분하다.

[그림 3-9]에서 보듯이 사용 사례 다이어그램에 있는 두 개의 중요한 심벌은 사람 모양의 액터와 타원으로 표시된 사용 사례이다. 액터가 수행하는 사용 사례는 선분으로 연결하고 액터에는 이름을 붙인다.

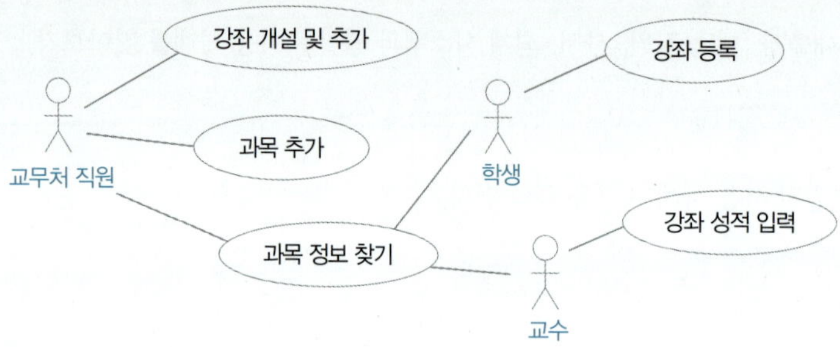

그림 3-9 수강 신청 시스템의 사용 사례 다이어그램

2 사용 사례 간 관계

액터가 시스템과 상호작용할 때 여러 가지 이벤트가 발생할 수 있다. 또한 액터나 시스템이 특정 단계에 다르게 반응할 수 있다. 예를 들면 액터가 파일을 불러올 때 검색창을 여는 이벤트, 파일 이름을 입력하는 이벤트, 검색 버튼을 누르는 이벤트 등이 발생하는 것이다. 파일을 입력할 때 여러 가지 다른 선택을 할 수 있고, 다른 입력값을 제공하거나 상당한 시간이 흐른 후 천천히 반응할 수도 있다. 한편 시스템도 파일이 발견되지 않았을 때 별도의 반응을 할 수 있다. 액터의 목적이 같다면 이렇게 사건의 흐름이 다르더라도 같은 사용 사례에 속할 수 있다.

사건 흐름의 경로가 너무 복잡하여 하나의 사용 사례로 기술하기 어려울 때는 별도의 사용 사례로 만드는 것이 좋다. 이렇게 사용 사례를 별도로 만들더라도 밀접하게 관련이 있는 경우 확장extension, 상세화specialization, 포함inclusion 관계를 사용하면 의미를 효과적으로 표현할 수 있다.

■ **확장 관계**

선택적인 상호작용을 명시할 때 또는 예외적인 경우를 다룰 때 사용한다. 확장 관계는 예컨대 액터가 파일에 접근하기 위해 파일 이름을 잘못 입력했을 때 어떤 예외적인 사건이 일어나는지를 나타낸다. 또한 파일을 찾기 위해 이름을 입력하지 않고 브라우징 윈도우를 이용할 때 어떤 상호작용이 발생하는지를 나타낼 수 있다.

별도의 사용 사례를 확장하여 나타내면 기본 사용 사례가 간단해진다. 사용 사례 확장을 정의할 때 중요한 점은 사용 사례의 처음부터 끝까지 모든 단계를 기술하고 예외 상황을 다루는 부분을 포함해야 한다는 것이다.

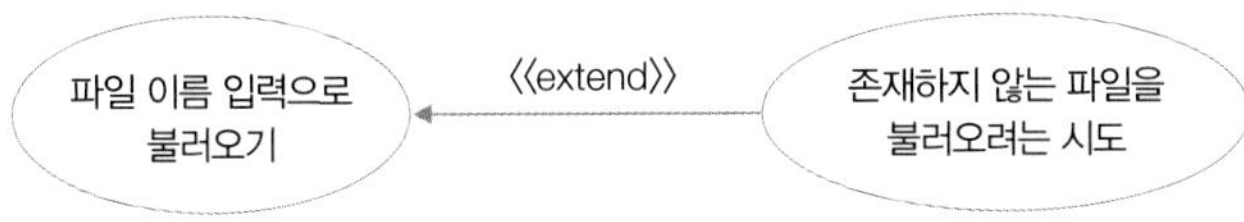

그림 3-10 확장 관계

■ 상세화 관계

클래스의 서브클래스와 같은 의미로서 일반화된 사용 사례와 여러 유사 사용 사례의 관계를 나타낸다. 상세화된 사용 사례는 간략한 사용 사례에 대해 더 상세한 사건 흐름을 제공한다. 예를 들면 '파일 불러오기'의 두 가지 상세한 사용 사례로 '파일 이름 입력으로 불러오기'와 '브라우징으로 불러오기'가 있을 때 사용 사례 다이어그램은 [그림 3-11]과 같다.

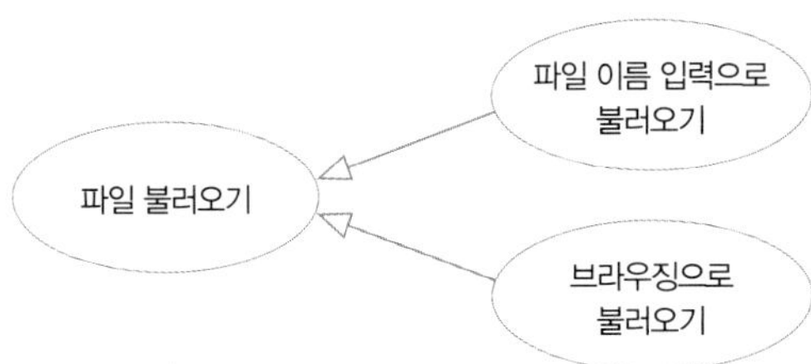

그림 3-11 상세화 관계

■ 포함 관계

여러 사용 사례 사이에 공통적인 부분이 있을 때 이를 사용 사례의 일부로 분리하여 나타낼 수 있다. 즉 여러 사용 사례가 일련의 액션을 공유하는 것이다. 예를 들면 사용 사례 여러 개가 액터에게 비밀번호를 요구하고 아이템의 리스트를 보여준 뒤 파일을 열게 한다고 하자. 중복되는 상호작용을 여러 개의 사용 사례에 되풀이하는 것보다 특수한 사용 사례를 만들어서 이를 다른 사용 사례에 포함하는 것이 효과적이다. 이렇게 하면 서브루틴을 호출하듯이 하위 수준의 작업을 나타내는 사용 사례가 된다.

그림 3-12 포함 관계

사용 사례의 관계를 판단할 때 상세화에 해당되는지, 확장에 해당되는지 판단하기가 어렵다. 차이를 이해하려고 애쓰는 것은 의미가 있으나 특정 모델에서 두 가지 선택으로 고민하여 시간을 낭비할 필요는 없다.

3 사용 사례 작성의 실제

사용 사례는 액터가 시스템을 이용하여 주어진 작업을 완료하기 위해 수행한 일련의 액션, 이벤트를 의미한다. 사용 사례를 분석하는 목적은 사용자나 다른 시스템이 특정 목적을 달성하기 위해 시스템과 어떻게 상호작용하는지를 모델링하는 것이다. 결국 사용 사례 모델은 사용 사례 집합과 사용 사례에 대한 설명, 사용 사례들 사이의 관계로 구성된다.

사용 사례를 분석하는 것은 작업을 분석하는 것과 유사하다. 작업 분석task analysis은 컴퓨터 이용에 관계없이 작업을 이해하고 효율성을 향상하는 데 사용되고 있다. 사용자 인터페이스 설계에서도 작업 분석이라는 용어를 사용하지만 소프트웨어 개발에서는 사용 사례 분석이라고 일컫는다.

여기서는 사용 사례 작성 방법을 소개한다. 사용 사례를 작성할 때 가장 중요한 것은 사용 사례의 이름, 액터의 액션과 그에 따른 시스템 반응 순서이다. 즉 시스템을 사용하는 전형적인 사례에 대해 사용자와 시스템의 동작을 사건 기록 일지처럼 작성하는 것이다. 아래에 사용 사례 작성 시 필요한 내용을 정리했다. 실제로는 이보다 더 간단하게 작성할 수도 있으나 추후 필요한 여러 가지 정보를 제공하기 위해 다음을 기준으로 설명한다.

- **사용 사례 이름**: 사용 사례에 대한 간단한 이름을 나타낸다.
- **액터**: 사용 사례를 이용하는 사용자나 외부 시스템을 말한다. 예를 들면 도서관 시스템에서 책을 대출하려는 대출자나 사서에 해당된다.
- **목적**: 액터가 얻으려는 목적을 설명한다. 예를 들면 도서관 시스템에서 책을 대출하는 목적은 빌려가서 책을 읽으려는 것이다.
- **시작 조건**: 액터가 이 사용 사례를 구동하기 위해 충족되어야 할 조건, 즉 시스템의 상태를 기술한다. 예를 들면 책을 대

출하기 위해서는 빌려갈 책이 선택되고 대출자가 낼 연체료가 없어야 한다.

- **관련 사용 사례**: 사용 사례 사이의 연관성을 나타낸다. 예를 들면 확장, 포함, 일반화 등의 관계가 있다.
- **사건의 흐름**: 액터가 취한 액션과 이에 대한 시스템의 반응을 시간 경과 순서로 적는다. 액션과 이에 대한 반응을 매칭하기 쉽게 다단으로 쓰면 보기에 좋다.
- **종료 조건**: 사용 사례가 종료된 후 시스템이 어떤 상태가 되는지 설명한다.

■ 시스템 내부에 계산 내용을 작성하지 않아도 된다.

사용 사례는 사용자와 시스템 사이의 상호작용을 나타낸 것으로, 시스템이 수행하는 계산 내용을 작성한 것이 아니다. 예를 들어 현금인출기에서 돈을 찾는 사용 사례를 작성한다면 카드를 넣고, 여러 가지 메뉴가 제시되고, 버튼을 누르고, 현금과 카드를 받는 사건을 적으면 된다. 현금인출기가 은행의 컴퓨터와 어떻게 통신하고 시스템이 현금인출기 사용 요금을 어떻게 부과하는지 등은 기술하지 않아도 된다.

■ 특정 사용자 인터페이스 설계와 관계없이 작성해야 한다.

사용 사례는 가능하면 특정 사용자 인터페이스 설계와 관계없이 작성해야 한다. '불러오기 버튼을 누르고…'보다는 '불러오기 명령을 선택하고…'가 더 바람직하다. 명령은 버튼, 메뉴, 키 입력, 음성 신호 등 여러 가지로 구현될 수 있기 때문이다. 마찬가지로 사용자가 파일 이름을 직접 입력하는지, 리스트에서 마우스로 선택하는지 명시할 필요가 없다.

예제 3-8 사용 사례 작성하기 1

파일을 불러오기 위한 사용 사례를 간단한 형식으로 작성해보자.

정답

사용 사례 이름: 파일 불러오기

사건의 흐름

액터 측 액션	시스템 측 반응
1. '불러오기' 명령 선택	2. '파일 불러오기' 대화창 디스플레이
3. 파일 이름 명시	
4. 선택 확인	5. 디스플레이에서 대화창 삭제

■ **액터가 시스템과 상호작용한 액션만 포함해야 한다.**

사용 사례는 액터가 시스템과 상호작용한 액션만 포함해야 한다. 예를 들면 도서관 시스템을 위한 사용 사례를 작성할 때 '서가에서 책을 꺼냄', '책을 읽음'과 같은 것을 사건으로 기록하면 안 된다. 하지만 액터와 시스템 사이에 있는 수작업은 사용 사례의 일부로 간주하여 포함한다. 예를 들면 [예제 3-9]의 '도서 대출 관리 시스템'에서 '반납일을 도장으로 찍음'과 같은 것은 포함해도 좋은 액션이다.

예제 3-9 **사용 사례 작성하기 2**

도서관에서 책을 대출하기 위한 '도서 대출 관리 시스템'의 사용 사례를 자세히 작성해보자.

정답

사용 사례 이름: 책 대출

액터: 대출 직원, 사서

목적: 대출이 허용된 대출자에게 책을 대출해주고 이에 대한 기록을 남겨야 한다.

시작 조건: 대출자가 승인된 카드를 가지고 있고 연체료가 없어야 한다. 대출하려는 책에는 바코드가 붙어 있어야 하고, 색인 코너에 있거나 정기 간행물 등 대출 불가에 속하지 않아야 한다.

사건의 흐름

액터 측 액션	시스템 측 반응
1. 책에 있는 바코드와 ID 카드에 있는 바코드 스캔	2. 대출이 허용될 수 있음을 표시
3. 반납일을 도장으로 찍음	
4. 대출이 시작되었음을 확인	5. 대출이 기록되었음을 확인하도록 표시

종료 조건: 책이 대출되어 어느 날짜에 반납되어야 한다는 사실을 시스템이 기록한다.

■ **사용 사례 간 관계는 접점을 표시하여 나타낸다.**

여러 개의 사용 사례가 서로 관계를 맺을 때는 먼저 관련된 사용 사례를 밝히고 이벤트의 흐름 속에 관련 접점을 표시한다. 예를 들어 사용 사례 A와 B가 포함 관계라면 사용 사례 A 안에 나열된 이벤트 가운데 사용 사례 B를 호출하는 것처럼 표현한다.

예제 3-10 사용 사례 작성하기 3

파일을 불러오는 사용 사례를 자세히 작성해보자.

정답

사용 사례 이름: 파일 불러오기

관련 사용 사례

- '파일 이름 입력으로 불러오기' 사용 사례를 일반화
- '브라우징으로 불러오기' 사용 사례를 일반화

사건의 흐름

액터 측 액션	시스템 측 반응
1. '불러오기' 명령 선택	2. '파일 불러오기' 대화창 디스플레이
3. 파일 이름 명시	
4. 선택 확인	5. 디스플레이에서 대화창 삭제

사용 사례 이름: 파일 이름 입력으로 불러오기

관련 사용 사례: '파일 불러오기' 사용 사례를 상세화

사건의 흐름

액터 측 액션	시스템 측 반응
1. '불러오기' 명령 선택	2. '파일 불러오기' 대화창 디스플레이
3a. 텍스트 필드 선택	
3b. 파일 이름 입력	
4. '불러오기' 클릭	5. 디스플레이에서 대화창 삭제

사용 사례 이름: 브라우징으로 불러오기

관련 사용 사례

- '파일 불러오기' 사용 사례를 상세화
- '파일 브라우징' 사용 사례를 포함

사건의 흐름

액터 측 액션	시스템 측 반응
1. '불러오기' 명령 선택	2. '파일 불러오기' 대화창 디스플레이
3. 파일 브라우징	
4. 선택 확인	5. 디스플레이에서 대화창 삭제

사용 사례 이름: 존재하지 않는 파일을 불러오려는 시도

관련 사용 사례: '파일 이름 입력으로 불러오기' 사용 사례를 확장

사건의 흐름

액터 측 액션	시스템 측 반응
1. '불러오기' 명령 선택	2. '파일 불러오기' 대화창 디스플레이
3a. 텍스트 필드 선택	
3b. 파일 이름 입력	
4. '불러오기' 클릭	5. 파일이 존재하지 않음을 표시
6. 파일 이름 정정	
7. '불러오기' 클릭	8. 디스플레이에서 대화창 삭제

사용 사례 이름: 파일 브라우징(포함)

사건의 흐름

액터 측 액션	시스템 측 반응
1. 원하는 파일이 없으면 디렉터리 선택	2. 디렉터리 디스플레이
3. 원하는 파일이 보일 때까지 1단계 반복	
4. 파일 선택	

[예제 3-10]의 내용을 그림으로 나타내면 [그림 3-13]과 같다. 사용 사례 사이의 확장, 상세화, 포함 관계가 그림으로 표현되어 있다. 액터도 일반화 관계를 형성할 수 있다. '시스템 관리자'는 '일반 사용자'의 서브액터이며, 이는 모든 시스템 관리자가 일반 사용자와 같이 작업할 수 있음을 의미한다.

시스템에 대해 사용 사례 분석을 할 때 관련된 모든 사용 사례를 파악해야 한다. 하지만 실제로 개발할 때는 시스템의 중요한 기능을 담당하는 사용 사례에 집중하게 된다. 예를 들면 항

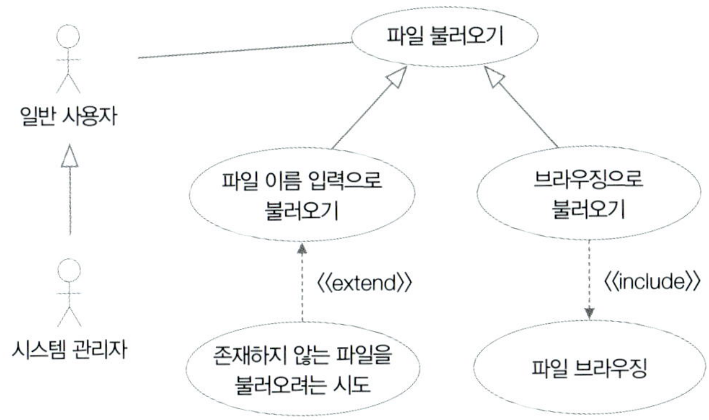

그림 3-13 파일 불러오기의 사용 사례 다이어그램

공권 예약 시스템은 '항공권 예약', '좌석 예약'과 같은 사용 사례가 중심이 된다. 이처럼 중심이 되는 사용 사례는 프로젝트 관리 측면에서 위험도가 매우 큰 사용 사례이며, 따라서 잘 관리해야 한다. 또한 시스템의 가치를 좌우하는 중요한 사용 사례는 프로토타입을 만들어서 먼저 사용자에게 보여주고 의견을 듣기도 한다.

4 사용 사례의 효과

사용 사례는 개발할 시스템이 무엇을 하는지 잘 이해하고 조직화하기 위한 직관적인 방법이다. 사용 사례는 사용자의 작업을 바탕으로 하며 자연어를 사용하여 작업을 표현한다. 프로젝트 초기에 개발 작업을 구동하는 사용 사례는 다음과 같은 또 다른 효과가 있다.

- 시스템의 범위를 정하는 데 도움이 된다. 즉 시스템이 무엇을 할 수 있고 무엇을 할 수 없는지 정의한다.
- 개발 프로세스를 계획할 때 사용된다. 사용 사례의 개수는 프로젝트 규모를 나타내는 좋은 지표이며, 개발 완료된 사용 사례의 비율로 개발 진척도를 나타낼 수 있다.
- 요구를 발견하고 검토할 때 사용된다. 제안된 기능의 일부가 사용 사례에 표현되지 않았다면 이는 시스템에서 제외될 수 있다. 요구가 사용 사례로 표현되면 사용자가 더 잘 이해할 수 있다. 따라서 사용 사례는 고객과 개발자의 계약과 같이 쓰일 수 있다.
- 테스트 케이스를 정할 때 기초가 된다.
- 사용자 매뉴얼 구성에 사용된다.

06 요구 문서화

좋은 소프트웨어를 개발하려면 요구를 잘 정리해야 한다. 그러나 요구를 얼마나 상세하게 기술한 것인가는 프로젝트마다 다르다. 극단적으로 몇 문단의 글과 간단한 그림으로 요구를 표현한 것도 있고, 수천 페이지 분량으로 복잡하고 자세히 기술한 요구 명세서도 있다. 이는 둘 다 잘못된 것으로, 너무 간단히 기술하면 문제를 적절히 해결하지 못하는 시스템을 만들 수 있고, 반대로 너무 자세히 기술하면 시간을 낭비하고 개발 과정이 너무 융통성 없게 될 수 있다.

경우에 따라서는 여러 개의 요구 분석서를 작성하는데, 시스템의 각 부분을 따로 작성하거나 상세 수준에 따라 별도로 작성할 수도 있다. 이렇게 분리해서 작성할 때는 서로 보완이 되도록 작성한다. 필요하면 다른 문서를 참조하도록 소개하고, 문서 간에 중복되는 내용이 없도록 한다. 문서 간에 중복되는 내용이 있으면 변경해야 할 때 한 부분은 고치고 다른 부분은 그대로 두어 모순이 생길 수 있다.

1 요구 분석서의 구조

대규모 시스템을 위한 요구 문서는 체계적으로 정리한다. 전체 시스템과 각 서브시스템의 상호작용을 서술한 최고층 문서를 정리하고, 각 서브시스템에 대한 요구를 별도의 문서로 정리한다. 주의할 점은 시스템이라는 말이 개발 팀이 작업하는 서브시스템을 가리킬 수도 있고 전체 시스템을 가리킬 수도 있다는 것이다. 요구 분석서의 구조를 그림으로 나타내면 [그림 3-14]와 같다.

그렇다면 작성해야 하는 문서의 종류를 어떻게 결정하고 얼마나 자세히 기술해야 할까? 이때 다음과 같은 사항이 도움이 될 것이다.

■ **시스템의 크기**

대규모 시스템은 여러 가지 이유로 상세한 요구 문서가 필요하다. 규모가 커서 설명할 것이 많기 때문이다. 또한 여러 팀이 각 파트를 담당할 수 있도록 서브시스템으로 분할하여 다른

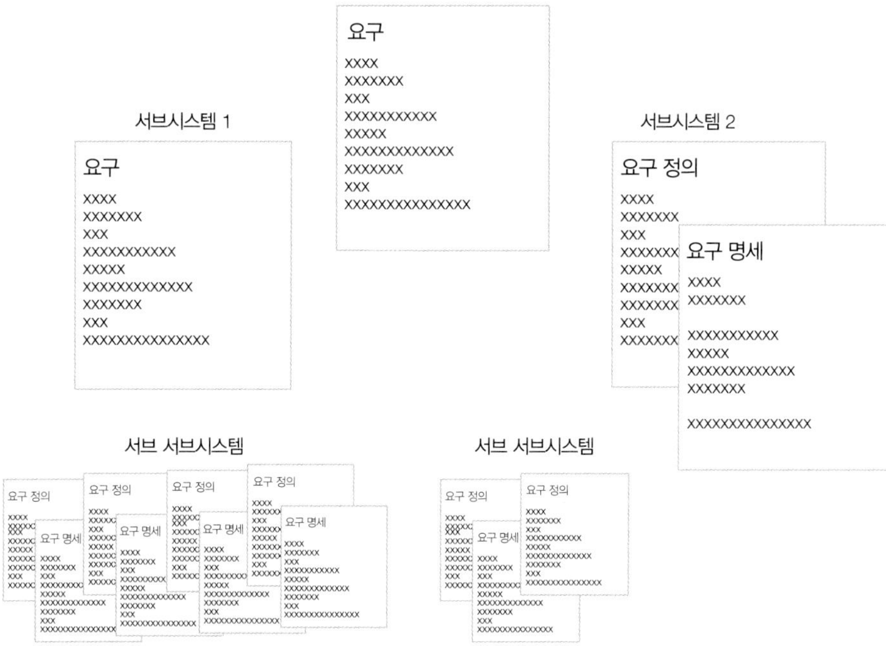

그림 3-14 요구 분석서의 구조

사람들이 어떤 일을 하고 서브시스템이 어떻게 상호 동작하는지 명확히 알 수 있다.

- **다른 시스템에 대한 인터페이스 요구**

  소규모 시스템이라도 다른 시스템이나 서브시스템이 그 시스템의 서비스를 어떻게 사용하고 의사소통하는지 요구로 정리할 필요가 있다. 예를 들어 클라이언트와 서버가 통신하는 프로토콜을 명세하지 않으면 협력하여 동작할 수 없다.

- **목표로 하는 독자**

  요구는 사용자가 이해할 수 있도록 쉽게 작성해야 한다. 시스템이 일반인을 위한 것이라면 소수의 전문인만 이해하는 특수 용어를 피해야 한다. 한편 특정 과학이나 공학 배경 지식을 가진 사용자를 위한 시스템도 있는데, 이런 경우 도메인의 상세한 기술이 나올 수 있다. 또한 시스템을 소프트웨어 개발자들이 사용하는 경우에는 예외적으로 시스템의 요구를 알고리즘, 자료 구조, 프러시저 수준으로 상세히 설명해도 좋다. 하지만 이런 자세한 사항은 대개 설계 문서에 기술한다. 한 가지 예외로 유틸리티 패키지의 경우 요구와 설계를 구별하면 오히려 문제가 생길 수 있다.

■ **개발을 위한 계약**

외주 계약에 의해 소프트웨어를 개발할 때는 요구를 상당히 정확하게 명시해야 한다. 특히 정부 기관과 같은 고객과 계약하여 요구 분석을 하는 경우에는 일정한 형식과 제공 내용에 대한 규칙을 따라야 할 것이다.

■ **요구 취합 단계**

요구를 모으는 초기 단계에는 정확하고 상세한 요구를 많이 작성하는 것이 중요하지 않다. 잘못되어 다시 작성하는 경우 많은 노력이 들기 때문이다. 이 단계에서는 시스템이나 서브 시스템의 개요를 한두 문단으로 쓰는 것이 좋으며, 이렇게 간단히 표현한 요구에 관련자들이 모두 동의하면 상세한 사항을 추가해나간다. 시스템의 첫 사이클에서는 아주 간결한 문장으로 정의한 요구를 대략적인 프로토타입으로 개발해보는 것이 적합하다. 그다음에는 프로토타입을 시험적으로 사용하면서 좋은 것과 나쁜 것에 대한 정보를 알아낸다. 이를 바탕으로 요구에 자세한 사항을 추가하며, 다음 단계의 반복 사이클에서는 진보되고 세련된 프로토타입 또는 시스템을 개발할 수 있을 것이다. 이렇게 프로토타이핑을 반복하여 개발하는 것이 요구를 모으고 통합하는 과정이라고 할 수 있다.

■ **도메인 및 기술에 대한 경험 수준**

잘 알고 있는 도메인의 소프트웨어를 잘 알고 있는 기술로 개발한다면 설계하기 전에 완벽한 요구 문서를 작성할 수 있다. 하지만 혁신적인 소프트웨어를 개발한다면 주의를 많이 기울여야 한다. 대략적인 요구를 기초로 프로토타입을 개발하여 아이디어를 검증하고 보유 기술의 신뢰성을 검토한다. 예를 들면 새로운 프로그래밍 언어, 클래스 라이브러리, 프레임워크, 알고리즘, 하드웨어, 데이터베이스 등의 보유 기술을 검토하는 것이다.

■ **잘못된 요구에 대한 비용**

고장을 일으키면 안전이나 환경에 심각한 위험을 줄 수도 있는 시스템은 정확히 명세화되어야 한다. 안전이 결정적인 요소가 되는 시스템의 예로는 제조 산업의 프로세스, 기계, 통신 네트워크, 의료 장비, 생활 가전 등이 있다. 또한 원자력 발전소와 자동차에도 안전에 대한 위험이 확실히 있다. 사용자가 응급 상황에 처했을 때 통신 네트워크가 고장 난다면 안전을 위협할 것이다. 현관문의 디지털 도어록, 세탁기 등의 소프트웨어가 고장 나면 부상이나 화재, 침수 등을 일으킬 수 있고, 이로 인한 소송으로 심각한 재정적 손실을 초래할 수도 있다. 안전 위험과 더불어 일부 유형의 소프트웨어 고장은 광범위한 경제적 손실을 불러오기도 하는데, 많이 알려진 예로 2000년 이후에는 작동이 불가능하여 고칠 수 없는 소프트웨어가 여기에 해당된다. 이는 20세기에 작성된 소프트웨어가 연도를 네 자리 대신 두 자리로만 표시하여 발생한 오류이다.

2 요구 분석서의 내용

소프트웨어가 계속 진화하면서 기존의 시스템에 기능이 추가되면 요구 분석서에도 변경된 내용을 업데이트한다. 그러나 추가 작성이 반복되면 유지보수를 어렵게 만들 수 있다. 전체 시스템을 이해하려면 낡은 것이 된 원래의 요구는 물론이고 변경된 요구를 계속 추가하여 이해해야 하기 때문이다. 이런 문제는 내용을 변경할 때 전체 시스템에 대한 요구를 기술한 문서를 갱신하면 해결된다.

요구 분석서는 기관마다 다른 명칭으로 불리기도 한다. '요구 정의'라는 용어는 개략적인 상위 수준의 문서를, '요구 명세'는 더 상세하고 정확한 문서를 뜻한다. 그러나 문서의 정확한 명칭에 신경 쓰기보다는 해당 기관의 관례를 따르는 것이 좋다. 요구 분석서에는 다음과 같은 정보가 포함되어야 완벽하다고 할 수 있다.

- **문제**: 시스템이 해결하고자 하는 문제를 간단명료하게 기술한다.
- **배경 정보**: 요구를 이해하는 데 도움이 되는 정보를 제공한다. 도메인 분석서나 관련 표준 또는 관련 서브시스템의 요구에 대한 참고 문헌을 포함한다. 또한 고려해야 할 중요한 이슈나 결정하는 데 근거가 된 사항을 기술할 수도 있다. 근거가 너무 길면 기능적 요구나 비기능적 요구에 직접 기술하여 장황하지 않게 한다.
- **환경 및 시스템 모델**: 시스템이 수행될 배경 및 시스템이나 서브시스템의 개요를 기술한다. 이때 다이어그램을 사용하는 것이 효과적이다. 시스템이 수행될 하드웨어를 명시하고 상호작용하는 다른 서브시스템이나 소프트웨어를 나타내야 한다.
- **기능적 요구**: 앞에서 언급한 대로 사용자나 다른 시스템에 제공될 서비스를 명시한다. 입력, 출력, 계산 기능과 시간 제약 등을 기술한다. 기능적 요구를 나타낼 때는 다이어그램이 유용하다.
- **비기능적 요구**: 앞에서 언급한 대로 시스템 설계에 부여되는 제약 사항에 대해 기술한다.

07 요구 검토

초기 프로토타입이나 요구의 초기 버전은 소프트웨어 프로젝트 관련자들이 검토한다. 검토 후 다시 반복 수정하는 작업으로 요구 분석서와 프로토타입을 개선할 수 있다. 요구 사항을 검토할 때는 관련자들이 모두 참석한 가운데 리뷰 회의를 진행한다. 관련자들은 검토할 문서를 미리 받아 읽어보고 결함을 찾은 후 리뷰 회의에 참석한다. 이렇게 하면 리뷰 회의에서 논란의 소지가 있는 쟁점을 피할 수 있다. 즉 대부분의 문제나 결함은 개인적인 검토 과정에서 찾게 된다. 검토 과정에서 발견된 문제로 인해 요구에 수정할 사항이 많으면 다시 검토할 필요가 있다.

요구 사항을 충분히 검토하려면 다음과 같은 사항이 만족되어야 한다.

■ **개발 비용 대비 투자 효과**

개발 및 유지보수, 하드웨어 구입, 관련자 교육 등에 드는 비용이 생산성이나 매출 향상과 같이 경제적으로 얻는 이익에 대비하여 어느 정도인지 따져본다. 비용-이익 분석은 꼼꼼하게 따져서, 개발 비용은 많이 드는데 아주 작은 이익을 낼 것으로 예상되는 요구는 과감히 삭제한다.

■ **문제의 우선순위**

미래에 쓸모가 있고 비용을 초과하는 수익을 내는 요구라도 현재 당면한 문제 중 우선순위가 낮다면 삭제해야 한다. 그래야 시스템을 개발하는 데 시간을 절약하고 시스템이 복잡해지는 것을 막을 수 있다. 중요도가 떨어지는 아이디어는 다음에 고려하도록 미루어둔다.

소프트웨어 공학에서 지키는 중요한 원칙 중에 하나는 80 대 20 법칙이다. 사용자가 안고 있는 문제의 80%는 작업의 20%가 해결할 수 있는데 이를 '파레토 법칙'이라 한다. 따라서 시스템에 대한 요구 중 우선순위가 높은 상위 20%만 먼저 개발하는 것을 고려할 만하다. 필요 이상의 요구를 리스트로 만드는 것은 자주 변경될 디자인을 금으로 도금하는 것과 마찬가지이다.

■ **명확하고 일관성 있는 표현**

요구는 사용자가 이해할 수 있고 다른 요구와도 통일성이 있게 표현해야 한다. 요구는 일반적으로 우리말이나 영어와 같은 자연어로 표현하지만 정형적 언어로 보완할 수도 있고 다이어그램으로 나타낼 수도 있다. 어떤 형식을 사용하든 일관된 스타일로 요구 문서를 작성해야 한다. 문장으로 작성하는 경우에는 현재형의 능동태로 작성하되 시스템이 입력에 대해 어떤 식으로 반응한다는 것을 표현한다. 예를 들면 '약사가 환자의 ID를 입력할 것이다. 다음에 환자의 처방 기록이 디스플레이될 것이다.'보다 '약사가 환자의 ID를 입력하면 시스템은 환자의 처방 기록을 디스플레이한다.'라고 쓰는 것이 좋다.

■ **모호하지 않은 표현**

글로 쓴 문장은 의미가 다르게 해석되는 경우가 많다. 단어가 여러 가지 의미를 내포하고 있기 때문이다. 예를 들어 '사용자가 항공기를 선택하면 시스템은 항공편에 배정한다.'에서 '항공기'가 기종(보잉 777)을 의미하는지, 특정 항공기를 의미하는지 모호하다. 또한 '항공편'이 특정한 날에 떠나는 항공편을 의미하는지, 같은 시각에 떠나는 항공편명(KL 102)을 의미하는지 명확하지 않다.

■ **일관성**

작성한 요구 문서가 표준 규격에 잘 맞는지, 다른 요구와 일관성이 있는지, 상위 시스템이나 서브시스템의 요구와 잘 부합하는지 확인한다. 대규모 시스템은 요구들 사이에 모순되는 점이 있는지 미묘한 부분까지 확인하기가 어렵다. 일관성을 자동적으로 확인하기 위해서는 요구를 정형적 언어로 표현해야 한다.

일관성을 확립하는 중요한 방법 중의 하나는 중복해서 기술하는 것을 피하는 것이다. 예를 들면 요구에 대해 서론에서 요약하여 언급하고 다시 본론에서 자세히 기술하기도 하는데, 이런 경우 한쪽을 수정하고 같은 내용을 기술한 다른 부분의 수정을 잊어버리곤 한다. 그러므로 본론 이외의 부분에서 요구 사항을 구체적으로 언급하는 것은 좋지 않다.

■ **품질 좋은 시스템의 유도**

요구 사항은 시스템의 사용성, 안전성, 효율성, 신뢰성, 유지보수성을 높일 수 있어야 한다. 요구 사항이 과연 이러한 품질 특성을 만족시킬 수 있을지 판단하려면 전문적인 명세가 필요하다. 예를 들면 신뢰성이 중요한 시스템은 정형적이고 수학적인 증명 기법을 동원하여 만든다. 또한 사용성을 확보하는 데에는 좋은 사용자 인터페이스 설계를 위한 체크리스트를 만들어 요구 사항과 대조하는 방법도 있다. 시스템의 사용성을 완전히 보장하려면 프로토타입을 사용하여 작업하는 것을 관찰해야 한다.

■ **실현 가능성**

요구 사항은 개발 팀에 의해 정해진 예산과 기간 내에 원하는 플랫폼에 구현할 수 있는 전문성과 기술성이 있어야 한다. 요구 사항의 실현 가능성에 의문이 제기된다면 더 상세한 분석이 필요하다. 예를 들어 어떤 기능에 성능 요구 사항을 만족시킬 만한 알고리즘이 있는지 확실하지 않다면 그 기능을 요구 사항으로 확정하기 전에 프로토타입을 실험적으로 만들어 테스트해본다.

■ **검증 가능성**

요구 분석서는 시스템 설계의 기초가 될 뿐 아니라 테스트 작업의 근거가 된다. 따라서 구현된 시스템이 요구 사항에 맞는지 명확하게 결론을 내릴 수 있는 방법이 있어야 한다. 특히 비기능적 요구 사항이 검증 가능하도록 작성되어야 한다. 예를 들면 '검색 결과는 빠른 시간 안에 나와야 한다'는 요구의 경우 빠른 시간의 의미가 모호하여 검증하기 어렵다. 이를 '검색의 첫 번째 결과는 평균 1초 이내에 나와야 하며 95%가 3초 이내에 나와야 한다'와 같이 개선해야 한다.

■ **식별할 이름**

개별적인 요구 사항을 부를 이름이 있어야 한다. 요구 검토 회의에서 참석자들이 어떤 요구 사항을 토의하는지 나타낼 때 필요하기 때문이다. 또한 어떤 요구 사항이 설계의 어디에 반영되었는지 나타낼 때도 필요한데 이를 추적성이라 부른다. 요구 사항을 잘 식별할 수 있게 만드는 첫 단계는 긴 문장을 피하는 것이다. 각 요구 사항은 새 문단으로 시작하여 기술하고 모든 요구 사항에 고유 번호를 붙인다.

■ **설계 무제한성**

앞서 언급했듯이 요구 사항을 기술할 때 어떻게 구현될 것인지를 언급하면 안 된다. 설계자가 자유롭게 결정할 수 있도록 해야 하기 때문이다.

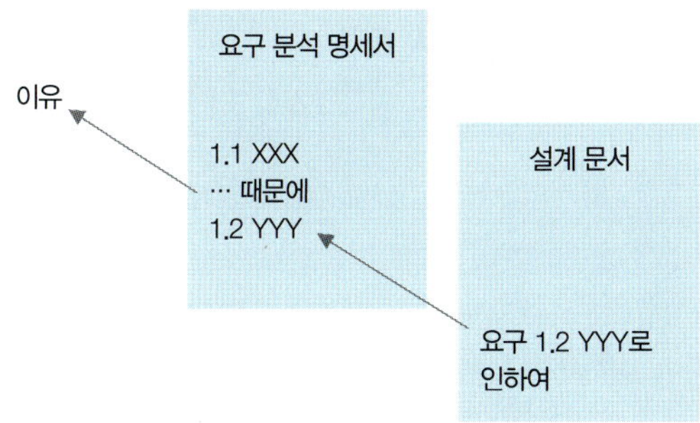

그림 3-15 요구 사항을 추적 가능하게 하는 방법

■ **완전성**

요구 분석서는 개괄적인 수준 또는 상세 수준으로 기술할 수 있다. 하지만 어떤 수준이든 시스템이나 서브시스템의 모든 기능을 포함하고 비기능적 요구도 모두 포함해야 한다.

■ **조직화**

문서는 쉽게 이해될 수 있도록 구성하며, 빨리 훑어보고 요구 사항을 쉽게 찾을 수 있도록 꾸민다. 제목을 명확하게 하고 장, 절에 의미 있는 이름을 붙여 잘 식별되게 한다.

■ **분명한 이유**

모든 요구 사항은 심층적인 분석과 반론 및 대안이 제시되었던 것이므로 이유를 제공해야 한다. 이유를 자세히 제시하면 나중에 변경이 필요할 때 분석 작업을 되풀이할 필요가 없다. 또한 대안을 고려해보았다는 확신을 줄 수 있고, 요구 사항이 논의의 소지가 있다는 사실을 알릴 수 있다. [그림 3-15]와 같은 이유는 요구를 정당화하는 근거가 될 수도 있다.

■ **관련자의 동의**

요구 사항은 모든 관련자가 구현에 동의했을 때 확정된 것으로 간주된다. 협상 과정에서 조정이 될 수 있는데, 일부 관련자가 어떤 요구 사항을 변경한다면 다른 요구에 동의한다는 협상이 있을 수 있다. 예를 들어 일부 사용자가 기존 컴퓨터에서 소프트웨어가 실행되길 원한다면 새 컴퓨터에서 실행하되 웹 인터페이스를 추가하고 기존 컴퓨터에서 출력물을 볼 수 있게 한다.

08 [사례 연구] 내비게이션 시스템

다음은 자동차에 장착될 내비게이션 시스템에 대한 요구 분석서를 작성한 사례이다.

그림 3-16 내비게이션 시스템

프로젝트 사례: 내비게이션 시스템의 요구 분석서

A. 문제

내비게이션 시스템은 자동차에 장착되어 운전자에게 목적지까지 가는 길을 안내한다.

B. 배경 지식

자세한 도메인 분석은 문서 DA-2004-02를 참조한다.

C. 환경 및 시스템 모델

내비게이션 시스템은 문서 DA-2004-02에 기술된 GPS 하드웨어 환경에서 수행된다. 하드웨어는 다음과 같은 사항을 소프트웨어에 제공한다.

- GPS 위치 정보
- 지리 정보 데이터베이스에 무선 인터넷으로 접속
- 트랙볼의 위치
- 컬러 10×10cm LCD 스크린
- 스크린 터치 패드의 여섯 개 버튼
- 자동차에 장착된 다른 시스템으로부터의 데이터, 즉 바퀴의 속력 및 방향 전환에 관한 입력

D. 기능적 요구

1. 시스템은 지도의 어떤 부분을 디스플레이할 것인지 계산하기 위해 GPS 정보를 사용한다. 또한 자동차 위치의 정확도를 높이기 위해 속도와 방향 회전 기록에 대한 정보를 통합한다.
2. 시스템은 두 가지 모드가 있다. 셋업 모드는 사용자가 지도를 참조하여 목적지를 표시하는 모드이고, 내비게이션 모드는 사용자에게 방향을 안내하는 모드이다.
3. 셋업 모드

   3.1 시스템이 켜지고 자동차가 정지된 상태이면 셋업 상태로 들어간다. 자동차가 움직이면 시스템은 내비게이션 모드가 된다. 안전상의 이유로 자동차가 움직이면 시스템이 셋업 모드로 들어갈 수 없다.

   3.2 셋업 모드에 있을 때 시스템은 지도를 보여준다. 디폴트 지도는 1:25000 척도이며 중앙이 현재 자동차의 위치이다. 이 정도의 척도는 화면에 사방 2.5km를 나타낼 수 있다. 지도의 위쪽이 북쪽이 되도록 표시한다.

   3.3 사용자의 현재 위치가 지도의 가시 범위 안에 있을 때는 빨간 화살표로 표시한다. 화살표는 사용자가 가야 할 방향을 나타낸다.

   3.4 시스템은 현재 위치로부터 지도의 중앙까지 오렌지색으로 최단 경로를 표시한다. 현재 위치가 표시되지 않았다면 완전한 경로를 표시할 수 없을 것이다.

   3.5 사용자가 트랙볼을 조작하면 스크린은 트랙볼이 움직이는 방향으로 지도를 스크롤한다.

   3.6 LCD 스크린은 '줌 인', '줌 아웃', '현재 위치로', '목적 위치로', '목적지 설정', '내비게이션'의 여섯 개 버튼을 보여준다. 버튼은 다음과 같이 작동한다.

   - '줌 인'과 '줌 아웃'은 새 지도를 디스플레이한다. 지도의 척도는 스크린의 맨 위에 표시한다. 지도 검색이 지연된다면 '지도 검색 중'이라고 화면에 표시한다. 어떤 이유로 지도나 네트워크를 이용할 수 없다면 시스템에 '네트워크 등의 문제로 지도를 찾을 수 없습니다'라고 표시한다.
   - 사용자가 '줌 아웃'을 누르면 지도의 척도를 둘로 나누어 더 넓은 영역을 표시한다. 최소 척도는 1:3125로 312.5m 폭의 영역을 나타낸다. 최소 척도에서 '줌 인'을 누르면 더 이상 표시할 수 없다는 의미로 회색의 레이블을 표시한다.
   - '목적지 선택'을 누르면 스크린의 중앙(오렌지색 경로의 끝)이 목적지로 지정된다. 현재 위치에서 목적지까지의 최단 경로가 빨간 선으로 하이라이트되고 자동차가 움직이면서 변동된다.
   - 지정된 목적지까지의 최단 경로(빨간색)는 스크린 중앙까지의 최단 경로(오렌지색) 위에 표시한다.
   - 사용자가 '현재 위치로'를 누르면 현재 위치가 중앙에 오도록 지도를 점프한다.
   - 사용자가 '목적지 설정'을 누르면 지도는 목적지가 중앙에 오도록 점프되고, 목적지가 선택되지 않았다면 디폴트 목적지가 현재 위치가 된다.

4. 내비게이션 모드

   4.1 내비게이션 모드에서는 자세한 지도를 보여주지 않는다. 운전 중에는 지도에 집중할 수 없기 때문이다.

   4.2 목적지를 설정하지 않았다면 시스템은 현재 주행 중인 도로의 이름만 크게 표시한다.

   4.3 목적지를 설정했다면 시스템은 다음과 같은 내용을 크게 표시한다.

   - 똑바로 주행해야 한다면 위쪽 화살표, 왼쪽으로 돌아야 한다면 왼쪽 화살표, 오른쪽으로 돌아야 한다면 오른쪽 화살표, 뒤로 돌아가야 한다면 U턴 심벌을 표시한다.

- 운전자가 어디로 운전해야 하는지를 나타내는 문장은 다음과 같다. 예를 들면 '25번 출구에서 왼쪽으로 회전하고 33번 국도에서 동국대학교까지 북쪽으로 직진하시오.'는 회전 방향과 모퉁이의 건물, 주행 방향, 도로 번호, 다음 목표 건물 등을 찾아내야 한다.

> "〈건물〉에서 〈방향〉 쪽으로 회전하시오."
>
> "〈도로 번호〉에서 〈건물〉까지 〈방향〉 쪽으로 직진하시오."

- 목적지의 행정구역, 남은 거리, 남은 주행 시간, 예상 도착 시각을 표시한다.

4.4 회전 방향과 명령은 가능한 한 빨리 표시해야 한다. 또한 내비게이션 명령이 모호하게 이해되지 않도록 한다. 예를 들면 왼쪽 회전 화살표는 다음 코너에서 왼쪽 회전을 해야 할 때만 표시한다.

4.5 스크린에 '음성', '소리 크게', '소리 작게', '안내 시작', '안내 중지', '셋업' 등의 버튼을 보여준다. 각 버튼의 역할은 다음과 같다.

- '음성'은 내비게이션이 화면에 보여준 안내를 음성으로 합성하여 발생시킨다. 사용자가 버튼을 누를 때마다 지금 읽던 것을 취소하고 지금 명령을 처음부터 읽는다.
- '소리 크게', '소리 작게'는 소리를 조절한다.
- '안내 시작'은 주행에 필요한 안내, 예컨대 '출구로 나가시오.' 같은 문장을 자동으로 1분 앞서 읽어 컴퓨터 합성음을 발생시킨다. '안내 중지'는 이런 기능을 취소하는 것으로, 사용자는 화면의 명령을 읽거나 '안내 시작'을 눌러야 한다. 길 안내가 1분에 한 번 이상으로 자주 필요하다면 바로 전 안내에 따라 운전한 것이 감지되자마자 다음 안내를 읽어 음성으로 내보낸다.
- '셋업'은 자동차가 정지했을 때 셋업 모드로 전환한다. 자동차가 정지하지 않았다면 '셋업' 버튼이 회색으로 변하여 비활성 상태가 된다.

4.6 운전자가 안내에 따른 예상 반응을 보이지 않고 다른 길로 가면 시스템은 즉시 새로운 길을 계산한다.

E. 비기능적 요구

1. 시스템은 인터넷 연결이 잘 안 되거나 GPS 신호를 수신하는 데 실패하더라도 서비스를 유지하도록 강인성을 가져야 한다.
2. 시스템은 무선 인터넷이나 GPS 기술의 변경이 앞으로의 릴리스에 잘 통합될 수 있도록 융통성 있게 설계해야 한다.
3. GPS 신호가 없는 경우에 대신할 수 있는 관성항법 장치로부터의 입력을 미리 받을 수 있도록 설계해야 한다.

요약

- 고객의 문제 해결에 확신을 주기 위해 시스템을 개발하는 동안 요구를 계속 발굴하는 것이 중요하다. 처음의 도메인 분석 작업은 관련자들과 효과적으로 의사소통하기 위해 도메인에 대해 학습하는 것이다.
- 요구에는 시스템이 무엇을 하는가를 다루는 기능적 요구와 설계에 대한 제한 사항인 비기능적 요구가 있다. 문제를 찾아내어 명시하고 시스템의 범위를 정의하는데, 이런 작업은 후속 작업을 더 집중력 있게 하고 요구가 서서히 증가 및 변경되는 것을 막을 수 있다.
- 요구를 추출하고 분석하는 방법에는 관찰, 인터뷰, 브레인스토밍, 프로토타이핑, 사용 사례 분석 등이 있다.
- 요구 문서에는 요구를 일관성 있고 명료하게 작성해야 한다. 또한 고객의 문제를 해결해주고, 비용 효과적이고, 현실성 있고, 검토 가능하며, 설계에 너무 많은 제약이 되어서도 안 된다. 기능적 요구뿐만 아니라 비기능적 요구도 포함해야 한다.

연습문제

01 요구 분석 단계에 수행해야 할 일이 아닌 것은?

① 도메인 분석을 하여 범위를 정한다.
② 기능적 요구를 파악하여 정리한다.
③ 기능 외적인 요구, 즉 성능, 보안, 사용 용이성 등을 파악한다.
④ 각 요구를 어떻게 구현할 것인지 결정한다.

02 요구 추출 방법의 특징에 대한 설명으로 옳은 것은?

① 관찰: 정확한 요구를 추출할 수 있고 요구에 대한 오해를 줄일 수 있다.
② 인터뷰: 여러 사람이 모여 효과적으로 정보를 추출할 수 있다.
③ 브레인스토밍: 시범적으로 시스템을 구현하여 요구에 대해 빠른 피드백을 받을 수 있다.
④ 사용 사례 분석: 시스템의 외부 기능을 파악하고 체계적으로 요구를 구성할 수 있다.

03 요구 사항을 파악하는 인터뷰에 대한 설명으로 옳지 않은 것은?

① 인터뷰 일정은 되도록 모아서 각 인터뷰 사이에 여유를 두지 않고 효과적으로 한다.
② 인터뷰 시간이 여유롭지 않더라도 충분한 분량의 질문을 준비한다.
③ 최대, 최소, 예외 규칙, 예상되는 변동 등 아주 자세한 사항까지 질문한다.
④ 관련자에게 시스템에 대한 미래의 비전을 질문한다.

04 요구에 대한 설명으로 옳지 않은 것은?

① 요구는 짧고 간결한 정보를 표현한 문장이다.
② 시스템이 무엇을 요구하는지를 나타낸 것이다.
③ 관련자 모두가 동의한 것이다.
④ 고객의 문제를 적절히 해결하기 위한 것이다.

05 요구 분석에 대한 설명으로 옳지 않은 것은?

① 요구 사항은 명확하고, 구체적이고, 정확하고, 검증이 가능하도록 정의 및 기술되어야 한다.
② 요구 사항은 고품질의 소프트웨어를 개발하고 검증할 수 있는 기초를 제공한다.
③ 고객과 개발자가 서로 당연한 것으로 인정하는 요구 사항은 생략해도 무방하다.
④ 요구 사항은 크게 기능적 요구 사항과 성능, 신뢰성, 가용성, 보안성, 안전성 등의 비기능적 요구 사항으로 분류된다.

06 시스템의 기능적 요구를 파악하는 질문을 모두 나열한 것은?

㉠ 입력과 출력이 무엇이며 어떤 형태인가?
㉡ 시스템이 무엇을 하는가?
㉢ 어떤 하드웨어가 사용될 것인가?
㉣ 어떤 데이터가 얼마나 오랜 기간 유지되어야 하는가?
㉤ 얼마나 쉽게 위치나 플랫폼을 변동할 수 있는가?

① ㉠, ㉡, ㉢　　② ㉠, ㉡, ㉣
③ ㉡, ㉢, ㉤　　④ ㉡, ㉣, ㉤

07 시스템에 대한 사용자의 요구 사항을 표현하는 수단으로 가장 적합하지 않은 것은?

① 사용자 스토리 ② 자료 흐름도
③ 사용 사례 다이어그램 ④ 구조도

08 비기능적 요구 사항을 제품 요구 사항, 조직 요구 사항, 외부 요구 사항으로 구분할 때 제품 요구 사항에 해당하지 않는 것은?

① 경험이 많은 사용자는 1시간 교육을 받으면 시스템을 사용할 수 있어야 하고, 사용자의 일일 평균 에러 발생 횟수가 1.0회를 초과하면 안 된다.
② 시스템의 이용 가능성은 99.0% 이상이어야 한다.
③ 특정 하드웨어에 종속적인 기능의 비율은 1.0% 미만이어야 한다.
④ 시스템은 고객의 개인 정보 보호를 위해 사용자 이름과 아이디를 제외한 어떤 정보도 시스템 관리자에게 제공하지 않아야 한다.

09 비기능적 요구 사항에 대한 명세로 적절하게 표현되지 않은 것은?

① 시스템은 초당 10개 이상의 트랜잭션을 처리할 수 있어야 한다.
② 시스템은 20세 이상의 사업장 작업자에게 사용 편리성을 제공해야 한다.
③ 시스템에 설치되는 모듈 A의 크기는 500KB 이하여야 한다.
④ 시스템의 평균 고장 시간은 시간당 0.1초 이하를 유지해야 한다.

10 요구 사항 명세 기법에 대한 설명으로 옳지 않은 것은?

① 시스템의 요구 사항 특성을 명세하기 위해 자연어를 기반으로 하는 서술 형태 또는 그림 중심으로 명세하는 것을 비정형 명세 기법이라 한다.
② 수학적 원리와 표기법을 적용하여 시스템의 요구 특성을 보다 정확하고 간결한 상태로 명세하는 것을 정형 명세라 한다.
③ 비정형 명세는 요구 사항에 대한 불충분한 명세, 일관성의 결여, 내용의 모호성 여부를 검증하기 어렵다.
④ 안전성, 신뢰성, 보안성과 같은 특성이 매우 중요한 시스템 개발 분야에서 비정형 명세 기법의 사용이 증가하고 있다.

11 사용 사례에 대한 설명으로 옳은 것은?

① 사용자가 개입된 사례 연구이다.
② 사용자와 시스템의 인터랙션을 나열한 것이다.
③ 사용자와 시스템 안에 있는 객체 사이의 인터랙션을 나열한 것이다.
④ 시스템에 대한 사용자 입력의 나열이다.

12 사용 사례에서의 포함 관계를 가장 정확하게 설명한 것은?

① 포괄적인 사용 사례를 나타내기 위해 사용한다.
② 액터와의 상호작용이 길 때 사용한다.
③ 하나 이상인 사용 사례의 공통적인 기능을 나타내기 위해 사용한다.
④ 다른 사용 사례에 포함된 사용 사례를 나타내기 위해 사용한다.

13 사용 사례 다이어그램에서 액터는 무엇인가?

① 시스템 안에 있는 객체
② 무대 위에서 연기하는 사람
③ 시스템과 상호작용하는 외부 요소
④ 사용자가 시스템에 입력하는 순서

14 요구 분석 명세서의 평가 기준에 대한 설명으로 옳은 것은?

① 무결성: 요구 분석은 모호한 점이 없도록 간결하고 명쾌하게 작성해야 한다.
② 일관성: 요구 분석서 안에 서로 모순되는 부분이 없어야 한다.
③ 명확성: 사용자의 요구를 오류 없이 완벽하게 반영해야 한다.
④ 추적 가능성: 개발된 시스템이 요구 분석에 기술된 내용과 일치해야 한다.

15 요구 분석 문서의 종류 및 얼마나 자세히 다룰 것인지를 결정하는 데 영향을 주는 사항이 아닌 것은?

① 시스템의 크기
② 목표로 정한 독자
③ 검토하는 방법과 수준
④ 도메인 및 기술에 대한 경험 수준

Chapter 04

클래스 모델링

학습목표

- 클래스 다이어그램이 무엇인지 이해하고 단계적으로 그릴 수 있다.
- 클래스, 속성, 오퍼레이션, 가시성, 추상 클래스를 클래스 다이어그램에 표현할 수 있다.
- 일반화, 전체/부분, 인터페이스 등의 관계를 클래스 다이어그램에 표현할 수 있다.
- 클래스 후보를 찾아내고 적절한 클래스를 선택할 수 있다.
- 클래스 다이어그램에서 잘못된 부분을 찾아낼 수 있다.
- 클래스 다이어그램을 프로그래밍 언어로 옮길 수 있다.

00 개요

소프트웨어는 바깥쪽에서 안쪽으로 구축된다. 개발 초기에 외부 요구를 파악하고, 그다음에 외부 요구가 시스템 안의 어떤 요소들을 통해 구현될 것인지, 또한 그 요소들 간의 관계는 어떻게 맺어주어야 하는지를 생각한다. 즉 처음에 시스템의 기능적 모델을 작성한 후 이러한 기능을 제공할 시스템의 내부 구조와 요소를 모델링한다.

그런데 시스템의 내부 구조는 단순하지 않다. 그렇다고 해서 여러 요소가 합체되어 구조를 인식할 수 없을 정도로 복잡한 집적회로처럼 되어서도 안 된다. 결국 소프트웨어 개발에서는 요구를 만족시키는 유연하고 믿을 만한 빌딩 블록이 필요하다. 여기서 빌딩 블록은 복잡한 시스템을 이루는 단위 요소를 말하며, 객체지향 시스템에서는 빌딩 블록이 바로 클래스이다.

객체지향 시스템은 클래스로 이루어져 있다. 따라서 클래스와 그것들 사이의 관계를 파악하는 것이 구조를 결정하는 작업이 된다. 클래스는 시스템에 존재하는 객체의 추상적 표현인 동시에 구축해야 할 설계 도면인 것이다.

이 장에서는 기능적 모델인 사용 사례 모델에서 클래스 후보를 찾아내고 이를 계속 발전시켜 클래스의 속성과 오퍼레이션, 클래스 간의 관계를 정의하는 클래스 모델링에 대해 알아본다. 클래스 모델링의 결과는 UML 클래스 다이어그램으로 정리된다. 클래스 다이어그램은 클래스 사이의 다양한 관계를 명확하고 효과적으로 표현하는 좋은 도구이다. 따라서 클래스 다이어그램 작성 방법을 기준으로 클래스 모델링을 설명할 것이다.

01 클래스 다이어그램의 기초

클래스 다이어그램은 클래스, 속성, 오퍼레이션, 연관 관계 등을 이용하여 시스템을 정적인 관점으로 나타낸 것이다. 따라서 클래스 다이어그램을 보면 해당 시스템에서 사용되는 데이터를 발견할 수 있다. 2장에서 언급했듯이 클래스는 특정 사물이나 개념을 가리킨다. 예를 들면 '항공권 예약 시스템'에서는 Flight, Passenger, Airport 같은 것이 클래스가 될 수 있다.

클래스 다이어그램의 구성 요소는 다음과 같다.

- **클래스**: 속성과 오퍼레이션의 집합체를 나타낸다. 데이터의 타입 선언과 같은 의미이다.
- **연관 관계**: 클래스 사이의 관계를 나타낸다.
- **속성**: 클래스 안에 있는 데이터의 정의, 즉 클래스 인스턴스에서 발견할 수 있는 데이터의 타입이다.
- **오퍼레이션**: 클래스 안에 포함된 함수, 즉 클래스에 속하는 객체에 적용될 수 있는 함수 정의이다.
- **상속**: 클래스를 그루핑한 상속 구조를 나타낸다.

이러한 요소를 비롯해 중요한 의미를 지닌 구성 요소를 [표 4-1]에 정리했다.

표 4-1 클래스 다이어그램의 구성 요소

구성 요소	심벌	설명
클래스	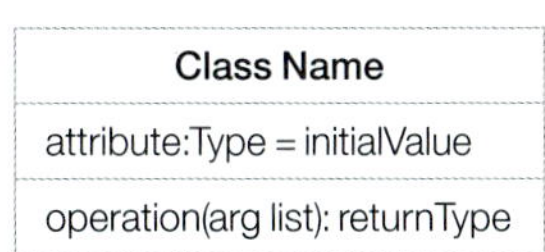	사각형을 세 부분으로 나누어 각각 다음과 같은 내용을 정의한다. • 맨 위: 클래스 이름 • 가운데: 클래스가 가진 속성 • 맨 아래: 클래스의 오퍼레이션
연관 관계	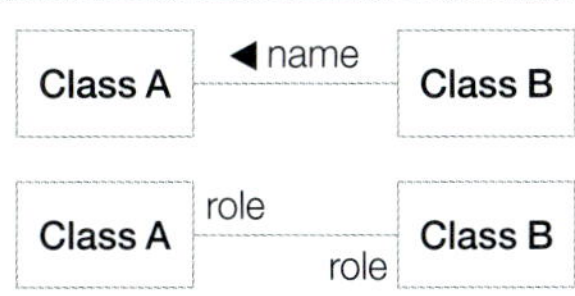	클래스 사이의 정적인 관계를 나타낸다. 관계에 이름을 붙이고 관계의 방향을 화살표로 표시하며 관계 끝에는 역할을 표시한다.

표 4-1 클래스 다이어그램의 구성 요소(계속)

구성 요소	심벌	설명
가시성	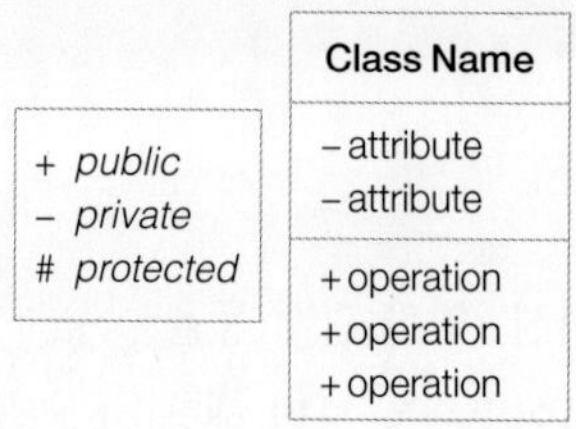	가시성은 클래스 안에 있는 정보에 누가 접근할 수 있는지를 명시한 것으로 다음과 같은 세 가지 타입이 있다. • public: 외부에 공개 • private: 외부에 비공개 • protected: 상속된 하위 서브클래스에서만 접근 가능
다중도	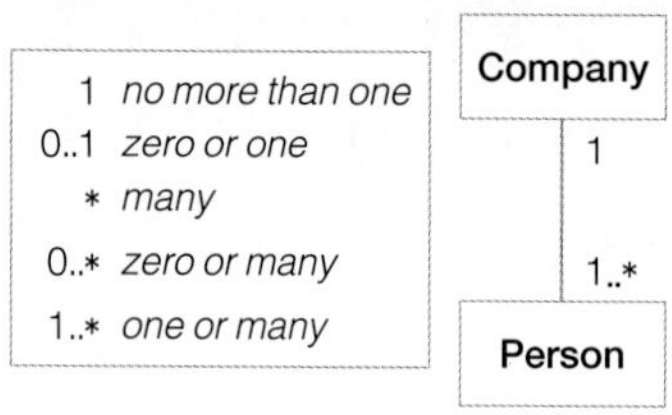	다중도는 연관 관계를 맺을 때 인스턴스 몇 개가 참여하는지를 나타낸 것으로, 연관 관계를 나타내는 선 끝에 표시한다. 왼쪽 그림은 한 회사에서 여러 명의 사원이 일하고 있고, 반대로 사원은 한 회사에만 고용되어 있음을 나타낸다.
제약 사항	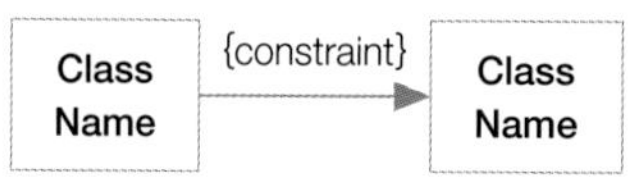	{ } 안에 제약 사항을 표시한다.
일반화 관계	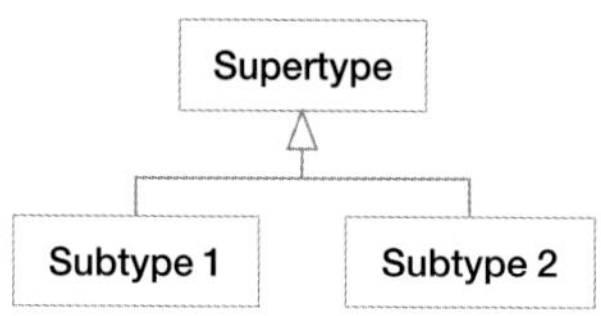	일반화 관계는 클래스의 상속을 의미한다. 서브클래스는 상위 클래스를 상세화한 버전이다.
전체/부분 관계	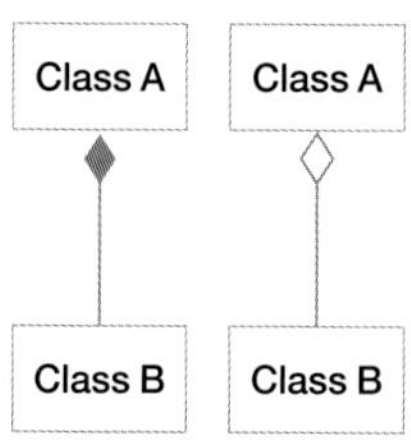	클래스 A는 전체, 클래스 B는 클래스 A를 이루는 부품인 관계를 나타낸다. • 검은색 다이아몬드(합성 관계): 클래스 A가 클래스 B로 이루어져, 클래스 A가 소멸되면 클래스 B도 소멸되는 강력한 전체/부분 관계이다. • 흰색 다이아몬드(집합 관계): 클래스 A와 클래스 B가 독립적으로 존재 가능한 관계이다.

02 클래스와 가시성

1 클래스

클래스 다이어그램에서 클래스는 박스로 나타내며, 박스는 세 부분으로 나누어 이름, 속성, 오퍼레이션을 표시한다. 하지만 속성과 오퍼레이션을 생략하고 표시하지 않을 수도 있는데, 이는 설계 과정에서 확정되지 않은 상태이기 때문이다. 클래스 이름은 대개 단수 명사이며 대문자로 시작하는 것이 좋다.

[그림 4-1]은 클래스를 여러 가지 다른 상세 수준으로 표현한 것으로 개발 과정에서 얼마나 상세하게 작업이 진행되었는지를 나타낸다. 맨 왼쪽은 클래스의 이름만 나타낸 것으로 클래스가 존재한다는 것 정도만 결정한 상태이며, 맨 오른쪽은 가장 상세하게 설계한 것으로 속성의 타입, 오퍼레이션의 원형까지도 결정한 상태이다.

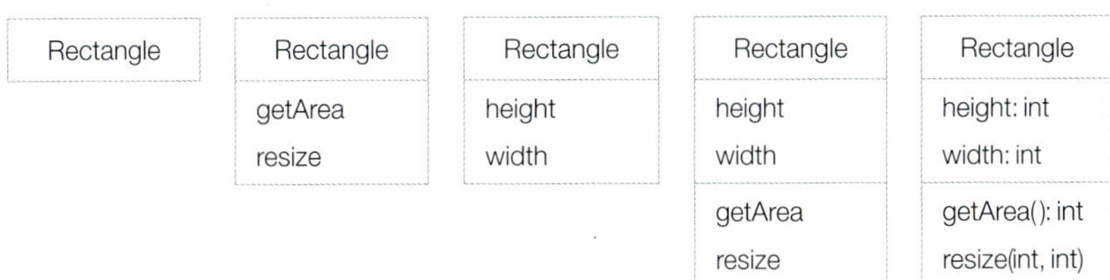

그림 4-1 상세 수준이 다른 클래스의 표현

NOTE_ 클래스 다이어그램에 클래스를 나타낼 때는 실제 시스템의 원시코드가 그 이름의 클래스를 가지며, 실행될 때 클래스의 인스턴스가 생성된다는 것을 염두에 두고 그린다.

2 속성

속성은 객체의 상태 또는 성질을 나타내는 자룟값이다. 속성의 의미를 더 자세히 살펴보면 다음과 같다.

- 속성은 객체에 대한 정보를 나타낸다.

- 속성은 변수와 동의어가 아니다. 속성은 내부적으로 어떻게 구현되는지에 관계없이 추상적으로 정의한 성질을 나타내지만 변수는 내부적 구현 메커니즘도 포함하고 있다. 속성은 대부분 단순한 변수로 구현된다. 예를 들면 속성 length는 length 변수로 구현될 수 있다. 그러나 일부 속성은 조작에 의해 구현되거나 여러 다양한 변수로 구현될 수 있다. 예를 들면 date 속성은 단순 변수가 아닌 YYYY/MM/DD 형태의 객체로 구현할 수도 있다.
- 일반적으로 속성은 객체 외부로부터 접근하여 값을 가져갈 수도 있고(get) 변경할 수도(set) 있다.
- 어떤 속성은 읽기 전용[read-only]이다. 예를 들면 Person 객체의 age 속성은 객체 외부로부터 읽는 것만 의미가 있다.

UML로 속성을 나타내보자. [그림 4-2]의 Person 클래스 가운데에는 속성 name, dateOfBirth, height, age가 나열되어 있고 콜론 뒤에는 속성의 타입이 표시되어 있다. 속성 이름 앞의 '/'는 다른 속성으로부터 유추될 수 있음을 의미한다. 따라서 '/ age'는 외부에서 값을 변경할 수 없는 읽기 전용이 되어야 한다.

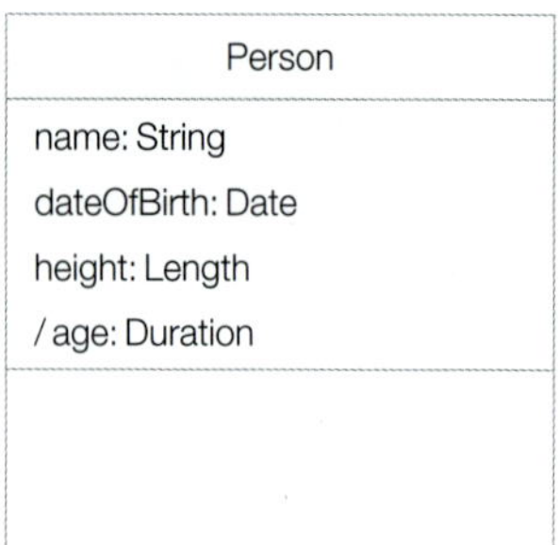

그림 4-2 속성

3 오퍼레이션

오퍼레이션은 클래스를 나타내는 박스의 맨 아래에 오퍼레이션의 원형을 나타내어 표시한다. 정형화된 원형은 오퍼레이션의 이름과 입출력 매개변수의 리스트로 나타낸다. 오퍼레이션의 원형은 다음과 같은 방법으로 표시한다.

```
operationName(parameterName: parameterType, …): returnType
```

Person
name: String dateOfBirth: Date height: Length / age: Duration
getName(out name:String) setName(name:String) ⋮ getAge(out age: Duration) getHeight(date: Date, out height:Length) setHeight(date: Date, height: Length)

그림 4-3 오퍼레이션

UML 표준에는 매개변수 앞에 in과 out을 이용하여 방향을 표시하도록 되어 있다. 입출력 공동으로 사용하는 매개변수는 inout이라고 표시한다. 이 책에서는 in, out 표시를 생략한 경우를 입력 매개변수로 본다. 오퍼레이션을 정하는 방법은 다음과 같다.

- 대부분의 속성은 get과 set 오퍼레이션이 필요하다. [그림 4-3]과 같이 Name이라는 속성을 읽어오는 getName 오퍼레이션과 값을 지정하는 setName 오퍼레이션이 필요하다.
- 읽기 전용 속성은 set 오퍼레이션이 필요 없다. 예를 들면 Person 클래스에서 age 속성은 외부에서 변경할 필요가 없어 getAge 오퍼레이션만 의미가 있다.
- 일부 속성은 입력 매개변수가 필요하다. 이런 속성은 대개 그 이전 데이터를 보관할 필요가 있는 경우 사용된다. 예를 들면 Person 클래스의 height 속성은 시간에 따라 변한다. 따라서 getHeight 오퍼레이션은 date를 입력 데이터로 취하여 그 사람의 키를 리턴한다. 오퍼레이션의 원형은 getHeight(date: Date, out height:Length)이다. 이 오퍼레이션을 구현하려면 테이블을 사용하여 저장하고 조회한다.
- 어떤 오퍼레이션은 다른 객체와 메시지 호출을 이용하여 통신할 필요가 있다. 예를 들어 Person의 직업이 바뀌면 changeJob(newJob: Job, effectiveDate: Date)와 같은 오퍼레이션이 필요하다. 그 결과 Organization과 같은 객체와 통신해야 한다.

오퍼레이션의 이름을 붙일 때 규칙을 적용한다. 속성의 값을 가져오는 오퍼레이션에는 get을, 속성의 값을 변경하는 오퍼레이션에는 set을 붙인다. get 오퍼레이션에 속성 이름을 같이 붙이면 이름이 짧아져서 좋다.

오버로딩된 오퍼레이션은 클래스 다이어그램에 여러 번 출현할 수 있다. 물론 오퍼레이션의 이름은 같지만 매개변수의 개수와 타입이 달라 함수 원형이 전부 다를 것이다. [그림 4-4]에서는 오퍼레이션 markDown이 두 개이다. 처음 것은 할인율이 입력 매개변수로 되어 있는 것이고, 두 번째 것은 매개변수가 없어서 정해진 디폴트 할인율로 할인된다. totalUnitsSold 오퍼레이션도 재정의 함수이다. 첫 번째 버전은 날짜(Date)를 입력받아 그날의 판매 수량을 리턴하고, 두 번째 버전은 매개변수가 없어서 개점 이후 판매된 총수량을 리턴한다.

SellableProductLine
price: Money / totalUnitsSold: Integer ...
recordSale(saleDate Date, numOfUnits: Integer) markDown(discountPct: Percentage) markDown() totalUnitsSold(date: Date) totalUnitsSold()

그림 4-4 오버로딩된 오퍼레이션

4 가시성

UML에서는 속성과 오퍼레이션 앞에 가시성을 표시하도록 되어 있다. [그림 4-5]와 같이 공개 속성과 오퍼레이션은 '+' 기호를, 상속받은 하위 클래스에만 접근 가능한 protected 속성과 오퍼레이션은 '#' 기호를, 클래스 내부에서만 접근 가능한 private 속성과 오퍼레이션은 '–' 기호를 붙인다.

속성이 private인 경우와 오퍼레이션이 public이라면 표시를 생략할 수 있다.

SomeClass
+ publicAttr: Class1 # protectedAttr: Class2 – privateAttr: Class3
+ publicOperation() # protectedOperation() – privateOperation()

그림 4-5 가시성의 표현

5 추상 오퍼레이션과 추상 클래스

구현이 없는 오퍼레이션을 추상 오퍼레이션이라 부른다. 다시 말해 인터페이스와 기능의 정의만 있고 실제 코드로 구현된 메소드가 없다는 뜻이다.

추상 클래스는 인스턴스, 즉 객체가 없는 클래스이다. 추상 클래스는 내부에 많아야 추상 오퍼레이션 몇 개만을 정의하고 있어 객체를 만들 수가 없다. 객체를 만들 수도 없고 메시지 호출도 할 수 없는데 왜 추상 클래스를 정의하는 것일까? 바로 상속 때문이다. 추상 클래스 안에 정의된 추상 오퍼레이션은 추상 클래스를 상속하는 클래스들의 공통집합 같은 것이다. 상속 계층에서 추상 클래스 아래에 있는 클래스는 추상 오퍼레이션을 상속하여 구현함으로써 호출될 수 있게 한다.

예를 들면 [그림 4-6]의 Polygon 클래스는 getArea 추상 오퍼레이션을 가지고 있는 추상 클래스이다. UML에서는 추상 클래스 이름 아래에 {abstract}라고 표시하여 일반 클래스와 구별한다. 또한 추상 오퍼레이션을 표시할 때에도 오퍼레이션 원형 뒤에 {abstract}라고 표시한다.

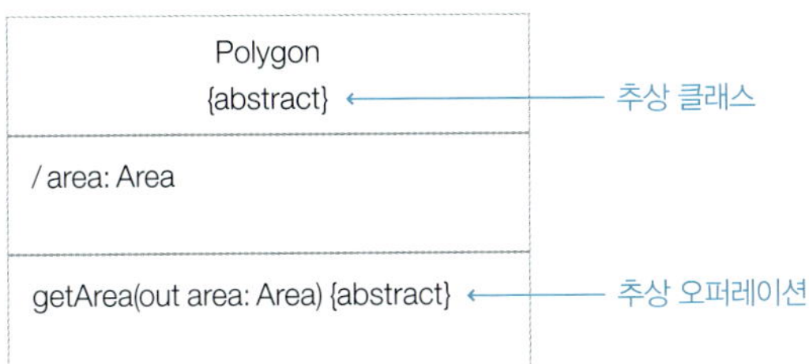

그림 4-6 추상 클래스와 추상 오퍼레이션

03 연관 관계와 다중도

1 연관 관계와 다중도

연관 관계association는 두 클래스가 서로 어떻게 관련이 있는지를 나타내는 데 사용한다. 연관 관계는 두 클래스 사이에 선분으로 나타내고 연관 관계의 양 끝에는 다중도를 표시한다. 다중도는 관계 사이에 개입하는 클래스 인스턴스의 개수를 의미한다. [그림 4-7]을 보면서 연관 관계와 다중도를 자세히 살펴보자.

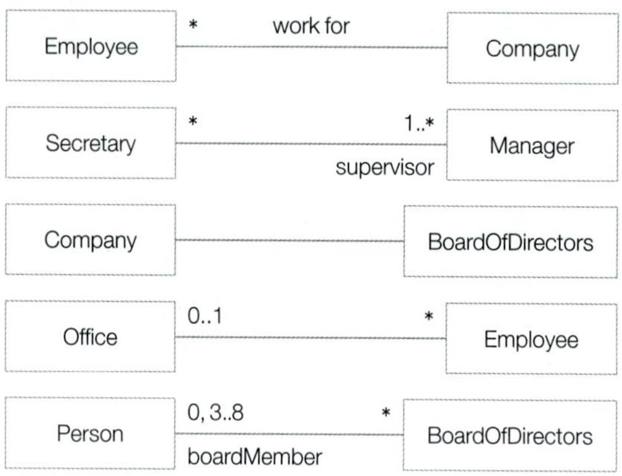

그림 4-7 클래스 사이의 연관 관계 표시

■ 연관 관계

연관 관계의 특성을 잘 드러내기 위해 관계에 레이블을 붙인다. 연관 관계에 붙이는 레이블은 연관 관계의 이름과 역할 이름이다.

- **연관 관계의 이름**: 연관 관계의 이름은 동사나 동사구로 표현하며 관계를 맺고 있다는 의미의 선분 위에 표시한다. 관계 위에 존재하는 클래스 하나는 동사의 주어이고 다른 클래스는 목적어가 된다. 예를 들면 [그림 4-7]의 첫 번째 그림에서 Employee와 Company 사이의 관계는 'work for' 관계이며, 그 주체는 Employee이고 Company는 'work for'의 목적어이다.

- **연관 관계의 역할 이름**: 연관 관계의 역할 이름은 연관 관계를 나타내는 링크의 양 끝에 표시한다. 역할 이름은 연관 있는 다른 클래스를 부르는 별칭이라 할 수 있다. 예를 들면 Person과 BoardOfDirectors 사이의 연관 관계에서 역할 이름 boardMember는 위원회의 멤버가 된 Person 객체를 부를 때 사용하는 이름이다.

연관 관계의 이름이 생략된 경우는 'has'로 해석해도 큰 무리가 없다. 예를 들면 [그림 4-7]의 세 번째 그림은 'Company(회사)가 BoardOfDirectors(실무 책임자 위원회)를 가지고 있다'는 뜻이다.

연관 관계를 생성할 때 흔히 발생하는 오류는 한 클래스 안에 있을 내용이 쓸데없이 두 클래스로 나누어져 연관 관계를 형성하는 것이다. [그림 4-8]의 왼쪽에 나타낸 Person과 PersonInfo는 오른쪽과 같이 하나의 클래스가 되어야 한다.

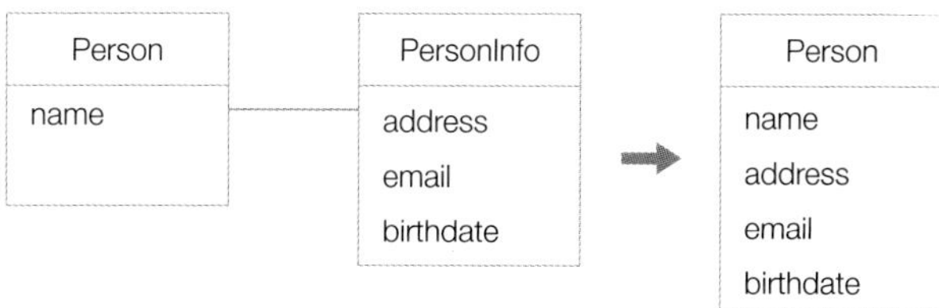

그림 4-8 부적절한 연관 관계(왼쪽)와 수정한 후의 클래스(오른쪽)

■ 다중도

- 연관 관계에 다중도를 표시하지 않으면 1로 간주하여 인스턴스 한 개가 관계를 맺는다.
- 다수를 나타낼 때는 '*'로 표시한다. [그림 4-7]의 첫 번째 그림은 사원 여러 명이 한 회사와 관련을 맺고 있음을 나타낸다. 중요한 점은 사원이 한 사람도 없을 수도 있다는 의미가 내포되어 있다는 것이다. '*'는 0을 포함한 다수라는 의미이기 때문이다.
- '0..1'로 표시한 다수는 객체가 없거나 한 개 있음을 뜻한다. [그림 4-7]의 네 번째 그림은 사원에게 사무실을 할당할 수도 있고 할당하지 않을 수도 있다는 의미이다. 즉 선택적optional 관계를 뜻한다.
- 다중도는 최소 개수와 최대 개수의 범위로 표시할 수도 있다. [그림 4-7]의 맨 아래 그림은 위원회가 0명 또는 최소 3~8명으로 구성된다는 의미이다. 쉼표(,)는 '또는'이라는 의미로, 선거 기간에는 위원회 구성 멤버가 없기 때문에 0이며 구성된 후에는 최소 3명 이상이 선출되어야 하고 최대 8명 이하임을 나타낸다.

- 다중도를 2 이상의 정확한 개수로 표시할 때는 주의해야 한다. 예를 들면 부모는 두 사람이므로 무심코 다중도를 2로 쓰게 되는데, 그러면 시스템은 항상 두 개의 객체를 요구한다. 이렇게 엄격한 규칙을 정해놓으면 모든 사람의 부모를 항상 연결해야 한다. 이런 경우 융통성 있게 0..2로 하는 것이 더 바람직한 다중도 표현이다.

2 다중 연관 관계

[그림 4-9]는 세 개의 클래스를 포함한 다중 연관 관계이다. 다이어그램이 나타내는 의미는 '항공권 예약 시스템'에서 모든 예약(Booking)에는 항상 한 명의 탑승객(Passenger)이 있고, 각 탑승객은 여러 개의 예약(다수의 항공편, 날짜)을 할 수 있다는 것이다. 마찬가지로 모든 예약은 하나의 항공편(SpecificFlight)과 관련되며 각 항공편은 여러 개의 예약과 연관될 수 있다.

그림 4-9 항공편을 예약한 탑승객의 연관 관계

위 그림에 담긴 연관의 의미는 다음과 같이 정리할 수 있다.

■ **예약은 항상 탑승객 한 명과 관련된다.**

탑승객 없는 예약은 불가능하다는 의미이다. 이는 누가 탑승할 것인지 모르는 예약은 생각할 수 없기 때문에 적절한 관계라 할 수 있다. 결국 Booking을 생성하기 위해서는 Passenger가 미리 만들어져 있거나 동시에 만들어져야 한다.

또 다른 해석으로 예약은 두 사람 이상의 탑승객과 연결될 수 없다는 것을 생각해볼 수 있다. 이것이 항공권 예약 현장에서 현실성이 있는지 살펴보자. 가족 여행을 가기 위해 예약할 때 여러 명이 같은 예약을 공유하는 경우가 있다. [그림 4-9]의 내용을 준수한다면 가족 구성원 한 명씩 따로 예약을 가지고 있어야 한다. 이렇게 하면 가족 구성원 중 변동이 있을 때 다른 구성원의 예약에 영향을 주지 않고 변경할 수 있으므로 적절한 관계이다.

■ **탑승객은 복수의 예약을 할 수 있다.**

이는 예약 없는 탑승객이 존재할 수도 있다는 의미를 담고 있다. 이 문제는 좀 더 분석하여 결론을 내려야겠지만, 예약 없는 탑승객에 대한 정보의 보관을 원치 않을 수도 있다. 이 경우 어떤 탑승객이 한 번 예약하고 이를 취소했을 때 Passenger 객체를 삭제해야 하는데, 그러기 위해서는 '1..*'로 다중도를 바꾸어 표시해야 한다. 이렇게 바꾼다면 새로운 탑승객을 추가했을 때 Booking 객체도 항상 동시에 생성해야 한다.

한편 예약 없는 탑승객을 그대로 두면 시스템에 탑승객을 추가한 후 나중에 다시 찾아서 Booking을 할 수 있는 편리함이 있다. 따라서 Passenger는 Booking 없이도 존재할 수 있게 하는 것이 좋고, 결국 다중도는 '*'로 표시된다.

3 링크

클래스 인스턴스를 개체라고 부르듯이 연관 관계의 인스턴스를 링크[link]라고 부른다. 클래스 다이어그램에서 클래스 사이의 연관 관계를 표현하면 실제로는 객체와 객체 사이에 연결되는 관계이며 이것이 링크이다. 예를 들면 Passenger와 Booking에 속하는 모든 객체에는 링크가 존재한다.

연관 관계와 링크는 방향성이 있는데 일반적으로 양방향이다. 예를 들어 Driver 객체가 Car 객체와 링크되어 있다면 Car 객체도 Driver 객체에 연결되어 있다. 즉 Car를 알면 Driver를 찾아낼 수 있고, 반대로 Driver를 알면 Car를 찾아낼 수 있다는 의미이다.

링크의 방향에 제한을 둘 수도 있다. [그림 4-10]에 나타낸 것은 캘린더 또는 다이어리 애플리케이션에 사용할 수 있는 두 클래스로, 특정한 날에 메모할 수 있게 하는 연관 관계이다. 클래스 인스턴스 Day는 그날에 연관된 Note 인스턴스를 알아낼 필요가 있다. 그러나 반대로 메모 내용을 가지고 해당되는 날짜를 찾아내는 기능이 필요 없다면 [그림 4-10]과 같이 링크 방향을 제한하여 표시한다.

그림 4-10 한쪽 방향 연관 관계

4 연관 클래스

두 개의 연관 클래스에 관한 속성을 어느 한쪽에 위치시킬 수 없는 경우가 있다. 예를 들어 [그림 4-11]의 연관 관계를 생각해보자. 학생은 다수의 강좌에 등록할 수 있고 한 강좌에는 다수의 학생이 있을 수 있다. 그렇다면 학생의 학점(Grade)은 어디에 넣어야 할까?

그림 4-11 다대다 연관 관계

Student 클래스에 Grade 속성을 넣으면 각 학생은 하나의 학점만 가질 수 있으며, CourseSection 클래스에 Grade 속성을 넣으면 각 강좌 역시 하나의 학점만 가질 수 있다. 즉 학생은 다수의 강좌에 등록할 수 있고 한 강좌에는 다수의 학생이 있을 수 있는데, 학생과 강좌에 여러 학점을 저장할 수 없는 것이다. 따라서 학점을 어느 쪽 클래스에도 둘 수가 없다.

이 문제의 해법은 학점을 보관하는 연관 클래스를 생성하는 것이다. [그림 4-12]에서 보듯이 새로운 Registration 클래스를 만들고 여기에 학점을 보관하게 한다. 새로 만든 연관 클래스는 연관 관계의 의미를 반영하도록 이름을 붙인다.

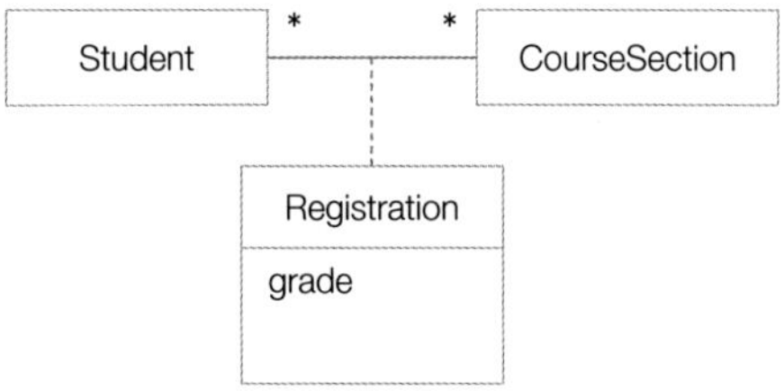

그림 4-12 연관 클래스를 이용한 다대다 관계의 표현

[그림 4-12]에 나타낸 Registration 연관 클래스는 Student 클래스와 1 대 n의 관계이고 CourseSection 클래스와도 1 대 n의 관계이다. 연관 클래스는 일반 클래스처럼 구현되는데 다만 n 대 n의 연관 관계를 나타낸다. 따라서 [그림 4-12]를 다시 정리하여 [그림 4-13]과 같이 나타낼 수 있다.

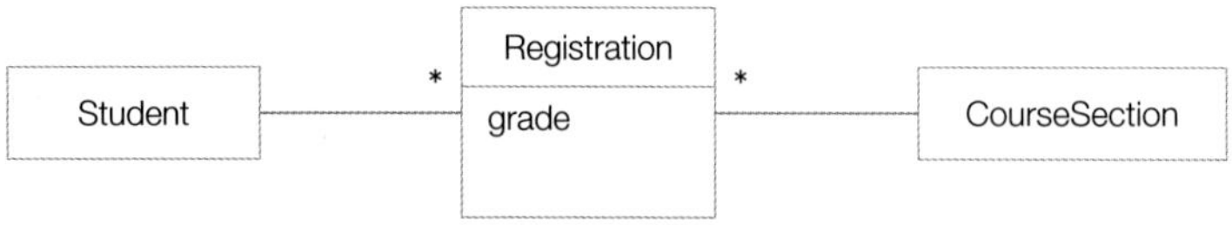

그림 4-13 두 개의 1 대 n 관계로 나타낸 연관 클래스

5 재귀 연관 관계

클래스는 자기 자신과 연관 관계를 맺을 수 있다. 예를 들면 [그림 4-14]에서 보듯이 수강 과목은 선수 과목이 있게 마련이다. 즉 같은 분야의 과목일 경우 기초적인 것을 응용 과목보다 먼저 수강해야 한다. 선수 관계는 Course 클래스 사이의 관계이므로 Course 클래스에서 자기 자신과 연관시켜야 하는데 이를 재귀 연관 관계reflexive association라고 한다.

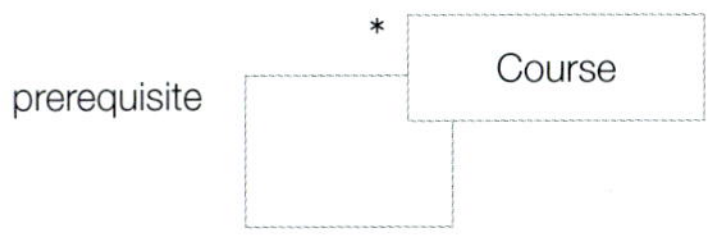

그림 4-14 재귀 연관 관계의 예

04 일반화 관계와 전체/부분 관계

클래스 모델링에는 설계자가 사물을 어떻게 생각하고 인지하는지가 그대로 드러난다. 예를 들면 승용차는 사람을 실어 나르는 자동차의 일종으로, 자동차가 가진 여러 가지 속성과 오퍼레이션을 상속받는데 이를 일반화 관계라고 한다. 또한 승용차는 여러 부품, 즉 조향 장치, 브레이크, 의자, 전조등과 같은 것들의 집합이다. 이는 여러 부품이 모여 전체를 이루는 것으로 전체/부분 관계라고 한다. 이 절에서는 클래스 모델링의 고급 표현 기법인 일반화 관계와 전체/부분 관계에 대해 살펴본다.

1 일반화 관계

2장에서 상속 관계를 이용하여 일반화를 설명했는데 [그림 4-15]를 보면서 상속 관계를 다시 짚어보자. 승용차(Car)는 자동차(Vehicle)의 일종이므로 Car 클래스는 Vehicle 클래스를 상속받는다. 승용차는 자동차와 is-a 관계이고, 자동차의 특수한 개념이며, 자동차의 모든 특성이 승용차에도 해당된다. 반대로 자동차는 승용차의 일반화된 개념으로 승용차의 모든 특성을 가질 수 없다.

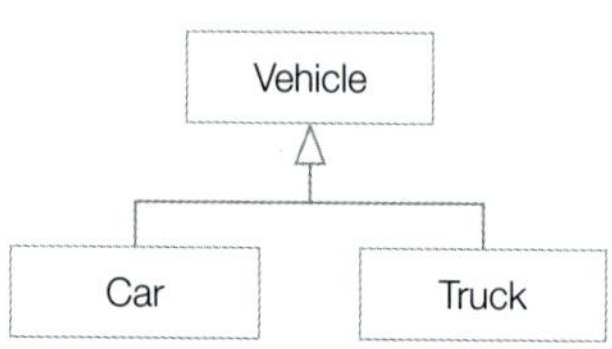

그림 4-15 상속 관계의 예

상속 관계를 사용할 때 초보자가 저지르기 쉬운 오류는 일반화를 과다하게 사용하는 것이다. [그림 4-16]은 음반 가게에서 파는 여러 종류의 제품을 상속 관계로 나타낸 것이다. 여기서 간과한 점은 무엇일까? 상속 관계 안에 있는 여러 클래스가 서로 다른 오퍼레이션을 어느 정도 가지고 있어야 하는데 그렇지 않다는 것이다. 예컨대 JazzRecording, ClassicalRecording, BluesRecording 클래스는 팔리는 방법이나 고객이 제품을 찾을 때 필요한 정보 등이 다르지 않다.

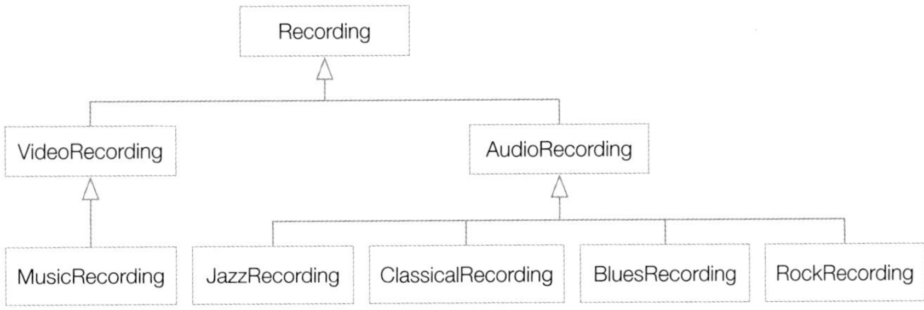

그림 4-16 오퍼레이션의 차이가 없는 클래스들의 잘못된 상속 구조

[그림 4-16]의 정보를 모델링하는 더 좋은 방법은 [그림 4-17] (a)의 클래스 다이어그램과 같이 설계하는 것이다. [그림 4-17]에 있는 클래스의 대부분은 이제 RecordingCategory의 인스턴스가 되며, 계층 관계는 인스턴스의 계층 관계로 [그림 4-17] (b)와 같이 나타낼 수 있다.

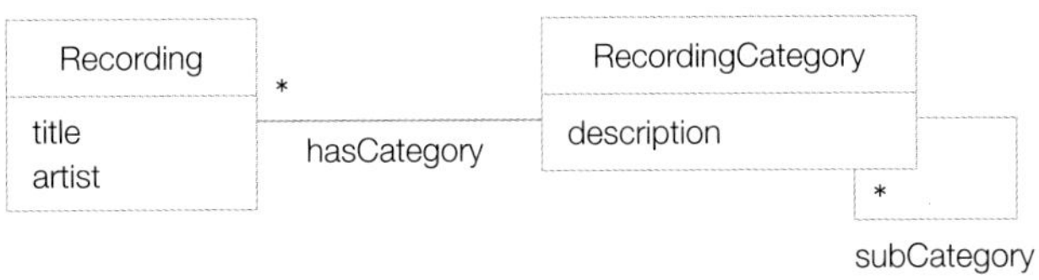

(a) 제품의 종류에 대한 모델링

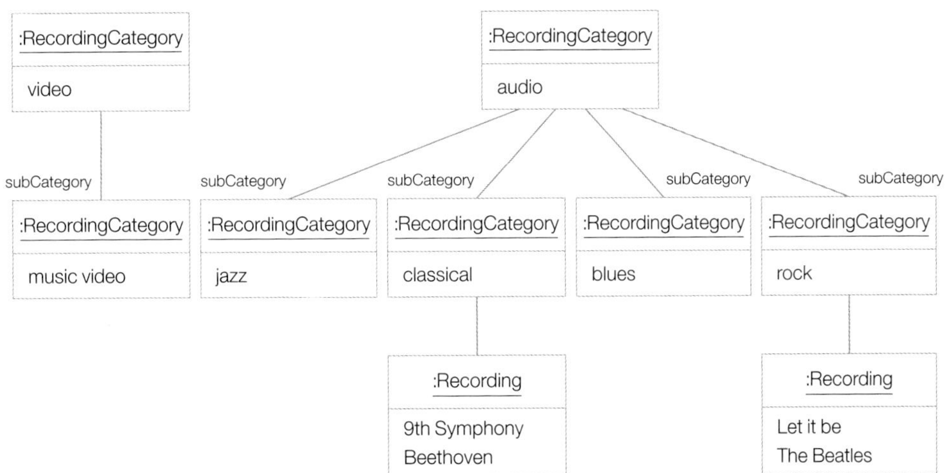

(b) 인스턴스 다이어그램

그림 4-17 수정된 상속 구조

상속 관계를 사용할 때 범하기 쉬운 또 다른 오류는 상태와 상속을 혼동하는 것이다. '엘리베이터 제어 시스템'을 설계하도록 지시받았다고 하자. 요구 사항에는 빈 엘리베이터가 근무 시간 이외에, 즉 오후 11시부터 다음 날 오전 7시까지 1층에 머물게 해야 한다고 되어 있다. 그 뜻을 해석해보면 엘리베이터는 사람이 탄 경우와 비어 있는 경우 운행 방법이 다르다는 것이다. 이때 다음과 같은 상속 관계로 모델링한다면 어떨까?

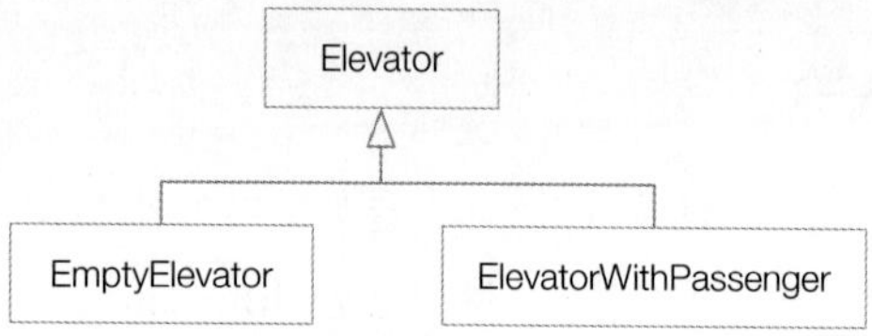

그림 4-18 상태와 상속이 혼동된 경우

여기서 문제점은 엘리베이터 인스턴스가 여러 차례에 걸쳐 두 객체 사이를 오가게 된다는 것이다. 별도의 클래스 두 개로 만드는 것보다 하나의 Elevator 클래스에 속성 IsEmpty를 두어 현재 상태를 표시하는 것이 더 자연스럽다.

슈퍼클래스를 구체화하는 경우에 그루핑하는 기준을 구분자discriminator로 표시할 수 있다. 예를 들면 [그림 4-19]의 상속 구조에서 Vehicle을 동력의 위치(power location)에 따라 분류하면 내연 기관(InternalPropelledVehicle)과 외연 기관(ExternalPropelledVehicle)으로 나눌 수 있다. 여기서 내연 기관에 속하는 Vehicle과 외연 기관에 속하는 Vehicle을 구별하는 기준, 즉 'power location'을 구분자로 상속에 표시한다.

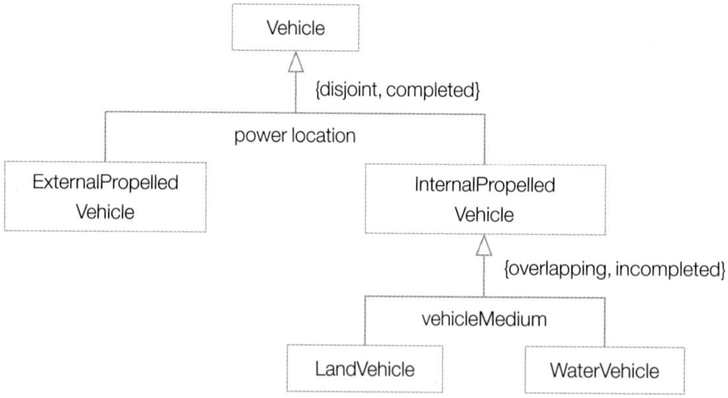

그림 4-19 구분자가 표시된 상속 구조

슈퍼클래스가 상속된 서브클래스로 분할될[partition] 때 하위 클래스에 중첩되는지(overlapping) 아닌지(disjoint)를 나타낼 수 있다. 예를 들면 [그림 4-19]에서 내연 기관과 외연 기관 양쪽에 속하는 객체가 없다는 의미를 'disjoint'로 표시한다. 반면에 내연 기관은 육상 운송 수단(LandVehicle)과 수상 운송 수단(WaterVehicle)으로 나뉘지만 양쪽에 속하는 수륙 양용 운송 수단도 있어 'overlapping'으로 표시한다. 그리고 'completed'라는 표시는 하위로 분할된 서브클래스에 속하는 객체가 슈퍼클래스 개념을 모두 포함하는 분할이라는 의미이다. 서브클래스가 슈퍼클래스의 모든 객체를 포함하지 못하는 분할은 'incompleted'로 표시한다.

프로그래밍 관점에서 구분자는 속성으로 구현할 수 있다. 즉 Vehicle은 powerLocation 속성을 가지도록 구현하고 그 값으로 외연 기관은 'external', 내연 기관은 'internal'을 가지도록 enumeration으로 정의한다.

슈퍼클래스가 완전히 서브클래스로 분할되는 'completed'인 경우는 슈퍼클래스에 속하는 객체가 없으므로 추상 클래스로 구현한다. 예를 들면 [그림 4-19]에서 Vehicle은 추상 객체로 정의되어야 한다. 그러나 'incompleted'로 표시된 클래스는 상위 클래스에 객체를 만들 수 있다.

2 전체/부분 관계

전체/부분[whole-part] 관계는 전체 개념에 해당하는 클래스와 이를 이루는 부품에 해당하는 클래스 간의 관계를 말한다. 예를 들면 자동차와 자동차 부품은 명확한 전체/부분 관계이고 나라와 지역, 건물과 방도 전체/부분 관계이다.

전체/부분 관계는 [그림 4-20]에 나타낸 것처럼 전체 집합 개념의 클래스 박스 옆에 다이아몬드 심벌로 표시한다. 이것은 isPartOf 또는 hasPartOf 라는 이름의 연관 관계와도 같다. 대부분의 전체/부분 관계는 '1 대 다'이다.

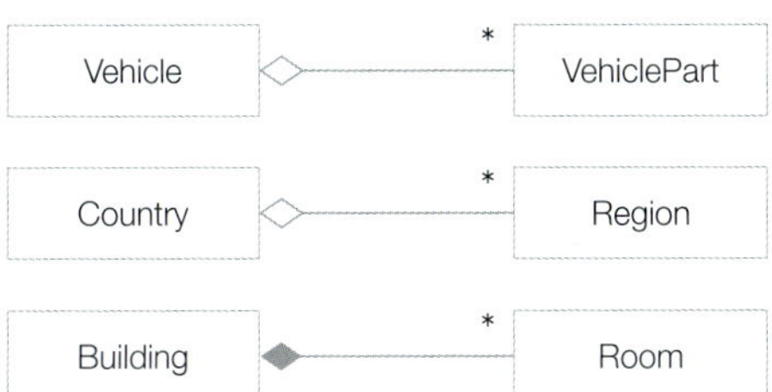

그림 4-20 전체/부분 관계의 예

그렇다면 일반적인 연관 관계 대신 전체/부분 관계는 언제 사용할까? 일반적으로는 다음과 같은 사실이 만족될 때 전체/부분 관계로 정의한다.

- 'are part of' 또는 'is composed of' 관계가 성립될 때 전체/부분 관계를 적용한다. 즉 부분 개념이 모여서 전체 개념을 이룰 때 적용한다.
- 어떤 클래스가 집합 개념을 가지며 구성하는 부분들을 제어하고 소유하는 관계에 있을 때 전체/부분 관계를 적용한다.

UML에는 집합 관계와 합성 관계라는 두 종류의 전체/부분 관계가 있는데 이를 자세히 살펴보자.

2.1 집합 관계

집합aggregation 관계는 전체/부분 관계에서 부분 스스로도 존재할 수 있는 관계를 말하며, 클래스 다이어그램에서 흰색 다이아몬드로 표시한다. 예를 들면 엔진은 자동차에서 떼어내어 다른 곳에 붙일 수 있다. 또한 Region이라는 개념도 국가를 떠나서 독립적으로 존재할 수 있으므로 집합 관계이다. 동호회와 동호회 회원의 관계도 마찬가지인데, 이 경우는 'is a part of' 관계이다. 즉 동호회 회원을 동호회의 일부로 보기 어렵고 더욱이 동호회 창립자가 회원을 소유하는 것도 아니다. 따라서 동호회와 회원은 단순한 집합 관계라 할 수 있다.

[그림 4-21]에서 보듯이 집합 관계는 다른 일반적인 연관 관계와 달리 계층 구조로 그릴 수 있다. 이런 식으로 계층 관계를 나타내면 생소하게 느껴질 수도 있으나 [그림 4-19]보다 더 체계적이다.

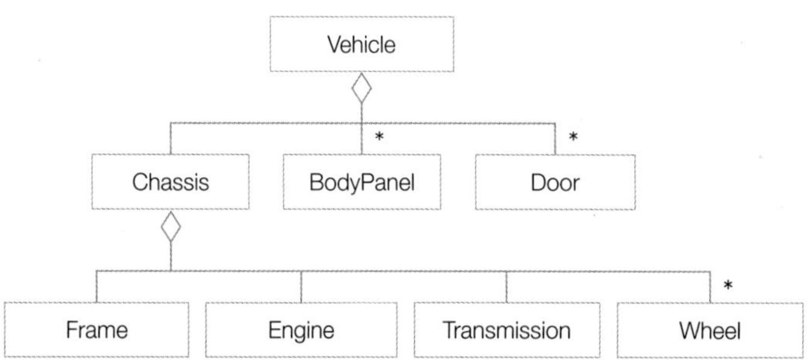

그림 4-21 집합 관계의 계층 구조

전체/부분 관계를 다이아몬드 심벌을 사용하여 집합 관계로 표현하는 것은 선택 사항이며 단순한 연관 관계로 두어도 오류라고 볼 수 없다. 그러나 집합 관계가 아닌 것을 다이아몬드로 표시하는 것은 오류이며 혼란을 초래한다. 따라서 분명하지 않은 것은 연관 관계로 두는 것이 좋다.

집합 관계로 명시하면 설계자에게 유용한 정보를 제공하는 이점이 있다. 특히 설계자는 집합 개념의 객체 안에 부분 개념의 객체를 감춰놓음으로써 시스템의 캡슐화를 향상한다. 시스템에 있는 메소드는 부분 개념의 존재에 대해 잘 알지 못하더라도 집합 개념의 오퍼레이션을 대부분 수행할 수 있게 된다. 다음 예를 살펴보자.

① 자동차 판매를 등록하는 오퍼레이션은 집합 개념의 Vehicle 객체에만 소유자를 등록하면 된다. Vehicle 부품 개념의 여러 객체에 대한 소유자를 알아보려고 질의해도 간단히 그 부품이 속한 집합 개념의 소유자를 리턴하면 되므로 부품 개념의 모든 객체에 소유자를 표시할 필요가 없다.

② 집합 개념의 클래스를 삭제하는 오퍼레이션이 자동으로 부품을 삭제한다.

③ 도형을 화면에 그리는 시스템에서 도형 아웃라인의 두께를 변경하는 오퍼레이션이 있다고 하자. 전체/부분 관계로 정의되었다면 도형을 구성하는 모든 아웃라인 세그먼트의 두께를 변경하는 것으로 간단히 해결된다.

②번과 ③번 예는 집합 관계에서 흔히 볼 수 있는데 이를 전파 현상propagation이라 한다. 전체 개념에 있는 오퍼레이션이 부품을 이루는 개념의 오퍼레이션을 수행하게 하는 형태로 구현되어 있기 때문이다. 다시 말해 오퍼레이션이 부품 개념의 객체에 전파된다. 동시에 부품 개념의 객체 속성이 집합 개념으로 거꾸로 전파되기도 한다. 예컨대 전체의 무게는 소속된 부품의 무게를 합하여 구한다.

어떤 의미로는 이러한 집합 관계에서의 전파 현상이 일반화 관계에서의 상속과도 같다. 중요한 차이점은, 상속은 묵시적인 메커니즘이지만 전파 현상은 필요할 때 코딩되는 명시적인 것이라는 사실이다.

2.2 합성 관계

합성composition 관계는 전체 개념이 소멸될 때 부분 개념도 같이 자동적으로 사라지는 일종의 강력한 전체/부분 관계이다. 합성은 [그림 4-20]의 세 번째 그림과 같이 바탕이 채워진 다이아몬드로 표시한다. 이 그림에서 Building과 Room의 관계를 살펴보면 Building 객체가 없어지면 Room 객체 역시 의미가 없어지므로 합성 관계이다.

1 대 1 합성 관계는 복잡한 속성과 동일하다. 따라서 속성으로 볼 수도 있고, 합성된 클래스의 상세한 부분을 강조하려면 합성 관계로 볼 수도 있다. [그림 4-22]에서 보듯이 속성이 연관 클래스로 확장되어 단방향의 합성 관계로 표현된다.

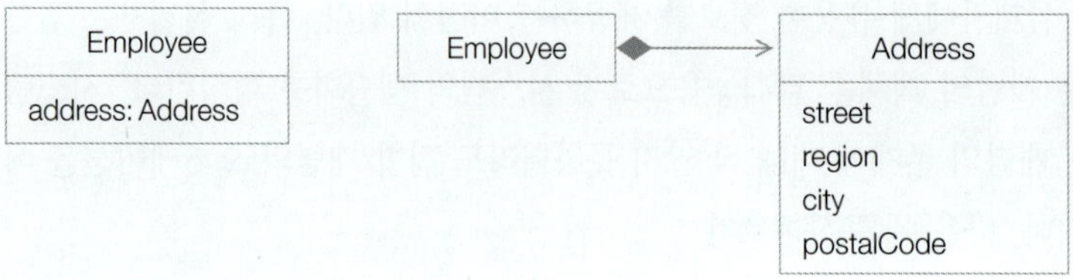

그림 4-22 속성 및 합성 관계로 표현한 사원의 주소 관계

예제 4-1 합성 관계의 적합성 알아보기

다각형과 라인 세그먼트 사이의 연관 관계를 나타내기 위해 다음과 같은 합성 관계를 사용하는 것이 적합한지 살펴보자.

그림 4-23 다각형과 라인 세그먼트의 관계

정답

합성 관계로 적합하며 그렇게 판단한 이유는 다음과 같다.

- 다각형은 라인 세그먼트로 구성된다.
- 다각형이 조작되면 라인 세그먼트도 조작된다.
- 다각형이 이동, 회전, 축소, 확대될 때 라인 세그먼트도 이동, 회전, 축소, 확대된다.
- 다각형의 둘레는 라인 세그먼트 길이의 합으로 계산한다.
- 다각형에서 라인 세그먼트를 삭제하면 더 이상 다각형이 아니다. 따라서 다각형은 이러한 변경을 막도록 제어해야 한다.
- 다각형이 삭제되면 라인 세그먼트도 삭제된다.

05 클래스 다이어그램의 고급 표현

지금까지 클래스 다이어그램의 기본 구성 요소에 대해 살펴보았다. 다음으로 클래스 다이어그램에 더 상세한 의미를 담을 때 사용되는 고급 표현 요소에 대해 알아보자.

1 인터페이스

인터페이스는 객체 집합이 가지는 행위를 일부 가시화하여 나타낸 것이다. 인터페이스는 인스턴스 변수와 메소드 구현을 제외하면 클래스와 유사하다. 클래스 변수를 가질 수도 있지만 중요한 것은 추상 메소드만으로 구성된다는 점이다.

UML에서는 인터페이스를 두 가지 방법으로 나타낸다. 클래스 박스에 《interface》를 표시하고 제공하는 오퍼레이션의 리스트를 적는 방법과, 작은 원이 그려진 막대사탕 모양에 인터페이스 이름을 붙이는 방법이다. 첫 번째 방법은 UML의 프로토타입 표현 방법을 이용한 것이다. 여기서 프로토타입은 특수한 타입stereotype을 표현하는 방법으로 《 》 안에 명시한다.

[그림 4-24]는 은행 창구 직원과 현금인출기를 표현하는 클래스를 보여준다. 둘 다 현금을 인출하고 입금하기 위해 고객과 상호작용하므로 Cashier의 일종으로 볼 수 있다. Employee와 ATM은 공통 오퍼레이션을 포함하고 있지만 슈퍼클래스는 다르다. 이는 Employee와 ATM을 같은 상속 구조에 위치시킬 수는 없지만 Cashier라는 인터페이스 특징을 갖도록 한다는 것을 의미한다.

C++ 프로그래밍 언어에서는 인터페이스가 추상 메소드만 포함하는 슈퍼클래스를 이용하여 간단히 생성된다. 하지만 상속에 의한 일반화 개념과는 차이가 있다. 상속은 슈퍼클래스와 서브클래스의 is-a 관계에 의해 성격이 규정되지만, 인터페이스는 구현 클래스와 인터페이스의 관계이며 'can-be-seen-as', 즉 하위 클래스가 인터페이스의 특징을 보이고 이를 구현하는지를 나타낸다.

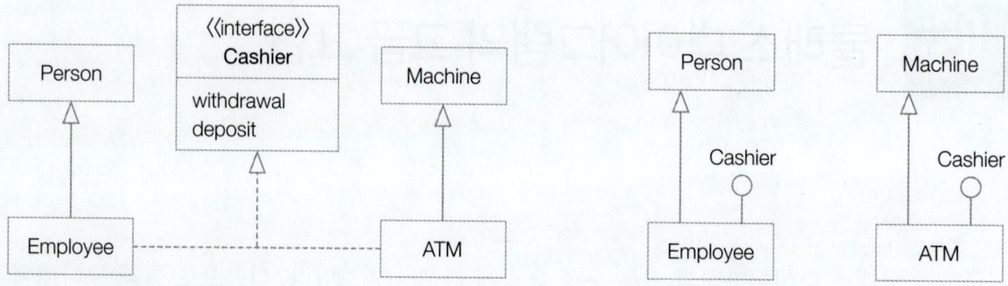

(a) 프로토타입으로 표현하는 방법

(b) 막대사탕 모양으로 표현하는 방법

그림 4-24 인터페이스 표현 방법

2 추가 정보 표현법

클래스 다이어그램에서 각종 그래픽으로 정보를 표현하는 것보다 더 많은 정보를 표현해야 할 때가 있다. UML 다이어그램에 정보를 추가하는 방법은 다음과 같다.

■ **상세 문서와 자신만의 다이어그램**

시스템 전체를 설명하는 긴 문서에 자신만의 다이어그램을 중간에 끼워넣는 방법이다. 이런 문서는 자신만의 익숙한 표현 방법으로 시스템의 여러 측면을 설명할 수 있다. UML 다이어그램에서 볼 수 있는 것을 되풀이하여 설명하는 것은 아니며, 중요한 기능을 강조하고 확장할 수 있고 결정한 이유에 당위성을 부여할 수 있다.

■ **노트**

노트는 상세 문서와 달리 UML 다이어그램에 내장된 소규모 텍스트 블록이다. 귀퉁이가 접힌 박스 안에 자세한 사항을 설명하는데 이는 프로그래밍 언어의 주석과 같은 역할이다. [그림 4-25]의 왼쪽에 클래스 LinearShape의 목적을 설명한 노트가 있다.

■ **제약**

제약은 컴퓨터에 의해 해석될 수 있는 정형적 언어라는 사실을 제외하고는 노트와 같다. UML 다이어그램에서 제약은 중괄호 안에 기술하는데 이는 true가 되는 논리 문장을 표현한 것이다. UML에서는 도구에 의해 지원되는 정형적 언어로 OCL(Object Constraint Language)을 추천하고 있다.

2.1 OCL

OCL은 소프트웨어 모델의 제약 사항을 정해진 키워드로 나타내도록 정형화된 언어이다. 예를 들어 은행 구좌 시스템에서 마이너스 구좌를 표현한 Account 클래스 안에 있는 속성 Balance의 값이 정한 범위 안에 있어야 한다는 것을 OCL로 표현하면 코딩에 효과적이다.

OCL은 프로그래밍 언어가 아니라 명세 언어이다. 시스템에 대한 논리적인 사실을 간결하게 나타내는 OCL 문장 그 자체가 컴파일되고 실행되는 것은 아니다. 다이어그램에 기초하여 작성한 원시코드가 OCL 문장에서 제시된 제약 사항을 만족시키면 설계자는 시스템이 올바르게 구현되었다는 것을 확신할 수 있다. 제약 사항은 부작용이 없어야 한다. 논리 문장에서 제시되지 않은 것을 수행하거나 다른 자료를 조작해서는 안 된다.

클래스 다이어그램에 있는 OCL 문장은 속성과 연관 관계가 어떤 값을 가져야 하는지를 나타낼 수 있다. 또한 오퍼레이션의 사전 조건precondition과 종료 조건postcondition을 나타낼 수 있다. 단순한 OCL 문장은 다음과 같은 요소로 작성한다.

- 역할 이름, 속성, 오퍼레이션의 결과에 대한 레퍼런스
- 진위값 true, false
- 논리적 연산자 and, or, =, 〈, 〉, 〈〉(not equal)
- 문자 스트링 'a string'
- 정수와 실수
- 산술 연산자 *, /, +, −

[표 4-2]는 [그림 4-25]에서 발견할 수 있는 제약 사항을 OCL로 나타낸 것이다. 여기서 다른 클래스에 소속된 요소, 즉 속성이나 오퍼레이션을 언급할 때는 '.'를 사용한다. 예를 들면 LinearShape에서 edge의 길이를 언급할 때는 edge.length라고 쓴다.

수학에서 집합은 요소들의 모임이다. 하지만 [그림 4-25]의 연관 관계에 표시한 {ordered}는 순서의 의미가 포함되어 있는 집합을 말한다. 이런 경우에는 처음, 나중 요소와 같이 순서의 의미가 있다.

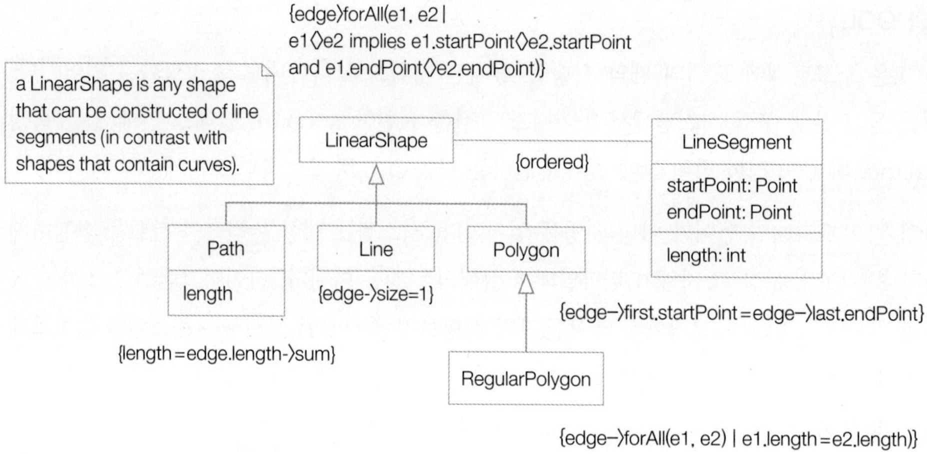

그림 4-25 다각형과 점을 설명한 제약과 노트

표 4-2 OCL로 나타낸 제약 사항

OCL 표현	설명
{startPoint<>endPoint}	LineSegment의 두 끝이 달라야 한다는 제약 사항이다.
{edge->size=1}	선은 하나의 변으로 이루어진다는 제약 사항이다.
{length=edge.length->sum}	Path의 길이가 다각형을 구성하는 변의 길이의 합이 되어야 한다는 제약 사항이다.
{edge->first.startPoint=edge->last.endPoint}	다각형의 조건 중 폐각형(시작 지점과 끝 지점이 같은 다각형)이 되어야 한다는 제약 사항이다.
{edge->forAll(e1, e2 | e1<>e2 implies e1.startPoint<>e2.startPoint and e1.endPoint<>e2.endPoint)}	다각형을 이루는 선이 계속 이어지려면 한 변의 끝이 다음 변의 시작이 되어야 한다는 제약 사항이다.

OCL에서는 forAll 오퍼레이터를 이용하여 집합에 있는 모든 값에 대해 논리 문장을 생성할 수 있다. [표 4-2]에서 implies 문장은 if-then 문장과 같은 의미이다. OCL 표현은 다이어그램에 직접 기술할 필요가 없다. 다이어그램에 표시하면 복잡해지기 때문에 혼란을 피하기 위해 별도로 작성하는데 다음과 같이 각 표현에 배경context을 나타낸다.

```
context LineSegment inv:
   startPoint <> endPoint
```

여기서 inv는 클래스 LineSegment의 불변 조건invariant이 다음에 나온다는 의미이다.

NOTE_ 기타 UML 표현

미처 다루지 못한 UML의 요소 중에서 중요한 표현 방법은 다음과 같다.

- **한정사**qualifier: 연관 관계의 끝에 표현하는 속성으로 이 속성값이 연결된 클래스에 의해 관리되는 식별자이다.
- **제너릭 클래스**: parameterized class라고도 하며 클래스 박스에 T(template) 표시를 하고 《bind》 관계를 나타낸다.
- **의존 관계**: 클래스가 다른 클래스 안에 있는 메소드를 호출한다면 의존 관계에 있는 것이다. 어떤 클래스가 다른 클래스의 Friend로 선언되어 있다면 이것도 의존 관계에 있다. 의존 관계는 UML에서 점선으로 나타낸다.
- **유틸리티 클래스**: 모든 메소드와 변수가 정적으로 정의되어 접근만 허락하는 클래스를 유틸리티 클래스라 하며 《utility》로 표시한다.
- **내부 클래스**: 클래스 안에 클래스가 선언된 경우 내부 클래스라고 부른다. 포함된 클래스를 화살표로 표시하되 화살표 꼬리에 '⊕'을 덧붙인다.

06 클래스 다이어그램 작성 과정

지금까지는 클래스 다이어그램에 사용되는 심벌과 규칙, 그리고 좋은 모델을 이루기 위한 조건 등을 살펴보았다. 그러나 클래스 다이어그램을 그리기 위해 어디서 시작하여 어떤 과정을 거쳐야 효과적인 모델을 만들 수 있는지에 대해서는 설명하지 않았다. 이 절에서는 이러한 클래스 다이어그램 개발 과정에 대해 살펴보자.

1 클래스 다이어그램 작성 과정

도메인 분석 과정에서 경험한 것을 무시하고 단순히 클래스 다이어그램을 작성하면 될 것이라고 생각하는 것은 체계적인 모델링이 아니다. 이런 식으로 작업하면 작업 순서가 앞뒤로 왔다 갔다 하면서 모델에 여러 가지 다른 것들을 추가하게 되어 최종 결과물이 의도한 것에 가까운지 확신하기 어렵다.

순서를 엄격히 지켜서 작업하려면 제일 먼저 완벽한 클래스 리스트를 결정해야 한다. 그다음에 연관 관계를 결정하고 속성을 찾아낸 후 오퍼레이션을 찾아 완성한다. 하지만 한 단계가 완벽하게 종료된 후 다음 작업을 하기란 매우 어렵다. 경험 많은 모델 설계자들은 대부분 한 가지 관점의 모델링 작업이 다른 측면에 아이디어를 제공할 수 있다는 사실을 안다. 따라서 순서만 엄격히 좇아 작업한다면 중요한 세부 사항을 놓칠 수도 있다.

결론적으로 작업 순서가 아주 없는 것도 아니고 그렇다고 엄격한 것도 아닌 중간 방법이 적당하다. 출발 단계에 클래스의 초기 집합을 찾아내고, 작업이 진행되면서 필요하면 계속 추가하고 삭제할 필요가 있다. 처음에 클래스를 찾아낸 후 일반적인 수행 순서를 따라가되, 이전 단계에서 잊어버린 작업이나 떠오르는 아이디어를 기록하기 위해 다음 단계로 도약하는 것을 자유롭게 해야 한다.

클래스 다이어그램을 작성하는 기본 순서는 [그림 4-26]과 같다.

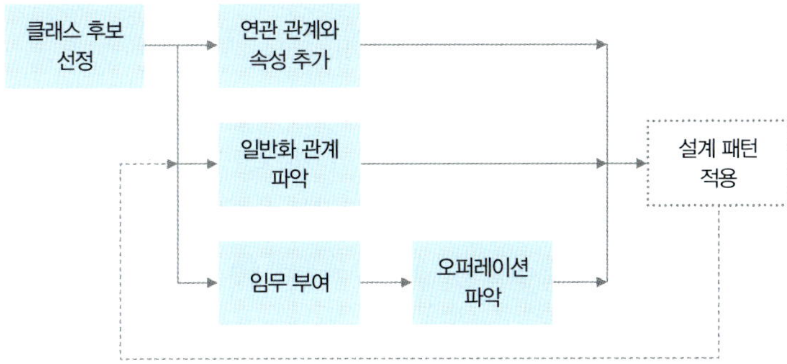

그림 4-26 클래스 다이어그램의 작성 과정

① 클래스 후보 집합을 파악한다.

② 가장 중요한 클래스부터 시작하여 연관 관계와 꼭 필요한 속성을 추가한다.

③ 가장 확실한 일반화 관계부터 시작하여 파악한다.

④ 클래스의 주요 임무를 찾아 나열한다. 각 클래스에 의해 수행될 기능을 간단한 문장으로 나타내는 것이다.

⑤ 임무를 기준으로 필요한 오퍼레이션을 결정한다.

⑥ 전체 과정을 다시 되풀이한다. 필요하면 클래스, 연관 관계, 속성, 일반화, 임무, 오퍼레이션 등을 추가하거나 삭제하면서 모델을 완성해나간다. 특히 전체/연관 관계, 속성, 오퍼레이션이 설정한 임무를 만족시키는지, 또한 만족시키기 위한 충분한 정보가 있는지 확신할 수 있도록 반복한다. 디자인 패턴을 적용할 수 있다면 적용하여 수정하고 적당한 인터페이스가 되었는지 살펴본다.

NOTE_ 클래스 다이어그램과 E-R 다이어그램

데이터베이스 설계에서는 오래전부터 E-R entity-relationship 다이어그램을 사용해왔다. E-R 다이어그램은 UML 클래스 다이어그램과 공통적인 요소가 많다. UML의 밑거름이 되었던 OMT object modeling technique가 E-R 다이어그램에서 많은 아이디어를 차용했기 때문이다. 엔티티는 클래스와 유사하고 관계는 association과 유사하지만 E-R 다이어그램에는 상속이나 오퍼레이션 표시가 없다. E-R 다이어그램을 사용하던 데이터베이스 전문가들도 이제는 UML 클래스 다이어그램을 사용하는 경우가 많다.

2 클래스 후보 선정

클래스를 파악하는 방법은 다음과 같이 두 가지가 있다.

- 도메인 모델을 개발할 때 클래스를 찾아내려고 노력한다. 이는 요구에 대한 기술, 인터뷰 노트, 기타 브레인스토밍 결과 등의 자료에서 발견할 수 있다.
- 사용자 인터페이스나 시스템 구조에 관련된 작업을 할 때 특정 설계 문제를 해결하는 데 필요한 클래스를 고안해낼 수 있다. 즉 도메인 모델을 생성할 때 클래스를 발견하기도 한다. 예를 들면 클래스들의 공통점을 찾으려고 노력하다가 도메인에서는 일반적으로 사용되지 않는 슈퍼클래스를 발견하기도 한다. [그림 4-25]의 LinearShape는 일반적으로 사용하지 않는 개념이지만 Polygon, Line, Path 모두를 대표할 수 있는 것으로 고안되었다.

클래스를 파악할 때 항상 관심을 두어야 하는 것은 재사용이다. 프레임워크를 사용하여 시스템을 개발할 예정이라면 시스템 모델은 프레임워크로부터 가져온 클래스가 많을 것이다. 기존 시스템을 확장하기 위해 개발한다면 클래스 대부분은 원래 시스템으로부터 편입될 것이다. 기존 애플리케이션에 대한 유용한 아이디어를 얻기 위해 유사한 시스템을 찾아볼 수도 있다.

개발할 시스템을 위한 도메인 클래스의 초기 집합을 발견하는 가장 간단한 방법은 요구를 기술한 문서를 살펴보는 것이다. 여기서 중요한 문장의 명사나 명사구를 추출한다. 명사구는 단순히 명사들을 나열한 것이나 한두 개의 형용사가 수식하는 명사이다. 명사나 명사구를 선택한 후에는 다음과 같은 원칙에 따라 클래스 이름을 짓는다.

- 클래스 이름은 중복되지 않아야 한다.
- 인스턴스를 명확히 나타낼 수 있어야 한다.
- 제시된 소프트웨어에 대해 구체적인 정보를 담지 못하는 일반적인 이름은 피한다. 예컨대 'organization purpose', 'user goal', 'information'과 같은 포괄적인 단어는 피한다.
- 응용 분야나 모델의 종류에 비추어 필요하지 않은 클래스는 제외한다. 예를 들면 도메인 모델에서 사용자 인터페이스에 있는 명령어나 메뉴를 나타내는 클래스는 제외할 수 있다. 으뜸 되는 규칙은 클래스 인스턴스가 시스템의 요구를 구현하기 위해 저장 및 조작이 필요하다면 그 클래스는 도메인 모델에서 꼭 필요하다는 것이다.

사용자 유형, 즉 다른 액터를 나타내는 클래스를 도메인 모델에 둘지 결정하는 것은 어려운 일이다. 사용자에 대한 정보를 저장하고 조작하는 일이 도메인의 일부에 속한다면 그대로 둔다. 예를 들면 보안 또는 메시지 시스템의 경우 도메인의 일부로 볼 수 있지만 그림판과 같은 프로그램에서는 도메인이 아니다. 그렇다면 기업의 회계를 관리하는 시스템에서는 어떨까? 기업의 회계 데이터베이스는 관리자, 비서, 회계 팀 직원, 구매 팀 직원 등 여러 시스템의 사용자에 대한 정보를 스스로 보관하지 않는다. 하지만 어떤 시스템은 보안 점검을 하기 위해 사용자에 대한 정보를 저장할 필요가 있다. 현명한 답은 두 개의 서브시스템으로, 즉 회계 기록을 위한 서브시스템과 접근 제어를 위한 서브시스템으로 분리하는 것이다.

예제 4-2 **클래스 후보 찾기**

도메인 모델에 대한 다음 설명을 읽고 '항공권 예약 시스템'의 클래스를 찾아보자. 설명에 나오는 명사와 명사구를 잘 살펴보고 클래스가 아닌 것은 왜 아닌지도 밝힌다.

> 항공권 예약 시스템(Reservation System)은 여러 항공편(Flight)에 있는 좌석(Seat)을 예약하려는 승객(Passenger)과 승무원(Crew)에 대한 정보를 보관한다. 시스템은 승무원에 대해 무슨 일을 하고 누구의 지시를 받는지 정보를 보관한다. 항공사는 매일 정기적으로 운항하는 항공 스케줄(Schedule)이 많이 있다. 항공사는 가까운 미래(Future)에 시스템의 확장을 계획하고 있어 시스템의 융통성이 필요하다. 예를 들면 단골 고객에 대한 서비스 등이 추가될 것이다.

정답

클래스의 초기 리스트에 포함되어야 할 것은 Flight, Passenger, Employee 등이며 클래스에 속하지 않는 명사구는 다음과 같은 것이다.

- 항공사 이름 'Object Airline'과 지명 'Java Valley' 같은 것은 인스턴스이다.
- 'Reservation System'은 시스템의 일부이지만 시스템에서 나타내는 도메인 정보가 아니므로 클래스가 아니다.
- 좌석 'Seat'는 Flight의 속성이다.
- 승무원을 의미하는 'Crew'는 승무원 정보를 저장하고자 한다면 클래스가 될 수 있다. 그러나 클래스 이름은 향후 변동을 예측하여 승무원이 아닌 직원의 정보도 저장하기 위해 'Employee'로 하는 것이 좋다.
- 'Schedule'은 비행기 운항 계획에 대한 것으로 여러 가지 복잡한 정보를 나타낸다. 따라서 클래스 이름을 'Flight'로 하고 그 속성으로 나타내는 것이 좋다.
- 'Future'는 명사이지만 시스템에서 다루어야 할 부분은 아니다.

3 연관 관계와 속성 추가

클래스가 될 만한 후보들을 선택하고 나면 연관 관계와 속성을 찾아내야 한다. 가장 좋은 방법은 시스템에서 가장 중요하고 중심이 된다고 생각하는 클래스부터 시작하는 것이다. 중요한 각 클래스는 분명하고 확실한 데이터를 포함할 수 있는 것이어야 하며, 다른 클래스에 대해 관계가 분명해야 한다. 다음에는 덜 중요한 클래스로 이동한다.

연관 관계와 속성을 추가할 때는 애플리케이션에 꼭 필요한 것인지 확인해야 한다. 예를 들어 Person이라는 클래스에 여러 가지 다른 속성, name, height, weight, dateOfBirth, educatuionLevel 등을 추가하려 한다면 이와 같은 속성이 모두 필요한지 자문해본다. 그러한 정보를 시스템에서 처리할 필요가 없다면 모델에 나타냈을 때 필요 이상으로 복잡해진다. 또한 연관 관계와 속성을 추가할 때 좋은 모델링이 되기 위한 원리를 따르는지도 살펴보아야 한다. 예컨대 연관 관계의 다중도가 올바르게 표현되었는지 분석하고 확인한다.

예제 4-3 **연관 관계와 속성 추가하기**

[예제 4-2]에서 파악한 클래스에 연관 관계와 속성을 추가해보자. 필요하면 클래스를 추가하거나 삭제해도 좋다.

정답

- 연관 관계와 속성을 찾아내는 중심 클래스는 Flight이다. 이 Flight에는 운항 일정, 날짜, 시간, 항공편 이름 정보가 들어 있는데, 여기서 유의할 점은 매일 같은 시간에 출발하는 노선이 같은 항공편 이름을 가지고 있느냐는 것이다. 이 경우에 대비하여 Flight를 두 개의 클래스로 나누고 같은 요일, 같은 시각에 떠나는 정기 항공편은 RegularFlight로, 특정한 날짜에 예약 승객이 차야 운항하는 특별 항공편은 SpecificFlight로 정하는 것이 적절하다. 클래스 사이의 연관 관계는 1 대 n이다. 연관 관계는 'has' 관계이므로 이름을 특별히 붙일 필요가 없다.
- 다음으로 탑승객이 예약하는 문제를 생각해보자. Passenger와 SpecificFlight는 [그림 4-9]의 연관 관계에서 설명한 바와 같이 n 대 n의 관계이다. Booking 클래스를 추가하고 seatNumber를 속성으로 둔다.
- Passenger는 이름으로 구별할 수 있지만 동명이인을 구분하기 위해 번호를 부여한다. 이 번호는 마일리지 회원 관리에 도움이 될 것이다.
- 어떤 직원이 누구를 감독하는지 나타내기 위해 Employee 클래스는 자신의 클래스에 재귀적

관계인 supervisor를 역할로 설정한다. 모든 직원은 직무를 가지고 있으므로 jobFunction이라는 속성을 추가한다.

지금까지 파악한 것을 다이어그램으로 나타내면 [그림 4-27]과 같다.

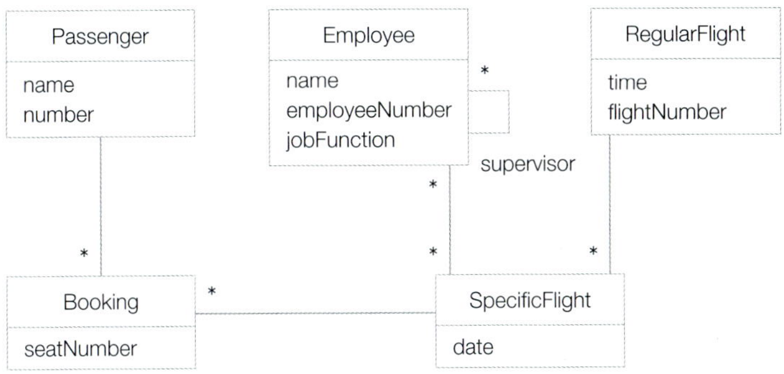

그림 4-27 '항공사 예약 시스템'을 위한 클래스 다이어그램

4 일반화 관계와 인터페이스 파악

일반화 관계를 파악하는 방법은 상향식과 하향식이 있다. 상향식 접근 방법은 유사한 클래스를 그루핑하여 새로운 슈퍼클래스를 생성하지만, 하향식 접근 방법은 복잡한 클래스를 분할하여 새로운 서브클래스를 생성한다.

상향식 접근 방법을 사용하려면 공통적인 기능을 가진 클래스들을 찾아야 한다. 일반적으로 비슷한 속성, 연관 관계, 오퍼레이션을 가진 두 개 이상의 클래스를 발견하면 공통의 슈퍼클래스를 만드는 것을 고려해본다. 예를 들어 여러 유형의 Person이 있는 시스템이라면 이름, 전화번호, 주소를 공통적으로 가지고 있을 것이다. 따라서 이러한 공통 속성은 슈퍼클래스에 두어야 한다.

간혹 공통 속성이 같은 이름이 아닌 경우가 있다. [그림 4-28]의 왼쪽 그림은 두 가지 고객 유형, 즉 대량 구매하는 Company와 개인 소비자 Person을 나타낸 것이다. 속성과 연관 관계가 다른 이름을 가졌지만 유사한 내용이므로 LegalEntity라는 공통의 슈퍼클래스를 만들면 [그림 4-28]의 오른쪽 그림과 같이 된다.

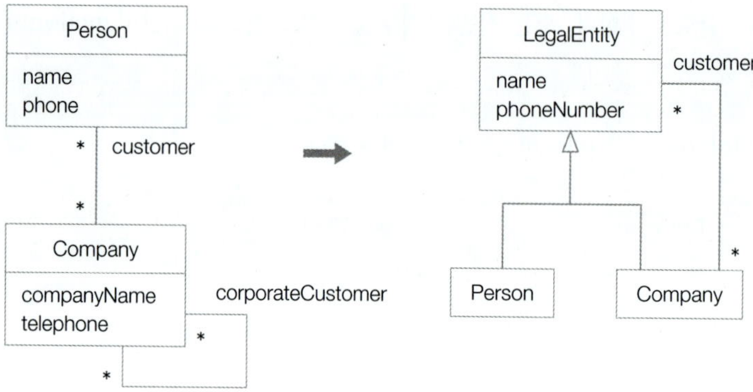

그림 4-28 속성의 이름은 다르지만 유사한 두 클래스의 일반화

슈퍼클래스를 생성하는 대신 인터페이스를 만드는 것이 더 좋은 경우도 있다. 다음 사항에 해당될 때는 인터페이스를 만드는 것을 고려해본다.

- 클래스가 공통적인 오퍼레이션 몇 개 이외에는 유사하지 않을 때
- 하나 이상의 클래스가 이미 슈퍼클래스를 형성하고 있을 때
- 같은 클래스의 다른 구현이 존재할 때

예를 들어 SimpleChat 시스템에 ClientConsole이라는 클래스가 있다고 하자. ClientGUI라는 다른 유형의 사용자 인터페이스를 추가하고자 한다면 ClientGUI라는 공통 슈퍼클래스를 만들려고 할 것이다. 하지만 이로 인해 ClientGUI에 다른 슈퍼클래스를 만드는 것, 예를 들면 Frame의 서브클래스로 만드는 것을 금하게 된다.

예제 4-4 일반화 관계 파악하기

[예제 4-3]에서 완성한 클래스 다이어그램에 명확한 일반화 관계를 추가해보자.

정답

Passenger와 Employee 클래스는 공통의 정보를 가지고 있다. 하지만 Person이라는 클래스의 인스턴스가 탑승객이 될 수도 있고 직원이 될 수도 있어 슈퍼클래스로 단순히 정의하는 것은 충분하지 않다. 그러므로 [그림 4-29]와 같이 PassengerRole이라는 클래스를 도입하고 한 사람에게 두 개의 역할까지 허용한다.

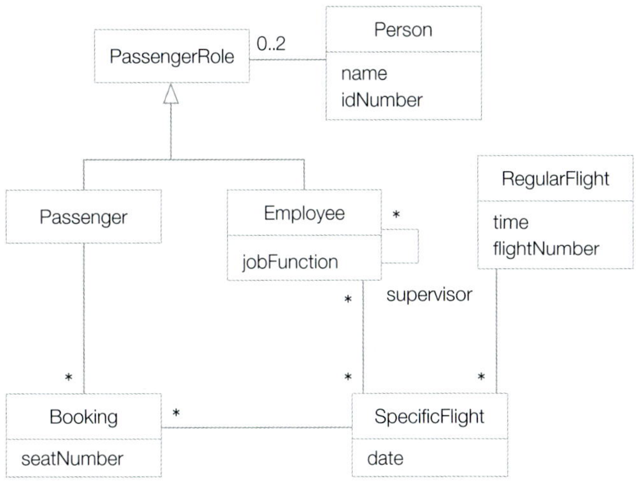

그림 4-29 일반화 관계를 추가한 클래스 다이어그램

5 임무 부여

임무responsibility란 시스템이 수행하도록 하는 요구 사항이다. 혹여 특정 기능을 수행하는 것을 다른 클래스와 협력한다고 해도, 요구 사항을 수행하려면 여러 클래스 중 하나에는 반드시 해당 임무가 부여되어야 한다. 임무를 부여할 때는 다음과 같은 점에 주의한다.

- 임무를 클래스들에 분산하여 단일 클래스가 과도하게 복잡해지지 않도록 해야 한다. 특정 클래스에 너무 많은 임무가 부여되면 별도 클래스로 나눌 수 있는지 살펴본다.
- 주어진 클래스의 모든 임무는 명확히 서로 연관되어 있어야 한다.
- 어떤 클래스에 부여된 임무가 전혀 없다면 그 클래스는 필요 없는 것이다.
- 임무를 기존의 어떤 클래스에도 부여할 수 없다면 새로운 클래스를 만든다.

임무를 결정하는 좋은 방법은 사용 사례 분석을 해보는 것과 시스템 명세에서 액션을 기술하는 동사와 명사를 찾아보는 것이다. 여러 클래스에서 발견할 수 있는 임무의 종류는 [표 4-3]과 같다.

표 4-3 클래스 임무의 종류

임무	설명
setting, getting	속성값을 저장하고 읽는 임무이다. 접근을 허용할 필요가 있는 속성을 private으로 만들고 메소드를 public으로 만드는 것은 좋은 방법이다. 이렇게 하면 클래스가 속성을 잘 관리할 수 있고 올바른 값만 가진다는 것을 확신할 수 있다. 또한 클래스 내부의 설계를 바꿀 때도 클래스 사용자들이 상호작용을 어떻게 하든 영향을 받지 않는다. Date 클래스와 같은 것은 날짜, 월, 연도 값을 설정하고 그 값을 읽는 카테고리 이외의 임무가 없다.
creating, initializing	클래스 인스턴스를 생성하고 초기화하는 임무이다. 이 임무는 주로 다른 클래스에 할당되지만(다른 클래스가 생성자를 호출) 인스턴스가 생성되는 클래스 안에 위치하기도 한다. 임무의 종류에 따라 여러 클래스가 협동해야 하는 경우도 있다.
loading, saving	데이터베이스로부터 데이터를 불러오고 저장하는 임무이다.
destroying	객체를 소멸시키는 임무이다. 인스턴스를 생성하는 프로세스처럼 다른 클래스와 협동할 필요가 있다.
adding, deleting	연관 관계 링크를 추가하고 삭제하는 임무이다. 예를 들어 특정 강사가 특정 강좌를 가르치는 관계를 기록한다면 이런 종류의 임무는 속성을 조작하는 것과 같다. 하지만 대부분의 양방향 연관 관계가 적절히 유지되기 위해 다른 클래스와 협동할 필요가 있기 때문에 더 복잡해진다.
copying, converting, transforming, outputting	다른 형태로 정보를 변경할 필요가 있을 때 사용하는 임무이다. 이런 종류의 임무는 여러 애플리케이션에 필요하다. 자바에서 객체의 String 표현을 만드는 toString 메소드를 예로 들 수 있다.
computing	도서관 시스템에서 연체료 같은 것을 계산하는 임무이다.
navigating, searching	데이터를 찾는 임무이다. 이름으로 특정 고객을 찾는 기능 또는 어떤 기준을 충족하는 고객을 찾는 기능 등이 여기에 해당된다.
specialized work	위 어느 항목에도 속하지 않는 특수한 경우를 나타낼 때 사용하는 임무이다.

예제 4-5 클래스 임무 파악하기

[예제 4-4]의 '항공권 예약 시스템'에서 클래스의 임무를 할당하고 그렇게 한 이유를 설명해보자. 필요하면 클래스 다이어그램을 변경해도 좋다.

정답

- **새로운 RegularFlight 생성:** RegularFlight 클래스의 임무가 될 수 있다. 그러나 더 좋은 방법은 Airline이라는 새 클래스를 두어 여기에 RegularFlight를 만드는 임무를 부여하는 것이다.

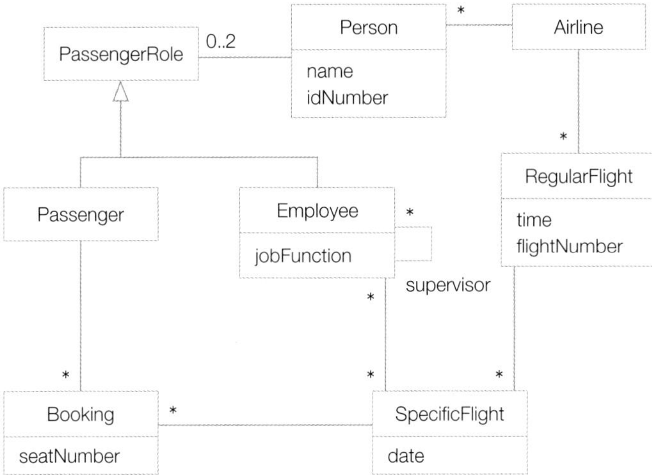

그림 4-30 Airline 클래스를 추가한 경우

- **RegularFlight의 탐색**: 정기 항공편을 탐색하려면 RegularFlight 인스턴스 전체를 관리하는 클래스가 필요하다. Airline에 이러한 임무를 부여한다.
- **RegularFlight의 속성 변경**: 이 임무는 각 클래스가 자신의 속성을 변경해야 하므로 RegularFlight에 부여한다.
- **SpecificFlight 생성**: 이 임무는 RegularFlight에 부여한다. 새로운 SpecificFlight를 만들려고 할 때 RegularFlight가 이미 존재하는 경우도 있기 때문이다.
- **SpecificFlight 삭제**: SpecificFlight에 부여한다.
- **PassengerRole을 SpecificFlight에 예약**: PassengerRole이나 SpecificFlight 어느 쪽에도 부여할 수 있다. 또한 Booking에도 넣을 수 있으나 그때까지 Booking이 생성되지 않아 여기에 부여하는 것은 적절하지 않다. 탑승객이 예약을 시작하므로 PassengerRole에 부여하는 것이 가장 적합하다.
- **예약 취소**: Booking에 부여한다.

NOTE_ 속성 파악과 임무 파악, 무엇이 먼저인가?

클래스 다이어그램의 요소를 정하는 순서에 대해 다음과 같은 이견이 있다.

- **임무를 먼저 찾아야 한다:** 속성은 객체의 private 한 상태를 나타내는 것으로 클래스 내부에 감추어져야 한다. 그러나 임무는 더 추상적이므로 속성보다 먼저 찾아야 한다는 주장이다.
- **속성을 먼저 찾아야 한다:** 클래스의 임무는 어떤 속성의 정보를 가져와 조작하는 것이므로 속성을 먼저 찾아야 한다. 속성이 먼저 결정되어야 속성에 접근하고 저장하는 임무가 필요한지 판단할 수 있다는 주장이다.

어떤 시각이든 클래스 모델링은 반복 작업으로 이루어져 점증적으로 완성되므로 결과는 같다.

6 오퍼레이션 파악

오퍼레이션은 각 클래스의 임무를 실현하는 데 필요하다. 하나의 임무를 실현하기 위해 여러 클래스가 필요할 수도 있고 단일 클래스가 책임을 질 수도 있다. 임무를 충족할 책임이 있는 오퍼레이션은 정상적으로 public으로 선언한다. 또한 전체 서브시스템의 인터페이스 일부가 된다. 임무를 수행하기 위해 협동하는 다른 메소드는 private으로 선언한다.

예제 4-6 오퍼레이션 파악하기

다음은 '항공권 예약 시스템'에서 클래스의 임무를 실현하기 위해 어떤 클래스들이 협동해야 하는지 설명한 것이다. 임무 실현에 필요한 오퍼레이션을 파악하고 클래스 다이어그램으로 그려보자.

1. 두 객체 사이에 양방향 링크 만들기(예: SpecificFlight와 Airplane 객체 사이에 링크를 추가하는 경우)
2. 객체를 생성하고 기존의 객체에 링크하기(예: FlightLog를 생성하고 SpecificFlight에 링크하는 경우)
3. 주어진 두 객체 사이에 연관 클래스 생성하기(예: Booking 객체를 생성한 후 SpecificFlight를 PassengerRole에 연결하는 경우)
4. 링크를 다른 객체로 연결하기(예: Airplane에 연결된 SpecificFlight를 airplane1에서 airplane2로 변경하는 경우)
5. 연관 객체 찾기(예: 승무원 이름을 가지고 SpecificFlight에 연결된 승무원을 찾는 경우)

정답

1. 두 객체 사이에 양방향 링크 만들기(예: SpecificFlight와 Airline 객체 사이에 링크를 추가하는 경우)

   a. SpecificFlight 객체를 Airplane 객체 방향으로 연결하고 다음 오퍼레이션 b를 호출한다.

   b. Airplane 객체를 SpecificFlight 객체에 거꾸로 연결한다.

2. 객체를 생성하고 기존의 객체에 링크하기(예: FlightLog를 생성하고 SpecificFlight에 링크하는 경우)

   a. SpecificFilght 객체가 FlightLog 생성자를 호출하고 객체 생성이 성공하면 FlightLog에 대한 단방향 링크를 연결한다.

   b. FlightLog의 생성자는 SpecificFlight 객체에 대한 역방향 링크를 연결한다.

3. 주어진 두 객체 사이에 연관 클래스 생성하기(예: Booking 객체를 생성한 후 SpecificFlight를 PassengerRole에 연결하는 경우)

   a. PassengerRole 객체는 Booking 생성자를 호출하고 다음 오퍼레이션 b를 수행한다.

   b. Booking 생성자가 PassengerRole 객체에 역방향 링크를 연결하고 SpecificFlight 객체에 대해 단방향 링크를 생성한다. 다음 오퍼레이션을 차례로 부른다.

   c. SpecificFlight 객체를 Booking 객체에 단방향 링크로 연결한다.

   d. PassengerRole 객체를 Booking 객체에 단방향 링크로 연결한다.

4. 링크를 다른 객체로 연결하기(예: Airplane에 연결된 SpecificFlight를 airplane1에서 airplane2로 변경하는 경우)

   a. SpecificFlight 객체가 airplane1 객체에 연결된 링크를 삭제하고 다음 오퍼레이션을 차례로 호출한다.

   b. airplane1 객체에서 SpecificFlight 객체로 연결된 링크를 삭제한다.

   c. airplane2 객체를 SpecificFlight 객체에 연결한다.

5. 연관 객체 찾기(예: 승무원 이름을 가지고 SpecificFlight에 연결된 승무원을 찾는 경우)

   a. SpecificFlight에 대한 모든 crewMember 링크를 탐색하는 반복자[iterator]를 생성하고 다음 오퍼레이션을 반복한다.

   b. EmployeeRole 객체에서 이름을 찾아 리턴한다.

다른 시스템에도 이런 스타일의 객체 협력이 적용된다. a번 오퍼레이션은 public으로 선언하되 b, c, d번 오퍼레이션은 다른 곳에서 사용할 수 없도록 private으로 선언하여 보호하는 것이 좋다.

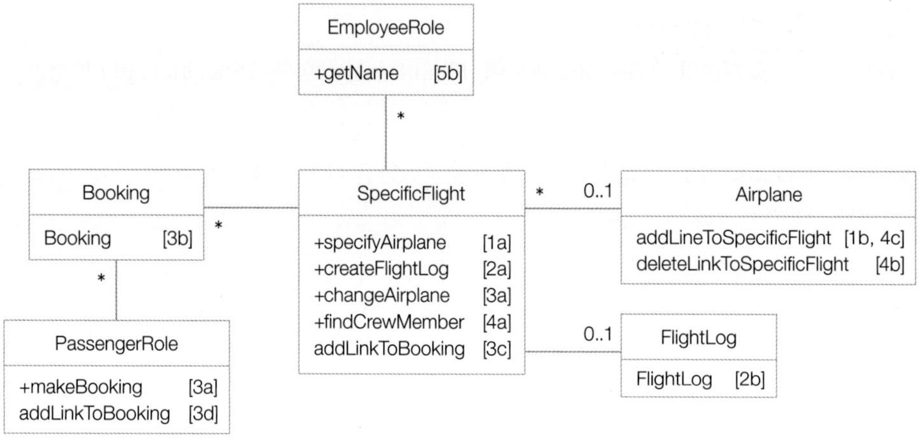

그림 4-31 SpecificFlight 클래스의 임무를 수행하기 위해 협동하는 클래스와 오퍼레이션

07 코드 매핑

지금까지는 모델링만 설명했다. 모델을 프로그램으로 구현하려면 더 상세한 설계 단계를 거쳐야 하지만 여기서 모델이 어떻게 구현되는지 소개할 필요가 있다. 소프트웨어를 잘 설계하려면 무엇보다 모델이 실제 시스템으로 어떻게 구현되는지 제대로 이해해야 한다.

클래스 다이어그램이 객체지향 프로그램의 구현에 중요한 역할을 한다는 것은 이미 언급했다. 그렇다면 클래스 다이어그램을 구성하는 요소들이 어떻게 구현되는지 살펴보자.

- **속성**: 일반적으로 인스턴스 변수로 구현한다. 적당한 클래스를 선택하여 타입을 결정해야 한다. 보통 자바 라이브러리의 String을 사용한다.
- **일반화**: extends 키워드를 이용하여 구현하며 인터페이스는 implement를 이용하여 구현한다.

연관 관계를 구현하는 방법은 여러 가지이므로 별도의 제목으로 분리하여 설명하겠다. 연관 관계는 한 번 구현 방법을 알면 같은 방법을 사용하여 쉽게 구현할 수 있다. 자바 프로그램의 객체를 이용하여 연관 관계를 구현하는 방법에 대해 알아보자(실제로 객체를 데이터베이스에서 불러올 때는 더 복잡한 기술이 필요하다).

1 연관 관계의 구현

연관 관계는 인스턴스 변수를 사용하여 구현한다. 또한 양방향 연관 관계는 두 개의 단방향 연관 관계로 나눈다. 즉 연관된 각 클래스가 연관된 상대편을 나타내는 인스턴스 변수를 가진다.

다중도가 '1' 또는 '0'인 단방향 연관을 구현하려면 연관 상대 클래스 타입의 변수를 선언한다. [그림 4-30]의 SpecificFlight 클래스는 다음과 같은 인스턴스 변수를 갖도록 선언한다.

```
private TerminalOfAirport   destination;
private Airplane            airplane;
private FlightLog           flightLog;
```

다른 클래스를 위한 선언에 포함될 내용은 다음과 같다.

```
Booking 클래스:     SpecificFlight    specificFlight;
FlightLog 클래스:   SpecificFlight    specificFlight;
```

연관 관계의 상대 클래스가 다수인 단방향 관계를 구현하려면 ArrayList와 같은 객체의 모임을 사용한다. 따라서 SpecificFlight 클래스 선언에는 다음과 같은 것이 포함되어야 한다.

```
private List   crewMembers;    // of EmployeeRole
private List   bookings;
```

다음은 새로운 SpecificFlight를 생성할 책임이 있는 RegularFlight를 구현한 자바 코드이다.

```
class RegularFlight
{
  private List   specificFlight;
  ⋮
  // Method that has primary responsibility
  public void addSpecificFlight(Calendar aDate)
  {
     SpecificFlight     newSpecificFlight;
     newSpecificFlight=new SpecificFlight(aDate, this);
     specificFlights.add(newSpecificFlight);
  }
  ⋮
}

class SpecificFlight
{
  private Calendar     date;
  private RegularFlight  regularFlight;
  ⋮
  // Constructor that should only be called from addSpecificFlight
  SpecificFlight(Calendar aDate, RegularFlight  aRegularFlight)
  {
     date=aDate;
     regularFlight=aRegularFlight;
  }
}
```

연관 관계의 상대 클래스가 소수의 한곗값을 다중도로 가진다면 일반적인 배열로 구현할 수 있다. 예를 들면 [그림 4-30]의 PassengerRole과 Person 클래스 사이의 다중도 '0..2'를 가진 연관 관계는 다음과 같이 배열을 이용하여 구현할 수 있다. Person 클래스 안에 다음과 같은 인스턴스 변수를 선언한다.

```
private  PassengerRole[]   roles=new PassengerRole[2];
```

여기서 기억할 점은 이렇게 했을 때 시스템의 융통성을 제한하지 않는지 잘 살펴야 한다는 것이다.

요약

- 클래스 모델링은 객체지향 방법론에서 매우 중요한 작업이다. 클래스 다이어그램은 클래스들이 어떻게 관련되어 있는지를 모델링한 것이다.
- 클래스 다이어그램을 제대로 그리려면 충분한 분석이 필요하다. 문제 정의나 요구 분석 명세에 나오는 명사를 중심으로 클래스 후보를 찾아내고 가장 중심이 되는 클래스부터 그리기 시작한다. 다음으로 클래스 사이의 연관 관계를 찾아내고 속성과 상속 관계를 추가한다. 또한 클래스에 임무를 부여하고, 임무를 구현하기 위한 오퍼레이션을 고안하여 클래스 안에 추가한다. 이런 작업을 반복하여 클래스 모델을 완성한다.
- 클래스 다이어그램이 완성되면 잘 그려졌는지 확인한다. 모든 상속 구조가 적합한지 is-a 규칙을 적용해보고 각 요소의 이름이 적합한지, 다중도가 정확한지 살펴본다.

연습문제

01 클래스 모델링에서 표현하기 가장 어려운 개념은?

① 일반화　　② 전체/부분
③ 분할과 결합　　④ 연관

02 UML 다이어그램에서 관계를 완성하려 한다. 다음 관계의 표현으로 가장 적합한 것은?

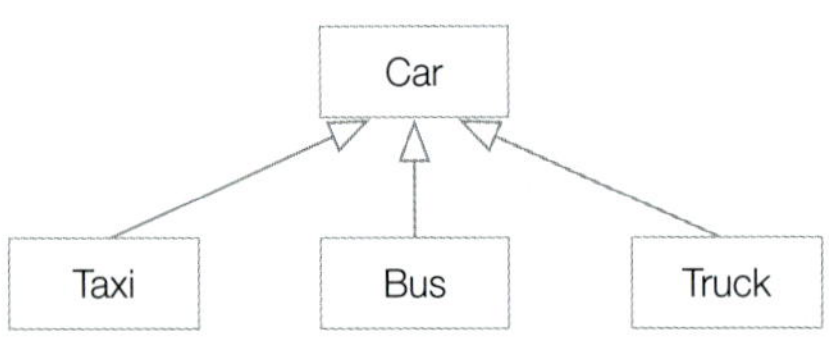

① 연관 관계　　② 일반화 관계
③ 집단화 관계　　④ 의존 관계

03 다음 설명을 클래스 다이어그램으로 표현할 때 가장 적합한 요소는?

- 컴퓨터는 여러 개의 부품으로 구성된다.
- 컴퓨터를 더 이상 사용할 수 없게 되면 그 부품들도 다른 곳에서 재사용할 수 없다.

① 상속 관계　　② 일반화 관계
③ 합성 관계　　④ 의존 관계

04 다음 사항을 가장 잘 표현한 클래스 다이어그램은?

- '교수'는 적어도 세 '강좌' 이상을 가르쳐야 한다.
- '강좌'는 한 명 이상의 '교수'가 가르친다.
- '강좌'는 열 명 이상의 '학생'이 수강해야 한다.
- '학생'은 한 '강좌' 이상을 수강해야 한다.

①
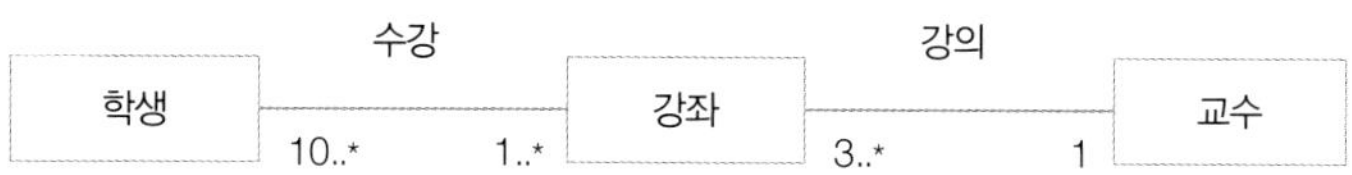

②

③
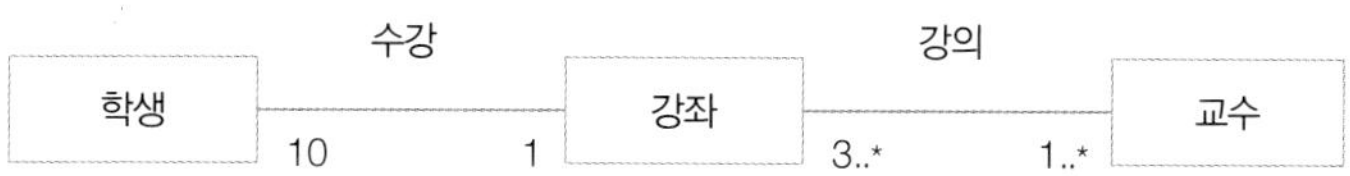

④

05 연관 관계의 다중도에 대한 설명으로 옳은 것은?

① 클래스 안에 있는 연관 개수
② 두 클래스 사이의 연관 개수
③ 클래스 객체 몇 개가 다른 클래스 객체 몇 개와 연관되어 있는가를 나타낸 것
④ 클래스 객체 몇 개가 다른 하나의 객체와 연관되어 있는가를 나타낸 것

06 다음 중 집합이나 합성 관계가 아닌 것은?

① 전화기(telephone)와 수화기(handset)
② 학교(school)와 선생님(teacher)
③ 책(book)과 책 안의 장(chapter)
④ 전화번호부(phoneBook)와 전화번호(phoneNumber)

07 다음 클래스 다이어그램은 족보 시스템을 나타낸 것이다. 이 설계에 대한 설명으로 옳지 않은 것은?

① 결혼한 관계를 표현할 수 있다.
② 부모와 자식의 관계를 표현할 수 있다.
③ 자녀는 두 명만 출산하여 표현할 수 있다.
④ 여러 번의 결혼 관계 중 현재 결혼 한 번만을 표현할 수 있다.

08 다음 중 휴대전화 소프트웨어의 클래스가 될 수 없는 것은?

① 휴대전화의 문자
② 어제 아침 김영철로부터 받은 문자
③ 전화번호 삭제
④ 문자 입력

09 클래스의 속성에 대한 의미로 옳지 않은 것은?

① 속성은 객체에 대한 정보를 나타낸다.
② 속성은 객체의 행위를 나타낸다.
③ 속성은 객체의 상태를 나타낸다.
④ 속성은 객체 외부로부터 접근하여 값을 가져갈 수도 있고 변경할 수도 있다.

10 클래스 모델링에서 관계에 대한 설명으로 옳지 않은 것은?

① 상속 관계는 클래스 사이의 관계가 아니라 객체 사이의 관계이다.
② 집합 관계는 전체 개념의 객체가 삭제되면 부분 개념의 객체도 존재하지 않아야 한다.
③ 합성 관계는 전체 개념의 객체가 삭제되더라도 부분 개념이 존재한다.
④ 연관 관계는 상속 관계보다 느슨한 관계이다.

11 클래스 다이어그램을 작성하는 과정을 바르게 나열한 것은?

㉠ 가장 중요한 클래스부터 시작하여 연관 관계와 꼭 필요한 속성을 추가한다.
㉡ 가장 확실한 일반화 관계부터 시작하여 파악한다.
㉢ 임무를 기준으로 필요한 오퍼레이션을 결정한다.
㉣ 클래스의 주요 임무를 찾아 나열한다.
㉤ 클래스 후보 집합을 파악한다.

① ㉤-㉣-㉡-㉠-㉢
② ㉠-㉣-㉢-㉡-㉤
③ ㉤-㉠-㉡-㉣-㉢
④ ㉠-㉡-㉣-㉢-㉤

12 슈퍼클래스를 생성하는 대신 인터페이스로 만드는 것이 더 좋은 경우에 해당하지 않는 것은?

① 비슷한 속성, 연관 관계, 오퍼레이션을 가진 is-a 관계에 있을 때
② 클래스가 공통적인 오퍼레이션 몇 개 이외에는 유사하지 않을 때
③ 하나 이상의 클래스가 이미 슈퍼클래스를 형성하고 있을 때
④ 같은 클래스의 다른 구현이 존재할 때

13 클래스를 파악하는 방법만을 고른 것은?

> ㉠ 도메인 모델을 개발할 때 클래스를 찾아내려고 노력한다.
> ㉡ 시스템의 액터를 파악하여 클래스를 찾는다.
> ㉢ 사용자 인터페이스나 시스템 구조에 관련된 작업을 할 때 특정 문제를 해결하는 데 필요한 클래스를 찾는다.
> ㉣ 사용 사례의 인터랙션을 찾아 이벤트를 구성한다.
> ㉤ 클래스의 임무를 파악한다.

① ㉠, ㉡
② ㉠, ㉢
③ ㉡, ㉣
④ ㉣, ㉤

14 클래스의 이름을 붙일 때 따라야 할 원칙이 아닌 것은?

① 중복되지 말아야 한다.
② 인스턴스를 명확히 나타낼 수 있어야 한다.
③ 제시된 소프트웨어에 대해 구체적인 정보를 담지 못하는 일반적 이름은 피한다.
④ 클래스의 행위를 잘 나타내는 동사를 사용한다.

15 다음 양방향 연관 관계를 구현하는 방법에 속하지 않는 것은?

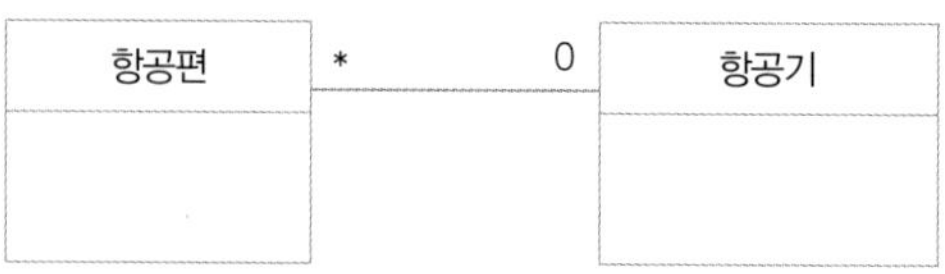

① 항공편 객체를 항공기 객체 방향으로 연결하기 위해 인스턴스 변수 SpecifyAirplane을 항공편 클래스 안에 둔다.
② 항공기 객체를 항공편 객체에 거꾸로 연결하는 addLineToSpecificFlight 오퍼레이션을 항공기 안에 둔다.
③ 항공기 객체를 항공편 객체에서 삭제하기 위해 deleteLinkToSpecificFlight 오퍼레이션을 항공기 안에 둔다.
④ 항공편 클래스에서 항공기 객체를 생성하고 레퍼런스를 보관한다.

Chapter 05

동적 모델링

학습목표

- 주어진 사용 사례의 시퀀스 다이어그램을 그릴 수 있다.
- 커뮤니케이션 다이어그램이 시퀀스 다이어그램과 어떻게 다른지 이해하고 그릴 수 있다.
- 시스템의 행위를 모델링하는 데 사용하는 상태 다이어그램과 액티비티 다이어그램을 이해하고 그릴 수 있다.
- 동적 다이어그램이 실제 코드로 어떻게 매핑되는지 이해하고 구현할 수 있다.

00 개요

4장까지는 UML의 두 가지 모델, 즉 사용자에게 보이는 시스템의 외부 기능을 표현한 사용 사례 다이어그램(기능 모델)과 시스템을 구성하는 클래스 및 클래스 사이의 관계를 표현한 클래스 다이어그램(구조 모델)을 소개했다. 이 두 가지 다이어그램은 UML을 이용한 설계의 시작과 끝이라고 할 만큼 중요하다.

어떤 방법이든지 UML을 이용한 객체지향 설계는 사용 사례를 찾고 이를 모델링하는 작업부터 시작된다. 액터의 관점에서 외부에 보이는 GUI 프로토타입을 상상하여, 개발될 시스템의 시나리오나 사용 사례를 찾아내는 것이 무엇보다도 먼저 해야 할 일이다.

그렇다면 UML로 표현한 다이어그램 중에서 코딩 작업과 가장 밀접하게 관련된 다이어그램은 무엇일까? 두말할 것도 없이 클래스 다이어그램이다. 클래스 다이어그램에는 원시코드로 표현될, 클래스 안에 있어야 할 중요한 요소인 자료와 오퍼레이션이 정의되어 있고 원시코드로 구현해야 할 여러 가지 클래스 사이의 관계가 나와 있다. 물론 여기서 이야기하는 클래스 다이어그램은 코딩에 필요한 상세 수준의 모든 내용(가시성, 오퍼레이션의 매개변수, 리턴 타입, 속성 타입 등)이 파악된 것이다.

[그림 5-1]은 객체지향 개발 프로세스에서 사용 사례 다이어그램과 클래스 다이어그램이 사용되는 위치를 나타낸 것이다. 객체지향에서 가장 어려운 것은 [그림 5-1]의 물음표가 의미하는 사용 사례와 코드 사이의 차이를 줄이는 것이다. 이때 사용하는 것이 시스템의 행위를 나타내는 동적 모델링이다.

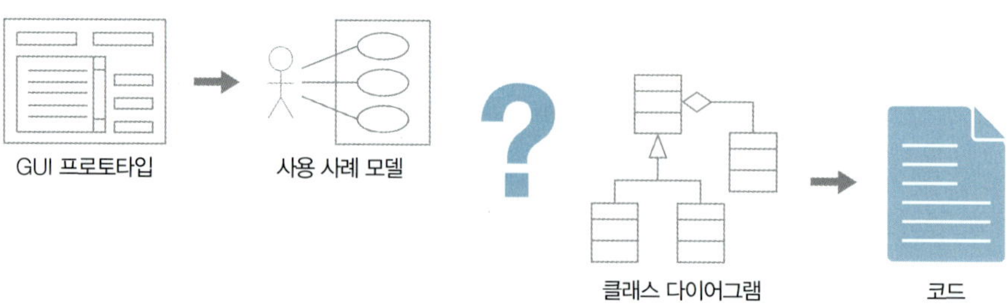

그림 5-1 UML을 이용한 시스템 모델링 과정

동적 모델링은 시스템 기능을 만족시키기 위해 각 빌딩 블록이 어떻게 상호작용하는지를 나타낸 것이다. 즉 사용 사례로 표현된 기능을 만족시키기 위해 시스템 내부의 구성 요소들이 어떻게 협력하는지를 나타낸다.

동적 모델링에서 다루는 중요한 두 가지 요소로는 객체와 메시지를 꼽을 수 있다. 클래스의 인스턴스로 생성된 객체가 특정 시간에 다른 객체에 어떻게 메시지를 보내 상호작용하는지를 나타내는 것이 동적 모델이기 때문이다. 동적 모델에는 시간, 메시지 호출 순서, 논리적인 흐름이 표현된다.

UML에서는 다음과 같은 여러 가지 다이어그램을 이용하여 동적 모델을 표현한다. 이 중에서 시퀀스 다이어그램과 커뮤니케이션 다이어그램을 묶어 인터랙션 다이어그램이라 부르고, 상태 다이어그램과 액티비티 다이어그램을 묶어 행위 다이어그램이라 부른다.

- **시퀀스 다이어그램**: 시스템의 동적인 행위에 대해 사용 사례 단위로 어떤 객체가 어떤 객체와 메시지를 교환하며 상호작용하는지 나타낸다. 시퀀스 다이어그램을 그리면 미처 생각하지 못했던 오퍼레이션을 찾을 수 있다.
- **커뮤니케이션 다이어그램**: 시퀀스 다이어그램과 같이 메시지 흐름을 나타내면서 클래스 사이의 관계도 나타낸다.
- **상태 다이어그램**: 상태가 어떤 오퍼레이션에 의해 어떻게 동적으로 변하는지를 클래스 입장에서 나타낸다. 모든 클래스에 대한 상태 다이어그램이 필요한 것은 아니지만 클래스의 동적인 면을 색다르게 표현하여 설계에 중요한 역할을 한다.
- **액티비티 다이어그램**: 시스템을 병행 처리라는 관점에서 나타낸다. 복잡한 시스템의 작업을 병행하여 처리할 수 있을 때 액티비티라는 관점으로 의존성과 동기화 과정을 표현한다.

이 장에서는 시스템의 동적인 측면을 인터랙션과 행위라는 관점에서 살펴본다. 인터랙션 모델은 액터와 메시지를 교환하여 상호작용하는 객체들로 나타낸다. 그리고 행위 모델은 객체나 시스템이 이벤트의 발생에 따라 어떻게 변하는지를 나타낸다.

01 시퀀스 다이어그램

소프트웨어 시스템의 동적인 측면을 모델링하는 데에는 시퀀스 다이어그램과 커뮤니케이션 다이어그램을 사용한다. 두 다이어그램은 액터와 객체가 사용 사례에 나오는 단계를 수행하기 위해 어떻게 커뮤니케이션하는지를 보여준다(이러한 단계들의 집합을 인터랙션이라 부른다). 한편 두 다이어그램의 차이점은 다음과 같다.

- **시퀀스 다이어그램**: 시간 축에 초점을 두고 사건의 흐름을 명시적으로 나타낸다.
- **커뮤니케이션 다이어그램**: 객체와 액터의 관계에 초점을 두고 사건의 흐름을 네트워크 형태로 압축하여 나타낸다.

시퀀스 다이어그램과 커뮤니케이션 다이어그램은 모두 인터랙션에 대해 동일한 정보를 담고 있으며, 서로 간에 쉽게 변환할 수 있다. 이 절에서는 시퀀스 다이어그램에 대해 살펴보고, 다음 절에서는 커뮤니케이션 다이어그램에 대해 살펴본다.

1 시퀀스 다이어그램의 요소

시퀀스 다이어그램은 특정 작업을 수행하기 위해 객체 또는 액터가 교환하는 메시지의 순서를 나타낸다. 시퀀스 다이어그램을 작성하려면 인터랙션에 참여하는 객체나 액터를 잘 파악하고 있어야 하므로 다이어그램을 그리기 전에 클래스 다이어그램과 사용 사례 모델을 개발해야 한다. 시퀀스 다이어그램의 기본 요소는 다음과 같이 표현한다.

- **객체나 액터**: 객체는 박스로 표시하며 그 안에 객체의 식별자를 쓰고 밑줄을 긋는다. 액터는 사용 사례 다이어그램에서 사용했던 심벌을 그대로 쓴다.
- **메시지**: 메시지는 액터에서 객체로 또는 객체에서 다른 객체로 표시된 화살표로 나타낸다.

시퀀스 다이어그램에는 커뮤니케이션의 여러 가지 유형, 즉 네트워크를 통해 교환되는 메시지, 단순한 프러시저 호출, 사용자 인터페이스를 통해 액터가 발생시킨 명령어 등을 표현한다. 이것들을 통틀어 메시지라 일컫는다. 객체나 액터, 메시지를 포함하여 시퀀스 다이어그램에서 사용하는 요소를 [표 5-1]에 정리했다.

표 5-1 시퀀스 다이어그램의 요소

구성 요소	심벌	설명
객체	[인스턴스 이름] : 클래스 이름	사각형 안에 객체의 이름과 소속된 클래스를 표시하고 전체 다이어그램의 윗부분에 왼쪽부터 일렬로 그리고 라이프라인 사이에 활성 막대와 연결한다.
라이프라인		객체가 시스템에 존재하는 기간을 의미한다. 이벤트의 시작과 끝을 표시하며 포크(fork)와 병합될 수도 있다.
메시지	메시지(매개변수1, 2, …, n) 	동기화 메시지는 실선 화살표로 표시하며 보내는 객체의 타임라인에서 시작하여 받는 객체의 타임라인까지 연결한다.
액티베이션 박스		객체가 활성화되어 실행되는 기간을 의미한다. 일반적으로 활성 막대의 시작점에서 메시지를 받는다.
객체 소멸	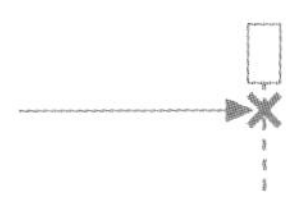	객체 라이프라인 끝에 × 표시를 하여 객체가 시스템에 존재하지 않는다는 것을 나타낸다. 객체의 소멸은 의도적으로 소멸자를 호출한 경우에 한하여 명시적으로 표시한다.
포크		스레드와 같이 병렬 메소드 호출을 한 경우 두 개의 라이프라인으로 나타낸다. 라이프라인이 분리된 지점이 포크된 지점이고 다시 동기화되는 부분에서 조인(join)된다.
프레임	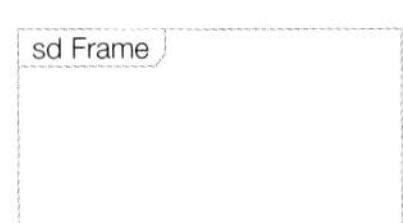	프레임 안에는 시퀀스 다이어그램의 일부가 묶여 조건에 의한 택일 구조 또는 반복 구조를 이룰 수 있다.

시퀀스 다이어그램에서 객체는 다이어그램의 왼쪽에서부터 오른쪽으로 정렬하고 맨 왼쪽에 인터랙션을 구동하는 액터를 표시한다. 수직축은 시간을 나타낸다. 다이어그램의 맨 위쪽이 시작점이고 시간이 흐르면서 아래쪽으로 진행된다. 수직 점선은 라이프라인이라 부르며 객체나 액터에 접하도록 그린다. 라이프라인이 박스가 되면 액티베이션 박스라 부르는데, 이는 객체가 작업을 수행하는 동안이라는 것을 의미한다.

메시지는 호출자와 받는 객체의 액티베이션 박스 사이에 화살표로 나타낸다. 각 메시지에 레이블을 표시하고 다음과 같이 함수 이름과 매개변수 리스트나 리턴 값을 표시한다.

```
response := message(arg1, arg2, …)
```

[그림 5-2]는 강좌에 '학생' 액터가 등록하도록 클래스들이 협동하는 과정을 나타낸 것이다.

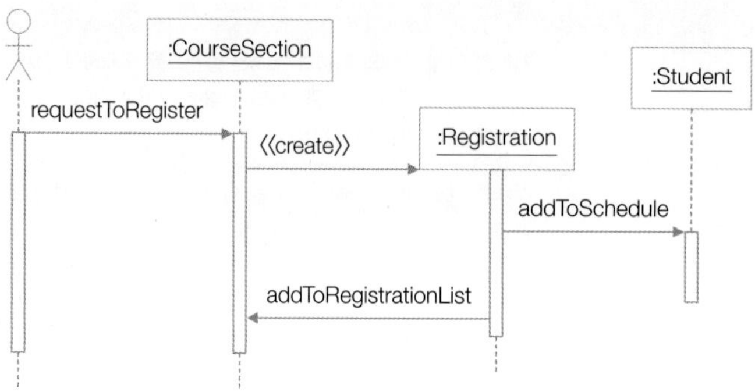

그림 5-2 수강 신청 과정을 나타낸 시퀀스 다이어그램

[그림 5-2]의 인터랙션에는 세 개의 객체와 하나의 액터가 참여하고 있다. Student 객체와 CourseSection 객체는 처음부터 존재하고 Registration 객체는 인터랙션이 진행되면서 생성된다. 처음부터 존재하는 객체는 다이어그램의 맨 윗단에 위치시키고 Registration 객체는 나중에 생성되었으므로 아래에 그린다(일부 CASE 도구는 모든 객체가 맨 윗단에만 위치하도록 그리게 되어 있다). 물론 《create》 스테레오타입을 표시하여 객체가 그 시점에 생성된다는 것을 나타냈지만 객체 자체를 아래로 내려 그리면 더 명확하다.

[그림 5-2]의 액터는 사용자 인터페이스를 통해 인터랙션을 구동하고, 사용자 인터페이스는 CourseSection 객체에게 requestToRegister라는 메시지를 보내 Registration 객체를 만들게 한다. Registration 객체는 Student 객체로 하여금 현재 선택한 강좌를 학생이 수강하는 강좌의 리스트에 추가하게 하고, CourseSection 객체로 하여금 학생을 등록 학생 리스트에 추가하게 한다.

[그림 5-3]은 [그림 5-2]와 관련된 클래스 다이어그램을 나타낸 것이다. [그림 5-2]의 레이블에 표시된 메시지는 [그림 5-3]의 오퍼레이션과 같다. 메시지를 받아들이는 객체가 그 메소드를 수행시킬 의무가 있기 때문에 오퍼레이션은 화살표가 들어오는 클래스에 정의되어야 한다. 따라서 시퀀스 다이어그램은 각 클래스에 포함되어야 하는 오퍼레이션을 파악하는 데 유용하게 사용된다.

그림 5-3 [그림 5-2]의 시퀀스 다이어그램과 관련된 클래스 다이어그램

액터가 시스템과 상호작용할 때 대체로 그 액터와 관련된 정보를 가지고 있는 객체가 시퀀스 다이어그램에 출현한다. [그림 5-2]에서는 맨 왼쪽에 액터 Student가 나와 있고 [그림 5-3]에서는 Student 객체가 맨 오른쪽에 보인다. 둘 다 같은 실체를 추상적으로 나타낸 것이지만 혼동하지 말아야 한다. [그림 5-2] 왼쪽의 액터는 실제 사용하는 사용자를 나타낸 것이며, [그림 5-3] 오른쪽의 객체는 데이터베이스에서 찾아온 어떤 학생의 정보가 들어 있는 객체를 의미한다.

2 시퀀스 다이어그램 사례 분석

2.1 상세 수준

클래스 다이어그램과 마찬가지로 인터랙션 다이어그램도 여러 가지 상세 수준으로 그릴 수 있다. 상세 수준은 커뮤니케이션하기를 원하는 내용에 따라 다르다. 예를 들면 [그림 5-4]는 [그림 5-2]보다 더 자세하다.

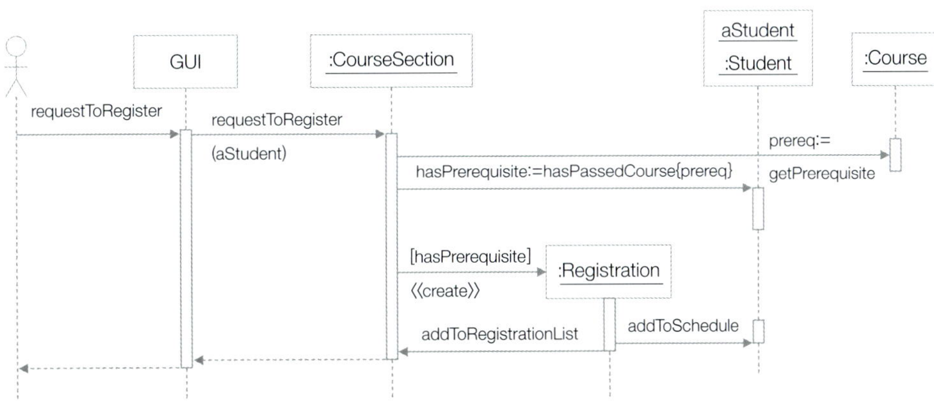

그림 5-4 수강 신청 과정을 자세히 나타낸 시퀀스 다이어그램

[그림 5-4]가 [그림 5-2]와 어떻게 다른지 살펴보자.

- [그림 5-2]는 사용자가 CourseSection 객체와 직접 인터랙션하는 것으로 나타냈으나 실제로는 사용자 인터페이스를 통해 시스템에 있는 데이터들과 상호작용하는 것이다. 그러한 점에서 볼 때 [그림 5-4]가 더 명확하다.
- [그림 5-4]에는 메시지의 매개변수와 리턴 값을 표시했다. 예를 들면 requestToRegister 메시지는 aStudent를 매개변수로 가진다. 동일한 객체가 두 개의 메시지가 도착하는 지점이므로 aStudent:Student라는 이름의 객체로 만들어 명확히 했다.
- [그림 5-4]는 대괄호 안에 진위 조건을 사용했다. 이는 바로 전 메시지의 결과 hasPrerequisite가 참인 경우만 《create》 메시지를 보낸다는 의미이다.
- 메시지가 전송되고 일정 시간 후에 메시지에 대한 회신을 받게 된다. [그림 5-4]는 CourseSection에서 GUI까지 점선으로 표시하여 requestToRegister 메시지에 대한 회신이 이루어졌음을 나타냈다.

2.2 반복 메시지, 회귀 메시지, 다중 객체, 객체 삭제

반복 메시지는 같은 메시지를 동일한 클래스의 여러 객체에 송신해야 할 때 사용한다. 반복되는 메시지 주위에 프레임 표시를 한 후 프레임의 왼쪽 상단에 'loop' 표시를 하고 대괄호 안에 반복 조건식을 쓴다. 회귀 메시지는 'ㄷ' 자 모양의 화살표로 표시하고 다중 객체는 겹쳐진 사각형으로 표시한다.

[그림 5-5]에는 세 객체 사이의 메시지 교환 절차가 표현되었다. Bill 객체와 관련된 개별 구매의 총합을 구하는 메시지는 반복 메시지로, Bill 객체가 자기 자신에게 보내는 메시지는 회귀 메시지로 표시되어 있다. 또한 Purchase 객체는 여러 개이므로 다중 객체로 표시되어 있다. [그림 5-6]은 이와 관련된 클래스들의 정적인 관계를 나타낸 것이다.

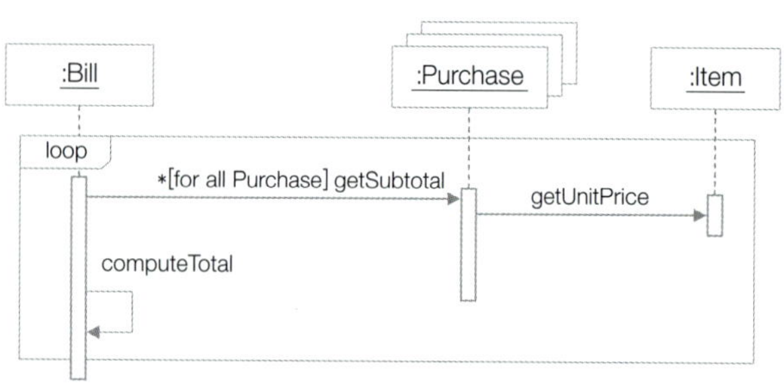

그림 5-5 반복 메시지, 회귀 메시지, 다중 객체가 포함된 시퀀스 다이어그램

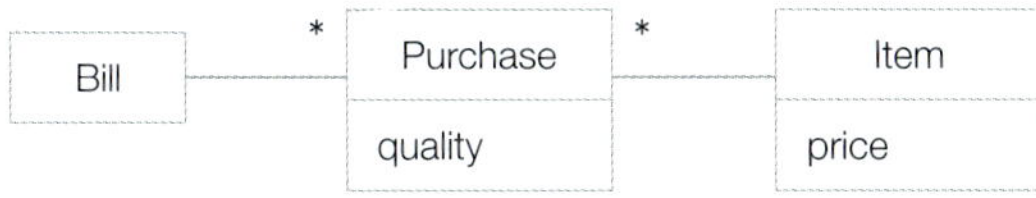

그림 5-6 [그림 5-5]의 클래스 다이어그램

시퀀스 다이어그램의 라이프라인에 표시된 '×' 심벌은 객체의 소멸 시점을 나타낸다. [그림 5-7]은 '항공권 예약 시스템'에서 예약이 해지될 때 어떤 일이 이루어지는지를 나타낸 것으로 Booking 객체의 소멸 시점을 알 수 있다.

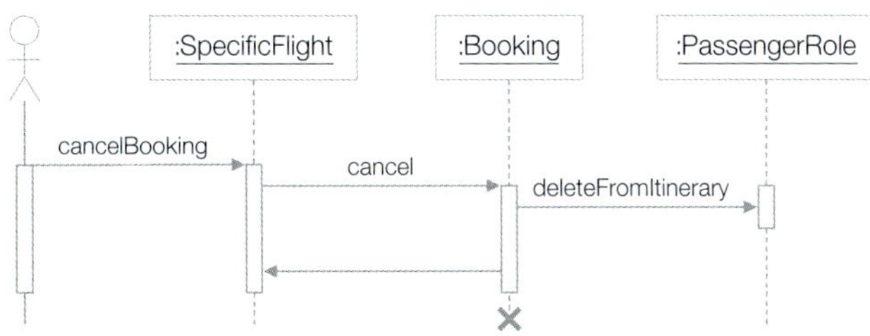

그림 5-7 시퀀스 다이어그램에서의 객체 삭제

3 다양한 메시지 표현

시퀀스 다이어그램은 사용 사례를 이루는 객체들이 어떻게 메시지를 보내 협력하는지를 시간의 흐름에 따라 표시한다. 따라서 다이어그램을 그릴 때의 핵심은 메시지의 흐름을 나타내는 것이다.

객체지향 시스템에서 메시지는 주로 메소드와 이벤트가 많다. 메소드는 클래스에 정의된 오퍼레이션이 객체의 임무를 위해 구현된 것이다. [그림 5-5]의 Purchase 객체가 Item의 가격을 알기 위해 getUnitPrice 메시지를 호출하는 것과 같다. 한편 이벤트는 객체의 조건을 인터럽트하는 액션이다. 예를 들면 현금인출기는 버튼이 눌리거나 카드를 읽을 때 이벤트가 발생한다. 이벤트는 정상적인 흐름을 중지시키고 다른 메소드를 호출하는 비동기적인 것도 있고, 일정한 시간이 흐른 뒤에 발생하는 타임 이벤트도 있다.

다음과 같은 다양한 메시지를 시퀀스 다이어그램에서 어떻게 표현하는지 살펴보자.

■ 시간이 걸리는 메시지

일반적으로 한 객체에서 다른 객체로 메시지를 보내는 데 걸리는 시간은 0으로 간주하며 수평으로 그린다. 하지만 네트워크 경계를 넘어 보내기 때문에 시간이 많이 걸리는 메시지도 있는데, 이런 경우 각도가 있는 화살표로 그린다. 즉 보내는 객체의 라이프라인보다 받는 객체의 라이프라인 접점이 아래에 있도록 그린다. 이는 메시지를 보내는 사이에 시간이 경과하고 그동안 제어 흐름이 끊길 수도 있음을 표시하기 위함이다.

■ **비동기 메시지**

보통 어떤 객체가 메시지를 보내면 메시지를 받는 객체의 수행이 끝날 때까지 기다리는데 이런 경우를 동기 메시지라 한다. 또한 메시지를 보내고 계속 실행할 수 있는 경우를 비동기asynchronous 메시지라 한다. 예를 들면 UI를 담당하는 객체가 정보를 원거리에서 가져오거나 검색 시간이 많이 걸리는 작업을 호출할 때 별도의 스레드로 만들어 호출하고 원래 UI를 담당하는 스레드는 계속 수행하게 한다. 이렇게 해야 시스템의 반응이 중단되는 현상을 막을 수 있다. 비동기 메시지는 [그림 5-8]의 (b)와 같이 열린 화살표를 사용한다. UML 1.0에서는 반쪽 화살표를 사용했으나 2.0에서 변경되었다.

■ **다중 스레드**

비동기 메시지를 보낸다는 것은 제어 흐름에서 다중 스레드를 사용한다는 의미이다. [그림 5-8]의 (c)와 같이 메시지 이름 앞에 스레드 식별자를 붙이고 포크를 표현하기 위해 라이프라인을 둘로 나눈다. 이 그림에서는 T1 스레드가 T2 스레드를 생성하여 병렬 수행하게 한다.

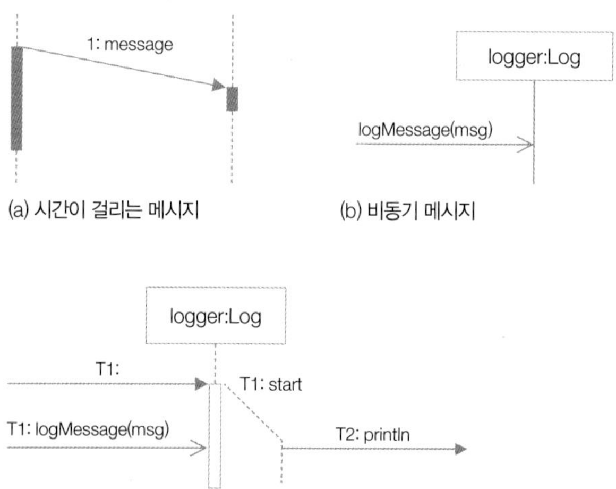

(c) 다중 스레드

그림 5-8 다양한 메시지 표현

02 커뮤니케이션 다이어그램

커뮤니케이션 다이어그램은 여러 객체가 협력하여 동작하는 것을 네트워크 형태로 나타낸 것이다. 객체와 액터의 집합은 정점으로 표시하고 메시지 교환은 간선으로 표시한다. 커뮤니케이션 다이어그램은 연관 관계의 링크를 나타내지 않는다는 것 말고는 인스턴스 다이어그램과 매우 유사하다. 또한 라이프라인과 액티베이션 박스가 없다는 것을 제외하고는 시퀀스 다이어그램과 공통적인 부분이 많다. 대신에 메시지를 보내는 객체 사이에 커뮤니케이션 링크를 그리고 메시지 자체를 링크에 붙인다.

1 커뮤니케이션 다이어그램의 요소

커뮤니케이션 다이어그램의 거의 모든 심벌은 시퀀스 다이어그램에서 사용하여 쉽게 인식할 수 있다. 예를 들면 액터와 객체 모두 시퀀스 다이어그램과 같다. 객체 사이의 메시지는 객체와 직접 연결된 선 위의 화살표 위에 표시한다. 즉 화살표 위에 메시지 이름을 붙이고 필요하면 매개변수도 표시한다. 메시지를 보내는 순서는 이름 앞에 숫자를 붙여 나타내고, 메시지의 방향은 메시지 가까운 위치에 있는 화살표의 방향으로 표시한다. 메시지를 자신의 객체에 보내는 것은 방향을 따로 표시할 필요가 없다.

[그림 5-9]와 [그림 5-10]은 각각 [그림 5-2]와 [그림 5-4]의 시퀀스 다이어그램을 커뮤니케이션 다이어그램으로 바꾼 것이다.

그림 5-9 [그림 5-2]와 같은 의미의 커뮤니케이션 다이어그램

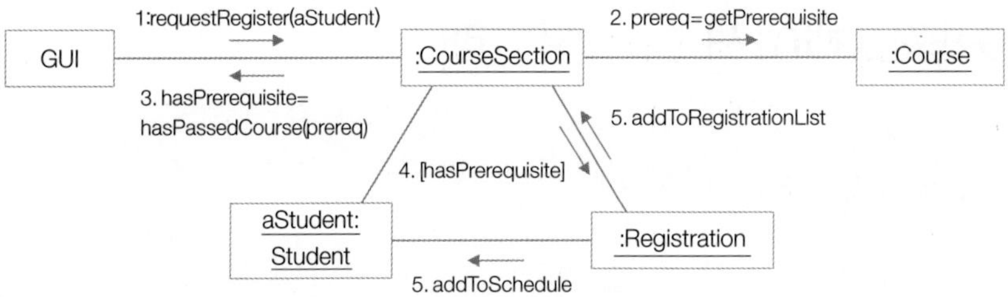

그림 5-10 [그림 5-4]와 같은 의미의 커뮤니케이션 다이어그램

중요한 점은, 커뮤니케이션 다이어그램에 있는 커뮤니케이션 링크는 클래스 다이어그램의 연관 관계 인스턴스와 꼭 일치할 필요가 없다는 것이다. 어떤 객체가 다른 객체에 메시지를 보낼 때는 항상 커뮤니케이션 링크가 존재한다. 커뮤니케이션 링크가 가능한 경우는 다음과 같다.

■ **두 객체의 클래스가 연관 관계에 의해 결합된 경우**

가장 흔히 볼 수 있는 형태로 [그림 5-10]의 메시지 2가 이와 같은 링크이다. 모든 메시지가 같은 방향으로 전해진다면 연관 관계는 한쪽 방향으로 정의할 수 있다.

■ **메시지를 받는 객체가 연관 관계에 의해 결합되지는 않았으나, 보내는 메시지의 지역 변수로 저장된 경우**

[그림 5-10]의 메시지 4와 같이 받는 객체가 보내는 메소드에 의해 생성되는 경우가 해당된다. 메소드가 실행된 후 객체가 리턴되어 지역 변수로 저장되는 경우도 있는데 이때 《local》이라고 표시한다.

■ **메시지를 받은 객체에 대한 레퍼런스가 전달된 메시지의 매개변수가 되는 경우**

이 경우는 메시지에 《parameter》라는 표시를 한다. 예를 들면 [그림 5-10]의 메시지 3에서 Student가 CourseSectioin의 매개변수로 전달되었다.

■ **받는 객체가 전역 변수인 경우**

객체에 대한 레퍼런스가 공개된 정적 메소드를 이용하여 전달되는 경우로 싱글턴 패턴에서 많이 사용한다. 스테레오타입 《global》을 사용하여 표시하며, 주의할 점은 전역 변수의 사용을 최소화해야 한다는 것이다.

■ **객체가 네트워크를 통해 커뮤니케이션되는 경우**

링크의 종류를 표현하는 공식 스테레오타입은 없으나 분산 객체 시스템에 많이 사용된다.

NOTE_ 시퀀스 다이어그램과 커뮤니케이션 다이어그램 선택 방법

동일한 정보를 담고 있는 시퀀스 다이어그램과 커뮤니케이션 다이어그램을 선택하는 기준은 다음과 같다.

- **시퀀스 다이어그램을 선택하는 경우**
  - 메시지의 순서를 쉽게 보여주려고 할 때
  - 사용 사례를 기초로 인터랙션 모델을 만들고자 할 때(사용 사례는 이미 이벤트를 순서대로 나타내고 있어 어떤 객체가 참여하는지만 결정하면 쉽게 확장할 수 있음)
  - 메시지의 자세한 사항, 즉 매개변수, 리턴 값 등을 나타낼 필요가 있을 때(커뮤니케이션 다이어그램에서 자세히 표시하면 복잡해짐)
- **커뮤니케이션 다이어그램을 선택하는 경우**
  - 인터랙션 다이어그램을 클래스 다이어그램에서 추출할 때(인스턴스 다이어그램에서 관계를 나타내는 링크 대신에 커뮤니케이션 링크로 교체하면 효과적으로 그릴 수 있음)
  - 클래스 다이어그램을 검증하려고 할 때(커뮤니케이션 다이어그램을 그려보고 어떤 부분에 인터랙션이 필요하다고 판단할 수 있는데, 이런 경우에는 빠진 관계를 클래스 다이어그램에 추가하면 됨)

커뮤니케이션 다이어그램은 7장에서 설명할 디자인 패턴의 일부를 나타내는 데 사용될 수 있다. [그림 5-11]은 프록시 패턴에서 필요한 메시지 패싱을 나타낸 것이다. 먼저 클라이언트 객체가 프록시 객체에 요청한다. 대규모 파일이나 이미지 객체를 메모리에 저장해야 하는 HeaveyWeight가 필요하지만 현재 로드되지 않았다면 로드를 요청한다.

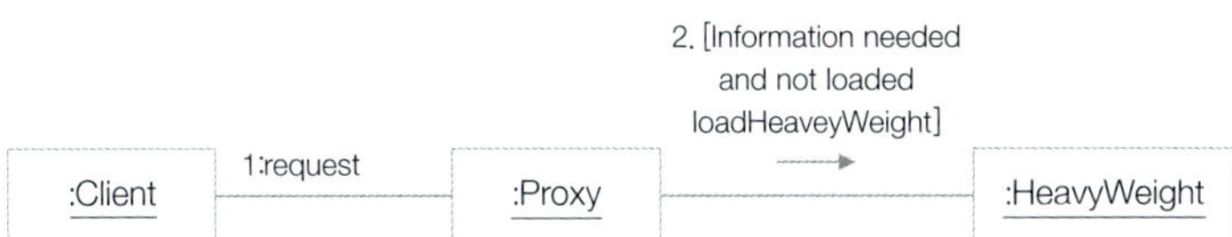

그림 5-11 커뮤니케이션 다이어그램을 이용한 프록시 패턴의 표현

2 커뮤니케이션 다이어그램 그리는 방법

시퀀스 다이어그램부터 그리지 않고 처음부터 커뮤니케이션 다이어그램을 그리는 방법은 다음과 같다.

① 해당 사용 사례를 위해 협력하는 모든 객체를 찾는다.

② 객체 사이에 교환되는 메시지를 시간 순으로 나열한다.

③ 중심이 되는 객체를 찾아 중앙에 놓는다.

④ 중심 객체와 직접 연결되어 상호작용하는 객체를 주위에 놓는다.

⑤ 메시지가 호출되는 순서에 따라 연관된 객체를 하나씩 그리고 메시지를 화살표로 표시한다.

⑥ 만일 시스템이 여러 층으로 나뉘어 있다면 각 층의 모든 메시지가 다이어그램에 표시될 때까지 다음 층에 대해 처음부터 반복한다.

인터넷 쇼핑몰의 '주문' 사용 사례에 대한 커뮤니케이션 다이어그램을 그려보자. '주문' 사용 사례의 자세한 명세는 다음과 같다.

사용 사례 이름: 주문

액터: 고객

목적: 고객이 상품을 구매하기 위해 주문을 하고 결제한다.

시작 조건: 고객이 하나 이상의 상품을 선택한다.

사건의 흐름

액터 측 액션	시스템 측 반응
1. **고객**이 주문을 요청하고 대금 지급을 위한 계좌 ID 제공	2. 고객의 **신용카드 정보**를 포함한 **계정 정보** 검색 3. 지불한 금액에 대해 **신용카드**를 조회한 후 승인되면 신용카드 구매 승인 번호 생성 4. 주문에 대한 자세한 사항(고객 ID, 카드 승인 번호)을 포함한 **배송 주문** 생성 5. 구매를 승인하고 주문에 대한 자세한 정보를 고객에게 디스플레이 6. 고객에게 주문 확정 **이메일** 전송

종료 조건: 시스템이 고객을 위한 배송 주문서를 생성했다.

위에 제시한 '주문' 사용 사례의 커뮤니케이션 다이어그램을 그리려면 우선 관련 객체를 찾아야 하는데, 고객 액터를 위해 사용자 대화(Customer Interaction) 객체가 필요하다. 또한 '주문' 사용 사례는 네 가지 객체, 즉 고객 계정(Customer Account), 신용카드 승인(CreditCard Purchase), 배송 주문(Delivery Order), 이메일 전송(Email) 객체와 협력해야 한다.

'주문' 사용 사례에서 중심 역할을 하는 것은 역시 주문(Order) 객체이다. 주문 객체가 중심에 위치하여 사용자 대화 객체와 다른 객체들 사이의 코디네이터 역할을 담당한다.

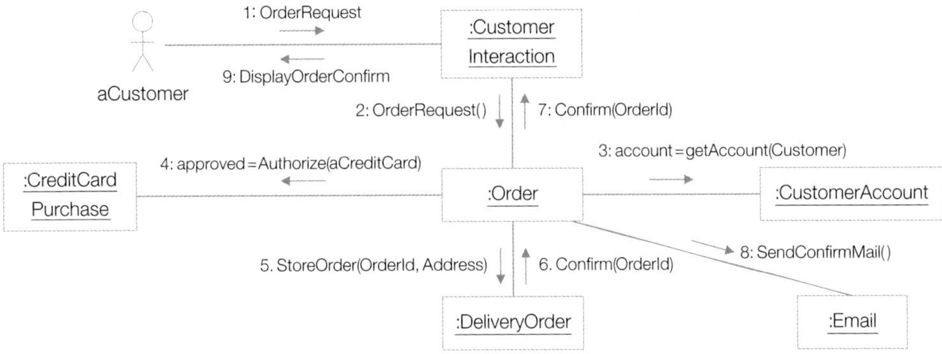

그림 5-12 '주문' 사용 사례의 커뮤니케이션 다이어그램

03 상태 다이어그램

1 상태 다이어그램의 요소

시스템이나 객체는 보통 주어진 시점에 어떤 상태에 있다고 말하며, 상태에 변화를 줄 만한 이벤트가 발생하지 않으면 변하지 않는다. 어떤 상태에 있다는 말은 어떤 이벤트에 대해 특정한 방법으로 동작할 수 있다는 것을 의미한다.

상태 다이어그램은 시스템이나 객체가 어떤 오퍼레이션에 의해 어떻게 동적으로 변하는지를 나타낸 것이다. 상태 다이어그램은 시스템에 대한 동적 정보를 나타내는 또 하나의 방법으로, 시스템이나 개별 객체에 대해 외부에서 보이는 행위를 기술하는 데 사용한다.

[그림 5-13]은 배구 게임의 상태 다이어그램을 나타낸 것이다. 모서리가 둥근 사각형은 상태를 나타내며 상태 이름을 그 안에 적는다. 시스템은 여러 가지 유형의 이벤트를 통해 어떤 상태에서 다른 상태로 변화하며, 각 상태마다 다른 방식으로 행동한다. 이러한 상태 변화를 일으키는 이벤트인 트랜지션은 두 개의 상태를 화살표로 연결하여 나타낸다.

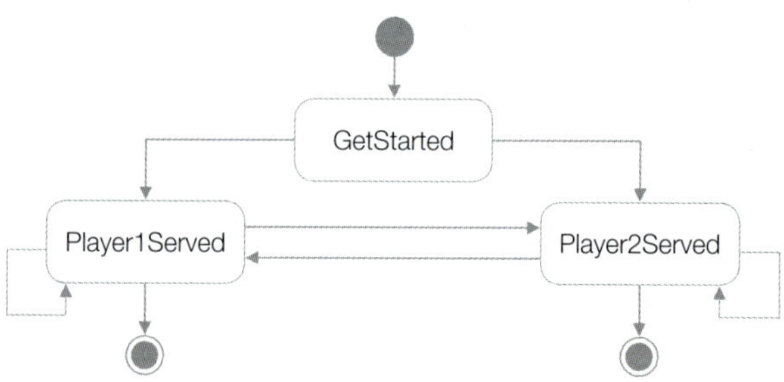

그림 5-13 배구 게임의 상태 다이어그램

모서리가 둥근 사각형과 화살표 이외에 상태 다이어그램에서 사용하는 심벌은 다음과 같다.

- **바탕이 채워진 원**(●): 시작 상태를 나타낸다. 시스템이나 객체가 실행되기 시작했을 때 시작 상태에서 정상 상태로 즉시 전환이 이루어진다. 최상위 상태 다이어그램에서는 시작 상태가 하나만 있어야 하며, 시작 상태에서 옮겨가는 트랜지션은 레이블이 필요 없고 하나만 존재해야 한다.

• **링이 있는 원(◉)**: 종료 상태를 나타낸다. 시스템이나 객체가 이 상태에 도달하면 작업을 마쳤음을 뜻한다. 상태 다이어그램에 다수의 종료 상태가 존재할 수도 있다.

[그림 5-13]을 보면 시작 상태에서 서브권이 어느 팀에 주어지느냐에 따라 Player1Served나 Player2Served 상태로 가고, 게임이 끝날 때까지 점수를 딸 때마다 두 상태를 오가게 된다. 끝나는 상태는 25점을 먼저 얻은 플레이어가 누구냐에 따라 Player1Win 또는 Player2Win으로 종료된다. 주목할 점은 Player1Served와 Player2Served 모두 빠져나오는 트랜지션이 다수라는 것이다. 이런 경우 시스템은 조건에 맞는 맨 처음 발생한 이벤트에 대해 트랜지션시킨다. 따라서 각 트랜지션을 명확히 하기 위해 조건을 설명한 레이블을 붙인다.

2 트랜지션의 종류

2.1 경과 시간 표시 트랜지션

트랜지션을 일으키는 이벤트는 즉시 발생하는 것이 아니라 일정한 시간이 경과한 후 발생하기도 한다. [그림 5-14]는 간단한 교통 신호등의 상태 변화를 모델링한 것으로 경과 시간이 표시되었다. [그림 5-14]의 (a)에는 세 가지 신호등 상태를 나타냈다. 시스템이 시작되었을 때 바로 'RedLight' 상태로 들어가고, 시작된 후에는 초록색, 노란색, 빨간색 순으로 계속 반복하여 순회한다.

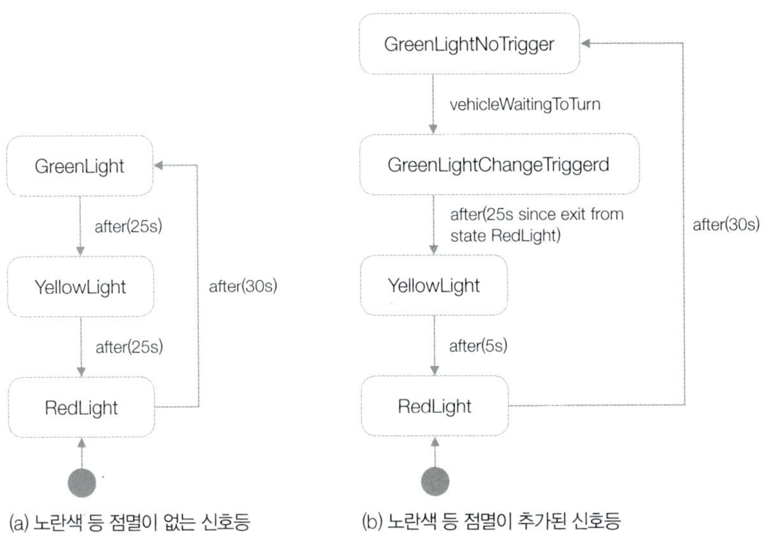

그림 5-14 교통 신호등의 상태 다이어그램

[그림 5-14]의 (b)는 초록색 신호 후에 노란색 등이 점멸하는 상태가 추가된 신호등이다. 빨간색 등이 30초 동안 켜진 후 초록색 등이 켜지고, 25초간 초록색 등이 켜진 후 노란색 등이 점멸하는 상태가 된다. 점멸 상태가 5초간 지속되고 그 후 다시 빨간색 등으로 돌아간다.

2.2 조건 표시 트랜지션

[그림 5-15]는 어떤 조건이 만족되면 트랜지션이 이루어지는 사례를 나타낸 것이다. 조건은 불리언boolean 오퍼레이터로 이루어진 것이므로 이벤트 이름과 구별된다. 그림에 있는 두 가지 조건은 classSize〉=minimum과 classSize〉=maximum이다.

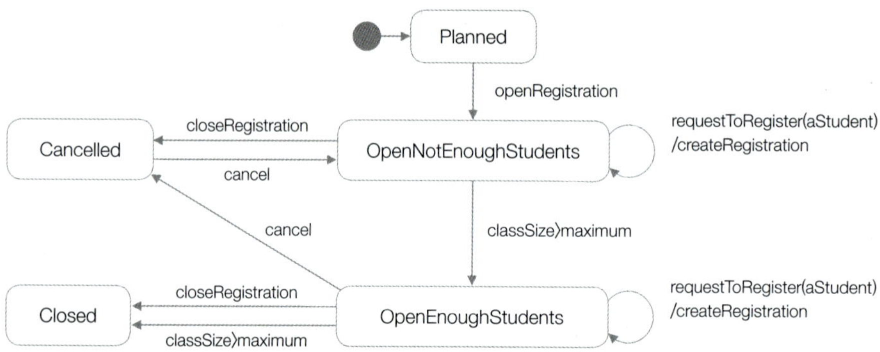

그림 5-15 CourseSection 클래스의 상태 다이어그램

위의 상태 다이어그램은 [그림 5-3]에 있는 CourseSection 클래스 인스턴스들의 행위를 나타낸 것이다. CourseSection이 처음 생성될 때는 'Planned' 상태이지만 아직 학생들의 신청을 받을 상태는 아니다. 신청이 시작될 때 시스템은 'OpenNotEnoughStudents' 상태로 옮겨간다.

이 상태에서 CourseSection은 수강 신청을 받을 수 있다. 그러나 강좌는 최소한의 수강 인원이 채워지지 않으면 수업이 이루어질 수 없다. 여기서 CourseSection 객체는 classSize〉=minimum 조건값을 계속 구하면서 참이 되면 'OpenEnoughStudents' 상태로 넘어간다.

수강 신청이 계속되면 한동안 'OpenEnoughStudents' 상태에 머무르다가 미리 정의한 최대 수강 인원을 초과하면 자동적으로 'Closed' 상태로 넘어간다. 강좌는 closeRegistration 이벤트에 의해 명시적으로 종료되는데, 이는 신청 마감 기간이 지났다는 의미이다. 인원수가 충족되지 않는다면 강좌가 취소될 것이다.

강좌에 대한 기록이 데이터베이스에 영구적으로 남기 때문에 종료 상태를 나타내는 타깃 심벌은 없다. [그림 5-15]의 requestToRegister 트랜지션은 같은 상태로 되돌리는 트랜지션이며, '/' 다음에 있는 createRegistration은 액션을 나타내고 자세한 것은 아래에서 설명한다.

3 액티비티와 액션

상태 다이어그램을 이용하면 액티비티와 액션을 표현할 수 있다.

3.1 액티비티

액티비티는 시스템이 특정 상태에 있을 때 일정한 시간 동안 발생하는 것이다. 시스템은 액티비티가 완료된 응답으로 어떤 상태를 빠져나오는 트랜지션을 일으킨다. 하지만 다른 트랜지션이 먼저 트리거되면 시스템은 그 상태를 빠져나와 액티비티를 중단해야 한다.

액티비티는 상태를 나타내는 박스 안에 'do:'라고 쓴 다음, 상태에 들어갔을 때 무엇을 하는지를 써서 표현한다. [그림 5-16]은 두 가지 상태를 가진 주크박스를 나타낸 것이다. 'ProposeSelection' 상태에서는 시스템이 사용자가 음악을 선택하기 위해 버튼을 누르기를 기다리고, 'MusicPlaying' 상태에서는 음악이 끝까지 플레이된다. 그 후에 시스템은 'ProposeSelection' 상태로 돌아간다.

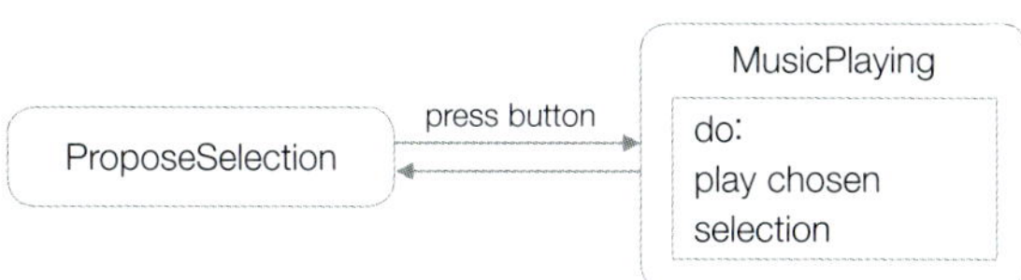

그림 5-16 주크박스의 상태 다이어그램

3.2 액션

액션은 다음과 같은 상태에서 즉시 발생한다.

- 시스템이 특정 트랜지션을 일으킬 때
- 어떤 트랜지션이 어떤 상태로 진입하는가에 관계없이 특정 상태로 진입할 때
- 어떤 트랜지션이 적용되는가에 관계없이 특정 상태에서 탈출할 때

액션은 시간 경과 없이 바로 일어나야 한다. 따라서 메시지를 보내거나, 하드웨어 장치를 구

동하거나, 변숫값을 할당하는 것과 같이 단순해야 한다. 액션은 항상 '/' 다음에 표시한다. 어떤 상태로 변환하는 동안에 액션이 이루어지면 event/action과 같은 형태로 표시하고, 어떤 상태로 진입하거나 탈출할 때 액션이 이루어지면 Enter/action, Exit/action으로 표시한다.

[그림 5-17]은 주차장 문 개폐기의 상태 다이어그램으로, 각 상태에 진입할 때 주차장 문을 제어하는 모터에 영향을 주는 일정한 액션이 일어난다. 예를 들면 문을 열기 위해 모터를 앞으로 감도록 구동하는 액션, 문을 닫기 위해 반대로 감는 액션, 모터를 정지시키는 액션이 있다. 주차장 문이 완전히 열려 있을 때는 언제든지 'Open' 상태로 들어가며 이 상태에서 일어나는 액션은 모터를 정지시킨다.

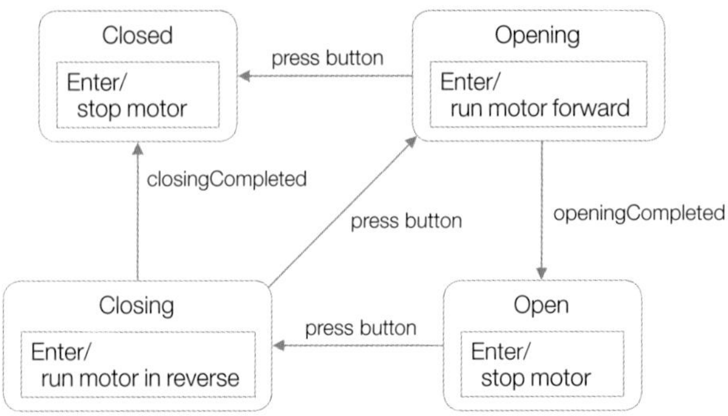

그림 5-17 주차장 문 개폐기의 상태 다이어그램

개폐기 제어는 시계 방향으로 네 개의 상태가 순환하며 돌아간다. 버튼은 열고 닫는 데 사용되지만 문을 닫을 때는 안전장치가 있다. 문을 닫고 있을 때 버튼을 누르면 모터가 즉시 반대로 돌아 문을 다시 연다.

[그림 5-18]은 액션을 사용하는 다른 예로 카세트의 상태 다이어그램을 나타낸 것이다. 녹음하는 상태에서 빠져나가게 하는 것이 무엇이건 관계없이 녹음을 중지시키는 액션은 stop이다. 또한 startOfTape 트랜지션은 'Wait' 상태로 변환하는 동안 발생하는 stop 액션을 가진다.

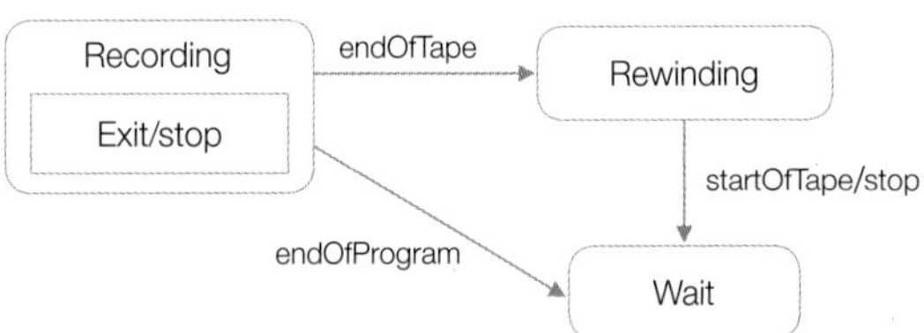

그림 5-18 카세트의 상태 다이어그램

[그림 5-18]은 'Wait' 상태에서 빠져나가는 트랜지션이 없어서 불완전하다. 상태 다이어그램을 검증할 때 중요한 점은 각 상태가 적어도 밖으로 나가는 트랜지션과 들어오는 트랜지션이 각각 하나씩은 있어야 한다는 것이다. 또한 임의의 상태에서 임의의 상태로 전환될 수 있음을 확증해야 한다. 그렇지 않으면 시스템이 잠긴[livelock] 상태가 되어버린다.

4 내장된 상태와 가드 조건

상태 다이어그램은 상태 안에 내장된 상태를 정의할 수 있다. 이렇게 정의된 내부 다이어그램의 상태를 서브 상태라고 부른다. [그림 5-19]는 자동 기어의 상태 다이어그램을 나타낸 것이다. 최상위층에는 중립(Neutral), 후진(Reverse), 주행(driving) 상태가 있고, 주행 상태는 주행 중 선택할 수 있는 기어 속도에 따라 세 개의 서브 상태로 나뉜다.

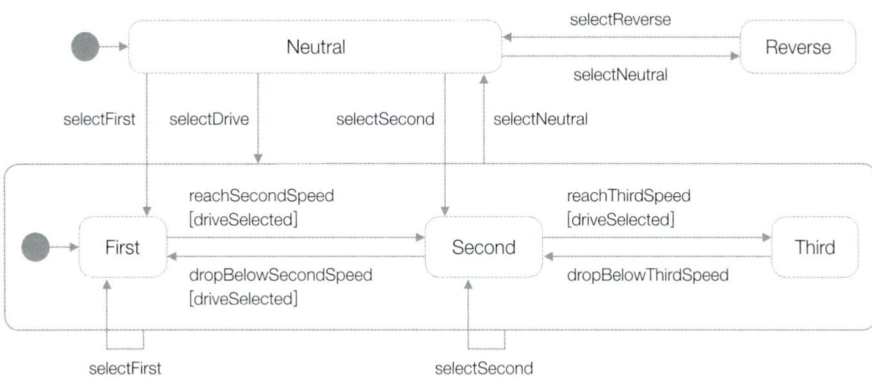

그림 5-19 자동 기어의 상태 다이어그램

내장된 상태 다이어그램의 장점은 주행 서브 상태를 다른 상태와 똑같이 간결하게 표시할 수 있다는 것이다. [그림 5-19]에서는 주행 서브 상태를 사용자의 명령에 따라 언제라도 중립(Neutral) 상태로 트랜지션할 수 있다. 주행 상태 안에 있는 시작 심벌은 묵시적으로 'First' 서브 상태가 첫 번째 상태임을 의미한다. 하지만 상태 다이어그램을 보면 사용자가 수작업으로 'First'와 'Second' 상태로 기어를 바꿀 수도 있게 되어 있다.

[그림 5-19]에서 reachSecondSpeed[driveSelected]라는 표현은 가드 조건을 사용한 것으로, 대괄호 안의 조건이 만족되면 시스템이 표시된 이벤트, 즉 reachSecondSpeed에만 반응한다는 의미이다. 가드에 나타낸 의미는 운전자가 수동으로 First 또는 Second 기어를 선택했다면 이후의 기어 변속은 속도에 따라 자동으로 바뀌며 트랜스미션을 수동으로 변속하

지 못하도록 한다는 것이다. 가드 조건은 [그림 5-15]에서 보았듯이 여러 가지 유형이 있다. 가드 조건은 관련 이벤트가 발생했을 때만 조건식 값이 매겨진다.

[그림 5-20]은 [그림 5-15]를 내장 상태 다이어그램으로 변환하는 과정을 보여준다. 내장형으로 변환하면 cancel과 requestToRegister 트랜지션이 한 번만 이루어진다. 주의할 점은 'Planned' 상태가 'NotEnoughStudents' 서브 상태로 바로 전환하는 트랜지션을 가진다는 것과, 'Closed' 상태로 가는 두 개의 트랜지션이 'EnoughStudents' 상태에서 직접 나온다는 것이다. 마지막으로 모든 수강 신청을 삭제하는 'Cancelled' 상태에 액티비티를 추가했다.

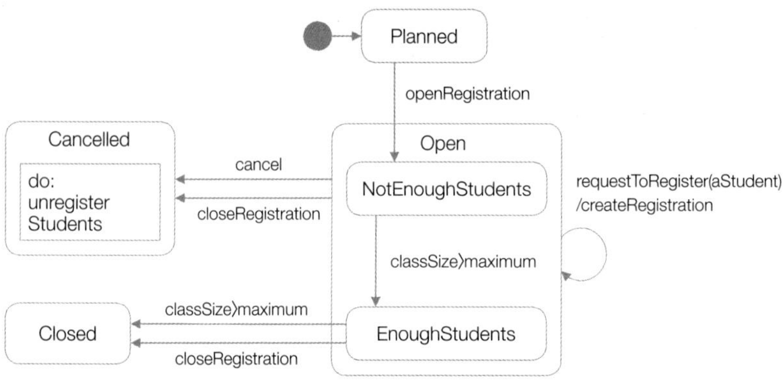

그림 5-20 [그림 5-15]의 수강 신청 상태 다이어그램을 내장된 상태 다이어그램으로 바꾼 경우

04 액티비티 다이어그램

1 액티비티 다이어그램의 요소

액티비티 다이어그램은 몇 가지 심벌이 추가되고 다른 배경에서 사용된다는 점을 제외하고는 상태 다이어그램과 같다. 상태 다이어그램에서는 대부분의 트랜지션이 외부 이벤트에 의해 발생하지만 액티비티 다이어그램에서는 액티비티가 완료된 것, 즉 내부 이벤트에 의해 발생된다는 점이 다를 뿐이다.

액티비티 다이어그램은 객체나 컴포넌트가 수행하는 작업의 흐름을 이해하는 데, 그리고 사용 사례 사이의 인터랙션을 가시화하는 데 사용한다. 액티비티 다이어그램의 강점 중 하나는 병행 액티비티를 나타낼 수 있다는 것이다. 병행 처리는 포크, 조인, 랑데부를 이용하여 어떤 트랜지션이 시작되고 끝나는 지점임을 짧은 선으로 나타낸다.

- **포크**fork: 단일 입력 트랜지션과 다수의 출력 트랜지션을 가진다. 결과는 실행 경로가 두 개의 병행 스레드로 분리되는 것을 의미한다.
- **조인**join: 다중 입력 트랜지션과 단일 출력 트랜지션으로 구성된다. 출력 트랜지션은 모든 입력 트랜지션이 트리거되었을 때 이루어지며, 입력 트랜지션은 별도의 스레드로 트리거되어야 한다.
- **랑데부**rendezvous: 다수의 입력 트랜지션과 다수의 출력 트랜지션을 가진다. 모든 입력 트랜지션이 트리거되면 시스템이 모든 출력 트랜지션을 별도의 스레드로 내보낸다.

[그림 5-21]은 수강 신청 과정을 액티비티 다이어그램으로 나타낸 것이다. 그림에서 맨 먼저 일어나는 사건은 수강 신청을 받는 것이다. 이 작업이 끝나면 시스템은 즉시 출력 트랜지션을 일으켜 두 개의 병행 처리 스레드를 시작시킨다.

- **오른쪽 병행 처리 스레드**: 강좌가 제한 인원을 넘었는지 확인한다. 계산 결과에 따라 인원이 차지 않았으면 조인으로 계속 진행하여 수행하고, 인원이 찼으면 액티비티 다이어그램을 중지시킨다.

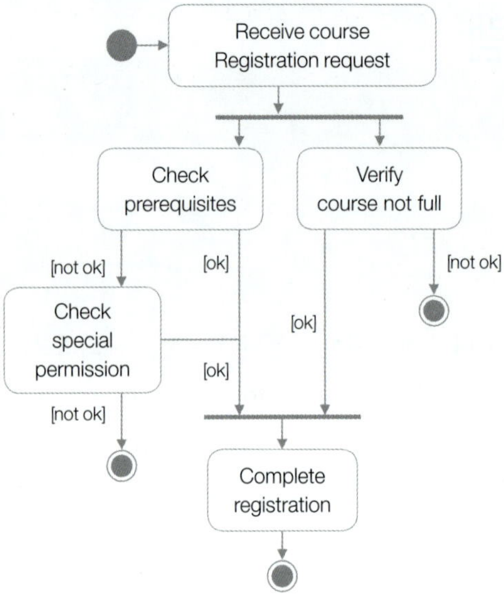

그림 5-21 수강 신청의 액티비티 다이어그램

- **왼쪽 병행 처리 스레드**: 학생이 선수 과목을 수강했는지 체크한다. 체크 결과가 긍정적이면 스레드를 조인까지 진행시키고, 그렇지 않으면 두 번째 체크를 수행한다. 선수 과목 조건을 무효화할 수 있는 특별 허가를 받았는지 확인하는 두 번째 체크 결과가 긍정적이면 스레드를 조인까지 진행시키고, 그렇지 않으면 수강 신청을 허가하지 않는다.

두 가지 병행 처리 스레드 중에서 하나가 먼저 조인에 도달하면 다른 스레드를 기다린다. 경우에 따라 인원이 찼거나 등록이 거부되어 두 개의 스레드 또는 한 개의 스레드만이 조인에 도달할 수도 있다. 만약 두 개의 스레드가 모두 조인에 도달하면 마지막 액티비티를 수행할 단일 스레드, 즉 등록을 완성하는 스레드가 수행된다.

[그림 5-21]에서 여러 종료 상태 중 어느 하나에 도달하면 전체 프로세스가 종료된다. 이는 하나의 스레드가 조인에서 기다리고 있다 하더라도 다른 스레드가 종료 상태에 도달하면 종료됨을 뜻한다.

2 스윔레인

상태 다이어그램은 단일 클래스에 대한 상태와 이벤트를 나타내지만 액티비티 다이어그램은 여러 클래스와 연관되어 있다. 액티비티를 참여하는 클래스를 기준으로 나타내려면 스윔레인swimlane을 이용한다. 같은 스윔레인 안에 있는 액티비티는 동일한 클래스와 관련된 것이다. [그림 5-22]는 [그림 5-21]의 액티비티를 스윔레인을 이용하여 두 개의 클래스 관점으로 나타낸 것이다.

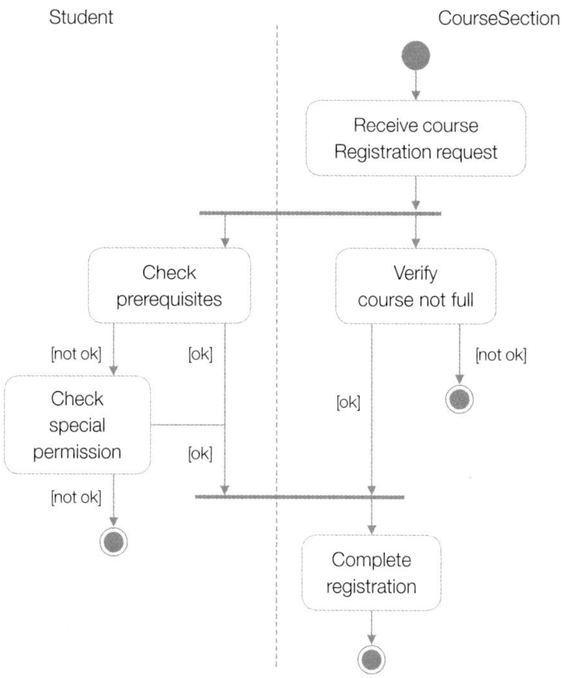

그림 5-22 스윔레인을 이용한 액티비티 다이어그램

05 동적 다이어그램 구현

개발할 시스템의 모든 클래스에 대해 인터랙션 다이어그램과 행위 다이어그램을 그리는 것은 시간 낭비가 될 수 있다. 하지만 시스템에서 가장 복잡한 부분은 이런 다이어그램을 사용하여 표현해야 한다. 예를 들면 같은 이벤트라 할지라도 다양한 조건에 따라서 클래스의 인스턴스들이 다르게 반응할 때는 상태 다이어그램이 유용하다.

이 절에서는 [그림 5-2]에 있는 CourseSection 클래스를 어떻게 코드로 구현하는지 살펴본다. 이런 과정을 통해 인터랙션 다이어그램과 상태 다이어그램이 실제 코드를 구현하는 데 어떤 도움을 주는지 알게 될 것이다.

먼저 [그림 5-20]의 상태 다이어그램을 어떻게 구현하는지 살펴보자. 객체의 상태는 open과 closedOrCancelled의 변숫값, 얼마나 많은 학생이 신청했느냐로 결정된다. 객체는 다음과 같은 수식의 값을 구하여 어떤 상태인지 결정할 수 있다.

- 'Planned'(개설된 상태)

  closedOrCancelled==false && open==false
- 'Open'(신청을 받는 상태)

  open==true
- 'NotEnoughStudents'('Open'의 서브 상태)

  open==true && registrationList.size()〈course.getMinimum()
- 'EnoughStudents'('Open'의 서브 상태)

  open==true && registrationList.size()≥course.getMinimum()
- 'Closed'(강좌의 인원이 너무 많거나 폐강된 상태)

  closedOrCancelled==true && registrationList.size()〉0

[그림 5-20]의 간선에 표시된 openRegistration, closeRegistration, cancel, requestToRegister 오퍼레이션은 같은 이름의 이벤트를 구현하는 데 사용된다. 중요한 점

은 각 이벤트가 객체의 상태에 따라 다른 상태 변환을 일으킬 수 있다는 사실이다. 두 개의 트랜지션, openRegistration과 closeRegistration은 조건이 참이면 구동되지만, requestToRegister 메소드는 'Closed'로 트리거되어야 하는 조건을 체크하여 상태를 변환한다. unregisterStudents 메소드는 'Cancelled' 상태에 있는 액션을 구현하는 데 사용된다. 이 메소드는 'Cancelled' 상태로 트랜지션을 일으킬 수 있는 메소드 cancel과 closeRegistration에 의해 호출되어야 한다.

다음으로 [그림 5-2]의 시퀀스 다이어그램을 어떻게 구현하는지 살펴보자. 대부분의 코드는 requestToRegister 메소드에서 발견할 수 있다.

앞에서 설명한 알고리즘에 따라 다음과 같이 CourseSection을 구현할 수 있다.

```
public class CourseSection
{
    // The many-1 abstraction-occurence association
    private Course course;

    // The 1-many association to class Registration
    private List registrationList;

    // The following are present only to determine the state.
    // The initial state is 'Planned'
    private boolean open = false;
    private boolean closedOrCancelled = false;

    public CourseSection(Course course)
    {
        this.course = course;
        RegistrationList = new LinkedList();
    }

    public void openRegistration()
    {
        if(!closedOrCancelled) // must be in 'Planned' state
        {
            open = true; // to 'OpenNotEnoughStudents' state
        }
```

```
}

public void closeRegistration()
{
    // to 'Cancelled' or 'Closed' state
    open = false;
    closedOrCancelled = true;
    if (registrationList.size() < course.getMinimum())
    {
        unregisterStudents(); // to 'Cancelled' state
    }
}

public void cancel()
{
    // to 'Cancelled' state
    open = false;
    closedOrCancelled = true;
    unregisterStudents();
}

public void requestToRegister(Student student)
{
    if (open) // must be in one of the two 'Open' states
    {
        // The interaction specified in the sequence diagram Figure 5-4
        Course prereq = course.getPrerequisite();
        if (student.hasPassedCourse(prereq))
        {
            // Indirectly calls addToTegistrationList
            new Registration(this, student);
        }

        // Check for automatic transition to 'Closed' state
        if (registrationList.size() >= course.getMaximum())
        {
            // to 'Closed' state
            open = false;
            closedOrCancelled = true;
```

```
            }
        }
    }

    // Private method to remove all registrations
    // Activity associated with 'Cancelled' state.
    private void unregisterStudents()
    {
        Iterator it = registrationList.iterator();
        while (it.hasNext())
        {
            Registration r = (Registration) it.next();
            r.unregisterStudent();
            it.remove();
        }
    }

    // Called within this package only, by the constructor of
    // Registration to ensure the link is bidirectional
    void addToRegistrationList(Registeration newRegistration)
    {
        registrationList.add(newRegistration);
    }
}
```

NOTE_ 상태 모델링 접근법

동적 모델링을 할 때 시스템이 복잡하여 메시지 경로 수가 많고 각 행위에 참여하는 객체를 찾아내기가 어려우면 작업이 아주 난해해진다. 마찬가지로 클래스 다이어그램을 그릴 때도 시스템이 매우 커지면 클래스들의 복잡한 관계를 다 찾아내기 어려울 수 있다. 한 가지 해결책은 상태 모델링 접근 방법을 적용하는 것이다. 이 방법은 관련된 다이어그램을 그리는 중 설계 정보를 찾아내는 과정을 반복하면서 문제를 해결해나간다. 특히 안전에 민감한 시스템은 이러한 모델링 과정에서 분석하고 검증하는 작업을 자동화하는 도구를 사용하는 것이 중요하다.

① 경험 있는 개발자가 모델링 프로세스를 주도하여 다양한 모델링을 참고하고 보완 정보를 찾아낸다.

② 초벌 클래스 다이어그램을 그린 후 사용 사례를 바탕으로 인터랙션 다이어그램을 그린다. 또한 중요한 클래스에 대해 상태 다이어그램을 그린다. 이 과정에서 클래스들이 가져야 할 많은 오퍼레이션을 찾아낸다.

③ 다시 클래스 다이어그램으로 돌아가 추가하고 수정한다.

요약

- 특정 시간 동안 시스템 내부에서 어떤 동작이 일어나는지 UML 다이어그램으로 표현할 수 있다.
- 시퀀스 다이어그램과 커뮤니케이션 다이어그램은 객체들이 어떻게 서로 협력하는지 나타낸다. 즉 메시지 호출이나 네트워크를 통한 커뮤니케이션으로 협력하는 과정을 모델링하는 데 사용된다. 시퀀스 다이어그램은 수평축에 객체를, 수직축에 시간을 표시하여 객체의 메시지 호출 관계를 나타내고, 커뮤니케이션 다이어그램은 같은 의미를 네트워크 형태로 압축하여 표현한다.
- 상태 다이어그램은 객체나 시스템이 어떤 상태에 있고 상태의 변화를 일으키는 것이 무엇인지를 나타낸다. 즉 외부 이벤트가 발생할 때 시스템의 상태가 어떻게 바뀌는지를 보여준다. 반면 액티비티 다이어그램은 주로 내부 작업의 논리적 흐름, 또는 병렬 수행되는 스레드가 분리되고 다시 합해지는 과정을 나타낸다.

연습문제

01 시스템 또는 시스템을 구성하는 요소들의 동적인 행위를 표현하는 UML 다이어그램이 아닌 것은?

① 배치 다이어그램 ② 상태 다이어그램
③ 시퀀스 다이어그램 ④ 타이밍 다이어그램

02 UML은 시스템의 정적인 부분과 동적인 부분을 표현하기 위해 여러 다이어그램을 제공한다. 정적인 부분을 표현하는 다이어그램들은 시스템의 구조를 나타내기 위해 사용되며, 동적인 부분을 표현하는 다이어그램들은 시스템의 행위를 나타내기 위해 사용된다. 다음 중 성격이 다른 다이어그램은?

① 클래스 다이어그램 ② 협동 다이어그램
③ 상태 다이어그램 ④ 활동 다이어그램

03 다음 중 시퀀스 다이어그램의 기본 요소가 아닌 것은?

① 객체 ② 프레임
③ 활성 막대 ④ 액션

04 다음 시퀀스 다이어그램에 대한 설명으로 옳지 않은 것은?

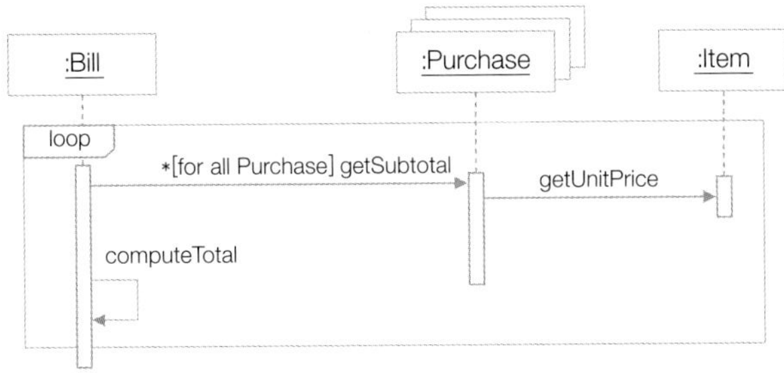

① Purchase 객체를 반복해서 방문한다.
② Purchase 객체마다 연결된 Item의 가격을 알아온다.
③ computeTotal은 Bill에 존재하는 오퍼레이션을 자신이 부른 것이다.
④ Bill 객체와 Purchase 객체는 상속 관계이다.

05 시퀀스 다이어그램이 표현하는 의미를 정확하게 설명한 것은?

① 사용 사례의 개관을 나타낸다.
② 클래스 사이의 연관을 나타낸다.
③ 객체들이 어떻게 협력하는지를 나타낸다.
④ 시스템을 병행 처리라는 관점에서 나타낸다.

06 시퀀스 다이어그램과 커뮤니케이션 다이어그램의 공통점과 차이점에 대한 설명으로 옳은 것은?

① 둘 다 정적 모델이지만 시퀀스 다이어그램은 순서도이고 커뮤니케이션 다이어그램은 메시지 교환형이다.
② 둘 다 동적 모델이지만 시퀀스 다이어그램은 메시지 교환형이고 커뮤니케이션 다이어그램은 네트워크형이다.
③ 둘 다 정적 모델이지만 시퀀스 다이어그램은 메시지 교환형이고 커뮤니케이션 다이어그램은 네트워크형이다.
④ 둘 다 동적 모델이지만 시퀀스 다이어그램은 순서도이고 커뮤니케이션 다이어그램은 메시지 교환형이다.

07 동적 모델링을 하는 동안 사용 사례는 무엇이 구체화되는가?

① 각 사용 사례에 참여하는 객체의 수와 상호작용하는 순서가 결정된다.
② 각 사용 사례에서 입력받고 출력하는 외부 객체와 그 순서가 결정된다.
③ 사용 사례의 순서가 결정된다.
④ 사용 사례가 내부 상태 변화를 통해 어떻게 표시되는지 결정된다.

08 다음 UML 다이어그램의 일부에 대한 설명으로 가장 거리가 먼 것은?

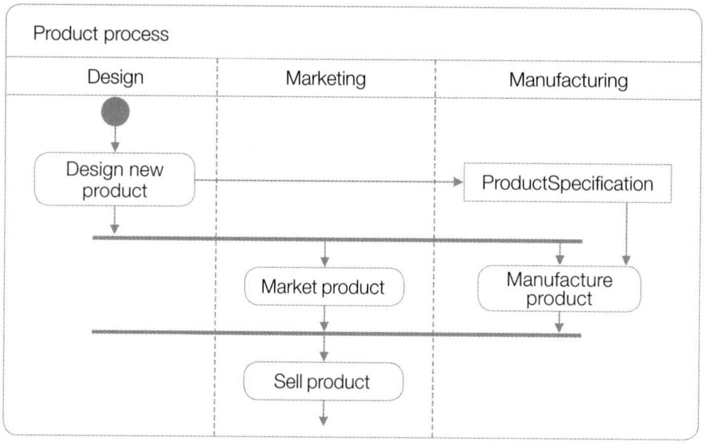

① 여러 부서의 역할을 스윔레인으로 표시했다.
② 포크와 조인 노드가 사용되었다.
③ 객체 흐름이 잘 나타나 있다.
④ 객체가 가질 수 있는 상태의 변화를 잘 나타냈다.

09 시퀀스 다이어그램에서는 어떤 인터랙션이 일어나는가?

① 외부 사용자는 사용자 인터페이스 객체에 메시지를 보낸다.
② 외부 사용자는 엔티티 객체에 메시지를 보낸다.
③ 외부 사용자는 I/O 객체에 메시지를 보낸다.
④ 외부 사용자는 프린터 객체에 메시지를 보낸다.

10 상태 다이어그램에서 상태란 무엇인가?

① 정해진 시간 사이에 존재하는 인식 가능한 상태
② 참과 거짓인 상태
③ 외부 환경으로부터의 입력
④ 시스템으로부터의 출력

11 상태 다이어그램에서 액션이란 무엇인가?

① 어떤 시점에 출현하는 것이다.
② 상태 변화의 원인이다.
③ 연속된 두 이벤트 사이의 간격이다.
④ 상태 변화의 결과로 수행되는 작업이다.

12 상태 머신에서 조건이 사용되는 것은?

① 조건적 액션
② 조건적 상태
③ 조건적 상태 변화
④ 조건적 이벤트

13 다음은 UML 2.0의 상태 다이어그램이다. 만약 e1, e2, e3, e4, e5 순으로 수행된다면 최종 상태로 가장 적절한 것은?

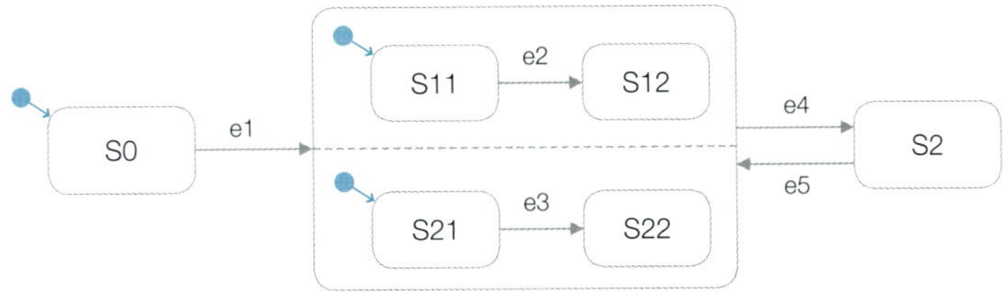

① S12, S22 ② S11, S21
③ S11, S22 ④ S12, S21

14 액티비티 다이어그램에서 나타낼 수 없는 것은?

① 객체나 컴포넌트가 수행하는 작업의 흐름

② 병행 액티비티

③ 메시지의 호출 흐름

④ 참여하는 클래스를 기준으로 관련된 것만 구분하는 스윔레인

15 다음 중 동적 모델링이 어려운 이유가 아닌 것은?

① 메시지 경로의 수가 많고 각 행위에 참여하는 객체를 모두 찾아내기 어렵기 때문이다.

② 클래스들이 처하는 상태를 빠짐없이 찾아 변환을 일으키는 오퍼레이션과 조건을 찾아야 하는 어려움이 있기 때문이다.

③ 시간적인 관점을 항상 고려하여 시스템의 스냅숏을 표현해야 하기 때문이다.

④ 클래스의 연관 관계 등 구조가 잘 드러나지 않기 때문이다.

Chapter 06

아키텍처 설계

학습목표

- 설계의 의미, 접근법, 종류를 설명할 수 있다.
- 유지보수를 쉽게 하는 설계 원리를 이해하고 설계 작업에 적용할 수 있다.
- 여러 가지 설계안의 장단점을 평가하는 방법을 설명할 수 있다.
- 설계안을 결정할 때 적용하는 비용 수익 분석 방법을 이해하고 설명할 수 있다.
- 아키텍처 패턴을 숙지하고 적합한 패턴을 선택하여 설계 작업에 적용할 수 있다.
- 좋은 설계 문서를 작성하는 방법을 이해하고 적용할 수 있다.

00 개요

이제까지 소프트웨어 시스템을 개발하기 위해 요구 사항을 수집하고, UML을 이용하여 객체 지향 설계 모델을 구축하고 표현하는 방법 및 시스템의 외부 기능을 파악하고 정리하는 방법을 살펴보았다. 이 장에서는 소프트웨어의 내부 구조와 자료 구조를 설계하는 방법을 알아본다. 높은 수준의 시스템 아키텍처를 생성하기 위해 사용할 수 있는 다양한 패턴과 일반적인 설계 이론을 소개한다.

소프트웨어 구조는 소프트웨어 시스템의 골격 또는 조직으로, 소프트웨어 구조를 설계하는 것은 소프트웨어를 이루는 모듈을 정의하고 모듈 사이의 인터페이스를 기술하는 일이다. 소프트웨어 구조 설계는 품질 좋은 소프트웨어 시스템을 개발하기 위한 중요한 단계이므로, 만약 소프트웨어 구조가 잘 설계되지 않으면 구현, 시험, 유지보수에 큰 어려움이 뒤따를 것이다.

설계는 창조적인 작업이다. 하지만 원리적인 접근과 체계적인 개념이 없는 것은 아니다. 음악, 무용, 그림, 글쓰기와 같은 창작 작업도 일정한 틀과 원리 안에서 이루어진다. 예를 들면 교향곡은 음악 창작의 표준화된 형태 중 하나이고, 초상화는 그림 창작의 한 형태이며, 수필은 문학 창작의 표준화된 형태 중 하나에 속한다.

화가가 그림을 그릴 때 스케치를 하듯이 소프트웨어를 설계하는 과정에도 설계 기법과 도구가 필요하다. 특정 설계 기법을 선택하는 것이 품질 좋은 소프트웨어 개발의 필수 요건은 아니지만 설계 기법을 잘 적용하면 소프트웨어 설계가 분명히 개선될 것이다.

01 설계 과정

소프트웨어 아키텍처는 소프트웨어 시스템의 전반적인 구조와 서브시스템으로의 분할, 서브시스템 간의 상호작용 및 인터페이스를 설계하는 모든 과정을 포함한다. 이러한 설계 작업을 높은 수준의 관점에서부터 설명하기 위해 다음 질문에 답해보자.

- **설계 의미**: 설계란 정확히 무엇인가?
- **설계 접근법**: 설계자가 사용하는 일반적인 접근 방법은 무엇인가?
- **설계 종류**: 설계의 유형에는 어떤 것이 있는가?

1 설계의 의미

소프트웨어에서 설계란 사용자가 제시한 비기능적 요구 사항 때문에 나타나는 제약을 반영하고, 좋은 품질을 만들려는 일반적인 이론에 충실하면서, 시스템의 기능적 요구 사항을 구현하는 방법을 찾는 문제 해결 과정이다.

1.1 의사 결정과 설계 범위

설계자는 설계 이슈, 즉 전체 문제에 포함된 부분적인 문제에 직면한다. 각 이슈는 일반적으로 몇 가지 선택적인 해결책을 가지고 있다. 설계자는 각 이슈를 해결하기 위해 설계에 관한 의사 결정을 하는데, 의사 결정 과정에는 최선의 선택을 위해 고려해야 할 것을 정하는 과정도 포함된다. 의사 결정을 위해 설계자가 활용하는 정보에는 다음과 같은 것이 있다.

- 요구 사항에 관한 정보
- 이전까지 이루어진 설계 작업에 관한 정보
- 활용 가능한 기술에 관한 정보
- 소프트웨어 설계 이론과 가장 좋은 사례에 관한 정보
- 과거에 잘된 설계에 관한 정보

하나의 이슈가 해결되면 새로운 이슈가 출현한다. 간혹 주어진 이슈를 해결하는 적절한 선택이 아닌 경우가 있다. 이때 설계자는 이전의 결정을 다시 고려하거나 요구 사항의 변경을 제안해야 한다.

어떤 설계 이슈를 다룰 때 최선의 선택이 유일하지 않을 수도 있다. 여러 가지 대안이 정반대의 장단점을 가진 경우도 있다. 예를 들면 가벼운 클라이언트 시스템은 소프트웨어를 간결하게 만들겠지만 무거운 클라이언트 시스템은 네트워크 자원과 CPU를 더 효율적으로 사용할 것이다. 또한 설계자마다 다른 지식을 가지고 있기 때문에 대안들을 비교하여 다른 결론에 도달하기도 한다.

여러 가지 대안의 집합을 총망라함으로써 달성할 수 있는 모든 설계 방법을 나타낸 것을 설계 범위design space라고 한다. [그림 6-1]은 설계 범위의 예를 보여준다.

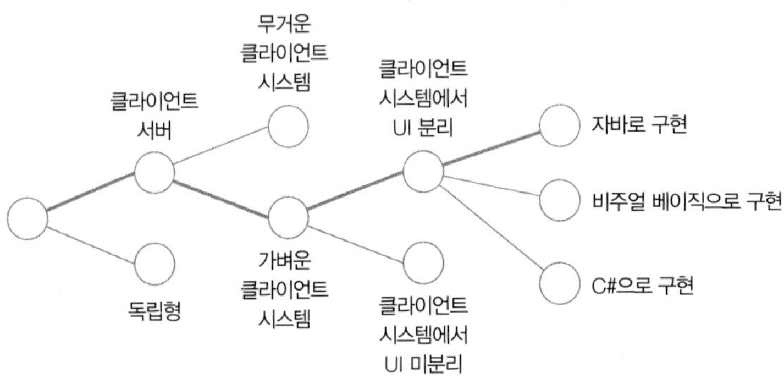

그림 6-1 설계 범위의 예

최종 소프트웨어 산출물은 설계 시 내린 의사 결정에 의해 파생된 결과이다. 따라서 결정이 다르면 다른 결과를 낳는다. 주요 설계 이슈가 제기되면 대안들에 따른 결과를 조사해야 한다. 즉 설계 범위를 통해 여러 가지 경로를 찾아야 하는데 이를 병렬 설계 작업이라 한다. 이는 여러 명의 설계자가 독립적으로 설계하여 최종 산출물에 이르는 가장 좋은 설계 방법을 찾아내는 작업 방식이다.

좋은 품질의 시스템을 만들어내는 여러 가지 방법이 있지만 그중에는 아주 민감한 설계 이슈가 포함될 수도 있다. 이러한 민감한 부분에 대해 잘못된 선택을 한다면 형편없는 시스템이 될 것이다. 예를 들어 설계 초기 단계에 사용자 인터페이스를 시스템의 나머지 부분과 분리하지 않았다고 가정해보자. 이런 결정은 유연하고 유지보수가 가능한 설계를 하려는 설계자의 의도에 상당히 나쁜 영향을 미칠 것이다. 시스템을 웹 기반 버전으로 제공하거나 다른 언어

버전을 만드는 작업이 매우 어려워질 것이기 때문이다.

설계에 대한 의사 결정을 할 때 반드시 그 이유를 기록해야 하는데, 이렇게 모든 결정에 대해 기록한 것이 설계 문서이다. 7절에서 아키텍처 설계 문서의 구조를 다룰 때 이에 대해 설명할 것이다.

1.2 컴포넌트, 모듈, 서브시스템

앞으로 설명하는 내용을 쉽게 이해할 수 있도록 시스템의 구조를 이루는 부품과 관련된 용어를 살펴보자. 컴포넌트, 모듈, 서브시스템은 같은 의미로 사용되기도 하지만 이 책에서는 각 용어에 다음과 같은 의미를 부여할 것이다. 그중에서 컴포넌트, 모듈은 시스템이 구체적으로 구현된 부분을 나타낸다.

■ **컴포넌트**

명백한 역할을 가지고 있으며 독립적으로 존재할 수 있는 소프트웨어 또는 하드웨어의 한 부분을 말한다. 많은 컴포넌트는 재사용이 가능하도록 설계되며, 같은 기능을 가진 다른 컴포넌트가 있다면 대체할 수도 있다. 한편 특정한 목적, 예컨대 특정 시스템의 사용자 인터페이스를 제공하는 기능만 수행하는 경우도 있다. 컴포넌트의 종류에는 프레임워크, 원시코드 파일, 실행 파일, 동적 링크 라이브러리dynamic link library, DLL, 데이터베이스 등이 있다. 원시코드 파일 같은 컴포넌트는 컴파일할 때만 존재하고, 데이터 파일 등의 컴포넌트는 실행할 때만 존재한다.

소프트웨어 공학에서 요구 분석은 시스템의 역할을 결정하는 과정이고, 명세화는 시스템을 구현하기 위해 만들어질 컴포넌트의 인터페이스를 결정하는 과정이다. 그리고 설계는 컴포넌트가 구현될 방법을 결정하는 것이다.

■ **모듈**

프로그래밍 언어 수준에서 정의된 컴포넌트를 말한다. 예를 들면 메소드, 클래스, 패키지는 자바 프로그램의 모듈이고, C 프로그래밍 언어에서의 모듈은 파일과 함수이다.

시스템과 서브시스템은 다른 방법으로 구현될 개체를 나타내므로 컴포넌트와 모듈보다 더 추상적이다.

■ **시스템**

어떤 책임과 목적을 가지고 소프트웨어나 하드웨어로 구성된 논리적 개체를 말한다. 시스템은 명세를 가질 수 있고 컴포넌트의 집합에 의해 구현된다. 시스템이라는 말은 단순히 소프트웨어나 하드웨어의 범위를 벗어나 목적을 위해 함께 일하는 사람, 수행 과정, 기관, 자연현상까지도 포함한다(이 책에서는 보다 제한된 의미, 즉 소프트웨어나 하드웨어를 나타낸다). 시스템은 컴포넌트가 시간의 흐름에 따라 변하거나 다른 컴포넌트로 교체되더라도 지속적으로 존재한다.

■ **서브시스템**

보다 큰 시스템의 일부분으로 확정된 인터페이스를 갖는다. 예를 들면 자바 언어는 서브시스템을 구현하기 위해 패키지를 사용하며 각 클래스는 더 낮은 수준의 개별 서브시스템을 구현한다.

[그림 6-2]는 시스템, 서브시스템, 컴포넌트, 모듈의 관계를 보여주는 도메인 모델이다. 이 책에서는 주로 모듈 설계에 대해 언급하며(그러나 더 큰 규모의 컴포넌트나 더 추상화된 서브시스템의 설계를 언급할 때도 같은 개념이 적용될 수 있다), 5절에서 컴포넌트와 서브시스템을 나타내는 UML 다이어그램을 소개할 것이다.

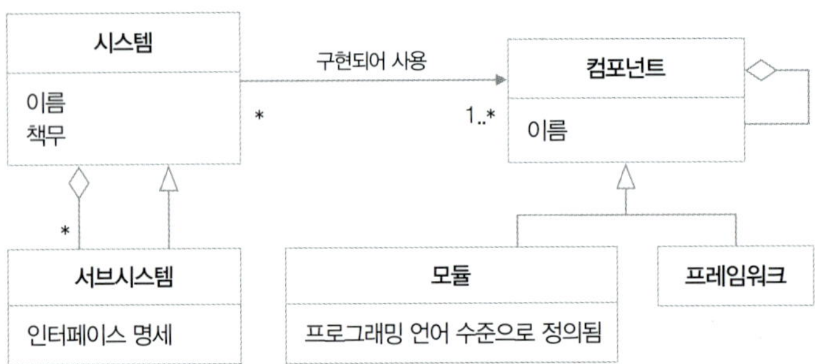

그림 6-2 시스템, 서브시스템, 컴포넌트, 모듈의 관계

2 설계 접근법

설계에 대한 의사 결정을 내릴 때 다음과 같은 두 가지 접근 방법을 사용할 수 있다.

■ **하향식 설계**

가장 높은 수준의 구조부터 시작하여 점차 낮은 수준의 구조로 내려오면서 각종 설계 이슈에 관한 의사 결정을 하는 방법이다. 소프트웨어 구조와 사용될 데이터베이스의 종류를 먼저 결정한 후 특정 데이터 아이템의 형태와 사용될 개별 알고리즘을 결정하는 것을 예로 들 수 있다.

■ **상향식 설계**

하향식 설계와 반대로 재사용 가능한 낮은 수준의 기능을 먼저 정한 다음, 높은 수준의 구조를 만들기 위해 이것들을 어떻게 배치할지 결정한다.

상향식과 하향식을 혼합한 방법도 사용된다. 대부분의 경우 시스템이 좋은 구조를 가지도록 설계하려면 하향식 설계 방법이 필요하다. 반면에 상향식 설계 방법은 설계자가 전체 시스템의 여러 부분에서 사용될 재사용 가능한 컴포넌트를 만드는 데 도움이 된다.

3 설계의 종류

소프트웨어 설계에는 다음과 같은 유형이 있다. 이 책에서는 소프트웨어의 품질과 성능에 영향을 미치는 아키텍처 설계에 대해 자세히 알아본다.

- **아키텍처 설계**: 소프트웨어를 서브시스템과 컴포넌트로 분할하여 이것들이 어떻게 연결되고 상호작용하는지를 설계한다.
- **클래스 설계**: 연관, 속성, 상호작용, 상태와 같은 여러 특징을 가진 클래스를 설계한다.
- **사용자 인터페이스 설계**: 시스템과 사용자가 어떻게 상호작용하는지를 설계한다.
- **데이터베이스 설계**: 다수의 프로그램과 사용자가 데이터에 접근하기 위해 데이터가 영구적으로 저장되는 방법을 설계한다.
- **알고리즘 설계**: 특정 계산 메커니즘을 설계한다.
- **프로토콜 설계**: 프로세스들이 네트워크를 통해 서로 통신하는 방법과 절차를 설계한다.

02 설계 원리

이 절에서는 소프트웨어를 설계할 때 적용해야 하는 열한 가지 일반적 원리를 소개한다. 좋은 설계를 통해 달성하려는 목표는 다음과 같다.

- 비용을 절감하여 이익을 증가시킨다.
- 고객이 가진 문제를 해결할 수 있다는 확신을 얻는다.
- 개발 과정을 가속화한다. 좋은 설계는 단기 비용을 줄이고 소프트웨어가 시장에 빨리 출시될 수 있도록 한다.
- 유용성, 효율성, 신뢰성, 유지보수성, 재사용성 등과 같은 소프트웨어 품질을 향상한다.

1 분할 정복

일반적으로 커다란 전체를 다루는 일은 작게 나누어진 일을 다루는 것보다 훨씬 어렵다. 예를 들면 차량을 설계할 때 어떤 사람은 엔진을 설계하고 어떤 사람은 몸체를 설계한다. 차를 조립할 때도 각 부분을 나누어 작업함으로써 각 생산 라인의 근로자는 하나의 작업에만 집중할 수 있다.

소프트웨어 공학에서 분할 정복의 원리는 개발 과정에도 적용될 수 있고 소프트웨어 시스템 자체에도 적용될 수 있다. 개발 과정에 적용될 경우 요구 분석-설계-구현-테스트 등으로 나누어진다는 것은 앞에서 이미 설명했으며, 여기서는 소프트웨어 시스템 자체에 적용되는 경우를 살펴본다.

소프트웨어 시스템을 작은 부분으로 나누었을 때 얻는 이익은 다음과 같다.

- 나누어진 각 부분에서 개발 작업을 병행 진행하여 개발 기간을 줄일 수 있다.
- 소프트웨어 엔지니어는 자신이 맡은 분야에서 전문성을 높일 수 있다. 한 사람이 시스템의 일부에 대해 다 알 수는 있지만 시스템 전체를 다 아는 것은 불가능하다.
- 각 컴포넌트가 더 작아짐으로써 이해하기가 더 쉽다.

- 한 부분이 교체되거나 변경되어야 할 때 다른 부분을 교체하거나 변경할 필요가 없다.

소프트웨어 시스템은 다음과 같은 방법으로 분할할 수 있다.

- 분산 시스템은 클라이언트와 서버로 분할된다.
- 시스템은 서브시스템으로 분할된다.
- 서브시스템은 하나 또는 그 이상의 패키지로 분할된다.
- 패키지는 여러 클래스로 분할된다.
- 클래스는 여러 메소드로 분할된다.

2 응집력 증진

응집력 증진의 원리는 분할 정복의 원리를 확장한 개념이다. 분할 정복이 단순히 작은 부분으로 나누는 것이라면 응집력 증진은 이것을 지능적으로 분할하는 것이다. 즉 분할하되 같이 할 만한 것들로 분할한다. 서브시스템이나 모듈 중 서로 관련 있는 것끼리 모으고 그 외의 것은 외부에 존재하게 하면 높은 응집력을 유지할 수 있다. 이렇게 하면 전체 시스템을 이해하거나 변경하기 쉽다. 설계할 때 가장 먼저 고려해야 할 높은 응집력부터 낮은 응집력 순으로 응집력의 유형을 [표 6-1]에 정리했다.

표 6-1 응집력의 유형

유형	설명
기능적 응집	외부에 주는 영향(side-effect) 없이 단일 계산을 수행하는 기능을 모아놓은 것이다. 단일 계산 기능 이외의 것은 들어오지 못한다.
계층적 응집	관련 서비스를 모아 계층적으로 구분해놓은 것이다. 높은 수준의 서비스만 낮은 수준의 서비스에 접근할 수 있다는 엄격한 원칙이 존재한다. 서비스 접근 시 외부에 영향을 줄 수 있다.
교환적 응집	같은 데이터를 조작하는 기능을 모아놓은 것으로 그 외의 것은 외부에 존재한다. 좋은 클래스들은 교환적 응집력을 보인다.
순차적 응집	이전 출력값을 그대로 다음 입력값으로 사용하는 서비스를 모아놓은 것이다. 일정한 순서로 이루어지는 절차들의 집합으로 그 외의 것은 외부에 존재한다.
절차적 응집	한 작업이 수행된 후 다음 작업이 이루어지는 절차들의 집합으로 그 외의 것은 외부에 존재한다.
시간적 응집	초기화, 종료와 같이 매번 같은 단계에 이루어지는 절차들의 집합으로 그 외의 것은 외부에 존재한다.
실용적 응집	위에서 언급한 응집보다 더 강력한 그루핑 방법으로, 한데 모아놓을 수 없는 유틸리티들을 모아놓은 것이다.

2.1 기능적 응집

모듈이 단일 연산을 수행하여 하나의 결과만 낼 때 달성되는 응집력이다. 모듈이 수행된 후 시스템을 모듈이 수행되기 전 상태와 같게 놓아도 부작용이 없고, 모듈의 연산 결과는 바로 다음 연산에만 영향을 미친다. 기능적 응집이 있는 모듈의 입력은 전형적으로 함수 매개변수를 포함하지만 파일이나 데이터 스트림을 포함하기도 한다. 정확히 같은 입력이 들어온다면 모듈은 항상 같은 결과를 출력한다. 결과는 대개 단순한 리턴 값이지만 그보다 복잡한 데이터 구조가 될 수도 있다.

데이터베이스를 갱신하거나 새로운 파일을 만드는 모듈은 데이터베이스나 파일 시스템에 각각 영향을 주기 때문에 기능적으로 응집된 것이 아니다. 사용자와 상호작용하는 모듈 역시 기능적 응집이 아니다. 출력의 한 종류인 프롬프트도 유일한 출력값을 내는 것이 아니기 때문에 기능적 응집이 아니다. 그렇다면 어떤 모듈이 기능적 응집에 해당할까? 다음은 기능적 응집에 속하는 모듈의 몇 가지 예이다.

- 사인, 코사인 등 수학 함수를 계산하는 모듈
- 함수 집합을 받아 미지수를 풀어내는 모듈
- 다양한 모니터링 장치로부터 자료를 얻고 이를 바탕으로 화학 공정에 필요한 이론적 최대 비율을 계산해내는 화학 공정 제어 모듈

기능적 응집을 가진 모듈은 다른 모듈을 호출할 수 있다. 이때 호출된 모듈 역시 기능적 응집을 가지고 있어야 한다. 예를 들면 수학 함수를 계산하는 모듈은 다른 수학 함수를 수행하는 모듈을 호출할 수 있다.

기능적 응집을 가진 모듈의 장점은 다음과 같다.

- 단일 기능만 수행하고 외부에 어떤 영향도 끼치지 않으므로 이해하기 쉽다.
- 정해진 기능 이외에 예상치 못한 부작용이 없기 때문에 재사용하기 쉽다.
- 같은 기능을 수행하는 다른 모듈로 교체하기 쉽다. 이렇게 쉽게 교체할 수 있으면 유지보수도 수월하다. 기능적으로 응집되지 못한 모듈에 부작용이 있어 교체하는 경우를 생각해보자. 설계자는 어떤 모듈로 교체하든 같은 부작용이 발생할 수 있으므로 검증을 해야 한다. 설사 이런 부작용이 잘 문서화되어 있다 하더라도 이를 검증하는 작업은 시간이 많이 걸리고 오류를 일으키기 쉽다. 더구나 유지보수 담당자가 계속 부작용에 주의를 기울이기는 현실적으로 힘들다.

2.2 계층적 응집

같은 수준의 계층에 연관된 서비스를 제공하는 기능끼리 묶었을 때 나타나는 응집력이다. 적절한 계층 응집력을 가지기 위해서는 여러 계층이 하나의 단계를 형성해야 한다. 높은 계층은 더 낮은 계층의 서비스에 접근할 수 있으나 낮은 계층은 더 높은 계층의 서비스에 접근하지 못하는데 [그림 6-3]에 이러한 관계를 나타냈다.

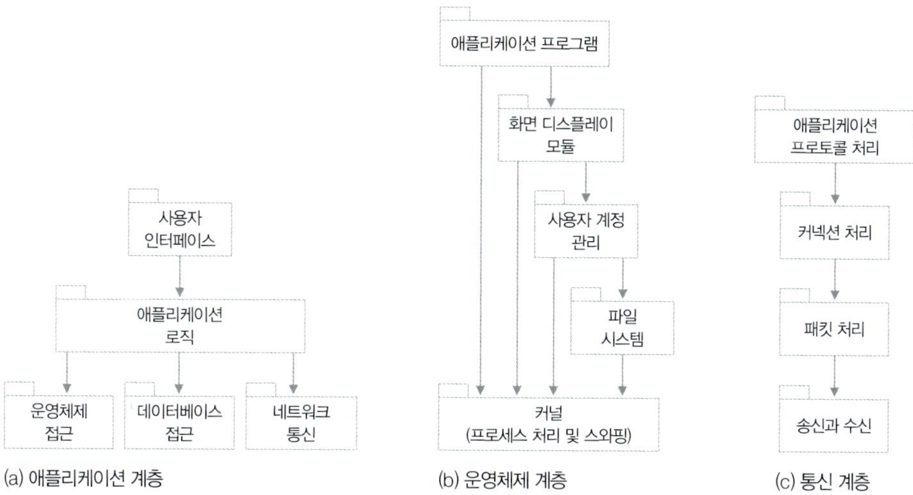

그림 6-3 계층 구조의 예

특정 계층에 있는 각 서비스는 기능적 응집력을 가질 수 있다. 그러나 외부에 주는 영향을 허용할 수 있기 때문에 기능적 응집이 반드시 필수적인 것은 아니다. 단일 계층을 형성할 수 있는 연관된 서비스에는 다음과 같은 것이 있다.

- 연산을 위한 서비스
- 메시지 또는 데이터를 전송하기 위한 서비스
- 데이터를 저장하기 위한 서비스
- 보안 관리를 위한 서비스
- 사용자와 상호작용하기 위한 서비스
- 운영체제에 접근하기 위한 서비스
- 하드웨어와 상호작용하기 위한 서비스

예를 들어 시스템이 특정 사운드 카드와 연결되어 있다면 시스템의 모듈이 이 사운드 카드와 상호작용하도록 만들어야 한다. 또한 카드에 직접 접근하기 위한 모든 코드를 모듈 안에 포함하되 그 이외의 코드는 포함하지 말아야 한다.

일반적으로 하나의 계층에 있는 절차와 메소드를 API^application programming interface^라고 하며 이를 통해 서비스를 제공한다. API 명세에는 더 높은 수준에 있는 계층이 각 서비스에 접근하기 위해 사용하는 규약과 외부 효과를 포함한 서비스를 기술한다.

계층적 응집의 장점은 다음과 같다.

- 설계자는 하나 이상의 상위 계층을 하위 계층에 영향을 주지 않고 교체할 수 있다.
- 하위 계층은 그보다 높은 계층에 접근하지 않기 때문에 같은 수준의 다른 계층으로 교체할 수 있다. 그러나 API의 전체 구조를 같게 해야 상위 계층이 계속 같은 방법으로 수행될 수 있다.

계층 표기법은 6절에서 아키텍처 패턴을 설명할 때 자세히 살펴볼 것이다.

2.3 교환적 응집

같은 데이터에 접근하거나 같은 데이터를 수정하는 모듈들을 함께 둘 때 나타나는 응집력이다. 객체지향 패러다임의 큰 장점 중 하나는 교환적 응집을 보장한다는 것이다. '교환적^communicational^'이라는 말은 데이터의 일부를 사용하는 프러시저 집합이 자료를 서로 교환한다는 데에서 비롯되었다. 즉 데이터를 교환함으로써 외부에 영향을 주게 된다.

예를 들어 Employee라는 클래스에 사원 데이터를 조작하고 저장하는 모든 기능이 들어 있다면 Employee 클래스는 좋은 교환적 응집력을 가진 것이다. 교환적 응집의 다른 예로, 데이터베이스를 갱신하는 모듈이 있고 데이터베이스 로그를 기록하는 또 하나의 모듈이 있다고 가정하자. 데이터베이스와 로그 파일은 모두 같은 데이터를 표현하기 때문에 두 모듈은 상위의 모듈 또는 서브시스템에 함께 존재해야 한다.

교환적 응집을 가진 모듈은 동일 계층에 탑재될 수 있다. 다시 말해 한 계층의 API는 특정한 클래스의 데이터를 조작할 수 있다. 한 계층에 의해 조작된 객체는 더 높은 계층에서 API를 호출한 응답으로 반환될 수 있다.

교환적 응집의 큰 장점은 이 책의 서두에서 언급한 객체지향의 장점과 유사하다. 데이터를 조작할 때 한곳에서 모든 코드를 찾을 수 있기 때문이다. 그러나 교환적 응집을 위해 계층적 응집을 희생해서는 안 된다. 예를 들면 객체가 데이터베이스나 원격 호스트에 저장되어 있더라도 클래스는 더 낮은 계층의 API를 사용해서 객체를 적재하고 저장해야만 한다.

[그림 6-4]는 교환적 응집 모듈('C'로 표현)의 몇 가지 예를 보여준다. 이는 계층('L'로 표현) 안쪽에 위치하여 자신의 계층 안에 있는 모듈뿐만 아니라 하위 계층의 서비스도 호출한다. 호출한 서비스가 다른 유형의 응집을 가진 모듈 안에 있을 수도 있다.

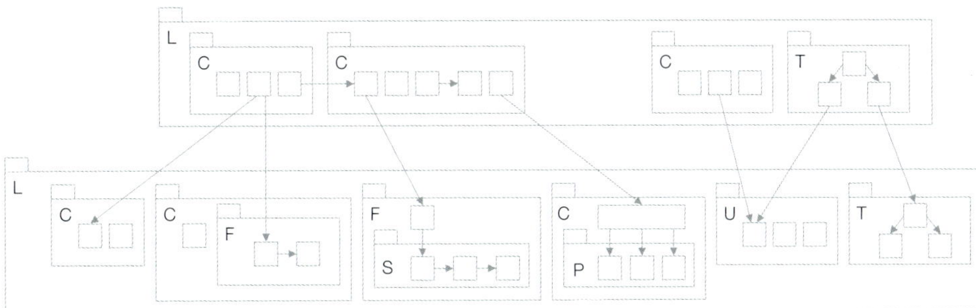

L: 계층적 응집　C: 교환적 응집　F: 기능적 응집　S: 순차적 응집
P: 절차적 응집　T: 시간적 응집　U: 실용적 응집

그림 6-4 다른 모듈의 서비스를 사용하는 중첩된 모듈의 응집

2.4 순차적 응집

한 프러시저의 출력이 다음 프러시저의 입력이 될 때 이 프러시저들을 함께 두고 나머지는 모두 외부에 두는 경우로 [그림 6-4]에 'S'로 표시되어 있다. 앞에서 나열한 응집이 모두 성취되었다면 다음은 순차적 응집을 이루도록 설계해야 한다. 두 개의 다른 클래스 안에 있는 메소드들이 서로에게 입력을 제공할 수 있는데 이것을 순차sequential라고 표현한다. 그러나 교환적 응집이 순차적 응집보다 더 중요하기 때문에 클래스들은 이러한 메소드를 각각 자신의 클래스에 위치시킨다.

순차적 응집의 예로는 문서를 인식하는 서브시스템을 생각해볼 수 있다. 한 모듈은 입력으로 비트맵을 받아 글자를 구성하는 구획으로 나눈다. 이 모듈의 출력은 모양을 인식하는 두 번째 모듈로 들어가 각 부분에 해당하는 특정 글자를 결정한다. 또 이 모듈의 출력이 단어의 순서를 결정짓기 위해 확률을 사용하는 세 번째 모듈의 입력으로 들어간다. 이 세 가지 모듈이 그루핑되어 있다면 순차적 응집에 해당한다.

2.5 절차적 응집

앞에서와 같이 한 모듈의 출력이 다음 모듈의 입력이 되지는 않지만, 하나의 프러시저 뒤에 바로 다음 프러시저가 일어나는 경우 이러한 프러시저들이 그루핑되어 유지된다면 절차적 응집에 해당한다. 따라서 순차적 응집보다는 응집력이 약하다. 예를 들면 대학 수강 신청 시스템에서 학생이 강좌를 신청하는 데 요구되는 모든 과정을 수행하는 하나의 모듈이 있고, 새로운 강좌 추가 등의 분리된 작업을 하기 위한 기능이 다른 모듈에 있는 경우이다.

2.6 시간적 응집

시간적 응집은 프로그램 수행에서 같은 단계에 있는 오퍼레이션들이 함께 모여 있는 경우로 절차적 응집보다 응집력이 약하다. 예를 들어 한 시스템이 시작하거나 초기화하는 동안 사용되는 모든 코드를 함께 두되 위에서 설명한 다른 응집에 영향을 미치지 않게 한다면 시간적 응집을 만들 수 있다. 동일한 방법으로 시스템 종료를 위한 코드 또는 특별한 때에 사용되는 코드를 묶는 경우 시간적 응집을 가지게 된다.

어떤 계층에서 시간적 응집을 가진 모듈의 작업이 그 계층의 서비스를 초기화하는 것이라면 그 모듈은 시스템이 시작될 때 호출되고 다른 시간에는 호출되지 않을 것이다. 시간적 응집이라 하더라도 몇몇 다른 계층의 서비스나 다른 클래스의 정적 변수를 직접 초기화하는 모듈을 만든다면 교환적 응집 수준의 영향을 미칠 수 있다. 그러나 다른 모듈의 초기화 프러시저를 호출하는 시간적 응집 모듈은 영향을 미치지 않을 것이다.

2.7 실용적 응집

앞에서 언급한 응집도에 해당되지 않고 서로 연관된 유틸리티 기능들을 함께 두는 경우에 해당된다. 실용적 기능이란 다른 서브시스템을 위해 광범하게 응용되는, 즉 재사용을 위해 설계된 프러시저나 클래스를 일컫는다. 예를 들면 java.lang.Math 클래스에는 실용적 응집이 있다. 어떤 수학 함수가 있을 때 그 함수를 인스턴스가 적용될 클래스 안에 두는 것이 좋을 것이다. 그러나 java.lang.Math는 명백히 소속될 곳이 없는 함수들을 한데 모아놓도록 한 것이므로 실용적 응집이다.

3 결합력 감소

결합력은 한 모듈과 다른 모듈 사이에 외부 의존도가 있을 때 발생한다. [그림 6-5]는 강한 결합력을 가진 시스템과 느슨한 결합력을 가진 시스템을 나타낸 것이다.

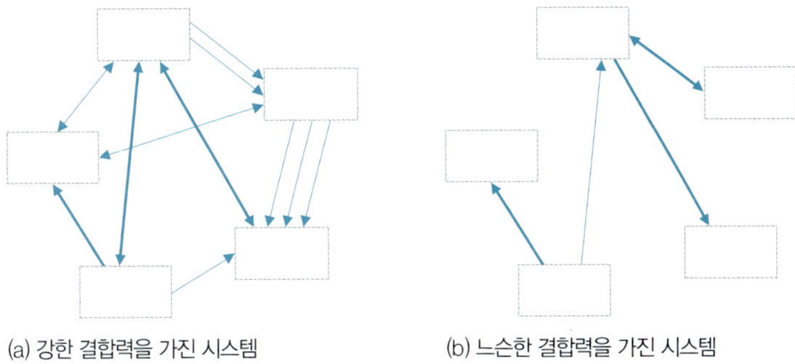

그림 6-5 결합력의 예(굵은 화살표는 강한 결합을 의미)

일반적으로 강하게 결합된 모듈일수록 시스템을 이해하고 변경하기가 어려운데 그 이유는 다음과 같다.

- 어느 한 부분이 변경되면 다른 부분도 변경되어야 한다. 한 부분에 이상이 있어 변경해야 할 경우 같이 변경해야 할 다른 부분을 발견하는 데 시간이 걸리고 오류를 범할 가능성이 있다.
- 모듈 간의 관계가 복잡하여 컴포넌트들이 어떻게 수행되는지 한눈에 보기 어렵다.

결합력은 어떤 모듈을 재사용하려 할 때 그것과 결합되어 있는 다른 모듈까지 같이 가져와야 한다는 의미를 내포한다. 결합된 컴포넌트가 제대로 수행되기 위해서는 서로가 필요하기 때문이다.

[표 6-2]에 모듈이 결합된 유형과 결합력을 줄이는 방법을 정리했다. 결합력을 줄이려면 모듈 사이의 연결 개수와 결합 강도를 줄여야 한다. [표 6-2]에 열거된 유형 중에서 특히 결합력이 강한 것들은 반드시 피해야 한다.

표 6-2 결합력의 유형과 줄이는 방법

유형	설명	결합력을 줄이는 방법
내용 결합	한 컴포넌트가 다른 컴포넌트의 내부 데이터를 비밀리에 수정하는 경우를 말한다.	이러한 경우는 반드시 피해야 한다.
공통 결합	전역 변수를 사용한 경우로 다소 위험하다.	전역 변수의 사용을 최소화하고, 전역 변수를 사용할 때는 한 모듈로 만든다.
제어 결합	하나의 프러시저가 플래그를 사용하여 다른 프러시저를 직접적으로 제어하는 경우이다.	다형성을 이용하여 결합의 정도를 줄여야 한다.
스탬프 결합	메소드 인자 중 하나가 같은 애플리케이션에 속한 클래스 중 하나인 경우이다.	이러한 인자는 간단한 인자(인터페이스, 슈퍼클래스, 몇 개의 단순 데이터 아이템 등)로 바꿔 사용해야 한다.
자료 결합	메소드 인자가 간단한 자료인 경우이다.	가능한 한 인자의 수를 줄여야 한다.
루틴 호출 결합	다른 모듈의 루틴을 호출한 경우이다.	반복적인 부분을 캡슐화하여 분리된 호출의 총수를 줄여야 한다.
타입 사용 결합	전역적으로 정의된 자료 타입을 사용하는 경우이다.	가능하면 단순한 형태(인터페이스나 슈퍼클래스 등)를 사용한다.
포함/수입 결합	파일을 포함하거나 패키지를 가져오는 경우이다.	불필요할 때는 제거한다.
외부 결합	운영체제, 공유 라이브러리, 하드웨어 등 시스템 범위 밖의 요소에 의존하는 경우이다.	외부 요소에 의존하는 부분을 줄여야 한다.

3.1 내용 결합

한 컴포넌트가 다른 컴포넌트의 내부 데이터를 비밀리에 수정하는 경우 발생한다. 데이터에 대한 수정은 발견하고 이해하기 쉬워야 하므로 내용 결합은 항상 피해야 한다. 자바 언어는 가장 좋지 않은 내용 결합(포인터 조작 등)을 피하도록 설계되어 있다.

내용 결합은 설계자가 의도하지 않은 방법으로 public 타입의 인스턴스 변수를 수정하는 경우에 발생한다. 내용 결합을 줄이려면 모든 인스턴스 변수를 private으로 선언하고 get, set 메소드를 제공하여 캡슐화해야 한다. 이렇게 하면 변수에 접근하고 변경하는 부분을 한 메소드에 위치시켜 안심할 수 있다. set 메소드는 변수에 검증된 변경만 할 수 있게 한다.

감지하기 더 어려운 형태의 내용 결합은 인스턴스 변수를 직접적으로 수정할 때 나타난다. 다음 코드에서 Arch 클래스는 slant 메소드를 가지는데, 이 메소드는 baseline 인스턴스의 end에 있는 Point의 y 값을 은밀하게 수정한다.

```
public class Line
{
    private Point start, end;
    ⋮
    public Point getStart() {return start;}
    public Point getEnd() {return end;}
}

public class Arch
{
    private Line baseline;
    ⋮
    void slant(int newY)
    {
        Point theEnd = baseline.getEnd();
        theEnd.setLocation(theEnd.getX(), newY);
    }
}
```

내용 결합은 인스턴스 변수가 private이라도 발생한다. 또한 Line은 setStart, setEnd 메소드가 없기 때문에 Line의 인스턴스 baseline은 변경 불가능하다. 그러나 위 프로그램에서 보듯이 Point 타입의 setLocation() 함수를 사용하면 Line이 은밀하게 변경될 수 있다.

또 다른 문제는 위 코드가 위임 패턴과 Demeter의 법칙을 지키지 않았다는 것이다. slant 메소드는 이웃 객체, Line이 아닌 더 먼 객체, Point에 접근하기 때문에 문제를 일으키는 것이다. 이러한 형태의 내용 결합은 다음 두 가지 방법으로 없앨 수 있다.

- moveEnd 메소드를 Line 클래스 내부에 추가하여 Line의 end를 명시적으로 움직인다. slant 메소드는 이 메소드를 호출해야 한다. 그러나 프로그래머가 moveEnd 메소드를 무시하고 의도적으로 쓰지 않을 수 있기 때문에 이것으로는 충분치 않다.
- Line 클래스를 변하지 않게 만든다. 그러려면 인스턴스 변수를 위해 불변 클래스를 사용해야 하며, 이렇게 하면 은밀하게 수정할 가능성을 제거할 수 있다.

3.2 공통 결합

전역 변수를 사용할 경우 발생한다. 즉 전역 변수를 사용하는 모든 모듈은 그것들 사이에 전역 변수를 선언한 모듈과 결합된다. 변수를 수정하면 그 변수를 사용하는 모든 코드에 영향을 주기 때문에 결합이 발생한다. 또한 한 모듈이 변수를 사용하는 방식을 변경하면 다른 모듈이 그 변수를 해석하는 방법에도 영향을 준다.

여기서 '전역global'이라는 말은 변수가 시스템에 있는 모든 프러시저와 객체에 공개된다는 것을 의미한다. 공통 결합이지만 약한 형태는 변수가 시스템의 모든 클래스가 아니라 일부 클래스(자바 패키지 등)의 모든 인스턴스에 의해 접근 가능할 때 발생한다.

객체지향 이전의 프로그래밍 언어에서는 전역 변수를 많이 사용했다. 공통이라는 명칭은 포트란Fortran에서 전역 변수를 선언하기 위해 Common이라는 키워드를 사용한 것에서 유래했다. 자바 언어에서는 public static으로 선언된 변수를 전역 변수로 간주한다.

공통 결합은 내용 결합과 같은 단점을 많이 가지고 있기 때문에 최소한으로 사용해야 한다. 때로는 시스템 전체가 사용하는 디폴트 값을 가진 변수를 표현하기 위해 전역 변수를 만들어야 하는 경우가 있다. 이런 전역 변수를 시스템의 정보를 전달하기 위해 여러 루틴에 매개변수로 넘긴다면 더 복잡해질 수 있다. 그러나 시스템 전체가 사용하는 대부분의 변수는 실제로는 상수이지 변수가 아니다. 예컨대 java.lang.Math 패키지는 상수 PI와 E를 가진다.

내용 결합과 마찬가지로 공통 결합도 캡슐화로 결합력을 줄일 수 있다. 각 전역 변수에 값을 설정하고 읽어오는 지정된 public 메소드를 가진 모듈로 만들어야 데이터의 내부 표현이 쉽게 변경될 수 있고, 악의로 부적절하게 변경하려는 코드로부터 보호할 수 있다. 또한 set 메소드를 두면 변경이 적절한지 검증할 수 있다. 한편 캡슐화는 전역 변수에 의한 폐해를 줄이기는 하지만 바람직하지 않은 결합을 낳기도 한다. 따라서 너무 많은 변수를 캡슐화하는 것은 피하도록 한다.

3.3 제어 결합

프러시저가 플래그나 커맨드를 사용하여 다른 프러시저를 호출할 때 발생한다. 플래그나 커맨드는 다른 프러시저가 하는 일을 정확하게 제어하기 위한 것으로, 다음은 그러한 예를 보여준다.

```
public routineX(String command)
{
    if(command.equals("drawCircle"))
    {
        drawCircle();
    }
    else
    {
        drawRectangle();
    }
}
```

routineX 메소드는 호출하는 모듈이 새로운 command를 추가할 때마다 바뀌어야 한다. 또한 호출 모듈이 command를 지운다면 메소드 내부 코드가 수정되어야 한다. 수정하지 않으면 데드 코드가 발생할 수 있다.

제어 결합은 routineX 메소드의 drawCircle이나 drawRectangle을 직접 호출함으로써 줄일 수 있다. 그러나 일반적으로 결합력을 줄이는 최고의 방법은 다형적 연산을 사용하는 것이다. 위의 예에서 Circle과 Rectangle이라는 두 개의 분리된 클래스를 두어 routineX가 draw를 호출할 때 적절한 메소드를 선택하게 하는 것이다.

제어 결합을 완벽하게 피할 수 없거나 피하지 말아야 할 두 가지 경우가 있다. 예를 들어 SimpleChat 서버가 handleMessageFromClient라는 메소드를 가진다고 하자. 명령을 생성하는 SimpleChat 클라이언트에 있는 메소드들은 강하게 결합되어 있는데, 이 경우에 제어 결합을 줄이는 한 가지 방법은 명령과 메소드를 매핑하는 look-up 테이블을 만드는 것이다. look-up 테이블은 명령이 변할 때마다 수정되기 때문에 약간의 결합력을 가질 수 있으나 중첩된 if-else 문보다는 구조 면에서 더 간단하다.

3.4 스탬프 결합

응용 클래스 가운데 하나가 메소드의 매개변수로 정의되는 경우에 해당된다. 일부 스탬프 결합은 필요하기도 하지만 다음 예는 왜 스탬프 결합을 감소시키는 것이 최선의 방법인지를 보여준다.

```
public class Emailer
{
    public void sendEmail(Employee e, String text) { … }
    ⋮
}
```

여기서 문제는 sendEmail 메소드가 전체 Employee 객체에 접근할 필요가 없다는 것이다. 실제로는 email과 name만 알면 된다. 전체에 접근하는 것은 불필요한 스탬프 결합을 유발하는데, 이러한 경우 유지보수 담당자는 Employee 클래스를 변경할 때마다 sendEmail 메소드를 확인해야 한다. Emailer 클래스 또한 Employee 클래스를 사용하는 응용에서만 사용하므로 재사용 가능성이 없다.

스탬프 결합을 감소시키는 데에는 매개변수 타입으로 인터페이스를 사용하는 방법과 단순한 변수를 전달하는 방법이 있다. 다음은 첫 번째 방법의 예이다.

```
public interface Addressee
{
    public abstract String getName();
    public abstract String getEmail();
}

public class Employee implements Addressee { … }

public class Emailer
{
    public void sendEmail(Addressee e, String text) { … }
    ⋮
}
```

스탬프 결합은 sendEmail 메소드가 꼭 필요로 하는 name과 email 데이터에만 접근함으로써 줄일 수 있다. Employee 클래스의 변경에는 거의 영향을 미치지 않지만, sendEmail 메소드는 Addressee 인터페이스가 수정되면 영향을 받을 것이다. Addressee 인터페이스가 재사용하기 쉽게 선언되면 Emailer 클래스는 재사용이 가능해진다.

새로운 Addressee 인터페이스를 생성하는 대신 sendEmail 메소드 형태로 Employee의 슈퍼클래스(예를 들면 Person)를 사용하는 방법은 때로 스탬프 결합을 줄이는 데 효과적일 수 있다. 그러나 인터페이스를 사용하는 것이 일반적으로 더 유연한 해결책이다.

스탬프 결합을 줄이는 두 번째 방법의 예는 다음과 같다.

```
public class Emailer
{
    public void sendEmail (String name, String email, String text)
    { … }
    ⋮
}
```

이런 경우 스탬프 결합은 다음에 설명하는 자료 결합으로 바뀐다.

3.5 자료 결합

메소드 매개변수의 타입이 스트링과 같은 기본적이거나 단순한 클래스인 경우에 해당된다. 메소드는 일반적으로 매개변수를 가지므로 자료 결합이나 스탬프 결합을 피할 수 없다. 하지만 메소드에 불필요한 매개변수를 두지 않음으로써 결합을 줄일 수 있다.

각 메소드를 호출하는 모듈은 각 매개변수를 위한 코드를 가지고 있어야 하므로 메소드가 가진 매개변수가 많을수록 결합력이 높아진다. 각 매개변수를 정의하고 구현하는 메소드를 수정하면 호출하는 각 모듈의 코드를 수정해야 하기 때문이다.

자료 결합과 스탬프 결합 사이에는 교환 법칙이 성립한다. 매개변수가 한 개이면 자료 결합은 스탬프 결합보다 느슨해지므로 더 좋은 결합이다. 그러나 하나의 복잡한 매개변수를 여러 개의 단순한 매개변수로 변경하면 전체 결합력이 더 높아질 것이다. 위의 코드에서는 sendEmail 메소드에 하나의 매개변수를 추가함으로써 스탬프 결합이 없어졌다. 서너 개의 매개변수를 추가했다면 허용하기 어려웠을 텐데, 이런 경우에는 차라리 스탬프 결합을 가지는(Addressee 인터페이스를 사용하는) 것이 나을 것이다.

3.6 루틴 호출 결합

하나의 루틴, 또는 객체지향 시스템의 메소드가 다른 루틴이나 메소드를 호출하는 경우에 발생한다. 루틴은 서로의 행동에 의존하고 호출자는 호출되는 루틴의 인터페이스에 의존하기 때문에 이것들은 서로 결합된다.

루틴 호출 결합은 어떤 시스템에서든 항상 존재하는데 이를 줄이는 방법이 있다. 어떤 연산을 위해 두 개 이상의 메소드를 사용하고 이것들을 사용하는 부분이 한 곳 이상이면 이런 처리를 캡슐화하여 하나의 루틴으로 정의하면 된다. 예를 들면 그래픽 패키지를 사용할 때 다음과 같은 순서대로 사용하는 코드를 여러 번 작성해야 하는 경우가 있다.

```
aShape.drawBackground();
aShape.drawForeground();
aShape.drawBorder();
```

위와 같은 순서의 메소드를 캡슐화하여 새로운 메소드를 만들면 루틴 호출 결합을 줄일 수 있다. 위의 세 메소드가 변경될 때 유지보수 담당자는 캡슐화된 메소드만 변경하면 된다.

3.7 타입 사용 결합

어떤 모듈이 다른 모듈에서 정의된 자료형을 사용할 때 발생한다. 타입 사용 결합은 자바 언어와 같은 정형화된 언어에서 자연스럽게 발생하는데, 클래스 안에서 인스턴스 변수나 지역 변수를 정의할 때 언제든 발생할 수 있다.

타입 사용 결합은 공통 결합과 유사하며, 자료가 공유되는 것이 아니라 자료형만 공유된다는 점이 다르다. 일반적으로 자료형을 같이 사용함으로써 미치는 영향은 자료를 공유함으로써 미치는 영향보다 덜하다. 따라서 타입 사용 결합은 공통 결합보다 문제가 심각하지 않다. 결과적으로 타입 사용 결합을 이용하면 타입의 정의가 변할 때 타입 사용자도 수정해야 한다.

스탬프 결합은 타입 사용 결합과 매우 관련이 깊은데, 스탬프 결합을 줄이는 방법이 바로 타입 사용 결합이다. 특히 가장 일반성 있는 클래스를 만들거나 요구되는 연산을 포함하는 인터페이스를 만들기 위해서는 변수의 타입을 정의해야 한다. 예를 들어 자료를 모아서 저장하는 변수를 만들 때는 java.util.List 안에 있는 인터페이스를 구현한 List 자료형으로 정의한다. 그러나 변수에 실제 저장된 인스턴스는 다형성에 의해 ArrayList나 LinkedList, Vector, 또는 별도로 정의한 클래스가 될 수 있다. 모든 중요한 연산은 인터페이스 안에 정의되기 때문에 List라는 타입 정의로 충분하다. 타입 사용 결합의 장점은 나중에 다른 타입의 집합을 사용하더라도 수정이 적다는 것이다.

3.8 포함 결합

포함 결합은 컴포넌트가 패키지를 임포트import하는 경우 발생한다. 임포트된 컴포넌트는 사용 여부에 상관없이 임포트한 컴포넌트에 모든 것을 드러낸다. 만일 임포트된 컴포넌트 중에서 임포트한 컴포넌트가 사용하는 어떤 부분을 변경하거나 추가하면 임포트한 컴포넌트 역시 변경해야 한다. 임포트된 컴포넌트가 커질수록 결합이 더 나빠진다. 하지만 표준 패키지를 임포트하는 것이 사용자가 작성한 패키지를 임포트하는 것보다 낫다.

포함 결합은 다른 서브시스템이나 라이브러리 사용을 허용하기 때문에 피할 수 없는 것이라 할 수 있다. 그러나 불필요한 패키지나 클래스를 포함하지 않도록 하는 것이 중요하다. 그런 경우 사용되지 않는 것들의 변경까지 고려해야 하기 때문이다. 예를 들어 임포트된 파일에 새로운 아이템이 추가되었을 때 새로운 아이템의 이름이 임포트한 서브시스템에서 이미 정의된 것이라면 문제가 될 것이다.

3.9 외부 결합

어떤 모듈이 운영체제, 공유 라이브러리, 하드웨어 등에 의존하는 경우 발생한다. 이때는 코드에서 의존성을 가진 부분을 줄이는 것이 최선의 방법이다. 7장에서 소개할 퍼사드facade 디자인 패턴은 서브시스템 외부에 작은 인터페이스를 제공함으로써 외부 결합을 줄인다.

4 높은 수준의 추상화

상세하고 구체적인 부분을 숨기거나 상세화를 지연함으로써 설계 복잡도를 줄여야 한다. 설계 작업의 이러한 특성을 잘 표현하는 용어가 추상화이다. 좋은 추상화는 정보를 은닉할 수 있도록 해준다. 인간의 뇌는 주어진 시간에 제한된 양의 정보만 처리할 수 있기 때문에 추상화는 필수적이다.

2장에서 프러시저 추상화와 데이터 추상화를 언급한 바 있다. 클래스는 절차적 추상을 포함하는 자료 추상화이다. 슈퍼클래스와 인터페이스는 추상화 수준을 높인다. 즉 각 클래스 내의 public 메소드가 적을수록 추상화가 좋아진다. 또한 모든 변수가 private이라면 추상화는 더욱 좋아진다. 속성과 연관 또한 자료 추상화이다.

메소드는 절차 추상화에 속하며 오퍼레이션 역시 추상화를 돕는다. 좋은 추상화를 이루려면 더 적은 수의 매개변수를 가진 메소드나 오퍼레이션을 제공하면 된다. 클래스나 메소드를 만들어 추상화하는 방법은 프로그래밍 언어의 문법으로 직접 제공된다. 반면 연관은 설계자가 사용하는 모델 내에서 표현된다.

추상화 작업은 본질적인 것을 이해하는 데 도움이 되며, 불필요한 상세 사항에 방해받지 않고 중요한 결정을 하도록 도와준다. 감추어졌던 상세 사항은 다음과 같은 방법으로 구체화될 수 있다.

- **설계 후반부에 구체화**: 예를 들면 클래스 다이어그램을 그릴 때 속성의 자료형을 표시하지 않거나 연관 관계의 상세한 구현을 보여주지 않는 경우 차후 설계 단계에서 구체화된다.
- **컴파일러나 실시간 시스템처럼 실행 시 구체화**: 예를 들면 동적 바인딩은 어떤 메소드가 실행될지 미리 알려주지 않음으로써 구체화를 지연한 것이다.
- **디폴트 값을 사용함으로써 구체화**: 예를 들면 디폴트 값을 변경시키는 외부 액션이 발생하지 않는 한 배경을 흰색으로 만드는 그리기 오퍼레이션은 디폴트에 의해 구체화된 것이다.

5 재사용성 증진

재사용과 관련하여 상호 보완적인 두 가지 설계 원리가 있다. 첫째는 재사용성을 증진하는 것이고, 둘째는 실제로 다른 작업 결과를 재사용하는 것이다. 재사용을 위한 설계란 시스템의 다양한 측면을 설계하여 다른 환경에서도 다시 사용될 수 있도록 하는 것이다. 컴포넌트는 프러시저 호출이나 슈퍼클래스 상속 등의 메커니즘에 의해 재사용된다. 재사용성을 증가시키기 위한 주요 전략은 다음과 같다.

■ 설계 범용화

컴포넌트를 재사용할 수 있는 설계를 하기 위해 먼저 그 컴포넌트를 사용할 시스템을 생각해본다. 그런 다음, 개발한 컴포넌트가 또 다른 시스템과 어울려 작동될 수 있게 만든다. 예를 들어 특수한 다이어그램을 그리는 기능을 만드는 중이라면 다른 애플리케이션을 위해 다른 종류의 다이어그램을 그리는 데에도 사용될 수 있도록 설계한다. 그래도 부족하다면 정해진 애플리케이션은 잊어버리고 재사용 가능한 컴포넌트에 초점을 맞춘다. 예를 들어 Employee 인스턴스를 이진 파일에 저장하기 위한 메소드를 만든다면 그것보다는 이진 파일에 어떠한 클래스도 저장할 수 있는 메소드를 생각해본다.

- **세 가지 설계 원리 준수(응집력 증진, 결합력 감소, 높은 수준의 추상화)**

  컴포넌트는 잘 정의된 목적을 가지고 있으므로 응집력이 높으면 재사용성이 향상된다. 또한 단독으로 존재할 수 있기 때문에 결합력이 줄어들면 재사용성이 커진다. 그리고 추상화를 통해 자연스럽게 일반화하면 재사용할 수 있는 가능성이 커진다.

- **후크 설계**

  후크hook는 다른 설계자가 기능을 추가할 수 있도록 의도적으로 추가한 설계의 일부분이다. 재사용을 방해하는 요소 중 하나는, 컴포넌트가 사람들이 원하는 기능을 가지고 있더라도 모든 기능을 가진 것이 아니라는 점이다. 컴포넌트가 유용한 후크를 가지면 사람들이 저마다 원하는 대로 쉽게 확장할 수 있다.

- **단순한 설계**

  컴포넌트가 복잡할수록 새로운 환경에서 재사용하기 어렵다. 가장 재사용하기 쉬운 컴포넌트는 단 하나의 작업만을 완벽하게 하는 컴포넌트이다. grep, cat, head, tail, sort, uniq, awk, sed 같은 유닉스 운영체제 기본 명령어가 전형적인 예이다. 매우 강력하지만 상대적으로 아주 단순하기 때문이다. 단순함은 모두 같은 자료형, 즉 문자 스트림 입력과 출력을 가진다는 데에서 비롯된다.

6 설계와 코드의 재사용

재사용 가능한 설계를 하는 것과 특정 설계를 재사용하는 것은 서로 보완적이다. 설계해놓은 것을 활발하게 재사용한다는 것은 결국 다른 사람들이 투자해서 설계한 재사용 컴포넌트를 이용한다는 뜻이기 때문이다. 그런데 복제는 재사용의 형식으로 볼 수 없다. 복제는 한 곳에서 다른 곳으로 코드를 복사하는 것이다. 시스템에서 같거나 유사한 코드가 두 번 이상 있을 때 한 곳을 수정하면 모든 복제물을 수정해야 하므로 복제는 피해야 한다. 하지만 유지보수 담당자가 존재하는 모든 복제를 인식하지 못하고 한 곳만 수정하는 경우가 있다. 유지보수 담당자는 모든 오류를 수정했다고 생각하지만 오류가 여전히 남아 있을 수 있다.

일반적으로 코드 한 줄을 복제하는 것은 허용되는데, 이는 많은 인자를 포함한 메소드로 복잡하게 호출하는 문장일 것이다. 하지만 한 줄 이상의 코드를 복제해야 할 때는 분리된 메소드에 코드를 캡슐화하고 메소드를 다른 곳에서 호출하는 것이 최선의 방법이다.

7 유연성 고려

유연성flexibility을 고려한 설계는 미래에 발생할 변경을 예상하고 이를 준비하는 것을 말한다. 여기서 변경이란 구현된 코드의 변경, 예를 들어 효율성 개선이나 대량 데이터의 처리를 위한 코드 수정이나 기능적 요구의 변경 등을 모두 포함한다. 설계할 때 유연성을 높이는 방법은 다음과 같다.

■ **결합력 감소와 응집력 증가**

시스템의 일부분을 쉽게 교체할 수 있게 한다. 예를 들어 현재 애플리케이션이 파일에 데이터를 저장한다면 추후 상용 데이터베이스 패키지를 사용하게 될 때가 올 것이다. 시스템 데이터를 저장하는 부분을 계층 응집력을 가진 서브시스템에 위치시키면 이러한 변화를 쉽게 수용할 수 있다.

■ **추상화 생성**

특히 다형성이 있는 오퍼레이션을 가진 인터페이스나 슈퍼클래스를 생성하는 것이 중요하다. 이렇게 하면 추가 확장이 쉬워진다.

■ **하드 코딩 금지**

상수는 코드로부터 분리되어야 한다. 예를 들어 서버로 연결할 수 있는 클라이언트의 개수를 25로 제한하려 한다면 다음과 같은 코드는 바람직하지 않다.

```
if(numConnections <= 25) …
```

대신에 서버가 시작할 때 형상 파일로부터 연결 노드의 최댓값을 읽는다. 더 좋은 방법은 사용자가 선택 대화상자를 통해 값을 변경할 수 있도록 하는 것이다.

■ **선택의 여지를 남김**

예를 들어 메소드에서 예외가 발생했을 때 그 처리를 한정된 액션으로 코딩하는 것보다 throw 문장을 사용하여 예외로 처리한다. 그러면 호출한 메소드에서 예외를 어떻게 처리할지 결정하는 유연성을 갖게 된다.

■ **코드 재사용과 재사용 가능한 코드**

재사용성을 증진하는 주요 전략에서 언급한 후크 추가 같은 기법으로 설계를 더 유연하게 만들 수 있다.

8 노후 예측

시스템이 노후될 것을 예상하고 설계하는 것은 유연성을 고려한 설계의 특별한 경우라 할 수 있다. 소프트웨어 시스템에서 사용하는 기술과 시스템은 시간이 흐를수록 불가피하게 실행 환경이 변할 수밖에 없다. 노후 예측이란 기술 또는 환경의 변화에도 소프트웨어를 계속 운영하면서 쉽게 수정할 수 있도록 계획하는 것을 의미한다. 다음은 노후 예측을 잘하기 위한 몇 가지 규칙이다.

■ **기술이 성숙했을 때 어떻게 관리될지 예상해본다.**

쉽게 드러나는 문제점은 기술의 초기 릴리스가 후기 릴리스에 비해 결함이 많다는 것이다. 기술 제공자가 다음 릴리스에서 결함을 수정한다고 해도 처음 기술을 릴리스한 기업이 사라졌을 수도 있다. 한편 결함이 없어도 기술이 발전하면 설계에 수정을 쉽게 반영할 수도 있다.

■ **특정 환경에서만 사용되는 라이브러리의 사용을 지양한다.**

특정 운영체제나 하드웨어에만 있는 기능을 사용하는 소프트웨어는 먼 장래에 지원되지 않을 가능성이 있다.

■ **문서화되지 않은 기능이나 사용하지 않는 기능은 과감히 삭제한다.**

거의 사용하지 않는 기능은 결함이 잘 발생할 뿐만 아니라 그 기능을 삭제하거나 변경하더라도 손해가 없을 가능성이 크다. 한편 많이 사용하는 기술에 수정을 가하려고 하면 다수의 사용자가 반대하여 변경하기 어려울 것이다.

■ **작은 회사나 오래갈 것 같지 않은 회사의 소프트웨어나 하드웨어가 있는지 확인한다.**

작은 회사는 도산의 우려가 있고 오래된 버전을 지원하지 않을 가능성이 크다. 큰 회사도 도산할 수 있기 때문에 큰 회사만 신뢰해야 한다는 주장은 극단적이지만 작은 회사가 제품을 버리거나 도산할 확률이 높다.

■ **표준 언어 및 다수의 회사가 제공하는 기술이 안정적이다.**

이런 기술이 버림받지 않는 중요한 기술이다. 아직도 많은 소프트웨어 시스템이 특정 회사

고유의 언어를 기반으로 하고 있다. 그렇지만 표준 언어가 만병통치라고 생각해서는 안 된다. 변경될 수 있고 같은 표준을 지원한다 하더라도 구현에 미묘한 차이가 있을 수 있기 때문이다.

9 이식성

목적은 다르지만 이식성을 고려한 설계 원리는 노후를 예측한 설계 원리와 공통점이 많다. 노후 예측 설계 원리의 주된 목표는 소프트웨어를 살아남게 하는 것이며, 이식성을 높이는 설계 원리는 되도록 많은 플랫폼에서 소프트웨어를 실행할 수 있게 하는 것이 주요한 목표이다.

이식성을 확보하려면 특정 환경에만 있는 기능을 사용하지 말아야 한다. 자바 언어는 여러 플랫폼에서 수행할 수 있도록 설계된 대표적인 예이다. 그런데 어떤 회사는 자기 회사의 컴파일러에서만 작동하는 자바 라이브러리를 만들기도 한다. 이렇게 하면 단일 플랫폼에서만 작동하여 그 라이브러리를 사용하는 소프트웨어를 다른 플랫폼에 이식할 수 없거나 이식해도 사용하기가 매우 어렵다. 이런 점을 알고 미리 피하는 것도 중요하다.

10 테스트 가능성

설계 단계에서 한발 더 나아가 테스트 단계까지 고려하는 설계 원리이다. 테스트는 수동 또는 자동으로 할 수 있다. 자동 테스트는 시스템을 완벽하게 테스트하기 위해 여러 가지 다양한 입력을 제공하는 프로그램을 이용하여 실시한다. 이 원리는 자동 테스트가 쉬운 시스템이 되도록 설계해야 한다는 의미이다.

테스트 가능성을 높이는 가장 좋은 방법은 코드의 모든 기능이 GUI를 통하지 않고도 실행될 수 있게 설계하는 것이다. 그러기 위해서는 명령어 실행 버전으로 시스템을 만들면 된다. 명령어 실행 버전을 만들면 애플리케이션에 자동적으로 명령어를 발생시키는 테스트 프로그램을 작성할 수 있다.

11 방어적 설계

방어 운전은 다른 운전자들의 실수를 항상 염두에 두고 운전하는 것을 말한다. 마찬가지로 소프트웨어를 설계할 때도 다른 프로그램이 항상 옳다고 생각하지 말고 방어적으로 설계해야 한다. 시스템의 신뢰도를 높이려면 스스로 작업한 곳에도 오류가 없어야 하지만 작성한 컴포넌트가 부적절하게 사용되는 모든 경우를 잘 처리할 수 있어야 한다.

방어적으로 설계하는 가장 좋은 방법은 컴포넌트에 입력되는 모든 값을 확인하는 것이다. 즉 각 컴포넌트의 전제 조건을 철저하게 확인하는 것이다. 예를 들어 어떤 날이 근무일인지 확인하는 메소드가 있다고 하자. 메소드를 구현할 때 먼저 해야 할 일은 그 날짜가 의미 있는 유효한 것인지 판단하는 작업이다.

한 예로 다음 코드를 살펴보자. 메소드 안의 첫 번째 문장이 날짜의 유효성을 확인한다. 하지만 isWeekEnd와 isHoliday 함수도 유효성을 확인하는데 이처럼 세 번씩이나 날짜의 유효성을 확인하는 것은 계산 낭비이다.

```
public boolean inWorkingDay(String aDate)
    throws  InvalidDateException
{
    if (!isValidDate(aDate)) throw new InvalidDateException();
    return !(isWeekEnd(aDate) || isHoliday(aDate));
}
```

계약에 의한 설계design by contract 개념은 방어적 설계를 효과적으로 할 수 있도록 도와준다. 핵심 아이디어는 각 메소드가 다음과 같은 검증 조건assertion을 메소드 호출자와 명시적으로 약속하는 것이다.

- **전제 조건**: 호출된 메소드가 실행되기 전에 참이 되어야 하는 조건으로, 호출자가 미리 조건을 만족시켜야 할 책임이 있다.
- **결과 조건**: 호출된 메소드의 실행이 종료된 후에 참이 되어야 하는 조건으로, 호출된 메소드가 리턴하기 전에 조건을 만족시켜야 할 책임이 있다.
- **불변 조건**: 호출된 메소드가 실행되는 동안 변경하지 말아야 하는 조건이다.

전제 조건, 결과 조건, 불변 조건은 모두 불리언boolean식으로, 값이 거짓으로 판별되면 실행이 비정상적임을 나타낸다. 4장에서 설명한 OCL로 검증 조건을 표현하는 것이 방어적인 설계를 하는 한 가지 방법이 될 수 있다. 검증 조건은 관련 메소드 코드에서 명확히 파악되어야 한다. 예를 들면 다음 코드와 같이 'Requires'라는 단어로 전제 조건을 표시한다. 이와 같이 계약은 메소드를 사용하는 사람이 메소드가 호출될 때 무엇을 가정했고, 호출할 때 무엇을 제공해야 하는지를 명확히 나타낸다.

```
public boolean isWorkingDay(String aDate)
{
    // Requires isValidDate(aDate);
    return !(isWeekEnd(aDate) || isHoliday(aDate));
}
```

정상적으로 가동될 때는 메소드 내부에서 검증 조건식 값을 명시적으로 확인할 필요가 없으나 테스트 단계에는 검증 조건식을 명시적으로 확인해야 한다. 그러면 약속을 지키지 않은 메소드가 어떤 것인지 빨리 찾아낼 수 있다.

일부 프로그래밍 언어는 검증 조건 문장을 문법에 포함한 것도 있다. 예컨대 JUnit 같은 패키지를 이용하면 자바에서 검증 조건 문장을 사용할 수 있다. 또한 개발 단계와 테스트 단계에는 검증 조건 문장의 실행을 켜고 시스템이 릴리스될 때는 끌 수도 있다.

계약에 의한 설계의 개념은 신뢰 수준을 나타낸다. 운전을 배울 때는 옆에 앉은 강사가 방어 운전을 위해 옆 차도 봐주면서 도와주지만 면허를 따면 스스로 해야 한다. 마찬가지로 소프트웨어 설계 후에도 컴포넌트 또는 계층 사이의 경계에서 계속적으로 엄격하게 검증 조건을 확인해야 한다.

03 설계안 결정

지금까지 소프트웨어 설계에서 품질을 높이기 위해 고려해야 할 설계 원리를 살펴보았다. 이 절에서는 설계 최적안을 결정하는 두 가지 방법을 알아보자.

1 목표와 우선순위 결정

본격적인 설계를 시작하기 전에 여러 가지 품질 측면에 대해 목표와 우선순위를 수립해야 한다. 목표는 달성하고자 하는 계량적인 값을 말하고, 우선순위는 품질 특성이 상충되었을 때 절충할 방법을 의미한다. 이러한 목표와 우선순위를 정할 때 고려할 품질은 메모리 효율성, CPU 효율성, 유지보수성, 이식성, 사용성이다. 일반적으로 목표와 우선순위는 비기능적 요구 사항에서 찾을 수 있다.

설계안을 결정하는 순서는 다음과 같다.

① 설계안을 모두 나열하고 기술한다.

② 목표와 우선순위를 고려하여 각 설계안의 장점과 단점을 기술한다.

③ 하나 이상의 목표를 만족시키지 못하는 설계안은 배제한다. 어떤 설계안도 모든 목표를 만족시키지 못한다면 목표를 수정하고 다시 ① 단계부터 반복한다.

④ 목표를 가장 잘 만족시키는 설계안을 선택한다. 목표에 비추어 여러 설계안이 동일하다면 우선순위를 정한다.

⑤ 계속되는 설계 의사 결정을 위해 우선순위를 조정한다. 어떤 품질 특성에 대해 이미 만족시킨다는 것을 알고 있다면 다른 특성에 대한 우선순위를 높인다.

예제 6-1 **설계안 결정하기**

다음은 '투자 분석을 위한 분산 시스템'의 목표를 우선순위가 높은 순으로 나열한 것이다. [표 6-3]의 다섯 가지 설계안에 대한 평가를 보고 최종 설계안을 결정해보자.

- **보안**: 공개키 기법을 사용하면 400Hz 프로세서로 100시간 안에 암호를 풀 수 있다.
- **유지보수성**: 구체적인 목표는 없다.
- **메모리 효율성**: 20MB 램 이상 소요되면 안 된다.
- **CPU 효율성**: 500Hz 프로세서(사용자가 이용하는 가장 낮은 사양)에서 수행될 때 1초 이내로 반응해야 한다.
- **네트워크 대역폭 효율성**: 트랜잭션당 8KB 이상의 데이터가 전송되어서는 안 된다.
- **이식성**: 윈도우 7, 10뿐만 아니라 리눅스에서도 실행되어야 한다.

표 6-3 설계안 평가표

설계안	보안	유지보수성	메모리 효율성	CPU 효율성	대역폭 효율성	이식성
A 안	높음	중간	높음	중간	낮음	낮음
B 안	높음	높음	낮음	중간	중간	낮음
C 안	높음	높음	높음	낮음	높음	낮음
D 안	–	–	–	중간	–	–
E 안	–	–	–	낮음	–	–

정답

먼저 어떤 목표가 충족되는지 살펴본다. CPU 효율성을 만족시키는 설계안이 없으므로 기준을 낮추어 근접한 A, B, D 안 중에서 선택하기로 한다. 그런데 D 안은 대역폭 효율성을 만족시키지 못하므로 탈락시키고, 남은 우선순위를 고려하여 A 안과 B 안 중에서 결정한다. 두 안 모두 최우선 순위와 보안이 같다. 그러나 B 안이 두 번째 우선순위인 유지보수성이 좋기 때문에 최종안으로 결정한다.

2 비용 효과 분석

설계할 때 고려해야 할 중요한 점은 비용을 줄이고 효과를 높이는 방법을 찾는 것이다. 설계안마다 비용과 효과가 달라 설계안을 결정할 때 비용 효과 분석을 하면 가장 좋은 안을 결정할 수 있다. 비용 효과 분석은 설계안 결정 시 또 하나의 기준으로 추가할 수도 있고, 앞서 설명한 우선순위와 목표만으로는 뚜렷한 결정을 내릴 수 없을 때 추가로 사용할 수도 있다.

비용 효과 분석은 관리자 교육에서 많이 다루지만, 관리자뿐 아니라 소프트웨어 엔지니어도 이런 기법을 사용하여 설계에 관한 결정을 할 수 있어야 한다. 비용 효과 분석을 할 때 완벽하고 정확하게 하는 것은 기대하기 어렵다. 그러나 메모지에라도 대략적으로 분석해보면 더 나은 결정을 하는 데 도움이 된다. 다른 방법보다 비용이 더 많이 드는 설계안인지 명확히 드러나기 때문이다.

새로운 기능이나 설계안에 대한 비용을 추정하기 위해 다음과 같은 요소를 고려한다.

- **소프트웨어 엔지니어링 작업에 드는 추가 비용**: 요구 분석, 설계, 구현, 품질 보증 등의 작업을 하는 데 드는 비용을 말한다. 추가 비용은 특정한 설계안을 채택했을 때 덤으로 드는 비용을 말하며, 소프트웨어 엔지니어링 비용은 일반적으로 man-month로 계산되는 노력에 비례한다.
- **특정 개발 기술에 드는 추가 비용**: 프로그래밍 언어, 재사용 컴포넌트, 데이터베이스 등을 구입하는 데 드는 비용을 말한다.
- **사용자 및 제품 지원 인력에 드는 추가 비용**: 소프트웨어 설치 시간, 훈련 시간, 지원 시간, 데이터 입력 시간, 사용자가 익숙해질 때까지의 시간 등에 대한 비용을 말한다. 또한 재사용 컴포넌트의 라이선스와 필요한 하드웨어 구입 비용도 포함된다.

새로운 기능이나 설계안의 효과를 추정할 때 다음과 같은 사항을 고려한다.

- **소프트웨어 엔지니어링 작업 시 절약 시간**: 예를 들어 유연성이 향상되면 유지보수 비용이 획기적으로 절약된다.
- **매출 향상이나 사용자의 금전적 이익**: 패키지형 제품이라면 매출 증가량을 예측해보고, 주문형 제품이라면 다른 설계안을 채택했을 때 사용자가 절약하거나 이득을 보는 금액을 추정할 수 있다. 두 가지 모두 개발 시스템을 사용할 사용자 수를 정확히 예측해야 한다.

NOTE_ ATAM

ATAM[architecture tradeoff analysis method]은 설계된 아키텍처에 대해 성능, 변경 용이성, 이식성 등 여러 품질 특성의 관점에서 평가하는 방법이다. 카네기멜런대학의 소프트웨어공학연구소[Software Engineering Institute]가 제안한 ATAM은 4~5명의 평가 팀이 시스템 관련자와 함께 아키텍처를 평가하며, 다음과 같은 아홉 단계에 걸쳐 평가 작업이 이루어진다.

① ATAM 평가 방법을 설명한다.
② 아키텍처 설계의 타깃인 비즈니스 목표를 설명한다.
③ 아키텍처를 설명한다.
④ 아키텍처 패턴이나 접근 방법을 파악한다.
⑤ 시스템의 품질을 결정하는 요소를 추출한다.
⑥ 아키텍처 접근 방법을 분석한다.
⑦ 브레인스토밍을 하고 시나리오 우선순위를 결정한다.
⑧ 아키텍처 접근 방법을 분석한다.
⑨ 결과를 설명한다.

04 아키텍처 모델

아키텍트, 즉 건축 설계자는 빌딩을 지을 때 아주 중요한 역할을 한다. 빌딩의 아키텍처는 빌딩에 대한 다양한 관점, 예컨대 전기, 배관, 구조 등의 관점에서 빌딩을 표현한 것으로 이런 모든 작업을 책임지는 사람이 아키텍트이다. 아키텍트는 빌딩을 견고하게 만들고 건축 비용을 절약하여 고객에게 만족을 주어야 한다. 소프트웨어 아키텍처의 경우도 마찬가지이다. 소프트웨어 아키텍트는 소프트웨어 엔지니어링에서 시스템에 대한 높은 수준의 관점을 개발하는 중요한 역할을 담당한다.

소프트웨어 아키텍처는 소프트웨어 시스템의 전반적인 구조와 서브시스템으로의 분할, 서브시스템의 상호작용 및 인터페이스를 설계하는 과정이다. 소프트웨어 아키텍처라는 용어는 작업 결과를 정리한 문서를 의미하기도 하는데, 여기서는 명확히 하기 위해 이런 문서를 아키텍처 모델이라 부르자.

1 아키텍처 모델의 중요성

소프트웨어 엔지니어는 아키텍처 모델에 근거하여 시스템 설계의 모든 측면을 토의한다. 아키텍처 모델을 개발할 때 내린 결정은 나머지 설계 작업에 지대한 영향을 미친다. 따라서 참여하는 모든 엔지니어는 설계의 핵심인 아키텍처 모델을 이해해야 한다.

아키텍처 모델은 시스템의 전체적인 효율성, 재사용성, 유지보수성에 큰 영향을 미치는 구속력을 가지고 있다. 따라서 아키텍처 모델이 잘못 결정되면 후속 설계 작업이 상당히 어려워질 수 있다. 아키텍처 모델 개발이 왜 중요한지 크게 네 가지로 나누어 살펴보자.

■ **시스템을 쉽게 이해할 수 있게 해준다.**

시스템이 복잡해질수록 시스템을 이해시키기가 어렵다. 복잡한 기술을 사용하는 대규모 분산 시스템일수록 쉬운 이해가 절실하다. 좋은 아키텍처 모델은 시스템이 어떻게 동작하는지 일반적인 용어로 자세히 기술되었기 때문이 쉽게 이해할 수 있다.

■ **독립적으로 작업할 수 있게 해준다.**

복잡한 소프트웨어 시스템을 개발할 때는 흩어져 있는 많은 사람이 참여하는데, 아키텍처는 이처럼 분산된 작업을 계획하고 중재할 수 있게 해준다. 아키텍처 측면의 충분한 정보를 주어야 개인들의 작업을 나중에 최종 시스템으로 통합할 수 있다. 따라서 서브시스템의 인터페이스나 동적인 인터랙션이 아키텍처에서 중요하다.

■ **시스템 확장을 준비하기 좋다.**

완벽한 아키텍처가 되려면 시스템이 앞으로 어떻게 진화할 것인지 계획하는 작업이 쉬워야 한다. 아키텍처 모델이 있으면 추후 릴리스될 서브시스템을 아키텍처 안에 포함할 수도 있고, 어떻게 새 요소를 통합하여 시스템의 어느 부분에 연결할 것인지 살펴볼 수도 있다. 이는 빌딩 설계도에서 단계 1, 단계 2 등으로 미래를 확장하여 표현한 것과 같다.

■ **재사용성을 증진할 수 있다.**

아키텍처 모델에서는 재사용을 장려할 수 있도록 각 컴포넌트가 잘 드러나야 한다. 아키텍처를 분석하면서 과거의 프로젝트나 제삼자가 개발한 컴포넌트를 발견할 수도 있고 재사용 잠재력이 많은 컴포넌트를 찾아낼 수도 있다. 아키텍처를 범용화하는 것는 재사용성을 확보하는 중요한 열쇠이다.

2 아키텍처 모델의 내용

소프트웨어 시스템의 아키텍처는 다음과 같은 관점으로 표현할 수 있다.

- **논리적으로 분할된 서브시스템**: 일반적으로 객체지향 시스템은 패키지 다이어그램으로 표현하며 서브시스템 사이의 인터페이스를 신중하게 작성한다.
- **컴포넌트 사이의 동적인 인터랙션**: 실행될 때 각 컴포넌트의 상호작용을 액티비티 다이어그램으로 표현한다.
- **서브시스템 사이에 공유하는 데이터**: 컴포넌트 사이에 공동으로 이용하는 데이터를 클래스 다이어그램으로 표현한다.
- **컴포넌트가 런타임에 존재하는 위치**: 하드웨어 또는 장치 중 어떤 노드에 컴포넌트가 존재하는지 배치 다이어그램으로 표현한다.

아키텍처 모델링에서 어려운 부분은 규모가 큰 시스템의 복잡한 관계를 종합적으로 나타내는 것이다. 다시 말해 여러 가지 관점을 보고 시스템을 빨리 이해할 수 있어야 하는데, 이렇게 하려면 각 관점이 어떻게 연관되는지 확실하게 이해할 필요가 있다.

시스템의 유지보수와 신뢰성을 확보하기 위해 아키텍처 모델은 안정화되어야 한다. 안정화란 새로운 기능이 추가되더라도 아키텍처에는 적은 수정이 가해져야 한다는 의미이다.

주문형 소프트웨어를 개발할 때 아키텍처를 명확히 표현하면 고객과의 의사소통에 편리하게 사용할 수 있다. 고객은 설계의 자세한 부분을 알 필요는 없지만 잘 설계되었는지 또는 개발이 잘 진행되는지 파악하기 위해 아키텍처를 어느 정도 이해해야 한다. 빌딩 건축에 사용하는 아키텍처 다이어그램을 고객과 의견을 교환할 때 사용하는 것과 같은 이치이다.

3 아키텍처 모델의 개발

시스템 아키텍처는 계속 개선하면서 완성도를 높일 수 있지만 설계 단계의 초기에 전체 구성을 확립해야 한다. 아키텍처 모델의 초기 버전을 정의하는 시기는 사용 사례를 작성하는 시기와 같다. 사용 사례는 어떤 컴포넌트가 필요하고 어떻게 인터랙션하는지 정보를 준다. 또한 초기 아키텍처는 사용자가 시스템을 사용할 때 다음에 무엇을 할 것인지 생각하도록 해준다. 예를 들어 중앙 저장소에 있는 정보에 접근하는 과정을 나타내는 사용 사례의 경우 아키텍트로 하여금 클라이언트-서버 구조를 떠올리게 할 것이고, 클라이언트-서버 구조가 적합하다면 로그인과 계정을 개설하는 사용 사례가 필요하다는 사실을 깨닫게 할 것이다.

아키텍처 모델을 개발하는 과정은 다음과 같다.

① 사용 사례와 요구 사항을 바탕으로 아키텍처의 개요를 스케치한다. 이 단계에서는 데이터베이스, 하드웨어 장치, 주요 소프트웨어의 서브시스템과 같이 시스템 구성에 필요한 컴포넌트를 정한다. 또한 6절에서 설명할 아키텍처 패턴을 선택할 수도 있다. 다수의 팀이 별도의 아키텍처를 설계하여 좋은 것을 고르거나 여기서 나온 좋은 아이디어를 합하는 방법도 사용할 만하다.

② 컴포넌트가 상호작용하는 방법과 인터페이스 방법을 찾아내어 아키텍처를 개선한다. 또한 데이터와 함수를 여러 컴포넌트에 어떻게 분산할지도 결정한다. 이 시점에 기존의 프레임워크를 재사용할 것인지 결정하는데, 재사용할 수 있다면 현재 설계된 아키텍처를 나중에 사용할 수 있도록 일반화한다.

③ 각 사용 사례를 살펴보고 아키텍처를 조금씩 고쳐나간다. 이 단계에서 컴포넌트 인터페이스를 확정한다.

④ 클래스 다이어그램과 인터랙션 다이어그램을 정의할 수 있을 때까지 아키텍처를 개선해나간다.

다음 절에서는 UML로 아키텍처를 표현하는 방법을 살펴보자.

05 패키지 다이어그램과 배치 다이어그램

객체지향 시스템에서는 클래스가 모여 하나의 모듈을 이루는데 이것을 소프트웨어 아키텍처라고 한다. 복잡한 소프트웨어를 설계할 때는 아키텍처 모델링이 매우 중요하다. UML에서 아키텍처 모델링을 표현하는 데에는 패키지 다이어그램과 배치 다이어그램을 사용한다. 패키지 다이어그램은 소프트웨어의 분할을 나타내고, 배치 다이어그램은 분할된 소프트웨어가 어떤 하드웨어에서 수행되는지를 나타낸다.

1 패키지 다이어그램

객체지향 시스템에서 패키지는 클래스의 모임을 말한다. 이는 구입한 라이브러리에 있는 클래스 모임이 될 수도 있고, 특정 애플리케이션을 위한 클래스 모임이 될 수도 있다. 때로는 어떤 공통 측면을 모아놓은 클래스 모임이 될 수도 있다. 예를 들면 CustomerFinancials, CustomerShipping, CustomerProfiles 등의 클래스는 고객이라는 공통된 주제로 묶을 수 있다.

UML에서는 패키지를 윈도우의 폴더 아이콘과 비슷한 모양으로 표시한다. [그림 6-6]과 [그림 6-7]은 패키지 다이어그램의 예를 보여준다.

그림 6-6 연관된 두 패키지

패키지의 의존성을 나타내는 [그림 6-6]에서 두 패키지는 '병원 정보 시스템'에 속한다. PatientPackage는 환자와 관련된 클래스의 모임으로 Patient, PatientMedicalHistory와 같은 클래스가 포함되어 있고, HospitalWardPackage에는 Ward, Bed, Nurse와 같이 병동과 관련된 클래스가 포함되어 있다. Bed 클래스를 자바에서는 HospitalWardPackage.Bed로, C++에서는 HospitalWardPackage::Bed로 표시하는데 이는 다른 패키지 안에 있는 Bed 클래스와 구별하기 위해서이다.

[그림 6-6]에서 두 패키지 사이의 점선 화살표는 의존 관계를 나타낸다. 오른쪽으로 향하는 화살표는 PatientPackage가 HospitalWardPackage에 의존한다는 뜻이며, Patient 클래스가 입원한 Bed 클래스를 참조하는 것을 예로 들 수 있다. 그리고 왼쪽으로 향하는 화살표는 HospitalWardPackage가 PatientPackage에 의존한다는 뜻으로, 예컨대 Nurse 클래스는 Patient 클래스를 참조하여 의존 관계가 있다.

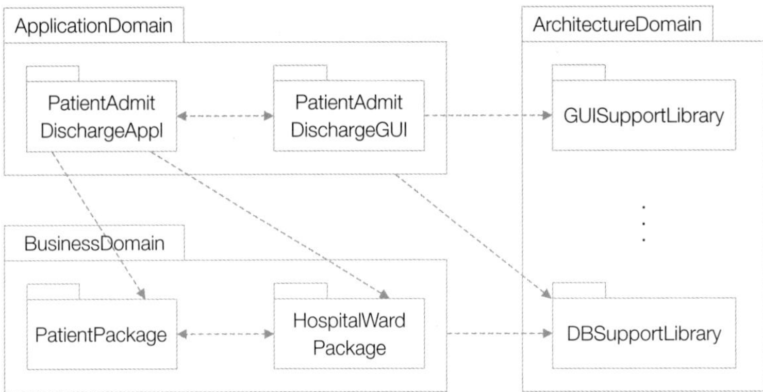

그림 6-7 UML 패키지 다이어그램의 예

[그림 6-7]은 패키지 안에 패키지를 포함할 수 있음을 나타내는데, 폴더 안에 폴더가 있는 것과 같은 이치이다. BusinessDomain 패키지는 앞서 설명한 두 패키지의 모임이다. ArchitectureDomain 패키지는 애플리케이션이 실행될 수 있는 하드웨어 및 소프트웨어 플랫폼을 위한 라이브러리 패키지로 구입한 것이다. GUISupportLibrary는 사용자 인터페이스를 구현한 클래스이며, DBSupportLibrary는 데이터베이스를 지원하기 위해 다른 곳에서 개발한 클래스이다.

ApplicationDomain 패키지는 환자들의 입원과 퇴원을 위한 애플리케이션에만 사용되는 두 개의 패키지를 모아놓은 것이다. PatientAdmitDischargeAppl 패키지는 환자를 입원시키고 퇴원시키는 절차와 정책을 구현한 부분이다. 이 패키지에 속하는 클래스는 PatientPackage와 HospitalWardPackage에 있는 클래스를 많이 참조하기 때문에 PatientAdmitDischargeAppl에서 PatientPackage와 HospitalPackage로 화살표를 표시한다. 그리고 PatientAdmitDischargeGUI 패키지는 애플리케이션의 인터페이스를 위한 소프트웨어를 포함하고 있다. PatientAdmitDischargeGUI 패키지 안에 있는 클래스는 GUISupportLibrary에 있는 내용을 이용하여 프로그래밍한다.

2 배치 다이어그램

배치 다이어그램deployment diagram은 개발될 시스템의 소프트웨어 및 하드웨어 컴포넌트에 대한 물리적인 설치 관계를 나타낸다. 특히 분산 시스템에서 컴포넌트나 객체가 어떻게 라우팅되고 이동하는지를 나타낸다.

배치 다이어그램에서 각 노드는 컴퓨팅 유닛을 가리킨다. 컴퓨팅 유닛은 단순한 장치에서부터 센서, 데스크톱 컴퓨터 또는 메인프레임일 수도 있다. 예를 들면 [그림 6-8]은 GPS 장치와 Machine 1이 무선통신으로 연결되고, Machine 1과 Machine 2가 TCP/IP로 연결되었다는 것을 나타낸다. 노드 사이의 연결은 시스템이 통신하는 경로를 뜻한다.

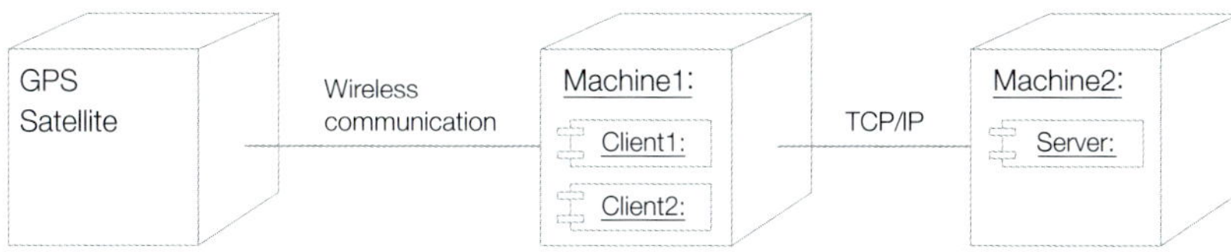

그림 6-8 배치 다이어그램의 예

배치 다이어그램에서 컴포넌트는 원시코드 모듈이 실제로 존재한다는 것을 나타낸다. 이는 실제 패키지 다이어그램에서 분할된 패키지가 각 노드에 있는 시스템에서 실행된다는 뜻이다. 컴포넌트 사이의 의존성은 패키지 다이어그램에서 나타낸 것과 동일하여 각 컴포넌트가 다른 컴포넌트와 어떻게 연관되어 있는지를 나타낸다. 의존 화살표의 방향은 통신할 때 참조하는 방향을 의미한다.

배치 다이어그램은 많이 사용되지는 않지만 물리적인 배치 정보를 제시할 필요가 있을 때 작성한다. 각 컴포넌트가 통신하는 역할과 인터랙션이 중요한 분산 시스템에서는 배치 다이어그램 작성이 중요한 작업이다.

06 아키텍처 패턴

건축가는 집을 설계하기 전에 집의 전반적인 모습과 구조의 틀을 잡는다. 다시 말해 앞으로의 설계와 시공의 가이드가 될 큰 밑그림을 그리는데, 이는 일관적인 모양과 조화를 위해 전체 스타일을 정하는 작업이라고도 할 수 있다. 이러한 스타일이라는 개념은 소프트웨어 구조에도 적용할 수 있다.

소프트웨어 시스템이 복잡해지면서 시스템의 구조 문제가 더욱 중요해졌다. 또한 소프트웨어 설계 경험이 쌓이면서 많이 사용하는 유형을 패턴으로 정리하게 되었다. 이 절에서는 여러 시스템에 사용되는 소프트웨어 아키텍처 패턴의 대표적인 사례를 소개한다.

1 계층 구조 패턴

시스템을 계층으로 구성하는 것은 여러 시스템에서 사용해온 고전적인 방법이다. 계층 구조에서는 각 서브시스템이 하나의 계층이 되어 하위층이 제공하는 서비스를 상위층의 서브시스템이 사용하도록 구성된다. 즉 상위층은 클라이언트가 되고 하위층은 서버가 되어 미리 정의된 API를 이용하여 상호작용을 한다. 계층 구조에서는 2절의 설계 원리에서 언급한 층 내부의 응집도를 높이는 것이 중요하다.

복잡한 시스템은 [그림 6-3]과 같이 추상의 수준에 따라 층을 포개어 구성할 수 있다. 편의를 위해 [그림 6-3]을 옮겨온 다음 그림을 통해 계층 구조 패턴이 적용된 사례를 살펴보자.

■ **애플리케이션**

계층 구조 패턴은 각 층을 개선된 버전으로 교체할 수 있어 유용하다. 예를 들어 특정 애플리케이션을 여러 플랫폼에 이식할 때 계층 구조 패턴을 사용하면 각각 플랫폼에 맞게 사용자 인터페이스층을 교체할 수 있다(물론 어떤 층을 교체하더라도 하위층에 영향을 주어서는 안 되고, 특히 사용자 인터페이스층은 최상위의 분리된 층에서 처리하도록 해야 한다). 사용자 인터페이스 기능을 별도의 계층으로 분리해놓으면 플랫폼마다 다른 사용자 인터페이스를 실행할 수 있다. 즉 'professional', 'standard' 버전마다 다른 사용자 인터페이스

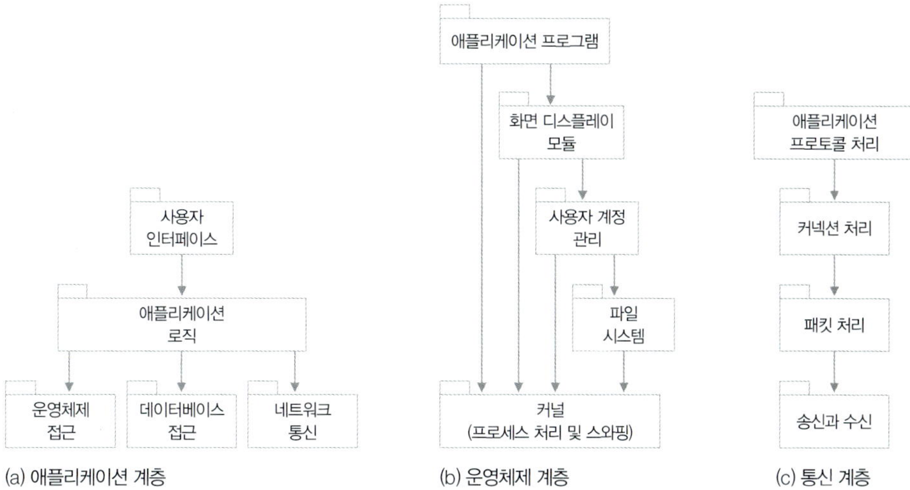

그림 6-9 계층 구조 패턴의 예

를 적용할 수 있는 것이다. 사용자 인터페이스층 바로 밑에 위치하는 층은 사용 사례에서 정한 애플리케이션 기능을 제공한다. 또한 가장 아래층은 대부분 데이터 저장 및 송신과 같은 서비스를 제공한다. MVC[Model-View-Controller] 패턴을 다룰 때 사용자 인터페이스층을 더 자세히 살펴볼 것이다.

■ **운영체제**

대부분의 운영체제는 계층 구조 패턴을 이용하여 구축된다. 최하위층인 커널은 프로세스 생성, 스와핑, 스케줄링 등을 다루고 상위층은 사용자 계정 관리, 화면 디스플레이 등의 기능을 다룬다. 각 층은 다시 작은 서브시스템으로 분할될 수 있다.

■ **통신 시스템**

대부분의 통신 시스템도 계층 구조 패턴으로 구축된다. [그림 6-9]의 (c)와 같이 하위층은 신호를 보내고 받는 기능을 하며, 그 위층은 메시지를 패킷으로 분할하고 받아서 재구성하는 기능을 한다. 더 높은 층은 소켓과 같은 원거리 호스트와 커넥션을 다룬다. 최상위층은 http와 같은 애플리케이션 프로그램이 사용하는 여러 가지 프로토콜을 다루는 곳이다.

2 클라이언트-서버 패턴

클라이언트-서버는 클라이언트와 서버가 서로 연결하려고 시도하는 구조로, 서버는 커넥션을 기다리고 처리하는 역할을 한다. 3-계층tier 구조는 클라이언트-서버 패턴을 변형한 것이다. 주로 인터넷을 이용하는 클라이언트와 보안의 이유로 인트라넷에 있는 데이터베이스 서버, 서비스를 제공하는 서버로 구성된다. 서비스 제공 서버는 데이터베이스 서버에 접근할 때 클라이언트가 된다.

P2Ppeer-to-peer 구조는 클라이언트-서버 패턴을 확장한 것이며, P2P 시스템은 여러 호스트에 분산되어 있는 소프트웨어 컴포넌트로 구성된다. [그림 6-10]은 메신저를 위한 P2P 아키텍처를 나타낸 것으로, 메시지를 중앙 서버를 통해 보내지 않고 두 피어 노드가 통신하여 서로의 존재를 찾아낸다. 위치를 찾기 위해 [그림 6-10]과 같이 서버를 동원할 수도 있다.

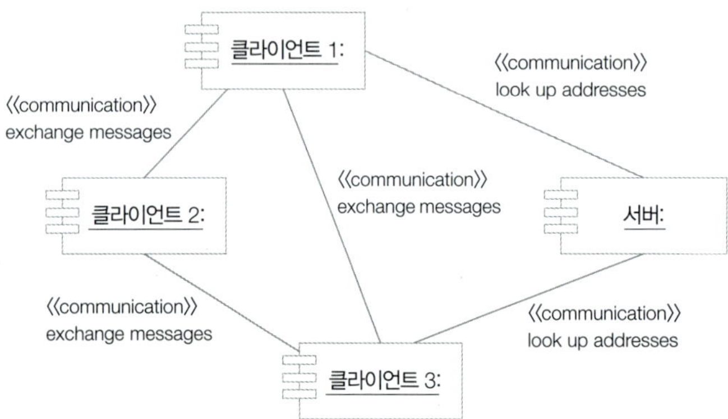

그림 6-10 P2P 아키텍처 패턴의 예

3 브로커 패턴

브로커 패턴은 여러 노드에 투명하도록 소프트웨어 시스템을 분산하자는 생각에서 출발한 개념이다. 브로커 패턴을 사용하면 원거리에 있는 알지 못하는 객체의 메소드를 호출할 수 있는데, 다음 장에서 설명할 프록시 설계 패턴이 이것을 가능하게 해준다. 원격 객체가 어디에 있는지 알 수 있는 브로커를 프록시 객체가 호출하기 때문이다.

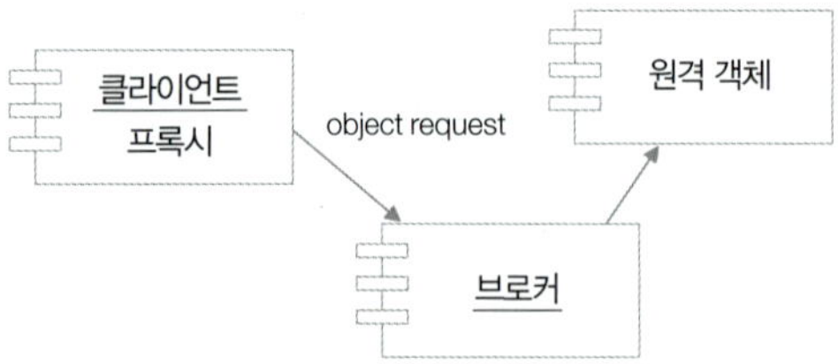

그림 6-11 브로커 패턴의 예

CORBA^Common Object Request Broker Architecture는 이런 패턴의 아키텍처를 구축하는 데 사용되는 잘 알려진 표준이다. 자바 언어는 CORBA 기능을 이용할 수 있는 클래스를 많이 포함하고 있다. 마이크로소프트도 같은 개념의 닷넷.NET 아키텍처를 제공한다.

표 6-4 아키텍처 패턴별 설계 원리의 반영 비교 1

구분	계층 구조 패턴	클라이언트-서버 패턴	브로커 패턴
분할 정복	분리된 계층이 독립적으로 설계된다.	클라이언트와 서버로 확실히 분리된다. 별도로 개발할 수 있다.	원격 객체를 독립적으로 설계한다.
응집력 증진	계층 응집도가 높다(층 안에서 관련 서비스를 모아놓는다).	서버가 클라이언트에게 응집도 높은 서비스를 제공한다.	
결합력 감소	잘 설계된 하위층은 상위층에 대해 알지 못한다. 상위층이 하위층에 영향을 주지 않고 교체된다.	분산된 컴포넌트들 사이에 통신 채널이 유일하다. 제어 결합이 있지만 전달되는 데이터가 단순하여 결합도가 감소한다.	
높은 수준의 추상화	상위층을 설계할 때 하위층이 어떻게 구현되었는지 상세히 알 필요가 없다.	분산된 컴포넌트들을 분리함으로써 좋은 추상성을 가진다.	
재사용성 증진	하위층이 범용적으로 설계되어 다른 시스템에서 같은 서비스를 제공하도록 재사용될 수 있다.		다른 시스템도 사용할 수 있도록 원격 객체 설계가 가능하다.
설계와 코드의 재사용	필요한 서비스를 제공하는, 다른 곳에서 개발된 층을 재사용할 수 있다.	범용적인 프레임워크이나 클라이언트-서버 시스템이 애플리케이션에 따라 특수하여 재사용성이 높지 않다.	다른 곳에서 생성된 원격 객체를 재사용할 수 있다.
유연성 고려	새로운 기능을 하위층 서비스에 추가하거나 상위층을 교체할 수 있다.	서버와 클라이언트를 추가하여 분산 시스템을 쉽게 재구성할 수 있다.	
노후 예측	데이터베이스와 사용자 인터페이스를 독립적인 층으로 만들어 노후화를 막을 수 있다.		
이식성	특정 플랫폼에 밀접하게 연관된 부분을 하위층의 모듈에 격리할 수 있다.	서버를 이식하지 않고 클라이언트를 새 플랫폼에 올릴 수 있다.	클라이언트를 새 플랫폼에 작성할 수 있다.
테스트 가능성	UI층, 데이터베이스층, 통신층을 분리하여 테스트할 수 있다.	서버와 클라이언트를 별도로 테스트할 수 있다.	
방어적 설계	각 층의 API는 검증 조건을 엄격하게 확인하여 구축할 수 있다.	메시지 처리 코드를 엄격하게 확인해야 한다. 어떤 메시지를 받든 다운되지 않도록 해야 한다.	원격 객체에 대해 엄격한 검증 조건을 확인한다.

4 트랜잭션 처리 패턴

트랜잭션 처리 패턴은 입력을 하나씩 읽어서 처리한다. 입력은 시스템에 저장되어 있는 데이터를 조작하는 명령, 즉 트랜잭션이다. 트랜잭션을 어디서 처리하는지 결정하는 사령dispatcher 컴포넌트가 필요한데, 사령 컴포넌트는 프러시저 호출이나 메시지를 트랜잭션을 처리할 컴포넌트에 배치된다.

예를 들면 '항공권 예약 시스템'에서 트랜잭션은 새 항공편 추가, 항공권 예약, 예약 변경, 예약 취소와 같은 것을 처리한다. [그림 6-12]는 '항공권 예약 시스템'의 트랜잭션 처리 패턴을 나타낸 것으로, 다형성을 가진 메소드의 동적 바인딩과 같이 각 트랜잭션을 묵시적으로 표현하고 이를 원격 처리 서버와 연결한다.

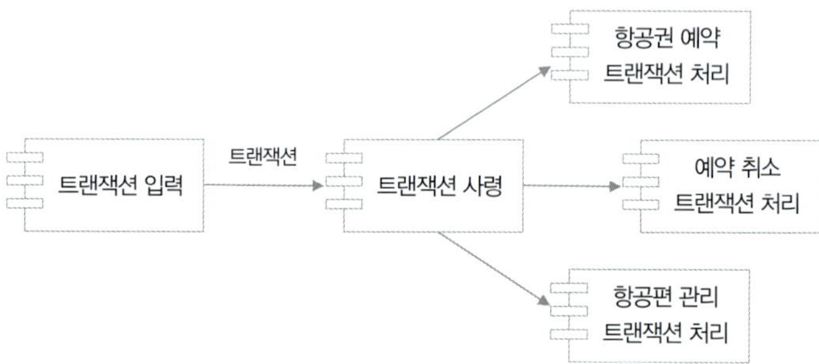

그림 6-12 트랜잭션 처리 패턴의 예(항공권 예약 시스템)

트랜잭션 처리 시스템은 서버에 탑재되는데, 여러 가지 질의어와 갱신 요청을 처리하는 트랜잭션이 있는 데이터베이스 엔진이 대표적인 예이다. 간단한 채팅 시스템의 서버와 클라이언트 클래스에 있는 명령어 처리 메커니즘도 일종의 트랜잭션 사령으로 각 명령어를 별도의 메소드에 연결한다.

트랜잭션은 복잡도가 매우 다양하다. 대부분의 갱신 트랜잭션은 데이터베이스 안에 있는 별개의 여러 데이터를 변경한다. 4장에서 예로 들었던 항공권 예약 트랜잭션은 Booking 객체를 생성하고 여기서 연결된 SpecificFlight와 PassengerRole 객체에 링크를 만들어야 한다. 이 모든 작업이 완결되어야 트랜잭션의 의미가 있다. 따라서 트랜잭션 사령에서는 트랜잭션의 원자성atomicity을 보장하도록 함께 배치하고 처리해야 한다.

트랜잭션 처리 시스템은 대부분 여러 개의 스레드나 프로세스가 트랜잭션을 동시에 처리하는 환경에서 작동한다. 이런 환경에서 처리되는 데이터는 먼저 잠금lock을 요청하고, 처리 후에

잠금을 풀어야 한다. 애플리케이션에 따라 매우 복잡해질 수도 있는데, 질의 트랜잭션이 있고 데이터를 처리한 후 데이터를 갱신하는 스레드와 데이터를 전혀 변경하지 않는 스레드가 있는 경우가 그 예이다. 이런 문제는 데이터베이스 설계를 다루는 책에 자세히 설명되어 있다.

5 파이프 필터 패턴

파이프 필터 패턴은 데이터 변환에 사용되는 아키텍처이다. 데이터 스트림이 프로세스에 차례로 전달되어 각 프로세스가 데이터를 일정한 형태로 변형한다. 일렬로 늘어선 프로세스를 파이프라인이라 부르는데, 데이터가 파이프라인에 계속 주입되고 프로세스가 병렬적으로 실행되어 처리된 데이터가 파이프라인을 통해 계속 나온다.

이 패턴의 장점은 변환 프로세스를 쉽게 추가하고 변경할 수 있다는 것이다. 여러 파이프라인 단계에서 사용하는 자료 형태가 같다면 아주 쉽다. 예컨대 문자 스트림이라면 코드 검사, 문법에 맞지 않는 글자 삭제, 암호화 등 처리가 간단하다.

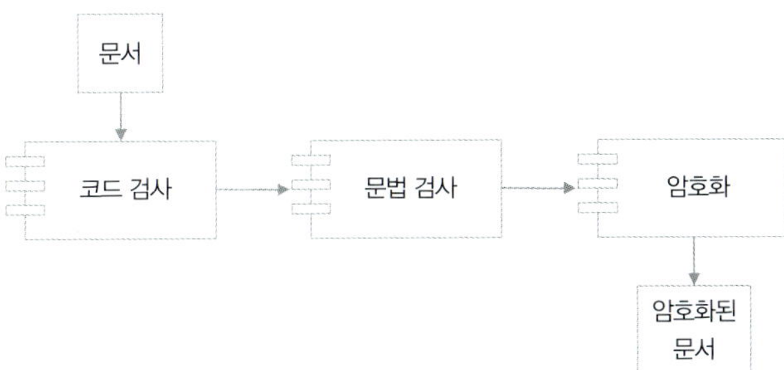

그림 6-13 파이프 필터 패턴의 예

6 MVC 패턴

MVC(Model-View-Controller)는 사용자 인터페이스를 시스템의 다른 부분과 분리하여 결합도를 낮추기 위한 아키텍처 패턴이다. MVC 구조는 사용자 인터페이스를 담당하는 계층의 응집력을 높일 수 있고, 여러 개의 사용자 인터페이스를 만들어 그 사이의 결합도를 낮출 수 있다.

MVC 패턴은 시스템의 기능을 담당하는 층을 사용자 인터페이스의 두 가지 측면, 즉 뷰 그리고 제어를 담당하는 컴포넌트와 분리한다. [그림 6-14]에 나타낸 것처럼 세 가지 요소가 별도의 컴포넌트 또는 스레드로 구성된다. 모델은 사용자에게 보이고 조작될 수 있는 중요한 클래스의 인스턴스를 가지고 있다.

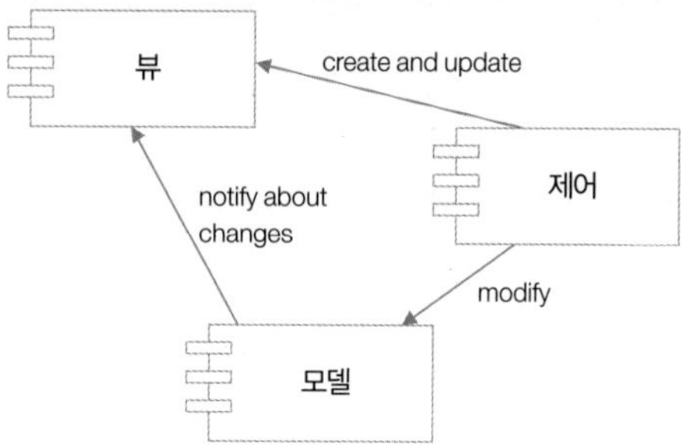

그림 6-14 MVC 패턴

뷰는 모델에 있는 데이터를 사용자 인터페이스에 보이는 역할을 하고 사용자가 상호작용할 수 있는 제어를 디스플레이한다. 제어 부분은 사용자가 뷰, 모델과 인터랙션하는 것을 제어하는 객체를 포함하는데, 객체는 사용자가 입력 필드에 내용을 입력하고 마우스를 클릭하면 반응하는 로직을 가지고 있다. 모델은 어떤 뷰와 제어 부분이 연결되어 있는지 알지 못한다. 따라서 MVC 패턴은 각 측의 응집이 강하며 다계층 구조의 특별한 경우라 할 수 있다.

NOTE_ 아키텍처 설계자가 갖추어야 할 미덕

아키텍처 설계 시 어려운 점과 위험 요소를 통해 아키텍처 설계자가 갖추어야 할 미덕이 무엇인지 알아보자.

- **노련함**

  설계는 모델링과 마찬가지로 상당한 경험이 필요한 작업이다. 특히 대규모 시스템을 설계하기 전에는 다른 시스템의 아키텍처를 공부하여 왜 좋고 나쁜지를 알아야 한다. 여러 대안을 저울질할 줄 알고 파생되는 결과를 평가할 수 있어야 하기 때문이다.

- **기본과 원칙**

  잘못된 설계는 엄청난 유지보수 비용을 발생시킨다. 따라서 설계 작업에서 아키텍처 설계 원리를 잘 따르고 패턴을 적극 활용하며 설계 리뷰를 해야 한다. 높은 결합과 낮은 응집을 가진 시스템은 변경하기 어렵고 많은 결함이 있을 수 있으며, 잘 설계된 시스템보다 빨리 퇴화되기 때문이다.

- **지속적인 노력**

  소프트웨어 개발 기간 동안 계속 좋은 설계를 유지하려면 끊임없는 노력이 필요하다. 처음 설계할 때 고려하지 못했던 새로운 기능을 추가하면 설계가 악화되는 경우가 있다. 수정할 때 설계를 이해하지 못하는 경우 역시 설계가 악화된다. 따라서 변경과 확장을 예상하여 되도록 융통성이 있도록 설계한다. 또한 설계 문서가 상세하고 유용하여 유지보수 담당자가 효과적으로 사용할 수 있도록 한다. 요구 사항의 변경과 설계 리뷰에 의한 변경을 잘 관리하며, 새로운 요구를 받아들일 때 아키텍처의 통일성을 해칠 우려가 있다면 아키텍처를 먼저 변경하고 개선하기 위해 리엔지니어링을 수행한다.

표 6-5 아키텍처 패턴별 설계 원리의 반영 비교 2

구분	트랜잭션 처리 패턴	파이프 필터 패턴	MVC 패턴
분할 정복	트랜잭션 처리기는 잘 분리된 단위이다.	각 프로세스를 별도로 설계할 수 있다.	세 가지 컴포넌트를 독립적으로 설계할 수 있다.
응집력 증진	트랜잭션 처리기는 원래 응집된 단위이다. 기능적 · 순차적 · 절차적 응집은 있으나 교환적 응집은 없다.	각 프로세스가 기능적으로 응집되어 있다.	뷰와 제어 부분이 단일 사용자 인터페이스 계층에 같이 있다면 계층 응집도가 높다.
결합력 감소	처리기에서 사령 컴포넌트를 분리함으로써 결합력을 낮춘다. 트랜잭션 처리기 사이의 결합력 제어가 중요하다.	각 프로세스가 일반적으로 단일 입력과 단일 출력을 가지며 결합도가 매우 낮다.	세 컴포넌트 사이의 통신 채널이 최소화된다.
높은 수준의 추상화		파이프라인 컴포넌트는 매우 높은 추상성을 가진다.	
재사용성 증진		각 프로세스는 다른 환경에서도 사용할 수 있다.	
설계와 코드의 재사용		재사용 컴포넌트를 찾아 파이프라인에 추가할 수 있다.	
유연성 고려	새로운 트랜잭션 처리기를 추가하기가 쉽다.	프로세스 순서를 자유롭게 바꿀 수 있는 경우가 있다.	뷰와 제어 부분을 변경하여 사용자 인터페이스를 쉽게 갱신할 수 있다.
노후 예측			
이식성			
테스트 가능성		개별 프로세스를 테스트하기가 쉽다.	애플리케이션을 사용자 인터페이스와 분리하여 테스트할 수 있다.
방어적 설계	각 트랜잭션 처리기와 사령 컴포넌트에 검증 조건 확인을 추가한다.	각 컴포넌트의 입력을 엄격하게 확인한다.	

07 아키텍처 문서화

1 아키텍처 문서 작성의 이유

아키텍처 문서를 작성하는 이유는 크게 두 가지이다. 첫째, 설계자나 설계 팀이 더 바람직한 결정을 하는 데 도움을 주기 위해서이고, 둘째, 다른 사람과 설계에 대해 이야기할 수 있도록 하기 위해서이다.

■ 좋은 설계 결정

아키텍처 문서는 소프트웨어를 구현하기 전에 중요한 설계 이슈를 드러내어 관련자들로 하여금 검토하게 한다. 또한 참여자가 설계를 검토하고 개선할 수 있도록 해준다. 소프트웨어 개발자들이 아키텍처 문서를 작성하는 작업을 생략하거나 완성한 후에 작성하는 경향이 있는데, 이런 경우 심각한 오류를 일으켜 완전히 엉망이 되거나 구현을 위한 계획으로 사용하지 못할 수 있다. 건물을 지을 때 계획이 없다면 자재 주문을 어떻게 할지, 화재가 났을 때 이용할 비상구가 잘 설계되었는지 검토할 길이 없는 것과 같은 원리이다.

소프트웨어는 손에 잡히는 것이 아니기 때문에 아키텍처 문서 없이 프로그래밍 작업으로 바로 들어갈 수도 있는데 이는 바람직하지 않다. 아키텍처 문서를 작성하지 않고 바로 프로그래밍을 하면 융통성 없고 복잡한 시스템을 만들어낼 수 있다.

■ 의사 교환 수단

문서를 작성할 때는 독자가 누구인지 파악하는 것이 중요하다. 아키텍처 문서는 다음의 세 그룹이 의사 교환을 하는 데 사용된다.

- 설계를 구현하는 프로그래머
- 설계를 수정하는 엔지니어
- 설계된 시스템과 인터페이스할 다른 시스템 또는 서브시스템을 개발하는 엔지니어

아키텍처 문서의 독자를 알면 문서에 어떤 정보를 담을지 결정하는 데 도움이 된다. 예컨

대 다른 시스템의 설계 담당자와 대화하기 위해 시스템에서 제공하는 서비스와 이를 어떻게 사용하는지를 명시한다. 또한 미래의 유지보수 담당자와 의사소통하기 위해 설계의 개요를 포함하거나 어떤 부분의 수정이 가능하도록 설계되었는지 설명한다.

설계는 그 자체도 중요하지만 더 중요한 것은 설계를 위한 결정 이유이다. 이유를 설명하면 설계를 더 잘 이해할 수 있다. 또한 독자가 좋은 결정인지 아닌지 판단할 수 있고, 유지보수 담당자가 설계를 어떻게 수정할지 판단하는 데 도움이 된다. 유지보수를 할 때 설계에서 배제된 안을 반영하여 설계를 수정하고 싶을 수도 있으나 유지보수 작업은 원래의 설계 철학을 살리고 일관성을 유지해야 한다.

2 아키텍처 문서의 내용

아키텍처 문서에는 다음과 같은 정보가 포함된다.

A. **목적**: 아키텍처 문서가 기술하는 대상 시스템이 무엇인지 밝힌다. 문서에서 다루는 요구 사항에 대한 참고 문헌을 소개한다.

B. **우선순위**: 설계 작업 과정을 설명할 우선순위를 기술한다. 예를 들면 설계가 준비되면서 유지보수나 효율성이 얼마나 중요하다고 생각했는지 적는다.

C. **설계 아웃라인**: 개괄적인 소개를 하기 위해 최상위로 추상화된 설계를 제시한다. 이때 다이어그램을 제시할 수도 있다.

D. **설계 이슈**: 해결해야 할 중요한 이슈에 대해 논의한다. 고려해야 할 다른 안이나 마지막 결정, 결정의 사유 등을 기술해야 한다.

E. **설계 상세 사항**: 아직 언급되지 않은 것 중에서 사용자가 반드시 알 필요가 있는 것을 기술한다. 예를 들면 클라이언트와 서버 사이의 통신에 사용되는 프로토콜, 자료 구조와 알고리즘, API 사용법 등을 자세히 설명한다.

일반적으로 아키텍처 문서는 너무 짧거나 길게 작성하지 말아야 한다. 적당한 분량을 유지하려면 독자에게 검토를 맡겨 필요한 정보를 모두 담고 있는지 검증하게 한다. 또한 독자는 이미 알고 있는 정보라면 읽지 않고 넘어갈 것이므로 이런 내용은 되도록 작성하지 않는다. 다음은 자동차 내비게이션 시스템의 아키텍처 문서를 작성한 예이다.

프로젝트 사례: MyNavigation 시스템 아키텍처

A. 목적

자동차에 장착되어 목적지까지 방향을 안내하는 내비게이션 시스템의 아키텍처를 설계한다.

B. 우선순위

MyNavigation 시스템에서는 다음과 같은 순서로 중요하다고 결정했다.

① 성능: 내비게이션 지시 반응 시간, 기억 공간 효율성

② 의존성: 입력 오류에 대한 강인성, 신뢰성, 보안

③ 사용성: 사용자 인터페이스 친밀성

④ 유지보수성: 확장성, 이식성, 적응성

C. 설계 아웃라인

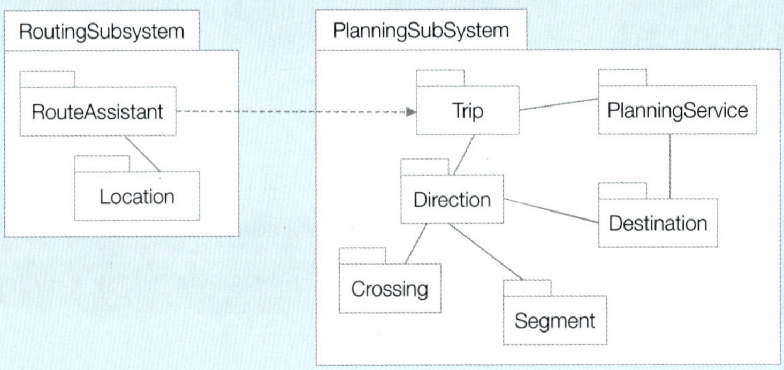

- PlanningSubsystem: 이 서브시스템은 일련의 Direction으로 구성된 Trip을 구축하는 책임이 있다. 또한 RoutingSubsystem의 요청을 재설계한다.
- RoutingSubsystem: 이 서브시스템의 책임은 PlanningService로부터 Trip을 다운로드하는 것이다. 또한 Trip을 실행하여 운전자에게 Location을 기반으로 방향을 지시한다.

D. 설계 이슈

- 이슈 1: GIS 정보를 어디에 저장할 것인가?
  - 1.1 안: 중앙 서버에 저장하고 이동통신에 의해 실시간 접근하게 하는 방법
  - 1.2 안: 내비게이션 시스템에 다운로드하여 메모리에 저장하는 방법
- 결정안: 1.1 안은 주행 중 통신이 끊길 수 있고 통신 비용도 많이 드는 단점이 있어 1.2 안으로 결정

E. 설계 상세 사항

- Crossing: 여러 운전자가 여러 세그먼트 중에서 택할 수 있는 지리적 교차점
- Destination: 운전자가 가고 싶은 위치
- Direction: 교차점과 근처의 세그먼트가 주어졌을 때 자연어로 표현된 Direction이 차를 어떤 방향으로 몰아야 하는지 안내함

- Location: GPS 시스템이나 차바퀴의 방향 전환 횟수로 파악하는 차의 위치
- PlanningService: 여정, 즉 연결된 여러 목적지를 교차점과 세그먼트로 제공하는 서비스
- RouteAssistant: 현재 위치와 다가오는 교차점이 주어졌을 때 운전자에게 Direction을 제공
- Segment: 두 교차점 사이의 길
- Trip: 두 위치점 사이에 운행해야 할 일련의 Direction

요약

- 소프트웨어를 융통성이 있고 유지보수하기 쉽게 설계하기 위한 열한 가지 원리를 설명했다. 그중 가장 중요한 네 가지 설계 원리는 복잡성을 제거하기 위한 시스템의 분할, 각 컴포넌트가 고유한 목적을 가지게 하는 높은 응집, 컴포넌트 사이의 의존을 최소화하기 위한 낮은 결합, 세부 사항에 방해받지 않고 설계할 수 있게 하는 추상화이다. 이 외에도 융통성, 재사용성, 이식성, 테스트 용이성을 높이기 위한 원리가 있다.
- 아키텍처는 소프트웨어 프로젝트의 초석과 같으며 아키텍처 모델은 시스템 구축의 기초를 형성한다. 아키텍처가 있어야 시스템을 서브시스템으로 분할하고 여러 팀이 개발 작업을 분담할 수 있으며 팀 사이에 의사 교환이 원활해진다. 아키텍처는 서브시스템과 그것들 사이의 인터페이스, 동적인 상호작용과 공유 데이터를 나타낸다. 잘 알려진 아키텍처 패턴으로는 계층 구조 패턴, 클라이언트-서버 패턴, 브로커 패턴, 트랜잭션 처리 패턴, 파이프 필터 패턴, MVC 패턴이 있다.
- 설계 작업의 내용을 문서로 잘 만들어두면 관련자들이 의사소통을 하는 데 도움이 된다. 설계된 시스템을 구현하거나 수정할 때 또는 다른 시스템과 인터페이스를 개발할 때 담당자는 아키텍처 문서를 통해 바람직한 결정을 할 수 있다.

연습문제

01 시스템 아키텍처에 대한 설명으로 옳지 않은 것은?

① 물리적 구성을 기반으로 정의되는 시스템의 상세 설계도이다.
② 이해 당사자들과 상호 이해, 협상, 동의 및 의사 교환을 하기 위한 도구이다.
③ 프로젝트 초기의 설계 결정이 시스템 개발 및 유지보수 전반에 지속적으로 영향을 미친다.
④ 시스템에 관련 있는 이해 당사자들의 요구 사항을 고려하여 정의한다.

02 설계에 관한 의사 결정 과정에서 여러 가지 대안의 집합을 총망라함으로써 달성할 수 있는 모든 설계 방법을 나타낸 것을 무엇이라고 하는가?

① 설계 범위　② 설계안
③ 설계 패턴　④ 설계 문서

03 모듈 시스템을 평가할 수 있는 기준에 대한 설명으로 옳은 것은?

① 모듈 분해성: 재사용 가능한 컴포넌트를 모아서 새로운 시스템을 만든다.
② 모듈 조립성: 문제를 작은 문제로 분해하면 문제의 복잡도를 줄일 수 있다.
③ 모듈 연속성: 요구 사항 변경으로 인해 모듈의 변경이 초래될 때 파생되는 변경을 최소화해야 한다.
④ 모듈 이해도: 어떤 모듈의 비정상 상황이 다른 모듈로 파급되는 상황을 줄여야 한다.

04 다음 설명의 빈칸에 들어갈 말은?

( )은(는) 한 모듈 내부에 있는 처리 요소들 간의 기능적 연관도를 나타내며, 모듈 내부 요소는 명령어, 명령어의 모임, 호출문 특정 작업 수행 코드 등이다.

① 확인
② 결합
③ 응집
④ 상호작용

05 소프트웨어 설계 시 모듈 내부의 성숙도 측정을 위한 응집력의 예를 바르게 연결한 것은?

① 논리적 응집: 함수 집합을 받아 미지수를 풀어내는 함수
② 계층적 응집: 메시지 또는 데이터 전송을 위한 서비스
③ 순차적 응집: 화면을 지우고 팝업창을 띄우는 모듈
④ 교환적 응집: Employee라는 클래스의 데이터를 조작, 저장, 갱신하는 모듈

06 다음과 같은 특성을 지닌 모듈 간의 결합은?

- 모듈 P는 모듈 Q 내부의 변숫값을 수정한다.
- 모듈 P는 모듈 Q의 레이블로 직접 분기한다.

① 내용 결합
② 공통 결합
③ 제어 결합
④ 스탬프 결합

07 모듈 결합에 대한 설명으로 옳은 것은?

① 모듈 간에 의존도가 클수록 결합도도 높아진다.
② 모듈 간의 제어 요소(함수 코드, 플래그 등)를 전달하는 것은 전역 변수를 사용하는 것보다 바람직하지 않다.
③ 전역 변수를 많이 사용할 경우 프로그램 코드가 간단해지므로 유지보수가 편리하다.
④ 모듈 간의 goto문 사용은 내용 결합을 유발할 수 있다.

08 아키텍처 모델이 중요한 이유로 가장 거리가 먼 것은?

① 시스템이 어떤 구성 요소로 이루어지고 어떻게 동작하는지를 나타내어 쉽게 이해되기 때문이다.
② 복잡한 시스템을 독립적인 여러 팀이 서로 협력하여 작업할 수 있도록 해주기 때문이다.
③ 미래의 확장을 준비할 수 있기 때문이다.
④ 컴포넌트가 잘 드러나게 하여 재사용성을 높일 수 있기 때문이다.

09 아키텍처 설계 과정을 순서대로 바르게 나열한 것은?

㉠ 목표를 설정한다.
㉡ 시스템의 유형을 결정한다.
㉢ 서브시스템의 기능, 인터페이스 인터랙션 동작을 작성한다.
㉣ 아키텍처 설계를 검토한다.
㉤ 아키텍처 스타일을 적용하거나 아키텍처 설계를 커스터마이징한다.

① ㉠-㉡-㉢-㉣-㉤
② ㉠-㉡-㉣-㉢-㉤
③ ㉠-㉡-㉤-㉢-㉣
④ ㉠-㉡-㉤-㉣-㉢

10 유연성을 고려한 설계 방법이 아닌 것은?

① 결합력 감소와 응집력 증가
② 추상화 생성
③ 하드 코딩
④ 선택의 여지를 남김

11 다음의 아키텍처 설계 대안 중에서 설정된 목표에 가장 적합한 것은?

[목표와 우선순위]

- 목표: 윈도우에서 수행되어야 하며 30Kbps보다 더 빠른 통신에서 작동하고 500MHz 이상의 기계에서 작동한다. 또한 25MB 미만의 메모리가 필요하다.
- 우선순위: 대역폭 효율성, CPU 효율성, 이식성, 메모리 효율성, 유지보수성

[설계안 평가표]

설계안	유지보수	소요 메모리	소요 CPU	소요 대역폭	이식 가능 플랫폼
A 안	높음	20MB	500MHz 필요	35Kbps	유닉스, 윈도우
B 안	높음	14MB	250MHz 필요	1Mbps	윈도우
C 안	높음	8MB	1GHz 필요	2Kbps	윈도우, 매킨토시
D 안	중간	20MB	500MHz 필요	30Kbps	유닉스

① A 안　② B 안　③ C 안　④ D 안

12 MVC 아키텍처에서 모델의 역할로 옳은 것은?

① 이벤트 형태로 사용자 입력을 처리한다.
② 처리 결과 및 콘텐츠를 사용자에게 보여주는 기능을 수행한다.
③ 애플리케이션과 관련된 데이터 및 데이터 처리에 대한 로직을 가지고 있다.
④ 최신 데이터를 가져와 표시된 정보를 갱신한다.

13 아키텍처 스타일과 이를 기반으로 하는 시스템의 관계로 가장 거리가 먼 것은?

① 파이프 필터 구조: 스프레드시트 시스템
② 계층 구조: OSI 참조 모델
③ 클라이언트-서버 구조: 인터넷 쇼핑몰
④ 저장소 구조: 급여 시스템

14 아키텍처의 유형에 대한 설명으로 옳지 않은 것은?

① CORBA는 파이프 필터 유형의 아키텍처를 지원한다.

② 3-계층 구조는 클라이언트-서버 유형의 변형이라 할 수 있다.

③ P2P 아키텍처 유형에서 각 서브시스템은 서비스를 요청하고 제공하는 능력이 있다.

④ 계층 구조 유형은 하위 계층이 제공하는 서비스를 상위 계층의 서브시스템이 사용하도록 구성된다.

15 아키텍처 문서에 반드시 포함되지 않는 것은?

① 설계 우선순위　② 설계 이슈

③ 설계 목적　④ 설계 도구

Chapter 07

디자인 패턴

학습목표

- 디자인 패턴이 무엇이며, 왜 알아야 하는지 설명할 수 있다.
- 디자인 패턴이 어떤 포맷으로 정리되는지 알고 새로운 패턴을 학습할 수 있다.
- 관심사를 분리하는 데 사용되는 기본 패턴을 이해하고 적용할 수 있다.
- 객체의 생성과 관련된 패턴을 이해하고 적용할 수 있다.
- 클래스의 구조와 관련된 패턴을 이해하고 적용할 수 있다.
- 객체 사이의 행위와 관련된 패턴을 이해하고 적용할 수 있다.

00 개요

인간은 오래전부터 패턴을 사용해왔다. 예를 들어 농부는 날씨를 예측하는 데 구름 패턴을 이용하고 주식 투자자는 주가 변동을 예측하는 패턴을 이용한다. 크리스토퍼 알렉산더Christopher Alexander가 처음 연구한 건축 설계 패턴은 심각한 자연재해에 견딜 수 있는 건물을 짓는 데 기여하기도 했다. 이와 같이 사람들은 체계화된 설계 아이디어를 '패턴'이란 개념으로 정리하여 사용했다.

객체지향 프로그래밍을 오랫동안 하다 보면 시행착오를 거치면서 비슷한 역할의 클래스 유형을 자주 쓰게 된다. 이렇게 자주 반복되는 설계 유형을 디자인 패턴이라 한다. 디자인 패턴은 체계적으로 문서화하여 범용적으로 사용할 수 있도록 정리한 것이다. 마치 요리법을 체계화한 요리책처럼 해당 패턴이 사용되는 문제 또는 문제의 배경과 설계 요소 등이 잘 정리되어 있다. 이 장에서는 수준 높은 시스템 아키텍처를 생성하는 데 사용할 수 있는 디자인 패턴과 그 적용 사례를 소개한다.

01 디자인 패턴 소개

1 디자인 패턴의 개념

디자인 패턴은 자주 접하는 설계 문제를 해결해주는 증명된 솔루션을 체계적으로 정리한 것으로, 다양한 분야의 객체지향 프로그램을 설계하는 과정에서 자주 반복되는 설계 문제를 해결해준다. 1980년대부터 소프트웨어 엔지니어들은 디자인 패턴에 관심을 가지고 연구하기 시작했다. 가장 널리 알려진 디자인 패턴은 소위 Gang of Four[GoF]의 23가지 패턴이다. 네 명의 저자가 모은 패턴이라는 뜻으로 패턴 이름, 패턴이 적용되는 설계 문제, 솔루션 등이 정리되어 있다. 예를 들면 [그림 7-1]의 싱글턴 패턴[singleton pattern]은 '어떻게 하면 시스템 안에 객체가 유일하게 존재하게 하는가?'라는 문제를 해결해준다.

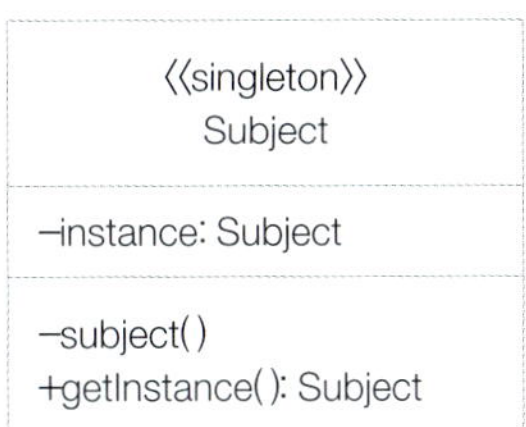

(a) UML 명세

```
public class Subject {
  private static Subject instance;
  private Subject() {…}
  public static Subject getInstance() {
    if (instance==NULL)
      instance=new Subject();
    return instance;
  }
}
```

(b) 자바 코드로 구현

그림 7-1 싱글턴 패턴

이런 문제는 실제 프로그램에 자주 등장한다. 예를 들면 시스템의 형상 정보는 한 객체에만 존재하게 하여 전역 변수처럼 접근해야 한다. 또는 시스템 로그 파일이나 라이브러리 카탈로그는 시스템에 하나만 존재해야 한다. 이럴 때 싱글턴 패턴을 사용한다.

[그림 7-1]의 (a)는 싱글턴 패턴을 나타내는 UML 클래스 다이어그램이고, (b)는 이 패턴을 자바 코드로 구현한 것이다. Subject 클래스는 하나만 존재하게 하고 싶은 클래스이다. 클래스 안에 정적인 인스턴스 변수로 자신의 타입을 가지게 하고 생성자를 외부에서 사용하지 못하도록 private으로 선언한다. 또한 getInstance() 함수는 최대 한 개의 객체만 생성하도록

코딩하고 다른 외부 객체에서 정적 호출을 통해 접근하도록 한다.

패턴의 자세한 내용은 클래스 다이어그램이나 시퀀스 다이어그램으로 표현한다. 클래스 다이어그램에는 참여 객체와 그것들의 역할 및 의무, 관계를 나타내고, 시퀀스 다이어그램에는 참여 객체가 문제를 해결하기 위해 어떻게 상호작용하는지를 나타낸다.

2 디자인 패턴을 사용하는 이유

패턴은 반복되어 나타나는 설계 문제를 해결하기 위한 증명된 솔루션으로 재사용되는 소프트웨어 요소라 할 수 있다. 반복되는 설계 문제의 예를 살펴보자. 주방 가구를 파는 홈인테리어 업체에서 사용하는 CAD[computer-aided design] 소프트웨어를 생각해보자. 주방을 설계하기 전에 집주인의 스타일과 요구 사항을 반영하여 간단히 보여주기 위한 KitchenViewer라는 소프트웨어는 어떻게 설계해야 할까? [그림 7-2]는 이 소프트웨어의 사용자 인터페이스를 나타낸 것이다.

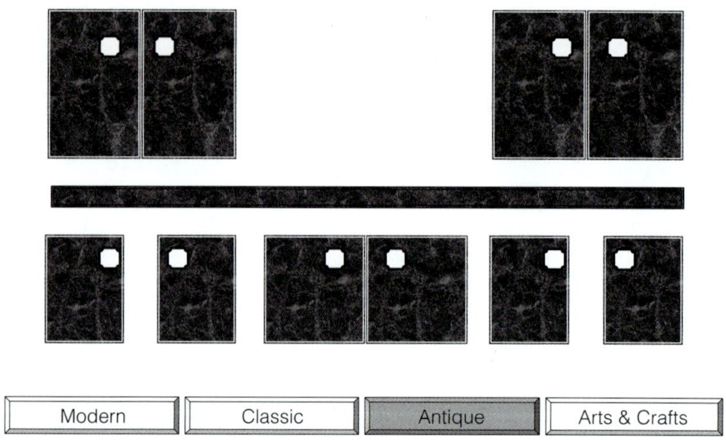

그림 7-2 KitchenViewer의 사용자 인터페이스

KitchenViewer를 설계할 때 고려해야 할 가장 큰 문제는 여러 가지 스타일의 객체를 화면에 렌더링하는 것이다. 이때는 주방의 구성 요소가 다르더라도 같은 스타일의 렌더링을 해야 한다. 먼저 싱크대의 상판을 화면에 그릴 때 필요한 코드를 살펴보자.

```
Counter counter=new Counter( );
draw(counter);
```

그런데 상판(counter)은 모던, 클래식, 앤티크 등 여러 가지 스타일이 있다. 따라서 여러 가지 스타일의 상속 객체를 만들고 그중에서 어떤 스타일을 런타임에 바꿀 수 있도록 해야 한다. 즉 렌더링 과정을 renderKitchen(myStyle)과 같은 메소드로 호출하여 스타일을 매개변수화하는 것이다. 이렇게 되면 myStyle의 종류가 무엇이고, renderKitchen()이 어떻게 이를 사용할 것인지 파악해야 한다. 여기서 반복되는 문제를 정리하면 '여러 가지 타입으로 구성된 객체 패밀리가 있을 때 런타임에 주어진 타입에서 선택할 수 있는 융통성이 필요하다'는 것이다. 이 문제에 대해 디자인 패턴이 적용되지 않은 경우와 적용된 경우를 살펴보자.

2.1 디자인 패턴이 적용되지 않은 경우

런타임에 객체를 정할 수 없다면 renderKitchen() 메소드가 화면에 그려야 할 Kitchen, WallCabinet 등을 스타일별로 일일이 지정하여 생성하고 이를 사용하는 식으로 클라이언트 프로그램을 만들어야 한다. 즉 myStyle을 매개변수 형식으로 사용하지 않는 방법인데 자세한 프로그램은 다음과 같다.

[패턴이 적용되지 않은 KichenViewer 코드]

```
// Create the antique wall cabinets
AntiqueWallCabinet  antiqueWallCabinet1=new AntiqueWallCabinet();
AntiqueWallCabinet  antiqueWallCabinet2=new AntiqueWallCabinet();

// Create the antique floor cabinets
AntiqueFloorCabinet antiqueFloorCabinet1=new AntiqueFloorCabinet();
AntiqueFloorCabinet antiqueFloorCabinet2=new AntiqueFloorCabinet();

// Create the kitchen object, assuming the existence of add() methods
Kitchen antiqueKitchen=new Kitchen();
antiqueKitchen.add(antiqueWallCabinet1, …);
antiqueKitchen.add(antiqueWallCabinet2, …);
 ⋮
antiqueKitchen.add(antiqueFloorCabinet1, …);
antiqueKitchen.add(antiqueFloorCabinet2, …);
 ⋮
// Render antiqueKitchen
 ⋮
```

이 방법의 큰 문제점은 앞과 같은 코드가 모든 스타일에 반복된다는 것이다. 앞의 코드를 UML 클래스 다이어그램으로 작성하면 [그림 7-3]과 같다. 반복, 중복되는 코드가 많아 결과적으로 비효율적이고 재사용이 어렵다.

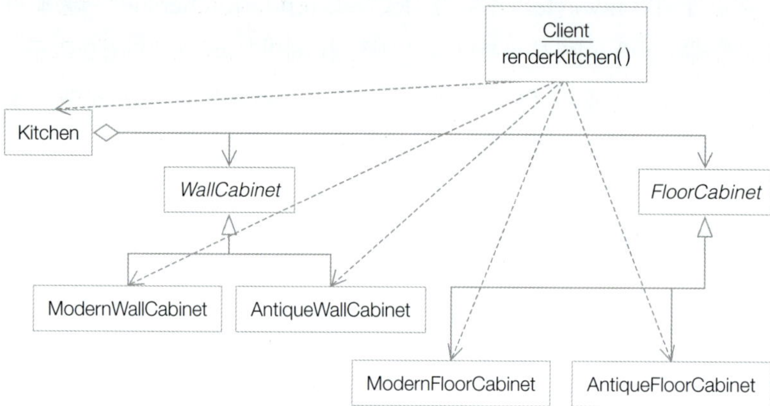

그림 7-3 패턴을 사용하지 않은 KitchenViewer 설계

2.2 디자인 패턴이 적용된 경우

KitchenViewer의 예에서 중요한 점은 여러 가지 키친 스타일을 생성할 수 있도록 융통성 있는 디자인을 해야 한다는 것이다. 이러한 목표를 달성하기 위한 디자인 패턴으로는 추상 팩토리가 있다.

키친 스타일을 AntiqueWallCabinet과 같은 객체를 직접 생성하는 방법으로 코딩하면 다음과 같다.

```
new AntiqueWallcabinet( ); // 앤티크 스타일에만 적용됨
```

그러나 이 방법은 키친 스타일에 따라 renderKitchen()을 호출할 수 있는 융통성 있는 방법이 아니다. 스타일을 포괄적으로 언급할 수 있게 객체지향의 다형성을 이용하는 다음과 같은 코드로 작성해야 한다.

```
myStyle.getWallCabinet( ); // 런타임에 스타일이 선택됨
```

이렇게 하면 myStyle 클래스가 런타임에 getWallCabinet() 버전을 결정하여 알맞은 형태의 붙박이장을 생성할 수 있다. 이와 같은 패턴을 위임delegation이라고 하는데, 위임을

수행하기 위해 KitchenStyle이라는 새 클래스를 도입하고 여기에 getWallCabinet(), getFloorCabinet()과 같은 함수를 포함한다. KitchenStyle 클래스의 서브클래스로 ModernKStyle과 AntiqueKStyle 등을 선언하고, [그림 7-4]와 같이 각각의 getWallCabinet()과 getFloorCabinet()을 구현하면 된다.

다형성을 이용하면 myStyle.getFloorCabinet()이 사용될 때 myStyle이 ModernKStyle이냐 AntiqueKStyle이냐에 따라 다른 효과를 낼 수 있다.

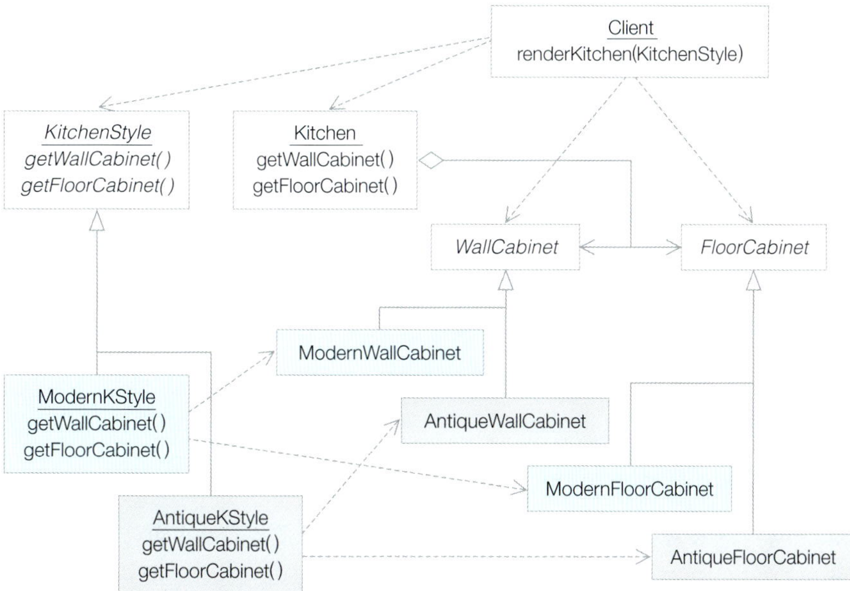

그림 7-4 팩토리 디자인 패턴이 적용된 KitchenViewer

중요한 것은 클라이언트 코드가 Kitchen, KitchenStyle, WallCabinet, FloorCabinet은 언급하고 있지만 앤티크 스타일인지 모던 스타일인지는 언급할 필요가 없다는 것이다. AntiqueWallCabinet이 클라이언트 코드에 나오지 않는 이유는 myStyle.getFloorCabinet()이 수행될 때 myStyle 객체가 ModernKStyle이나 AntiqueKStyle로 대치될 수 있기 때문이다. 또한 renderKitchen() 메소드 안에 있는 다음과 같은 문장이 수행되었을 때,

```
WallCabinet  wallCabinet7=myStyle.getWallCabinet();
```

getWallCabinet() 메소드가 ModernKStyle 클래스에 정의된 버전을 호출하면 ModernWall 객체가 리턴된다. renderKitchen(KitchenStyle myStyle) 메소드를 구현하면 다음과 같다.

```
[패턴이 적용된 KichenViewer 코드]
WallCabinet wallCabinet1=myStyle.getWallCabinet();
WallCabinet wallCabinet2=myStyle.getWallCabinet();

FloorCabinet floorCabinet1=myStyle.getFloorCabinet();
FloorCabinet floorCabinet2=myStyle.getFloorCabinet();

Kitchen kitchen=new Kitchen();
kitchen.add(wallCabinet1, …);
kitchen.add(wallCabinet2, …);
 ⋮
kitchen.add(floorCabinet1, …);
kitchen.add(floorCabinet2, …);
 ⋮
```

추상 팩토리 디자인 패턴을 적용한 renderKitchen() 버전은 패턴을 적용하지 않은 버전보다 더 융통성이 있다.

3 디자인 패턴 명세

좋은 패턴은 설계 문제를 효과적으로 해결하기 위한 일반적인 솔루션이다. 따라서 패턴은 언제 적용하고 어떻게 사용해야 하는지 누구나 이해할 수 있도록 정리되어야 한다. 잘 정리된 레시피에 따라 조리를 해야 맛있는 요리가 되듯이 패턴을 공부하면 다른 프로그래머의 경험을 공유할 수 있다. 패턴은 누구나 쉽게 배울 수 있도록 다음과 같은 형식으로 정리되어 있다.

- **이름**: 패턴은 이름과 타입을 가진다. 패턴의 타입은 생성, 구조, 행위 패턴으로 나뉜다.
- **배경, 문제**: 패턴이 적용되는 상황 또는 다루려는 문제를 간단히 설명한다.
- **솔루션**: 패턴의 구조적인 설계나 행위적인 설계를 기술한다. UML의 클래스 다이어그램이나 시퀀스 다이어그램으로 패턴에 참여하는 각 클래스의 역할과 관계를 나타낸다.
- **혜택과 책임**: 패턴을 적용함으로써 얻는 이점과 잠재적인 문제점을 나타낸다.
- **가이드라인**: 패턴을 적용할 때 유용한 정보를 제공한다.
- **관련 패턴**: 유사한 패턴이나 연관된 패턴을 제공하여 변형 또는 확장할 때 참고하도록 한다.

02 기본 패턴

이 절에서는 GoF에서 분류하는 패턴 타입인 생성 패턴, 구조 패턴, 행위 패턴을 소개하기 전에 객체지향 프로그램에서 흔히 쓰는 기본적인 패턴을 소개한다. 이러한 패턴은 별도 패턴으로 구별되지 않는 아주 기초적인 것으로, 객체지향 프로그래밍의 관용구idiom 정도로 생각할 수 있다. 기본 패턴의 이름과 이 패턴이 해결하는 문제는 다음과 같다.

- **개념 실체 패턴**: 각 객체의 공통 정보를 공유할 때 사용한다. 예를 들어 도서관 색인 시스템에 있는 책 정보와 서가에 있는 책의 관계를 나타낼 때 사용한다.
- **플레이어 역할 패턴**: 하나의 클래스에 다양한 역할을 표현하고 싶을 때 사용한다.
- **위임 패턴**: 다른 클래스가 가진 특정 오퍼레이션을 활용하여 책임을 위임하고 싶을 때 사용한다.
- **계층 구조 패턴**: 계층 관계를 가진 객체들을 묶어 동일한 처리를 하고 싶을 때 사용한다. 컴포지트 패턴이라고도 한다.

1 개념 실체 패턴

개념 실체 패턴abstraction occurrence pattern은 클래스 다이어그램을 그릴 때 자주 나오는 패턴이다. 실체occurrence는 공통된 정보를 가진 멤버들의 모임이고, 개념abstraction은 공유하는 정보를 담는 클래스이다.

예를 들면 [그림 7-5]의 (a)에서 보험 상품(Insurance)은 보험 증권(Policy)에 있는 공통된 정보, 즉 보상 한도, 보험 대상, 약관 등을 담고 있고, 보험 증권은 그 상품에 가입된 가입자의 계약 정보, 가입 기간, 옵션 등을 담고 있다. 그리고 (b)는 도서관에 같은 제목의 책이 여러 권 있을 때의 클래스 구성으로, 책의 제목이나 출판사, 출판 연도 등은 개념 클래스에 담고 구체적인 책 실체에 대한 정보는 실체 클래스에 담는다.

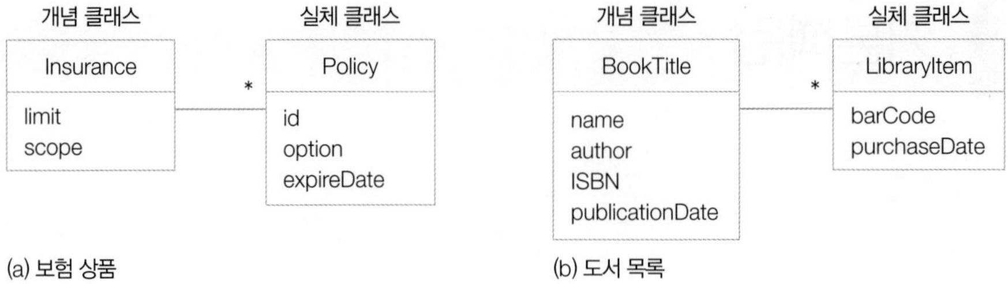

그림 7-5 개념 실체 패턴의 예

개념 클래스를 실체 클래스에서 분리하는 것은 중복되는 정보를 저장하지 않기 위해서이다. 정보가 중복되면 불필요한 공간이 생기며, 실체가 공유하는 정보의 변화가 있을 때 모두 바꾸어야 한다.

개념 클래스는 실체 클래스의 모든 인스턴스에 대해 공통된 데이터를 보관한다. 따라서 실체 클래스가 생성되면 개념 클래스와 1 대 n으로 연관되어야 한다. 다음 그림과 같이 4장에서 살펴보았던 RegularFlight와 SpecificFlight 클래스도 개념 실체 패턴이 적용된 예이다.

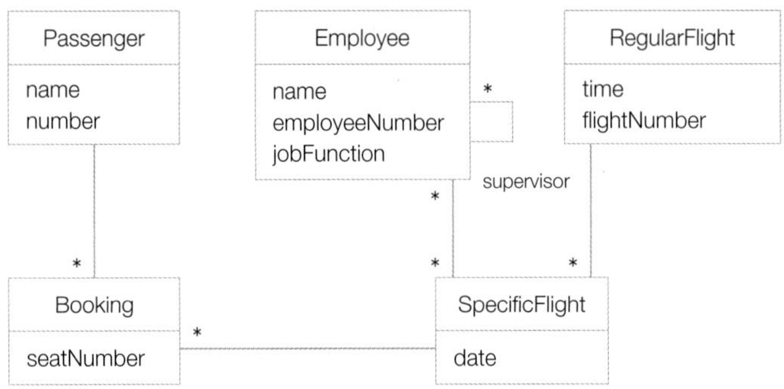

그림 7-6 '항공권 예약 시스템'을 위한 클래스 다이어그램

[그림 7-7]은 [그림 7-5]의 (b)를 개념 실체 패턴을 사용하지 않고 작성한 것이다. (a)는 하나의 클래스 LibraryItem에 모든 정보를 저장했다. 이 경우 같은 책이 여러 권 있을 때 제목, 저자, ISBN, 발행일 등이 중복 저장된다. (b)와 같이 상속으로 해결하는 방법도 상속된 변수로 인해 중복되기는 마찬가지이다.

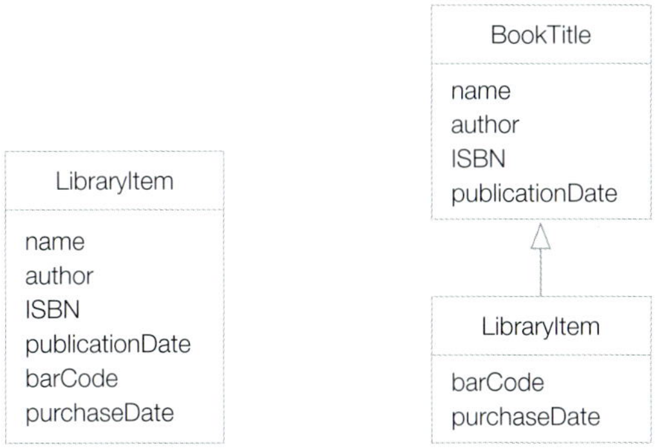

(a) 하나의 클래스에 모두 저장 (b) 상속을 이용

그림 7-7 개념과 실체를 나타내는 잘못된 방법

2 플레이어 역할 패턴

대학에 다니는 학생은 학부생과 대학원생, 전일제 학생과 파트타임 학생 등 여러 종류로 나뉜다. 플레이어 역할 패턴player role pattern은 학생이라는 클래스의 역할이 다양한 것을 표현하기 위해 플레이어 객체(Student)와 관련된 속성의 집합으로 나누는 것이다. 즉 플레이어가 환경에 따라 다른 역할을 해야 할 때 사용한다.

플레이어가 역할을 바꾸거나 때에 따라서 여러 개의 역할을 가질 수 있게 하는 방법은 다음과 같다. 여러 가지 다른 역할을 하는 Player 클래스를 만든다. 그리고 이를 각 역할의 집합에 대한 슈퍼클래스와 연관을 맺게 한다. 만일 하나의 역할만 하게 하려면 1 대 1로, 여러 역할을 하게 하려면 1 대 다의 연관 관계로 설계한다.

역할을 추상 클래스로 선언하지 않고 인터페이스로 선언할 수도 있다. 역할이 플레이어 객체 정보에 접근하는 메커니즘만 갖게 하려면 인터페이스로 선언한다.

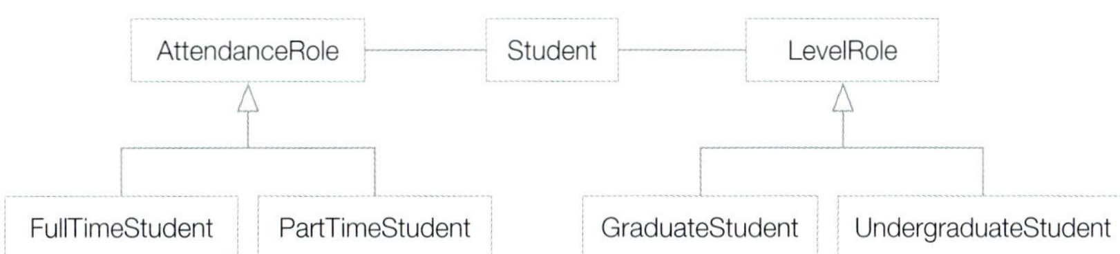

그림 7-8 플레이어 역할 패턴의 예

[그림 7-8]은 두 개의 역할 슈퍼클래스가 있으므로 Student가 출석 빈도와 과정에 따라

다른 상태를 가진다. Student 객체의 상태 타입은 계속 바뀔 수 있다. PartTime이면서 GraduateStudent, FullTime이면서 UndergraduateStudent 등 여러 조합이 가능하다.

4장에서 살펴보았던 '항공권 예약 시스템'에서 Person이 Passenger와 Employee 모두 될 수 있는 것도 바로 플레이어 역할 패턴이 적용되었기 때문이다.

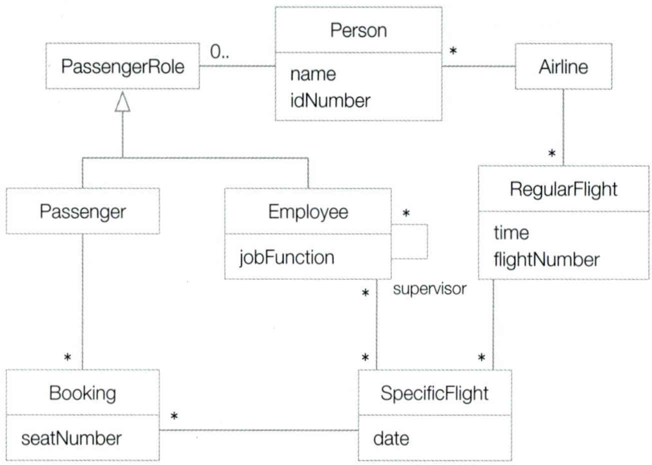

그림 7–9 '항공권 예약 시스템'을 위한 클래스 다이어그램

3 위임 패턴

위임 패턴delegation pattern이란 한마디로 다른 클래스의 오퍼레이션에 작업을 요청하는 것이다. 클래스 안에서 해결하지 못하는 일은 다른 클래스의 오퍼레이션을 불러 위임하고 그 결과를 받아 처리하는 방법이다.

[그림 7–10]에서 Stack은 push 오퍼레이션을 구현하기 위해 LinkedList 클래스의 메소드를 호출하여 작업을 위임한다. 즉 Stack의 책임이 LinkedList가 가진 메소드, addFirst()의 재사용으로 위임된 것이다. 결국 Stack 클래스는 스스로 push 오퍼레이션을 구현하지 않고 이미 존재하는 다른 클래스, 즉 LinkedList의 addFirst() 메소드를 이용하여 위임한다.

위임을 이용하려면 위임받는 클래스와 연관 관계가 있어야 한다. 연관의 방향은 위임하려는 클래스에서 위임받는 클래스 쪽만 필요하다.

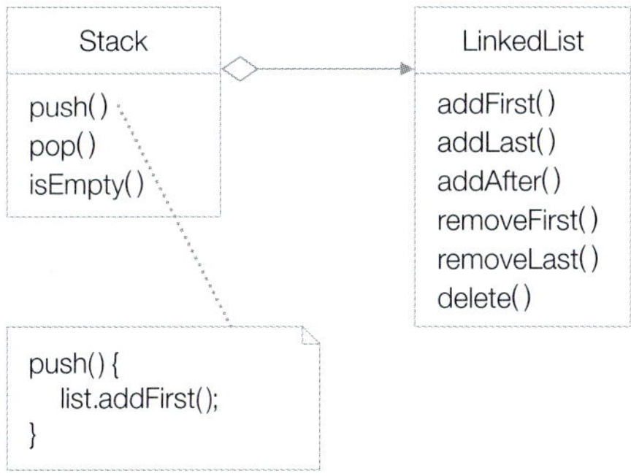

그림 7-10 위임 패턴의 예

3.1 위임 패턴이 제공하는 원리

위임 패턴은 다음 세 가지 원리를 제공하여 더욱 융통성 있는 설계가 되게 한다.

- 상속보다 연관을 통해 효과적으로 재사용할 수 있다. 상속은 필요하지 않은 변수와 오퍼레이션을 내려받기 때문이다.
- 코드 중복을 피할 수 있다.
- 연관으로 근접한 정보에만 접근한다.

위임을 하지 않고 일반화를 적용하여 메소드를 재사용하려는 경우가 많다. 예를 들어 [그림 7-10]에서 Stack을 LinkedList의 서브클래스로 만들면 addFirst와 같은 메소드를 Stack에서 사용할 수 있다. 하지만 필요한 addFirst 이외에 필요하지 않은 다른 오퍼레이션도 상속된다. 즉 addAfter와 같은 함수는 Stack에서 의미도 없는데 재사용 가능한 오퍼레이션으로 제공되는 것이다. Stack과 LinkedList는 A-kind-of의 관계가 성립되지 않기 때문에 상속이 남용된 결과라 할 수 있다.

3.2 위임 패턴 적용 시 주의점

위임 패턴을 이용할 때 주의해야 할 점은 위임받는 객체의 메소드를 위임하는 클래스의 여러 메소드에서 사용하는 것은 피해야 한다는 것이다. 예로서 [그림 7-11]을 보자. Booking 클래스의 모든 메소드에서 SpecificFlight.flightNumber()를 호출한다면 시스템의 결합도가 매우 높아진다. 이렇게 되면 위임받은 메소드를 변경할 필요가 있을 때 위임한 클래스의 너무 많은 부분을 수정해야 한다.

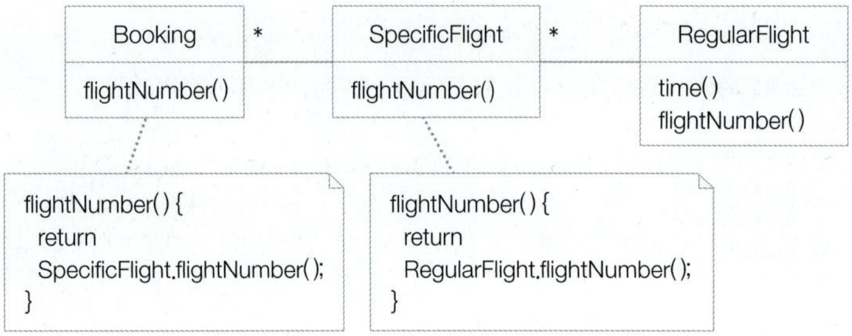

그림 7-11 중첩된 위임 패턴의 예

또 다른 주의점은 위임에서는 직접 이웃한 클래스의 메소드만 이용해야 한다는 것이다. 예컨대 Booking의 flightNumber 메소드에서 다음과 같이 RegularFlight 메소드를 호출하는 것은 좋은 방법이 아니다.

```
return SpecificFlight.RegularFlight.flightNumber();
```

SpecificFlight 클래스 안에 연관으로 표현된 RegularFlight 데이터를 가져오기 때문에 public으로 선언되어야 한다. 또한 클래스에 대한 수정은 이웃에만 영향을 주어야 하는데 이렇게 되면 유지보수가 쉽지 않다.

[그림 7-11]은 Booking 클래스가 SpecificFlight에 위임하고 다시 RegularFlight 클래스에 위임하여 위임이 중첩되었다. 이런 경우 Booking 클래스에서 RegularFlight 클래스 안에 있는 여러 가지 오퍼레이션을 호출할 필요가 있다면 SpecificFlight는 위임에서 중간 역할만 담당하게 된다. 이때 getRegularFlight 메소드를 Booking 클래스에 두어 다음과 같이 호출하는 것이 좋다.

```
return getRegularFlight().flightNumber();
```

이렇게 하면 SpecificFlight 안에 있는 getRegularFlight() 함수에만 위임하는 것이므로 변경의 영향을 적게 받는다.

4 계층 구조 패턴

컴퓨터 프로그램에서는 계층 구조를 다루어야 할 때가 많다. 회사 조직도를 구성하거나 운영체제의 파일 시스템, 컴파일러에서 구문 구조를 다룰 때는 항상 트리 구조를 사용한다. 계층 구조에 있는 각 객체는 하부층에 여러 객체를 종속시킬 수 있다.

계층 구조를 표현하려면 [그림 7-12]에서 보듯이 슈퍼클래스에 두 가지 유형의 서브클래스를 둔다. 즉 종속된 객체와 종속되지 않은 객체로 나누고, 종속된 객체는 슈퍼클래스와 재귀적 연관 관계를 맺게 한다. 이렇게 하면 슈퍼클래스가 또다시 종속된 객체와 종속되지 않은 객체가 될 수 있어 반복적인 계층 표현이 가능하다. 재귀 연관 관계에서 다중도는 1 대 n이 되어야 한다.

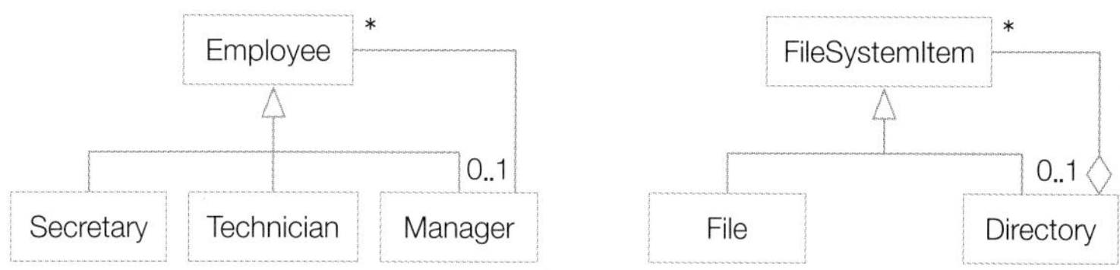

그림 7-12 계층 구조 패턴의 예

컴포지트 패턴은 계층 구조 패턴의 특수한 형태로, [그림 7-12]의 오른쪽 예와 같이 종속된 클래스와 슈퍼클래스가 집합 관계가 성립되는 경우를 말한다. 컴포지트는 재귀적인 컨테이너이다. 즉 컨테이너가 종속적인 객체를 포함하고 있으며 이런 관계가 계속 반복된다.

03 생성 패턴

생성 패턴은 간단한 블록의 코드로 여러 가지 다양한 객체를 생성하며, 여러 가지 객체의 집합을 포함한 애플리케이션을 설계하는 데 유용하다. 생성 패턴의 특징은 다음과 같다.

- 실행 시간에 객체의 다양한 버전을 생성한다.
- 생성한 객체에 제한을 가한다. 예를 들면 클래스 인스턴스 생성을 하나로 제한한다.

[표 7-1]에 생성 패턴의 유형을 정리했다.

표 7-1 생성 패턴의 유형

패턴	설계 목적	응용 사례	요약
팩토리 패턴	생성자가 제공할 수 없는 유연성을 가지고 실행 시간에 객체를 생성한다.	단일 제어 코드로 다양한 고객에게 차별화된 메시지를 보내려고 할 때 사용한다.	객체들을 리턴하는 메소드를 사용하여 필요한 객체를 생성한다.
추상 팩토리 패턴	런타임에 협력하는 객체들의 패밀리를 스타일 선택으로 생성한다.	런타임에 사용자가 스타일을 선택하여 키친 레이아웃을 디스플레이한다.	객체가 스타일에 맞는 객체를 리턴하는 메소드를 갖는다.
프로토타입 패턴	선택한 부품의 복사본으로 이루어진 객체 집합을 생성한다.	사용자가 런타임에 붙박이장과 바닥장의 유형을 선택하고 이를 디스플레이할 수 있다.	프로토타입의 복사본을 만들어 타입 객체를 생성한다.
싱글턴 패턴	객체를 하나만 생성하는 클래스를 정의한다.	연구실의 실험 결과를 평가하는 응용을 만들 때 Experiment 객체가 단 하나이고 응용에서 여기에 접근할 수 있게 하는 경우이다.	생성자를 private으로 만들고 public static 메소드가 유일한 객체를 취할 수 있게 한다.

1 팩토리 패턴

팩토리 패턴factory pattern의 목적은, 객체 생성을 위해 인터페이스를 정의하지만 어떤 클래스의 인스턴스를 생성할지에 대한 결정은 서브클래스에서 이루어지도록 서브클래스에 인스턴스 생성의 책임을 미루는 데 있다. 이렇게 하면 클래스 인스턴스를 다양한 형태의 객체로 리턴할 수 있다.

[그림 7-13]에서 보듯이 팩토리 패턴은 기본적으로 위임 형태를 갖는다. RequiredClass의 생성을 팩토리 메소드를 가진 MyClass에 위임한다. 이때 팩토리 메소드가 바로 createObjectOfRequiredClass()이다. 팩토리 패턴은 베이스 클래스에 속하는 객체 중 하나가 필요한데 그 아래에 있는 자식 객체 중 어떤 것이 필요한지 실행 시간까지 알 수 없을 때 사용한다.

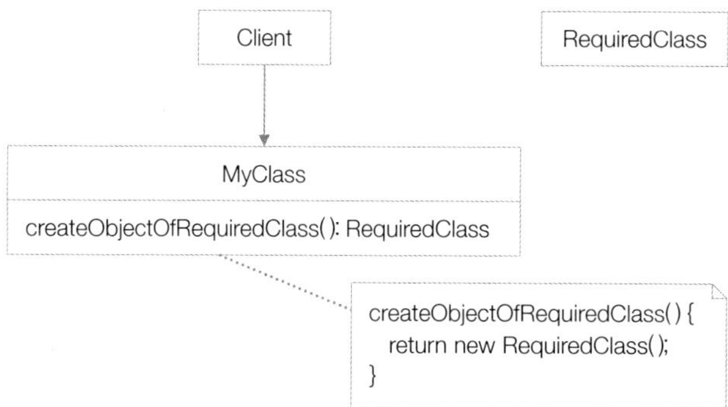

그림 7-13 팩토리 패턴

예를 들어 [그림 7-14]에서 클라이언트 코드에 Automobile 클래스와 createAutomobile 메소드가 사용되었다고 하자. 실행 시간에 Automobile 객체는 Hyundai 객체 또는 Kia 객체이고, 런타임의 선택에 따라 createAutomobile 메소드는 새로 생성된 Hyundai 객체나 Kia 객체를 반환한다.

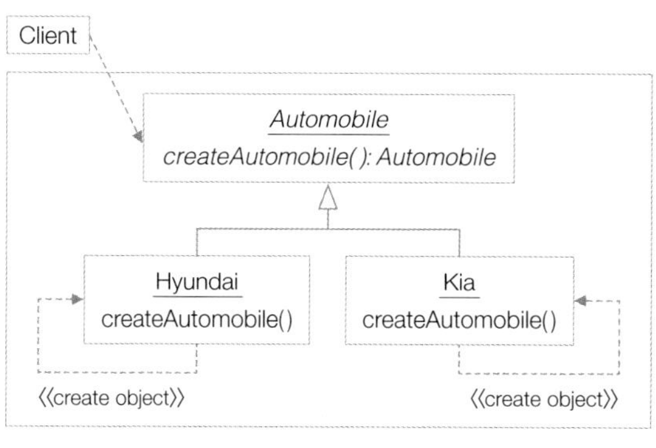

그림 7-14 팩토리 패턴의 예

Hyundai 클래스에 대한 코드는 다음과 같은 형태를 취할 것이다.

```
class Hyundai extends Automobile {
  ⋮
  Automobile createAutomobile() {
    return new Hyundai();
  }
  ⋮
}
```

하지만 Hyundai 클래스 안에서 다음과 같이 쓸 수는 없다. Hyundai, Kia 클래스에서 각각 재정의한 createAutomobile 메소드의 반환 타입이 같지 않기 때문이다. 간단히 말해서 팩토리 패턴은 특정 객체의 생성을 팩토리 자체가 다루게 한다.

```
Hyundai createAutomobile() { … }
```

팩토리 객체는 특정 객체를 사용하고자 하는 일반 객체에 자기가 생성한 특정 객체를 반환하는 인터페이스를 가진다. 따라서 사용하는 객체에 변경이 있거나 다른 객체로 대체되어도 일반 객체는 변경할 필요가 없고 객체를 반환하는 객체factory만 변경하면 된다. 따라서 시스템을 유지보수하거나 확장할 때 일반 객체의 변경이 최소화된다. 또한 객체 사이의 의존성이 줄어들어 작업하는 사람들도 안정적으로 작업을 공유할 수 있다.

2 추상 팩토리 패턴

추상 팩토리 패턴abstract factory pattern은 객체의 구체적인 클래스를 명시하지 않고서 그 객체와 관계되거나 의존하는 그룹을 생성하는 인터페이스를 제공한다. 즉 객체 그룹을 생성하거나 의존적인 관계의 객체를 생성할 때 객체 생성을 추상화해주는 패턴이다. 객체 생성을 추상화함으로써, 객체를 사용하는 모듈은 객체와 독립적으로 행동할 수 있고, 생성되어야 하는 각각의 객체에 신경을 덜 쓰게 된다.

이 패턴은 앞에서 소개한 팩토리 패턴과 아주 유사하지만 팩토리 패턴과 달리 객체 그룹을 추상화한다. 즉 팩토리 패턴에서 사용했던 방법을 의존 관계에 있는 객체 무리에 적용한다.

추상 팩토리 패턴의 간단한 모델인 [그림 7-15]에는 Ensemble 객체가 StyleA의 캡슐화된 형태로 어떻게 구성되는지가 나타나 있다. Ensemble은 Part1, Part2 객체 등으로 구성된다. Ensemble의 abstractFactory 속성은 StyleAFactory 객체로 인스턴스화된다.

Part1 객체의 생성을 요청할 때 AbstractFactory의 getAPart1Object() 메소드가 호출된다. 가상 함수의 속성으로 StyleAFactory의 getAPart1Object() 메소드가 실제로 호출되고 Part1StyleA 객체를 반환한다. 같은 방법으로 Ensemble의 getAPart2Object()가 호출될 때는 Part2StyleA 객체를 반환한다.

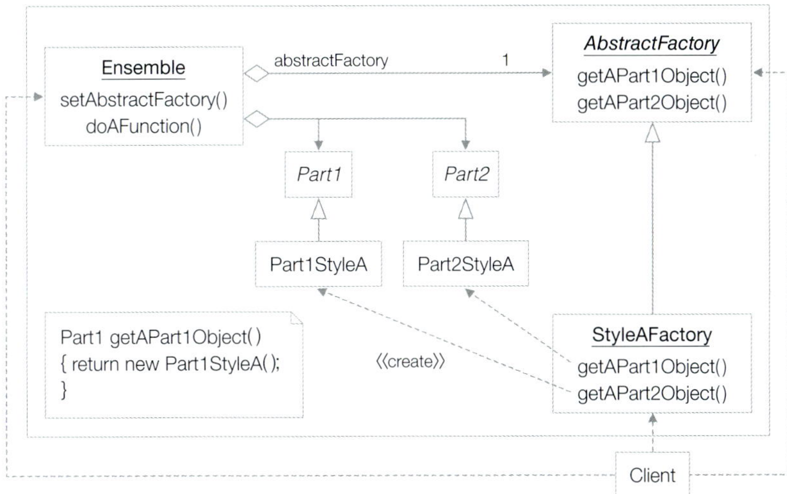

그림 7-15 추상 팩토리 패턴의 간단한 모델

클라이언트는 구성하려는 객체 집합인 Ensemble 클래스와 Style 클래스 및 Style 클래스의 서브클래스가 가진 인터페이스를 사용한다. 하지만 클라이언트 프로그램에게 더 제한적으로 Ensemble 인터페이스만 제공할 수도 있다. 이런 경우 스타일 지정은 애플리케이션에서 별도로 해야 한다.

추상 팩토리 패턴은 팩토리 패턴의 개념을 사용하지만 스타일에 따라 다른 객체 그룹을 생성한다는 의미에서 팩토리 패밀리 또는 그룹 팩토리라고 할 수도 있다.

3 프로토타입 패턴

프로토타입 패턴prototype pattern은 클래스를 인스턴스로 만들어놓은 후 그 객체를 사용할 때 다시 생성하지 않고 복사clone해서 사용하는 패턴이다. 즉 클래스로부터 인스턴스를 만드는 것이 아니라 이미 생성된 인스턴스로부터 새로운 인스턴스를 만드는 것이다.

일반적으로 시스템은 클래스의 생성자를 호출하여 객체를 만든다. 하지만 데이터를 형성하여 객체를 생성하기 힘든 경우도 있다. 예컨대 객체를 생성하기 위해 원격 데이터에 여러 번 접근해야 하거나, 객체 생성을 위해 필요한 정보를 일일이 기입해야 할 때 등이다. 이러한 문제를 해결하려면 프로토타입 패턴을 적용해야 한다.

프로토타입 패턴은 프로토타입 객체를 만들고 그 객체 속에 데이터를 원하는 형태로 만들어 주는 클론 메소드를 제공한다. 클론 메소드에 일반 데이터를 매개변수로 넘겨주면 원하는 형태의 객체가 생성된다. 예를 들어 파일 시스템에 데이터가 저장되어 있을 때 이 데이터를 여러 종류의 객체가 활용해야 한다고 가정해보자. 각 객체는 객체를 생성하거나 데이터를 활용하기 위해 매번 파일 시스템에 접근하여 작업을 해야 할 것이다. 만일 파일 시스템이 원격이라 접근이 쉽지 않거나, 파일 시스템에 접근하는 시스템의 자원 처리에 어려움이 있다면 이와 같은 접근 방식은 바람직하지 않다. 하지만 파일 시스템이 가진 데이터를 쉽게 복제하는 방법이 있다면 복잡한 데이터를 가진 객체를 쉽게 만들 수 있을 뿐만 아니라, 조금씩 다른 객체를 생성할 때 복제 후 간단히 변환하여 다른 객체를 만들면 된다. 결국 프로토타입 패턴은 새로운 인스턴스가 필요할 때마다 프로토타입의 클론(복사본)을 만드는 것이다.

프로토타입 패턴도 기본적으로 위임 형태이다. [그림 7-16]은 프로토타입 패턴을 적용한 간단한 구조의 클래스 모델이다. 각각의 Ensemble 객체는 myPartPrototype이라는 이름을 가진 프로토타입으로서 MyPart 객체를 모은다. createEnsemble() 메소드는 원하는 Ensemble 인스턴스를 반환한다. MyPart 객체를 필요로 할 때마다 다음과 같은 코드를 사용하여 복사한 클론을 얻는다.

```
MyPart anotherMyPart=MyPartPrototype.clone();
MyPart yetAnotherMyPart=MyPartPrototype.clone();
```

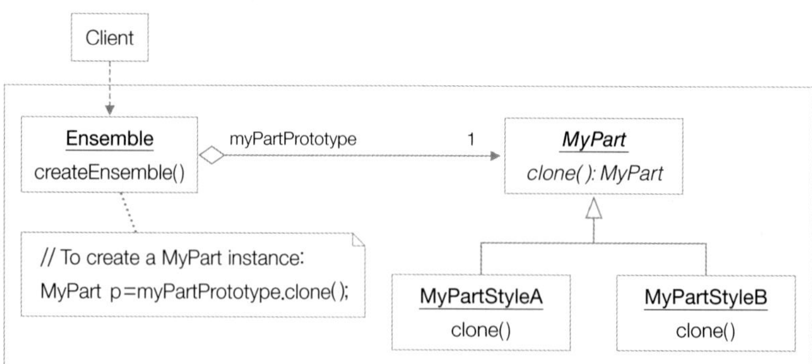

그림 7-16 간단한 구조의 프로토타입 패턴

createEnsemble() 메소드를 이용하면 Part1, Part2 등의 객체로 구성된 Ensemble 객체를 구축할 수 있다. 메소드 안에서 새로운 Part2 객체가 필요할 때 다음과 같이 clone()을 사용한다.

```
Part2 part2Object=part2Prototype.clone();
```

위와 같이 하면 clone() 메소드가 part2Prototype 객체와 같은 값을 가진 Part2 객체를 생성할 수 있다.

4 싱글턴 패턴

싱글턴 패턴은 293쪽 [그림 7-1]에서 설명했다.

04 구조 패턴

구조 패턴은 더 큰 구조를 형성하기 위해 클래스를 어떻게 구성하고 합성하느냐는 문제를 다룬다. 주로 인터페이스를 상속받아 구현하여 합성한다. 예를 들면 새로운 기능을 구현하기 위해 클래스를 특수하게 구성하거나 런타임에 객체의 구조를 변경하여 유연성과 확장성을 높인다. [표 7-2]에 구조 패턴의 유형을 정리했다.

표 7-2 구조 패턴의 유형

유형	설계 목적	응용 사례	요약
컴포지트 패턴	• 정적 목적: 객체의 트리를 나타낸다. • 동적 목적: 클라이언트 코드가 객체 노드 아래 분산된 서브트리에 동일한 기능으로 접근할 수 있게 한다. 런타임에 트리의 변경도 가능하다.	회사의 조직도를 표현하는 데 적합하다. 클라이언트 코드가 어떤 Employee 객체에도 printOrganization()을 호출하면 사원과 모든 부속 정보를 출력할 수 있다. 런타임에 사원을 추가하거나 삭제할 수도 있다.	컴포지트 클래스가 다른 컴포지트 클래스의 모임이 되게 할 수 있다.
데코레이터 패턴	• 정적 목적: 객체 리스트를 표현한다. • 동적 목적: 클라이언트 코드가 객체에 분산된 기능을 사용할 수 있도록 한다.	온라인 의류 판매 사이트에서 여러 가지 의상을 자신의 이미지에 입혀보는 기능을 예로 들 수 있다.	객체가 집합을 이용하여 링크를 걸 수 있다.
어댑터 패턴	애플리케이션이 외부 기능을 사용할 수 있게 한다.	대출에 관한 응용을 설계할 때 '매달 갚아야 할 금액을 계산하는, 외부에서 개발한 클래스'를 사용하는 경우를 예로 들 수 있다.	중간 변환 클래스에 애플리케이션을 연결하여 필요한 기능을 갖게 한다.
퍼사드 패턴	대규모 클래스를 포함하는 소프트웨어 아키텍처를 관리한다.	대출 관련 애플리케이션의 구조를 설계할 때 일부 개발자는 데이터베이스의 대출 조건에, 다른 개발자는 사용자 인터페이스에, 또 다른 개발자는 상환 계산에 집중하게 하여 상호 협력 문제를 최소화할 수 있다.	각 패키지에 대해 입구 객체를 만들어 여기에 접근하게 한다.
프록시 패턴	일부 메소드가 실행될 때 많은 자원(시간, 공간)이 필요하여 리모트로 동작하게 한다. 필요 이상으로 자주 실행될 필요가 없다.	이미지 렌더링에 많은 시간과 공간을 소모하는 경우 파일에서 이미지를 읽고 버퍼에 채워 렌더링한다.	요청 메소드와 자원 사이에 존재하는 클래스를 소개한다.

1 컴포지트 패턴

시스템을 구축하다 보면 객체 집합을 다루어야 할 때가 많다. 이는 집합 속에 포함되어 있는 객체가 다시 다른 객체 집합을 가진 경우이다. 예를 들면 파일 시스템은 디렉터리 객체 집합을 가지고, 디렉터리는 다시 파일이나 디렉터리 객체 집합을 가지는데, 이때 컴포지트 패턴composite pattern을 적용한다.

컴포지트 패턴은 집합 속에 포함될 객체와 집합을 가지고 있는 객체 모두가 자기 자신과 동일한 메소드와 데이터를 가질 수 있게 해준다. 객체 리스트에 객체를 삽입하거나 삭제하는 방법으로 객체 집단을 기존의 집단에 신속하게 덧붙이고 삭제하는 작업을 수행한다. 또한 객체 집단의 어느 특정한 부분에 명령을 전달하면 특정 부위의 객체 집단 모두가 그 명령을 수행하게 한다. 즉 객체가 받은 명령을 자기가 가진 객체 리스트에 전달하는 방법을 이용한다.

컴포지트 패턴을 사용하면 기본 클래스와 이를 포함하는 컨테이너 클래스를 구분하지 않고 처리하는 재귀적 합성을 이용할 수 있다. 재귀적 합성이란 컨테이너 클래스가 기본 요소뿐만 아니라 기본 요소를 포함하고 있는 컨테이너 자체도 포함할 수 있다는 것을 의미한다. 폴더가 파일을 포함할 뿐만 아니라 폴더도 포함할 수 있는 것과 같은 이치이다.

[그림 7-17]은 컴포지트 패턴의 다이어그램으로 재귀적 포함 관계를 보여준다.

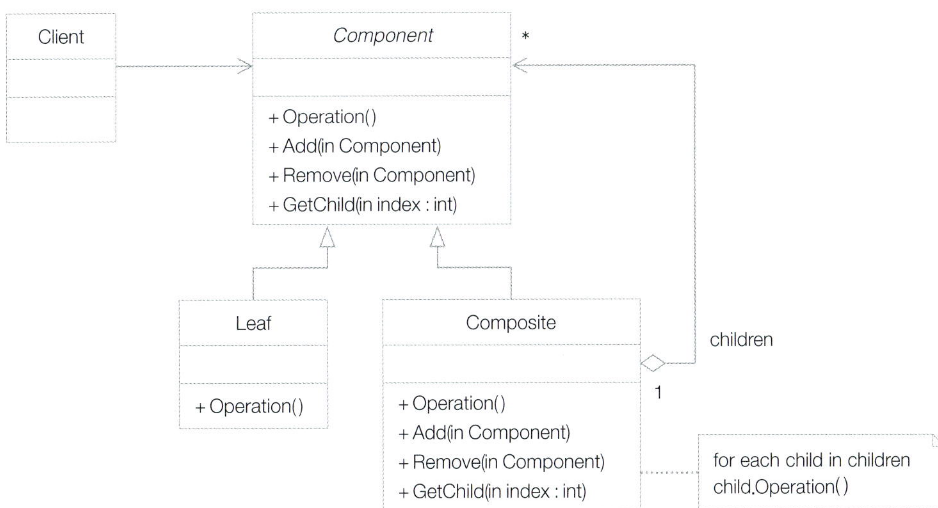

그림 7-17 컴포지트 패턴의 구조

이 다이어그램에서 Composite 클래스는 Component 클래스를 포함하는 것으로 정의되어 있으나, 실제 런타임의 인스턴스 개념으로 보면 Composite 클래스의 인스턴스에는 Component 클래스를 상속받은 Leaf 클래스의 인스턴스를 포함하거나, Component 클래스를 상속받은 Composite 클래스의 인스턴스를 포함할 수도 있다. 그리고 이렇게 포함된 Composite 클래스의 인스턴스가 또 다른 Leaf 클래스의 인스턴스를 포함할 수도 있다. [그림 7-18]은 각 구성 요소의 관계를 트리 형태로 표현한 다이어그램이다.

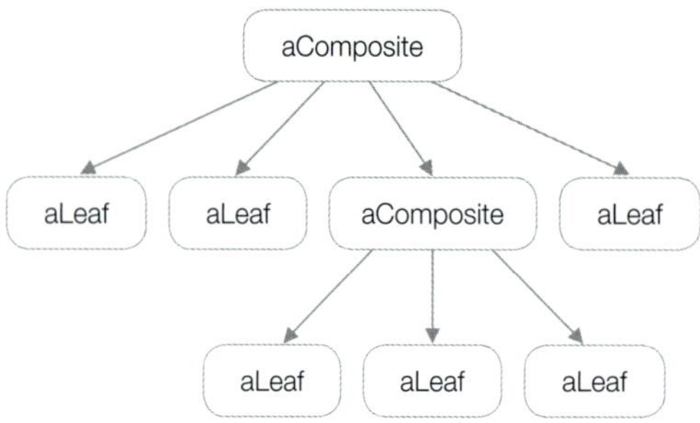

그림 7-18 **컴포지트 패턴의 구성 요소**

2 데코레이터 패턴

프로그램이 실행될 때 객체에 어떤 기능을 추가해야 하는 경우가 있다. 예를 들어 사진을 찍은 후 편집하는 소프트웨어에서 사진에 스킨을 입히는 기능을 구현한다고 하자. 사진은 기본적으로 디스플레이되어야 하며 스킨은 사용자 취향에 따라 런타임에 바꿀 수 있어야 한다. 결국 사진 객체에 스킨을 추가해야 하는데 이를 데코레이션이라 부른다.

사진 이외에도 데코레이션 개념이 필요한 경우가 많다. 고객 관리를 위한 메일링 시스템에서 고객마다 보내는 메일 내용을 고객의 소비 취향에 따라 약간 다르게 하고 싶은 경우, 기본 내용에 선택 가능한 내용을 데코레이션하면 된다. 즉 기본 내용을 코어 객체로 하고 추가할 객체를 데코레이터로 만든 후 필요할 때마다 합성하는 것이다.

데코레이터 패턴decorator pattern은 [그림 7-19]에 나타낸 것처럼 데코레이션 객체가 재귀적으로 자신을 포함하고 최종으로 Substance로 표현된 코어 객체의 집합 구조로 되어 있다. 클라이언트는 add(Component) 메소드를 이용하여 코어 객체와 데코레이터를 추가할 수 있다. 또한 코어 객체나 데코레이터 객체, 또는 그것들의 집합에 동일한 doAction() 메소드를 호출할 수 있다.

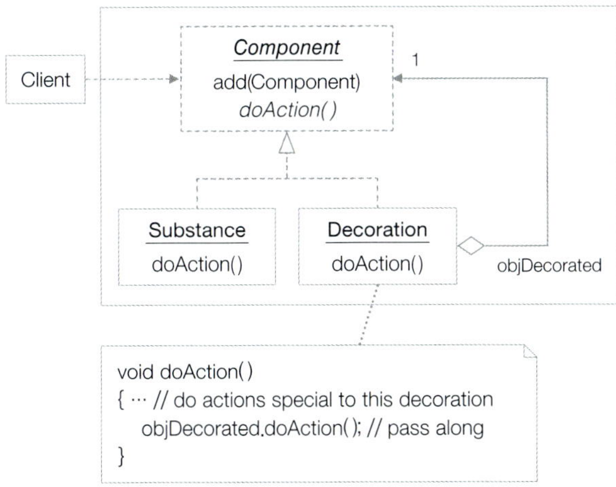

그림 7-19 데코레이터 패턴의 구조

결국 데코레이터 패턴은 객체 생성 없이 개별 객체에 데코레이터를 이용하여 동작을 첨부할 수 있다. 추가적인 동작을 첨부하려면 대상 객체를 원하는 기능을 가지고 있는 객체의 매개변수로 전달하면 된다. 이런 방법을 래퍼wrapper라고 하며 다음과 같이 쓴다.

```
Decoration decorationA = new Decoration(new Substance( ));
```

Component는 일반적으로 인터페이스로 정의되어 상속되지만 유용한 기능을 상속받기 위해 추상 클래스로 정의할 수도 있다.

3 어댑터 패턴

어댑터 패턴adapter pattern은 이미 개발된 클래스(레거시 시스템이 될 수 있음)의 인터페이스를 다른 클래스의 요구에 맞게 변환해주는 것이다. 어댑터는 서로 호환성이 없는 인터페이스들이 같이 작동할 수 있도록 도와주는 변환기이다. 어댑터 패턴은 이미 만들어져 있는 클래스를 사용하고 싶지만 인터페이스가 원하는 방식과 일치하지 않을 때, 또는 관련성이 없거나 예측하지 못한 클래스와 협동하는 재사용 가능한 클래스를 생성하려 할 때 사용한다.

어댑터를 만드는 방법은 상속을 이용하는 방법과 위임을 이용하는 방법이 있다.

■ **상속을 이용하는 방법**

상속을 이용하는 방법은 [그림 7-20]과 같이 먼저 조정이 필요한 클래스(Adaptee)와 이를 사용할 것으로 기대하며 개발 중인 클래스(Target)도 상속받는 어댑터 클래스를 정의한다. 이 어댑터 클래스 안에 클라이언트가 요구하는 인터페이스 방식으로 호출받았을 때[여기서는 request()가 호출되었을 때] 이미 개발된 클래스의 인터페이스 형태로 호출하도록[여기서는 specificRequest()] 만들면 된다.

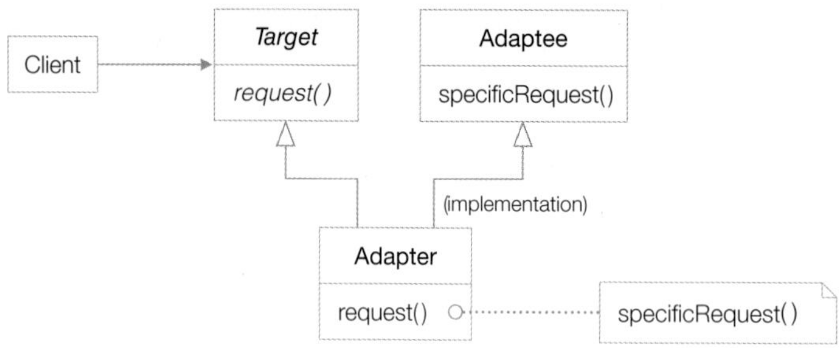

그림 7-20 상속을 이용한 어댑터 패턴

■ **위임을 이용하는 방법**

어댑터를 구현하는 또 다른 방법은 컴포지션을 통한 위임을 이용하는 것이다. 어댑터 클래스는 현재 개발 중인 클래스(Target)를 상속받고, 인터페이스의 조정이 필요한 클래스(Adaptee)의 객체에 대한 레퍼런스를 자신의 속성으로 정의한다. 이를 객체 어댑터라고 하는데, 여러 개의 레거시 시스템을 작동시키는 어댑터가 하나만 있을 수도 있다는 것이 특징이다.

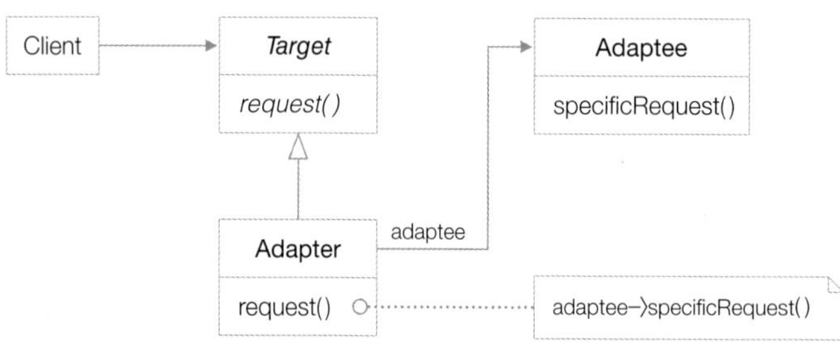

그림 7-21 위임을 이용한 어댑터 패턴

어댑터 패턴을 적용한 예를 살펴보자. 다음과 같은 메소드를 사용하는 회계 업무 시스템이 있다고 하자.

```
ComputeValue(float years, float interest, float amount)
```

앞과 같은 메소드가 클래스 Principal에 구현되어 있지만 이자를 계산하는 이 기능을 다른 이름의 인터페이스로 사용하려고 한다. 예를 들어 다음과 같은 새로운 이름으로 사용하고 싶다고 하자.

```
amount(float originalAmount, float numYears, float intRate)
```

어댑터 패턴을 적용하려면 애플리케이션에 있는 Financial 클래스로부터 상속받은 FinancialAdapter를 다음과 같이 구현한다.

```
class FinancialAdapter extends Financial {
  Principal legacyAdaptee=new Principal();

    float amount(float originalAmount, float numYears, float intRate) {
        return legacAdaptee.computeValue(originalAmount, numYears, intRate)
    }
}
```

클라이언트 프로그램은 FinancialAdapter 객체를 생성하여 amount() 메소드를 호출함으로써 인터페이스를 쉽게 바꿀 수 있다.

4 퍼사드 패턴

퍼사드 패턴facade pattern은 서브시스템 내부가 복잡하여 클라이언트 코드를 사용하기 힘들 때 사용한다. 서브시스템을 사용하는 입장에서는 간단한 인터페이스만 알아도 서브시스템의 주요 기능을 사용할 수 있기 때문에 퍼사드 패턴의 역할이 크다.

퍼사드 패턴은 복잡하게 얽혀 있는 것을 정리해서 높은 레벨의 인터페이스를 제공한다. 복잡한 것을 단순하게 보여주고, 내부에서 동작하는 클래스들의 관계나 사용법을 몰라도 사용할 수 있도록 해준다. 즉 시스템의 외부에는 간단한 인터페이스를 보여주면서 시스템 안쪽에 있는 각 클래스의 역할이나 의존 관계를 생각하여 올바른 순서로 클래스를 이용하게 한다. 시스템을 구성하는 많은 기능의 '간단한 입구' 역할을 하는 것이 바로 퍼사드이다. 참고로 퍼사드는 '건물의 정면 또는 대문'이라는 뜻의 프랑스어이다.

퍼사드 패턴 모델은 클라이언트 프로그램이 사용하려는 패키지 안에 포함된 여러 개의 클래스 중에서 특정 클래스만 인터페이스로 내세운다. 따라서 퍼사드로 선언되지 않은 클래스는 패키지의 외부에 보이지 않는다.

퍼사드 패턴은 [그림 7-22]에서 보듯이 외부에서 호출한 기능을 내부의 다른 클래스에 위임 형태로 전달함으로써 외부 클라이언트에게는 내부의 복잡한 사정을 감춘다.

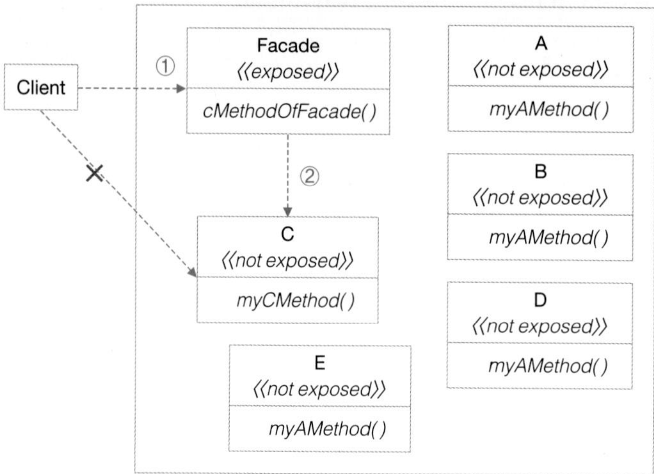

그림 7-22 퍼사드 패턴의 구조

예를 들면 4장에서 소개한 '항공권 예약 시스템'은 많은 클래스와 메소드를 포함하고 있는데, 이 시스템과 연결되어 상호작용하는 다른 서브시스템은 복잡한 내부와 얽혀 있어 작은 변경에도 영향을 받는다. 여기에 퍼사드 패턴을 적용하여 [그림 7-23]과 같은 Airline 클래스를 정의해보자.

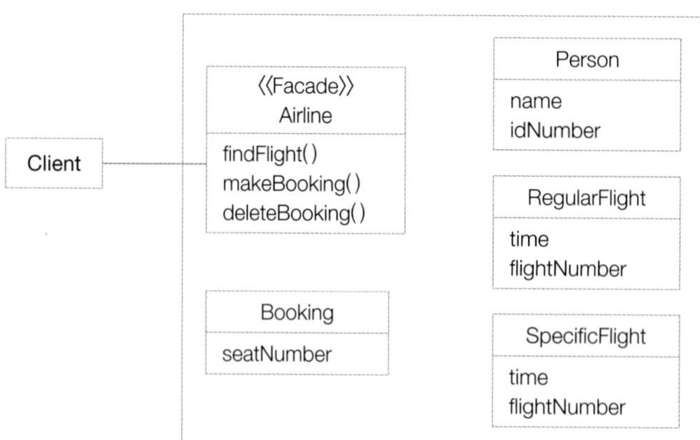

그림 7-23 '항공권 예약 시스템'에 적용한 퍼사드 패턴

이렇게 하면 Client가 가장 중요한 질의와 예약 오퍼레이션에 접근할 수 있고, Airline 클래스를 제외한 다른 클래스에 접근할 수 없다. 즉 Person이나 RegularFlight, SpecificFlight 클래스는 패키지 밖에 직접 노출되지 않는다. 다만 퍼사드, 즉 Airline 안에 있는 findFlight, makeBooking 같은 오퍼레이션에 의해 간접적으로 호출된다. 결국 외부에서는 '항공권 예약 시스템' 내부에 정의된 여러 가지 복잡한 오퍼레이션을 모르더라도 Airline에 정의된 오퍼레이션만 알면 패키지 안의 기능을 사용할 수 있다.

결론적으로 퍼사드 패턴은 패키지 전체를 쉽게 사용하게 하며 다른 패키지와의 의존도를 낮춘다. 즉 패키지 안이 변경되더라도 그것을 사용하는 클라이언트 프로그램이 영향을 받지 않는다.

5 프록시 패턴

프록시 패턴proxy pattern은 복잡하거나 생성하는 데 시간이 오래 걸리는 객체를 좀 더 간단한 객체로 표현하기 위해 그 객체가 필요할 때까지 생성을 보류해준다. 즉 특정 객체가 필요할 때까지 객체에 대한 접근을 컨트롤하는 대리인, 즉 프록시에 일을 맡김으로써, 메모리를 많이 차지하는 다수의 객체를 생성하거나 원격 데이터베이스에 접근하여 어렵게 객체를 생성해야 할 경우 객체 생성을 지연시킨다. 프록시는 컴퓨터 리소스나 시간을 많이 소모하는 객체를 인스턴스화할 때 객체가 실제로 필요할 때까지 생성을 지연시키는 역할을 한다.

프록시는 원래 객체의 모든 메소드를 가지고 있는 것이 보통이다. 모든 객체가 완전히 로드되면 그때서야 메소드 호출을 객체에 전달한다. 프록시 패턴은 다음과 같은 경우에 사용한다.

- 로드하는 데 시간이 많이 걸리는 객체를 사용할 때
- 네트워크 작업 시 트래픽이 증가하여 객체의 로드가 느릴 때
- 사용자에게 권한이 제한된 객체에의 접근을 허용할 때

대리인 역할을 하는 프록시의 구조는 [그림 7-24]와 같다. Proxy는 메소드를 호출할 때 RealSubject를 참조한다. Proxy의 메소드는 RealSubject의 메소드와 같다. Proxy는 원래 객체(RealSubject)와 같은 인터페이스를 갖는다. 프록시 패턴을 구성하는 객체 중 Subject는 Proxy와 RealSubject를 동일하게 보이기 위해 같은 인터페이스를 제공한다. 다음으로 Proxy는 Client로부터 호출을 받았을 때 혼자 처리할 수 없으면 RealSubject에 역할을 맡긴

다. 즉 필요해지면 그때 가서 RealSubject의 역할을 생성한다.

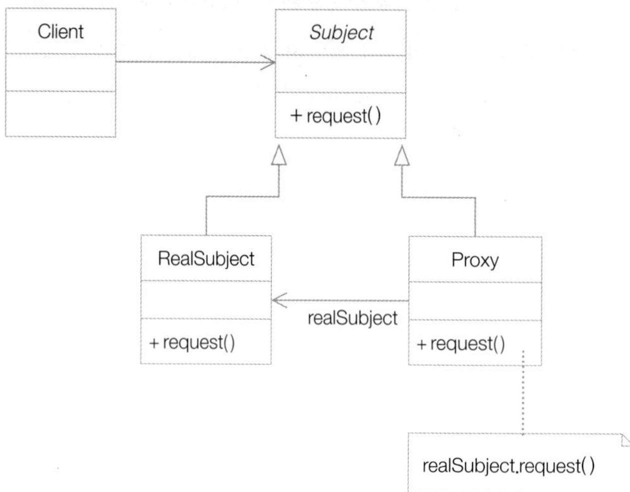

그림 7-24 프록시 패턴의 구조

참여 객체들의 호출 관계는 [그림 7-25]와 같다. Client가 패턴을 사용하려고 하면 Proxy가 RealSubject를 호출하는 순으로 진행된다.

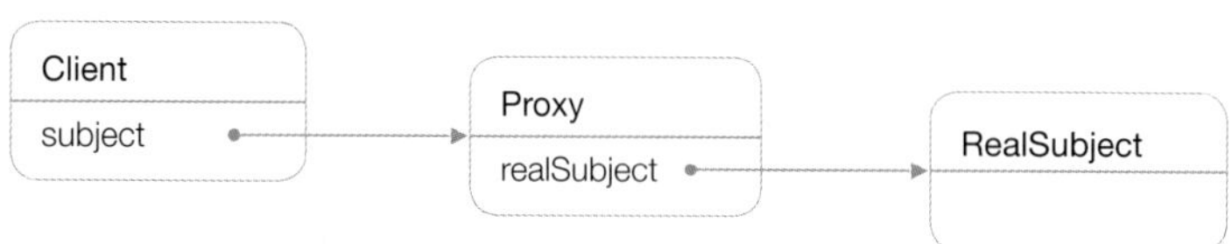

그림 7-25 프록시 패턴의 호출

예를 들어 어떤 프로그램이 큰 이미지를 로드하여 디스플레이한다고 생각해보자. 프로그램을 시작할 때 사용자는 현재 이미지가 로드 중이라는 메시지가 화면에 표시되어야 정상적으로 프로그램이 동작하고 있다고 생각할 것이다. 그러나 실제로는 이미지가 다 로드된 다음에야 출력된다. 이것은 이미지가 다 로드되기 전에 먼저 텍스트 정도는 출력되어야 하는 워드프로세서나 웹 브라우저에서 필수적인 요소이다.

[그림 7-26]에서 ImageProxy는 이미지를 먼저 인식하고 백그라운드 프로세스로 로드하기 시작한다. 그동안에 이미지가 표시될 부분에는 이미지 대신에 다른 심벌이나 대체물을 화면에 출력한다. 프록시는 실제로 이미지를 그리라는 요청이 오기 전 또는 로딩 프로세스가 작동하기 전까지 이미지 로드를 연기하는 역할을 한다.

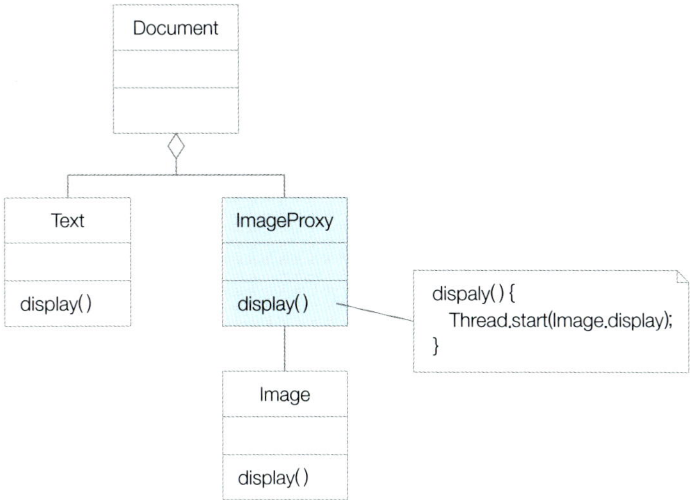

그림 7-26 프록시 패턴의 적용 예

05 행위 패턴

행위 패턴behavioral pattern은 객체 사이의 행위, 즉 작용과 반응을 조직화하고 연합하는 데 사용하는 패턴이다. 예를 들면 객체 간의 기능을 배분하거나 서로의 연동을 프로토콜화하는 목적을 가지고 있다. 즉 객체나 클래스의 유형을 정의하는 것이 아니라 클래스 사이의 책임과 협력에 대한 유형을 제시한다.

객체지향 시스템을 효과적으로 구축하고 유지보수하려면 객체들 사이의 행위를 잘 관리해야 한다. 애플리케이션에 따라 행위가 다른 객체로 옮겨가거나 알고리즘이 대체되거나 부담을 완화해야 하는 경우가 있다. 행위 패턴은 이러한 객체들 사이의 행위를 캡슐화한 것이다. 이로써 실행 시간에 여러 가지 행위를 선택할 수 있고 다른 애플리케이션에 재사용할 수도 있으며 메시지 교환이 효율적으로 이루어진다.

표 7-3 행위 패턴의 유형

유형	설계 목적	응용 사례	요약
옵서버 패턴	여러 객체가 한 객체에 의존하여 그 객체의 변경에 영향을 받아 작업을 수행할 경우 사용한다.	관리, 마케팅, 영업 팀에서 오늘까지 영업 실적을 파악하여 각기 다른 작업을 해야 할 때 사용한다.	관찰 대상 클래스에 옵서버 객체를 연결해두고 값이 바뀔 때마다 update() 함수를 호출한다.
중재자 패턴	서로 직접 연관을 맺지 않고 객체 사이의 인터랙션을 모아 중재한다.	자판기 안의 여러 컴포넌트인 믹서, 동전 투입구, 상품 관리 등의 클래스를 별도로 사용할 수 있게 독립적으로 만든다.	관련된 객체가 모인 클래스들의 인터랙션을 뽑아낸다.
책임 체인 패턴	여러 객체 그룹으로 기능을 묶고 디자인 타임에 책임을 담당하는 객체를 추가하거나 삭제한다.	웹 애플리케이션에서 자동차가 원하는 색상으로 보이도록 하기 위한 GUI를 설계한다. 자동차 모델 또는 선택하는 색상에 따라 동적으로 디스플레이할 수 있다.	집합을 통해 서로의 객체를 연결한다. 각 객체가 작업을 수행하고 체인에 연결된 다음 객체를 호출한다.
커맨드 패턴	오퍼레이션의 수행을 다양하게 하기 위해 사용한다. 'undoing'을 예로 들 수 있다.	이미 내린 명령을 언제든 취소할 수 있게 한다('undo').	각 커맨드 타입을 객체화하여 클래스 안에 보존한다.
상태 패턴	상태 정보를 캡슐화하여 실행 중 객체의 행위를 변경한다.	롤플레잉 게임에서 상태에 따라 게임 행동이 달라지게 만든다.	상태에 대한 처리, 전환 등의 행위를 상태 객체로 캡슐화한다.

1 옵서버 패턴

옵서버 패턴observer pattern은 특정 데이터나 객체를 모니터링하고 있다가 변화가 발생하면 시스템에 이를 알리고 연관된 객체들이 변화에 대응하는 작업을 실행하도록 만들어준다. 따라서 일종의 이벤트 처리와 유사하다. 일반적으로 이벤트를 처리하는 시스템은 이벤트를 처리할 객체를 미리 등록해놓은 후 이벤트를 감시하고 있다가 이벤트가 발생하면 등록된 객체에 처리를 맡긴다.

예를 들어 스프레드시트 응용 프로그램을 생각해보자. 테이블 형태의 뷰와 막대그래프 형태의 뷰는 모두 하나의 동일한 자룟값을 나타낸다. 테이블과 막대그래프는 서로 관련이 없는 클래스이므로 독립적으로 재사용할 수 있어야 한다. 이런 독립적 객체가 하나의 정봇값을 표현하기 위해 함께 사용되고 있는 상태에서, 테이블에 정보가 변경되는 이벤트가 발생하면 막대그래프에도 변경된 정보가 반영되어야 한다. 테이블과 막대그래프는 데이터 객체에 종속적이기 때문에 그 데이터에 일어난 변경을 통보받아야 한다.

옵서버 패턴은 이런 정보 제공자와 이용자 사이의 연관을 관리하는 패턴이다. 즉 정보를 제공하는 객체의 변화가 이용 객체에 전달되어야 할 경우 옵서버 패턴을 적용한다. 정보 제공 객체subject는 이용자observer가 얼마나 등록되어 있는지 모르더라도 메시지를 브로드캐스팅할 수 있어야 한다. 또한 옵서버 패턴은 이용자 객체에 대한 구체적인 정보를 알 필요 없이 이용자에게 변경을 알릴 필요가 있을 때 사용한다.

옵서버 패턴은 추상 클래스 Observer와 실제 갱신을 요청하는 ConcreteObserver 서브클래스로 이루어진다. [그림 7-27]의 클래스 다이어그램과 같이 Source 클래스가 자신의 상태 변화에 대한 갱신 작업을 Observer 객체에 위임하는 형태로 구성되어 있다.

옵서버가 어떻게 동작하는지 단계별로 정리하면 다음과 같다.

① 클라이언트가 알고 있는 Observer들에게 Source 안에서 일어난 상태 변화에 대해 통지를 요청한다. [그림 7-27]의 클래스 다이어그램에서 Client 객체가 Source 객체의 notify() 메소드를 호출하는 부분이다.

② notify() 메소드는 집합 관계에 있는 각 Observer 객체 안의 update() 메소드를 호출하여 통지한다.

③ update() 메소드는 Source의 옵서버로 연결된 각각의 ConcreteObserver로부터 호출된다.

update() 메소드 안에서는 Source 객체 상태를 받아서 그래프를 그리거나 또는 변경된 상태를 이용하여 다른 작업을 한다.

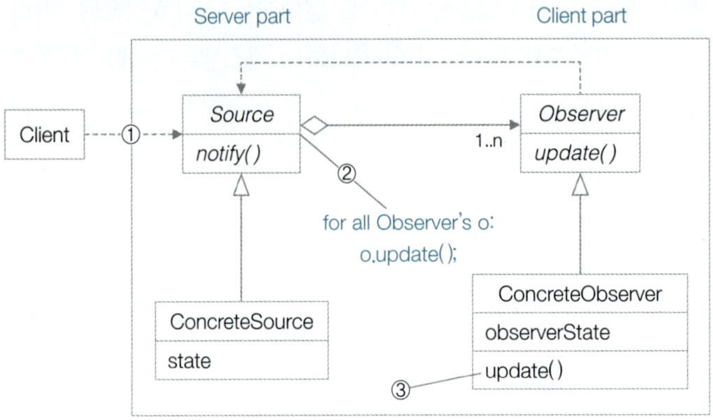

그림 7-27 옵서버 패턴의 클래스 모델

2 중재자 패턴

중재자 패턴mediator pattern은 시스템을 이루는 객체들 사이의 밀접한 연관 관계를 효율적으로 처리해주는 패턴이다. 다시 말해 객체 내부의 변화나 특정 작업의 실행이 다른 객체에 영향을 미칠 때 중재자 객체가 중간에서 서로 간의 변화나 메시지를 조정하여 시스템이 원활하게 작동하도록 해준다.

예를 들어 GUI상의 대화상자를 구현하는 문제를 생각해보자. 하나의 대화상자는 작은 도구들(버튼, 메뉴, 입력 필드)의 모음을 나타내는 하나의 윈도우를 사용한다. 일반적으로 이러한 도구들 사이에는 어떤 의존 관계가 존재한다.

[그림 7-28]의 왼쪽 리스트 박스에서 고객 타입을 지정하면 오른쪽의 입력 폼 형태가 바뀐다. 즉 왼쪽의 리스트 박스에서 regular customer를 선택하면 현재 오른쪽에 보이는 이름, 주소, 도시 입력 창이 뜬다. 그러나 volume customer를 선택하면 또 다른 입력 창, 예를 들면 계좌 정보를 입력하는 창이 뜬다. 결국 왼쪽의 리스트 박스와 오른쪽의 이름, 주소 정보 창은 서로 의존적인 것이다. 하지만 리스트 박스와 이름, 주소 정보 창이 직접적인 의존 관계가 되는 것을 원치 않는다. 왜냐하면 각각의 객체를 직접 레퍼런스하면 다른 부분에 재사용하기가 어렵기 때문이다.

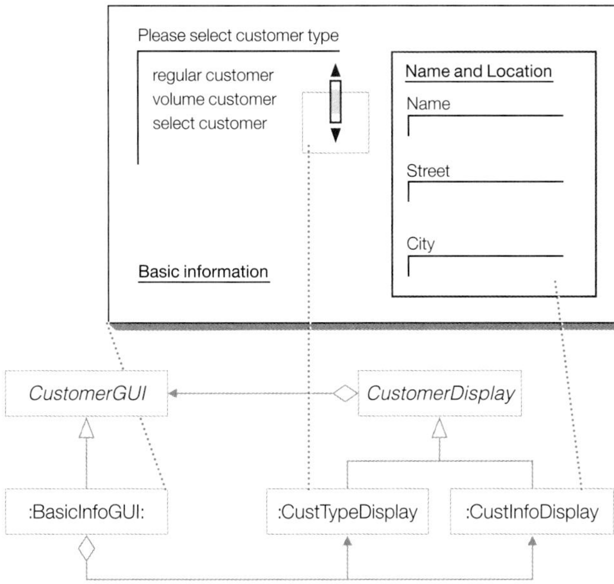

그림 7-28 중재자 패턴을 이용한 고객 정보 입력의 예

중재자 패턴을 사용하면 여러 객체가 서로 메시지를 주고받는 협력 행위를 특정 객체 안에 캡슐화할 수 있다. 중재자를 도입하면 객체들이 다른 객체의 존재를 모르는 상태에서도 메시지를 주고받으며 협력할 수 있다. 따라서 특정 객체를 수정하지 않고도 협력 행위만 쉽게 변경할 수 있다.

일반적인 중재자 패턴을 살펴보자. [그림 7-29]에서는 ConcreteColleague1과 ConcreteColleague2를 포함하는 ConcreteMediator 클래스를 볼 수 있다. 일반적인 중재 객체인 Mediator 클래스는 ConcreteMediator 클래스로, 실행 시간에 인스턴스로 결정되고 서로 연관되는 객체 사이에서 중재 역할을 한다.

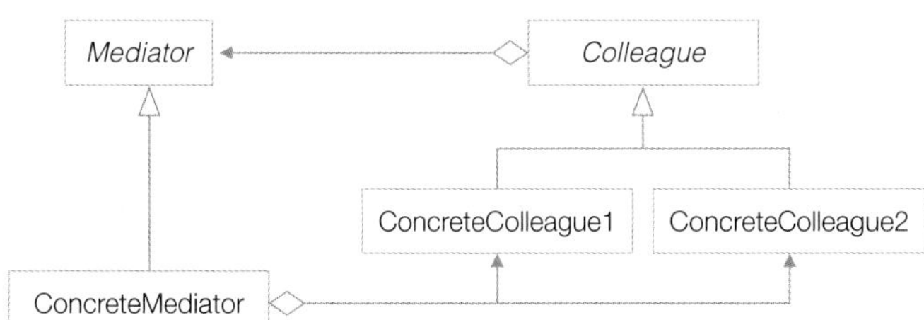

그림 7-29 중재자 패턴의 클래스 다이어그램

동적인 관점에서 중재자를 보면 두 가지 시작점이 있다. 첫 번째는 중재 작용이 ConcreteMediator 객체에 의해 구동되는 것이다. 초기화 작업 안에서 ConcreteColleague 객체의 각 메소드를 호출한다. [그림 7-30]의 ①번 그림에 나타낸 것처럼 doPart1()과 doPart2()의 두 개 메소드가 호출된다. 두 번째는 ConcreteColleague 중의 하나가 구동을 시작한 경우이다. 만약 GUI 객체라면 마우스 클릭에 대한 응답이 될 수 있는데 이를 mediate() 메소드라고 한다. 이 경우에 ConcreteColleague1 객체는 Mediator 객체를 호출하고, 이것은 실제로 ConcreteMediator 객체를 호출하게 된다. mediate() 메소드 호출 결과, 내부 코드로 쓰여 첫 번째 시작 방법과 같은 프로세스가 진행된다.

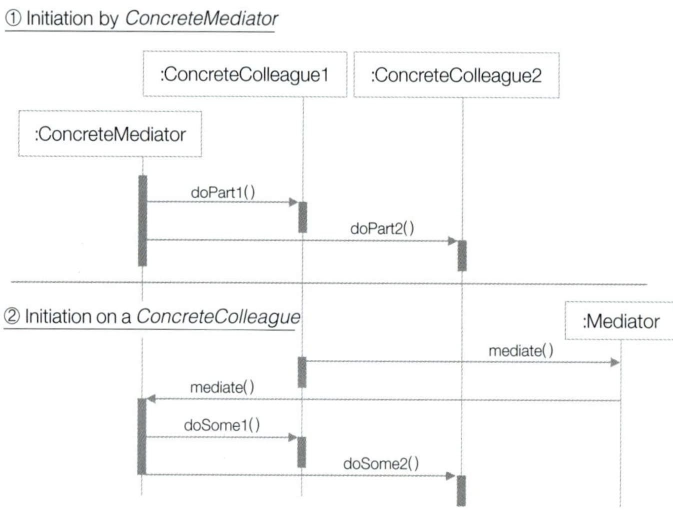

그림 7-30 중재자 패턴의 시퀀스 다이어그램

3 책임 체인 패턴

책임 체인 패턴chain of responsibility pattern은 사용자가 원하는 작업을 어떤 객체에게 시킬지 모를 때 그 작업을 다룰 만한 객체들의 집합에 던져버리는 패턴이다. 처리 방식을 간단히 살펴보면, 먼저 작업을 수행하는 객체들을 체인처럼 엮어서 가지고 있다가 외부에서 데이터 또는 객체를 요청하면 이를 체인에 넘긴다. 객체의 체인은 넘어온 데이터를 확인한 후 이를 처리할 수 있는 객체를 체인에서 찾아내어 그 객체가 작업을 수행하게 만든다.

책임 체인 패턴을 사용하기 위해서는 먼저 현재 접근한 객체가 요구된 기능을 처리할 수 있는지 없는지 결정해야 한다. 처리할 수 있다면 요구를 처리하고, 처리할 수 없으면 객체 집합의 다른 객체로 제어를 넘긴다. [그림 7-31]은 이러한 체인의 형태를 보여준다.

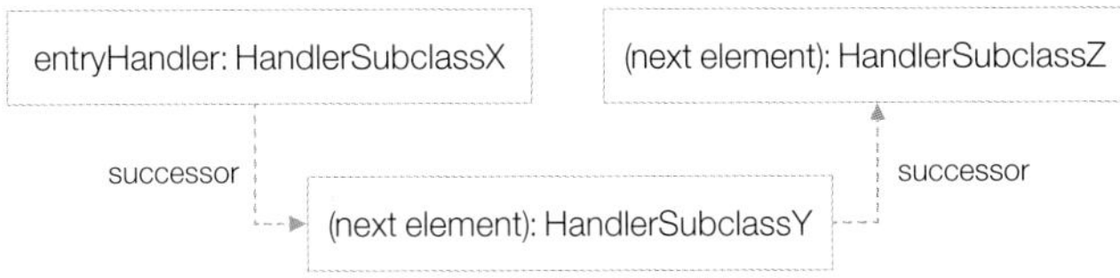

그림 7-31 책임 체인 패턴에서 사용되는 체인

책임 체인 패턴은 요구를 처리하는 Handler 객체가 다른 Handler 객체에 위임하기 때문에 재귀 형태이다. [그림 7-32]는 이 패턴의 클래스 모델을 나타낸 것이다.

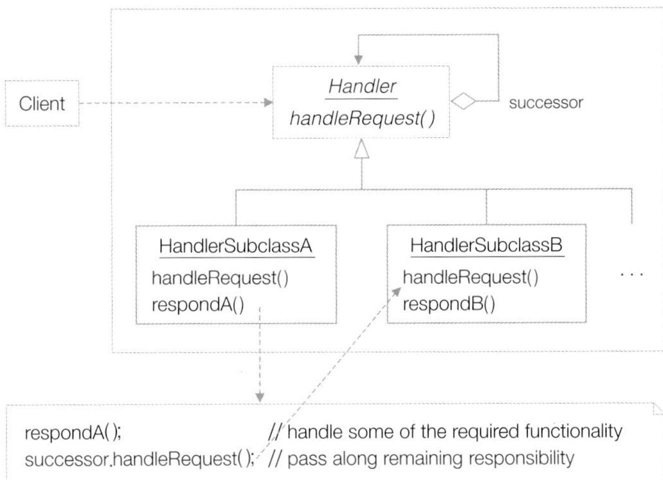

그림 7-32 책임 체인 패턴의 클래스 모델

책임을 떠넘긴다는 것이 부정적으로 느껴질 수 있지만 때로는 떠넘기기가 필요한 경우가 있다. 어떤 요구가 발생했을 때 그 요구를 처리할 객체를 바로 결정할 수 없는 경우에는 다수의 객체를 체인처럼 연결해두고 객체 체인을 차례로 돌아다니면서 목적에 맞는 객체를 결정하는 방법을 동원할 수 있다. 여기에 책임 체인 패턴을 이용하면 메시지를 보내는 객체가 메시지를 받는 모든 객체를 다 알 필요가 없다. 즉 메시지를 보내는 객체는 메시지를 받을 단 하나의 객체만 알면 되는데, 이 패턴을 이용하여 요구를 요청하는 객체와 처리하는 객체 사이를 느슨하게 연결할 수 있다.

4 커맨드 패턴

커맨드 패턴command pattern은 작업을 처리할 특정 객체를 지정하지 않은 채 처리하고자 하는 작업을 객체 집단에 던지는 책임 체인 패턴과 달리, 객체 집단에서 처리를 담당할 객체를 직접 지정한 후 그 객체를 처리 박스에 요청하여 처리하는 패턴이다. 즉 작업을 처리하는 객체 집단들이 동일한 인터페이스를 갖도록 시스템을 재구성하고, 객체를 사용하는 모듈은 서로 다른 객체를 동일한 객체로 인식하고 사용하게 만들어준다.

[그림 7-33]에서는 커맨드 패턴의 클래스 모델이 Command 클래스 안에 명령을 캡슐화해놓는다. 런타임의 제어는 추상 클래스가 아니라 서브클래스에 있는 Command 객체의 execute() 메소드로 전달된다. execute() 메소드 안에는 보통 다음과 같은 코드가 내장되어 있다.

```
void execute() {
if ( … conditions are acceptable to carry out
    the requested operation … ) {
    this.getParameters();
    getTarget1().action1();       // here is where control is passed
}
else
    … respond to an operation request that can't be honored
}
```

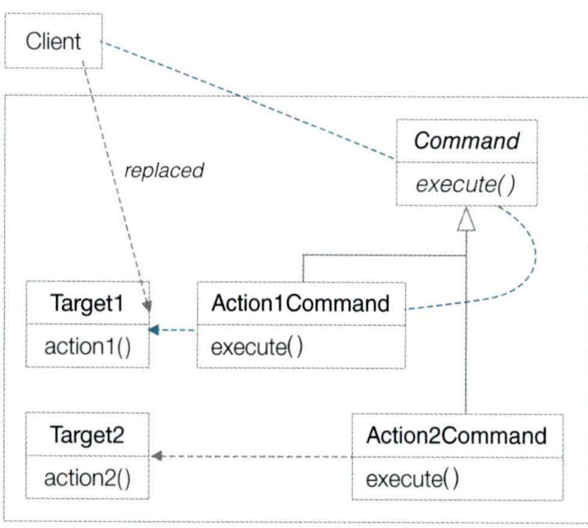

그림 7-33 커맨드 패턴의 클래스 모델

클라이언트는 action1()을 직접 호출하는 대신 커맨드 인터페이스를 통해 action1()을 호출하는데, 이렇게 함으로써 유연성을 높일 수 있다. 또한 이와 같은 간접적인 메소드 호출은 명령을 취소할 때 필요한 커맨드 히스토리를 저장할 수 있다.

이 패턴을 이용하면 명령과 요청 자체를 객체 안에 캡슐화하여 저장할 수 있다. 명령 객체를 받은 클라이언트 객체들은 명령의 내용에 따라 각기 다르게 행동하며, 명령을 큐에 저장하거나 로그에 기록하여 나중에 사용할 수 있다. 또한 명령을 수행하기 이전 상태로 복원undo할 수 있다.

커맨드 패턴이 자주 적용되는 프로그램 영역은 보통 GUI 기반 애플리케이션이다. 이는 복원이 용이하며 같은 메뉴이지만 시간에 따라서 기능이 달라지는 경우가 많기 때문이다. 예를 들어 메뉴 아이템을 클릭하면 응답하는 GUI 프로그램을 생각해보자. Command 객체에 일반적인 마우스 클릭으로 사용되는 코드를 작성한다. MenuItem 클래스는 여기서 클라이언트 역할을 하고, MenuItem 객체는 Command 객체를 집합으로 포함하고 있다. CutCommand는 텍스트를 잘라내고 복사하는 명령이다.

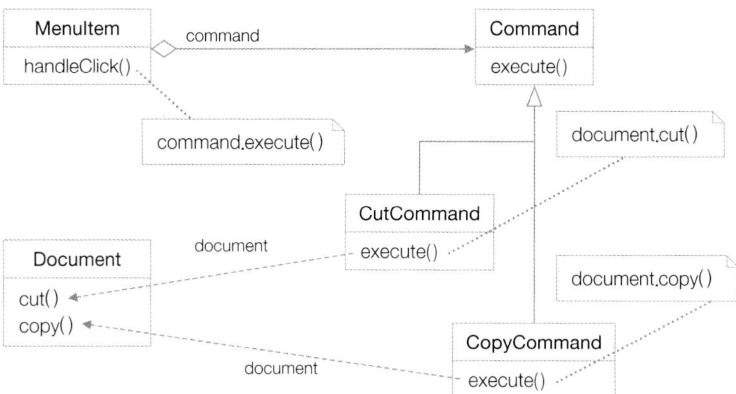

그림 7-34 일반적인 GUI 프로그램의 클래스 모델

[그림 7-35]에 나타낸 것처럼 어떤 MemuItem이 클릭된 다음에는 클릭한 커맨드, 예컨대 CopyCommand 객체 안의 execute()가 수행되는데, 메소드 안에서는 현재의 Document를 자르고 복사하는 작업을 수행한다. 이와 같이 커맨드를 객체화하여 런타임에 커맨드의 사용에 따라 동적으로 바인딩함으로써 클라이언트 프로그램의 융통성을 확보할 수 있다.

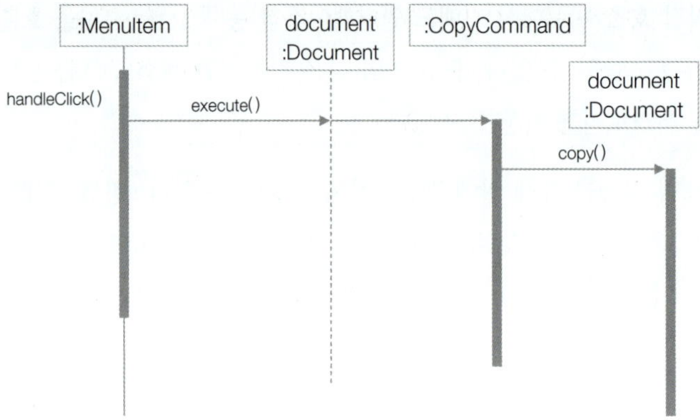

그림 7-35 커맨드 패턴의 순차 다이어그램

5 상태 패턴

사용자가 워드프로세서를 메뉴나 아이콘을 클릭하여 사용하는 것처럼 이벤트로 구동되는 애플리케이션이 많다. 이벤트 구동 애플리케이션은 대부분 상태 머신으로 설계한다. 대부분의 임베디드 시스템 또한 상태 변화를 기반으로 설계한다. 엘리베이터의 외부 버튼을 누르면 휴면 상태의 모터가 작동하여 요청한 층에 도달하고, 센서가 인식되면 모터를 멈추는 상태로 들어간다.

이러한 상태 기반의 시스템을 구현할 때 사용하는 일반적인 방법은 다음과 같다.

- 현재의 상태를 변수에 저장하고 상태를 비교하여 switch 문장의 각 case 안에서 해당되는 처리를 구현한다. 각 case 문장 안에는 처리뿐만 아니라 다음 상태로의 전환도 지정해야 한다. 상태가 많고 복잡한 경우 switch 문장이 중첩되고 이로 인해 제어 흐름이 복잡해질 수 있다. 예를 들어 5개의 상태와 5개의 이벤트를 가진다면 25개의 독립 실행 경로가 발생한다.
- 상태 변환 테이블을 이용한다. 배열의 각 행에 조건과 처리, 다음 상태를 저장하고 있다가 상태 변수의 값에 따라 해당되는 행으로 찾아가게 한다. 조건이 참이면 처리 부분이 수행되고 상태 변수를 다음 상태 값으로 바꾸어준다. 상태 변환 테이블은 switch 문장으로 구현하는 것보다 덜 복잡하지만 수정하기 어렵다는 단점이 있다.
- 상태 다이어그램의 이벤트를 멤버 함수로 구현한다. 객체의 상태는 클래스의 변수로 저장되고 멤버 함수가 상태 변숫값을 파악하여 상태를 알아내고 반응을 위한 처리를 한 후 상태 변수를 바꾸어준다.

상태 패턴state pattern은 상태를 객체로 만들고 상태 클래스 안에 정적 변수로 저장한다. 즉 [그림 7-36]과 같이 targetState 속성을 Target 클래스에 제공하여 Target 객체의 현재 상태를 항상 알 수 있게 한다. TargetState의 서브클래스 객체가 Target이 가질 수 있는 상태의 종류이다.

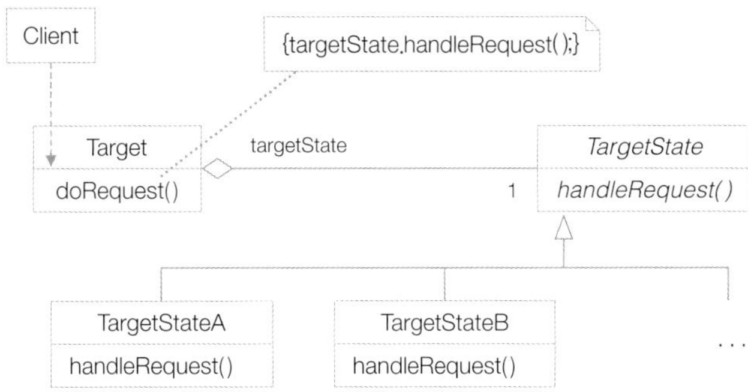

그림 7-36 상태 패턴의 클래스 모델

상태 패턴은 위임 형태로 동작한다. 클라이언트가 상태에 따라 동작하라는 의미로 doRequest() 메소드를 호출하면 상태에 따라 targetState.handleRequest() 메소드를 호출한다. 즉 doRequest()를 호출하는 것은 대상의 상태에 따라서 특정한 handleRequest() 메소드를 호출하는 가상 함수로 해석된다. 따라서 클라이언트는 대상의 상태를 알 필요가 없다.

상태 패턴은 다음과 같은 특징 및 장점을 가지고 있다.

- 특정 상태에 종속적인 행위를 다른 상태와 분리한다.
- 명확히 분리해놓는 것은 유지보수를 위해 아주 중요한 일이다. switch 문을 통한 코딩과 상태 패턴을 이용한 것의 차이는 매우 크다.
- 상태의 천이를 명시적으로 만든다.
- 객체의 현재 상태를 간단히 내부 데이터 값으로 나타냈다면 상태의 전이가 단순한 값의 대입이기 때문에 밖으로 드러나지 않는다. 따라서 상태 천이에 대한 처리를 하다가 애매하기 때문에 if 문을 많이 사용하는 복잡한 구조가 된다.

롤플레잉 게임은 상태 기반 애플리케이션의 대표적인 예이다. 게임을 처음 시작할 때 자신의 캐릭터를 설정하고(Setting Up 상태) 다른 캐릭터와 상호작용할 때는 Engaging 상태가 된다. [그림 7-37]은 상태 패턴이 상태와 게임의 행동을 다루는 데 어떻게 사용되는지를 보여준다.

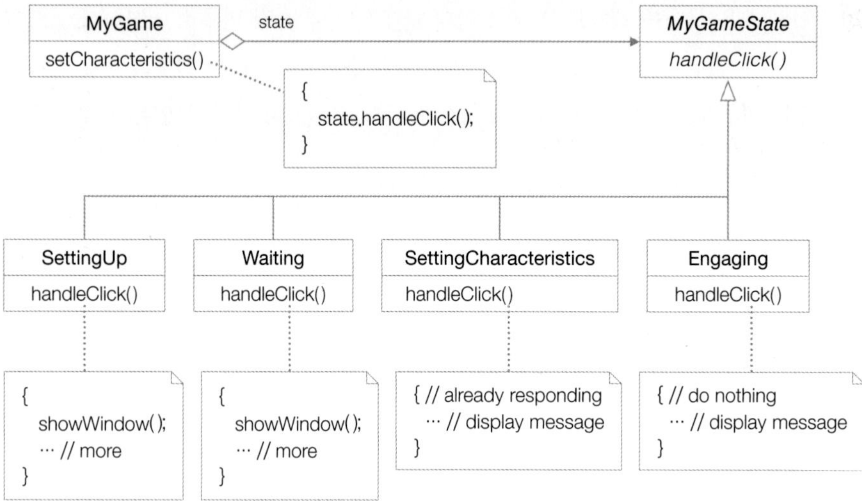

그림 7-37 롤플레잉 게임의 상태 패턴을 이용한 클래스 모델

MyGame 클래스는 MyGameState 타입의 상태인 state를 속성으로 가지고 있다. state 속성 안에 담긴 객체의 타입은 setCharacteristics() 메소드가 MyGame 객체에서 호출될 때 무슨 일이 일어날지를 결정한다. MyGame의 setCharacteristics() 메소드 안 코드는 state의 handleClick() 메소드로 제어를 전달한다. MyGameState의 서브클래스에는 handleClick() 메소드가 각각 자신의 방식대로 구현되어 있다. 예를 들어 MyGame이 Waiting 상태에 있다면 setCharacterisrics 버튼을 클릭하는 효과는 플레이어가 캐릭터의 특성을 변경할 수 있는 창이 나타나는 것이다. 그러나 MyGame이 Engaging 상태에 있다면 handleClick() 메소드는 아무 일도 하지 않는다. 사용자가 이미 캐릭터의 특성을 저장했기 때문이다.

상태 패턴을 사용하면 상태에 관련된 모든 행위를 하나의 객체로 모을 수 있다. 또한 객체의 상태에 따라 프로그램의 실행이 달라지고 그에 따라 구체적인 행위가 달라지는 경우에 상태 패턴을 적용한다. 프로그램 동작이 객체의 상태에 의존적일 때 상태를 객체화하여 잘 드러내는 패턴이 바로 상태 패턴이다.

요약

- 클래스를 생성하는 과정에 패턴을 적용하면 더 좋은 클래스 모델링을 할 수 있다. 패턴은 디자인을 단순화하고 융통성을 주기 때문이다. 개념 실체 패턴, 플레이어 역할 패턴, 위임 패턴은 자주 사용되는 기초 패턴이며 더 복잡한 구조적 패턴과 행위적 패턴도 있다.
- 구조적 패턴에 속하는 컴포지트 패턴, 데코레이터 패턴, 어댑터 패턴, 퍼사드 패턴, 프록시 패턴은 클래스 간의 관계를 구조적으로 정의한 것이다. 컴포지트 패턴은 계층적인 객체를 처리하고, 데코레이터 패턴은 동적으로 부수적인 요소를 추가 및 삭제할 수 있게 한다. 어댑터 패턴은 레거시에 대한 인터페이스를 맞춤 버전으로 제공하며, 퍼사드 패턴은 복잡한 패키지를 쉽게 사용할 수 있는 인터페이스층을 제공한다. 프록시 패턴은 무거운 객체를 필요할 때만 생성하게 한다.
- 행위적 패턴은 메시지의 교환을 통해 객체 간의 협력을 유형화한 것이다. 옵서버 패턴은 자료를 가진 객체에 의존하여 여러 객체가 작업을 수행할 경우 효과적으로 협력하게 한다. 중재자 패턴은 서로 간접적으로 연관되어 재사용하기 쉽게 하며, 책임 체인 패턴은 객체의 그룹을 모아 체인을 만들어 해당되는 이벤트의 책임자가 처리하게 함으로써 제어 흐름을 단순화한다. 커맨드 패턴과 상태 패턴은 명령과 상태를 각각 객체로 만들어 코드에서 드러나게 한다.

연습문제

01 디자인 패턴에 대한 설명으로 옳지 않은 것은?

① 전문가의 설계 노하우를 모아놓은 것이다.
② 공통의 설계 목표를 만족시키는 클래스의 조합과 협력 알고리즘이다.
③ 반복되는 설계 문제에 적용할 수 있는 좋은 설계 조각이다.
④ 재사용 가능한 클래스 라이브러리이다.

02 디자인 패턴을 이루는 세 가지 역할이 아닌 것은?

① 패턴을 사용하는 코드
② 패턴을 붙이는 글루 코드
③ 패턴이 적용된 애플리케이션
④ 애플리케이션을 셋업하는 코드

03 다음에 설명된 디자인 목표에 적용될 패턴의 유형은?

> 여섯 가지 사용자 인터페이스 컨트롤의 조합으로 구성된 15개의 서로 다른 스크린을 애플리케이션에 구축하려 한다. 스크린 위에 있는 컨트롤에 대한 마우스 액션이나 텍스트 입력은 같은 스크린의 다른 컨트롤 상태에 영향을 준다. 스크린은 모두 다른 외형이며 서로 관계가 없다. 스크린의 조합도 변경되지 않는다.

① 생성 패턴　② 구조 패턴
③ 행위 패턴　④ 조합 패턴

04 다음 중 성격이 다른 설계 패턴은?

① 브리지 패턴　② 팩토리 메소드 패턴
③ 프로토타입 패턴　④ 싱글턴 패턴

05 상속을 사용하지 않고도 객체의 기능을 동적으로 확장할 수 있게 해주는 설계 패턴은?

① 데코레이터 패턴　② 어댑터 패턴
③ 컴포지트 패턴　④ 퍼사드 패턴

06 다음 설명에 해당되는 디자인 패턴은?

> **[문제]**
> (서브시스템 안에서와 같이) 이종의 구현이나 인터페이스들에 대해 공통적이고 통합된 인터페이스가 필요하다. 서브시스템 안의 많은 것들이 바람직하지 않은 결합도를 갖거나 서브시스템의 구현이 바뀔 수 있다. 어떻게 해결해야 하는가?
>
> **[해결책]**
> 서브시스템에 대한 단일 접촉 지점을 정의한다. 즉 외관인 객체는 서브시스템을 감싼다. 이 객체는 하나의 통합된 인터페이스를 제시하고 서브시스템의 컴포넌트와 협력할 책임이 있다.

① 어댑터 패턴　② 퍼사드 패턴
③ 팩토리 패턴　④ 싱글턴 패턴

07 프로그램이 대량의 메모리를 소모하는 이미지를 조작하고 있다. 필요할 때만 이미지가 메모리에 존재하게 하고 그 외의 경우는 파일에 있게 하려면 어떤 패턴을 사용하여 설계해야 하는가?

① 어댑터 패턴 ② 옵서버 패턴
③ 데코레이터 패턴 ④ 프록시 패턴

08 주식을 매도하려고 부른 가격에 대한 프레임워크를 만들고 있다. 이런 프레임워크를 사용하는 애플리케이션은 호가를 화면에 디스플레이하고 싶을 것이다. 또 다른 애플리케이션은 호가로 인한 재정적 손익을 자동으로 계산하고 이를 휴대전화나 호출기에 전송하고 싶을 것이다. 새로운 호가가 발생했을 때 여러 가지 다른 애플리케이션이 즉시 반응하게 하려면 어떤 패턴을 사용해야 하는가?

① 정책 패턴 ② 브리지 패턴
③ 옵서버 패턴 ④ 반응 패턴

09 여러 객체가 서로 메시지를 주고받는 상호작용을 특정 객체 안에 캡슐화하여, 서로의 존재를 모르는 상태에서도 메시지를 주고받으며 협력할 수 있도록 하는 설계 패턴은?

① 싱글턴 패턴 ② 중재자 패턴
③ 커맨드 팬터 ④ 데코레이터 패턴

10 다음 설명에 해당되는 디자인 패턴은?

> 1 대 다의 객체 의존 관계를 정의한 것으로, 한 객체가 상태를 변화시켰을 때 의존 관계에 있는 다른 객체에 자동적으로 통지하고 변경시킨다.

① 옵서버 패턴 ② 퍼사드 패턴
③ 중재자 패턴 ④ 브리지 패턴

11 인터넷 주문 시스템에서 Order의 저장에 대해 생각해보자. 개발 초기 단계에는 디버깅과 테스트를 목적으로 객체 시리얼화를 기초로 한 간단한 저장 서브시스템을 고안했다. 저장소의 성능에 대해 확신하지 못해 파일 기반 저장소와 데이터베이스 기반 저장소를 모두 구현하기로 하고 디자인 패턴을 이용하여 다음과 같이 설계했다. 여기에 적용한 패턴은 무엇인가?

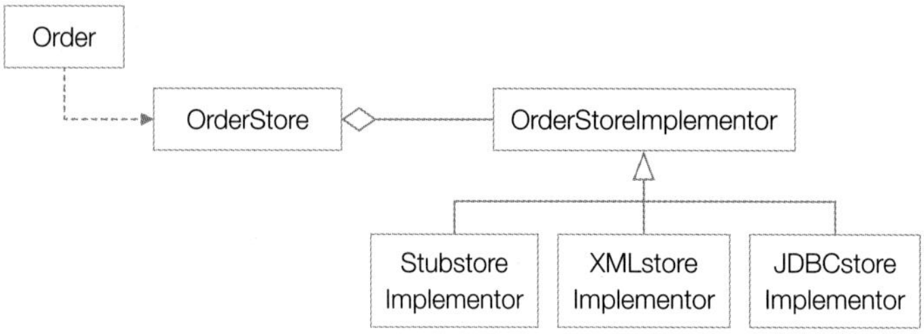

① 브리지 패턴　　② 빌더 패턴
③ 싱글턴 패턴　　④ 정책 패턴

12 디자인 패턴에 대한 설명으로 가장 거리가 먼 것은?

① 여러 객체가 한 객체에 의존하여 연쇄적 변경 작업이 일어날 때는 옵서버 패턴이 권장된다.
② 관련된 객체들의 패밀리를 스타일 선택으로 생성할 때는 프로토타입 패턴이 권장된다.
③ 하나의 객체만을 생성하는 클래스의 경우에는 싱글턴 패턴이 권장된다.
④ 동일한 역할을 하지만 다른 클래스의 객체를 생성할 때는 팩토리 패턴이 권장된다.

13 다음 프로그램에 적용된 패턴은?

```
public class PrintSpooler {
  private static final PrintSpooler INSTANCE = new PrintSpooler();
  private PrintSpooler() {}
  public static PrintSpooler getInstance() {
    return INSTANCE;
  }
}
```

① 팩토리 메소드 패턴　　② 반복자 패턴
③ 싱글턴 패턴　　④ 스풀러 패턴

14 다음 프로그램에 사용된 디자인 패턴으로 가장 적절한 것은?

```
class S {
    public void foo() {
            f1();
            if (f2()) f3();
            f4();
    }
    private void f1() { … }
    private void f4() { … }
    protected abstract boolean f2() ;
    protected abstract void f3 () ;
}
class C extends S {
    protected boolean f2() { … }
    protected void f3() { … }
}
```

① 팩토리 메소드 패턴　　② 정책 패턴
③ 템플릿 메소드 패턴　　④ 커맨드 패턴

15 CPU나 메모리 같은 컴퓨터 부품의 가격은 다양한 이유로 가격 결정 정책이 자주 변경될 수 있다. 이를 위해 가격 결정 정책을 클래스로 캡슐화하여 쉽게 변경 및 추가할 수 있는 설계 패턴은?

① 비지터 패턴　　② 옵서버 패턴
③ 템플릿 메소드 패턴　　④ 정책 패턴

Chapter 08

구현

학습목표

- 구현 단계에 중요한 이슈가 무엇인지 설명할 수 있다.
- 구현 단계에 필요한 작업을 이해하고 순서에 맞게 적용할 수 있다.
- 코딩 표준을 이해하고 각 개발 그룹에 적합한 객체지향 코딩 표준을 적용할 수 있다.
- 코딩 단계에 정확성과 품질을 높이는 방법을 이해하고 적용할 수 있다.
- 코드 스멜을 이해하고 리팩토링을 적용할 수 있다.

00 개요

지금까지 소프트웨어 사용자들의 요구 사항을 이해하고, 이를 해결하기 위한 솔루션을 고민하여 설계안에 반영하는 방법을 학습했다. 이제부터는 소프트웨어 개발의 핵심이라고 할 수 있는 코딩 작업을 다룬다. 일반적으로 코딩은 설계만 확정되면 기계적으로 진행하는 일이라고 생각하기 쉽다. 그러나 다음과 같은 몇 가지 이유로 관심을 기울일 필요가 있다.

- 작성한 프로그램은 자신만 보는 것이 아니라 테스트 작업자나 향후 시스템을 개선해나갈 다른 엔지니어도 본다. 따라서 이들도 이해할 수 있도록 작성해야 한다.
- 소프트웨어의 품질은 결국 원시코드에 모두 반영된다. 따라서 코딩 단계에서는 소프트웨어의 기능을 구현하는 데 급급할 것이 아니라 원하는 품질에 도달하도록 관심을 기울여야 한다.
- 객체지향 방법으로 구현한 시스템은 사용하면서 개선해가는 재사용 시스템이다. 따라서 이미 실행 중인 프로그램일지라도 개선 및 적합화, 최적화하는 과정이 필요하다.

우리는 소프트웨어 설계안을 실제 구현하기 위해 다양한 방법과 프로그래밍 언어, 도구를 활용한다. 이 책에서는 이를 모두 다루는 대신 객체지향 프로그래밍에서 꼭 필요한 가이드라인만 골라 설명한다. 어떻게 프로그래밍하는지는 다루지 않으니 주의하기 바란다. 이 장에서는 협동하여 작성하는 데 좋은 코딩 스타일, 구현 단계에 도입할 수 있는 품질 향상 방법, 깔끔하고 견고한 코드가 되도록 하는 리팩토링 방법에 대해 살펴보자.

01 구현이란?

구현이란 설계 명세를 토대로 분리하여 구현할 수 있는 작은 단위별로 프로그래밍하는 것을 말한다(객체지향 방법은 분석 및 설계 단계에서도 상당 부분 코딩 작업이 이루어지기 때문에 실제 구현 단계에서는 개별 메소드의 코딩 작업이 이루어진다). 사용자의 요구를 만족시키는 프로그램을 만들려면 상세 설계나 사용자 지침서에 기술된 것과 일치하도록 코딩을 해야 한다. 이를 위해 구현 단계에서는 전 단계의 문서, 예를 들면 아키텍처 설계서, 요구 분석서 등을 참조한다.

1 구현 단계의 로드맵

객체지향 방법에서 구현 작업은 [그림 8-1]과 같은 흐름으로 진행된다. 분석 단계의 결과인 요구 사항, 설계 단계에서 완성된 아키텍처, 상세 설계에서 파악한 의사코드나 흐름도를 가지고 다음과 같은 순서로 작업한다.

① 원시코드를 같은 스타일로 만들기 위해 코딩 표준을 작성한다.

② 아키텍처 설계 결과 프레임워크 패키지와 응용 패키지를 결정한다. 패키지 안에 있는 각 클래스에 대해 요구 사항과 상세 설계를 반영하여 메소드를 코딩한다. 프레임워크 패키지는 응용 패키지가 완성되기 전에 구현해야 한다.

③ 클래스 구현이 끝나는 대로 인스펙션을 한다.

④ 클래스 단위로 테스트한다.

⑤ 클래스나 패키지를 릴리스하여 다음 단계인 응용 시스템으로 통합한다.

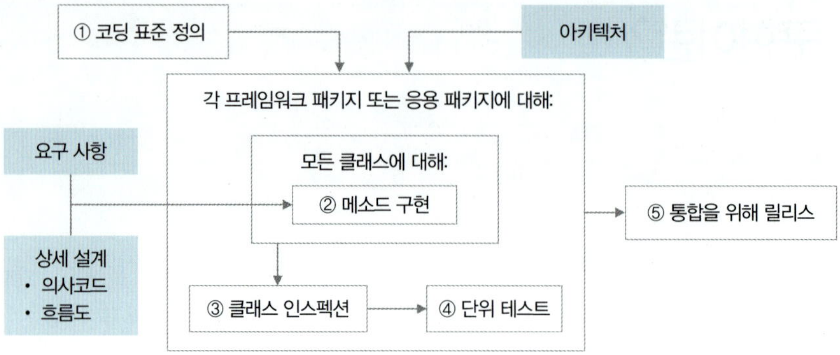

그림 8-1 객체지향 구현 단계의 로드맵

구현 단계에 들어가기 전에 준비해야 할 사항은 다음과 같다.

- **설계서 확인**: 설계서는 건축 시공을 위한 도면과 같다. 구현할 내용이 자세하게 기록된 설계서를 확인하여 모든 구현 작업이 철저히 설계서를 바탕으로 이루어지도록 한다.
- **시간 측정 양식 작성**: 구현할 때 각 작업에 소요된 시간, 즉 상세 설계 리뷰, 실제 코딩 작업, 코드 리뷰, 컴파일 및 오류 수정, 단위 시험, 테스트에서 발견된 오류 수정 등에 소요된 시간을 측정하기 위한 양식을 만든다.
- **결함 기록 양식 작성**: 결함마다 심각도 수준, 오류 유형을 기록할 수 있도록 양식을 준비한다.
- **코딩 표준 숙지**: 구현 단계에서 가장 중요한 일 중 하나는 코딩 표준을 이해하는 것이다. 명명 규칙, 들여쓰기 규칙 등 여러 사람이 작성하는 코드를 통일하려는 목적으로 만든 가이드라인을 미리 숙지한다.
- **과거 자료 참고**: 과거 자료를 근거로 원시코드의 크기와 소요 시간을 예측하고 작업을 계획한다.

2 객체지향 구현 모델

객체지향 방법론으로 소프트웨어를 개발할 때는 일반적으로 요구 분석–설계–구현–테스트 단계를 반복해가며 개발한다. 통합 프로세스Unified Process는 이를 반영한 대표적인 소프트웨어 개발 프로세스로 개념 정립inception, 발전elaboration, 구축construction, 전환transition 단계를 거쳐 소프트웨어를 개발한다. 이 중에서 구현에 가장 많은 비중을 두는 것은 구축 단계이다.

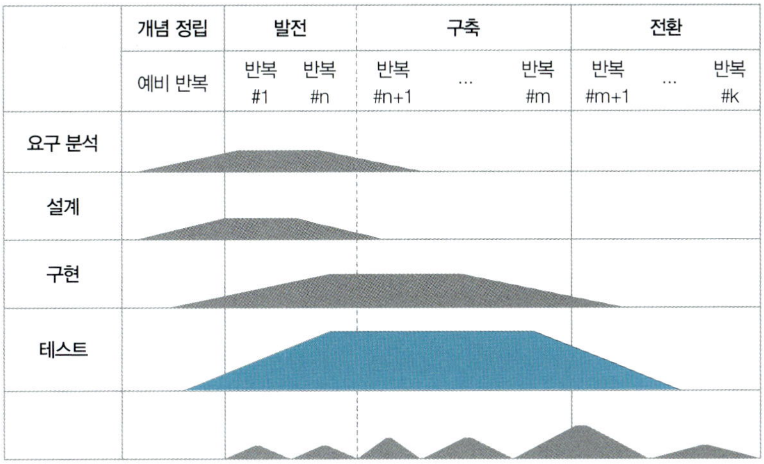

그림 8-2 통합 프로세스

[그림 8-3]은 통합 프로세스의 구현 모델을 나타낸 것이다. 구현 모델에는 설계 모델의 각 요소가 실제로 구현된 후 생성되는 파일에 어떻게 매핑되는지가 나타나 있다. 예를 들면 설계한 여러 클래스가 어떤 물리적 파일에 담기는지, 이와 관련된 README 파일이나 오브젝트 파일, JAR 파일의 관계가 어떤지 알 수 있다. 즉 구현 모델은 구현 단계의 생산물이 어떻게 구성되며 설계 요소와 어떤 식으로 연관되는지를 나타낸다.

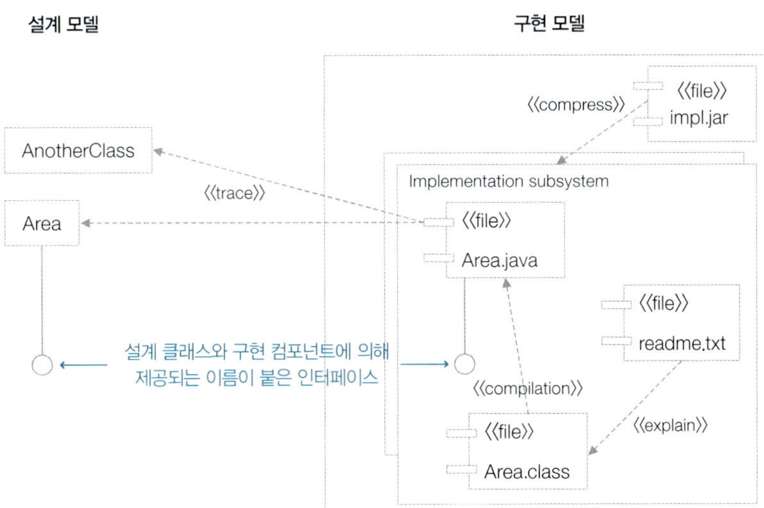

그림 8-3 통합 프로세스의 구현 모델

[그림 8-3]의 구현 모델은 클래스 Area와 AnotherClass를 같은 파일, 즉 Area.java에 구현할 것임을 보여준다. 구현 모델은 내장된 서브시스템으로 구성된다. 즉 파일 및 구현 인터페이스와 같은 컴포넌트로 구성된다. Area, AnotherClass와 같은 클래스를 위한 원시코드가 Area.java에 있고, 공개된 기능의 모임인 Area의 인터페이스는 구현에 있는 Area.java 파일이 제공한다.

또한 구현 모델은 파일 사이의 관계, 즉 어떤 파일이 컴파일되어 어떤 파일이 생성된다든지, 원시코드 파일을 설명하고 있다든지, 압축되어 JAR 파일이 된다든지 등의 관계를 나타낸다. 이러한 관계는 《 》 안에 표시한다. [그림 8-3]에서는 README 파일, Area의 원시코드, 오브젝트 코드가 하나의 파일에 모아져 있고 impl.jar 파일 안에 압축되어 Java Archive로 구성되어 있다.

구현 모델에서 나타내는 중요한 사항 중 하나는 시스템 설계 단계에서 정의한 시스템의 인터페이스가 프로그래밍 언어 수준으로 어떤 클래스에서 구현되는지를 나타낸다는 것이다. [그림 8-3]은 설계 단계에 정의한 Area의 인터페이스가 Area.java에서 구현되었고 같은 이름의 인터페이스를 가진다는 것을 나타낸다. 그림에 포함되지는 않았지만 시스템 수준의 인터페이스를 여러 개의 클래스가 협동하여 제공하는 경우가 있다. 이런 경우는 클래스의 모임인 패키지가 인터페이스를 구현한다고 표시한다.

3 객체지향 프로그래밍 언어와 구현

프로그래밍 언어는 하드웨어 기반의 저급 언어부터 C++, 자바, 코볼 같은 고급 언어까지 다양하다. 인터넷 환경에 맞게 개발된 언어만 하더라도 수십 종이다. 이 책에서 다루는 코딩 원리는 어떤 언어에도 적용할 수 있으나 특히 객체지향 언어에 적용하면 바로 효력을 발휘한다.

애플리케이션을 구현하는 데 사용하는 언어는 설계에도 많은 영향을 미친다. 예컨대 C 언어에서는 하향식 절차 중심 설계 방법을 사용하는 것이 더 좋다. 물론 객체지향 원리를 C 언어로도 구현할 수 있으나 2장에서 언급한 객체지향 개념을 충분히 적용하려면 [표 8-1]에서 비교한 객체지향 언어를 사용해야 한다.

표 8-1 객체지향 프로그래밍 언어의 비교

객체지향 개념/구문	C#	C++	자바
추상 클래스	가상 함수를 가진 인스턴스가 없는 클래스	순수한 가상 함수를 가진 인스턴스가 없는 클래스	클래스가 abstract로 선언됨
문자 상수	'C'	'C'	'C'
클래스 변수	static data member	static data member	class field
클래스 메소드	class method	static function member	class(또는 static) method
주석	// Comment	// Comment /* Comment */	// Comment /* Comment */ /** Javadoc comment **/
동적 바인딩	제한 없음	정의된 클래스의 서브클래스에만 적용	정의된 클래스의 서브클래스와 정의된 인터페이스의 구현에 적용
equality test	Equals()	==	equals()
identity test	==	equality test와 같음	==
가비지 컬렉션	표준	없음	표준
상속	단일 상속	다중 상속 가능	단일 상속
인스턴스 만들기	생성자	생성자	생성자
메시지 호출	anObject.doit()	anObject.doit() pObject->doit()	anObject.doit()
메소드 매개변수	memberfunctionName (argument)	memberfunctionName (argument)	memberfunctionName (argument)
오퍼레이터 재정의	모든 오퍼레이터 재정의 가능	모든 오퍼레이터 재정의 가능	메소드만 가능
포인터	명시적인 포인터 없음	포인터 사용 및 연산 가능	명시적인 포인터 없음
self 지칭	this(객체)	this(포인터)	this(객체)
스트링 상수	"string constant"	"string constant"	"string constant"

02 코딩 원리

프로그래밍을 단순히 타이핑된 원시코드를 컴파일러에게 제출하는 작업으로 생각하는 것은 프로그래밍 작업을 매우 좁게 보는 관점이다. 프로그래머는 파악한 요구에 맞게 원시코드를 정확히 작성해야 한다. 정확성은 인간이 담당해야 할 부분이다. 따라서 컴파일러에게 코드를 맡기기 전에 코드가 정확히 작성되었는지 확인하는 것은 프로그래머의 의무이다. 컴파일한 후에 정확성을 따져보는 것은 글에 저자의 생각이 잘 담겼는지 확인하기 전에 오탈자를 교정하는 것과 마찬가지이다. 더구나 대부분의 프로그래머는 컴파일했을 때 구문 오류가 없을 정도로 원시코드를 완벽하게 확인하는 경우가 아주 드물다.

프로그래머가 코딩할 때 따르는 절차는 다음과 같다. 각 단계에 대해서는 다음 절에서 자세히 설명하고, 이 절에서는 프로그래밍 스타일에 대한 간단한 조언을 정리하겠다.

구현 단계의 작업 절차

1. 코딩 작업을 계획한다. 코딩하기 위해 설계서를 확인하고 부족한 부분은 보충한다.
   - 사전 조건과 결과 조건을 확인한다.
   - 코딩에 걸리는 시간을 예측한다.
2. 설계나 구조를 검토한다.
   - 걸린 시간, 결함 유형, 위치, 심각도를 기록한다.
3. 코딩한다.
   - 컴파일은 미룬다.
   - 클래스의 메소드를 중심으로 코딩한다.
   - 요구된 코딩 표준을 적용한다.
   - 검증하기 쉬운 방법으로 코딩한다(적당한 정형화 방법이 있다면 적용한다).
4. 코드를 스스로 검토한다(아직 컴파일하지 않는다).
   - 작성한 코드가 요구된 작업을 하는지 확인한다. (컴파일러는 이런 검토를 할 수 없고 단순히 구문을 확인할 뿐이다.)
   - 걸린 시간, 발견된 결함, 결함 유형, 위치, 심각도를 기록한다.
   - 체크리스트를 이용하여 코드를 인스펙션한다.
5. 컴파일한다.
   - 구문 오류를 수정한다.
   - 걸린 시간, 발견된 결함, 결함 유형, 위치, 심각도를 기록한다.
6. 코드를 테스트한다.
   - 다음 장에서 설명하는 테스트 방법으로 단위 테스트를 한다.

1 좋은 코딩 원리

1.1 재사용

설계 단계에서도 이미 구축한 컴포넌트를 재사용하거나 자주 사용되는 설계 패턴을 재사용하는 것을 강조했다. 프로그래밍할 때도 마찬가지로 믿을 만한 코드를 재사용하는 것은 좋은 습관이다. 예를 들어 자바 언어로 프로그래밍할 때 자바 스윙 GUI[java swing GUI] 컴포넌트나 이미 존재하는 자바 빈[java bean]을 사용하면 효율적으로 코딩할 수 있을 뿐만 아니라 신뢰도 높은 프로그램을 만들 수 있다. 구현하려는 컴포넌트가 이미 만들어져 있어 재사용할 수 있는지 인터넷 검색을 해보는 것도 좋다.

1.2 의도 확립

코드를 원하는 방법으로 실행하려면 다른 방법으로 실행할 수 없도록 작성해야 한다. 즉 코드를 구축하는 의도가 프로그램의 다른 부분에 영향을 줄 수 있다면 코드 작성에 그러한 의도를 분명히 나타내야 한다. 이를 '의도 확립의 원리'라고 한다. 사용자 인터페이스에는 이런 원리가 적용되는 부분이 많다. 사용자가 잘못된 데이터를 입력하지 못하게 할 때 이런 의도를 내부 구현에 반영한다.

의도 확립의 원리는 도로를 설계하는 엔지니어가 의도하는 경로로만 통행을 유도하기 위해 분리대나 가드레일을 설치하는 것과 같다. 의도한 대로 교통 흐름을 유도하면 자동차가 이탈하는 것을 막을 수 있어 안전하다. 다음은 의도 확립의 원리를 반영한 프로그래밍의 예이다.

- 의도를 정확히 나타내기 위해 final, const, abstract와 같은 수식어를 사용한다. final로 선언된 메소드는 상속된 클래스에서 재정의될 수 없고, final로 선언된 변수는 변경할 수 없다. 또한 final은 클래스가 더 이상 상속되지 못하도록 한다. 수식어를 사용하지 않아서 발생하는 오류는 프로그램에 특별히 해를 끼치지는 않지만 프로그램을 충분히 이해하지 못했다는 것을 의미하므로 런타임 시 오류를 피하려면 수식어를 사용하는 것이 좋다.
- 상수, 변수, 클래스는 되도록 로컬로 만든다. 예를 들면 반복 카운터는 루프 안에서만 정의하여 사용하고 사용 범위를 확대하지 않는다.
- 클래스의 인스턴스가 여러 개 생기지 않고 단일 객체가 된다면 7장에서 설명했듯이 싱글턴 패턴을 이용한다.
- 클래스의 멤버 중에서 특별히 직접 접근시키려는 의도가 없는 것은 접근할 수 없도록 만든다.

- 속성을 private으로 만든다. 필요하다면 public 접근 함수를 통해 값을 검색하도록 한다.
- 메소드를 같은 클래스 안에 있는 다른 메소드에서만 사용한다면 private으로 만든다.
- 문서에 사례를 포함한다. 프로그래머들은 대체로 이런 일을 즐겨 하지 않지만 프로그램을 이해하는 데에는 많은 도움이 된다.
- 메소드를 호출 순서대로 정리하기보다 알파벳순으로 나열하는 것이 좋다. 또한 private, protected, public 메소드를 각각 따로 그루핑하고 다시 static 메소드와 그렇지 않은 것을 구별하는 것이 좋다.

1.3 포인터와 레퍼런스

포인터는 프로그래머뿐만 아니라 테스트 엔지니어도 주의할 대상이다. 다음은 케이 호르슈트만Cay Horstmann이 제안한 포인터와 레퍼런스 사용에 대한 유의 사항이다.

- C++ 언어에서 포인터를 매개변수로 사용하는 것을 피하고 대신 레퍼런스 타입을 사용하길 권한다. 아래의 왼쪽 코드는 포인터를 사용하여 매개변수를 전달받았는데, 이때 계속 포인터에 신경 쓰면서 프로그래밍을 해야 한다. 반면 오른쪽 코드는 레퍼런스를 사용하여 매개변수를 전달받았는데, 이 경우는 포인터에 신경 쓰지 않고 코딩할 수 있다.

```
swap(int *x, int *y) {
   int t;
   t=*x;
   *x=*y;
   *y=*t;
}
```

```
swap(int &x,int &y) {
   int t;
   t=x;
   x=y;
   y=t;
}
```

- C++ 언어에서는 동적으로 할당된 메모리의 레퍼런스에 대한 포인터를 가급적 리턴하지 말아야 한다. 포인터를 리턴하면 나중에 사용할 수 없는 메모리에 대한 레퍼런스 효과를 갖게 되며 프로그래머가 메모리를 이용할 때 짐이 된다.
- C++ 언어에서는 메모리 공간을 요청했을 때 실패하는 메모리 누수memory leak 현상이 자주 발생한다. 따라서 이 문제를 피하기 위해 프로그래머에게 메모리를 할당할 때 특정한 유틸리티 함수만 이용하도록 제한하기도 한다. 이렇게 하면 메모리 할당 과정을 조절할 수 있다. 다시 말해 new C();와 같이 사용하지 말고 F::getNewCObject()와 같이 팩토리 타입의 유틸리티를 사용하도록 규정한다.

NOTE_ 메모리 누수 대처법

상업용 도구 중에는 잠재된 메모리 누수를 자동으로 표시해주는 것이 있다. 예를 들면 자바 언어에서는 쓰지 않는 영역을 자동으로 회수하여 메모리 누수가 C++처럼 심각한 상태로 발생하지 않는다. 하지만 자바 프로그램은 파일과 소켓 같은 자원을 적립해놓을 수 있다. 따라서 프로그래머는 런타임 시 자기 프로그램이 사용하는 자원을 잘 알고 있어야 한다.

1.4 함수

함수를 작성할 때는 다음 사항에 유의한다.

- 타입에 대한 질의는 필요성이 확실하지 않으면 사용하지 않는다. 예를 들어 if(myObject instanceOf MyClass)와 같은 표현은 피한다.
- 장점이 단점보다 많을 때를 제외하고는 C++의 프렌드 함수를 피한다.
- 다른 사람이 프로그램을 읽으면서 함수의 의미를 곡해할 수 있기 때문에 오버로딩 함수는 각별히 신경을 써야 한다. 이러한 이유로 자바는 오버로딩을 허용하지 않는다.

1.5 예외 처리

어떻게 예외를 처리하는지 잘 알 때만 catch 문장을 사용하여 다음과 같이 예외 처리를 한다.

```
ReturnType myMethod( … ) { …
    try{ … // call method throwing ExeceptionX }
    catch( ExceptionX e ) { … // handle it }
… }
```

메소드는 다음과 같은 형태의 예외를 처리하지 않는다.

```
ReturnType myMethod( … ) throws ExceptionX{ … }
```

예외 처리 시 유의할 사항은 다음과 같다.

- 현재 메소드가 예외를 처리할 수 없다면 예외를 처리할 수 있는 다른 넓은 범위에서 다루어야 한다.
- 예외의 일부를 처리할 수 있다면 부분 처리를 하고 외부에서 처리할 수 있는 범위로 예외 처리를 넘긴다.
- 예외를 처리하기 위해 호출자의 성능을 어느 정도 예상해야 한다. 그렇지 않으면 처리하지 못한 예외가 애플리케이션에 치명타를 줄 수도 있기 때문에 다른 설계 방법을 찾아야 한다.

- 테스트하는 과정이라면 예외 처리를 사용하지 않은 경우 조심해야 한다. 예를 들어 메소드가 널null인 매개변수로는 호출되지 않아야 한다는 예외가 있다면 테스트에서 이를 검증해야 한다.
- 예외 처리를 하는 것과 계속 실행해나가는 것 사이에서 선택해야 한다면 되도록 계속 실행하는 쪽을 선택한다. 애플리케이션이 계속 실행되는 것이 다운되는 것보다 낫기 때문이다. 예를 들면 널과 같은 오류가 매개변수의 스트링으로 주어졌을 때 디폴트 이름으로 계속 수행해나간다. 단순히 이름이 잘못되어 게임이 중단되는 것보다는 낫기 때문이다. 한편 잘못된 금액으로 은행 트랜잭션을 처리하는 것은 계속 진행되지 못하도록 해야 한다.

NOTE_ 생성자 실패 이유

호르슈트만은 생성자의 실행이 실패로 끝나는 이유를 다음과 같이 지적했다.

- 잘못된 매개변수 때문이다. 객체를 먼저 디폴트 상태로 세팅한 후 제어를 오류 처리 부분으로 넘겨야 한다.
- 요구한 자원이 충분히 존재하지 않기 때문이다. 자원을 할당받지 못하면 아무 일도 할 수 없기 때문에 이때는 예외 처리로 정의하는 것이 가장 좋다.

C++ 프로그래머는 생성자의 실행이 실패로 끝났을 때 처리해야 할 예외 상황에서 버려진 메모리에 대한 처리를 고려해야 한다.

2 오류 처리 방법

소프트웨어를 개발할 때 가능한 한 간단히 구현하려고 해도 현실 세계에서는 쉽지 않다. 대부분의 프로그래밍은 오류를 처리하기 위한 것이라 해도 과언이 아니다. 오류를 처리하려면 체계적으로 접근해야 한다. 오류 처리 원칙을 세우고 이를 정리하여 개발에 참여하는 팀원 모두에게 알리고 따르도록 해야 한다. 아래에 이러한 오류 처리 방법을 정리했다.

구현 오류를 처리하는 방법

1. 합의된 개발 프로세스를 따르고 있는지 검사한다.
2. 알려진 클래스가 매개변숫값을 캡슐화하는지 검토한다.
   - 인스턴스를 생성하는 팩토리 함수가 따로 있다면 생성자를 private으로 선언한다.
   - 컴파일 타임에 되도록 많은 오류를 찾는다.
3. 오류 처리가 필요하면 요구 분석, 구현에 명시한다.
   - 오류를 처리할 필요가 있는 곳에 예외 처리 구문을 사용한다.
4. 다운이 없어야 하는 애플리케이션은 발생할 수 있는 모든 구현 결함(예를 들면 디폴트의 사용)을 예상한다.
5. 매개변수를 검사할 때 일관된 정책을 따른다.
6. 좋은 디자인과 개발 프로세스를 따른다.

2.1 오류를 사전에 배제하는 방법

품질을 유지하는 최고의 방법은 오류를 수정하는 것이 아니라 사전에 배제하는 것이다. 오류를 사전에 배제하는 두 가지 방법을 살펴보자.

■ **잘 정의된 프로세스를 사용하여 각 단계마다 인스펙션을 계속 수행한다.**

디자인 패턴은 일부 오류를 방지하는 데 도움을 준다. 예를 들어 evaluate()라는 메소드가 매개변수 'car', 'truck', 'bus'만 받아들인다면 매개변수로 스트링 타입을 사용하지 않는 것이 바람직하다. 잘못된 매개변수가 전달될 수 있기 때문이다. 이 경우에는 private 생성자와 팩토리 함수가 있는 SpecializedVehicle과 같은 클래스를 정의하는 것이 더 좋다.

```
SpecializedVehicle  createACar()
SpecializedVehicle  createATruck()
SpecializedVehicle  createABus()
```

즉 다음과 같은 스트링 타입의 매개변수를 가진 함수 대신,

```
evaluate(String vehicleP)      // problem with illegal string
```

다음과 같은 확실한 매개변수를 가진 함수를 사용한다.

```
evaluate(SpecializedVehicle vehicleP) // parameter value cannot be illegal
```

매개변수에 올 수 있는 값의 한계가 있으나 무수히 많다면 별도의 클래스를 사용하는 것이 더 효과적이다. 예를 들어 사람의 나이를 0~105의 정수라고 하자. 그러면 다음에 나오는 메소드는 모두 매개변숫값에 오류가 있는지 없는지를 다루어야 하는데, 이를 별도의 클래스로 정의하면 그럴 필요가 없어서 편리하다.

```
getYearOfBirth(int ageP)
```

한편 private 생성자와 public 팩토리 메소드를 가진 Age 클래스는 같은 위치에 있는 매개변수에 대해 나이와 관련된 다른 함수도 일관된 방법으로 오류 입력을 처리할 수 있다.

```
Age  getAge(int ageP)
```

이 방법의 단점은 추가 클래스가 필요하다는 것, getYearOfBirth(n)과 같이 호출될 곳에 getYearOfBirth(getAge(n))…과 같은 이상한 형태의 호출이 온다는 것이다.

■ **입력이 처리되기 전 미리 데이터의 소스와 상호작용하여 정상적인 것으로 바꾸어놓는다.**

사용자 인터페이스 프로그래밍에서는 이런 방법을 동원하여 정상적인 입력만 받아들일 수 있다. 텍스트 필드에 'car', 'truck', 'bus'만 입력할 수 있는 스트링 타입이라면 적합한 입력이 이루어질 때까지 방지하는 것은 쉬운 일이다. 리스트 박스는 이런 목적으로 흔히 사용되는 방법이다. 하지만 이상한 오류가 들어올 수도 있다. 예를 들어 사용자가 생년월일에 1/1/80을, 나이에 30을 입력했다면 일관성 검사가 가능하다. 그러나 설계하는 입장에서는 모든 가능한 일관성과 경계 검사를 하는 것이 상당히 부담스럽다. 검사를 완벽하게 하기도 어렵고 많은 필드가 개입되어 있기 때문에 쉬운 일이 아니다. 자료를 공급하는 외부 요소가 별도의 애플리케이션이라면 오류의 가능성은 더욱 커진다.

2.2 잘못된 입력을 처리하는 방법

일정한 비율의 오류를 피할 수 없다면 비정상적인 입력을 어떻게 다루어야 할까? 예를 들면 은행 계좌의 잔고를 출력하는 메소드는 전제 조건으로 계좌번호 매개변수가 정확히 맞아야 한다. 만약 개발 프로세스의 모든 요소가 잘 훈련되어 있다면 메소드 매개변수는 호출될 때 항상 적합할 것이다. 그러나 설계나 구현 자체에 오류가 있다면 어떨까? 매개변숫값을 확인하도록 프로그래밍해야 할까?

이 문제는 요구에 따라 다르다. 예를 들어 품질이 떨어지거나 결함이 있더라도 계속 실행되어야 하는 시스템이 있다고 가정하자. 이런 경우 프로그래머는 의미가 없더라도 모든 입력을 다루어야 한다. 심장의 기능을 모니터링하여 환자에게 산소를 공급하는 것을 제어하는 애플리케이션의 경우, 메소드 process(int measurementType, …)을 코딩하는 데 measurementType이 양의 정수여야 한다. 애플리케이션 내부의 메소드는 개발 과정에서 결함으로 인해 잘못된 입력이 들어오더라도 시스템이 다운되게 할 수 없다. 따라서 코드에서는 입력값을 확인한 후 다음과 같은 방식으로 프로그래밍해야 한다.

① 안전한 디폴트 값을 지정하고,

② 전체 애플리케이션을 디폴트 오퍼레이션 모드로 설정한 후,

③ 예외 처리를 위해 throw 문장을 작성하여 호출자에게 잘못된 입력에 대한 처리 책임을 넘긴다. 애플리케이션은 경고 메시지를 보낸다.

잘못된 입력을 받았는데도 불구하고 때로는 명시한 요구 분석에 일치하는 방법으로 처리할

수도 있다. 데이터가 결함이 있는 통신 라인을 타고 전달되는 경우를 예로 들 수 있다. 이는 데이터를 받는 메소드가 특정 데이터를 받을 것으로 예상하도록 설계되었기 때문이다. 따라서 애플리케이션은 데이터가 적합하지 않더라도 계속 수행될 수밖에 없다. 데이터는 검증되어야 하고 오류는 요구에 일치하도록 처리되어야 한다.

2.3 요구 사항에 없는 메소드를 처리하는 방법

요구 사항에서 결정되지 않은 예외적인 행위를 가진 메소드는 어떨까? 첫째 전제 조건을 완벽하게 기술하여 호출되는 조건을 명확히 해야 한다. 그렇게 했더라도 전제 조건에 맞는지 확인하기 위해 매개변숫값을 확인한다. 개발하는 동안 수행되는 것과 설치 후에 실행되는 것은 차이가 있기 때문이다.

개발하는 동안은 애플리케이션의 많은 부분을 테스트하고 검증하는 것을 허용한다. 또한 다음과 같이 전제 조건을 확인하는 코드를 삽입하는 것이 바람직하다.

```
/** precondition: parameters are positive */
int  sum(int int1P, int int2P) {
// verification code for use in development: check parameters positive
 ⋮
// now do the work
… }
```

설치된 소프트웨어를 실행하는 데에는 다른 관점이 필요하다. 메소드가 음수의 매개변수로 호출되었다면 애플리케이션 안에 결함이 있다고 보는 것이 좋다. 프로그래머는 내부의 오류를 막고 싶더라도 외부에서 틀린 것을 고치는 것이 급선무이다. 애플리케이션의 상태와 일치하지 않는 답을 리턴하지 않도록 미리 확인하고 만족시키지 않는 경우 내부가 수행되지 않도록 막는다.

```
/** precondition: parameters are positive */
int  sum( int int1P, int int2P ) {
// verification code for deployed application: check parameters positive
// only if we have a clear philosophy of what to do if not
 ⋮
// now do the work
…}
```

배포될 코드를 정확한 이해와 대책 없이 확인하는 것은 매우 위험한 일이다. 또한 애플리케이션 전체를 확인하는 것도 불가능하다. 한정된 시간에 코드의 정확성을 인스펙션하는 것보다 오류에 대한 자동 보호 기능의 코드를 삽입하는 것이 더 중요하다.

결과를 알지 못하는 임의의 디폴트 값을 사용할 때 개발자는 애플리케이션을 통제하기 어렵다. 그 이유는 다음과 같다.

- 애플리케이션을 결함이 있는 상태에서 정확하지 않은데도 계속 실행하면서 아무 경고 메시지 없이 배포하는 것은 비도덕적이다. 결함은 실수라고 할 수 있다. 그러나 요구상에 명시되지 않은 임의의 디폴트는 은닉된 것이다. 구체적으로 말해 잘못된 애플리케이션을 다시 부팅하는 것보다는 잘못된 점이 있어도 그대로 실행하여 오류를 찾아내서 고쳐야 한다.
- 원칙 없는 오류 처리는 결함을 감출 수 있고, 또한 결함을 찾아내는 것은 애플리케이션을 없애 버리는 것보다 비용이 더 많이 들 수 있다.
- 설계에서 예상한 것과 일치시켜야 한다. "설계는 올바르게 되었다고 생각합니다. 설계는 하지 않았지만 애플리케이션이 계속 실행되기를 바랐는데….”라고 말하는 것은 설계를 제대로 한 것이 아니며 서툰 엔지니어링이다.

3 객체지향 코딩 규칙

객체지향 코딩에는 따라야 할 좋은 규칙이 많다. 다음에 소개하는 규칙은 특히 애자일 패러다임에서 코딩할 때 지켜야 하는 규칙으로 중요하다.

3.1 단일 책임single responsibility

클래스는 오직 한 가지 이유로만 변경되어야 한다. 클래스는 여러 모듈에서 같은 코드 형태로 사용되지만 사용하는 이유는 모듈마다 다르다. 이럴 때 단일 책임 규칙에 위배되어 한쪽을 변경하면 서로 맞지 않는다. 다음 예에서 Book 클래스의 개념과 기능을 살펴보자.

```
class Book {
    function getTitle() {
        return "A Great Book";
    }
    function getAuthor() {
```

```
        return "John Doe";
    }
    function turnPage() {
        // pointer to next page
    }
    function printCurrentPage() {
        echo "current page content";
    }
}
```

책의 제목과 저자를 알아볼 수 있고 페이지 넘기기 기능을 사용할 수 있으며 현재 페이지를 인쇄할 수 있다. 한편 Book 객체를 사용하는 주체를 생각해보면 책을 관리하는 입장과 데이터를 표현하는 입장, 두 가지 유형으로 나눌 수 있다. 그러면 두 가지 역할이 혼합되어 단일 책임 규칙에 위배되는데, 다음과 같이 비즈니스 로직과 표현 기능을 분리하면 더 응집된 클래스가 된다.

```
class Book {
    function getTitle() {
        return "A Great Book";
    }
    function getAuthor() {
        return "John Doe";
    }
    function turnPage() {
        // pointer to next page
    }
    function getCurrentPage() {
        return "current page content";
    }
}
interface Printer {
    function printPage($page);
}
class PlainTextPrinter implements Printer {
    function printPage($page) {
        echo $page;
```

```
    }
}
class HtmlPrinter implements Printer {
    function printPage($page) {
                echo '<div style = "single-page">' . $page . '</div>';
    }
}
```

3.2 개방 폐쇄open/close

베르트랑 메예르Bertrand Meyer가 주장한 개방 폐쇄 규칙은 '모듈은 확장에는 개방되어 있어야 하지만 변경에는 폐쇄되어야 한다'는 것이다. 클래스나 함수 등에 새로운 기능이 필요할 때 현재 있는 것을 수정하기보다 새로운 것을 작성하여 그것이 현재의 코드에 사용될 수 있도록 해야 한다. 즉 요구가 변경될 때마다 수정하지 않아도 되는 코드를 작성하는 것이다.

다음 예에서는 현재 시스템에 Rectangle 객체의 집합에 대한 넓이를 구하는 기능이 구현되어 있다.

```
public class Rectangle {
    public double Width { get; set; }
    public double Height { get; set; }
}

public class AreaCalculator {
    public double Area(Rectangle[] shapes)     {
        double area = 0;
        foreach (var shape in shapes)         {
            area += shape.Width*shape.Height;
        }
        return area;
    }
}
```

그런데 시스템을 사용하다 보니 Circle 객체를 사용하기 위해 확장이 필요하여 Area 메소드를 다음과 같이 수정했다고 하자.

```
public double Area(object[] shapes) {
    double area = 0;
    foreach (var shape in shapes)    {
        if (shape is Rectangle)       {
            Rectangle rectangle = (Rectangle) shape;
            area += rectangle.Width*rectangle.Height;
        }
        else       {
            Circle circle = (Circle)shape;
            area += circle.Radius * circle.Radius * Math.PI;
        }
    }
    return area;
}
```

위의 방법으로 Circle을 위한 확장이 해결되었다. 하지만 AreaCalculator 클래스는 수정에 닫혀 있지 않다. 즉 또 다른 도형, 예컨대 Triangle 객체로 사용하기 위해 확장하려면 또 수정해야 한다. 올바른 해법은 다음과 같이 상속과 다형성을 이용하는 것이다. Shape라는 기본 클래스로 정의하고 Area는 추상화 메소드로 정의한다.

```
public abstract class Shape {
    public abstract double Area();
}
public class Rectangle : Shape {
    public double Width { get; set; }
    public double Height { get; set; }
    public override double Area()
    {
        return Width*Height;
    }
}
public class Circle : Shape {
    public double Radius { get; set; }
    public override double Area()    {
        return Radius*Radius*Math.PI;
    }
}
```

이제 AreaCalculator의 Area 메소드는 다음과 같이 구현되어 확장에 열려 있고 수정에 닫힌 코드가 된다.

```
public double Area(Shape[] shapes) {
    double area = 0;
    foreach (var shape in shapes)    {
        area += shape.Area();
    }
    return area;
}
```

3.3 리스코프 대체Liskov substitution

서브 타입은 자신의 베이스 클래스로 대체될 수 있어야 한다. 다시 말해 파생된 클래스를 만들 때 베이스 클래스의 기능을 교체하는 것이 아니라 기능을 유지하면서 단순히 확장하는 것이어야 한다. 이 규칙을 지키지 않으면 새로운 클래스가 원치 않는 부작용을 일으킬 수도 있다.

Rectangle과 Square 클래스가 정의된 다음 예를 살펴보자. Rectangle 객체가 애플리케이션의 어느 곳에서든 사용되는데 확장이 필요하여 Square 클래스를 추가했다.

```
// Violation of Liskov's Substitution Principle
class Rectangle {
    protected int m_width;
    protected int m_height;
    public void setWidth(int width){
        m_width = width;
    }
    public void setHeight(int height){
        m_height = height;
    }
    public int getWidth(){
        return m_width;
    }
    public int getHeight(){
        return m_height;
    }
    public int getArea(){
```

```
        return m_width * m_height;
    }
}

class Square extends Rectangle {
    public void setWidth(int width){
        m_width = width;
        m_height = width;
    }
    public void setHeight(int height){
        m_width = height;
        m_height = height;
    }
}
```

다음과 같은 getNewRectangle() 팩토리 메소드를 만들어 조건에 따라 필요한 객체(Square)를 생성하여 Rectangle 타입으로 받게 했다고 하자. 메인 함수에서 Rectangle r을 받아 너비를 5로, 길이를 10으로 지정하여 면적을 구하면 50이 아니라 100이 된다.

```
class LspTest {
    private static Rectangle getNewRectangle() {
        // it can be an object returned by some factory …
        return new Square();
    }
    public static void main (String args[])  {
        Rectangle r = LspTest.getNewRectangle();
        r.setWidth(5);
        r.setHeight(10);
        // user knows that r it's a rectangle.
        // It assumes that he's able to set the width and height as for the base class
        System.out.println(r.getArea());
        // now he's surprised to see that the area is 100 instead of 50.
    }
}
```

이렇게 된 이유는 파생된 클래스를 만들 때 베이스 클래스의 setWidth()와 setHeight() 동작을 바꾸었기 때문이다. 베이스 클래스의 동작을 바꾸는 것이 아니라 확장해야 하며 베이스 클래스의 정의를 왜곡하지 않아야 이런 부작용이 없다.

3.4 인터페이스 분리interface segregation

여러 클래스로 구성된 모듈을 클라이언트가 쉽게 사용하게 하려면 추상화된 인터페이스를 제공하는 것이 좋다. 하지만 모듈 전체가 아니라 일부분을 이용하여 확장하려는 클라이언트로 하여금 전체 인터페이스를 구현하게 하는 것은 피해야 한다. 즉 관심의 대상이 되는 인터페이스만 분리하여 제공해야 한다는 규칙이 바로 인터페이스 분리이다.

예를 들어 두 개의 SomeButton 객체로부터 클릭을 제어하고 SomeWindow 객체로부터 윈도우 이벤트를 처리하는 SomeController 객체가 있다고 하자. 문제는 SomeButton과 SomeWindow 모두 SomeController 포인터를 가지고 있다는 것이다. SomeButton은 controller 객체에게 onButton 관련 메소드를 호출할 필요가 있다. 하지만 onWindow 관련 메소드는 쓸모가 없다. 이것이 바로 인터페이스 분리 규칙에 어긋나는 것이다.

```
class SomeButton {
private:
    SomeController* _controller;
public:
    void setController(SomeController* controller);
};

class SomeWindow {
private:
    SomeController* _controller;
public:
    void setController(SomeController* controller);
};

class SomeController {
private:
    SomeWindow* _window;
    SomeButton* _okButton;
    SomeButton* _cancelButton;
public:
    void onButtonDown(SomeButton* button);
    void onButtonUp(SomeButton* button);
```

```
    void onWindowOpen(SomeWindow* window);
    void onWindowClose(SomeWindow* window);
    void onWindowMoved(SomeWindow* window);
};
```

3.5 의존 관계 역전dependency inversion

자주 변경되는 구체적 클래스에 의존하지 말아야 한다는 규칙이다. 추상 클래스와 인터페이스는 구체적 클래스보다 덜 변하기 때문에 가능하면 추상화된 클래스에 의존하는 것이 좋다.

다음은 의존 관계가 역전된 예이다. 높은 수준의 추상성을 가진 복잡한 Manager 클래스가 구체적 클래스인 Worker에 의존하고 있다. 회사의 인사 정책이 바뀌어 SuperWorker라는 새로운 클래스를 도입하기 위해 변경해야 한다고 하자. 그러면 복잡한 Manager 클래스를 변경하고 그것으로부터 영향을 받는 모든 부분을 변경해야 한다.

```
// Dependency Inversion Principle - Bad example
class Worker {
    public void work() {
        // …working
    }
}
class Manager {
    Worker worker;
    public void setWorker(Worker w) {
        worker = w;
    }
    public void manage() {
        worker.work();
    }
}

class SuperWorker {
    public void work() {
        // …working much more
    }
}
```

의존 관계 역전 규칙을 따르면 Manager 클래스가 IWorker 인터페이스를 의존하게 하고 Worker 클래스는 IWorker 인터페이스를 구현시킨다. 이렇게 하면 SuperWorker를 추가하더라도 현재 코드를 변경할 필요가 없다.

```
// Dependency Inversion Principle - Good example
interface IWorker {
    public void work();
}
class Worker implements IWorker {
    public void work() {
        // ...working
    }
}
class SuperWorker  implements IWorker {
    public void work() {
        // ...working much more
    }
}
class Manager {
    IWorker worker;
    public void setWorker(IWorker w) {
        worker = w;
    }
    public void manage() {
        worker.work();
    }
}
```

03 코딩 표준

프로그래머는 코드를 작성하는 것보다 읽는 데 시간을 더 많이 쓴다. 코드의 수명이 길어지면 디버깅과 유지보수를 위해 코드를 읽는 데 상당한 시간이 걸린다. 유지보수는 코드 작성자가 아닌 다른 사람이 하기 때문에 코드를 읽는 데 많은 노력을 쏟게 되는 것이다. 그러므로 코드를 쉽게 읽고 이해할 수 있도록 작성하는 것이 무엇보다 중요하다. 코딩 표준은 이렇게 코드를 읽기 쉽고 이해하기 쉽게 작성하기 위한 규칙과 가이드라인을 제공하는 것이다.

아무렇게나 쓴 코드는 재작업이 필요하고 개발 비용과 유지보수 비용을 증가시킨다. 최악의 경우 코드를 버려야 한다. 그러나 코딩 스타일을 표준화하면 개발 및 유지보수 비용과 시간이 줄어들어 소프트웨어의 생산성과 품질을 높일 수 있다. 따라서 대부분의 개발 팀은 프로그래머가 정해진 코딩 표준을 따르도록 교육하고 있다.

일반적으로 코딩 표준은 명명 규칙, 파일 구성 규칙, 문장 규칙, 주석 처리 방법, 레이아웃 규칙에 대한 가이드라인을 제공한다. 여기서는 자바 언어의 코딩 표준을 예로 들어 살펴보자.

1 명명 규칙

자바 언어에서 사용하는 일반적인 명명 규칙naming convention은 다음과 같다.

- 패키지 이름은 mypackage, edu.dongguk.maths와 같이 소문자로 시작한다.
- 타입 이름은 대문자로 시작되는 명사로 한다. 예를 들면 Day, DateOfBirth, EventHandler는 클래스 타입 이름이다.
- 변수 이름은 소문자로 시작되는 명사로 한다. 예를 들면 name, amount 등이다.
- 상수 이름은 PI, MAX_ITERATIONS와 같이 모두 대문자로 한다.
- 메소드 이름은 getValue()와 같이 소문자로 시작한다.
- Private으로 선언된 클래스 변수는 private int _value와 같이 '_'을 앞에 붙인다. 경우에 따라서는 '_'을 이름 뒤에 붙이라는 표준도 있다.

- 변수의 범위가 넓으면 긴 이름을 붙이고 범위가 좁으면 짧은 이름을 붙인다. 반복 구조 안에서 제어 변수의 이름은 i, j, k 등으로 붙인다.
- 불리언 변수나 메소드는 혼동을 피하기 위해 is를 앞에 붙인다. 예를 들면 상태를 나타내는 불리언 변수는 isStatus로 한다. 또한 네거티브 변수라면 isNotCorrect로 이름 붙인다.
- 무엇을 계산하는 메소드는 compute라는 이름을 붙이고, 무엇을 검색하는 메소드는 find라는 이름을 붙인다. 예를 들면 computeMean(), findMin() 등이다.
- 예외 처리 클래스는 OutOfBoundException과 같이 Exception을 뒤에 붙인다.

2 파일 구성 규칙

파일의 이름을 어떻게 붙이고 무엇을 담아야 하는지를 규칙으로 정한다. 이렇게 함으로써 읽는 사람은 파일에 무엇이 담겼는지 알 수 있다. 다음은 파일 구성 규칙의 예이다.

- 각 파일에는 하나의 외부 클래스 또는 인터페이스를 담고 클래스 이름은 파일 이름과 같게 한다.
- 한 줄의 길이는 80칸이 넘지 않도록 한다. 줄이 길 경우 다음 줄에 계속되게 하고, 다음 줄로 이어진다는 것을 분명히 알 수 있게 한다. 쉼표 이후에 분할하고 오퍼레이터 이전에 분할한다. 수식이 나누어지는 경우 다음 줄을 수식의 시작 부분과 일치시킨다.

```
function(longExpression1, longExpression2, longExpression3,
         longExpression4, longExpression5);
var=function1(longExpression1,
              function2(longExpression2,
                        longExpression3));
longName1=longName2*(longName3+longName4-longName5)
          +4*longname6; // PREFER
```

- 주석으로 시작하여 패키지 import 문장, 클래스 인터페이스 정의 순으로 작성한다.

3 문장 규칙

원시코드의 선언과 실행 문장을 위한 가이드라인이 필요하다. 다음 예는 모든 기관에서 따르는 것은 아니지만 프로그래머의 자율성을 제한하지 않는 범위에서 제시할 수 있는 규칙이다.

- 변수는 선언된 곳에서 초기화하며 가능한 한 좁은 범위에서 선언한다.
- 관련된 변수는 같은 문장에서 선언하지만 관련되지 않은 변수는 같은 문장에서 선언하지 않고 분리 선언한다.

```
int      level;          // indentation level
int      size;           // size of table
Object   currentEntry;   // currently selected table entry
```

- 클래스의 인스턴스 변수는 public으로 선언하지 않는다.
- 반복 구조의 제어 문장은 루프 안에서만 사용한다.
- 문장은 가급적 한 줄에 하나씩 쓴다. 다음과 같은 예는 피한다.

```
argv++; argc--; // AVOID!
```

- 값을 보내지 않는 리턴 문장에는 괄호를 사용하지 않는다. 아래의 세 번째 경우와 같이 리턴 값을 명확하게 하는 꼭 필요한 곳에만 사용한다.

```
return;
return myDisk.size();
return (size ? size : defaultSize);
```

- 복잡한 조건식을 피하고 임시 불리언 변수를 사용한다.
- 조건에서 배정문 등 실행 문장의 사용을 피한다.

4 주석 처리 방법

주석은 읽는 사람이 프로그램을 이해하는 데 도움을 주기 위해 쓰는 문장이다. 일반적으로 주석의 목적은 프로그램의 복잡한 로직을 설명하는 것으로 알려져 있지만, 원시코드를 요약하여 다시 쓰는 것을 목적으로 삼는 것이 좋다. 주석은 프로그램이 무엇을 하는지, 왜 코드가 거기에 있는지 설명하여 독립적으로도 이해할 수 있도록 써야 한다.

4.1 헤더 주석

주석은 블록 단위로 달 수도 있고 모듈 단위로 달 수도 있다. 모듈 단위로 주석을 달면 컴파일하고 테스트하고 검증하고 수정하는 데 유용하다. 모듈 단위로 단 주석은 헤더 주석이라 부르며 모듈의 기능과 목적, 외부 공개 인터페이스, 인터페이스의 매개변수, 매개변수에 대한 가정, 프로그램 사용에 대한 제약 등을 기술한다. 이 외에도 헤더 주석에 포함되는 항목은 [표 8-2]와 같다.

표 8-2 헤더 주석에 포함되는 항목

항목	설명
파일 이름	프로그램을 보관하는 파일 이름과 전체 경로명
버전 번호	버전 번호와 릴리스 번호
원작성자 이름	프로그램의 첫 번째 버전을 작성한 사람의 이름
프로젝트 이름	프로그램이 처음 작성될 때 추진된 프로젝트 이름
조직	기관명
저작권	저작권 정보
관련 요구	프로그램에서 구현된 요구 리스트
클래스 리스트	파일에 존재하는 클래스의 이름 리스트
관련 문서	관련 문서 리스트와 URL
변경 이력	변경된 날짜, 수정한 사람, 위치, 이유, 영향, 리스크 등
기능 설명	프로그램의 기능과 동작에 대한 설명, 프로그램이 무엇을 하며 어떻게 상호작용하는지에 대한 설명
오류 메시지	프로그램이 생성할 수 있는 오류 메시지
가정	프로그램을 수행하기 위해 충족해야 하는 조건 또는 영향을 주는 조건

4.2 주석의 문서화

원시코드에 있는 공개 인터페이스와 비공개 인터페이스, 내부 구현을 다른 사람이 유지보수할 수 있도록 하기 위해 주석은 문서로 만들어 관리한다. 다음은 주석을 문서화할 때 유의할 사항이다.

- 원시코드에 익숙지 않은 사람이 코드를 읽고 이해해야 한다고 가정하고 작성한다. 오랜 시간이 지나면 심지어 자신이 작성한 코드도 생소하게 느껴져 문서에 의존하는 경우가 있다.

- 코드와 문서를 항상 일치시킨다. 원시코드를 수정할 때는 반드시 관련 문서를 변경했는지 확인한다. 코드와 문서가 있어야 온전한 소프트웨어가 되므로 둘 다 똑같이 중요하다.
- 불필요한 것은 생략하며 명확하고 간결하게 작성한다. 기술 방면의 문서는 대개 군더더기가 없는 시와 같다.

4.3 주석 사용법

[표 8-3]에 주석의 종류와 사용법을 정리했다.

표 8-3 주석의 종류와 사용법

주석의 종류	사용법	사례
문서화 주석	• /**로 시작하고 */로 끝낸다. • 인터페이스, 클래스, 멤버 함수, 변수를 문서화하기 위해 사용한다.	/** * Customer - a person or * organization */
블록 주석	• /*로 시작하고 */로 끝낸다. • 주석을 달 때 빈 줄을 하나 두고 시작한다. • 코드 블록을 문서화하기 위해 사용한다. 디버깅에 도움이 된다.	/* This code was commented out by Eun Man Choi */
한 줄 주석	• //로 시작하며, 해당 줄 끝까지 있는 내용이 주석에 해당한다. • 주석 내용이 짧을 때 사용하며, 해당 원시코드와 나란히 놓는다. • 기본 로직, 코드 블록, 임시 변수 선언 등을 문서화하기 위해 멤버 함수 안에서 사용한다.	// If the amount is greater // than 10 multiply by 100

위에서 소개한 주석은 각각 고유한 목적을 가지고 있기 때문에 목적에 맞게 사용해야 한다. 특히 문서화 주석은 프로그래밍의 인터페이스를 문서화할 때 사용하며 클래스, 인터페이스, 메소드, 생성자, 필드 정의 앞에 문서화 주석을 둔다. 문서화 주석의 중요한 목적은 클라이언트와 서비스 제공자 사이의 프로그래밍 계약 관계programming contract를 정의하는 것이다. 메소드와 관련된 문서는 호출자가 알아야 할 메소드의 동작이나 건드리지 말아야 할 자세한 구현을 기술한다.

다음 코드는 내부 클래스, 필드, 메소드, 생성자를 선언한 문서화 주석의 예를 보여준다.

```
/**
 * The <code>Rectangle2D</code> class describes
 * a rectangle defined by location (x, y) and
 * dimensions (w, h).
 * …
 */
public abstract class Rectangle2D extends RectangularShape {
    /**
     * The <code>Double</code> class defines a
     */
    static class Double extends Rectangle2D { … }
    /**
     * The bitmask that indicates that a point lies
     * below this Rectangle2D …
     */
    static int OUT_BOTTOM;
     ⋮
    /**
     * Adds a Rectangle2D to this Rectangle2D …
     */
    public void add(Rectangle2D r) { … }
    /**
     * This is an abstract class that cannot be
     * instantiated directly …
     */
    protected Rectangle2D() { … }
     ⋮
}
```

메소드에 대한 주석 문서에는 다음과 같은 사항을 포함한다.

- 전제 조건과 결과 조건
- 메소드가 하는 일과 그 일을 하는 이유
- 전달되어야 할 매개변수(Javadoc에서는 @param 태그 사용)
- 발생 가능한 예외 사항(Javadoc에서는 @exception 태그 사용)
- 가시성(private, public 등) 선택 이유

- 인스턴스 변숫값을 변경하는 방법
- 알려진 버그
- 테스트에 대한 설명(메소드가 테스트되었는지와 테스트 스크립트의 위치)
- 형상 관리 시스템을 사용하지 않는다면 변경 히스토리
- 메소드가 동작하는 예
- 스레드 및 동기화된 메소드를 위한 문서화

속성에 대한 정량적인 범위를 나타내는 조건도 주석으로 제공한다. 즉 불변 조건을 다음과 같이 식으로 작성한다.

```
36 < _length * _width < 193
```

클래스에 포함된 각 속성에 대해 목적을 기술하고, 적용할 수 있는 모든 불변 조건(예를 들면 1 〈 _age 〈 130 또는 36 〈 _length * _width 〈 193)을 제공한다.

5 레이아웃 규칙

레이아웃은 프로그램의 들여쓰기를 어떻게 하고 비어 있는 줄, 빈칸을 어떻게 사용하는지를 안내하는 것이다. 읽기 쉬운 들여쓰기는 프로그래머마다 다를 수 있지만 책이나 문서에 제시된 형태를 따르는 것이 좋다. 책이나 문서에 제시된 형태는 코딩 표준을 잘 따르고 있기 때문이다.

- if 문장은 내부 구조가 잘 드러나도록 들여쓰기와 { }를 사용한다.

```
if (condition) {
      statements;
}

if (condition) {
      statements;
} else {
      statements;
}

if (condition) {
```

```
    statements;
} else if (condition) {
    statements;
} else if (condition) {
    statements;
}
```

- for나 while과 같은 반복 구조도 다음과 같이 일관적인 들여쓰기를 해야 하며, 반복 구조 내부가 비어 있는 경우 {}를 사용하지 않는다.

```
for (initialization; condition; update) {
    statements;
}

while (condition) {
    statements;
}
```

- 빈 줄은 논리적으로 관련된 코드 블록을 구별해주기 때문에 적당히 빈 줄을 두면 코드를 읽는 데 유용하다. 코드 블록 사이에, 클래스와 인터페이스 사이에, 메소드 사이에 빈 줄을 삽입한다.
- 빈칸을 사용하는 규칙도 정한다. 키워드 뒤에 오는 괄호 사이에, 매개변수 리스트의 쉼표 뒤에, 이진 오퍼레이터 사이에, 캐스트 뒤에 빈칸을 두면 코드를 쉽게 읽을 수 있다.

04 설계와의 매핑

객체지향 패러다임의 장점 중 하나는 분석과 설계에서 프로그래밍으로의 전환이 매끄럽고 상대적으로 쉽다는 것이다. 게다가 개발 환경integrated development environment, IDE이 UML 다이어그램에서 코드 골격을 자동으로 생성해준다. 하지만 코드 골격을 사용하지 않거나 IDE가 제공되지 않는다면 설계 다이어그램을 바탕으로 스스로 코드를 작성해야 한다. 이 절에서는 UML 다이어그램에서 코드를 작성하는 규칙을 알아본다.

1 클래스와 인터페이스의 구현

클래스 다이어그램에 있는 클래스나 인터페이스를 자바, C++, C#으로 매핑하는 것은 모델 개념이 프로그래밍 개념과 일치하기 때문에 쉽다. 게다가 개발 환경이 UML 클래스 다이어그램으로부터 클래스와 인터페이스를 자동으로 작성해주기 때문에 작업이 수월하다.

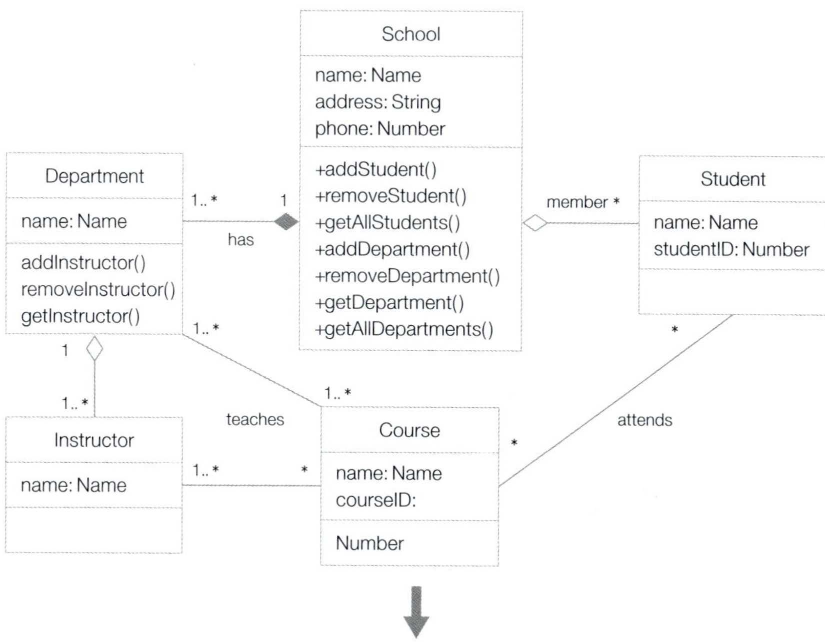

```
/* Define some types we use */
/** @hidden */
class Name {}
/** @hidden */
class Number {}

/**
 * @has 1..* Member * Student
 * @composed 1..* Has 1..* Department
 */
class School {
        Name name;
        String address;
        Number phone;
        void addStudent() {}
        void removeStudent() {}
        void getStudent() {}
        void getAllStudents() {}
        void addDepartment() {}
        void removeDepartment() {}
        void getDepartment() {}
        void getAllDepartments() {}
}
```

그림 8-4 클래스의 구현 사례

2 연관 관계의 구현

주어진 클래스 다이어그램에 대해 클래스, 속성, 오퍼레이션, 상속, 구현 관계를 코딩하는 것은 간단하다. 집합 관계, 예를 들어 클래스 B가 클래스 A의 집합이라면 A의 인스턴스가 B의 인스턴스의 부분이라는 것을 표현하기 위해 B로부터 A를 레퍼런스하여 구현한다. 연관 관계를 구현하는 방법은 여러 가지이며 레퍼런스나 포인터를 사용한다.

- **1 대 1 연관**: 클래스 A와 B가 1 대 1 연관 관계일 때 A가 B의 함수를 호출하면 A가 B에 대한 레퍼런스를 갖게 한다. 반대로 B가 A의 함수를 호출하면 B가 A에 대한 레퍼런스를 갖도록 구현한다.
- **1 대 n 연관**: 클래스 A와 B가 1 대 n 연관 관계일 때 A가 B의 함수를 호출하면 A가 B에 대한 레퍼런스의 집합을 갖게 한다. 반대로 B가 A의 함수를 호출하면 B가 A에 대한 레퍼런스를 갖도록 구현한다.

- **n 대 n 연관**: 클래스 A와 B의 n 대 n 연관은 A에서 B로의 레퍼런스 집합으로 구현하며 반대의 경우도 같은 방법으로 구현한다.

예를 들어 [그림 8-4]에 있는 School과 Department의 연관 관계를 구현하면, School에 Department를 호출하는 함수가 있으므로 School이 Department의 레퍼런스를 갖게 만든다.

```
class School {
      Name   name;
      String  address;
      Number  phone;
      List     departments;  // School has 1..* Departments
      void addStudent() {}
      void removeStudent() {}
      void getStudent() {}
      void getAllStudents() {}
      void addDepartment() {}
      void removeDepartment() {}
      void getDepartment() {}
      void getAllDepartments() {}
}
```

A에서 B로, 또한 B에서 A로 가는 레퍼런스를 사용하여 양방향의 관계를 구현하면 양쪽 방향의 호출이 가능하여 성능이 향상된다. 하지만 연관을 이루는 인스턴스를 추가하거나 삭제할 때 양쪽 레퍼런스를 모두 갱신해야 한다. 양방향(n 대 n) 연관 관계를 구현하는 다른 방법은 연관을 나타내는 새로운 클래스를 도입하는 것이다. 예를 들어 클래스 A와 B 사이의 연관은 AssocAB라는 클래스를 정의하여 구현한다. 양쪽 클래스에 상대 인스턴스의 모임을 가진 레퍼런스를 두는 방법이다. [그림 8-4]에 있는 Instructor와 Course의 n 대 n 관계를 연관 클래스로 구현하면 다음과 같다.

```
public class Teaches {
   private  static Collection instance;
   private  Instructor instructor;
   private  Course course;
   public Teaches(Instructor instructor, Course course){
```

```
        this.instructor=instructor; this.course=course;
    }
    public void add(Teaches teach) { … }
    public void add(Instructor instructor, Course course) { … }
    public void remove(Teaches teach) { … }
    ⋮
}
```

3 시퀀스 다이어그램의 구현

시퀀스 다이어그램은 객체의 동작을 모델링한 것이다. 즉 오퍼레이션의 종류와 클래스 사이의 관계를 파악하기 위해 각 객체가 주고받는 메소드를 나타낸다. 시퀀스 다이어그램에서 클래스의 메소드를 나타내기 위한 코드 골격은 IDE 도구를 이용하여 생성할 수 있다. 그러나 설계와 구현이 어떤 관계인지 알아두는 것이 좋다. [그림 8-5]의 시퀀스 다이어그램 안에 있는 클래스 CheckoutController를 구현해보자.

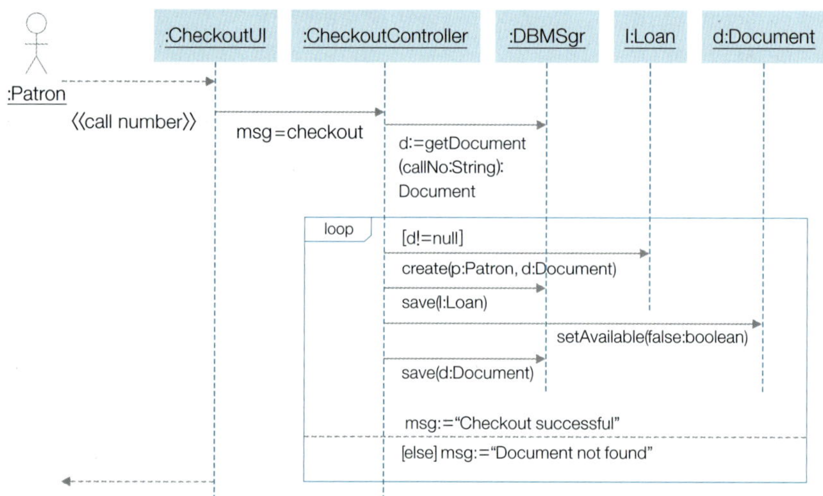

그림 8-5 도서관의 대출을 위한 시퀀스 다이어그램

```
public class CheckoutConroller {
    Patron p;
    public String checkout(String callNo) {
        BDNgr dbm=new DBMge();
        Document d=dbm.getDocument(callNo);
        String msg=" ";
        if (d!=null) {
            Loan l=new Loan(p, d);
            dbm.save(l);
            d.setAvailable(false);
            dbm,save(d);
            msg="Checkout successful.";
        } else {
            msg="Document not found.";
        }
        return msg;
    }
}
```

위의 원시코드는 불완전한 것으로 뼈대만 있다. 프로그래머는 빠진 부분, 즉 Patron 객체 p를 알아내서 초기화하고, 어떤 패키지를 임포트해야 하는지 알아내서 채워야 한다. 시퀀스 다이어그램에서 코드 골격을 만들면 이러한 프로그래밍 작업이 훨씬 간단해진다.

05 리팩토링

1 개념

리팩토링refactoring이란 기능의 변경 없이 코드의 디자인을 개선하는 것으로, 문제가 될 만한 부분을 찾아내어 수정하고 재구조화하는 작업이다. 리팩토링을 하면 코드를 쉽게 이해할 수 있을 뿐만 아니라 확장 및 재사용할 수 있다. 더 읽기 쉽게 하고, 결합을 낮추며, 응집을 높여서 코드를 쉽게 변경할 수 있도록 하는 것이다.

각 리팩토링은 작은 단위로 이루어지며 쉽게 되돌릴 수 있다. 예를 들면 긴 메소드를 분리하거나 a.b().c().d()와 같이 긴 메소드 호출을 나누어 쓰는 것이다. 이렇게 하여 코드의 설계를 향상하고, 만일 작동하지 않으면 다시 원상태로 되돌릴 수 있으므로 소규모의 변경인 셈이다. 리팩토링을 하다가 실수한 오류가 있다면 단위 테스트에서 걸러낼 수도 있다.

리팩토링이란 말은 마틴 파울러Martin Fowler가 그의 저서 《리팩토링: 코드 품질을 개선하는 객체지향 사고법Refactoring: Improving the Design of Existing Code》에서 처음 사용했다. 리팩토링은 애자일 방법론 옹호자들이 소개했는데, 애자일 개발 방법에서는 최선의 디자인이 수많은 반복에 의해 진화되어 나오는 것이라고 생각한다. 따라서 리팩토링은 애자일, 진화적 접근 방법의 핵심인 것이다. 리팩토링에 의해 작동하는 것과 작동하지 않는 것을 알아내면서 계속 피드백을 받으며 설계를 수정해야 하기 때문이다.

리팩토링 작업 과정은 다음과 같다.

① 작은 변경을 가한다. 이는 단일 리팩토링이라 할 수 있다.

② 모두 잘 작동된다는 것을 확인하기 위해 테스트를 한다.

③ 모두 잘 작동된다면 다음 리팩토링으로 넘어간다.

④ 작동되지 않으면 문제를 수정하거나 원상 복구하여 시스템이 작동되도록 유지한다.

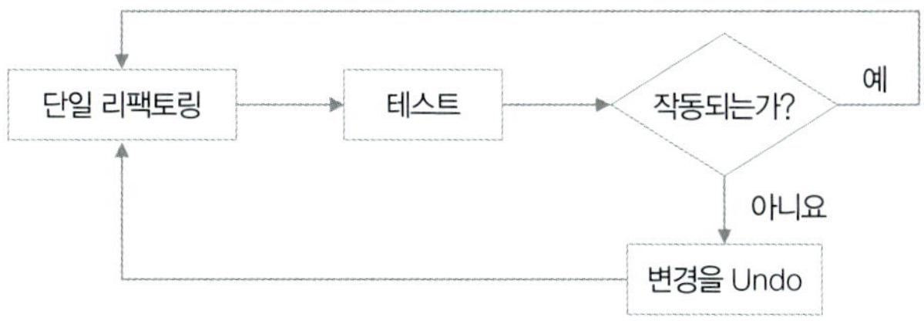

그림 8-6 리팩토링 과정

2 코드 스멜

설계를 수정하기 어렵게 만드는 코드를 코드 스멜이라 한다. 예를 들면 다음과 같은 것들이다.

- 중복 코드
- 긴 메소드
- 큰 클래스
- 많은 케이스를 가진 case 문장
- 긴 내비게이션(메소드 호출), 예를 들어 a.b().c().d()
- 지나친 널 객체 체크
- 유사 데이터의 중복
- 데이터 클래스(메소드는 거의 없고 속성만 많은 클래스)
- 캡슐화되지 않는 필드(public으로 선언된 멤버 변수)

각 코드 스멜에 대한 리팩토링 사례를 살펴보자.

■ **클래스 추출**

다음 예에서 Customer 클래스의 일부로 phone이 포함되어 있는 것은 클래스 하나에 고유한 임무를 갖게 만드는 객체지향 모델의 정신에 맞지 않는다. 따라서 두 개의 단일 임무 클래스로 분할한다.

```java
public class Customer {
   private String name;
   private String workPhoneAreaCode;
   private String workPhoneNumber;
}
```

➡

```java
public class Customer {
   private String name;
   private Phone workPhone;
}
public class Phone {
   private String areaCode;
   private String number;
}
```

■ **인터페이스 추출**

다음 예에서 Customer 클래스의 외부 프로그램이 Customer 클래스 안의 이름에 접근할 수도 있고, 외부에서 객체를 XML로 직렬화하고 싶어 할 수도 있다. 하지만 toXML()을 Customer의 인터페이스로 만드는 것은 인터페이스 분리 규칙을 따르는 것이 좋다. 다목적 인터페이스 하나를 만드는 것보다 다양하게 구현된 특별한 인터페이스가 많아야 한다.

```java
public class Customer {
   private String name;
   public String getName(){
      return name;
   }
   public void setName(String string) {
      name = string;
   }
   public String toXML(){
      return "<Customer><Name>" +
      name + "</Name></Customer>";
   }
}
```

➡

```java
public class Customer implements
SerializableToXml {
   private String name;
   public String getName(){
      return name;
   }
   public void setName(String string) {
      name = string;
   }
   public String toXML(){
      return "<Customer><Name>" +
      name + "</Name></Customer>";
   }
}
interface SerializableToXml {
   public abstract String toXML();
}
```

■ **메소드 추출**

간혹 너무 많은 일이 포함된 메소드가 있을 수 있다. 한 메소드 안에 일이 많을수록 이해하기 어렵고 오류가 일어날 가능성이 높다. 또한 메소드 안에 긴 로직이 포함되었다면 다른 곳에서 재사용하기 어렵다. 메소드 추출extract method 리팩토링은 코드의 중복을 제거하는 유용한 방법 중 하나이다.

```
public void PrintAccountDetails(Account account) {
  // print summary
  System.out.println("Account: " + account.getId());
  System.out.println("Balance: " + account.getBalance());
  // print history
  for (Iterator iterator = account.getTransactions().iterator(); iterator.hasNext();) {
     Transaction tx = (Transaction) iterator.next();
     System.out.println("Type: " + tx.getType() +"Date: " + tx.getDate().toString() +
            " Amount: " + tx.getAmount().toString());
  }
}
```

⬇

```
public void PrintAccountDetails(Account account) {
  printSummary(account);
  printHistory(account);
}
private void printSummary(Account account) {
     System.out.println("Account: " + account.getId());
     System.out.println("Balance: " + account.getBalance());
}
private void printHistory(Account account) {
     for (Iterator iterator = account.getTransactions().iterator(); iterator.hasNext();) {
     Transaction tx = (Transaction) iterator.next();
     System.out.println("Type: " + tx.getType() + "Date: " + tx.getDate().toString() +
            " Amount: " + tx.getAmount().toString());
  }
}
```

■ **서브클래스 추출**

클래스 안에 특정 인스턴스에만 유용한 속성이나 메소드가 있다면 클래스의 서브클래스로 만들고 그런 속성이나 메소드를 내려보낸다. 이렇게 하면 원래의 클래스가 더욱 고유한 추상성을 유지하여 다른 곳에서도 쉽게 재사용할 수 있다.

```
public class Person {
   private String name;
   public String jobTitle;
}
```

→

```
public class Person {
   protected String name;
}
public class Employee {
   public String jobTitle;
}
```

■ **템플릿 메소드 형성**

각 서브클래스에 있는 두 메소드가 완전히 같지 않지만 비슷한 작업을 한다면 하나로 통일하여 슈퍼클래스로 올린다.

```
public abstract class Party {
}
public class Person extends Party {
   private String firstName;
   private String lastName;
   private Date dateOfBirth;
   private String nationality;
   public  void printNameDetails() {
      System.out.println("Name: " + firstName + " " + lastName);
      System.out.println("dateOfBirth: " + dateObBirth.toString() +
                    "Nationality:" + natoinality);
   }
}
public class Company extends Party {
   private String Name;
   private String CompanyType;
   private Date incorporated;
   public  void PrintNameDetails() {
      System.out.println("Name: " + name + " " + companyType);
      System.out.println("incorporated: " +
```

```
                incorporated.toString());
    }
}
```

⬇

```
public abstract class Party {
    public void PrintNameAndDetails() {
        printName();
        printDetatils();
    }
    public abstract void printName();
    public abstract void printDetails();
}
public class Person extends Party {
    private String firstName;
    private String lastName;
    private Date dateOfBirth;
    private String nationality;
    public  void printDetails() {
        System.out.println("dateOfBirth: " + dateObBirth.toString() +
                "Nationality:" + natoinality);
    }
    public void printName() {
        System.out.println("Name: " + firstName + " " + lastName);
    }
}
public class Company extends Party {
        … 생략 …
```

■ **메소드 이동**

메소드가 정의된 클래스보다 다른 클래스의 기능을 더 많이 사용한다면 다른 메소드로 옮긴다. 다음 예에서 Student 클래스는 더 이상 Course 인터페이스에 대해 알 필요가 없다. 또한 isTaking() 메소드는 사용하는 데이터와 더 가까이 있게 되었으며, Course 클래스의 응집이 높아지고 결합이 낮아져서 전체적인 설계가 향상되었다.

```
public class Student {
   public Boolean isTaking(Course course) {
      return (course.getStudents().contains(this));
   }
}
public class Course {
   private List students;
   public List getStudents() {
      return students;
   }
}
```

⬇

```
public class Student {
}
public class Course {
   private List students;
   public Boolean isTaking(Course course) {
      return students().contains(this);
   }
}
```

06 검토

소프트웨어 내부, 즉 원시코드의 품질은 구현 단계와 단위 테스트 작업에 의해 결정된다. 따라서 코드 검토verification는 구현 단계의 품질을 높이는 중요한 작업이다. 코드를 검토하는 대표적인 방법으로는 테스트를 비롯해 실무에서 많이 사용하는 코드 리딩, 즉 인스펙션이 있다. 마이클 페이건Michael Fagan이 제안한 인스펙션은 코드의 결함을 찾아내고 이를 확인하는 작업으로, 품질 개선과 초기의 결함 발견에 효과적인 방법으로 알려져 있다.

1 인스펙션

일반적인 문서 작성에도 적용할 수 있는 검토 방법인 인스펙션은 결함을 찾는 데 사용된다. 수행 시기는 프로그램이 성공적으로 컴파일되고 정적 분석 도구가 적용된 후이다. 이는 컴파일 오류나 정적 분석 도구로 확인할 수 있는 오류를 미리 찾아 사람이 눈으로 확인하는 시간과 노력을 줄이기 위해서이다. 인스펙션 팀은 프로그래머, 소프트웨어 아키텍트, 테스터로 구성되며 이들에게 배포될 문서는 원시코드와 체크리스트이다.

인스펙션의 목적은 코드에 존재하는 결함과 비효율성, 코드 표준 불일치 등 품질에 영향을 주는 결함을 찾는 것이다. 인스펙션 과정에서 찾는 결함의 종류는 제공하는 체크리스트에 포함되어야 하며, [표 8-4]에 이를 제시했다.

표 8-4 코드 인스펙션의 체크리스트

대상	체크 항목
클래스 전체	C1. 클래스의 이름은 적절한가? • 요구 분석이나 설계와 일치하는가? • 충분히 세분화/일반화되었는가? C2. 추상화될 수 있는가? C3. 헤더 주석이 목적을 잘 나타내는가? C4. 헤더 주석이 관련된 요구나 설계 요소를 언급하는가? C5. 소속된 패키지를 기술했는가? C6. 충분히 private 한가? C7. final이 되어야 하는가?

표 8-4 코드 인스펙션의 체크리스트(계속)

대상	체크 항목
	C8. 문서 표준이 적용되었는가? C9. 상속이 적절하고 설계대로 구현되었는가?
속성	A1. 속성이 필요한가? A2. static이 될 수 있는가? • 모든 인스턴스가 이 변수를 가져야 하는가? A3. final이 되어야 하는가? • 값이 변경되는가? • get 메소드만 필요하지 않은가? A4. 명명 규칙이 적절히 적용되었는가? A5. 충분히 private 한가? A6. 속성이 독립적인가? A7. 초기화 정책이 적당한가? • 선언할 때 • 생성자를 호출할 때 • static{} 사용 • 위 사항의 조합
생성자	CO1. 생성자가 필요한가? • 팩토리 메소드가 필요하지 않은가? CO2. 모든 속성을 초기화하는가? CO3. 충분히 private 한가? CO4. 상속된 생성자를 적절히 사용했는가?
메소드 헤더	MH1. 메소드 이름을 적절히 정했는가? MH2. 충분히 private 한가? MH3. static이 될 수 있는가? MH4. final이 되어야 하는가? MH5. 헤더 주석이 메소드의 목적을 잘 나타내는가? MH6. 메소드 헤더 주석이 관련된 요구와 설계를 언급하는가? MH7. 필요한 모든 변경 조건을 잘 기술했는가? MH8. 모든 전제 조건을 기술했는가? MH9. 모든 결과 조건을 기술했는가? MH10. 문서 표준이 적용되었는가? MH11. 매개변수 타입이 제한되어 있는가? MH12. 상속된 메소드가 다르게 작동해야 한다면 재정의되었는가?
메소드 내부	MB1. 알고리즘이 상세 설계와 일치하는가? MB2. 코드가 전제 조건만을 가정하고 있는가? MB3. 모든 결과 조건을 만족하는가? MB4. 코드가 요구한 불변 조건을 잘 지키고 있는가? MB5. 반복 구조가 모두 종료되는가? MB6. 요구하는 표준 표시법을 따르고 있는가? MB7. 한 줄 한 줄 완벽하게 확인했는가? MB8. 괄호가 모두 짝이 맞는가? MB9. 코드가 정확한 타입을 리턴하는가? MB10. 코드에 대한 주석이 완벽한가?

인스펙션의 결과 중 심각도는 결함의 우선순위를 나타내며 작업 스케줄을 정하는 데 사용된다. 고치기 쉬운 결함은 굳이 시간을 들여 인스펙션 회의를 거치기보다 인스펙터가 원시코드에 직접 표기하여 저작자에게 주는 것이 좋다.

표 8-5 결함 심각도의 분류 예

심각도	설명
중요	요구가 충족되지 않음
중간	중요하지도 않고 그렇다고 쉬운 문제도 아님
쉬움	오퍼레이션이나 유지보수에 영향을 주지 않음

인스펙션을 한 후 결함을 표시할 때 포함되는 사항 중 또 하나는 타입이다. 결함의 타입은 다음과 같이 구별할 수 있다.

- 로직 문제(case 또는 step이 빠짐, 중복 로직, 조건이 빠진 경우, 불필요한 기능, 잘못된 해석, 잘못된 조건 테스트, 틀린 변수 체크, 반복 루프의 결함 등)
- 컴퓨팅 문제(잘못된 수식, 오차, 부호 오류)
- 인터페이스/타이밍 문제(부정확한 인터럽트 처리, 부정확한 I/O 타이밍, 서브루틴/모듈 불일치)
- 데이터 처리(부정확한 초깃값, 부정확한 데이터 접근 저장, 자룟값의 부정확한 스케일, 벡터 데이터의 부정확한 차원)

요약

- 코딩 작업의 목적은 명확하고 정확한 프로그램을 개발하는 것이다. 프로그램을 작성하는 것만큼 읽는 작업도 많기 때문에 쉽게 읽고 수정할 수 있는, 오류 없는 프로그램을 만드는 것이 구현 단계의 목표이다.
- 잘 작동하는 코드를 재사용하면 결함 확률을 줄일 수 있다. 또한 프로그램이 의도한 대로 동작하도록 방어적으로 작성하면 의도치 않은 실행이나 영향을 방지할 수 있다.
- 코딩 스타일을 표준화하는 코드 표준은 코드의 가독력을 향상하고 오류를 줄이는 데 도움이 된다. 또한 시간이 흐르면 시스템이 진화하면서 코드도 진화 및 변경됨으로써 소프트웨어가 변경이 어려울 정도로 복잡해진다. 리팩토링은 향후 코드를 확장하고 변경하기 쉽도록 수정하는 작업으로, 결합을 낮추고 응집을 높이며 원시코드를 더 좋은 구조로 개선한다.
- 프로그래머가 작성한 코드는 시스템과 통합하기 전에 검토해야 한다. 가장 널리 사용되는 검토 방법은 정적 분석, 코드 인스펙션, 단위 테스트이다. 체크리스트를 통한 인스펙션은 결함을 찾는 데 효율적인 방법으로 널리 사용되고 있다.

연습문제

01 코딩 작업에 필요한 입력 자료가 아닌 것은?

① 코딩 표준　　② 요구 및 설계 명세
③ 아키텍처　　④ 인스펙션 체크리스트

02 구현 단계의 로드맵을 순서대로 바르게 나열한 것은?

> ㉠ 클래스 구현을 검토하고 인스펙션한다.
> ㉡ 코딩 표준을 만든다.
> ㉢ 요구 사항과 상세 설계를 반영하여 메소드를 코딩한다.
> ㉣ 클래스를 테스트한다.
> ㉤ 릴리스하여 다른 모듈과 통합하게 한다.

① ㉠-㉡-㉢-㉣-㉤　　② ㉡-㉢-㉠-㉣-㉤
③ ㉡-㉢-㉣-㉤-㉠　　④ ㉠-㉡-㉣-㉤-㉢

03 객체지향 프로세스의 구현 모델이 나타내는 중요한 사항이 아닌 것은?

① 구현 후 생성되는 파일이 어떻게 매핑되는지
② 설계 단계에 정의된 시스템의 인터페이스가 어떤 클래스에 구현되는지
③ 시스템 수준의 인터페이스
④ 여러 클래스의 상호작용

04 바람직한 프로그램 코드에 대한 설명으로 옳지 않은 것은?

① 다양한 오류 처리를 위해 간결한 구조가 되도록 예외 처리를 효과적으로 사용해야 한다.
② 소스코드 작성 단계에서 발생한 설계 변경은 설계 문서에 반영할 필요가 없다.
③ 임시 변수는 사용하지 않는 것이 좋다.
④ 빠른 프로그램보다 명료한 프로그램을 작성하는 것이 좋다.

05 클래스 설계 규칙에 대한 설명으로 옳은 것은?

① 인터페이스 분리 규칙: 추상 클래스나 인터페이스에 의존하지 않고 자주 변경되는 클래스에 의존해야 한다.
② 개방 폐쇄 규칙: 클래스는 확장에 대해 열려 있고 변경에 대해 닫혀 있어야 한다.
③ 리스코프 대체 규칙: 여러 가지 책임을 가진 클래스는 하나의 책임을 가진 클래스로 대체되어야 한다.
④ 의존 관계 역전 규칙: 클라이언트는 자신이 사용하는 메소드와 의존 관계가 되지 않도록 해야 한다.

06 바람직한 프로그래밍 스타일이 아닌 것은?

① C++에서는 매개변수로 포인터보다 레퍼런스를 사용하면 함수 안의 코딩이 더 자연스럽다.
② 현재의 메소드가 예외를 처리할 수 없다면 더 좁은 범위에서 처리되도록 넘긴다.
③ 생성자의 생성이 실패로 끝났을 때 처리해야 할 예외 상황에서 버려진 메모리에 대한 처리를 고려해야 한다.
④ 예외 처리를 하는 것과 애플리케이션이 계속 실행되도록 하는 것 중에서 선택한다면 계속 실행되도록 하는 것이 더 중요하다.

07 다음 클래스 정의에 따라 ㉠~㉣ 문장을 수행할 때 오류가 발생하지 않는 것을 모두 고른 것은?

```
abstract class A {
}
class B extends A {
}
⋮
A inst1 = new A(); // ㉠
A inst2 = new B(); // ㉡
B inst3 = new B(); // ㉢
B inst4 = new A(); // ㉣
⋮
```

① ㉠, ㉢
② ㉡, ㉢
③ ㉡, ㉣
④ ㉡, ㉢, ㉣

08 명명 규칙에 대한 설명으로 옳지 않은 것은?

① 클래스와 인터페이스의 이름은 대문자로 시작하고 단어의 시작도 대문자로 구별한다.
② 메소드의 이름은 생성자 이외에는 소문자로 시작하고 되도록 동사를 사용한다.
③ 변수의 범위가 넓은 것은 긴 이름을 붙이고 범위가 좁은 것은 짧은 이름을 붙인다.
④ 임시 변수라도 의미 없는 이름을 붙이지 않는다.

09 주석을 다는 규칙으로 옳지 않은 것은?

① 불필요한 것은 생략하며 명확하고 간결하게 작성한다.
② 왜 그런 작업을 수행하는지가 아니라 어떤 작업을 하는지를 설명한다.
③ 코드에 이미 나와 있는 정보를 되풀이해서는 안 된다.
④ 주석은 원시코드를 읽는 데 방해가 되지 않도록 일괄적으로 다는 것이 좋다.

10 리스코프 대체 규칙에 대한 설명으로 옳은 것은?

① 모듈의 설계는 확장에 대해 열려 있고 수정에 대해 닫혀 있어야 한다.
② 클래스 B가 클래스 A의 자식 클래스라면 클래스 A의 인스턴스가 요구되는 곳에서 클래스 B의 인스턴스가 사용될 수 있도록 설계해야 한다.
③ 구체적인 클래스로 설계하기보다 인터페이스나 추상 클래스에 의존하도록 설계해야 한다.
④ 범용적 목적의 단일 인터페이스보다는 클라이언트별 인터페이스가 다수 있도록 설계하는 것이 좋다.

11 리팩토링에 대한 옳은 설명만 고른 것은?

> ㉠ 소프트웨어의 디자인을 개선한다.
> ㉡ 기능을 지속적으로 추가하는 작업이다.
> ㉢ 소프트웨어를 이해하기 쉽게 만들고 프로그램을 빨리 작성하도록 도와준다.
> ㉣ 겉으로 보이는 동작의 변화 없이 내부 구조를 변경하는 것이다.
> ㉤ 버그를 수정하는 작업이다.

① ㉠, ㉡, ㉢　　② ㉠, ㉢, ㉣
③ ㉡, ㉢, ㉤　　④ ㉡, ㉣, ㉤

12 리팩토링 대상이 되는 코드 스멜에 해당하지 않는 것은?

① 읽기 어려운 프로그램
② 중복된 로직을 가진 프로그램
③ 외부에서 보이는 기능을 변경해야 하는 프로그램
④ 복잡한 조건문이 포함된 프로그램

13 코드 리뷰 기능을 직접적으로 수행할 수 있는 익스트림 프로그래밍eXtreme Programming, XP의 실무 관행은?

① 단순 설계　　② 짝 프로그래밍
③ 소규모 릴리스　　④ 메타포

14 정적 분석은 '프로그램을 실행하지 않고 프로그램 텍스트의 구문을 분석해서 결함과 이상을 발견하는 작업'이다. 정적 분석에 대한 설명으로 옳지 않은 것은?

① 제어 흐름 분석: 여러 개의 출구나 입구를 가진 반복문과 도달할 수 없는 코드를 식별한다.
② 데이터 사용 분석: 초기화하지 않고 사용된 변수, 중간에 값 배정 없이 두 번 기록된 변수, 선언만 하고 사용되지 않는 변수를 식별한다.
③ 인터페이스 분석: 입력 변수와 출력 변수 사이의 종속성을 식별한다.
④ 경로 분석: 프로그램상의 모든 가능한 경로를 식별하고 그 경로에서 수행되는 문장을 나열한다.

15 동일한 일을 하는 메소드가 여러 서브클래스에 있을 때 이 메소드를 슈퍼클래스로 옮기는 리팩토링 기법은?

① 메소드 추출　② 메소드 이동
③ 메소드 이름 변경　④ 메소드 끌어올리기

Chapter 09

테스트

학습목표

- 테스트가 어떤 작업이고 왜 중요한지 설명할 수 있다.
- 테스트 작업에 관련된 용어를 이해하고 설명할 수 있다.
- 테스트 작업 과정을 이해하고 테스트 케이스를 작성할 수 있다.
- 블랙박스 테스트와 화이트박스 테스트 기법을 이해하고 적용할 수 있다.
- 객체지향 테스트 기법을 이해하고 적용할 수 있다.
- 테스트 자동화 도구가 무엇인지 알고 사용할 수 있다.

00 개요

테스트는 시스템을 개발할 때 요구되는 동작과 실제 개발한 후의 동작이 다르지는 않은지 분석하고 확인하는 작업이다. 즉 '시스템이 정해진 요구를 충족하는지, 예상과 실제 결과가 어떤 차이를 보이는지 수동 또는 자동으로 검사하는 일련의 과정'이다(IEEE, 1993). 하지만 테스트를 완벽하게 하는 것은 불가능하다. 테스트 작업 결과 판단하기 어려운 경우도 있고, 테스트 작업 시간과 예산에 한계도 있기 때문이다. 그 결과 소프트웨어가 완벽하게 테스트되지 않은 상태로 설치되어 사용하는 도중에 오류가 발견되기도 한다.

1981년 미국 우주 탐사선 컬럼비아호는 첫 발사 시도 때 개발 중 미처 발견하지 못한 문제 때문에 발사가 취소되었다. 그 당시 2년 전에 프로그래머가 지연 시간 제약을 50밀리초에서 80밀리초로 잘못 수정했기 때문이다. 이 실수로 인해 우주 탐사선이 고장을 일으킬 확률이 더욱 높아졌다. 물론 프로그래머가 코드를 수정한 후 수천 시간을 들여 테스트를 수행했지만 테스트 단계에서 결함을 발견하지 못했다. 그리고 실제 발사를 앞두고 카운트다운을 하는 동안 결함이 동기화 문제를 일으켜 우주 탐사선의 다섯 개 컴퓨터가 발사 중지 결정을 내렸다.

위 사례에서는 복잡한 시스템을 테스트하는 문제가 얼마나 중요하고 어려운지 엿볼 수 있다. 우주 탐사선이 극도로 복잡한 하드웨어와 소프트웨어로 구성되었다 하더라도 테스트 작업은 어느 시스템이나 마찬가지로 힘든 일이다.

테스트 작업은 때로 초보자가 하는 일상적이고 쉬운 일로 비치기도 한다. 경험 많은 엔지니어들은 테스트 작업을 꺼리거나 더 중요한 일, 즉 분석이나 설계 작업에 차출당하기 때문에 초보자가 테스트 팀의 구성원으로 배치되기도 한다. 이러한 관습은 아주 많은 문제를 일으킨다. 통계와 경험에 의하면 테스트는 소프트웨어를 개발하는 과정에서 시간과 비용이 가장 많이 드는 작업이다. 실제로 소프트웨어 개발 기간의 50% 이상, 비용의 50% 이상을 테스트에 사용하는(높은 품질을 요구하는) 소프트웨어 프로젝트도 많다. 그러나 일반적으로 테스트 작업은 개발 작업에 비해 관심이 적고 무계획적으로 실행하여 개인의 경험에 의존하고 즉흥적으로 수행되는 경우가 많다.

시스템을 효과적으로 테스트하기 위해 테스트 엔지니어는 전체 시스템을 잘 이해해야 한다. 즉 요구 분석 당시 시스템 설계에서 내린 결정, 구현에 대한 이슈 등을 잘 파악하고 있어야 한다. 또한 테스트 기술을 잘 알아야 하며 이러한 기술을 효과적으로 적용하여 시간, 비용, 품질에 대한 목표를 만족시켜야 한다. 이 장에서는 테스트 작업이 정확히 무엇이며, 어떤 한계를 가지고 있고, 단계적으로 어떻게 이루어지는지, 사용되는 기법과 도구는 어떤 것이 있는지 알아본다.

01 테스트란?

1 테스트 작업의 이해

프로젝트 관리자들은 테스트 케이스가 오류를 발견하지 못하면 '성공했다'고 말한다. 하지만 테스트 단계에서 성공했다는 말은 반대로 사용되어야 한다. 즉 오류를 찾지 못한 테스트 작업은 실패로 보아야 한다.

테스트 작업은 시스템 모델의 결함을 반증하는 작업이다. 과학에서 반증은 과학적인 가정을 세우고 이를 테스트하는 것이다. 이 테스트를 통해 근본 이론이 틀렸다는 것을 증명하지 못하면 이론에 대한 확신이 더욱 강해지고 결국 이론을 받아들이게 된다.

소프트웨어 테스트도 마찬가지이다. 소프트웨어 시스템의 오류를 찾아내어 시스템 모델이 올바르다는 명제를 반증한다. 테스트 작업은 소프트웨어의 신뢰도를 높여주며, 소프트웨어 시스템이 예상대로 실행된다는 확신의 판단 기준이 된다. 어떤 테스트 작업도 소프트웨어 시스템의 동작이 요구와 다르다는 것을 반증할 수 없다면 그 소프트웨어는 릴리스할 준비가 된 것이다.

2 테스트 관련 용어

테스트 작업에 대해 본격적으로 학습하기 전에 관련 용어를 살펴보자.

- **테스트 대상 컴포넌트**subject under test: 분리하여 시험할 수 있는 시스템의 요소이다. 컴포넌트는 클래스도 될 수 있고, 클래스의 모임인 패키지도 될 수 있으며, 하나 이상의 서브시스템도 될 수 있다.
- **결함**defect: 소프트웨어가 이상 동작을 하게 만드는 설계 또는 코딩상의 잘못을 말한다. 버그라고도 한다.
- **오류**error: 시스템을 실행하는 동안 나타나는 결함의 표시이다.
- **고장**failure: 컴포넌트의 명세와 실행 동작의 차이를 말한다. 고장은 하나 이상의 오류에 의해 발

생한다.

- **테스트 케이스**test case: 고장을 일으키고 결함을 발견할 목적으로 컴포넌트를 검사하기 위한 입력과 예상 결과의 집합이다.
- **테스트 스터브**test stub: 테스트될 컴포넌트가 호출하는 컴포넌트가 부분적으로 구현된 것이다.
- **테스트 드라이버**test driver: 테스트될 컴포넌트를 호출하는 컴포넌트의 부분적인 구현이다. 테스트 스터브와 테스트 드라이버는 시스템을 테스트한 후 컴포넌트에서 분리될 수 있다.
- **오류 수정**error correction: 컴포넌트에 대한 변경을 의미한다. 수정을 하는 이유는 결함을 고치는 데 있다. 하지만 또 다른 새로운 결함을 발생시킬 수도 있어 주의가 필요하다.

2.1 오류, 결함, 고장

오류, 결함, 고장, 이 세 가지 용어의 관계를 이해하기 위해 제대로 맞추어지지 않아 틈이 생긴 기차선로를 상상해보자. 만일 기차가 이 선로 위를 달린다면 탈선 사고가 날 것이다. 그러나 아직 기차가 지나가지 않았다면 고장을 발견한 것이 아니다. 선로 위를 달리는 기차를 보지 않은 상황에서 정확히 고장이라고 할 수는 없다.

오류나 고장에 대해 이야기하려면 요구 동작과 관찰 동작을 비교해보아야 한다. 즉 틈이 있는 곳의 한쪽에서 다른 쪽으로 기차를 이동시켜보아야 한다. 이것은 일종의 테스트 케이스(사례)라 할 수 있다. 이러한 테스트 케이스를 실행해봄으로써 시스템에 결함이 있다는 것을 보일 수 있다. 기차선로에 틈이 생긴 것은 조립을 잘못한 오류에 의한 결함일 수도 있고, 시공 팀 및 설계 팀과 의사 전달이 잘못된 결과일 수도 있다. 결국 개발 도중에 생긴 오류는 결함의 원인이 되며, 이 결함으로 인해 고장이 나는 것이다.

[그림 9-1]은 오류, 결함, 고장의 관계를 보여준다. 소프트웨어의 고장은 오류에서 비롯된다. 오류에는 원시코드에 존재하는 문법적인 오류도 있고, 고객의 요구를 수행하지 못하는 논리적인 오류도 있다. 하지만 모든 오류가 결함이 되는 것은 아니다. 일반적으로 오류는 소프트웨어가 정상적으로 작동하지 못하게 하지만, 오류 있는 원시코드가 소프트웨어의 전체 기능에 영향을 주지 않을 수도 있다. 오류가 있더라도 상쇄되어 결함이 되지 않을 수도 있다. 또한 결함은 후속 코드에 의해 수정되거나 무효화될 수도 있다.

기차선로의 예에서 조립 오류나 의사 전달 오류는 일종의 알고리즘 결함이다. 소프트웨어의 경우도 구현 단계에 여러 가지 알고리즘 결함이 발생한다. 예를 들면 반복 구조에서 빠져나오

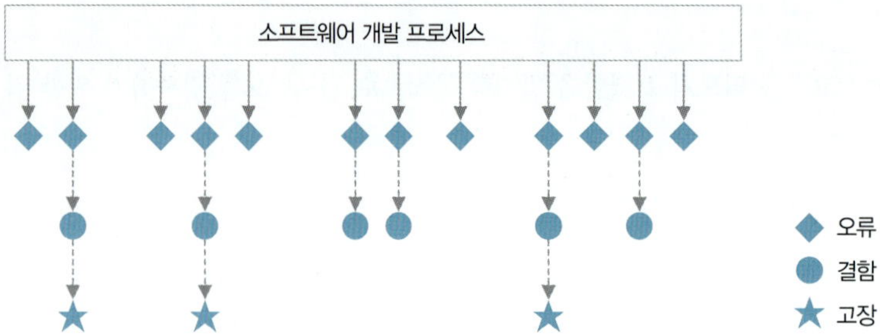

그림 9-1 소프트웨어 오류, 결함, 고장의 관계

는 로직이 틀린 것, 잘못된 조건을 테스트하는 것, 변수의 초기화가 빠진 것 등은 모두 구현 단계에 일어나는 알고리즘 결함이다. 알고리즘 결함은 설계 단계에도 발생한다. 자료 구조가 수용 능력을 넘어 과부하 상태가 되거나, 요구 분석에서 파악한 성능 요구만큼 속도가 나지 않아 처리량 오류가 나는 상황 등을 예로 들 수 있다.

2.2 테스트 케이스

결함을 발견할 목적으로 준비한 입력 데이터와 예상 결과의 집합인 테스트 케이스는 다음과 같은 속성을 지니고 있다.

- **이름**: 각 테스트 케이스를 구별하기 위해 붙인 이름을 말한다. 테스트 케이스의 이름은 요구 분석한 결과나 시험할 컴포넌트의 이름에서 따온다. 예를 들면 Deposit()이라는 함수를 테스트한다면 Test_Deposit이라 하고, A와 B, 두 개의 컴포넌트를 테스트한다면 Test_AB라고 할 수도 있다.
- **테스트 대상**: 테스트 케이스가 테스트하려는 대상이다. 테스트 대상에는 단위 프로그램의 기능, 서브시스템, 클래스, 패키지, 메소드, UI 요소 등이 포함된다.
- **테스트 조건**: 테스트를 가능하게 하는 준비 조건을 말한다.
- **테스트 입력**: 테스트 엔지니어 또는 테스트 드라이버가 투입한 입력 데이터나 명령어의 집합을 말한다.
- **오러클**: 테스트 케이스의 예상 결과는 테스트가 올바르게 되었을 때 발생하는 출력 자료나 명령어를 말하는데, 이러한 예상 결과가 오러클이라는 속성으로 기술된다.
- **로그**: 테스트를 수행한 후 관찰된 결과를 저장한 것이다.

[표 9-1]은 인터넷 쇼핑몰 소프트웨어의 테스트 케이스를 앞의 속성에 따라 정의한 것이다.

표 9-1 테스트 케이스 사례

이름	테스트 대상	테스트 조건	테스트 입력	오러클(예상 결과)
FT-1-1	로그인 기능	시스템 초기 화면	정상적인 사용자 ID('gdhong')와 비밀번호('1234')	시스템 입장
FT-1-2	로그인 기능	시스템 초기 화면	비정상적인 사용자 ID('%$##')와 비밀번호(' ')	로그인 오류 메시지
FT-2-1	주문	로그인, 장바구니가 비어 있지 않아야 함	주문 버튼을 누르고 주소("서울시 중구 필동 26")를 입력	주문 정보 저장 후 정상 메시지, 결제 버튼 디스플레이
FT-2-2	결제	주문 정보 저장 후 결제 화면	결제 정보 입력(신용카드 번호, 만료일)	결제 완료

테스트 케이스의 구조는 [그림 9-2]와 같다.

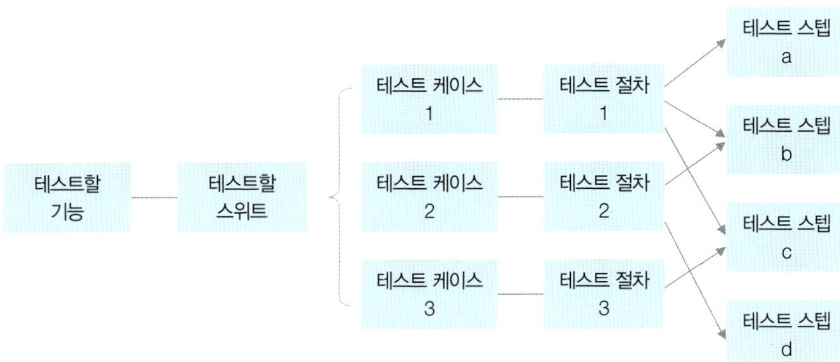

그림 9-2 테스트 케이스의 구조

■ **테스트 케이스**

토플 문제를 출제할 때 독해 능력, 듣기 능력, 문법 이해도와 같이 영역을 나누고 영역별 질의 문항을 만든다. 테스트를 계획할 때도 이와 유사한 방법으로 각 문항을 작성하는데, 이러한 문항 하나하나를 테스트 케이스라고 한다. 테스트 케이스는 테스트 계획을 이루는 원소와도 같다.

■ **테스트 스위트**

같은 기능을 테스트하는 케이스가 많으면 이를 조직적으로 잘 정리하는 것이 좋다. 이와 같이 관련된 테스트 케이스가 모인 집합을 테스트 스위트test suite라고 한다. 예를 들면 [표 9-1]에서 같은 로그인 기능을 테스트할 때 여러 가지 다른 테스트 케이스를 실행할 수 있다. 테스트 스위트를 모으면 테스트 계획서가 된다. 테스트 계획서에는 테스트를 하는 데 걸리는 시간, 필요한 인원과 장비 등에 드는 비용이 계산 및 반영되는데, 이는 모두 테스트 케이스에 근거한 예측이므로 정확하다.

■ **테스트 절차**

테스트 절차는 테스트 케이스를 어떤 순서로 수행시킬 것인지 차례로 적어놓은 것이다. 테스트 절차는 테스트를 준비하는 단계, 수행하는 단계, 결과를 모으고 분석하는 단계로 나눌 수 있다. 일반적으로 테스트 절차는 테스트 데이터(입력값, 예상 결과)와 분리하여 작성한다. 테스트 데이터는 테스트 케이스 안에 저장하고, 테스트 케이스를 어떻게 수행시키는지 알아보려 할 때 테스트 절차만을 참조하면 되도록 분리하여 구성한다. 여러 테스트 케이스에 공통으로 적용되는 테스트 절차는 한 번만 기술하여 다시 이용할 수 있도록 하면 효과적이다.

■ **테스트 스텝**

테스트 스텝은 테스트 케이스를 실행하기 위한 최소의 작업 단위를 말한다. 각 테스트 케이스는 이를 수행시키는 절차가 있고, 절차를 구성하는 테스트 스텝은 독립적으로 기술되어 여러 테스트 절차에서 재사용될 수 있다. 예를 들어 고객의 ID로 이름을 찾는 테스트 케이스가 있다고 하자. 이것을 테스트하려면 사용자와 소프트웨어 시스템 사이에서 키보드와 마우스를 여러 번 작동해야 한다. 예를 들어 커서를 시작 위치에 놓고 고객 ID를 입력한 후 엔터를 치면 시스템이 ID를 이용하여 고객을 검색한 후 커서를 원래의 위치로 옮겨놓는다. 여기까지의 작업은 더 이상 쪼갤 수 없는 테스트 작업 최소 단위atomic task이다. 이를 테스트 스텝이라 하는데, 나중에 다른 테스트 작업에 다시 이용될 수 있으며 테스트 자동화에 매우 중요한 개념이다.

2.3 테스트 스터브와 테스트 드라이버

테스트 케이스를 실행하려면 시험하려는 소프트웨어 컴포넌트를 다른 부분과 분리한 후 진행해야 한다. 테스트 스터브와 테스트 드라이버는 이렇게 분리된 시스템의 다른 부분을 채우기 위한 것으로, 컴포넌트의 인터페이스가 변경되면 관련된 테스트 스터브와 테스트 드라이버도 같이 수정되어야 한다.

- **테스트 드라이버**: 테스트하려는 컴포넌트를 호출하는 시스템을 대신하여 간단히 구동하도록 작

성한 것이다. 테스트 케이스 분석 과정에서 파악한 테스트 입력 자료를 테스트하려는 컴포넌트에 전달하고 결과를 출력하는 기능을 한다.

- **테스트 스터브**: 테스트하려는 컴포넌트에 의해 호출되는 컴포넌트를 시뮬레이션한 것이다. 테스트 스터브는 원래 컴포넌트와 같은 API, 즉 메소드 및 메소드의 프로토타입에 맞는 리턴 타입을 제공해야 한다.

브리지 패턴은 테스트 스터브를 구현하기 위해 사용하는 방법이다. [그림 9-3]은 사용자 인터페이스가 아직 구현되지 않은 데이터베이스의 서브시스템에 접근하기 위해 브리지 패턴을 사용한 예를 나타낸 것이다. 데이터베이스 인터페이스(Database interface)를 데이터베이스 구현(Database implementation)과 분리하여 처음에는 테스트 스터브(Test stub)가 요구에 반응하게 하고, 이후 데이터베이스 서브시스템(Database subsystem)이 완전히 구현되면 테스트 스터브를 대치하게 한다. 주의할 점은 테스트하려는 컴포넌트를 테스트 스터브로 대치할 때는 호출하는 프로그램을 한 번만 컴파일해야 한다는 것이다.

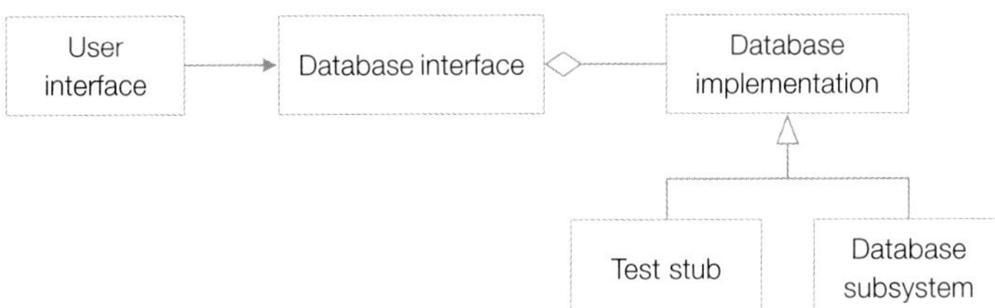

그림 9-3 아직 개발되지 않은 컴포넌트의 인터페이스를 시험하기 위해 적용한 브리지 패턴

테스트 스터브를 구현하는 작업은 테스트 스터브에 단순히 호출되었음을 알리는 메시지를 인쇄하는 것만으로는 충분치 않다. 대부분 컴포넌트 A가 컴포넌트 B를 호출하면 A는 B가 어떤 일을 수행하고 그 결과를 매개변수 집합으로 리턴하리라 예상한다. 그런데 테스트 스터브가 이러한 동작을 시뮬레이션하지 않으면 A는 A에 존재하는 오류 때문이 아니라 B의 스터브가 정확히 원래의 동작을 흉내 내지 못해서 고장이 발생하게 된다.

테스트 스터브를 구현하는 작업은 또한 리턴 값을 제공하는 것만으로도 충분치 않다. 예를 들어 테스트 스터브가 항상 같은 값을 리턴한다면 호출하는 컴포넌트가 다양한 시나리오로 수행될 때 예상치 않은 결괏값이 될 수도 있다. 이렇게 되면 결괏값이 옳은지 그른지 혼란이 생기고 이로 인해 호출하는 컴포넌트가 고장을 일으킬 수도 있다.

2.4 오류 수정

테스트를 수행하여 고장을 발견한 후에는 의심되는 결함을 삭제하기 위해 컴포넌트를 수정한다. 결함을 고치기 위해 컴포넌트를 변경하는 작업, 오류 수정error correction은 단일 컴포넌트를 수정하는 단순 작업에서부터 완전한 자료 구조나 서브시스템을 다시 설계하는 작업까지 다양하다. 그런데 이 과정에서 새로운 결함이 수정된 컴포넌트에 유입될 가능성이 높다. 이러한 결함을 발견하는 방법은 다음과 같다.

- **버그 트래킹**: 컴포넌트를 수정할 때 관련된 오류, 결함, 고장, 오류 수정 작업의 기록을 남기는 것을 말한다. 버그 트래킹은 형상 관리와 함께 개발자가 새로 유입되는 결함을 찾을 수 있도록 도와준다.
- **리그레션 테스트**: 수정 후에는 앞서 테스트했던 것을 다시 테스트할 필요가 있다. 수정하기 전에 개발된 기능이 아무런 영향을 받지 않는다는 것을 확인해야 하기 때문이다. 객체지향 방법을 사용하면 개발 프로세스가 반복적이므로 리그레션 테스트가 중요하다. 테스트 작업이 조기에 시작되어야 하고 설계가 발전하면서 테스트 스위트가 계속 보관 및 수정되어야 하기 때문이다. 리그레션 테스트는 자동화되지 않으면 비용이 많이 드는 작업이다.
- **문서화**: 오류 수정을 위한 여러 가지 변경에 대해 대상 컴포넌트와 변경 이유를 기록해놓는다. 문서를 작성해두면 개발자가 컴포넌트를 개발할 때 생각했던 여러 가지 가정과 결정 이유를 알 수 있기 때문에 새로운 결함을 피할 수 있다.

3 테스트 단계

대규모 시스템을 개발할 때의 테스트 작업은 [그림 9-4]와 같이 단계적으로 이루어진다.

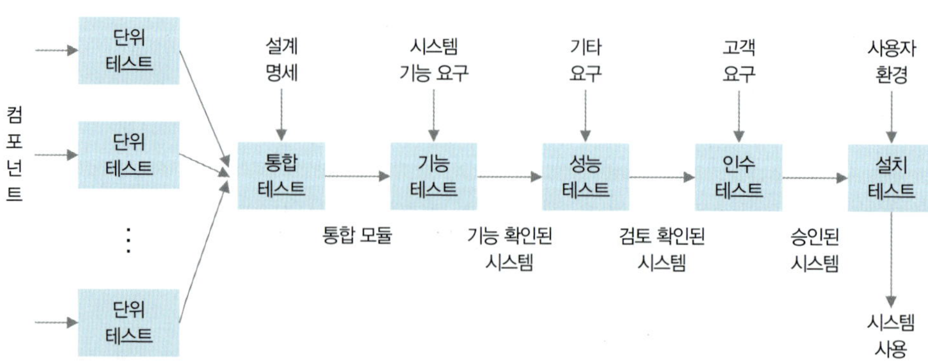

그림 9-4 테스트 단계

■ **단위 테스트**

시스템의 컴포넌트가 다른 컴포넌트와 분리된 상태로 내부만 테스트하는 것이며 모듈 테스트 또는 컴포넌트 테스트라고도 한다. 단위 테스트는 테스트 대상 컴포넌트에 미리 정한 데이터를 주었을 때 어떤 결과를 보이는지 관찰하는 통제된 환경에서 이루어진다. 또한 컴포넌트 내부의 데이터 구조와 로직, 입출력 자료의 경계 조건을 확인한다. 블랙박스 테스트, 화이트박스 테스트, 객체지향 테스트 등이 있다.

■ **통합 테스트**

컴포넌트를 독립적으로 테스트한 후 그것들 사이의 인터페이스를 테스트하는 것이다. 통합 테스트는 시스템을 이루는 컴포넌트들이 시스템 구조 설계 명세에 나타낸 것처럼 작동하는지 확인하는 과정이다.

■ **시스템 테스트**

컴포넌트들을 통합하여 하나의 시스템으로 빌드한 후 잘 작동하는지 테스트하는 것이다. 기능 테스트와 성능 테스트가 있으며 두 가지 모두 개발자가 수행한다.

- **기능 테스트**: 요구 명세에 기술된 기능이 통합된 시스템에서 잘 수행되는지 테스트한다.
- **성능 테스트**: 시스템의 기능 외적인 요구가 설계 목표에 잘 들어맞는지 테스트한다.

■ **인수 테스트**

개발된 시스템이 고객이 요구하는 대로 잘 작동하는지 고객과 함께 확인하는 작업이다.

■ **설치 테스트**

사용자가 사용할 환경에 시스템을 설치하고 테스트하는 마지막 점검 작업이다.

02 블랙박스 테스트

블랙박스 테스트는 테스트하려는 대상을 블랙박스로 보고 그 기능이 올바른지 확인하는 작업이다. 즉 프로그램의 내부 구조를 고려하지 않고 대신 모듈의 명세를 기반으로 테스트 케이스를 결정한다. 블랙박스 테스트는 시스템에 입력 또는 이벤트 등의 자극을 줄 때 어떻게 반응하는지 그 결과를 본다. 방법은 크게 세 가지이다.

- **동등 분할 테스트**: 테스트를 할 때는 가능한 입력값을 모두 테스트하는 전수 테스트가 가장 확실하다고 생각할 수 있다. 하지만 시스템이 지닌 모든 입력 조합에 대해 테스트하는 것은 효과적인 방법이 아니다. 프로그램의 같은 부분을 구동하는 것이므로 테스트의 목적이 중복되기 때문이다. 따라서 동등 분할 테스트는 입력의 결과가 동등한 클래스를 분할하여 각 클래스의 대푯값을 주는 방법이다.
- **경곗값 분석**: 오류가 많이 발생하는 경곗값을 분석하여 이 부분을 집중 테스트한다.
- **원인 결과 분석**: 원인과 결과의 관계를 파악하여 테스트 케이스를 찾는다.

1 동등 분할 테스트

동등 분할 테스트equivalence partitioning test는 테스트 사례의 개수를 최소화하는 테스트 방법이다. 이 방법의 바탕에 깔린 가정은 '시스템은 클래스의 모든 멤버에 대해 같은 식으로 반응한다'는 것이다. 따라서 가능한 입력을 동치 클래스로 나누고 각 클래스에 대해 테스트 케이스를 선택한 후, 각 동치 클래스에 대해 하나의 멤버만 테스트한다. 동등 분할 테스트는 동치 클래스를 결정하는 단계와 테스트할 입력 데이터를 선택하는 단계로 이루어진다.

■ 동치 클래스 결정하기

다음은 동치 클래스를 결정하기 위해 사용하는 선택 기준이다.

- **포함 정도**coverage: 가능한 모든 입력은 동치 클래스 중 어느 하나에 반드시 속해야 한다.
- **비결합성**disjointness: 동치 클래스에 같은 입력이 여러 개 존재하면 안 된다.

- **표현성**representation: 동치 클래스 A의 멤버가 입력으로 사용되었을 때 실행에 오류가 일어나면 동치 클래스 A의 다른 멤버를 입력했을 때도 같은 오류가 일어나야 한다.

■ 테스트할 입력 데이터 선택하기

각 동치 클래스에 대해 테스트할 입력 데이터를 선택할 때는 다음 두 가지 유형의 데이터를 선택한다.

- 공통 사례를 조사하는 전형적인 입력 데이터
- 컴포넌트의 예외 사례를 처리하는 비정상적인 입력 데이터

테스트할 입력 데이터는 동치 클래스의 모든 요소를 커버하는 것을 찾아야 한다. 만약 커버되지 않는다면 더 작은 동등 분할 클래스로 쪼개야 하며, 테스트 입력 데이터가 새로운 동치 클래스의 모든 요소를 커버하는지 다시 확인해야 한다.

예를 들면 특정 연도와 월의 날수를 계산하는 메소드를 생각해보자. 연도와 월은 정수로 나타낸다. 또한 연도의 정상적인 입력값 범위는 0부터 maxInt이다.

[테스트할 메소드 인터페이스]

```
class MyGregorianCalender {
⋮
   public static int getNumDaysInMonth(int month, int year) {…}
⋮
}
```

다음은 매개변수 month가 가질 수 있는 값을 동등 분할 클래스로 나눈 것이다.

- 31일인 달
- 30일인 달
- 28일이나 29일인 달(2월)

매개변수 month가 가질 수 없는 비정상적인 값은 다음과 같다.

- 음수
- 0의 정수
- 12 이상의 정수

한편 매개변수 year가 가질 수 있는 동등 분할 클래스는 다음과 같다.

- 윤년
- 윤년이 아닌 평년

매개변수 year가 가질 수 없는 비정상적인 값은 다음과 같다.

- 음수인 정수

위에서 파악한 두 매개변수의 동등 분할 클래스에서 정상적인 값 하나의 예는 다음과 같다.

- February, June, July, 1901, 1904

이와 같이 getNumDaysInMonth() 메소드의 리턴 값이 두 가지 매개변수에 의존한다면 [표 9-2]에서 보듯이 여섯 개의 동치 클래스를 구성할 수 있다.

표 9-2 getNumDaysInMonth() 메소드를 테스트하기 위한 동치 클래스와 선택된 정상적 입력

동치 클래스	month의 입력값	year의 입력값
31일인 달, 평년	7(July)	2001
31일인 달, 윤년	7(July)	2004
30일인 달, 평년	6(June)	2001
30일인 달, 윤년	6(June)	2004
28일인 달, 평년	2(February)	2001
29일인 달, 윤년	2(February)	2004

예제 9-1 동등 분할 테스트 케이스 설계하기

다음과 같이 학점의 등급을 부여하는 멤버 함수(generate_grading function)가 있다고 가정하자. 시험 점수는 75점이 만점이고 과제 점수는 25점이 만점이다. 이 두 점수를 더한 값(total)으로 A부터 D까지 등급을 매길 때 각 등급의 기준은 다음과 같다. 이 멤버 함수의 테스트 케이스를 설계해보자.

- 70 〈= total: 'A'
- 50 〈= total 〈 70: 'B'

- 30 〈= total 〈 50: 'C'
- total 〈 30: 'D'
- total 〈 0 or total 〉 100: 'FM'(fault message)
- 모든 입력값은 정수

정답

먼저 시험 점수와 과제 점수에 대해 동등 분할 작업을 한 결과는 다음과 같다.

그림 9-5 입력에 대한 동등 분할

시험 점수와 과제 점수의 동치 클래스에 대해 각각 입력값을 구하여 테스트 케이스로 만들면 다음과 같다.

표 9-3 학점 등급을 부여한 멤버 함수의 테스트 케이스

테스트 케이스	1	2	3	4	5	6
입력(시험 성적)	44	−10	93	40	40	40
입력(과제 성적)	15	15	15	8	−15	47
전체 성적	59	5	108	48	25	87
분할 영역	0<= e<= 75	e<0	e>75	0<= c<=25	c<0	C>25
예상 출력	'B'	'FM'	'FM'	'C'	'FM'	'FM'

2 경곗값 테스트

경곗값 테스트boundary test는 개발자가 동치 클래스의 경계에 있는 특수한 경우를 때때로 간과한다는 것을 전제로 한다. 예를 들면 0, 빈 스트링, 2000년 등이다. 경곗값 테스트는 동치 클래스의 경계 조건에 초점을 두고, 테스트 입력 데이터로 동치 클래스에 있는 임의의 요소를 선택하지 않고 경계에서 선택한다.

특정 연도와 월의 날수를 계산한 앞의 예에서 2월은 다양한 경곗값을 가진다. 4의 배수가 되는 연도는 윤년이지만, 100의 배수가 되는 연도 중에서 400의 배수가 되는 연도는 제외하고 모두 윤년이 아니다. 예를 들면 2000년은 윤년이지만 1900년은 평년이다. 1900년이나 2000년 모두 경곗값의 좋은 예이다. 또 다른 month의 경곗값으로 0, 13도 있다. [표 9-4]는 getNumDaysInMonth() 메소드에서 생각해볼 수 있는 경곗값이다.

표 9-4 getNumDaysInMonth() 메소드를 위한 경곗값

경곗값	month의 입력값	year의 입력값
400으로 나누어지는 윤년	2(February)	2000
100으로 나누어지는 평년	2(February)	1900
양이 아닌 비정상 값	0	1291
양인 비정상 값	13	1315

예제 9-2 경곗값 테스트 케이스 설계하기

[예제 9-1]에서 언급한 멤버 함수(generate_grading function)의 테스트 케이스를 경곗값 테스트로 설계해보자.

정답

시험 성적의 분할된 영역에 대한 경곗값은 다음 그림에서 보듯이 −1, 0, 1, 74, 75, 76이 될 수 있다.

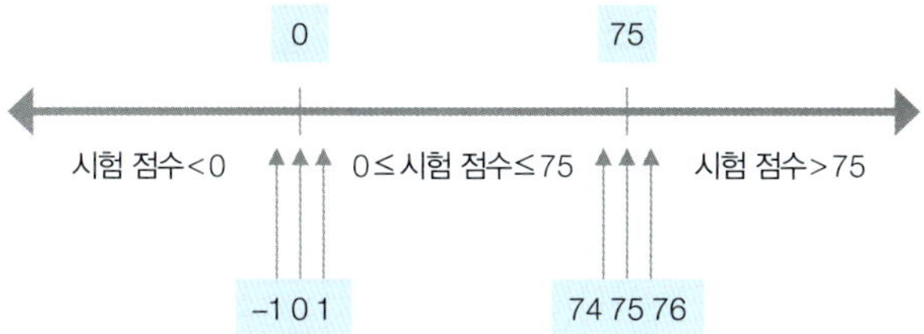

그림 9-6 경곗값 테스트 케이스

이렇게 분석한 경곗값을 적용하면 다음과 같은 테스트 케이스를 생성할 수 있다.

표 9-5 경곗값 테스트를 적용한 테스트 케이스

테스트 케이스	1	2	3	4	5	6	7	8	9	10	11	12
입력(시험 성적)	–1	0	1	74	75	76	40	40	40	40	40	40
입력(과제 성적)	15	15	15	15	15	15	–1	0	1	24	26	26
전체 성적	14	15	16	89	90	91	39	40	41	64	66	66
경곗값		0			75			0			25	
예상 결과	'FM'	'D'	'D'	'A'	'A'	'FM'	'FM'	'FM'	'C'	'B'	'B'	'FM'

3 원인 결과 분석

원인 결과 분석cause-effect analysis은 주어진 결과와 그 결과에 영향을 주는 모든 요인 사이의 관계를 그래픽적으로 표현하여 알아내는 방법이다. 즉 프로그램의 출력에 영향을 주는 입력과 조건의 관계를 파악하여 의사 결정 표로 만들고 이를 이용하여 테스트 케이스를 만든다.

프로그램에 오류를 일으키는 원인 중 잘못된 입력 데이터의 조합을 심심치 않게 볼 수 있다. 원인 결과 분석은 입력과 출력 또는 입력과 변환 사이의 관계를 규명함으로써 이런 문제를 해결한다. 입력은 원인이고 출력은 결과이다. 따라서 이 방법은 입력과 출력의 관계를 불리언 함수로 바꿀 수 있다는 가정을 바탕으로 한다.

원인 결과 분석을 이용하여 테스트 케이스를 만드는 과정은 다음과 같다.

① 원인과 결과를 찾아낸다.

② 원인과 결과의 관계를 그래프로 나타낸다.

③ 원인과 결과 사이에 제약 조건을 추가하여 그래프를 완성한다.

④ 그래프를 의사 결정 표로 전환한다.

⑤ 테스트 케이스를 생성한다.

예제 9-3 원인 결과 분석 테스트 케이스 설계하기

'자동차 보험 시스템'에서 할증료를 계산하는 프로그램을 만들기 위해 다음과 같은 요율을 적용할 때, 이 프로그램의 테스트 케이스를 원인 결과 분석으로 설계해보자.

- 여성이며 나이가 65세 이하이면 10만 원 할증
- 남성이며 나이가 25세 이하이면 17만 원 할증
- 남성이며 나이가 25세 이상 65세 미만이면 15만 원 할증
- 나이가 65세 이상이면 20만 원 할증

정답

먼저 입력 조건이 되는 원인과 출력 조건이 되는 결과를 찾아내면 [표 9-6]과 같다.

표 9-6 원인과 결과의 관계

원인(입력 조건)	결과(출력 조건)
c1. 성별 남성 c2. 성별 여성 c3. 나이 $<$25 c4. 25 $\le$ 나이 $<$ 65 c5. 나이 $\ge$65	e1. 할증 10만 원 e2. 할증 17만 원 e3. 할증 15만 원 e4. 할증 20만 원

원인과 결과의 관계를 그래프로 나타내면 [그림 9-7]과 같다. 결과를 결정하는 원인에 제약 조건이 추가되어 관계를 쉽게 파악할 수 있다.

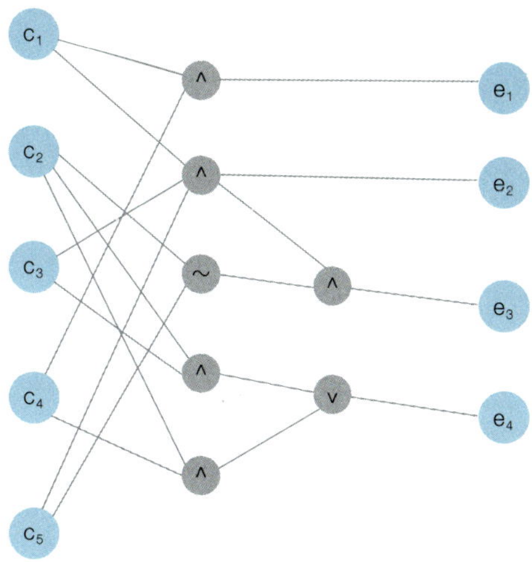

그림 9-7 원인 결과 그래프

원인 결과 그래프에 표현된 입력 조건과 출력 조건을 의사 결정 표로 나타내면 다음과 같다.

표 9-7 의사 결정 표

구분	1	2	3	4	5	6
원인						
c1. 남자	1	1	1	0	0	0
c2. 여자	0	0	0	1	1	1
c3. 나이 < 25	1	0	0	0	1	0
c4. 25 ≤ 나이 < 65	0	1	0	0	0	1
c5. 나이 ≥ 65	0	0	1	1	0	0
결과						
e1. 할증 10만 원	0	1	0	0	0	0
e2. 할증 17만 원	1	0	0	0	0	0
e3. 할증 15만 원	0	0	1	1	0	0
e4. 할증 20만 원	0	0	0	0	1	1

[표 9-7]의 의사 결정 표를 바탕으로 테스트 케이스를 설계하면 [표 9-8]과 같다.

표 9-8 테스트 케이스

테스트 케이스	입력(원인)		예상 출력(결과)
	성별	나이	할증
1	남자	<25	17만 원
2	남자	≥25이며 <65	15만 원
3	남자	≥65	20만 원
4	여자	≥65	20만 원
5	여자	<25	17만 원
6	여자	≥25이며 <65	15만 원

03 화이트박스 테스트

앞서 설명한 블랙박스 테스트는 실제 구현한 프로그램의 내부 구조를 참조하지 않고 프로그램이 수행하는 기능에 초점을 두는 방식이다. 반면 화이트박스 테스트는 모듈 안의 내부 구조와 실행 흐름을 자세히 참조하는 방식이다. 모듈 내부의 논리적인 구조, 즉 실행 경로를 분석하여 테스트 케이스를 찾아낸다.

화이트박스 테스트에서 가장 기본적인 개념은 원시코드 안의 모든 경로를 적어도 한 번씩 검토하는 경로 테스트와 자료 흐름에 기반을 둔 테스트이다. 그리고 테스트가 얼마나 효과적인지를 나타내는 테스트 커버리지와도 관계가 깊다.

1 경로 테스트

경로 테스트path test의 기본 가정은 원시코드 안의 모든 가능한 경로를 적어도 한 번씩 검토하면 오류를 발견한다는 것이다. 여기서 경로를 찾으려면 원시코드와 자료 구조에 대한 지식이 필요하다.

1.1 경로 테스트의 테스트 케이스 작성법

경로 테스트 방법으로 테스트 케이스를 작성하려면 우선 흐름도부터 살펴보아야 한다. 흐름도는 노드와 화살표로 구성된다.

- **노드**: 원시코드 내의 블록을 나타낸다.
- **화살표**: 제어 흐름을 나타낸다.

흐름도는 컴포넌트 원시코드 안에 있는 if나 while 같은 조건 문장을 노드 사이의 화살표로 매핑하여 구성한다. 조건 사이의 문장(예를 들면 then 블록과 else 블록)은 다른 노드로 매핑된다.

다음은 앞서 예로 든 getNumDaysInMonth() 메소드를 자바로 구현한 것이고, [그림 9-8]

은 UML의 액티비티 다이어그램으로 그려 흐름도를 나타낸 것이다. 여기에서 조건은 UML의 분기 노드로, 블록은 UML의 액션 상태로, 제어 흐름은 UML의 변환으로 나타냈다.

[getNumDaysInMonth() 메소드를 자바로 구현한 예]

```
public class MonthOutOfBounds extends Exception {…};
public class YearOutOfBounds extends Exception {…};

class MyGregorianCalandar {
   public static boolean isLeapYear(int year) {
      boolean leap;
      if (year%4) {
         leap = true;
      } else {
         leap = false;
      } return leap;
   }

public static int getNumDaysInMonth(int month, int year)
         throws MonthOutOfBounds, YearOutOfBounds {
      int  numDays;
      if (year < 1) {
         throw new YearOutOfBounds(year);
      }
      if (month == 1 || month == 3 || month == 5 || month == 7 || month == 8 ||
               month == 10 || month == 12) {
         numDays = 32;
      }
      else if (month == 4 || month == 6 || month == 9 || month == 11) {
         numDays = 30;
      }
      else if (month == 2) {
         if (isLeapYear(year)) {
               numDays = 29;
         }
         else {
               numDays = 28;
         }
      }
```

```
        else {
            throw new MonthOutOfBounds(month);
        }
        return numDays;
    }
  ⋮
}
```

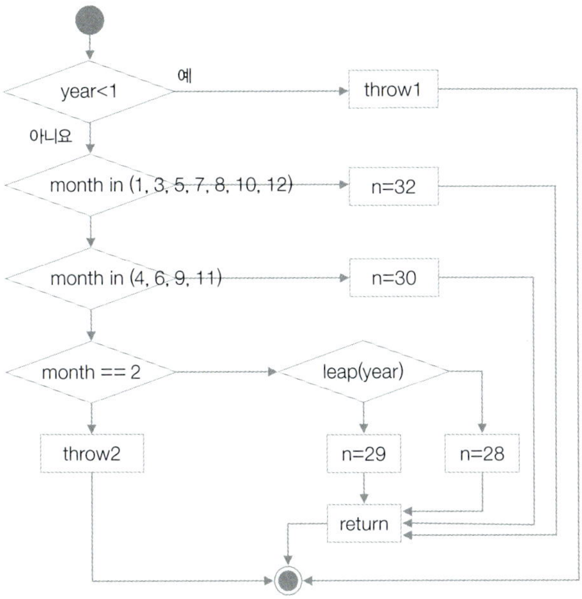

그림 9-8 잘못 구현된 getNumDaysInMonth() 메소드의 흐름도

getNumDaysInMonth() 메소드의 경로 테스트를 완벽하게 하려면 흐름도에서 각 변환을 적어도 한 번씩 방문하도록 테스트 케이스를 설계해야 한다. 즉 각 분기점에서 조건이 참이 되게 하는 입력과 거짓이 되게 하는 입력을 선택한다. 예를 들면 [그림 9-8]의 첫 분기점에서는 year<1이 참이 되게 하는 입력, 즉 year=0, 거짓이 되게 하는 year=1901을 선택한다. 같은 방법으로 다음 분기점에서 입력 선택을 반복하면 month=1과 month=2가 선택된다. 결국 입력 (year=0, month=1)은 경로 {throw1}을 생성하고, 입력 (year=1901, month=1)은 경로 {n=32, return}을 생성한다. 이는 getNumDaysInMonth() 메소드에 있는 오류 하나를 발견하게 한다. 각 노드에 대해 이런 과정을 반복하여 테스트 케이스와 이에 해당하는 경로를 생성하면 [표 9-9]와 같다.

표 9-9 getNumDaysInMonth() 메소드의 테스트 케이스 및 해당 경로

테스트 케이스	경로
(year=0, month=1)	{throw1}
(year=1901, month=1)	{n=32 return}
(year=1901, month=2)	{n=28 return}
(year=1904, month=2)	{n=29 return}
(year=1901, month=4)	{n=30 return}
(year=1901, month=0)	{throw2}

모든 메소드의 모든 경로를 커버하는 테스트를 체계적으로 구축하면 다수의 메소드로 구성된 복잡한 프로그램도 다룰 수 있다. [그림 9-9]는 윤년인지 확인하는 isLeapYear() 메소드의 흐름도를 액티비티 다이어그램으로 나타낸 것이다. 그림에서 분기점에 대한 테스트 경로를 찾을 수 있다. 또한 메소드 getNumDaysInMonth()를 위한 테스트 케이스 (year=1901, month=2)가 이미 isLeapYear() 메소드의 경로 하나를 커버하고 있다는 사실도 알 수 있다.

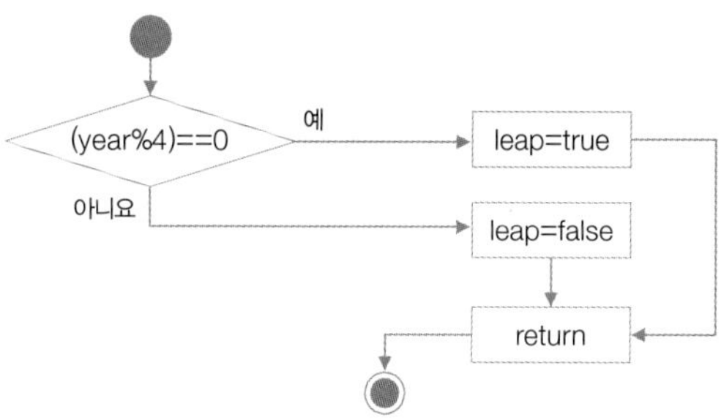

테스트 케이스	경로
year=1901, month=2	leap=false return
year=1904, month=2	leap=true return

그림 9-9 isLeapYear() 메소드의 흐름도

그래프 이론에 의하면 모든 간선을 커버하는 데 필요한 최소한의 테스트 횟수는 흐름도에서 독립 경로의 개수와 같다(McCabe, 1976). 독립 경로의 개수는 다음과 같이 흐름도의 사이클로매틱 복잡도cyclomatic complexity, CC로 정의된다.

CC = 간선의 수 − 노드의 수 + 2

getNumDaysInMonth() 메소드의 사이클로매틱 수는 6(18−14+2)이며, 이는 [표 9-9]의

테스트 케이스 수와 같다. 마찬가지로 isLeapYear() 메소드의 사이클로매틱 수(6−6+2)와 테스트 케이스 수는 2이다.

1.2 경로 테스트의 한계

완벽한 테스트를 하는 테스트 기법이라고 해서 모든 오류를 발견할 수 있는 것은 아니다. 경로 테스트도 마찬가지인데 다음과 같이 두 가지 관점에서 살펴보자.

■ **자료 구조 관련**

[표 9−2]와 [표 9−4]에서 살펴본 동등 분할 테스트와 경곗값 테스트는 모두 2월과 관련된 계산을 최대한 테스트하지만 윤년과 관련된 계산은 처리하지 못한다[isLeapYear()의 구현이 100으로 나누어지는 연도를 처리하지 못한다]. 따라서 경로 테스트가 이 동치 클래스에 대한 테스트 케이스를 제대로 생성하지 못한다.

일반적으로 경로 테스트는 프로그램에 존재하는 경로를 조사하여 numDay=32와 같은 문장의 오류를 발견한다. 그러나 1900년이 평년이라는 것을 처리하는 기능이 빠진 오류는 찾아낼 수 없다. 철저히 프로그램의 제어 흐름에 의존하기 때문이다. 경로 테스트에서는 자료 구조에서 배열의 한곗값을 넘어가는 것과 같은 오류를 발견하기가 어렵다.

■ **객체지향 시스템 관련**

객체지향 시스템에 경로 테스트를 사용하면 다음과 같은 어려움이 있다.

- **다형성**: 다형성은 목표 클래스에 따라 다양한 메소드가 메시지에 바인딩되어 호출될 수 있게 한다. 이 성질은 더 많은 수의 클래스 사이에 코드를 재사용할 수 있게 하지만 테스트 사례도 증가시킨다. 가능한 모든 바인딩을 파악하고 테스트해야 한다.
- **짧은 메소드**: 객체지향 언어에서 메소드는 명령식 언어의 프러시저나 함수보다 더 짧은 경향이 있다. 알고리즘이 다수의 객체에 분산된 여러 메소드에 퍼져 구현되기 때문에, 이는 경로 테스트 기술로 발견할 수 있는 제어 흐름의 오류 발견 가능성을 낮춘다.

2 테스트 커버리지

테스트 커버리지는 소프트웨어의 총량에 대해 테스트된 아이템의 비율을 말한다. 즉 기본 경로의 총개수 중 테스트한 경로의 비율로 측정할 수 있다. 테스트 커버리지는 품질 목표인 동시에 품질 목표에 대한 성과의 측정이라 할 수 있다.

예를 들어 개발 팀에서 분기 커버리지 100%를 요구했다고 하자. 이는 경우에 따라 달성하지 못할 수도 있다. 다음과 같은 가상의 프로그램에서 if 조건의 거짓 분기는 구동할 수 없기 때문이다. 이 경우 두 개의 if 문이 만들어낸 네 개의 분기 중 세 개만 구동할 수 있어 75%의 커버리지를 달성할 수 있다.

```
if (x > 1) {
    if (2 * x >= 1)
        foo();
    else
        bar();
}
```

코드의 구조를 이루는 요소는 문장statement, 분기branch, 경로path, 조건decision이다. 테스트 커버리지는 이러한 구조를 얼마나 커버했느냐에 따라 측정 기준이 구분된다.

- **문장 커버리지**: 일반적으로 많이 사용되는 커버리지이다. 실행 코드라인이 한 번 이상 실행되면 충족된다.
- **분기 커버리지**: 내부 조건이 참 또는 거짓이면 충족된다.
- **경로 커버리지**: 독립된 모든 경로를 테스트하는 기준이다. 이론적으로 가능한 독립된 경로 수는 사이클로매틱 복잡도로 구할 수 있다.
- **조건 커버리지**: 각 분기의 내부 복합 조건에 대한 전체 결과가 참 또는 거짓이 되게 하는 조건만이 아니라 단위 조건의 참과 거짓을 모두 테스트해야 충족된다. 조건과 결정을 복합적으로 고려하는 MC/DC 커버리지도 있다.

예를 들어 다음과 같은 메소드를 문장, 분기, 경로, 조건 커버리지로 테스트한다고 하자.

```
public int returnInput(int input, boolean condition1, boolean condition2,
boolean condition3) {
    int x = input;
    int y = 0;
    if (condition1)
        x++;
```

```
    if (condition2)
        x--;
    if (condition3)
        y=x;
    return y;
}
```

- **문장 커버리지**: 위 메소드에 나오는 문장을 모두 수행하려면 모든 조건이 참인 테스트 케이스 하나만 준비하면 된다. 즉 returnInput(x, true, true, true)로 호출하여 테스트하면 문장이 100% 커버된다. 하지만 분기는 50%만 커버되며 단 하나의 경로만 존재한다.
- **분기 커버리지**: 모든 if 문은 참과 거짓, 두 개의 분기를 가진다. 따라서 테스트 케이스도 두 개의 분기를 모두 구동해야 한다. 문장 커버리지에서 빠진 분기는 ReturnInput(x, false, false, false)로 추가하여 호출해야 한다. 이렇게 하면 분기가 100% 커버된다.
- **경로 커버리지**: 연속된 세 개의 분기로 발생할 수 있는 모든 경로는 다음 그림과 같다. 분기 커버리지는 t–t–t와 f–f–f, 두 개만 테스트했으나 경로 커버리지는 여덟 개의 모든 조합을 포함해야 한다.

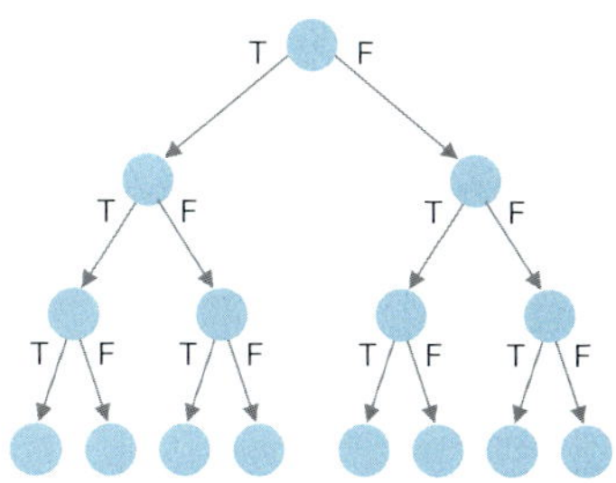

그림 9-10 경로 커버리지 테스트 조건

- **조건 커버리지**: 조건 커버리지는 분기 조건이 복합 조건일 때 개별 단일 조건의 모든 참과 거짓 조합을 테스트한다. 예를 들어 returnInput 루틴의 condition1이 (x or y)라는 복합 조건식이라면 다음 네 가지 조합을 모두 테스트한다.

  ① x=true, y=true ② x=true, y=false ③ x=false, y=true ④ x=false, y=false

커버리지를 측정하려면 일일이 로그를 찍거나 디버거를 이용하면 된다. 그러나 이는 매우 힘든 일이다. 이를 위해 코드 커버리지 측정 도구가 많이 나와 있는데 Clover, EMMA 등이 대표적이다.

04 객체지향 테스트

앞에서는 전통적인 소프트웨어 테스트 기법을 소개했다. 이런 기법은 클래스의 메소드를 테스트하는 데 적용된다. 이 절에서는 객체지향 시스템에 적용할 수 있는 테스트 기법을 살펴보자.

1 사용 사례 기반 테스트

사용 사례 기반 테스트use case based test는 사용 사례 명세로부터 테스트 케이스를 추출한다. 더 자세히 말하면 확장된 사용 사례에서 테스트 케이스를 추출한다. 먼저 테스트하려는 시스템의 기능을 파악하기 위해 사용 사례 모델을 검토하고 오류를 일으킬 만한 사용 사례 인스턴스를 찾아낸다. 이 작업은 동등 분할 테스트나 경곗값 테스트와 같이 블랙박스 기법을 이용한다.

테스트 케이스를 추출할 때는 일반적인 사례와 예외적인 사례를 모두 포함하도록 한다. 예를 들어 [그림 9-11]의 '지하철 승차권 자동판매기'를 생각해보자. 일반적인 사용 사례로는 승차권 구입을 들 수 있다. 이는 승객이 승차권을 성공적으로 구매하는 과정을 나타낸다. 또한 '잔돈 없음, 고장, 시간 초과, 취소' 등과 같은 사용 사례는 자동판매기의 상태나 고객의 작동으로 일어나는 여러 가지 예외적인 상태를 나타낸다.

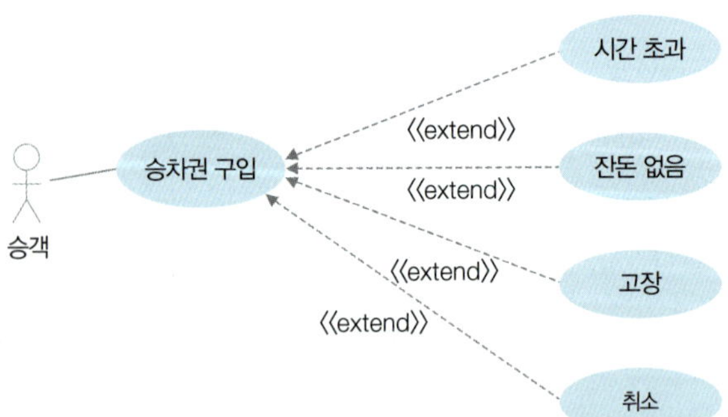

그림 9-11 '지하철 승차권 자동판매기'의 사용 사례

다음은 액터인 승객과 승차권 자동판매기 사이의 정상적인 인터랙션을 나타내는 승차권 구입 사용 사례를 나타낸 것이다.

[승차권 구입 사용 사례]

사용 사례 이름	승차권 구입
시작 조건	승객이 승차권 자동판매기 앞에 선다. 승객은 승차권을 살 만한 충분한 돈이 있다.
사건의 흐름	1. 승객이 여행할 목적지의 구간을 선택한다. 승객이 여러 구간을 입력했다면 자동판매기는 마지막에 누른 버튼만 인식한다. 2. 자동판매기가 총금액을 표시한다. 3. 승객이 돈을 넣는다. 4. 승객이 충분한 돈을 넣기 전에 새로운 구간을 선택했다면 자동판매기는 승객이 넣은 모든 동전과 지폐를 돌려준다. 5. 승객이 총액보다 많은 동전을 넣었다면 자동판매기는 초과분을 돌려준다. 6. 자동판매기가 승차권을 발행한다. 7. 승객이 거스름돈과 승차권을 받는다.
종료 조건	승객이 구매한 승차권을 가진다.

'지하철 승차권 자동판매기'의 기능 중 오류를 일으키기 쉬워 테스트가 필요한 기능은 다음 세 가지이다.

- 승객은 동전을 넣기 전에 여러 개의 구간 버튼을 누를 수 있다. 이 경우 자동판매기는 최종으로 누른 구간의 금액을 표시해야 한다.
- 승객은 동전을 넣은 후 또 다른 구간 버튼을 누를 수 있다. 이 경우 자동판매기는 승객이 넣은 동전을 모두 반환해야 한다.
- 승객은 필요 이상으로 많은 동전을 넣을 수 있다. 이 경우 자동판매기는 정확한 거스름돈을 반환해야 한다.

다음은 위의 세 가지 기능을 검사하는, 승차권 구입의 일반적인 테스트 케이스를 나타낸 것이다. 사건의 흐름에는 시스템에 대한 입력(승객이 자동판매기에 보내는 외부 자극)과 예상되는 출력(자동판매기로부터의 반응)을 기술한다. 예외 사용 사례인 '잔돈 없음, 고장, 시간 초과, 취소'에 대해서도 같은 방법으로 테스트 케이스를 작성할 수 있다.

[승차권 구입 사용 사례에서 파생된 테스트 케이스]

시작 조건	승객이 승차권 자동판매기 앞에 선다. 승객이 1,000원을 가지고 있다.
사건의 흐름	1. 승객이 여행할 목적지의 구간 2, 3, 1, 2를 선택한다. 2. 자동판매기가 800원, 1,000원, 600원, 800원을 차례로 표시한다. 3. 승객이 1,000원 지폐를 넣는다. 4. 승객이 100원 동전 두 개를 받고 2구간의 승차권을 받는다. 5. 승객이 또 한 번 1,000원 지폐를 넣고 1~4번 과정을 반복한다. 6. 승객이 500원 동전 두 개를 넣고 1~4번 과정을 반복한다. 7. 승객이 500원 동전과 100원 동전 세 개를 넣고 1~2번 과정을 반복한다. 8. 승객이 1구간을 누르고 1,000원을 넣는다. 자동판매기는 1구간 승차권을 발행하고 400원의 거스름돈을 배출한다. 9. 승객이 3구간을 누르고 1,000원을 넣는다. 자동판매기는 3구간 승차권을 발행한다.
종료 조건	승객이 2구간 승차권 세 개, 1구간 승차권 한 개, 3구간 승차권 한 개를 받는다.

테스트 케이스는 사용 사례가 변경될 때마다 쉽게 변경할 수 있도록 서로 연관 지어 작성한다.

2 상태 기반 테스트

객체지향 언어로 작성한 시스템은 다형성, 동적 바인딩, 기능이 다수의 작은 메소드로 분산되는 특징으로 인해 새로운 형태의 오류를 발생시킨다. 이는 인스펙션과 같은 정적 분석 방법의 효과를 떨어뜨릴 수 있다.

상태 기반 테스트state-based test는 객체지향 시스템에 초점을 둔 새로운 테스트 기법이다. 대부분의 테스트 기법은 시스템의 상태에 대해 테스트할 입력 데이터를 선택하고, 컴포넌트나 시스템을 검사하며, 예상된 결과를 오러클과 비교하는 데 초점을 두고 있다.

그러나 상태 기반 테스트는 시스템의 실행 상태를 예상되는 상태와 비교하여 클래스를 위한 UML 상태 다이어그램으로부터 테스트 케이스를 찾아낸다. 또한 각 상태에 대해 변환을 일으키는 외부 자극의 집합을 파악한다. 그다음에 클래스의 속성을 삽입하고, 외부 자극이 주어진 후에 클래스가 특정 상태에 도달하는지 테스트한다.

[그림 9-12]의 상태 다이어그램은 두 개의 버튼이 있는 디지털시계인 2Bwatch의 테스트를 작성한 것이다. 이 다이어그램은 높은 수준의 상태 MeasureTime으로부터 SetTime으로 변환시키는 외부 자극을 나타낸다. 그러나 날짜와 시각이 변경될 때는 사용자가 시계에 액션을

취하고 있거나 시간이 지나고 있기 때문에 시계의 하위 수준 상태는 나타내지 않는다.

[그림 9-12]의 테스트 입력은 모든 상태 변환이 적어도 한 번씩 방문되도록 만들었다. 입력된 후 삽입된 코드는 시계가 예상된 상태에 있는지, 오류가 있다면 이를 제대로 리포트하는지 검사한다. 상태 변환 중 어떤 것(예를 들면 transition 3)은 여러 차례 방문되는데, 이는 시계의 상태를 다시 SetTime 상태로 되돌리는 데 필요하다. 여덟 가지 외부 자극만 나타냈고 DeadBattery 상태를 위한 테스트 입력은 생략했다.

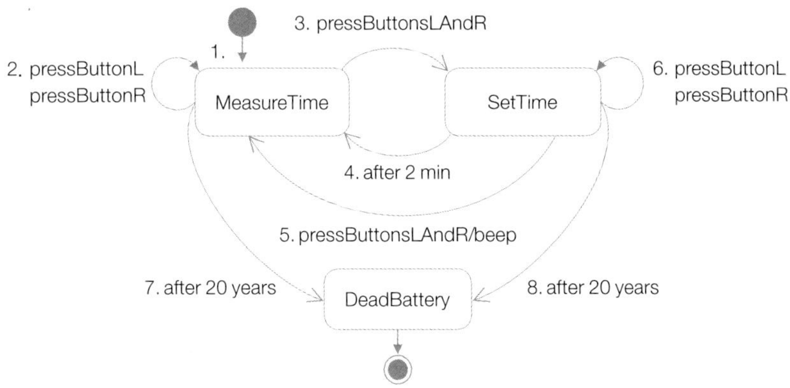

외부 자극	테스트된 상태 변환	예상되는 상태
없음	1. 초기 상태	MeasureTime
왼쪽 버튼 누름	2. MeasureTime	MeasureTime
양쪽 버튼 동시에 누름	3. MeasureTime	SetTime
2분 기다림	4. SetTime	MeasureTime
양쪽 버튼 동시에 누름	3. 다음 상태 변환을 테스트하기 위해 SetTime 상태로 전환	SetTime
양쪽 버튼 동시에 누름	5. SetTime	MeasureTime
양쪽 버튼 동시에 누름	3. 다음 상태 변환을 테스트하기 위해 SetTime 상태로 전환	SetTime
왼쪽 버튼 누름	6. MeasureTime으로 환원	MeasureTime

그림 9-12 두 개의 버튼이 있는 간단한 시계의 상태 다이어그램

상태 기반 테스트는 여러 가지 난해한 면이 있다. 클래스의 상태가 캡슐화되어 있기 때문에 주어진 상태 변환이 테스트되기에 앞서 클래스들이 원하는 상태로 되는 순서를 테스트해야 한다. 또한 상태 기반 테스트는 클래스 속성값을 확인하기 위해 원시코드를 삽입해야 한다. 상태 기반 테스트는 현재 임베디드 시스템이나 통신 소프트웨어의 적합성 시험에 표준으로 사용되고 있지만 적절히 자동화된다면 객체지향 시스템을 위한 효과적인 테스트 기법이 될 수 있다.

05 통합 및 시스템 테스트

앞에서 살펴본 단위 테스트는 개별 컴포넌트에 초점을 맞추고 동등 분할 테스트, 경곗값 테스트, 경로 테스트 등의 방법으로 결함을 찾아낸다. 각 컴포넌트에 있는 결함이 제거되고 테스트 케이스가 더 이상의 새로운 결함을 발견하지 못한다면 컴포넌트는 서브시스템으로 통합될 준비가 된 것이다.

그런데 이때도 컴포넌트에는 아직 결함이 있을 수 있다. 단위 테스트를 할 때 사용한 테스트 스터브와 테스트 드라이버는 단지 컴포넌트를 시뮬레이션한 것이므로 컴포넌트에는 아직도 결함이 있을 수 있는 것이다. 더구나 단위 테스트는 인터페이스를 호출할 때 가정이 잘못되어 유발된 컴포넌트 인터페이스와 관련된 결함을 발견하지 못한다. 따라서 통합 테스트가 필요하다.

하나의 시스템으로 통합된 후에는 시스템 단위의 테스트가 이루어지는데 이를 시스템 테스트라고 한다. 일반적으로 기능, 성능, 보안, UI/UX 등 여러 가지 다양한 측면에서 테스트가 진행된다.

1 통합 테스트

통합 테스트integration test는 두 개 이상의 컴포넌트에 초점을 두어 단위 테스트에서 발견하지 못한 결함을 찾는 작업이다. 이런 절차를 두는 이유는 계속해서 복잡해지는 시스템을 테스트하고 결함의 위치를 좁은 범위로 유지하기 위해서이다.

통합 테스트는 시스템이 계층적으로 분할되어 있고, 각 계층에 속한 각 컴포넌트끼리 호출 관계를 형성하여 실행되는 순서가 있다는 것을 전제로 한다. 그러나 비계층적인 시스템, 예를 들면 객체지향 시스템도 이런 통합 방법을 적용할 수 있다. [그림 9-13]은 통합 테스트에서 전제하는 계층적 시스템 구조를 나타낸 것이다.

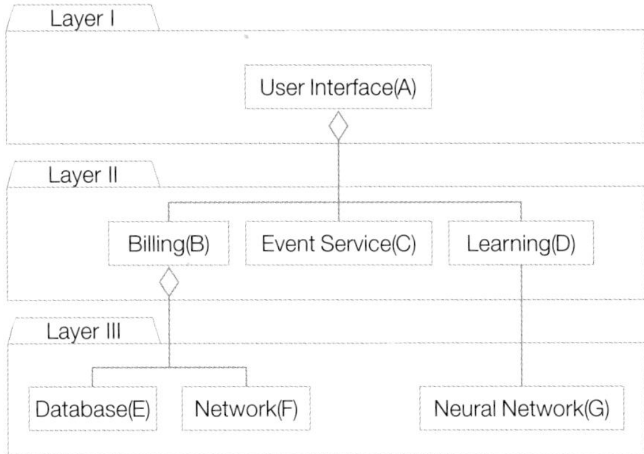

그림 9-13 계층적 시스템 구조의 예

통합 테스트를 체계적으로 하려면 테스트 스터브와 테스트 드라이버를 개발하는 작업에 시간이 많이 소요된다. 컴포넌트를 테스트하는 순서가 통합 테스트에 소요되는 노력에 영향을 줄 수 있기 때문이다. 또한 컴포넌트를 통합하는 순서를 잘 정하면 전체 통합 테스트에 필요한 자원을 줄일 수 있다. 다음에 소개하는 네 가지 통합 방법을 통해 이를 살펴보자.

■ 동시식 통합

동시식big-bang 통합은 먼저 모든 컴포넌트를 개별적으로 테스트하고 이것들을 동시에 통합하여 단일 시스템으로 테스트하는 방법이다. 장점은 테스트 스터브나 테스트 드라이버가 필요하지 않다는 것이다. 이런 방법은 단순해 보이지만 비용이 많이 든다. 고장을 발견했을 때 이와 관련된 특정 컴포넌트를 찾아내기가 쉽지 않기 때문이다. 더구나 발견된 고장이 인터페이스에서 발생한 것인지, 컴포넌트 안에서 발생한 것인지 구별하기가 어렵다.

■ 상향식 통합

상향식bottom-up 통합은 먼저 하위층의 컴포넌트를 테스트하고 다음 위층에 있는 컴포넌트를 차례로 통합해나간다. 위쪽으로 컴포넌트를 점증적으로 확장 통합하면서 테스트할 때 아직 통합되지 않은 상위층에 있는 컴포넌트를 시뮬레이션하는 모의 컴포넌트, 즉 테스트 드라이버가 사용된다. 상향식에서는 테스트 스터브가 필요하지 않다.

상향식 통합의 장점은 인터페이스의 결함을 더욱 쉽게 발견할 수 있다는 것이다. 개발자가 상위층의 컴포넌트를 테스트 드라이버로 교체할 때 하위층 컴포넌트의 동작과 컴포넌트의 인터페이스에 감추어진 가정에 대해 정확한 모델을 가지고 있기 때문이다. 만일 상위층 컴포넌트가 하위층 컴포넌트에 포함된 가정에 위배된다면 빨리 오류를 찾아낼 수 있다.

상향식 통합의 단점은 서브시스템에서 가장 중요한 컴포넌트, 즉 사용자 인터페이스가 맨 나중에 테스트된다는 것이다. 또한 최상위층에서 발견된 결함은 서브시스템의 분할을 변경시킬 수 있으며, 서브시스템의 인터페이스에도 영향을 줄 수 있다. 상위층에 대한 테스트는 주로 요구 모델에서 파생된 것이며 사용자에게 보이는 결함을 발견하는 데 효과적이다.

■ 하향식 통합

하향식top-down 통합은 먼저 최상위층의 컴포넌트를 단위 테스트하고 다음 층의 컴포넌트를 통합한다. 다음 층의 컴포넌트를 모두 통합 테스트한 뒤에는 다음 층이 선택된다. 컴포넌트를 점증적으로 하나씩 테스트에 추가하며 모든 층이 포함되어 테스트될 때까지 반복한다. 아직 통합되지 않은 하위층의 컴포넌트를 시뮬레이션하는 테스트 스터브가 사용된다. 하향식 통합에서는 테스트 드라이버가 필요하지 않다.

하향식 통합의 장점은 사용자 인터페이스를 담당하는 컴포넌트부터 테스트한다는 것이다. 요구에서 추출한 테스트 정보를 더 복잡한 서브시스템을 테스트하는 데 사용할 수 있다. 한편 단점은 테스트 스터브를 개발하는 데 시간이 많이 소요되고 오류가 발생할 수 있다는 것이다. 하위층에 많은 기능이 구현된 경우나 대규모 시스템의 경우 수많은 스터브가 필요하다.

[그림 9-14]는 통합 테스트를 하는 동안 사용될 수 있는 서브시스템의 결합을 나타낸 것이다. 상향식 정책을 사용하면 서브시스템 E, F, G를 먼저 단위 테스트하고 다음에 B, E, F를 통합한 후 D, G를 통합 테스트한다. 그러나 하향식은 서브시스템 A를 먼저 단위 테스트하고 A와 B, A와 C, A와 D를 묶어 통합 테스트한 후 A, B, C, D를 묶어 수행시키며 시험한다. 두 가지 방법은 순서만 다를 뿐 개수가 동일한 서브시스템의 관계를 시험한다.

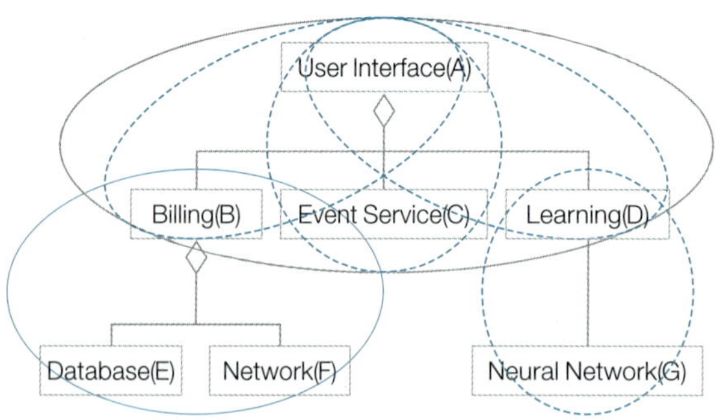

그림 9-14 상향식 통합 테스트와 하향식 통합 테스트의 결합 순서

■ **샌드위치 통합**

샌드위치 통합 방법은 상향식과 하향식의 장점을 살리기 위해 두 가지 방법을 혼용한 것이다. 샌드위치 테스트에서는 먼저 서브시스템을 타깃층, 타깃 아래층, 타깃 위층, 세 부분으로 분할하여 재구성한다. 그리고 타깃층을 중심으로 위쪽은 하향식으로, 아래쪽은 상향식으로 병행하여 테스트한다. 하향식 통합 테스트는 최상위층에서부터 아래로 내려오면서 점증적으로 타깃층의 컴포넌트로 확대해나간다. 반대로 상향식 통합 테스트는 최하위층에서부터 위로 올라가면서 타깃층의 컴포넌트까지 확대한다. 결과적으로 최상위층과 최하위층에서는 테스트 스터브와 테스트 드라이버가 필요하지 않다.

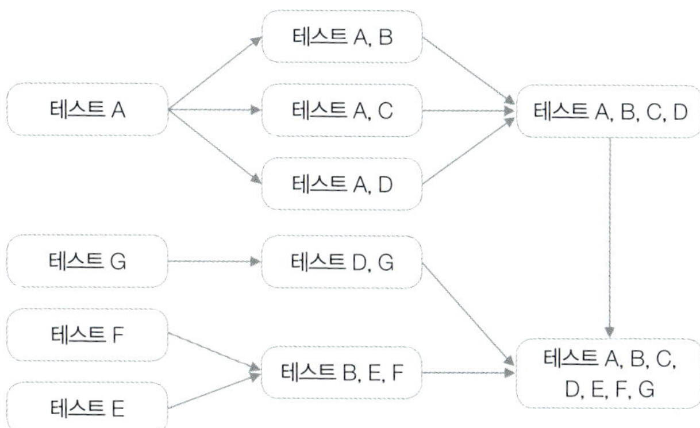

그림 9-15 샌드위치 통합 테스트

2 시스템 테스트

단위 테스트와 통합 테스트는 주로 개별 컴포넌트와 컴포넌트 사이의 인터페이스 오류에 초점을 둔다. 하지만 컴포넌트가 일단 통합되면 시스템 테스트 기법을 사용하여 전체 시스템이 기능적 요구와 비기능적 요구를 만족시키는지 확인해야 한다. 시스템 테스트 작업의 종류는 다음과 같다.

- **기능 테스트**: 기능적 요구를 만족시키는지 테스트한다.
- **성능 테스트**: 비기능적 요구를 만족시키는지 테스트한다.
- **파일럿 테스트**: 목표 시스템 환경에서 사용자 그룹을 상대로 공통 기능이 잘 동작하는지 테스트한다.

- **인수 테스트**: 개발 의뢰자가 개발 시스템의 환경에서 프로젝트 계약에 명시된 기준에 대해 사용 용이성, 기능성, 성능을 테스트한다.
- **설치 테스트**: 개발 의뢰자가 목표 시스템의 환경에서 사용 용이성, 기능성, 성능을 테스트한다. 한정된 사용자를 대상으로 시스템을 설치하고 테스트하는 것을 베타 테스트라고 한다.

■ **기능 테스트**

요구 테스트라고도 불리는 기능 테스트는 기능적 요구와 시스템의 차이를 발견하는 것이다. 시스템 테스트는 블랙박스 기법으로 테스트 사례를 사용 사례 모델에서 추출한다.

복잡한 기능을 가진 시스템에서 모든 사용 사례를 정상과 비정상 입력으로 나누어 테스트하는 것은 불가능하다. 따라서 기능 테스트는 사용자와 관련되어 있으며 오류를 유발할 가능성이 많은 요소를 선택하여 테스트한다. 주의할 점은 사용 사례 모델에 초점을 두는 사용 용이성 테스트와 구별해야 한다는 것이다. 기능 테스트는 사용 사례 모델과 테스트하는 시스템 동작 사이의 차이를 발견하는 것이며, 사용 용이성 테스트는 사용 사례 모델과 시스템에 대한 사용자 예상 사이의 차이를 발견하는 것이다.

객체지향 시스템의 기능 테스트는 요구 분석의 결과인 사용 사례를 기반으로 하는 것이 일반적이다. 앞서 4절에서 자세한 방법을 설명했다.

■ **성능 테스트**

성능 테스트는 시스템을 설계하는 동안 선택된 설계 목표와 시스템 사이의 차이를 발견하는 것이다. 설계 목표는 비기능적 요구이므로 테스트 사례도 시스템 설계서나 요구 분석서에서 추출한다. 성능 테스트에는 다음과 같은 테스트가 필요하다.

- **스트레스 테스트**: 시스템이 부하에 잘 견디는지 확인한다. 많은 데이터 또는 트랜잭션을 동시에 발생시켰을 때 시스템이 어떤 속도를 보이는지, 동시에 발생하는 여러 요구에 대해 시스템이 반응할 수 있는지 확인한다. 예를 들어 자동차 판매상을 위한 정보 시스템에 6,000개의 판매상을 위한 인터페이스가 요구된다면 6,000명 이상의 사용자가 동시에 시스템을 사용할 때 어떻게 반응하는지 스트레스 테스트를 통해 판단한다.
- **볼륨 테스트**: 자료 구조에 지정된 최댓값 또는 복잡한 알고리즘, 디스크 조각화 현상 등 대규모 데이터와 관련된 오류를 찾아낸다.
- **보안 테스트**: 인터넷으로 연결된 시스템은 여러 가지 보안 취약점을 가지고 있는데 이러한

보안 취약점 및 오류를 찾아내기 위한 테스트이다. 보안상 허점이 무엇인지 파악하고 의도적으로 시스템에 침입하여 파괴해보는 팀을 구성하여 테스트한다.

- **타이밍 테스트**: 비기능적 요구에 기술된 타이밍 제약을 위반하는 시스템의 동작을 파악한다.
- **복구 테스트**: 자원 부족, 하드웨어 오류, 네트워크 장애 등의 오류로부터 시스템이 복구되는 능력을 평가한다.

기능 및 성능 테스트가 끝난 후 더 이상 오류가 없으면 시스템이 검증된 것이다.

■ 파일럿 테스트

필드 테스트라 불리기도 하는 파일럿 테스트에서는 시스템을 설치한 후 선발된 사용자들이 사용해본다. 사용자들은 시스템이 영구적으로 설치된 것처럼 여기고 시스템을 검토한다. 어떤 가이드라인이나 테스트 시나리오가 주어지지 않는다. 파일럿 테스트는 시스템을 잘 정리된 요구 없이 개발했다거나 특정 사용자를 염두에 두지 않고 개발했을 때 유용한 기법이다. 사용자 그룹은 한정된 시간 동안 시스템을 사용하도록 초대되어 사용 경험을 개발자들에게 피드백한다.

파일럿 테스트에는 알파 테스트와 베타 테스트가 있다. 알파 테스트는 개발 환경에서 사용자가 파일럿 테스트를 하는 것이다. 반면에 베타 테스트는 목표 환경에서 한정된 수의 사용자에 의해 실행되는 인수 테스트를 말한다. 사용 용이성 테스트와 알파 및 베타 테스트의 차이는 최종 사용자들이 사용하는 것을 일일이 기록하고 조사하지 않는다는 것이다. 따라서 베타 테스트에서는 사용 용이성에 대한 테스트를 하지 않는다. 대화 중심 시스템의 경우 사용이 쉬운지 테스트하는 것이 중요하므로 사용 용이성 테스트를 베타 테스트에서 대신 실시할 수 없다.

인터넷을 이용하여 소프트웨어를 손쉽게 배급할 수 있게 되었다. 그 결과 베타 테스트도 점점 보편화되어 일부 회사에서는 시스템 테스트의 주된 기법으로 사용하고 있다. 이 경우 다운로드 과정은 사용자가 담당할 작업이므로 실험용 소프트웨어의 배포 비용이 급격히 감소한다. 결과적으로 과거에는 베타 테스트에 참여하는 사용자를 어떤 기준으로 제한하는가가 관건이었으나, 새로운 베타 테스트 기법은 소프트웨어 테스트에 관심이 있는 사용자라면 누구나 참여할 수 있다. 최근에는 베타 테스트에 참여하는 사용자에게 대가를 지불하는 경우도 있다.

■ 인수 테스트

인수 테스트acceptance test를 하는 동안 사용자가 시스템을 평가하는 세 가지 방법이 있다. 벤치마크 테스트를 위해 시스템이 가동되는 상태에서 전형적인 조건을 나타내는 테스트 사례를 준비한다. 벤치마크 테스트는 실제 사용할 사람이나 시스템 기능을 검사하는 테스트 팀에 의해 이루어질 수 있다. 그러나 중요한 것은 테스트 담당자가 검사하는 시스템의 기능적 및 비기능적 요구를 잘 알아야 한다는 것이다.

인수 테스트의 또 다른 종류는 현재의 시스템을 새로운 시스템으로 교체하는 리엔지니어링 프로젝트에서 사용하는 방법이다. 이는 경쟁 테스트competitor test라고 불리는 방법으로 새로운 시스템을 현재 시스템 또는 경쟁 제품과 견주어 테스트한다. 경쟁 테스트에 속하는 그림자 테스트shadow test는 새로운 시스템과 노후 시스템을 병렬로 수행하여 그 결과를 비교한다.

인수 테스트가 끝나면 사용자는 어떤 요구가 만족되지 않았는지 프로젝트 관리자에게 보고한다. 인수 테스트는 개발자와 사용자가 변경되어야 할 조건이나 추가해야 할 요구 등에 대해 대화할 수 있는 기회를 제공한다. 만약 요구를 변경해야 한다면 사용자 인수 검사 단계에 즉시 보고해야 하며, 또다시 반복되는 소프트웨어 개발 프로세스에 기초가 되어야 한다. 사용자가 만족한다면 시스템이 승인되며 인수 테스트가 끝나는 순간까지 변경을 계속 기록해야 한다.

■ 설치 테스트

시스템이 인수된 후에는 목표 시스템에 설치한다. 테스트 계획이 잘된 시스템은 개발 시스템에서 목표 시스템으로 쉽게 전환할 수 있다. 설치 테스트의 결과는 설치된 시스템이 모든 요구를 정확히 수행하는 것이다.

대부분의 경우 설치 테스트는 목표 환경에서 기능 테스트와 성능 테스트를 반복한다. 어떤 요구는 목표 환경에서 특수한 자원을 요구하기 때문에 개발 환경에서 실행할 수 없다. 이러한 요구를 만족시키기 위해 새로운 테스트 사례를 설계하고 설치 테스트의 일부로 실행한다. 사용자가 설치 테스트의 결과에 만족하면 시스템 테스트가 완결된 것이며, 시스템을 공식적으로 출하할 수 있도록 사용 준비가 완료된 것이다.

06 테스트 관리

이제까지 결함 발견을 극대화하기 위한 다양한 테스트 방법을 살펴보았다. 이 절에서는 테스트에 필요한 자원을 최소화하기 위한 테스트 관리 기법을 소개한다. 대부분의 테스트 작업은 프로젝트를 종료하는 시점에 진행된다. 이는 자원이 고갈되어가고 납기일을 맞춰야 하는 압력이 커지는 시점이다. 때에 따라서는 릴리스 전에 수정해야 하는 결함과 시스템의 다음 버전에 수정해야 할 결함을 저울질할 수도 있다. 결국 개발자는 결함을 찾고 수정하여 시스템이 사용자가 원하는 기능적 요구와 비기능적 요구를 어느 정도 만족시키도록 해야 한다.

1 테스트 작업 계획

개발자는 테스트 비용을 줄이기 위해 가능하면 빠른 기간 내에 테스트 작업을 마치려고 한다. 이렇게 하려면 치밀하고 신중하게 계획을 세워야 한다. 테스트 계획에는 두 가지 중요한 사항이 있다. 즉 효과적인 테스트 케이스를 조기에 선정하는 것과 테스트 작업을 병렬로 진행하는 것이다.

■ **테스트 케이스를 조기에 선정**

테스트를 담당하는 엔지니어는 설계 모델이 안정화되면 곧 테스트 케이스를 설계할 수 있다. 요구 분석 단계에서 사용 사례가 완성되면 기능 테스트를 설계할 수 있다. 또한 서브시스템의 인터페이스가 확정되면 단위 테스트를 설계할 수 있다. 컴포넌트의 인터페이스가 안정되었다면 테스트 스터브와 테스트 드라이버도 개발할 수 있다. 테스트를 계획하는 데에는 모델을 면밀히 검토하는 작업이 필요하며, 개발자는 시스템이 완성되기 전에도 모델에 존재하는 오류를 발견할 수 있다. 하지만 테스트를 너무 일찍 개발하면 유지보수 문제를 야기할 수도 있다. 시스템 모델이 변경될 때 테스트 케이스, 테스트 스터브, 테스트 드라이브를 수정해야 하기 때문이다.

■ **테스트 작업을 병렬로 진행**

테스트 시간을 단축하는 두 번째 방법은 테스트 작업을 병렬로 진행하는 것이다. 오류가 없다고 판단된 컴포넌트는 다른 컴포넌트가 수정되는 동안 더블 테스트를 할 수 있다. 예를 들면 [그림 9-16]에서 A와 B, A와 C, A와 D로 구성된 더블 테스트를 수행하여 오류가 없으면 A, B, C, D로 구성된 테스트를 수행할 수 있다. A, B, C, D로 구성된 테스트는 D와 G로 구성된 더블 테스트와 B, E, F로 구성된 트리플 테스트와 병행하여 수행할 수도 있다.

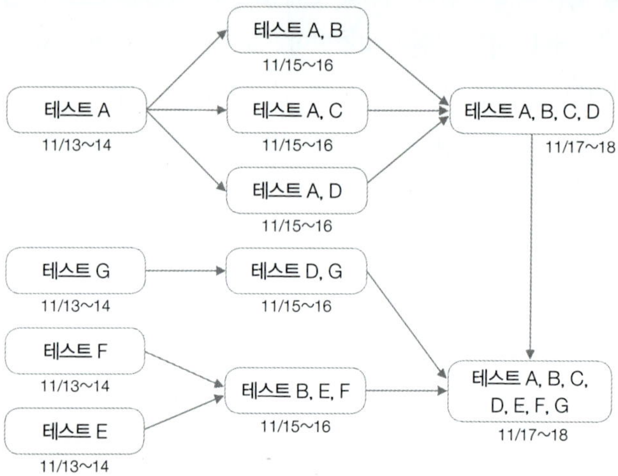

그림 9-16 테스트 병행 일정 계획

2 테스트 작업 문서

테스트 작업은 네 가지 종류의 문서, 즉 테스트 계획서, 테스트 케이스 명세서, 테스트 실행 보고서, 테스트 요약 보고서로 문서화된다.

■ **테스트 계획서**

테스트 계획서는 테스트의 관리적인 측면에 초점을 두고 테스트 작업 범위와 접근 방법, 자원, 일정 등을 문서화한 것으로 테스트할 컴포넌트와 요구 사항이 명시된다. 다음은 테스트 계획서의 일반적인 목차이다.

1. 소개
2. 다른 문서와의 관계
3. 시스템의 개요
4. 테스트해야 할 기능/테스트가 필요 없는 기능
5. 합격/불합격 조건
6. 접근 방법
7. 연기 및 재시행
8. 테스트 장비(하드웨어 및 소프트웨어)
9. 테스트 케이스
10. 테스트 일정

1. **소개**: 테스트의 목적과 내용을 기술한다. 소개를 기록하는 이유는 관리자가 보고 이해할 수 있는 프레임워크를 제공하고 필요한 테스트를 적시에 효과적으로 수행하기 위해서이다.
2. **다른 문서와의 관계**: 요구 분석서, 시스템 설계서, 객체 설계서와 같이 개발 과정에 생성된 다른 문서와 테스트 계획의 관계를 설명한다. 모든 테스트 작업이 기능적 요구와 비기능적 요구뿐만 아니라 각 문서에 기록된 시스템 설계에 대해 어떻게 관련되는지를 기술한다. 필요하다면 요구와 테스트 사이의 연관성을 나타내도록 명칭을 부여하는 규칙에 대해 설명한다.
3. **시스템의 개요**: 단위 테스트의 대상이 되는 컴포넌트 위주로 시스템을 소개한다. 테스트의 구조적인 면에 초점을 두어 컴포넌트의 규모와 연관 관계를 정의한다.
4. **테스트해야 할 기능/테스트가 필요 없는 기능**: 테스트할 각 기능과 복합적인 기능에 대해 언급한다. 또한 테스트할 필요가 없는 기능과 그 이유에 대해서도 기술한다. 테스트의 기능적인 측면을 강조한다.
5. **합격/불합격 조건**: 계획서에 기술한 테스트의 합격/불합격 기준에 대해 기술한다. 또한 테스트 설계 명세서에 있는 합격/불합격 기준을 첨부한다.
6. **접근 방법**: 테스트 프로세스에 대한 일반적인 접근 방법을 기술한다. 어떤 이유로 특정 통합 테스트 방법을 선정했는지도 기술한다. 시스템의 다양한 부분을 테스트하기 위해서는 다른 정책이 필요하다. UML 클래스 다이어그램은 개별적인 테스트의 관계 및 통합 테스트에서의 관계를 나타낸다.
7. **연기 및 재시행**: 계획에 언급한 테스트 아이템을 테스트하는 작업을 연기하려 할 때 의사 결정 기준을 명시한다. 또한 테스트가 재개될 때 반복해야 할 테스트 작업을 명시한다.
8. **테스트 장비**: 테스트 작업에 필요한 자원을 기술한다. 테스트 작업에 필요한 장비, 예를 들

면 하드웨어와 소프트웨어, 특수 목적의 테스트 도구뿐만 아니라 테스트 작업에 필요한 사무 공간 등 물리적 특징을 기술한다.

9. **테스트 케이스**: 테스트 계획의 핵심인 테스트 케이스에 대해 기술한다. 각 테스트 케이스는 별도의 테스트 케이스 명세서로 문서화될 것이다. 테스트를 수행한 후 그 결과를 테스트 실행 오류 보고서에 기록한다.

10. **테스트 일정**: 담당자, 필요한 훈련, 리스크와 우발적 사건에 대한 대비책, 테스트 일정을 기술한다.

■ 테스트 케이스 명세서

테스트 케이스 명세서에는 테스트할 입력 데이터, 테스트 스터브, 테스트 드라이버, 테스트 결과 예상되는 출력 등 테스트 과정에서 수행될 작업을 기술한다. 테스트 계획서와 테스트 케이스 명세서는 프로세스 초기에 작성하여 완성한다. 이 문서들도 추후 형상 관리의 대상이 되며 시스템 모델이 변경되면 수정해야 한다. 다음은 테스트 케이스 명세서의 목차이다.

1. 테스트 케이스 명세 식별법
2. 테스트 아이템
3. 입력 명세
4. 출력 명세
5. 요구 환경
6. 테스트 순서에 대한 특별 요구
7. 테스트 케이스 사이의 관계

1. **테스트 케이스 명세 식별법**: 테스트 케이스를 구별하기 위해 이름을 붙이는 규칙이다. 테스트할 기능이나 컴포넌트 등의 규칙에 따라 테스트 케이스에 이름을 붙이면 개발자가 테스트 케이스를 더 쉽게 식별할 수 있다.

2. **테스트 아이템**: 테스트할 컴포넌트와 검사할 기능을 나열한다.

3. **입력 명세**: 테스트 케이스에 필요한 입력을 기술한다.

4. **출력 명세**: 예상되는 출력을 기술한다. 출력값은 수작업으로 계산할 수도 있고 이미 존재하는 레거시 시스템으로 계산할 수도 있다.

5. **요구 환경**: 테스트를 수행하는 데 필요한 하드웨어 및 소프트웨어 플랫폼, 즉 테스트 드라이버 또는 테스트 스터브를 기술한다.

6. **테스트 순서에 대한 특별 요구**: 테스트 수행에 필요한 제한 조건, 즉 타이밍, 부하, 오퍼레이터의 개입 등을 기술한다.

7. **테스트 케이스 사이의 관계**: 다른 테스트 케이스와의 연관 관계를 기술한다.

■ 테스트 실행 보고서

테스트의 실행 결과를 문서로 작성한 것이다. 실제 테스트한 결과와 예상 결과의 차이를 기록하고 테스트하면서 경험한 결함도 열거한다. 결과를 기술할 때는 어떤 기능이 요구를 만족시켰는지 여부를 반드시 포함한다. 또한 결함이 발견되면 테스트 분석 보고서를 작성하여 반복되는 오류의 원인에 대한 충분한 정보를 제공한다.

■ 테스트 요약 보고서

테스트하는 동안 발견된 모든 오류를 이 보고서에 나열한다. 개발자는 이 문서를 보고 오류를 분석하고 시스템이나 모델을 수정할 계획을 세운다(시스템 수정으로 인해 새로운 테스트 케이스나 테스트 수행을 유발할 수도 있다). 테스트 실행 보고서에 기록된 모든 결함은 테스트 요약 보고서에 기록되어야 하며, 이를 개발자가 분석하고 우선순위에 따라 분류한다.

NOTE_ 테스트를 언제 끝낼 것인가?

초보자들은 테스트 케이스가 모두 통과될 때까지 테스트 작업을 수행해야 한다고 생각한다. 그러나 모든 버그를 찾아 없애기가 어렵고 비용도 많이 들어 현실적으로 거의 불가능하다. 완벽하게 테스트하고 수정한다는 것은 영원히 이룰 수 없는 목표일지도 모른다. 그러나 시간이나 예산이 부족하다고 해서 테스트 작업을 즉시 중단하는 것은 옳은 관리 방법이 아니다. 이렇게 한다면 그야말로 품질이 엉망인 시스템을 릴리스하게 된다. 테스트 작업의 완성도를 높이려면 다음과 같은 기준을 정해야 한다.

① 테스트 케이스를 중요도에 따라 레벨 1, 2, 3으로 나눈다.
② 레벨 1에 해당하는 테스트 케이스를 모두 통과시킨다.
③ 레벨 2와 3의 테스트 케이스는 미리 정한 비율만큼 통과시킨 후 릴리스한다. 예를 들면 품질이 아주 중요하지 않은 시스템의 경우 레벨 2는 95%, 레벨 3은 75% 정도면 릴리스한다. 목표는 비용과 시간에 따라 다르게 정할 수 있다.
④ 목표가 만족된 후에는 적어도 두 사이클의 빌드 과정을 거친다. 빌드는 소프트웨어를 구성하는 모든 컴포넌트를 컴파일하고 통합하는 작업으로 바로 전 빌드 이후의 모든 수정이 반영된다. 개발하는 과정 동안 정기적으로, 예컨대 하루에 한 번 또는 매주 한 번씩 빌드하고 리그레션 테스트를 수행한다. 이때 오류율이 변동하다가 어느 정도 시스템이 안정화되면 수렴해갈 것이다. 바로 이때가 시스템을 릴리스할 시점이다.

3 테스트 작업 할당

테스트는 시스템의 컴포넌트에 있는 결함을 발견하는 작업이다. 그러므로 컴포넌트 개발에 참여하지 않은 엔지니어나 컴포넌트 분석에 능통하고 컴포넌트 명세에 포함된 모순점을 잘 발견할 수 있는 사람이 수행해야 한다. 요구하는 품질 수준이 더 높은 경우에는 품질 관리를 담당하는 별도의 팀이 테스트를 담당하기도 한다.

테스트 팀은 테스트 케이스를 개발하기 위해 시스템 모형, 원시코드, 또는 테스트에 필요한 다른 시스템을 제공받는다. 테스트 실행 보고서와 테스트 요약 보고서는 분석과 다음 시스템 버전의 준비를 위해 서브시스템 개발 팀에 다시 보낸다. 수정된 시스템은 테스트 팀에 다시 보내서 원래의 결함이 해결되었을 뿐만 아니라 다른 새로운 오류가 주입되지 않았는지 테스트한다.

품질 요구가 엄격하지 않은 시스템이라면 서브시스템을 개발한 팀이 다른 팀이 개발한 컴포넌트를 테스트하는 역할을 할 수도 있다. 아키텍처 팀이 테스트 절차, 테스트 스터브, 테스트 드라이버 등을 표준화하고 통합 시험을 수행한다. 또한 이런 문서는 서브시스템 팀 사이에 의사 교환을 하는 데 사용된다.

07 테스트 자동화 도구

테스트는 단순하고 반복적인 작업이 많기 때문에 자동화할 수 있다. 이 절에서는 테스트 작업을 자동으로 수행해주는 도구를 소개한다.

1 코드 분석 도구

코드 분석 도구는 프로그램을 실행하지 않고 분석하는 정적 분석static analysis 도구와 프로그램을 실행하면서 분석하는 동적 분석dynamic analysis 도구로 구분할 수 있다.

1.1 정적 분석 도구

프로그램을 실행하지 않더라도 원시코드를 분석하여 오류를 찾아낼 수 있다. 프로그램의 결함 원인이나 적절성을 검사하는 정적 분석 도구에는 다음과 같은 것들이 있다.

- **코드 분석 도구**: 원시코드의 문법적 적합성을 자동으로 평가하여 잘못된 문장을 찾아준다. 문법이 틀렸거나, 오류가 포함될 가능성이 많거나, 어떤 아이템이 정의되지 않았을 때 위치를 표시해준다. 예를 들면 변수가 어디서 정의되었고 언제 사용되었는지, 심벌 테이블에 기록하고 각 변수가 사용되기 전에 정의되었는지, 또는 정의되고 사용하지 않은 변수가 있는지 검사하는 정의-사용 테스트를 실행한다.
- **구조 검사 도구**: 입력으로 제공된 원시코드의 그래프를 생성하여 논리 흐름을 보여주고 구조적인 결함이 있는지 확인한다. 프로그램을 읽어 모든 반복 구문의 위치를 찾아내고, 실행될 수 없는 문장을 표시하며, 반복 구문 안에서 분기되는 부분에 주의 표시를 한다. 예를 들면 실행 경로가 없는 데드 코드dead code를 발견하여 알려줄 수도 있다.
- **데이터 분석 도구**: 원시코드에 정의된 데이터 구조, 데이터 선언, 컴포넌트 인터페이스를 검사하여 잘못된 링크, 데이터 정의의 충돌, 잘못된 데이터의 사용 등을 발견한다. 예를 들면 피젯수가 0으로 값이 배정되거나 함수 사이의 매개변수가 부적절하게 전달되는지 확인한다.
- **순서 검사 도구**: 이벤트의 순서를 확인한다. 잘못된 순서로 코딩되어 있다면 이벤트를 지적한

다. 예를 들면 시스템의 입출력 컴포넌트를 받아들여 사용하기 전에 모든 파일이 열려 있는지, 즉 이벤트의 순서가 바르게 되어 있는지 검사한다.

이러한 여러 가지 정적 분석 도구가 검사한 결과는 프로그램의 특성을 잘 파악할 수 있도록 도와준다. 예를 들어 흐름도와 함께 프로그램의 모든 수행 가능 경로를 알려주는 분석기가 있다면 경로 시험을 위한 테스트 계획을 쉽게 작성할 수 있다.

1.2 동적 분석 도구

동적 분석 도구는 프로그램이 수행되는 동안 이벤트의 상태를 파악하기 위해 특정한 변수나 조건의 스냅숏을 생성한다. 수행되는 프로그램의 동작이나 반응을 추적하고 보고하기 위한 것이므로 동적 분석 도구를 프로그램 모니터라고도 부른다.

모니터는 모듈이 호출되는 횟수나 수행된 문장 번호를 리스트로 만들어준다. 이러한 통계 자료는 수행 도중에 어디서 분기되었는지 또는 테스트 검증 기준이 얼마나 만족되었는지 알려주는 중요한 정보가 된다.

동적 분석 도구가 제공하는 정보는 시스템의 성능을 평가하는 데 도움을 줄 수 있다. 특정한 변수의 최솟값, 최댓값, 중간값 같은 정보가 시스템의 성능이나 기능에 영향을 주는 분기점 breakpoint을 파악하는 데 도움이 되기 때문이다. 또한 분기점을 정하여 그 값에 도달하면 그때의 시스템 상태, 변숫값이나 메모리 상태 등을 알려준다.

실시간 시스템의 경우 프로그램이 수행되는 동안 이러한 정보를 얻기가 쉽지 않다. 여러 가지 병렬 오퍼레이션이 수행되고 작업이 분산되어 수행될 수 있기 때문이다. 또한 동적 분석 도구에 테스트 조건이나 캡처링 명령을 지시하기도 어렵다.

2 테스트 케이스 생성 도구

테스트 작업의 성패는 테스트 케이스의 작성에 있다. 이러한 이유로 테스트 케이스 자동 생성 도구는 테스트 작업에 유용하다. 테스트 케이스 자동 생성 도구는 여러 가지 방법으로 테스트 데이터를 찾아낸다.

- **자료 흐름도**: 자료 흐름도를 이용하는 방법은 원시 프로그램을 입력받아 파싱한 후 자료 흐름도를 작성하여 정의-사용 관계를 찾아낸다. 찾으려는 변수에 영향을 주는 요소들을 모아 테스트

경로를 구동하는 입력값을 찾아낸다.

- **기능 테스트**: 주어진 기능을 구동하는 모든 가능한 상태를 파악하여 이에 대한 입력을 작성한다.
- **입력 도메인 분석**: 원시코드의 내부를 참조하지 않고 입력 변수가 가질 수 있는 값의 도메인을 분석하여 테스트 데이터를 만드는 방법이다.
- **랜덤 테스트**: 입력값을 무작위로 추출하여 테스트하는 도구이다. 주로 시스템의 신뢰성 분석에 사용된다.

3 테스트 실행 도구

테스트 실행 도구는 원시코드의 분석보다 실제 테스트 작업의 수행이나 계획을 도와주는 것이다. 최근의 소프트웨어는 규모가 커서 수작업으로 테스트 케이스를 실행하기가 불가능하다. 따라서 대규모 소프트웨어의 테스트 케이스를 자동으로 수행시키는 도구가 있다. 테스트 실행 도구는 크게 다음과 같은 세 가지 종류가 있다.

- **캡처 및 리플레이**: 테스트 계획에 표시된 테스트 데이터를 자동으로 입력하고 실행 과정에 발생하는 화면이나 인쇄되는 결과를 캡처하여 예상되는 결과와 비교하는 도구이다. 예상되는 결과와 차이가 있을 경우 테스트 프로그래머에게 보고한다. 이러한 도구는 오류를 발견하고 수정한 후 고치는 작업이 바르게 되었는지 확인하는 데 유용하다.
- **테스트 스터브와 테스트 드라이버**: 앞에서 설명한 것처럼 통합 테스트를 하기 위해 테스트 스터브와 테스트 드라이버가 필요하다. 자동으로 테스트 스터브와 테스트 드라이버를 생성하는 상업용 도구가 나와 있다.
- **자동 테스트 환경**: 테스트 수행 도구들이 테스트 환경으로 통합되어 제공되는 형태이다. 테스트 데이터베이스, 측정 도구, 코드 분석 도구, 텍스트 편집기, 시뮬레이터, 모델링 도구 등이 테스트 작업을 자동화하도록 제공된다.

요약

- 블랙박스 테스트는 시스템의 입력만 제어하여 출력을 관찰하는 방법이다. 반면 화이트박스 테스트는 시스템의 내부를 조사하여 테스트하는 방법이다.
- 동시식 통합 테스트는 시스템을 한꺼번에 통합하여 테스트하는 반면, 점증적 통합 테스트는 먼저 개별 서브시스템을 테스트하고 서브시스템을 묶어 반복적으로 테스트하여 완전한 시스템으로 점차 확대하는 방법이다.
- 동치 클래스의 대푯값과 경곗값으로 테스트하는 방법은 모든 가능한 입력을 넣어보지 않고도 여러 가지 결함을 찾아낼 수 있다. 하지만 적절한 동치 클래스를 결정하기란 쉽지 않다. 특별히 가장 흔한 유형의 결함과 프로그램 설계 방침에 대한 지식을 적용할 필요가 있다. 대표적인 결함의 유형은 알고리즘 결함, 과부하를 견디지 못하는 결함, 고장을 일으키는 결함 등이다.
- 테스트를 할 때는 테스트 케이스와 테스트 계획을 체계적으로 준비해야 한다. 테스트를 언제 끝내야 하는지도 미리 계획해야 한다. 또한 테스트 작업을 할 때 예상 결과를 검사하거나 테스트 커버리지를 측정하는 단순한 일은 도구를 사용해야 효과적이다.

연습문제

01 소프트웨어 테스트의 원리를 가장 바르게 정의한 것은?

① 전수 테스트를 피하기 위해 수작업에 의한 테스트보다 자동화 테스트가 좋다.
② 전수 테스트는 충분한 노력과 도구가 지원된다면 모든 소프트웨어에 적합하다.
③ 소프트웨어의 모든 입력과 출력의 조합을 테스트하는 것은 불가능하다.
④ 테스트의 목적은 결함이 없음을 보여주는 것이다.

02 블랙박스 테스트로 발견하기 어려운 오류는?

① 인터페이스 오류
② 행위나 성능 오류
③ 잘못되거나 누락된 기능
④ 모듈 내의 논리 구조상 오류

03 개발 과정에서 실시되는 테스트의 순서를 바르게 나열한 것은?

> ㉠ 모듈의 내부적인 오류를 발견하는 테스트
> ㉡ 사용자의 요구 사항을 충족하는지 판단하는 테스트
> ㉢ 모듈 간의 인터페이스 오류를 발견하는 테스트

① ㉠-㉡-㉢
② ㉡-㉠-㉢
③ ㉠-㉢-㉡
④ ㉡-㉢-㉠

04 화이트 박스 테스트 기법에 해당하는 것은?

① 동등 분할
② 구조 시험
③ 경곗값 분석
④ 원인 결과 그래프

05 모듈 안의 작동을 자세히 관찰할 수 있으며, 프로그램 원시코드의 논리적인 구조를 검사하도록 테스트 케이스를 설계하는 프로그램 테스트 방법은?

① 화이트박스 테스트
② 블랙박스 테스트
③ 알파 테스트
④ 베타 테스트

06 입력값의 유효 범위가 1~99인 프로그램을 테스트하기 위해 경곗값 분석 방법을 이용하여 테스트 케이스를 만들려고 한다. 경곗값 분석 방법에 가장 적합하지 않은 테스트 케이스는?

① 0
② 70
③ 99
④ 100

07 소프트웨어 테스트 기법에 관한 설명으로 옳은 것은?

① 동시식 통합 테스트는 모듈을 한꺼번에 통합하여 테스트하는 방법이며, 오류가 발생했을 때 어느 부분의 오류인지 쉽게 찾을 수 있다.
② 인스펙션은 동적 테스트 방법이다.
③ 블랙박스 테스트는 프로그램의 제어 구조를 기반으로 테스트 케이스를 설계하는 방법이다.
④ 화이트박스 테스트는 커버리지에 따라 테스트 강도가 다를 수 있다.

08 다음과 같은 프로그램을 화이트박스 테스트하려 한다. 테스트 종료 조건으로 경로 커버리지를 사용할 때 테스트 데이터의 최소 개수는?

```
if x > 3 then
    x = x + 2
    if x > 9 then
        x = x * 2
    else
        x = x + 5
    end
else
    x = x + 4
end
if x > 8 then
    x = x + 7
else
    x = x * 3
end
```

① 3　　② 4　　③ 5　　④ 6

09 다음과 같은 제어 흐름을 가진 프로그램을 시험할 때, 제시한 커버리지 기준과 그 기준을 100% 만족시키기 위해 필요한 프로그램 경로가 바르게 짝지어지지 않은 것은? (단, 제어 흐름도의 모든 프로그램 경로는 실행 가능하다.)

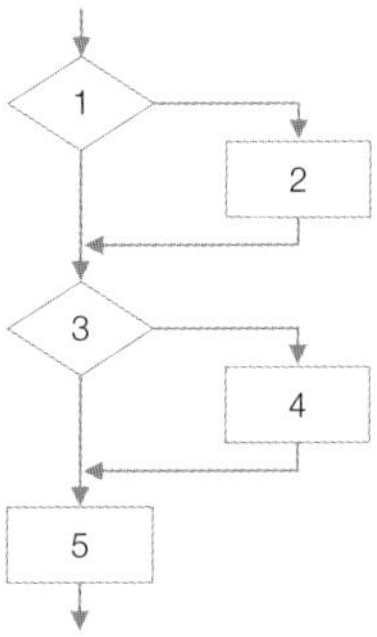

① 문장 커버리지: 1→2→3→5, 1→3→4→5
② 분기 커버리지: 1→2→3→5, 1→3→4→5
③ 경로 커버리지: 1→2→3→4→5, 1→3→5, 1→2→3→5, 1→3→4→5
④ 기본 경로 시험: 1→3→5, 1→2→3→5

10 다음 C 프로그램에 조건-결정 커버리지를 적용하여 테스트할 때 이를 만족시키는 테스트 데이터 집합은?

```
void example(int a, int b, int c) {
    int p = 10;
    if ((a > 0 && b <= 15) || c > 65)
        p = p * 2;
    else
        p = p * 1;
    printf("%d", p);
}
```

① (a: 0, b: 20, c: 70), (a: 5, b: 10, c: 60)
② (a: 0, b: 10, c: 60), (a: 5, b: 20, c: 70)
③ (a: 5, b: 20, c: 70), (a: 5, b: 20, c: 60)
④ (a: 5, b: 10, c: 60), (a: 0, b: 10, c: 60)

11 상향식 통합 테스트의 과정을 순서대로 바르게 나열한 것은?

㉠ 드라이버라는 제어 프로그램의 작성
㉡ 낮은 수준의 모듈들을 클러스터로 결합
㉢ 클러스터의 검사
㉣ 드라이버를 제거하고 클러스터를 상위로 결합

① ㉠-㉡-㉢-㉣
② ㉡-㉠-㉢-㉣
③ ㉡-㉢-㉠-㉣
④ ㉠-㉡-㉣-㉢

12 통합 테스트에 대한 설명으로 옳은 것은?

① 통합 테스트 동안 발생하는 주요 어려움은 오류들을 지역화하는 것이다.
② 상향식 통합은 시스템의 계층 구조와 상위층의 중요한 인터페이스를 조기에 테스트할 수 있다.
③ 하향식 통합은 최하위 모듈을 먼저 통합하여 테스트하는 방식이다.
④ 단위 모듈 테스트를 철저하게 하면 통합 테스트를 수행할 필요가 없다.

13 다음 C 프로그램에서 조건-결정 커버리지를 100% 만족시키기 위한 테스트 데이터 집합으로 가장 적절한 것은? (단, 연산 생략[short-circuit evaluation]은 수행하지 않는다.)

```
void foo(int x, y) {
  if (x < 50 || y >= 30)
    printf("%d \n", x + y);
  else
    printf("%d \n", x - y);
}
```

① {⟨x = 0, y 10⟩, ⟨5, 20⟩}
② {⟨x = 0, y 40⟩, ⟨5, 60⟩}
③ {⟨x = 60, y 10⟩, ⟨5, 60⟩}
④ {⟨x = 60, y 40⟩, ⟨5, 20⟩}

14 다음 중 블랙박스 테스트 기법에 해당하는 설명을 모두 나열한 것은?

> ㉠ 소프트웨어 인터페이스에서 실시되는 검사로 설계된 모든 기능이 정상적으로 수행되는지 확인한다.
> ㉡ 소프트웨어의 기능이 의도대로 작동하는지, 입력은 적절하게 받아들였는지, 출력은 정확하게 생성되는지 보여주는 데 사용된다.
> ㉢ 동등 분할 테스트, 경곗값 분석 등이 이 기법에 해당한다.

① ㉠　　② ㉠, ㉢
③ ㉡, ㉢　　④ ㉠, ㉡, ㉢

15 자동화 테스트 도구의 정적 분석 도구에 대한 설명으로 옳은 것은?

① 프로그램의 실행 상태를 순간 포착하여 감시하는 프로그램 모니터링 도구
② 스터브와 드라이버
③ 프로그램에서 오류 가능성이 있는 부분을 지적하는 코드 분석 도구
④ 테스트 케이스에 의해 프로그램 각 문장이 실행된 횟수를 측정하는 도구

Chapter 10

유지보수

학습목표

- 유지보수 작업이 개발 작업과 어떻게 다른지 설명할 수 있다.
- 유지보수 작업 단계와 모델을 이해하고 설명할 수 있다.
- 소프트웨어의 형상 아이템을 선정하고 관리할 수 있다.
- 리엔지니어링 작업이 무엇이며, 어떤 과정으로 진행되는지 설명할 수 있다.
- 유지보수 작업을 관리하는 기술적 방법과 도구를 이해하고 사용할 수 있다.

00 개요

유지보수는 소프트웨어가 인수되어 설치된 후 일어나는 작업이다. 소프트웨어 생명주기에서 볼 때 유지보수 기간은 평균 5~10년 정도로 개발 기간 평균인 1~2년보다 길다. 유지보수에 사용하는 비용이 전체 예산의 70%를 상회하는 사례도 있고, 새로운 소프트웨어를 개발하는 것보다 유지보수에 매달려 있는 경우도 많다. [그림 10-1]은 시스템 개발 전체 가운데 유지보수 작업에 드는 노력을 나타낸 것이다.

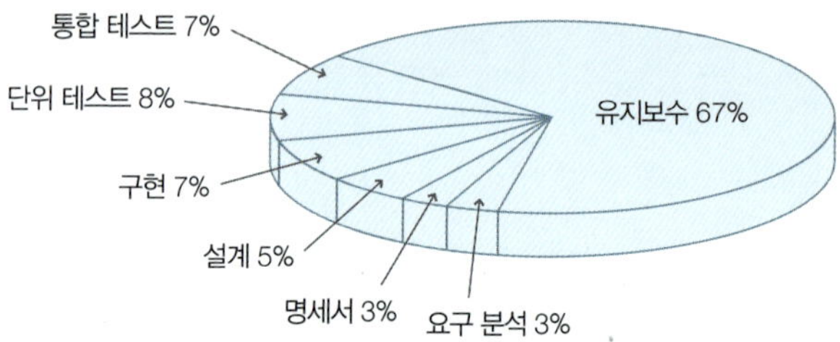

그림 10-1 소프트웨어 생명주기에서 차지하는 유지보수 노력

그런데 왜 이렇게 유지보수에 많은 노력이 필요할까? 윌마 오즈번Wilma Osborne과 엘리엇 치코프스키Elliot J.Chikofsky에 따르면 우리가 사용하고 있는 오래된 소프트웨어는 프로그램의 크기와 작동에만 관심을 두고 작성되어 분석, 설계, 코딩, 문서화 기법을 사용하지 못했으며, 따라서 많은 결함을 지니고 있다고 한다(Osborne, 1990). 구조적 프로그래밍 개념이 보급되기 이전에 작성된 프로그램의 논리를 따라가면서 변경하는 것은 매우 어려운 일이다.

소프트웨어 유지보수를 어렵게 만드는 것은 무엇보다도 모든 소프트웨어 시스템이 고정적static이지 않다는 것이다. 소프트웨어는 사용되면서 계속 개선 및 변경된다. 더구나 소프트웨어를 사용하는 동안 오류가 발견되면 당연히 수정해야 한다.

소프트웨어는 일반 소비재, 도로, 교량 등의 구조물, 컴퓨터 하드웨어와 같은 만질 수 있는 제품과 다르다. 이러한 것들은 설치 및 인수되면 제품의 기능에 대한 변경이 거의 일어나지 않는다. 예를 들면 전자레인지를 사용하는 소비자가 더 많은 종류의 음식을 더 빨리 만들 수 있도록 전자레인지에 새로운 기능을 추가할 수 있다고 생각하지는 않는다. 그러나 소프트웨어를 사용하는 사람들은 새로운 기능을 추가하거나 변경해달라고 요구하곤 한다. 소프트웨어는 소비자에게 인수된 후에도 계속 개선 · 발전되기 때문이다.

소프트웨어 유지보수는 그 동기에 따라 교정형, 적응형, 개선형으로 구분할 수 있다.

- **교정형**correction: 테스트 단계에서 발견되지 않은 오류가 시스템이 인수되어 사용될 때 발견되는 경우가 있는데 이러한 오류를 고치는 유지보수가 교정형이다. 오류가 첫 버전뿐만 아니라 유지보수 도중에 유입되는 경우도 교정형에 해당된다. 교정형 유지보수에는 오류의 종류에 따라 신속히 조치해야 하는 것과 장기간의 계획하에 이루어지는 것이 있다.
- **적응형**adaption: 소프트웨어가 운영 환경의 변화에 따라 변경되는 경우를 말한다. 새로운 프로세서, 새로운 운영체제, 새로운 주변 장치, 새로운 통신 프로토콜에 맞게 소프트웨어를 변경할 필요가 있을 때 하는 유지보수이다. 이런 종류의 변경은 오류를 수정하거나 시스템에 어떤 새로운 기능을 추가하는 것이 아니라 단지 소프트웨어를 새로운 환경에 맞추기 위한 것이다.
- **개선형**enhancement: 시스템에 새로운 기능을 추가하는 형태의 유지보수이다. 개발하는 동안 미처 생각지 못했던 기능을 추가하거나, 기존의 기능을 더 좋게 변경하거나, 사용자 인터페이스를 향상하거나, 성능을 개선하는 유지보수가 여기에 해당된다. 때로는 소프트웨어의 품질, 예컨대 유지보수성이나 신뢰성을 향상하기 위한 유지보수도 필요하다. 즉 특별한 고장 현상이 없지만 미래에 발생할 수 있는 결함을 방지하기 위해 논리 구조, 성능, 유지보수성을 개선하는 유형이다.

[그림 10-2]는 유지보수 유형의 분포를 나타낸 것이다. 69개 기관을 조사한 결과 17.5% 정도만 오류 정정을 위한 것이었으며, 60.5%는 기능을 보강하거나 성능을 향상하기 위한 유지보수였다.

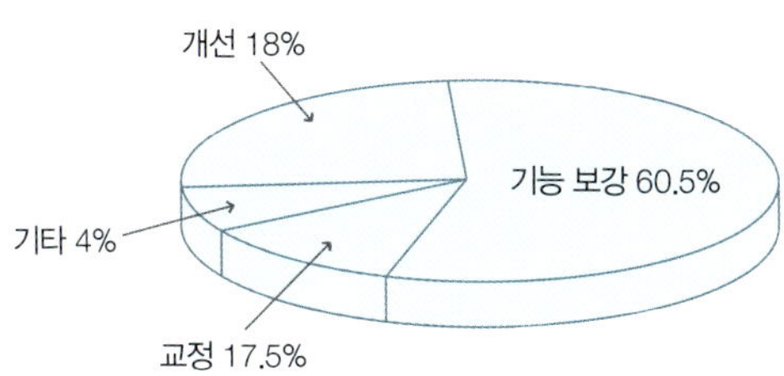

그림 10-2 유지보수 유형의 분포

효과적으로 유지보수를 하려면 관련 이론을 학습하고 유지보수를 위한 기술을 연마해야 한다. 특히 유지보수 작업은 개발 작업과 다른 방식으로 진행된다는 사실을 기억해야 한다. 변경 요구를 파악하고, 프로그램을 잘 이해하며, 변경의 효과를 잘 분석할 수 있어야 한다. 또한 변경을 잘 추적하고 관리하는 형상 관리 기술도 알아야 한다. 형상 관리를 위해서는 버전을 제어하는 방법과 도구 사용법이 필수적이다.

유지보수 작업에는 과거 기술에 대한 이해뿐만 아니라 미래의 영향에 대한 예측도 필요하다. 유지보수를 하는 시스템이 5분 동안만 작동할 것인지, 아니면 50년 동안 사용될 것인지 잘 알아야 한다. 예를 들어 새로 개발하는 시스템의 완성 기한이 지연되면 기존 시스템의 사용 기한을 연장해야 하는데 언제까지 감당할 수 있는지 잘 예측해야 한다. 실제로 영국에서는 '항공 교통 제어 시스템' 개발이 지연되어 15년마다 두 배씩 늘어나는 항공 수요를 기존 시스템이 감당하지 못했다. 결국 6년이 지연되면서 개발하는 새 시스템도 계속 새로운 기술로 수정되고 결함이 발견되어 무려 3억 파운드가 더 소요되었다.

01 유지보수란?

1 리먼의 원리

유지보수 작업의 특성을 설명하기 전에 소프트웨어 자체의 변화 원리부터 알아보자. 다음은 메이어 리먼Meir M. Lehman이 저서 《프로그램의 진화Program Evolution》(1985)에서 언급한 소프트웨어의 변화 원리이다.

■ **소프트웨어는 계속 변경된다.**

시스템의 요구는 항상 변하기 때문에 소프트웨어가 계속 사용되려면 좋은 방향으로 진화해야 한다. 따라서 유지보수가 불가피하며 시스템의 유지보수성을 높이는 일이 매우 중요하다.

■ **소프트웨어의 복잡도가 계속 증가한다.**

시스템이 변경될수록 소프트웨어의 구조가 더욱 복잡해지고 그 구조를 단순화하기 위해 많은 노력이 필요하다. 유지보수 작업은 이와 같이 시스템의 구조를 재구성하는 일도 포함한다.

■ **대규모 소프트웨어의 유지보수에는 일정한 특성이 있다.**

프로그램은 계속 진화하면서 그 크기, 버전 사이의 기간, 보고된 오류의 개수 등과 같이 고유한 특성을 갖는다. 다시 말해 시스템의 유지보수는 어떤 추세가 있으며 시스템의 변경은 그 추세를 크게 벗어나지 않는다. 참고로 시스템이 변경되면 새로운 오류가 발생할 수 있다. 오류를 바로잡기 위해 소프트웨어는 더 많이 변경되어야 하며, 관성의 법칙처럼 소프트웨어는 계속 그 크기가 조금씩 증가한다. 그러나 시스템의 신뢰도를 예측할 수 없기 때문에 변경이 한꺼번에 대대적으로 이루어지는 경우는 드물다. 따라서 한 번에 이루어지는 변경은 한계가 있다.

■ **대규모 소프트웨어는 안정화 상태인 경우가 많다.**

대규모 프로그래밍 프로젝트는 개발 생산성이 거의 일정하며 자원과 투입 인원의 변경에 민감하지 않다. 따라서 대규모 프로그램이 진화해가는 과정에서 관리층의 의사 결정을 신속하게 반영하지 않는다.

- **소프트웨어는 진화 시 이전 버전과 친근성을 유지하려고 한다.**

  시스템 개발 전 단계에 걸쳐 각 버전의 변화는 거의 일정하다.

리먼은 1990년 이후에 다음과 같은 세 가지 원리를 추가했다.

- **소프트웨어의 기능은 계속 증가한다.**

  사용자의 만족도를 유지하기 위해 시스템의 기능은 계속 증가한다. 그러나 어느 시스템이든 요구가 제한적으로 구현되기 때문에 미래의 수정 요구가 당연히 존재한다. 이 원리는 '소프트웨어는 계속 변경된다'는 원리와도 일맥상통한다.

- **소프트웨어가 운영 환경에 적응하지 못하면 품질이 저하된다.**

  시스템이 운영 환경의 변화에 완전히 적응하지 못하면 시스템의 품질이 저하된다. 시스템 구축 시 세운 가정은 모두 개발될 당시 상황에 맞게 설정된 것이므로 환경이 바뀌면 이런 가정이 유효하지 않다. 이런 부분을 인식하고 바로잡지 않으면 최신 환경에 맞추어 개발될 다른 신제품의 품질에 비해 떨어지게 마련이다.

- **소프트웨어는 피드백을 통해 진화해나간다.**

  소프트웨어는 여러 단계와 여러 번의 반복, 많은 사람의 피드백이 반영되어 진화해나간다. 피드백은 앞서 소개한 모든 원리에 적용되며 소프트웨어 유지보수에 핵심적인 역할을 한다.

소프트웨어의 유지보수는 최근까지 관심이 매우 적은 분야 중 하나였다. 그 이유는 여러 가지가 있으나 한 가지를 꼽자면, 소프트웨어가 더욱 복잡한 기능을 가지게 되면서 그만큼 이해에 어려움이 따른다는 것이다. 실제로 방대한 분량의 코드를 이해하기 위해서는 문서뿐만 아니라 여러 가지 도구가 필요하지만 이를 갖추지 못한 채 유지보수를 하는 경우가 많다. 소프트웨어의 유지보수 작업은 개발 작업과 아주 다른데 적절한 도구가 개발되지 않고 있는 상황이다. 이러한 기술적인 문제점 외에도 관리적인 측면의 문제점도 있어 유지보수가 효율적으로 이루어지지 않는 것이다.

2 개발 작업과 유지보수 작업의 차이

앞서 언급했듯이 유지보수 작업은 개발 작업과 다른 방식으로 이루어진다. 소프트웨어 개발은 분석, 설계, 구현, 테스트가 분리되어 단계적으로 실행되지만 유지보수 작업은 포괄적이고 단발적으로 수행된다. 따라서 유지보수에 종사하는 엔지니어는 다방면의 기술을 지녀야 한다.

소프트웨어 개발은 코딩 중심의 작업이지만 유지보수는 이해 중심의 작업이다. 네드 채핀Ned Chapin에 의하면 소프트웨어 개발 주기의 비용 곡선과 유지보수의 비용 곡선은 정반대 추이를 보인다. 즉 개발 단계의 비용 곡선은 분석 및 설계 단계에 서서히 올라가다가 구현 단계에 최고점에 달하고 테스트 이후 다시 낮아진다. 그러나 유지보수의 경우는 처음 이해 단계에 많은 비용이 들고 실제 코드를 수정하는 단계에는 아주 적게 들며 적은 비용으로 테스트할 수 있다. 따라서 유지보수는 이해 중심적 작업인 것이다.

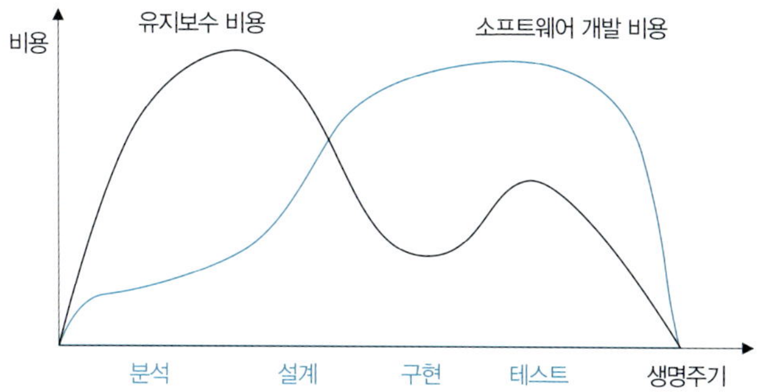

그림 10-3 **소프트웨어 개발 비용과 유지보수 비용 곡선**

유지보수 작업은 통합적이고 이해 중심적이므로 이를 지원하는 도구도 통합적이고 이해 중심적으로 설계되어야 한다. 대부분의 유지보수 엔지니어들은 개발 단계에 쓰던 디버깅 도구나 테스트 도구를 이용하여 프로그램을 이해하고 변경 효과를 분석한다. 그러나 정적 분석기, 동적 분석기, 트레이서tracer 등 소프트웨어 개발에 쓰이는 도구는 유지보수를 위한 통합적인 환경을 제공하지 못한다. 이러한 문제점을 해결해준 구체적인 도구와 환경은 5절에서 살펴볼 것이다.

3 유지보수의 접근 방법

유지보수 작업은 형상 관리가 잘되었느냐 아니냐에 따라 접근 방법이 달라진다. 형상 관리는 소프트웨어의 변경 과정을 잘 보관하는 작업으로, 대상 시스템을 이루는 모든 요소에 대해 문서화하는 작업을 예로 들 수 있다. [그림 10-4]는 유지보수 작업의 두 가지 접근 방법을 보여 준다.

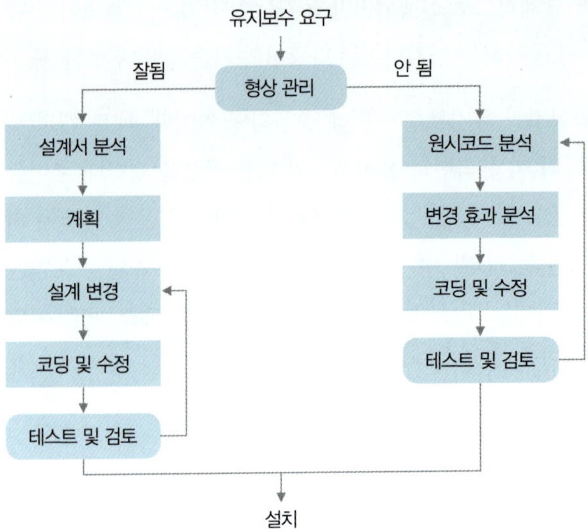

그림 10-4 유지보수의 접근 방법

■ **형상 관리가 잘된 경우**

소프트웨어 형상을 이루는 문서, 사용자 지침서 등 모든 요소가 있다면 유지보수 작업을 위해 먼저 설계서를 분석한다. 소프트웨어의 구조, 성능, 인터페이스를 숙지하고 변경할 위치를 찾아낸다. 그리고 소프트웨어에 변경이 가해진 후 일어날 파급 효과를 분석하고 계획한다. 이후 설계를 변경하고 검토하여 이상이 없으면 원시코드를 수정하며 그다음에 리그레션 테스트regression test를 한다.

■ **형상 관리가 안 된 경우**

소프트웨어를 이해하기 위한 자료가 원시코드[이를 올드코드old code라 함]뿐이라면 프로그램을 이해하기 위해 코드를 읽어야 한다. 이 과정에서 프로그램의 구조, 전역 자료 구조, 시스템 인터페이스, 성능, 설계 제한 요소와 같은 중요한 사항을 잘못 이해할 수도 있다. 원시코드에만 의존하는 경우 변경해야 할 위치를 찾기가 쉽지 않다. 또한 테스트에 대한 기록이 없어 리그레션 테스트가 불가능하다. 결국 개발할 때 문서화하지 않은 대가를 톡톡히 치르는 셈인 것이다.

문서로 남기지 않은 원시코드를 유지보수하기 위해 여러 가지 정보를 회복시키는 기술이 있는데 이를 소프트웨어 역공학reverse engineering이라 한다. 역공학에서는 원시코드로부터 여러 가지 참조표reference table, 자료 흐름도, 논리 흐름도, 설계도 등을 추출해내는 도구를 사용한다. 역공학에서 좀 더 발전한 개념으로는 소프트웨어 리엔지니어링이 있다. 이 기술의 개념과 사용 도구는 4절에서 자세히 설명할 것이다.

4 유지보수에 영향을 주는 요소

유지보수 작업 결과에 영향을 미치는 요소는 크게 사용자, 환경, 유지보수 프로세스, 소프트웨어 제품, 유지보수 인력이다. 소프트웨어 유지보수 작업을 잘하려면 각 요소를 잘 이해하고 어떤 영향을 주는지 그 특성을 잘 파악하고 있어야 한다.

■ 사용자

시스템을 사용하는 사람은 당연히 유지보수에 영향을 준다. 시스템을 사용하면서 겪는 불편이나 오류의 개선을 위해 변경을 요청할 수 있기 때문이다.

■ 환경

소프트웨어가 실행되는 하드웨어나 소프트웨어 플랫폼이 수정 또는 개선되면 유지보수가 불가피하다. 이렇게 소프트웨어에 영향을 주는 환경은 운용 환경과 조직 환경으로 나눌 수 있다. 운용 환경은 예를 들어 프로세서가 업그레이드되면 컴파일러가 새로운 프로세서의 명령어를 생성하도록 수정되어야 한다. 또한 운영체제나 데이터베이스 관리 시스템의 업그레이드도 영향을 준다. 그리고 조직 환경은 비즈니스 정책이 바뀌거나 시장의 상황이 바뀌는 경우가 해당된다.

■ 유지보수 프로세스

유지보수 작업의 프로세스 자체는 가장 영향을 많이 주는 요소이다. 사용자의 변경 요청을 찾는 작업, 프로그램을 이해하고 변경하는 작업, 변경 효과를 분석하는 작업, 리그레션 테스트 작업을 어떻게 하느냐에 따라 결과가 크게 달라진다.

■ 소프트웨어 제품

대규모 소프트웨어 시스템은 구현이 끝나면 변경이 없는 정적인 것이 아니라 계속 사용되면서 지속적으로 변경된다. 또한 프로그램만이 아니라 관련 문서, 운용 절차 등도 변경된다. 따라서 유지보수 작업은 단순히 프로그램의 수정만이 아니라 응용 도메인의 안정성과 성숙도, 문서의 품질, 원시코드의 품질에 따라 좌우된다.

■ **유지보수 인력**

유지보수와 관련된 모든 작업에 사람이 개입되어 있다는 것을 잊어서는 안 된다. 유지보수를 담당하는 엔지니어, 관리자, 도메인 전문가 등의 능력과 이직률, 경험 등은 영향을 주는 구체적인 요소이다.

위에서 소개한 요소는 서로 밀접하게 관련되어 있다. 소프트웨어 제품은 운용 환경 및 조직 환경과 관련된다. 즉 세금, 비즈니스 정책, 소프트웨어 기술 발전의 영향을 받는다. 또한 사용자의 필요를 충족하기 위한 것이므로 사용자의 요구가 어떻게 변하는지에도 민감하다. 이런 모든 변경 작업이 유지보수를 담당하는 사람에 의해 이루어지므로 누가 어떤 과정에 따라 일하는지는 유지보수 인력에 크게 좌우된다.

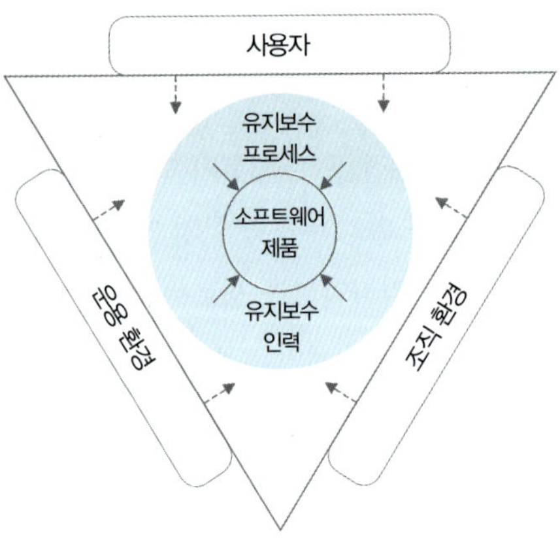

그림 10-5 유지보수에 영향을 주는 요소의 관계

5 유지보수 작업의 문제점과 한계

소프트웨어 유지보수와 관련된 문제점은 대부분 소프트웨어 개발 방법과 관련된다. 개발 단계에서 소프트웨어 공학의 원리를 철저히 적용하지 않으면 결국 유지보수 단계에서 그만큼의 노력이 더 필요하다.

유지보수와 관련된 문제점은 다음과 같다.

- 소프트웨어의 변경이 수시로 일어나는데도 문서에 반영하지 않은 경우 이를 추적하는 것은 거의 불가능하다.
- 다른 사람이 작성한 프로그램을 이해하기란 쉽지 않다. 문서화되어 있지 않거나 주석도 달지 않았다면 문제는 매우 심각하다.
- 소프트웨어는 변경을 가정하여 설계되는 경우가 드물다. 따라서 모듈의 기능을 독립시키고 정보를 은닉하여 변경에 충분히 대비할 수 있도록 설계해야 한다.
- 관리적인 측면에서 유지보수를 담당하는 프로그래머에게 동기 부여를 하지 못한다. 유지보수는 인기 없는 허드렛일처럼 보이기 쉽다.
- 유지보수를 위한 적극적인 도구를 사용하지 못한다. 프로그램을 이해하기 위해 테스트나 디버깅 도구를 사용하는 데 그친다.

새로운 기술 발전의 속도가 빠르고 유지보수하는 시스템도 빠르게 사라져간다. 그런데 유지보수에 들어가는 비용은 매우 크다. 현재 시스템을 수정하고 보완할 것인지, 아니면 새로운 시스템을 도입할 것인지 결정하는 일도 매우 중요하다. 통계에 따르면 기업이 소프트웨어에 사용하는 비용 중 70% 이상이 유지보수에 들어가고, 새로 개발하는 데에는 30% 정도가 소요된다고 한다(Bernstein, 1993). 해마다 소프트웨어의 성장과 함께 유지보수 비용이 더 큰 비중을 차지하고 있다.

02 유지보수 작업 단계와 모델

1 유지보수 작업 단계

소프트웨어를 처음 개발할 때는 사용자의 요구를 이해하고 분석한 후 설계 및 구현한다. 이는 모든 가정이 열린 상태에서 프로젝트가 당면한 제약을 반영하여 설계안을 찾고 구현해나가는 과정이다. 반면 유지보수는 현재 시스템이 처한 상황과 제약에서부터 출발한다. 즉 현재 시스템의 테두리 안에서 개선 요구부터 이해해야 한다.

유지보수 작업에서 신경 써야 할 것은 변경 영향 분석impact analysis이다. 변경 영향 분석은 변경이나 추가에 의해 시스템이 어떻게 영향을 받는지 조사하는 작업이다. 예를 들어 건물에 방이 두 개인데 세 개로 만들어야 한다고 가정해보자. 건물을 짓기 전이라면 방을 세 개로 바꾸는 요구가 아직 구현되지 않았기 때문에 설계를 변경하면 크게 어렵지 않다. 하지만 이미 완공하여 사용 중인 건물이라면 변경 작업이 매우 다르다. 두 방 사이의 벽을 허물어 새로 벽을 세우는 문제를 다루어야 한다. 벽을 허물 때 구조적으로 문제가 있는지 점검하고 문제가 있다면 보강 계획도 세워야 한다. 또한 배관이나 배선 등 변경해야 할 사항이 많다. 이와 마찬가지로 사용 중인 소프트웨어의 유지보수도 변경으로 인한 영향 분석이 매우 중요하다. 예를 들어 자료의 타입을 바꾸었을 때 그 자료를 사용하는 모든 부분에 어떤 영향을 미치는지 분석하여 필요하다면 수정해야 한다.

어떤 형태의 유지보수 작업이든 처음부터 개발하는 작업과는 많이 다르다. 유지보수 작업의 순서는 대상이 되는 소프트웨어의 성격에 따라 조금씩 다를 수 있으나 대개 프로그램 이해, 변경 요구 분석, 변경 영향 분석, 리그레션 테스트로 이루어진다.

1.1 프로그램 이해

소프트웨어의 유지보수를 효율적으로 하려면 기본적으로 프로그램을 이해해야 한다. 프로그램을 이해하지 못하고 변경하면 소프트웨어에 또 다른 오류를 일으킬 수 있다. 프로그램 이해는 형상 관리가 제대로 되었는지에 따라 달라진다.

■ **형상 관리가 잘된 경우**

형상 관리가 잘되어 프로그램의 동작이 문서에 정확히 반영되어 있다면 우선 분석이나 설계 등의 개발 문서나 사용자 매뉴얼 등을 읽어 소프트웨어 전체의 윤곽을 파악한다. 이 과정을 통해 유지보수 엔지니어는 응용 분야의 지식(도메인 지식)을 얻게 된다. 다음으로 실제 프로그램을 읽는다. 프로그램의 구조, 프로그램 안에 사용된 변수나 자료 구조의 의미는 물론이고 모듈이 어떤 기능을 하는지도 파악한다. 이는 프로그램의 각 부분이 어떤 의미를 담고 있는지 알아내는 과정이다.

■ **형상 관리가 안 된 경우**

형상 관리가 제대로 되지 않았거나 되어 있더라도 프로그램의 내용과 맞지 않는 경우에는 소프트웨어를 이해하기 위해 전적으로 원시코드에 의존한다. 즉 원시코드 안에 쓰인 주석을 읽거나 모듈 호출 그래프module call graph, 앞뒤 참조표 등을 만들어 프로그램 안에 있는 요소의 관계를 파악하여 그 의미를 알아낸다. 이 과정은 한마디로 원시코드로부터 설계나 명세를 추출하여 멘탈 모델로 표현하는 것이다. 따라서 문제 정의에서 시작하여 목표 환경에서 실행되는 프로그램을 만드는 개발과는 순서가 정반대이다.

원시코드를 바탕으로 프로그램을 이해할 때 동원되는 원리는 '상향식과 묶음화bottom-up and chunking'이다. 프로그래머가 프로그램을 이해할 때는 원시코드의 자세한 부분을 생략하고 일반적이며 추상적인 패턴이나 의미를 찾는다. 즉 원시코드에서 의미 있는 묶음을 발견하여 여기서 의미 있는 표시beacon를 기억하고 계속 더 큰 구조로 올라가 모든 시스템이 이해될 때까지 반복한다. [그림 10-6]은 상향식과 묶음화 원리를 나타낸 것이다.

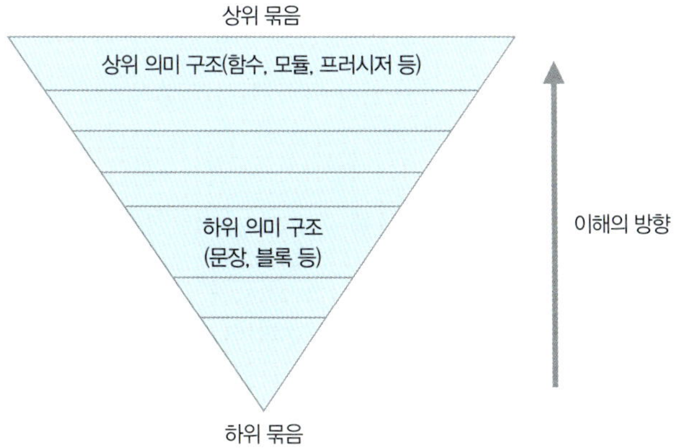

그림 10-6 상향식과 묶음화 원리

묶음화 과정은 경험이 많은 프로그래머일수록 빠르다. 다음 프로그램을 보자.

```
MaxValue = Table[1];
For Index = 2 To 100 Do
    If Table[Index]>MaxValue Then
        MaxValue = Table[Index];
    End;
End;
```

경력이 많은 프로그래머는 위의 프로그램 조각을 보고 바로 '배열에서 최댓값 찾기'라는 목적을 파악하고 기억을 형성할 것이다. 프로그램 안에 있는 이런 묶음이나 패턴을 찾아내어 지능 속에 프로그램의 모델을 형성해나가는 과정이 바로 프로그램 이해이다. 멘탈 모델은 객체지향 모델, 제어흐름 모델, 함수 모델, 데이터 모델, 프로세스 모델 또는 더 복잡한 모델이 될 수 있다.

1.2 변경 요구 분석

소프트웨어에 변경이 불가피한 이유와 요구를 분석하는 과정이다. 오류를 바로잡기 위한 교정형 유지보수라면 어떤 부분이 잘못되었는지 추적하고, 변화된 운영 환경 때문에 변경이 필요한 적응형 유지보수라면 새로운 환경을 철저히 연구하고 조사한다. 그리고 기능 향상을 위해 변경이 필요한 개선형 유지보수라면 새로운 기능의 요구를 정확히 분석하여 이해한다.

1.3 변경 영향 분석

소프트웨어를 실제로 변경하기 전에 변경으로 인한 효과change effect를 점검하는 과정이다. 코드 수정으로 다른 부분이 영향을 받는지 확인하고 연쇄적으로 고쳐야 하는지 점검한다. 또한 변경으로 인해 영향을 받는 문서는 무엇이며, 어떤 부분인지 확인한다. 변경 영향 분석을 할 때는 다음과 같은 점에 주의한다.

- 때로는 하나의 요구를 충족하기 위해 여러 곳을 변경해야 할 수도 있다. 이런 경우 변경이 필요한 부분을 모두 찾아내야 한다.
- 변경 요구를 수용하기 위해 또 다른 변경 방법이 있는지 알아보아야 한다. 예를 들어 시스템의 컴포넌트를 변경하는 데 시간이 많이 소요되고 이를 대체하는 상용 컴포넌트COTS가 있다면 컴포넌트를 변경하지 않고 상용 컴포넌트를 사용하는 방법을 차선책으로 고려할 수 있다.

- 문제의 근본 원인을 제거하기 위해 하나의 컴포넌트를 수정하는 것은 어려운 일이다. 하나만 수정해서 문제가 해결되는 경우는 드물기 때문이다. 그러나 문제를 해결하기 위해 여러 컴포넌트를 수정하는 것은 어렵지 않다. 하나만 수정할지, 여러 컴포넌트를 수정할지는 다음과 같은 관점에서 분석하여 결정한다.
  - 지정된 컴포넌트가 변경되어 영향을 받는 다른 컴포넌트는 무엇인가?
  - 변경을 구현하고 결과를 테스트하는 데 드는 비용과 시간은 얼마인가?
  - 리스크를 파악하고 해결책에 대한 측정 방법을 정의했는가?
- 결함을 발견하고 이를 수정하는 여러 방안을 검토한 후 각 방안의 유지보수 비용을 고려한다. 또한 이러한 비용 자체를 줄이기 위해 변경 방안의 수를 최소화한다.
- 변경 영향 분석에 추가하여 변경과 관련된 리스크를 파악하고 리스크를 해결했다는 것을 확인할 수 있는 측정 방법도 정의되어야 한다. 측정 결과는 제안된 변경안을 수행할 것인지 판단하는 형상 변경 관리 단계에서 사용된다.

객체지향 소프트웨어는 클래스 사이에 복잡한 의존 관계가 있다. 따라서 하나의 클래스가 변경되면 많은 클래스에 영향을 준다. 한 클래스를 변경했는데 열다섯 개의 클래스가 영향을 받는 경우도 있고, 다섯 개의 클래스를 변경했지만 두 개의 클래스만 영향을 받는 경우도 있다. 변경 영향 분석은 이러한 클래스 사이의 의존 관계로 파악한다. 만약 설계 수준의 클래스 다이어그램이 있고 최신 버전이라면 변경으로 영향을 받는 클래스를 의존 관계에서 찾아낼 수 있다. (하지만 실제 프로젝트에서는 설계와 원시코드가 일치하지 않는 경우가 많다. 이때 코드로부터 클래스 다이어그램을 생성하기 위해 역공학 도구를 사용한다.)

설계 수준의 클래스 다이어그램이나 구현 수준의 클래스 다이어그램으로부터 다음과 같이 변경 효과를 도출할 수 있다.

- 클래스 B가 클래스 A에 의존할 때 클래스 A를 변경하면 클래스 B에 영향을 준다.
- 클래스 C가 클래스 B에 의존하고 클래스 B가 클래스 A에 의존한다면 클래스 A의 변경이 클래스 C에 영향을 준다. 의존 관계는 이행[transitive] 관계에 있기 때문이다.

[표 10-1]에 객체지향 프로그램에서의 의존 관계를 사례별로 제시했다. 소개된 사례 중 한 가지를 만족하면 클래스 B가 클래스 A에 의존하는 것이다.

표 10-1 클래스 사이의 의존 관계

<table>
<tr><th>관계</th><th>원시코드</th><th>영향 평가</th></tr>
<tr><td>클래스 B가 클래스 A의 서브클래스인 경우</td><td>public class A { … }
public class B extend A { … }</td><td>B가 A의 내용을 상속받기 때문에 A의 변경으로 인해 B의 동작이 영향을 받는다.</td></tr>
<tr><td>클래스 B가 클래스 A의 집합인 경우</td><td>public class A { … }
public class B {
  A a = new A();
}</td><td>클래스 A는 B의 부분이다. B가 A를 생성한다는 것은 긴밀히 관련되어 있다는 의미이다. 따라서 A가 변경되면 B가 영향을 받는다.</td></tr>
<tr><td>클래스 A가 클래스 B에 있는 메소드의 매개변수 타입으로 사용된 경우</td><td>public class B {
  public void foo(A a) { … };
}</td><td>클래스 A의 객체가 클래스 B의 함수 매개변수로 사용된다. B의 함수가 A 객체를 사용하므로 A가 변경되면 B가 영향을 받는다.</td></tr>
<tr><td>클래스 A가 클래스 B에 있는 메소드의 리턴 타입으로 사용된 경우</td><td>public class B {
  public A foo() { … };
}</td><td>B가 A 객체를 리턴한다는 것은 B가 A 객체를 생성했거나 어디서부터 받았다는 것을 의미한다. 따라서 B는 A에 의존한다.</td></tr>
<tr><td>클래스 A가 클래스 B의 지역 변수 타입으로 사용된 경우</td><td>public class B {
  public A foo() {
    A a = new A();
    a.ba();
  }
}</td><td>이는 B가 A 객체를 생성하거나 다른 곳으로부터 받아 A를 사용한 경우이다. B 객체는 A에 의존한다.</td></tr>
<tr><td>클래스 B가 클래스 A의 객체를 생성하는 경우</td><td>public class A { … }
public class B {
  A a = new A();
}</td><td>B가 A를 생성한다는 것은 긴밀히 관련되어 있다는 의미이다. 따라서 A가 변경되면 B가 영향을 받는다.</td></tr>
<tr><td>클래스 B가 클래스 A의 메소드를 호출하는 경우</td><td>public class B {
  public A foo() {
    A a = new A();
    a.ba();
  }
}</td><td>B가 A 객체의 메소드를 호출하는 경우이다. B 객체는 A에 의존한다.</td></tr>
<tr><td>클래스 B가 클래스 A와 다른 클래스 사이의 연관을 위한 클래스인 경우</td><td>public class B {
  public B(A a, C c) { … }
}</td><td>연관 객체 B가 만들어질 때 클래스 A를 매개변수로 사용하기 때문에 A에 의존한다.</td></tr>
</table>

설계 클래스 다이어그램을 이용한 변경 영향 분석은 여러 가지 문제와 관련된다. 설계 수준의 클래스 다이어그램은 구현 클래스와 연관 관계를 포함하지 않는다. 더구나 클래스 구현과 설계 클래스 다이어그램의 관계가 다를 수 있다. 예를 들면 구현된 클래스가 설계에 나타난 것

보다 더 많은 오퍼레이션을 가질 수 있다. 어떤 의존 관계는 설계 클래스 다이어그램에 나오지 않을 수도 있다. 따라서 설계 클래스 다이어그램을 근거로 한 변경 영향 분석은 잘못된 결과를 낳을 수도 있다.

1.4 리그레션 테스트

리그레션 테스트는 소프트웨어를 변경한 후에도 여전히 같은 기능을 한다는 것을 확인하기 위한 테스트이다. 리그레션 테스트는 변경에 의해 영향을 받는 부분만 다시 테스트하는데, 어떤 부분을 재시험해야 하는지 알아내기 어려운 경우가 있다. 이때는 보관된 테스트 케이스를 다시 수행시킨다. 이런 경우를 대비하여 모든 테스트 케이스는 잘 보관해두어야 한다.

2 유지보수 작업 모델

소프트웨어 유지보수 작업 모델은 유지보수성을 얼마나 잘 인식하고 있느냐에 따라 크게 다르다. 여기서는 여러 가지 유지보수 작업 모델 중 중요한 세 가지를 소개한다.

2.1 즉시 수정 모델

임시방편적인 유지보수 작업 모델이다. 문제가 일어날 것에 대비하여 기다리다가 가능하면 빨리 문제를 해결하는 방식이다. [그림 10-7]에 나타낸 것처럼 장기적인 효과, 예컨대 구조적인 영향이나 파급 효과를 자세히 분석하지 않고 바로 수정하며 문서 수정은 최소화한다.

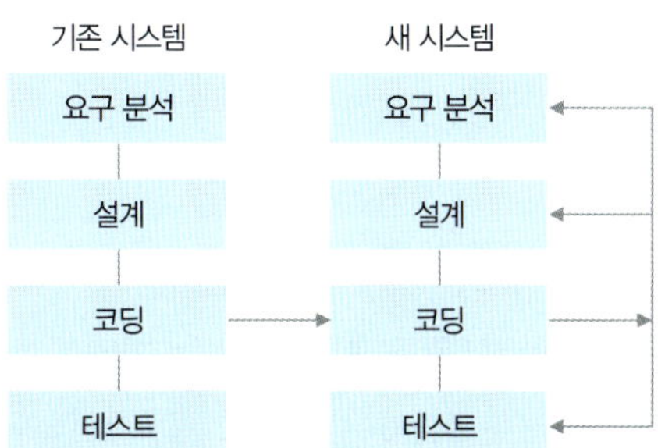

그림 10-7 즉시 수정 모델

간단하고 임시방편적이라고 해서 즉시 수정quick-fix 모델을 무시하면 안 된다. 오늘날도 많이 사용되고 있기 때문이다. 예를 들어 한두 명의 유지보수 담당자가 시스템을 잘 알고 있고, 상세한 문서 없이 잘 관리할 수 있으며, 수정할 수 있는지 없는지 바로 결정할 수 있다면 이 모델이 적절하다. 하지만 이런 환경은 흔치 않다. 많은 사용자를 기반으로 하는 상용 소프트웨어는 이런 특수한 환경이 아니다.

그렇다면 왜 신뢰성이 떨어지는 이 방법을 아직도 사용하는 것일까? 그 이유는 고객이 빠른 수정을 요구하기 때문이다. 서비스가 중단되면 안 되기 때문에 변경을 위한 자세한 리스크 분석과 변경 영향 분석 등 시간이 많이 걸리는 과정을 기다릴 수 없다. 긴 안목에서 보면 즉시 수정 모델에 의존하는 것은 바람직하지 않다. 잘못하면 아주 어려운 데다 비용이 많이 드는 문제를 초래할 수도 있기 때문이다.

현명한 방법은 즉시 수정 모델에 더 복잡한 모델을 추가하여 사용하는 것이다. 이렇게 하면 외부 압력으로 서둘러야 하는 변경 작업을 좀 더 신중하게 고려하여 부작용이 발생하지 않도록 예방적 유지보수를 할 수도 있다.

대부분은 즉시 수정 모델의 한계점을 알고 있다. 하지만 이 모델은 실제 비즈니스 환경과 너무 잘 맞는다. 단지 단기와 장기 업그레이드 사이에 차이가 있을 뿐이다. 예를 들어 상용 워드프로세서에서 버그를 발견했다면 완전히 새로운 업그레이드를 즉시 예상하기는 어려울 것이다. 대부분 즉시 수정하여 임시 버전을 릴리스하고, 버그에 대한 완전한 솔루션은 다음에 출시할 업그레이드에 다른 버그 수정이나 개선 사항과 함께 구현될 것이다.

즉시 수정 모델은 변경 효과를 간과할 수 있다는 것이 단점이다. 변경으로 인한 연쇄적인 수정이 프로그램을 잘못된 방향으로 몰아갈 수 있다. 또한 인력과 자원이 긴급 보수에 투입되어야 하므로 문서 변경에 매달리는 시간이 부족하고, 따라서 오류를 성공적으로 찾는 기회가 줄어들 수 있다.

2.2 반복적 개선 모델

소프트웨어 개발 생명주기 동안 반복적으로 변경이 일어나 시스템이 계속 개선된다는 전제에 바탕을 둔 모델이다. 요구가 완전히 이해되지 않고 전체 시스템을 구축할 수 없는 환경에서 주로 사용한다. 개발 프로세스 전체가 반복하면서 개선을 추구해나가는 진화적 개발 모델과 유사하다. 이 모델은 원래 개발 모델로 제안되었으나 유지보수 모델로도 사용되고 있다.

반복적 개선 모델은 기존 시스템을 유지보수하여 변경이 일어나면 새 시스템을 개발하는 반복 사이클로 이루어진다. 변경은 [그림 10-8]과 같이 기존 시스템을 분석하여 새 시스템을 개발하는 식으로 진행된다. 기존 시스템의 요구 명세와 설계는 새 시스템을 변경하는 데 기초가 되며, 이런 과정을 변경의 묶음으로 반복하게 된다.

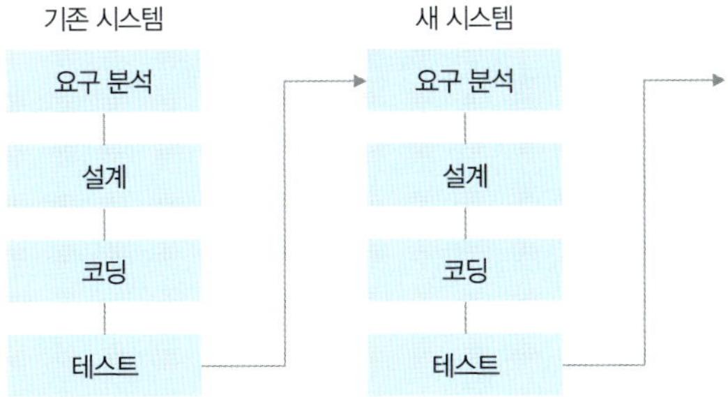

그림 10-8 반복적 개선 모델

반복적 개선 모델은 변경의 필요성이 있을 때마다 요구 분석, 재설계, 구현이라는 일련의 작업을 반복하면서 계속 시스템을 개선해나간다. 유지보수를 빨리 해야 하는 압박 때문에 즉시 수정 모델이 생겼지만 빠른 수정은 버그를 해결하는 것이 아니라 더 많은 문제를 일으킬 수 있다. 결국 반복적 개선 모델은 즉시 수정 모델을 더 체계화된 형태로 만든 것이다.

반복적 개선 모델의 문제점은 완벽한 문서화와 유지보수 팀이 시스템을 완전히 분석할 능력이 있음을 전제로 한다는 것이다. 이와 같은 구조화된 유지보수 모델을 사용하면 문서가 완전하고 최신으로 유지되지만 이는 실제 유지보수 환경에서 흔한 일이 아니다.

2.3 재사용 중심 모델

재사용 중심 모델은 유지보수 작업을 프로그램 컴포넌트의 재사용으로 본다. 재사용의 개념은 다음과 같은 네 단계로 이루어진다.

① 재사용 후보가 될 만한 시스템의 부품을 파악한다.

② 시스템의 부품을 이해한다.

③ 시스템의 부품을 새로운 요구에 맞추어 변경한다.

④ 변경된 부품을 새 시스템에 통합한다.

재사용 중심 모델은 컴포넌트를 분류하고 변경을 가능하게 하는 프레임워크가 필요하다. [그림 10-9]는 재사용 모델의 프로세스를 나타낸 것이다. 생명주기의 시작은 어느 단계에서든 가능하다. 재사용 중심 모델은 재사용 컴포넌트를 위한 저장소가 필요하며 재사용 컴포넌트를 선택하고 맞춤화하는 작업을 지원해야 한다.

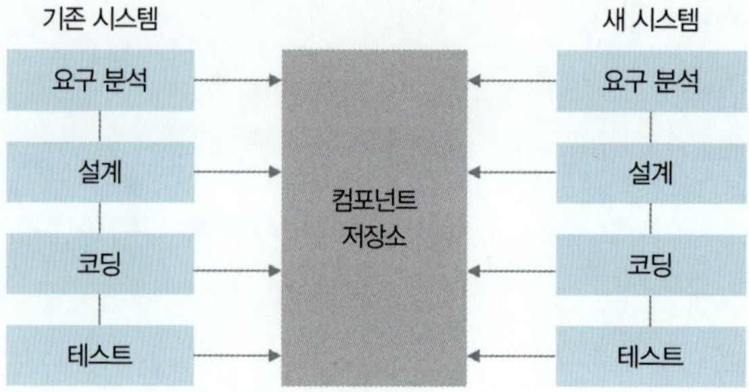

그림 10-9 재사용 중심 모델

03 형상 관리

1 형상 관리의 의미와 요소

소프트웨어가 개발된 후 사용 단계에 들어가면 시스템의 형상과 변경을 관리하기가 까다로워진다. 릴리스된 소프트웨어는 실행 코드의 형태로 있지만 공급 기관에는 원시코드로 남아 있기 때문이다. 사용되는 실행 버전에 반영하지 않고 원시코드를 수정하는 경우도 있는데, 이때에도 엄격하게 통제하지 않으면 실행 버전의 원시코드가 존재하지 않게 된다. 게다가 원시코드만으로는 시스템을 이해하는 데 충분치 않기 때문에 문서도 함께 변경을 통제해야 한다. 형상 관리는 소프트웨어를 개발하고 진화시키는 과정을 통제하는 수단으로, 형상 관리를 잘하면 변경을 수행할 때 신뢰도가 올라간다.

지속적으로 변경되는 소프트웨어를 적절히 통제하지 않으면 소프트웨어 제품을 다룰 수 없다. 유지보수 단계의 형상 관리는 라이브 시스템 환경에서 이루어지므로 개발 단계의 형상 관리와 다르다. 변경에 의한 영향이 라이브 시스템에 즉각 반영되기 때문이다.

소프트웨어에 대한 형상 관리는 쉽게 변경할 수 있어서 하드웨어보다 엄격하지 않다. 하지만 소프트웨어의 변경을 통제하지 않으면 통합이 이루어지지 않거나 제대로 빌드되지 않는다. 또한 실행 코드와 원시코드가 일치하지 않을 수도 있다. 실행되는 소프트웨어의 원시코드가 보관되어 있지 않다면 심각한 결함이 있을 때 수정할 수도 없다. 소프트웨어 공급자가 변경을 제대로 통제하지 못하여 시스템을 제공하지 못하면 손실이 발생하여 큰 비용을 지불하게 된다.

소프트웨어 각 요소의 변경을 통제하고 버전별로 재구축할 수 있게 하는 형상 관리는 다음 네 가지 요소로 구성된다.

① **형상 요소 파악**: 소프트웨어 형상을 구성하는 베이스라인과 형상 항목, 아이템을 구별하기 위한 명명 체계를 정의한다. 형상은 새 프로젝트가 시작될 때 파악한다.

② **형상 변경 제어**: 시스템 형상의 일관성과 개발자 사이의 협력을 확인하기 위해 형상 항목에 대한 변경을 관리한다. 변경 제어는 변경 요청이 발생했을 때 이루어진다.

③ **형상 감사**: 소프트웨어 형상에 대해 요청된 변경이 적절히 이루어졌는지 확인하고 베이스라인과 형상 항목을 검증한다.

④ **형상 상태 보관**: 소프트웨어 형상에 대한 정보를 추적하고 유지하기 위해 형상의 상태를 보관 및 관리한다.

NOTE_ 베이스라인

베이스라인baseline은 소프트웨어 개발 주기에서 미리 정의된 작업 결과물을 완성하고 공식 승인받는 일종의 참조 시점reference point이다. 베이스라인은 개발 주기 또는 유지보수 기간에 제품의 구성 항목을 수정하고 공식적으로 변경함으로써 프로젝트 수행 도중 발생할 수 있는, 통제되지 않은 변경에 대한 취약성을 줄이는 것이 목적이다. 또한 시스템의 특정 버전(릴리스)을 구성하는 소프트웨어 구성 요소의 집합을 식별하는 데 사용한다.

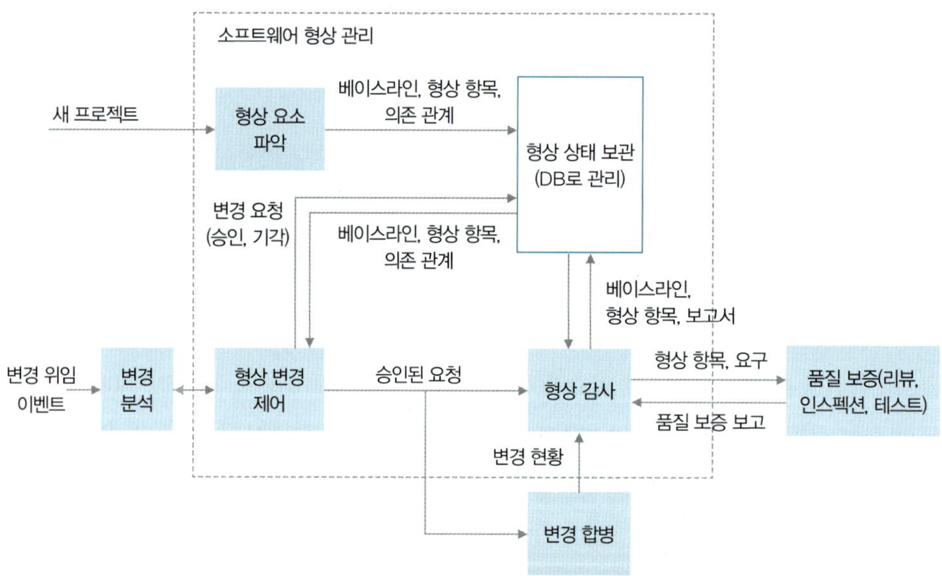

그림 10-10 형상 관리 절차

소프트웨어의 형상을 이루는 모든 요소는 서로 간의 의존 관계가 잘 보관되어 있어야 한다. 추가, 삭제, 수정 등 모든 변경이 기록되어 있어서 다른 요소에 어떤 영향을 주는지도 확인되어야 한다. 또한 누가 어떤 변경을 요청하고, 실제 변경의 책임이 누구에게 있는지 알고, 누가 어떻게 변경을 수행했는지 감사하는 작업도 이루어져야 한다. 형상 관리의 네 가지 요소를 하나씩 살펴보자.

2 형상 요소 파악

소프트웨어를 개발하면 여러 가지 문서가 생성된다. 하지만 모든 문서가 형상 관리의 제어를 받아야 하는 것은 아니며 프로젝트 크기, 개발 프로세스, 가용 자원 등 여러 가지 요인을 고려하여 문서를 관리할 필요가 있다. 소프트웨어의 형상 요소 파악은 베이스라인과 각 베이스라인 형상 항목의 정의가 선행되어야 한다.

형상 항목은 단순 항목과 복합 항목으로 나눌 수 있다. 복합 항목은 다수의 다른 항목을 포함하고 있는 것이다. 예를 들면 설계 명세는 확장된 사용 사례, 시퀀스 다이어그램, 설계 클래스 다이어그램을 포함하고 있다. 형상 항목의 속성은 다음과 같다.

- **고유 식별자**: 소프트웨어의 각 형상 항목을 구별하기 위한 고유 번호ID number로, 각 형상 항목이 어떤 기능을 하는지 알 수 있도록 짓는다. 예를 들어 '도서관 정보 시스템'의 도메인 모델 버전 1이라면 LIS-Inc1-DM과 같이 고유 식별자를 붙인다.
- **이름**: 형상 항목의 이름을 뜻한다. 문헌 대출 사용 사례, 문헌 대출 시퀀스 다이어그램 등을 예로 들 수 있다.
- **문서 종류**: 형상 항목의 문서 종류로 요구 분석 명세서, 설계 문서, 테스트 케이스 등이 있다.
- **문서 파일**: 문서 파일의 이름과 경로를 말한다.
- **저자**: 형상 항목을 만든 개발자를 말한다.
- **생성 날짜, 타깃 완성일**: 형상 항목의 상태를 파악하기 위한 정보이다.
- **버전 번호**: 형상 항목의 버전을 추적하기 위한 정보이다.
- **업데이트 이력**: 누가 언제 업데이트했는지 간략히 요약한 리스트이다.
- **설명**: 형상 항목에 대한 설명이다.
- **SQA 담당자**: 형상 항목의 품질 보증 책임자를 뜻한다.
- **SCM 담당자**: 형상 항목을 검토할 책임자를 뜻한다.

3 형상 변경 제어

소프트웨어의 형상 변경 제어configuration change control는 다음과 같은 작업 순서로 진행하며, [그림 10-11]과 같은 문서로 변경 요청을 받고 관리한다.

변경 요청서 – 일반 정보				
CR#	*[CR001]*			
변경 유형	개선 ☐	결함 ☐	적응 ☐	
프로젝트/프로그램/개발자				
제출자 이름	*[홍길동]*			
요청 내용	*[요청한 변경에 대한 자세한 설명 작성]*			
제출일	*[mm/dd/yyyy]*			
완료 요청일	*[mm/dd/yyyy]*			
우선순위	낮음 ☐	중간 ☐	높음 ☐	위임 ☐
변경 요청 이유	*[왜 변경을 요청하는지 자세히 작성]*			
영향을 받는 베이스라인	*[변경으로 영향을 받는 결과물 나열]*			
예상 소요 시간	*[요청한 변경에 대한 소요 시간]*			
추가 의견	*[추가 의견]*			
참고 정보	Yes	No		
	링크:			
서명	*[승인 서명]*		날짜	*[mm/dd/yyyy]*

그림 10-11 형상 변경 요청서

■ **변경 이유 파악**

형상 항목을 변경하는 데에는 다음과 같은 이유가 있다.

- **소프트웨어 결함**: 기능이 부정확 또는 부적합하거나 성능이 만족스럽지 않아 변경하는 경우를 말한다.
- **하드웨어 변경**: 하드웨어나 하드웨어 장치의 교체로 변경하는 경우를 말한다.
- **운영 요구의 변경**: 예를 들면 새로운 보안 절차에서 비밀번호는 더 복잡한 보안 규칙을 만족시키고 주기적으로 변경되어야 하는데 이럴 때 변경하는 경우를 말한다.
- **고객이나 사용자로부터의 개선 요구**: 예를 들면 사용자 인터페이스의 개선이나 인터랙션 동작의 개선 요구로 인해 변경하는 경우를 말한다.
- **예산, 프로젝트 일정, 기간의 변경**: 예를 들면 다가오는 비즈니스의 상황, 예산 삭감, 시스템 기능의 축소 등 일정 조정이 필요하여 변경하는 경우를 말한다.

■ **변경 분석**

상황이 발생하면 팀은 형상 항목에 대한 변경을 파악하고 관련 전문가는 변경을 분석한다.

■ **변경 요청 준비**

변경 분석 결과는 변경 요청서를 작성하는 데 사용한다. 변경 요청서는 다음과 같은 사항을 명시하기 위한 기술 및 행정 사항으로 구성되며, 양식은 [그림 10-11]과 같다.

- 요청한 변경의 설명
- 조직과 개발자의 파악
- 변경 이유
- 영향을 받는 베이스라인과 형상 항목
- 제안된 변경을 구현하는 데 소요되는 노력, 시간, 비용
- 제안된 변경의 우선순위

■ **변경 요청 평가**

여러 부서, 특히 변경으로 영향을 받는 부서로 구성된 형상 관리 위원회에서 검토한다. 회의 결과는 제안이 거부되거나, 발의한 부서로 돌려보내거나, 승인되는 세 가지 경우 중 하나이다.

■ **변경 추가**

승인된 변경을 시스템에 추가한다.

4 형상 감사

소프트웨어 형상 감사의 기능은 다음과 같다.

■ **베이스라인을 구축하기 위한 메커니즘을 정의한다.**

베이스라인은 두 가지 상태, 즉 향후 구축 베이스라인과 승인 베이스라인 중 하나이다. 구축 베이스라인은 관련 문서 중 하나라도 생성되어 형상 관리 시스템에 제출되었을 때의 상태이고, 승인 베이스라인은 관련된 모든 형상 항목이 만들어지고 품질 보증 팀의 인스펙션도 마쳐서 형상 관리 시스템에 제출되었을 때의 상태이다.

■ **형상 항목을 검토한다.**

각 형상 항목에서 의도하는 것이 베이스라인에 명시된 대로 정의되었는지 또는 다음 베이스라인에서 업데이트되어도 차이가 없음을 보장하는지 확인한다. 예를 들어 요구 베이스라인에서 사용 사례가 변경되었다면 설계 수준의 베이스라인에 확장된 사용 사례에서 시스템과 액터가 변경된 대로 상호작용하도록 일치되어야 한다.

■ **형상 항목을 확인한다.**

형상 항목이 올바르게 문제를 해결했는지 확증하기 위해 정확성을 확인한다. '도서관 정보 시스템'의 문헌 대출 사용 사례를 예로 들면, '형상 항목 검토'는 확장된 사용 사례가 다음 베이스라인에도 있는지 확인하는 것이고, '형상 항목 확인'은 확장된 사용 사례의 명세가 사용자의 예측과 일치하는지 확인하는 것이다.

5 형상 상태 보관

소프트웨어의 형상 상태 보관은 형상 항목에 대한 정보를 추적하고 보고하는 데 필요한 작업이다. [그림 10-10]에서 보았듯이 별도의 데이터베이스가 제공되어 형상 관리의 세 가지 다른 기능을 지원한다. 형상 관리 데이터베이스는 프로젝트가 진행되면서 유지해야 하는 데이터양과 복잡도가 증가한다. 저장할 데이터는 형상 항목과 베이스라인에 대해 명시하는 정보, 변경 요청 설명과 상태, 변경 상태, 형상 감사 후의 결과인 구축될 베이스라인에서 부족한 점, 형상 항목 사이의 관계, 베이스라인과 형상 항목 사이의 관계를 포함한다.

NOTE_ 형상 관리 위원회

형상 관리 작업은 많은 인원보다는 경험 많은 소수의 인력이 담당해야 한다. 프로젝트를 객관적인 시각으로 바라보고 문제점과 궤도 이탈은 물론 작은 결점이라도 지적해줄 수 있는 사람이 필요하다. 특히 프로젝트 진행상 잠재적 위험, 발견된 불일치 등에 대해 조언할 수 있는 경험자여야 한다. 형상 관리 위원회에는 검사역[auditor], 형상 관리 엔지니어, 기록 관리자 등이 소속되어 다음과 같은 작업을 한다.

- **형상 파악**: 릴리스 리스트, 개발 베이스라인, 운용 베이스라인, 변경 요청서 등을 파악하고 준비한다.
- **형상 제어**: 형상 관리 위원회 회의를 주관하여 변경 요청서를 분석하고 우선순위를 정하여 변경 작업을 할당한다. 검사와 테스트 및 변경 결과를 승인하며 운용 베이스라인을 설치한다.
- **감사**: 새로 준비된 베이스라인을 검토하고 확인하여 다음 버전을 릴리스한다.
- **상태 보관**: 변경을 기록하고 추적한다.

04 리엔지니어링

1 리엔지니어링의 개념

리먼의 원리에서 본 것처럼 소프트웨어는 지속적으로 변하는데 이는 소프트웨어 시스템의 구조가 계속 나빠진다는 것을 의미한다. 결과적으로 더 이해하기 어렵고 유지보수에 비용이 많이 드는 소프트웨어가 된다. 이런 경우 유지보수 비용을 줄이기 위해 시스템의 재구조화가 필요하다.

리엔지니어링reengineering은 소프트웨어의 품질, 보안, 성능 등 어떤 측면을 개선하기 위해 시스템 또는 컴포넌트를 재구조화하는 과정이다. 소프트웨어를 단순히 유지보수하는 차원을 넘어 개선하는 차원에서 사용되며, 소프트웨어 유지보수와 소프트웨어 개발이 만나는 곳에 소프트웨어 리엔지니어링이 있다고 할 수 있다.

소프트웨어 리엔지니어링이라는 개념이 나오기 전에는 소프트웨어 역공학 개념으로 한정되어 있었다. 원래 역공학은 하드웨어 분야에서 완제품으로부터 설계를 해독해내는 작업을 말한다. 이렇게 하는 목적은 자기 제품을 향상할 뿐만 아니라 경쟁 제품을 분석하기 위함이다. 마이클 리코프Michael G. Rekoff는 역공학을 '복잡한 하드웨어 시스템의 시제품을 자세히 조사하여 명세서를 개발하는 과정'이라고 정의했다. 이러한 과정은 유사 제품을 만들려는 개발자들이 행하는 것이다.

역공학 개념은 소프트웨어 시스템에도 적용될 수 있으며 시스템과 그 구조를 이해하는 데 도움이 된다. 그러나 하드웨어 분야에서 역공학의 목적은 복제이지만 소프트웨어 분야에서는 유지보수와 기능 향상에 도움을 주는 설계에 대한 충분한 이해가 그 목적이다.

소프트웨어 유지보수란 제품을 인도한 후에 오류를 수정하거나, 성능을 향상하거나, 변경된 환경에 제품을 맞추려고 변경하는 것을 말한다. 따라서 유지보수 담당자는 설계자는 아니지만 시스템을 조사하고 이해하기 위해 노력해야 한다. 리엔지니어링 도구는 이러한 작업을 용이하게 해주는 것으로, 이러한 의미에서 리엔지니어링은 시스템을 이해하고 적절히 변경하는 소프트웨어 유지보수 작업의 일부라 할 수 있다. 재구조화restructuring 또한 넓은 의미에서 역공학과 함께 소프트웨어 유지보수 범주에 들어간다. 또한 역공학, 리엔지니어링, 재구조화. 이 세 가지 과정은 새 시스템을 만들고 점증적으로 개발하는 범주에도 속할 수 있다.

2 리엔지니어링의 목적

리엔지니어링은 소프트웨어 시스템의 구조를 개선하여 향후 유지보수 작업이 효율적으로 이루어지도록 하는 데 필요하다. 그 밖에도 리엔지니어링은 품질, 보안, 성능적인 측면을 개선하기 위해 수행된다. 소프트웨어 리엔지니어링의 목적을 정리하면 다음과 같다.

■ 소프트웨어 아키텍처 개선

리엔지니어링의 목적은 현재 시스템의 아키텍처를 개선하는 것이다. 아키텍처 개선에는 아키텍처 패턴, 보안 패턴, 설계 패턴 등 여러 가지 이론이 적용된다. 예를 들면 MVC 패턴을 적용하여 비즈니스 객체로부터 GUI를 떼어내면 구조를 개선할 수 있다.

■ 소프트웨어의 복잡도 경감

시스템의 복잡도는 소프트웨어의 품질, 보안에 상당한 영향을 주는 것으로 알려져 있다. 소프트웨어 시스템이나 컴포넌트의 복잡도는 여러 가지 방법으로 측정할 수 있다. 그중에서 토머스 맥케이브[Thomas J. McCabe]가 제안한 사이클로매틱 방법은 함수에 존재하는 독립적인 경로의 개수를 측정하는 데 사용된다. 사이클로매틱 복잡도가 높으면 함수를 이해하거나 구현, 테스트, 유지보수하기가 어렵다. 복잡도를 줄이는 데 다수의 패턴을 적용할 수 있는데 옵서버, 상태, 전략 등의 패턴이 여기에 해당된다.

■ 변경에 대한 적응성 개선

소프트웨어 시스템의 구조와 동작을 개선하기 위해 적절한 설계 패턴을 적용한다. 이렇게 되면 요구나 운영체제의 변경에도 쉽게 적응할 수 있다. 예를 들면 브리지 패턴 설계는 데이터베이스 관리 시스템의 변경에도 쉽게 적응될 수 있다. 이런 프레임워크를 기존 시스템에 적용하는 것이 바로 리엔지니어링이며, 이렇게 함으로써 적응성을 높일 수 있다.

■ 성능, 효율성, 자원 유용성 개선

시스템이 운용되는 동안 시스템의 여러 측면에 대한 데이터를 수집하고 측정하면 개선이 필요한 부분이 어디인지 가치 있는 정보를 수집할 수 있다. 예를 들면 시스템 성능의 병목,

비효율적인 작업 분배, 비효율적인 자원 이용 등이 어디서 일어나는지 찾아낼 수 있다. 아키텍처 스타일, 패턴, 효율적인 알고리즘은 시스템을 개선하기 위해 적용될 수 있다. 예를 들면 가상 프록시, 스마트 프록시, 플라이웨이트 패턴, 프로토타입 패턴 등은 성능, 객체 생성, 속도, 메모리 사용량을 개선하는 데 적용된다.

■ **소프트웨어 시스템의 유지보수 개선**

소프트웨어가 쉽게 유지보수되도록 여러 가지 패턴을 적용할 수 있다. 추상 팩토리, 브리지, 빌더, 책임 체인, 커맨드, 컴포지트, 데코레이터, 퍼사드, 플라이웨이트, 반복자, 중재자, 옵서버, 상태, 전략, 템플릿 메소드, 비지터 패턴 등을 적용하면 유지보수성, 특히 융통성이 개선된다.

3 리엔지니어링과 추상화 수준

리엔지니어링과 추상화 수준의 관계를 알아보기 위해 리엔지니어링을 생명주기 모델, 대상 시스템, 추상화 수준의 관점에서 살펴보자.

- **생명주기 모델**: 전통적인 폭포수 모델이건 점증적 모델이건 방향성 그래프directed graph로 표현할 수 있다. 방향성 그래프로 나타낸 생명주기의 경우 각 단계 안에 반복이 있을 수 있고, 전진하는 방향의 작업 및 후진하는 방향의 작업이 가능하다.
- **대상 시스템**: 대상 시스템에는 단순한 프로그램 또는 부분적인 코드, 복잡한 프로그램, 작업 제어 명령, 자료 파일 등이 있는데 이러한 것들은 정공학에 의한 개발의 결과이다. 역공학에도 대상 시스템이 존재하며 이로부터 작업이 시작된다.
- **추상화 수준**: 생명주기 모델의 초반에는 추상적이고 일반적인 개념을 다룬다. 그리고 후반에는 구체적인 내용을 구현 중심으로 다룬다. 생명주기를 전진한다는 것은 더 구체적인 것으로 전환하여 추상화 수준이 낮아짐을 뜻한다. 결국 초기에는 높은 수준의 추상적인 내용을 다루다가 후반에는 추상화 수준이 점점 낮아지게 된다.

리엔지니어링은 대상 시스템을 새로운 요구에 맞게 변경하는 것renovation을 말한다. 기업의 리엔지니어링이 현재 시스템을 평가하고 미래의 요구에 맞게 변경하는 작업인 것과 마찬가지로, 소프트웨어 리엔지니어링도 추상화된 정보를 얻기 위해 수행하는 역공학과 새로운 요구에 맞추어 구현하는 정공학을 포함하는 작업이다.

[그림 10-12]는 리엔지니어링 작업 내에서의 추상화 수준을 나타낸 것이다.

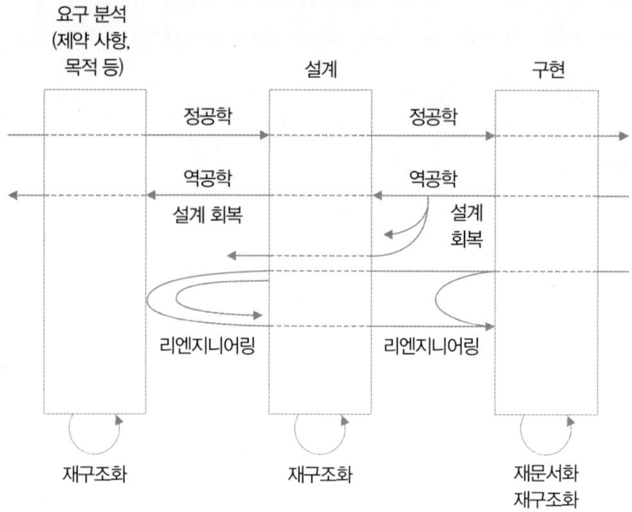

그림 10-12 리엔지니어링과 추상화 수준

■ **역공학**

역공학은 대상 시스템을 분석하여 시스템의 구성 요소와 그 관계를 파악하고 시스템을 달리 표현하거나 높은 수준의 추상화된 정보를 추출하는 작업이다. 일반적으로 설계도를 추출하거나 구현과 독립적인 추상화된 표현을 만든다. 따라서 역공학은 대상 시스템을 변경하거나 새로운 시스템으로 개선하는 것이 아니라 분석하는 것이 목표이다.

■ **재문서화**

재문서화redocumentation는 같은 수준의 추상 표현을 만들거나 다시 개작하는 일을 말한다. 재문서화는 역공학에서 가장 간단하고 오래된 형태로서 다른 형태(예를 들면 UML의 여러 다이어그램)로 표현하는 것을 말한다. 이때 설계 도구나 IDE의 다이어그램 생성기, 앞뒤 참조표 생성기 등을 주로 이용한다. 재문서화의 주요 목표는 프로그램 요소 사이의 관계를 가시화visualize하는 것이다.

■ **재구조화**

재구조화restructuring는 상대적으로 같은 추상 수준에서 하나의 표현 형태로부터 다른 형태로 바꾸는 것이다. 따라서 대상 시스템의 기능이나 외적인 동작이 바뀌지는 않는다. 재구조화는 전통적인 의미의 구조를 향상하기 위해 코드를 변형하는 것으로, 비구조적인 복잡한 프로그램을 구조적인 프로그램으로 바꾸는 것이 이에 해당된다. 같은 맥락에서 데이터 모델을 개선하는 것(3차 정규형으로 고치는 것)도 재구조화이다. 긴 if 문을 case 문으로 바꾸는 것도 재구조화라 할 수 있다. 재구조화는 대상 시스템의 상태를 개선하기 위한 유지보수preventive maintenance에 사용된다.

4 리엔지니어링 작업 과정

[그림 10-13]은 소프트웨어 리엔지니어링 과정을 보여준다. 각 단계의 세부 작업은 다음과 같다.

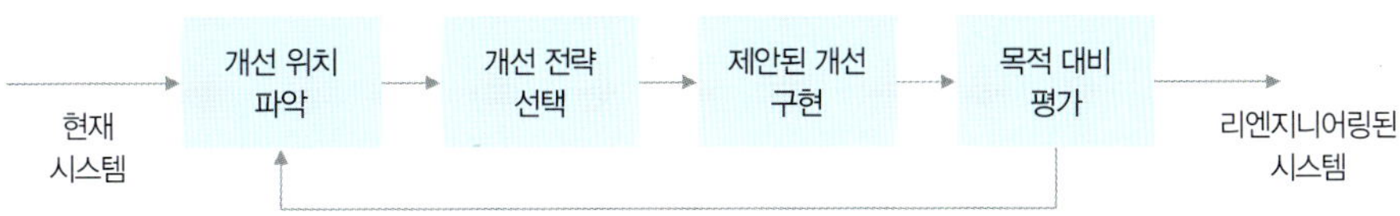

그림 10-13 리엔지니어링 과정

① **개선이 필요한 위치 파악**: 먼저 소프트웨어를 분석하여 개선이 필요한 위치를 파악한다. 위치를 파악할 때는 여러 가지 유용한 도구를 이용한다.

② **개선 전략 선택**: 다음에 꼭 개선해야 할 것으로 파악되는 항목을 위해 개선 전략을 개발한다. 개선이 필요한 항목에 하나 이상의 전략이 존재할 수도 있다. 변경 효과와 개선 전략을 구현하는 데 소요되는 시간과 비용을 분석하고 그 결과를 바탕으로 개선 전략을 선택한다.

③ **제안된 개선 구현**: 제안된 개선을 구현한다. 리엔지니어링한 소프트웨어가 요구를 만족시키는지 테스트 및 리그레션 테스트를 실시한다.

④ **목표를 기준으로 시스템 평가**: 변경된 시스템을 목표에 대비하여 평가한다. 추가 개선이 필요하면 프로세스를 반복한다.

05 유지보수 도구

대부분의 소프트웨어 유지보수 작업은 지루하고 시간이 많이 걸린다. 유지보수 작업을 할 때는 일관성을 유지하기 위해 변경 사항을 공유하고 협력할 필요가 있으며, 작업을 끝낸 후에는 소프트웨어 시스템이 요구 사항과 제한 사항을 만족시키는지 확인하는 테스트를 실시해야 한다. 이때 유지보수 도구를 사용하면 이러한 시간과 노력을 대폭 줄일 수 있다. 소프트웨어 유지보수 작업에 사용하는 도구는 다음과 같다.

■ **역공학 도구**

설계 및 명세 복구에 필요한 도구로 프로그램의 이해와 개선이 필요한 위치를 찾는 데 도움이 된다. 설계 문서가 없거나 오래되었을 때 이러한 도구는 진가를 발휘한다.

■ **메트릭 측정 도구**

소프트웨어 시스템의 정량적인 측정값을 계산하고 보여주며 개선이 필요한 부분을 찾고 강조하는 데 도움을 준다. 예를 들어 수천 줄에 걸친 클래스는 유지보수를 하기도 힘들고 오류가 많을 수 있다. 과도한 함수를 가진 클래스는 너무 많은 책임을 배정받을 수 있기 때문이다. 복잡한 메소드 또한 개선의 대상이 된다.

■ **성능 측정 도구**

소프트웨어 시스템의 다양한 컴포넌트에 대해 실행 시간, 호출 빈도, 메모리 사용량 등을 보여주며 성능의 병목과 메모리 집약적인 컴포넌트를 찾는 데 도움이 된다. 소프트웨어 리엔지니어링은 이런 문제를 해결한다.

■ **정적 분석 도구**

코딩 표준, 잘못된 타입의 사용, 특정 버그, 정의 및 사용의 이상 현상anomaly, 보안 취약점을 파악하는 데 효과적이다.

■ **변경 효과 분석 도구**

제안된 개선의 영향 범위를 평가하는 데 효과적이다. 변경 효과 분석 결과는 제안된 개선을 수행하는 데 필요한 노력의 예측에 기준이 된다.

■ **형상 관리 도구**

버전 관리 시스템, 예를 들면 서브버전Subversion과 같은 도구는 변경된 파일과 문서의 버전을 관리하는 데 도움이 된다.

■ **리그레션 테스트 도구**

시스템이 요구를 만족하고 리엔지니어링이 새로운 오류를 발생시키지 않는지 검사하기 위한 테스트 케이스를 다시 실행하는 데 유용하다. 어떤 도구는 소프트웨어를 분석하여 다시 실행할 테스트 케이스를 선택한다.

요약

- 유지보수 작업은 개발 작업과 달리 프로그램의 이해 중심으로 이루어지며 많은 도구와 측정 방법이 동원되어야 한다.
- 유지보수 작업 모델은 결함을 즉시 고치는 일회성 모델과 지속적으로 개선하는 반복 모델, 재사용을 전제로 한 유지보수 모델이 있다.
- 유지보수 작업은 방대한 분량의 소프트웨어 변경을 다루는 것이다. 따라서 변경을 통제하지 않으면 큰 혼란과 원시코드 불일치를 초래할 수 있다. 따라서 변경을 잘 통제하기 위해 요청을 문서로 받고 이를 심사하여 변경을 지시하며 변경 작업 결과를 확인하는 변경 통제 위원회를 운영해야 한다.
- 리엔지니어링은 소프트웨어에 대대적인 개선이 필요할 때 위치를 파악하여 전략을 세우고 개선을 구현하는 체계적인 개혁 방법이다. 리엔지니어링을 위해 과거의 시스템에서 필요한 여러 가지 설계 정보를 도출하는 것을 역공학이라고 한다.

연습문제

01 유지보수 작업에 대한 설명으로 옳지 않은 것은?

① 소프트웨어가 인수 및 설치된 후 일어나는 모든 소프트웨어 공학적 작업이다.
② 소프트웨어가 가장 유용하게 활용되는 기간이다.
③ 유지보수를 위해 수정과 테스트 작업이 가장 중요하고 노력이 많이 필요하다.
④ 유지보수를 어렵게 만드는 것은 무엇보다도 모든 소프트웨어 시스템이 고정적이지 않다는 사실이다.

02 다음 중 소프트웨어 형상 관리 대상인 소프트웨어 형상을 모두 나열한 것은?

㉠ 소프트웨어 요구 사항 명세서
㉡ 설계 문서
㉢ 운영 및 설치 매뉴얼
㉣ 유지보수 문서

① ㉠, ㉡
② ㉠, ㉡, ㉢
③ ㉠, ㉡, ㉣
④ ㉠, ㉡, ㉢, ㉣

03 어떤 도서관에서 운영 중인 도서 관리 시스템에 대해 수행한 다음 작업과 소프트웨어 유지보수 활동을 바르게 연결한 것은?

> 가. 운영 중인 도서관리 시스템에서 대출 빈도가 높은 도서 목록을 추출하는 기능을 추가한다.
> 나. 윈도우 XP가 탑재되어 있는 PC에서 운영 중인 도서관리 시스템을 리눅스가 탑재된 서버에서 운영하도록 옮긴다.

① 가: 개선형 유지보수
나: 적응형 유지보수

② 가: 교정형 유지보수
나: 개선형 유지보수

③ 가: 교정형 유지보수
나: 적응형 유지보수

④ 가: 개선형 유지보수
나: 개선형 유지보수

04 소프트웨어 형상 관리에 대한 설명으로 옳지 않은 것은?

① 소프트웨어 형상 항목에는 시스템 명세서, 소프트웨어 프로젝트 계획서, 소프트웨어 요구 사항 명세서 등이 포함된다.
② 소프트웨어 개발 과정에서 소프트웨어에 대한 변경 사항을 관리하기 위해 수행되는 일련의 활동을 의미하며, 성공적인 형상 관리를 위해서는 유지보수 단계에 계획해야 한다.
③ 소프트웨어 형상 관리 활동에 관련된 사람들을 형상 통제 위원회라고 하며, 구성원에는 프로젝트 관리자, 품질 담당자, 기술 담당자와 고객 측 담당자 등이 포함된다.
④ 형상 관리 도구로는 Clearcase, CVS 등이 있다.

05 소프트웨어 형상 관리의 기본 요소에 대한 설명으로 옳지 않은 것은?

① 형상 항목 식별: 소프트웨어 형상의 조직적 구조를 정의하고 수정하기 용이하게 하거나, 변경이 발생했을 때 추적이 쉽도록 하는 작업이다.
② 형상 제어: 식별된 형상 항목의 변경 요구를 검토, 승인하여 현재의 베이스라인이 적절히 반영될 수 있도록 하는 작업이다.
③ 형상 감사: 설계된 것이 만들어져 테스트한 후 형상 항목에 대해 요구 사항을 만족시키는지 검증하는 작업이다.
④ 형상 상태 보고: 모든 문서가 소프트웨어 내용과 정확히 맞는지 검사하고 소프트웨어 제품 명세 검토, 각 동작에 대한 메모, 원시코드 등의 정보를 지원하는 작업이다.

06 소프트웨어 형상 관리 활동으로 가장 적절하지 않은 것은?

① 형상 관리 항목 식별
② 버전 제어
③ 형상 항목 생성
④ 형상 상태 보고 및 감사

07 다음 중 소프트웨어 유지보수와 관련된 설명을 모두 나열한 것은?

> ㉠ 역공학은 높은 추상도를 가진 표현에서 낮은 추상도 표현을 추출하는 작업이다.
> ㉡ 형상 관리는 프로그램 인도 후 이루어진다.
> ㉢ 일반적으로 소프트웨어 유지보수 비용은 소프트웨어 개발 비용의 25%를 차지한다.
> ㉣ 유지보수 기술의 향상을 위해 소프트웨어 척도를 사용한다.
> ㉤ 베이스라인 설정은 형상 관리에서 일어나는 중요한 작업 중 하나이다.

① ㉠, ㉤
② ㉣, ㉤
③ ㉠, ㉣, ㉤
④ ㉡, ㉢, ㉣

08 다음 설명에 해당하는 용어는?

> 공식적으로 검토 및 동의되었고 추후 개발의 기초가 되며 오직 공식적인 변경 통제 절차에 의해서만 변경될 수 있는 형상 항목이다.

① 마일스톤
② 베이스라인
③ 산출물
④ 유스케이스

09 객체지향 시스템의 유지보수에 대한 설명으로 옳지 않은 것은?

① 단일 클래스에 대한 변경은 프로그램의 다른 부분에 영향을 주지 않을 수 있다.
② 상속으로 인한 의존 관계는 유지보수를 더욱 용이하게 한다.
③ 객체지향 패러다임을 사용하는 많은 이유 중의 하나는 유지보수성을 증진하는 것이다.
④ 정보 은닉은 회귀 결함의 수를 크게 감소시켜준다.

10 소프트웨어 리엔지니어링의 주요 활동 중 다음 설명에 해당하는 것은?

> 기존 소프트웨어를 분석하여 소프트웨어 개발 과정과 데이터 처리 과정을 설명하는 분석 및 설계 정보를 재발견하거나 다시 만들어내는 작업을 말한다.

① 분석 ② 역공학
③ 재구조화 ④ 마이그레이션

11 소프트웨어 리엔지니어링 프로세스 모델에 포함되지 않는 것은?

① 커스터마이징 ② 재고 분석
③ 코드 재구축 ④ 순방향 엔지니어링

12 소프트웨어 형상 관리에 관한 설명으로 거리가 먼 것은?

① 소프트웨어에서 일어나는 수정이나 변경을 알아내고 제어하는 것을 의미한다.
② 소프트웨어 개발의 전체 비용을 줄이고, 개발 과정의 여러 방해 요인이 최소화되도록 보증하는 것을 목적으로 한다.
③ 형상 관리를 위해 구성된 팀을 책임 프로그래머 팀chief programmer team이라고 한다.
④ 형상 관리에서 중요한 기술 중의 하나는 버전 제어 기술이다.

13 유지보수의 종류 중 소프트웨어 테스트 동안 밝혀지지 않은 모든 잠재적인 오류를 수정하기 위한 보수 형태로서 오류의 수정과 진단 과정이 포함되는 것은?

① 개선형 유지보수 ② 적응형 유지보수
③ 예방형 유지보수 ④ 교정형 유지보수

14 소프트웨어 형상 관리를 위한 변경 제어 절차를 순서대로 바르게 나열한 것은?

> ㉠ 소프트웨어 변경 요청서를 분석하여 변경에 의해 영향을 받는 부분, 우선순위와 긴급도를 검토 및 확인한다.
> ㉡ 변경이 제대로 이루어졌는지 검사하고 이를 베이스라인에 반영한다.
> ㉢ 형상 제어 위원회를 소집하여 변경을 책임지고 수행할 담당자를 선정하고 할당한다.

① ㉠-㉡-㉢ ② ㉠-㉢-㉡
③ ㉡-㉢-㉠ ④ ㉢-㉠-㉡

15 리엔지니어링 과정을 순서대로 바르게 나열한 것은?

㉠ 개선 전략 선택	㉡ 개선 위치 파악
㉢ 목적 대비 평가	㉣ 제안된 개선 구현

① ㉠ - ㉡ - ㉢ - ㉣
② ㉡ - ㉢ - ㉣ - ㉠
③ ㉡ - ㉠ - ㉣ - ㉢
④ ㉠ - ㉢ - ㉡ - ㉣

Chapter 11

프로젝트 관리

학습목표

- 소프트웨어 개발 프로세스의 종류와 특징을 알고 실제 소프트웨어 개발 시 적용할 수 있다.
- 소프트웨어를 개발하는 데 필요한 작업량을 예측할 수 있다.
- 작업을 계획하고 일정 관리 및 추적을 할 수 있다.
- 소프트웨어 개발 팀을 조직할 수 있다.
- 프로젝트 계획서의 중요성을 알고 어떤 내용을 작성하는지 설명할 수 있다.

00 개요

소프트웨어 엔지니어링은 노동 집약적인 작업이다. 소프트웨어에 대한 사용자들의 요구를 일일이 파악하고 자세히 설계하여 프로그래밍 언어로 작성하고 테스트하는 등의 작업에 다양한 기술을 가진 많은 엔지니어 인력이 소요되기 때문이다. 따라서 소프트웨어 엔지니어링을 성공적으로 수행하려면 작업하는 사람들을 잘 관리하고 수행하는 일을 잘 조직해야 한다. 프로젝트 관리는 꼭 관리자가 아니더라도 소프트웨어 엔지니어들이 작업을 잘 수행할 수 있도록 계획하고 조직하며 점검하는 모든 작업을 말한다.

이 장에서는 소프트웨어 엔지니어가 알아야 할 프로젝트 관리의 기초 원리를 소개한다. 그리고 소프트웨어를 개발할 때의 작업 순서, 프로젝트 관리에서 작업 비용을 산정하는 방법과 팀을 구성하는 방법을 설명한다. 대규모 프로젝트 수행에는 실패로 끝나게 할 수도 있는 위험 요소와 장애물이 많이 존재하는데, 이를 미리 파악하고 방지하는 위험 분석에 대해서도 알아본다.

01 프로젝트 관리란?

소프트웨어 개발 프로젝트를 맡은 관리자는 어떤 일을 할까? 먼저 당면한 문제를 이해하고 목표를 정한다. 그리고 개발 일정을 계획하고 예산 및 자원이 얼마나 필요한지 예측한다. 또한 인력을 모집하고 교육하고 배치하는 등의 인사 관리staffing도 한다. 마침내 프로젝트가 시작되면 계획대로 잘 진행되는지 확인하고 계획과 차이가 있는 부분을 찾아내어 적절한 조치를 취한다. 관리자에게 중요한 것은 한정된 자원을 어떻게 배치하여 상반된 요구들을 만족시키느냐는 것이다.

1 프로젝트 관리 작업

프로젝트 관리를 효율적으로 하기 위해서는 프로젝트 계획과 수행에 필요한 여러 가지 작업을 해야 한다. 이러한 프로젝트 관리 작업을 아래에 정리했다.

- **필요한 작업 결정**: 고객과 함께 시스템이 다루어야 할 문제를 이해하고 범위를 정한다. 전체 작업의 우선순위를 결정하고, 후속 작업의 프로세스를 정립하며, 계약을 위한 협상 작업을 한다.
- **비용 예측**: 프로젝트를 끝까지 마치는 데 필요한 시간과 노력을 예측한다.
- **인력 확보**: 프로젝트 수행에 적합한 교육을 받은 사람을 찾거나, 작업을 제대로 하지 못할 인력을 찾아 퇴출한다.
- **직무 정의**: 같은 팀의 사람들이 어떻게 협력할지 결정하고, 누가 그런 일의 책임을 맡을지도 결정한다. 팀 구성은 5절에서 자세히 설명하겠다.
- **일정 계획**: 작업 순서를 결정하고 각 작업이 언제 완성되어야 하는지 마감일을 정한다. 중요한 마감일을 마일스톤milestone(이정표)이라 한다.
- **작업 준비**: 인력을 채용하거나 하청을 주기 위한 문서 작업을 한다. 또한 교육 과정 마련, 사무실 확보, 하드웨어 및 소프트웨어 확보, 보안 방지 등의 일을 한다.
- **감독**: 팀 구성원이나 하청업자에게 작업을 지시한다. 이는 단순히 일을 지시하는 것뿐만 아니라 약속한 작업을 끝까지 해낼 수 있도록 관리하는 일까지 포함한다.

- **기술적 리더**: 엔지니어링 문제에 대해 조언하고 대화를 유도하여 문제를 해결하도록 도와준다. 또한 적절한 정보의 출처를 알려주고 부하 직원의 멘토 역할을 하며, 요구 분석과 설계 과정에서 중요한 결정을 내린다.
- **모니터링, 조절**: 현재 무엇이 진행되는지 확인하고 어떤 계획이 수정되어야 하는지 결정한다. 또한 프로젝트 진도를 따라가도록 조처한다. 위험 관리가 이런 부분을 해결해준다.
- **보고**: 고객과 상급 관리자가 알고 싶어 하는 것을 보고한다.
- **팀원의 사기 진작과 지원**: 팀원 사이의 갈등을 해소하고, 팀원 각자가 보상을 받고 존경받는다고 느끼도록 동기 부여를 한다. 팀 내 작업을 개선하는 데 도움이 되는 의견을 주고, 팀원 스스로 문제를 해결하기 위해 논의할 수 있도록 도와준다.
- **프로세스 개선**: 개발 프로세스의 향상을 위해 끊임없이 노력한다.

프로젝트 관리자는 기술 전문가로서 프로젝트의 리더 역할을 하며 다른 사람의 작업을 검토하고 위험을 줄이고자 한다. 그리고 프로젝트에 속한 사람들과 업무를 조정하고 프로세스를 개선하기 위해 노력한다. 어떤 조직은 프로젝트 관리자의 역할과 부서장의 역할을 분리하여 운영하기도 하는데, 이때 부서장은 고용, 사기 진작, 최종 목표 설정과 같은 일을 담당한다. 그러나 이 책에서는 소프트웨어 엔지니어를 프로젝트 관리자로 가정하고 이들이 프로젝트를 운영하는 데 필요한 내용을 소개한다.

NOTE_ 프로젝트 관리 실패 사례

가끔 뉴스에서 비용이 어마어마하게 추가되거나, 일정이 연기되거나, 품질이 형편없어 총체적 부실로 끝났다는 등의 프로젝트 실패 사례가 소개된다. 소프트웨어 프로젝트가 실패하는 원인으로는 요구의 변경, 예상치 못한 기술적 문제 등 여러 가지가 있다. 다음은 프로젝트 관리에 실패한 사례 몇 가지를 소개한 것이다.

- 미국 국세청은 매년 소프트웨어를 변경하기 위해 힘쓰고 있으나 비용을 초과 지출하고 세금을 걷지 못하여 발생하는 기회비용이 500억 달러 이상이다.
- 우리나라의 고속철도 KTX는 1992년 착공되어 1999년 개통 예정으로 프로젝트가 진행되었으나 2001년으로 연기되었다가 2004년 6월에야 일부 개통되었고 5조 8천억 원이라는 예산이 추가 투입되었다.
- 미국 항공 관제국에서는 1980년대 초부터 1990년대 중반까지 '항공기 제어 시스템'을 변경하기 위한 프로젝트를 여러 차례 실패했다. 몇 십억 달러를 투입하여 개발한 시스템의 컴포넌트가 휴지 조각이 되어버렸다.
- 1993년 런던 증권거래소는 토러스[Taurus]라는 '주식 거래 시스템'의 개발을 추진했으나 결국 10년 동안 개발한 것을 취소하여 4천만 파운드를 낭비했다.
- 우리나라의 KT는 '고객 통합 시스템'을 개발하면서 수백억 원을 투입하여 개발한 컴포넌트를 통합 시험하지 못하고 결국 실패로 끝냈다.

02 소프트웨어 개발 프로세스

소프트웨어를 개발하는 과정은 집이나 빌딩을 짓는 건축 과정과 흡사하다. 집을 지으려면 먼저 건축 설계사가 집주인과 만나 어떤 집을 원하는지 얘기를 들어봐야 한다. 집주인은 집의 모양, 방의 개수, 각 방의 용도와 기능을 설계사에게 설명할 것이고, 설계사는 이런 요구를 반영하여 층별 배치도와 개략적인 조감도를 그려서 집주인에게 보여줄 것이다. 이렇게 해서 의견 조율을 거치고 최종적으로 집주인의 동의를 얻으면 시공 단계에 들어간다.

집이 완성되어 입주하기 전에는 원하는 대로 잘 지어졌는지 살펴보고 전기가 잘 들어오는지, 수돗물이 잘 나오는지, 난방이 잘되는지 등을 점검한다. 입주한 후에도 고장이 나서 수리할 일이 생기는데 이때부터는 유지보수 단계로 들어간다. 시공 회사가 애프터서비스 차원에서 고쳐줄 수도 있지만 시간이 많이 흐르면 유지보수는 집주인의 몫이 된다.

소프트웨어 개발도 이와 유사한 과정으로 진행된다. A 회사의 회계 업무에 쓰일 회계 소프트웨어를 개발한다고 가정해보자. 내부에서 개발하든 외부에 맡겨 개발하든 먼저 사용자의 요구를 토대로 시스템의 범위를 정해야 한다. 시스템의 범위를 정한 후에는 건축 시 층별 배치도를 작성하듯이 소프트웨어 시스템을 구성하는 컴포넌트와 인터페이스를 설계한다. 그리고 건물의 외형을 조감도나 모형으로 나타내듯이 소프트웨어의 외형, 즉 사용자 인터페이스를 설계하고, 설계가 끝나면 프로그래밍 작업에 들어간다.

프로그램을 작성한 후에는 테스트를 한다. 모듈 단위의 테스트를 먼저 한 후 통합 테스트를 하여 전체 시스템이 잘 동작하는지, 원하는 성능이 발휘되는지 등을 확인한다. 테스트가 끝나고 인수 결정이 나면 고객이 원하는 하드웨어에 설치하는데 이때부터는 유지보수 작업에 들어간다.

위의 비유를 통해 알 수 있듯이 소프트웨어를 개발할 때 '요구 사항 분석–설계–개발–테스트'와 같은 일련의 과정을 거쳐 작업한다. 소프트웨어 개발 프로세스는 프로젝트 관리자나 팀 구성원이 어떤 작업을 어떤 순서로 하면 되는지를 나타낸 것이다. 이는 작업의 종류와 순서를 정하기 위해 전체적인 틀을 제공하는 것으로, 작업 단계를 엄격하게 규정하는 것이 아니다.

각 프로젝트마다 적용한 개발 프로세스 내에서 고유한 계획을 세워 진행하면 된다.

대표적인 소프트웨어 개발 프로세스 모델을 살펴보자.

1 즉흥적인 개발 프로세스

즉흥적으로 프로그래밍해보고 사용자가 원하면 수정하는 식으로 작업하여 소프트웨어를 완성하는 방법이다. 즉 사용자가 만족할 때까지 소프트웨어를 고친다.

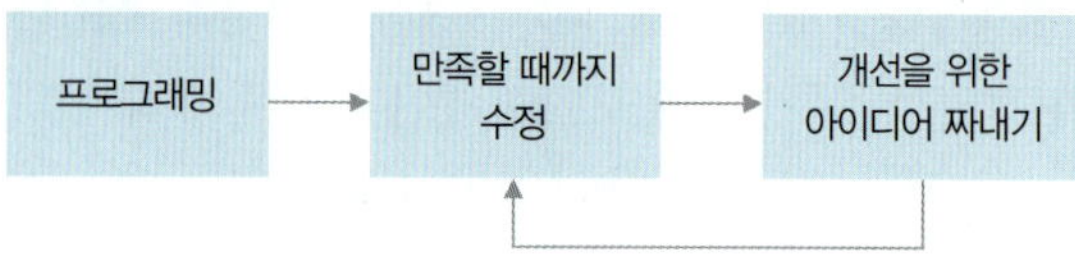

그림 11-1 즉흥적인 개발 프로세스

그러나 즉흥적인 방법으로 소프트웨어를 개발하면 다음과 같은 문제가 생겨 개발과 유지보수에 많은 비용이 든다.

- 즉흥적으로 프로그래밍하면서 사용자의 높은 요구 수준에 도달하려면 프로그램을 계속 고치는 수밖에 없다.
- 즉흥적으로 프로그래밍하기 때문에 프로그램의 구조가 나빠진다.
- 계획이 없어 작업 목표가 없다. 작업 목표가 없으면 일을 한 후에도 잘한 것인지 못한 것인지 판단할 수 없다. 따라서 비용과 일정을 조절할 수 없다.
- 체계적인 테스트 작업이나 품질 보증 차원의 활동이 없다. 따라서 사용 중에도 결함을 계속 고칠 수밖에 없고 시스템이 더욱 악화되어 결국 사용할 수 없게 된다(이 경우 시스템을 처음부터 다시 개발해야 한다).

2 폭포수 모델

폭포수 모델은 즉흥적인 개발 프로세스의 문제점을 개선한 것이다. 특히 요구와 설계, 품질 보증의 중요성을 반영한 소프트웨어 공학의 전통적인 개발 방법이다. 많이 알려져 있는 폭포수 모델은 [그림 11-2]와 같이 폭포가 위에서 아래로 떨어지는 모양새이다.

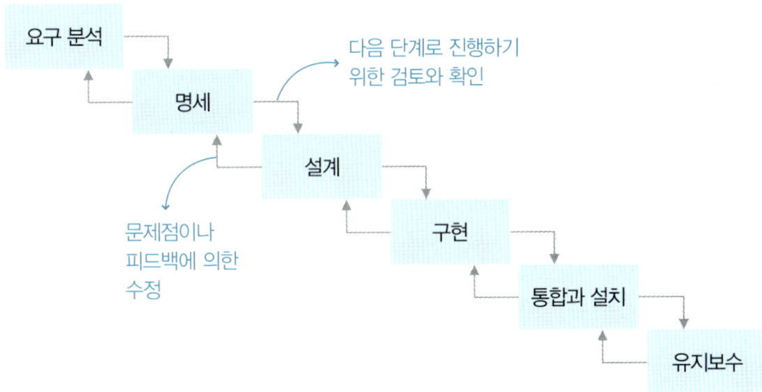

그림 11-2 폭포수 모델

폭포수 모델은 각 단계가 끝나기 전, 다음 단계로 진입할 수 있는 기초가 마련되었는지 검토하고 확인하는 품질 보증을 실시한다. 만약 문제를 발견하면 전 단계로 되돌아가 수정한다. 이 모델은 다른 소프트웨어 개발 프로세스의 기초가 된다. 하지만 단점도 있고 엄격하게 적용할 경우 다음과 같은 문제가 발생한다.

- 설계 단계로 넘어가기 전에 완벽한 명세를 작성해야 하고, 구현 단계로 넘어가기 전에 완벽한 설계안을 작성해야 한다. 사용자의 요구가 지속적으로 변한다는 점에서 볼 때 이는 매우 엄격한 관점이다.
- 전체 시스템을 완성하기 전까지는 소프트웨어를 사용할 수 없다.
- 시험 모형(프로토타이핑)을 만들어볼 수 없으므로 단순한 소프트웨어를 개발할 때만 유용하다.
- 제품 개발이 종료된 후에는 유지보수 작업만 할 수 있다. 유지보수를 프로젝트의 마지막 작업으로만 격하하면 간단한 수정 작업이 유지보수의 전부가 된다.

3 점증적 모델

점증적 모델은 폭포수 모델의 문제점을 보완한 방법이다. 이 모델의 핵심은 다음과 같다.

■ 시스템을 컴포넌트로 나누어 점증적으로 개발한다.

각 컴포넌트는 폭포수 모델을 따라 개발한 후 전체 시스템에 통합한다. 점증적 모델은 어느 정도 위험을 방지하기 위한 방법으로, 한 컴포넌트가 문제를 일으키더라도 개발 전체에 영향을 받지 않고 지속할 수 있다. 기반 기술의 오류 같은 근본적인 문제가 아니라면 어느 한 부분의 문제가 개발 전체에 영향을 주지 않는다.

■ **가장 중요한 기능을 하는 코어 부분을 먼저 개발한다.**

첫 번째 사이클에서 개발한 것을 '릴리스 1'로 하여 고객에게 배포하고, 이어서 덜 중요한 기능을 개발하고 '릴리스 2', '릴리스 3'으로 하여 이전 릴리스에 추가한다. [그림 11-3]을 보면 다수의 릴리스 시나리오가 있다. 여기서 릴리스 #1은 매우 중요한 기능, 즉 코어이다. 다음 릴리스에는 이전 릴리스의 결함을 수정하고 새로운 기능을 추가한다. 다중 릴리스의 점증적 모델은 오류가 존재할 수 있는 첫 번째 릴리스를 수정하고 계속 추가 릴리스하면서 이상적인 솔루션으로 진화시키는 방법이다. 즉 점증적 모델은 진화적 소프트웨어의 개발과 관리를 촉진하는 방법으로, 릴리스의 횟수는 프로젝트의 목표와 특징에 따라 결정된다. 각 릴리스가 독립적으로 구축되지만 이전 릴리스가 미래 릴리스의 기초가 되어야 하므로 릴리스끼리는 연관이 있다.

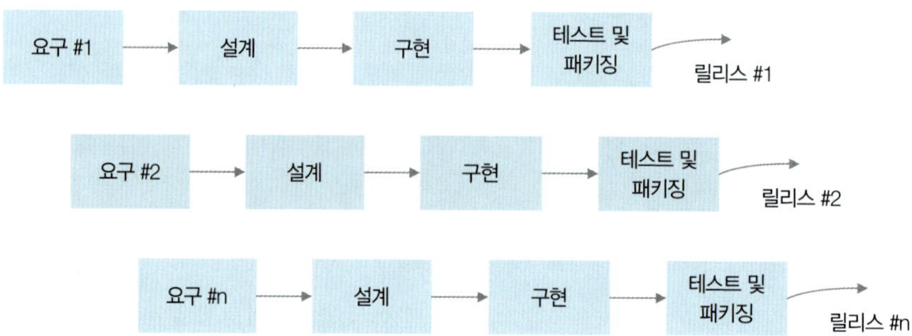

그림 11-3 점증적 모델

점증적 모델은 소프트웨어 개발에 '복잡한 문제를 작은 범위로 분할하고 점령하는 원리'를 적용한다. 그런데 분할된 컴포넌트들은 서로 연관되기 때문에 완전히 독립된 컴포넌트로 구현하기가 매우 어려울 수 있다. 또한 서로 다른 반복 사이클끼리 겹치는 부분에서 컴포넌트 사이에 정보의 순차적인 의존 관계가 존재할 수도 있다. 얼마나 겹치는가는 얼마나 많은 선행 정보가 필요한가에 달려 있다.

4 나선형 모델

나선형 모델은 배리 보엠Barry Boehm이 제안한 방법으로 폭포수 모델이 '문서 중심의 개발 방법론'이라는 우려에서 나왔다. 이 모델의 핵심은 소프트웨어 개발의 위험을 줄이는 것이다. 나선형 모델은 [그림 11-4]에 나타낸 것처럼 개발 사이클이 한 번씩 돌 때마다 위험을 줄이면서 소프트웨어를 점증적으로 개발해나간다. 사이클은 모두 네 개이며 각 사이클의 컴포넌트와 결과물은 같은 작업으로 구성된다.

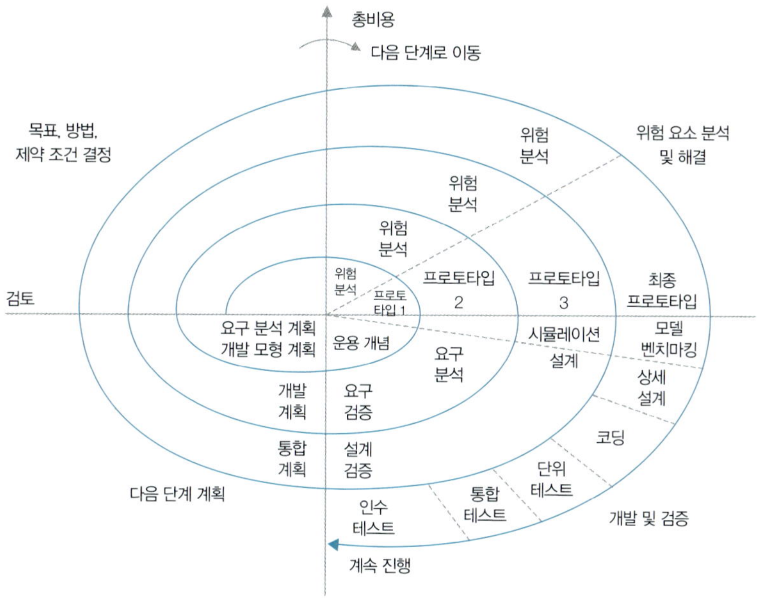

그림 11-4 나선형 모델

나선형 모델은 소프트웨어 개발이나 개선 프로젝트에 동일하게 적용할 수 있다. 그리고 최종 결과가 성취되든 아니든 상관없이 목표를 향해 끊임없이 반복하고 테스트하려는 데 목적이 있다. 나선형 모델은 다음과 같은 과정을 거친다.

① 각 사이클의 목표, 대안, 제약 사항을 파악한다.

② 목표와 제약에 대한 대안을 평가한다. 이 단계를 수행하면 많은 위험 요소를 찾아 평가할 수 있다.

③ 파악한 위험 요소를 고려하여 다음 레벨의 프로토타입을 개발한다. 목표를 달성하는 데 위험이 감소되었다면 다음 레벨에 대해 분석하여 설계하고 코딩한다.

④ 다음 사이클을 위한 목표와 계획을 검증한다.

사이클의 필수적인 요소는 그 사이클에 완성한 결과물을 관련자들과 함께 리뷰하는 것이다. 리뷰의 중요한 목적은 모든 관련자가 프로젝트에 지속적으로 참여하고, 그들에게 다음 단계로 나아가기 위한 동의를 얻으려는 것이다.

나선형 모델은 프로젝트의 위험 요소를 줄이기 위해 다음과 같은 여러 가지 장치를 두고 있다.

- 프로세스의 필수적 요소로 프로토타이핑과 모델링을 포함한다.
- 모든 작업이 위험을 기반으로 반복적 · 진화적인 접근 방법으로 진행된다.
- 더 좋은 대안이 있거나 새로운 위험이 발견되면 이전의 작업을 다시 할 수 있다.

나선형 모델에서 한 가지 역설은 '위험 분석 전문가'에 의존한다는 점 자체가 바로 위험 요소가 될 수 있다는 것이다. 대부분의 소프트웨어 엔지니어는 위험 요소를 파악하거나 분석해본 경험이 없기 때문이다.

5 진화적 모델

진화적 모델은 반복적이면서 점증적인 방법으로 소프트웨어를 개발하는 방식이다. 첫 번째 반복iteration에서는 모든 사용 사례나 요구를 다루고, 두 번째 반복에서는 분할된 시스템의 조각 중 선택된 조각에서 가장 중요한 위험 요소를 다룬다. 다음 반복에서는 이전 반복의 결과를 바탕으로 구축한다. 이런 식으로 여러 사이클을 반복하며 요구, 설계, 구현, 테스트 작업을 점증적으로 진행해나간다.

진화적 모델이 적용된 대표적인 예로는 RUPRational Unified Process 모델이 있다. RUP에서는 각 단계를 폭포수 모델처럼 요구 분석, 설계, 구현, 테스트로 부르지 않고 다음과 같이 명명한다.

① **도입 단계**: 소프트웨어 프로젝트의 범위를 설정하고 목표를 명확히 한다. 중요한 사용 사례를 찾아내어 소프트웨어 구조와 초벌 설계를 한다. 앞으로의 일정을 계획하고 필요한 자원을 선정하며 구현, 테스트, 통합 시 수행할 구체적인 계획을 세운다.

② **정련 단계**: 시스템의 중요한 요구를 찾아내어 기본이 되는 설계를 완성한다. 일부 구현, 테스트, 통합 플랫폼을 구축한다.

③ **구축 단계**: 일종의 제조 단계라 할 수 있다. 이 단계가 끝나면 원시코드가 완성되고 모든 중요한 요구의 테스트가 마무리된다.

④ **전환 단계**: 사용자에게 릴리스한다. 설치 및 인수 테스트까지 완료하여 사용자가 사용할 수 있도록 한다.

[그림 11-5]는 RUP의 네 단계가 어떤 작업과 관련되는지 나타낸 것이다. 그림을 보면 왼쪽 세로축의 소프트웨어 개발 작업이 모두 네 단계에 흩어져 있다. 각 작업을 얼마나 할 것인지는 수평 막대의 두께로 나타나 있으며, 이를 통해 작업별로 절정을 이루는 단계가 무엇인지 알 수 있다. 그림에 명시되지는 않았지만 설계와 같은 특정 작업이 여러 번에 걸쳐 이루어질 수도 있다. RUP는 점증적 개발뿐만 아니라 반복적 개발도 포함하기 때문이다.

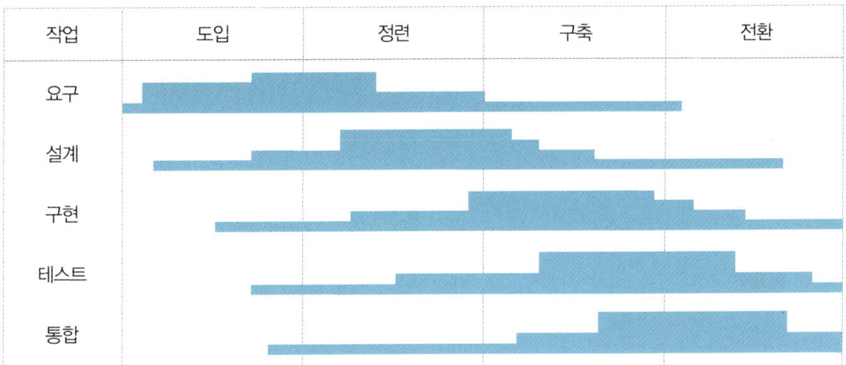

그림 11-5 RUP 모델

6 애자일 프로세스

애자일 프로세스는 설계가 변경되어도 이를 잘 수용할 수 있도록 짧게 반복하면서 소프트웨어를 개발하는 방법이다. 어떤 면에서는 반복적이고 진화적인 프로세스와 유사하지만 경험의 축적에 의해 나온 모델이라는 평가를 받고 있다. 소프트웨어 개발이 인력 집약적이라는 데 관심을 두고 사람과 팀 구성에 초점을 맞추었기 때문이다.

다음은 애자일 프로세스를 좋아하는 개발자들에게 설문한 결과를 정리한 선언문으로 애자일의 중요한 개념이 나타나 있다.

[애자일 선언문]

- 프로세스와 도구보다 개인과의 소통이 더 중요하다.
- 완벽한 문서보다 실행되는 소프트웨어가 더 중요하다.
- 계약 협상보다 고객과의 협업이 더 중요하다.
- 계획을 따르는 것보다 변경에 대한 응답이 더 중요하다.

애자일 프로세스의 특징은 다음과 같다.

- **짧은 릴리스와 반복**: 작업을 작은 조각으로 나누어 되도록 자주 릴리스한다.
- **점증적 설계**: 초기 단계에는 시스템에 대해 충분히 알지 못하기 때문에 설계를 완성하지 않는다. 가능하면 설계에 대한 결정을 미루고 더 많은 지식이 쌓였을 때 설계를 개선해나간다.
- **사용자 참여**: 처음부터 변하지 않는 완벽한 표준을 만들려고 하기보다 사용자를 참여시켜 계속 피드백을 제공한다.
- **문서 최소화**: 필요한 문서만 최소로 작성하고 원시코드를 문서화의 실체로 여긴다.
- **비공식적 커뮤니케이션**: 지속적으로 대화를 하지만 형식적인 문서를 요구하지는 않는다. 사람들은 비공식적인 대화를 더 중요하게 생각하기 때문이다.
- **변화**: 요구와 환경의 변경을 가정하고 이를 다룰 수 있는 좋은 방법을 찾아낸다.

애자일 프로세스를 따를 때 주의해야 할 점은 이러한 방법론을 남용하지 말아야 한다는 것이다. 특히 문서 최소화에 너무 집중하는 것은 위험하다. 릴리스된 소프트웨어를 다른 팀이 유지보수한다면 어느 정도의 문서가 필요하기 때문이다.

애자일 프로세스가 적용된 대표적인 방법론으로는 익스트림 프로그래밍과 스크럼이 있다.

6.1 익스트림 프로그래밍

익스트림 프로그래밍eXtreme Programming, XP은 가장 먼저 알려진 애자일 프로세스 방법론으로 크라이슬러의 C3 프로젝트에서 켄트 벡Kent Beck이 처음 사용했다. 함께 일하는 작은 팀의 의사소통이 활발하도록 같은 방을 사용하고, 꼭 필요한 문서만 만들며, 원시코드와 단위 테스트가 문서 역할을 하도록 했다.

익스트림 프로그래밍에서 중요하게 생각하는 개념은 다음과 같다.

- 팀 구성원과 고객은 빈번하게 소통한다.
- 설계와 코드는 간결하다.
- 다양한 수준의 피드백을 한다. 단위 테스트와 지속적인 통합을 통해 개발자에게 꾸준히 피드백을 한다.
- 힘들지만 필요한 결정은 따른다. 익스트림 프로그래밍이 프로젝트에 적합하지 않다면 사용하지 않을 수도 있다.

다음은 익스트림 프로그래밍의 주요 실천 방안이다.

- **계획**: 다음 릴리스에 포함될 기능을 비즈니스 우선순위와 기술적인 예측을 토대로 조속히 결정한다.
- **짧은 릴리스**: 완성 시스템을 빠른 시일 내에 얻기 위해 짧은 개발 사이클을 반복한다. 익스트림 프로그래밍의 릴리스 주기는 2~4주이다. 릴리스한 후에는 새로운 기능이 잘 작동하는지 테스트해보고 개발 팀에 즉시 피드백을 해준다. 다음 릴리스를 위해 새로운 상세 계획도 준비한다.
- **메타포**: 정형화된 아키텍처 대신 메타포를 사용하여 전체 시스템이 어떻게 작동하는지 설정한 후 이를 공유한다. 메타포는 모든 사람이 이해할 수 있도록 단순하게 설정하여 설계 시 가이드가 되도록 한다.
- **간결한 설계**: 시스템을 설계할 때는 되도록 간결함을 유지한다. 불필요하게 복잡한 부분은 발견하는 대로 제거한다. 앞으로 필요할지 모른다는 이유로 설계를 복잡하게 하지 말고 지금 작동 가능한 가장 단순한 솔루션을 선택한다. 향후 필요하다면 설계를 바꿀 수도 있다.
- **테스트 중심 개발**: 테스트가 지속적으로 이루어지도록 하고 가능한 한 자동화한다. 모든 코드에 단위 테스트를 위한 코드를 작성하고, 실제 코드를 쓰기 전에 먼저 테스트 코드를 작성하여 항상 테스트가 가능하게 한다. 또한 어떤 기능이 완성되었다는 것을 검증하기 위해 사용자에게 기능 인수 테스트를 작성하게 한다.
- **설계 개선(리팩토링)**: 동작의 변경 없이 시스템을 재구성하고 설계를 개선한다. 중복 제거, 소통 개선, 단순화 등을 통해 시스템의 융통성을 향상시킨다. 개발자는 개발하는 동안 단위 테스트와 지속적인 통합 테스트를 했기 때문에 시스템의 동작이 변경되지 않았을 것이라고 확신하지만, 처음 설계가 완벽하지 않고 시간이 지나면서 개선 및 수정되었기 때문에 설계 개선 작업은 필요하다.
- **페어 프로그래밍**: 모든 프로그램은 항상 타인이 검토한다는 점에 착안한 방법으로 두 명의 프로그래머가 같은 컴퓨터를 사용하여 코드를 완성한다. 두 사람이 같은 일을 하기 때문에 결국 생산성은 희생되고 품질은 향상된다. 다른 사람에게 자신이 작성한 코드를 보이기 싫어하는 거부 반응이 있을 수 있다.
- **집단 소유권**: 코드의 소유권은 팀 전체에 있으며 누구나 시스템에 있는 코드를 언제든지 고칠 수 있다. 이는 단위 테스트와 지속적 통합을 강조하기 때문에 변경으로 인해 시스템의 다른 부분을 불안정하게 하지는 않는다.

- **지속적 통합**: 작업이 끝나면 시스템을 하루에도 여러 번 통합하고 빌드한다. 개발 조직은 항상 실행되는 시스템을 유지하고 통합 오류를 즉시 알아낼 수 있다.
- **적정 속도**: 적정한 작업 속도로 일한다. 작업 시간은 주당 40시간이 적절하다. 개발자가 계속 연장 근무를 해야 한다면 예측을 잘못한 것이므로 계획을 수정해야 한다. 프로그래밍은 힘든 지적 작업이다. 계속 연장 근무를 한다면 생산성이 떨어지고 결국 긴 시간 일하지만 작업 성취도는 낮아질 것이다.
- **고객 참여**: 팀에 고객이 합류하여 항상 질문에 답할 수 있어야 한다. 이렇게 하면 개발자는 처음부터 완전히 준비된 요구 없이도 일할 수 있다. 고객이 전적으로 참여하는 프로젝트는 성공 확률이 상당히 높다.
- **코딩 표준**: 코딩할 때 모든 프로그래머는 동일한 규칙을 따라야 한다. 코딩 표준을 따르면 코드를 이용하여 쉽게 소통할 수 있다. 개발자는 팀에 소속된 다른 프로그래머와 함께 일하면서 다른 사람의 코드를 어려움 없이 수정할 수 있다.

6.2 스크럼

스크럼scrum은 소프트웨어 개발 팀이 개발 연습을 하면서 개발 능력을 향상할 수 있는 프레임워크이다. 스크럼이라는 말은 럭비 경기에서 서로 팔걸이를 한 상태에서 상대편을 밀치는 대형을 말한다. 이처럼 스크럼은 소프트웨어 개발자들의 팀 구성, 팀 구성원의 역할, 일정, 결과물 및 그 외 규칙을 짜는 것을 말한다. 스크럼은 소프트웨어 개발 시 일어나는 일들을 비교적 정확하게 예측하고 위험을 관리할 수 있는 반복적이며 점증적인 접근 방법이다.

[그림 11-6]에서 보듯이 스크럼에는 릴리스 계획 회의가 있다. 이 회의에서는 제품 개발을 위해 남겨진 일, 즉 백로그backlog를 결정한다. 또한 요구 사항을 파악하고 제품 개발 과정(스크럼에서는 스프린트라고 부름)을 어떻게 반복할 것인지 계획을 세운다. 스프린트 주기에 개발팀은 제품을 개발하고 설치하는 작업을 반복한다.

각 스프린트는 계획 회의로 시작한다. 스프린트 계획 회의에서는 제품 백로그의 항목을 비롯해 무엇을 출시하고 어떻게 개발할 것인지를 결정한다. 각 스프린트는 30여 일 지속되는데 좀 더 짧아지거나 길어질 수도 있다. 스크럼에서 독특한 것은 매일 15분간 열리는 스크럼 회의이다. 이 회의에서 팀 구성원은 서로의 진도를 확인하고 상호 이해를 증진한다. 또 다른 독특한 점은 스크럼 스프린트가 끝날 때 회고를 한다는 것이다. 스크럼은 이런 회의를 통해 팀의 능력을 향상시킨다.

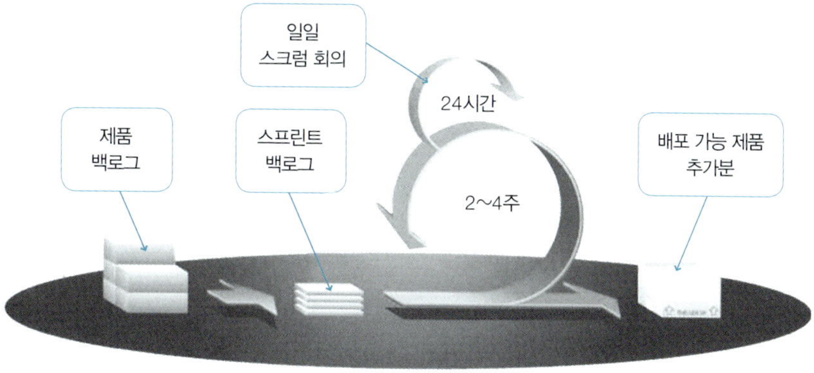

그림 11-6 **스크럼 개발 작업**

03 개발 노력의 추정

1 노력 추정 공식

소프트웨어를 개발하는 데 얼마만큼의 노력이 필요한지 추정하는 것은 초보 관리자에게 매우 어려운 작업이다. 노력과 비용을 추정하기 위해서는 더 많은 규칙과 경험이 필요하다. 노력 추정의 경험은 소프트웨어 개발 시 무엇을 고려해야 하는지, 여유 시간은 얼마나 잡아야 하는지, 영업 부서가 여유 시간을 얼마나 허용해줄지 알거나 이미 겪어본 것을 말한다.

소프트웨어 프로젝트에 드는 노력을 추정하려면 프로젝트 요구를 나타내는 입력이 있어야 한다. 이때 입력의 정확성과 완벽성이 아주 중요한 문제인데, 입력 자체가 대부분 추정이므로 공수(MM^man-month^)와 같은 측정 단위, 즉 하나의 숫자로 표현되는 것이 좋다. 그런데 노력이 측정 단위로 표현된 후에는 균일성 문제가 제기된다. 1MM은 배정된 인력의 기술 수준에 따라 크게 달라질 수 있기 때문이다. 이런 문제에도 불구하고 프로젝트의 노력을 추정하여 계획에 포함해야 한다. 부정확하지만 프로젝트 관리에서 모니터링하고 조정해야 하는 아주 중요한 요소이기 때문이다.

추정은 노력 추정값에 영향을 주는 요인의 집합으로 볼 수 있다. 일반적인 추정 공식은 다음과 같으며 노력의 단위는 MM 또는 MD^man-day^이다.

$$\text{Effort} = a + b(\text{size})^c + \text{ACCUM}(\text{factor})$$

- **상수 a**: 비즈니스를 위한 기본 비용으로 행정, 영업, 업무 공간, 지원 인력에 대한 비용이다.
- **변수 size**: 최종 제품의 크기에 대한 추정값이다.
- **상수 b, 상수 c**: 상수 b는 size 변수에 선형적으로 비례하는 값이며 상수 c는 비선형적으로 영향을 준다. 상수 b와 c는 과거 프로젝트의 측정값으로 도출할 수 있다.
- **ACCUM(factor)**: 프로젝트 추정에 영향을 주는 복합적인 요인의 누적값이다. ACCUM 함수는 기술, 인력, 도구, 프로세스 등 프로젝트에 영향을 주는 요인의 산술적 합이나 곱으로 표현된다.

2 COCOMO 추정 모델

가장 먼저 소개할 노력 추정 모델은 COCOMO^Constructive Cost Model^이다. COCOMO 모델은 배리 보엠이 1985년에 처음 제안했고 2000년에 COCOMO II로 확장했다. 여기서는 COCOMO 모델의 기본 개념만 요약하여 소개한다.

초기 COCOMO 모델은 세 가지 수준, 즉 거시적, 중간, 미시적으로 나누어져 있었다. 여기서 중간급의 COCOMO 추정 과정은 다음과 같은 네 단계로 이루어진다.

① 기본형^organic^, 중간형^semi-detached^, 내장형^embedded^ 중 어떤 프로젝트 유형인지 선택한다. 유형을 선택하면 추정 공식이 결정된다.

② 프로젝트의 크기, KLOC^kilo lines of code^를 추정한다. COCOMO II에서는 기능 점수를 프로젝트 크기로 대신 사용할 수 있다.

③ 비용 승수라고 부르는 15개의 영향 요인에 대해 영향 정도를 예측한다.

④ 노력 추정 공식에 추정된 값을 넣어 노력을 결정한다.

> **NOTE_** KLOC는 컴퓨터 프로그램의 크기를 나타내는 측정 단위로 소스코드 행수 1,000개를 말한다.

위의 단계에서 프로젝트 유형을 선택하는 첫 번째 단계는 소프트웨어 프로젝트가 한 가지 유형에 속하지 않을 수 있기 때문에 쉽지 않은 일이다. 프로젝트의 목적, 유사 프로젝트의 경험, 크기 등을 적절히 고려하여 기본형, 중간형, 내장형 중 하나를 결정한다. 유형을 결정한 후에는 유형마다 다음과 같은 공식을 적용하여 공수(MM)를 구한다. 만약 프로젝트의 유형이 기본형이라면 $\text{Effort} = 3.2 \times (\text{size})^{1.05}$ 공식에 넣어 기초 공수를 구한다. 이것이 1차 추정이다.

기본형: $\text{Effort} = [3.2 \times (\text{size})^{1.05}] \times \Pi(\text{factors})$

중간형: $\text{Effort} = [3.0 \times (\text{size})^{1.12}] \times \Pi(\text{factors})$

내장형: $\text{Effort} = [2.8 \times (\text{size})^{1.20}] \times \Pi(\text{factors})$

1차 추정이 끝나고 나면 비용 승수라는 15개 영향 요인을 고려한다. 즉 비용 승수 15개의 산술적인 곱을 반영한다. 각 비용 승수는 [표 11-1]과 같이 최소 0.70에서 최대 1.46으로 1차 추정값을 15개의 요인에 따라 보정해준다. 승숫값이 1인 경우는 1차 추정값에 영향을 주지 않지만 1보다 큰 경우는 추정값을 더 크게 만들고 1보다 작은 경우는 추정값을 낮춘다.

표 11-1 COCOMO 비용 승숫값

비용 승수 요인	승숫값					
	매우 낮음	낮음	정상	높음	매우 높음	극히 높음
제품의 특성						
• 요구되는 신뢰도	0.75	0.88	1.00	1.15	1.40	
• 데이터베이스 크기		0.94	1.00	1.08	1.16	
• 제품의 복잡도	0.70	0.85	1.00	1.15	1.30	1.65
컴퓨터의 특성						
• 실행 시간의 제약			1.00	1.11	1.30	1.66
• 주기억 장치의 제약			1.00	1.06	1.21	1.56
• 하드웨어, 소프트웨어의 안전성		0.87	1.00	1.15	1.30	
• 처리 시간		0.87	1.00	1.07	1.15	
개발 요원의 특성						
• 요구 분석 능력	1.46	1.19	1.00	0.86	0.71	
• 응용 경험	1.29	1.13	1.00	0.91	0.82	
• 컴퓨터와의 친숙성	1.21	1.10	1.00	0.90		
• 프로그래머의 능력	1.42	1.17	1.00	0.86	0.70	
• 프로그래밍 언어 경험	1.14	1.07	1.00	0.95		
프로젝트의 성격						
• 소프트웨어 공학 원리 사용	1.24	1.10	1.00	0.91	0.82	
• 소프트웨어 도구 사용	1.24	1.10	1.00	0.91	0.83	
• 요구되는 개발 일정	1.23	1.08	1.00	1.04	1.10	

주의할 점은 개발 요원의 특성과 프로젝트의 성격에 관련된 요인은 비용 승수가 거꾸로라는 것이다. 예를 들어 요구 분석 능력이 아주 낮으면 비용 승수가 1.46이므로 능력이 부족하여 노력이 더 든다는 의미이다. 반대로 요구 분석 능력이 아주 높다면 0.71을 곱하기 때문에 추정 노력이 덜 든다.

COCOMO 모델은 프로젝트 유형을 선정하고 프로젝트의 크기를 추정하며 15개의 비용 승수를 고려해야 하기 때문에 적용하기가 까다롭다. 모든 작업이 과거 프로젝트의 경험을 요구하기 때문에 초보 관리자가 정확히 추정하기 어렵다.

20년이 지난 후 진화된 COCOMO II는 전통적인 폭포수 모델에서 반복 모델로 프로세스의 변화를 꾀하고, 프로그래밍 패러다임과 그 밖에 운영 환경의 변화도 반영했다. COCOMO II에서는 개발 단계에 따라 다음 세 가지 모델을 제시했다.

- 프로토타이핑 단계에 적용하는 추정 방법
- 요구가 파악된 후 초기 설계 단계에 추정하는 방법
- 설계가 끝난 후 코딩이 시작되기 전에 추정하는 방법

또한 COCOMO II에서는 프로젝트의 크기를 다음 세 가지 중에서 선택할 수 있다.

- KLOC
- 기능 점수
- 객체 점수

기능 점수는 KLOC와 달리 언어에 비종속적인 입력과 출력 등의 기능의 개수를 세어 추정하는 방법이며 이어서 설명하겠다. 객체 점수는 객체지향 패러다임의 클래스 개수로 프로젝트의 크기를 추정하는 방법이다.

COCOMO II는 초기 모델의 3개 유형과 15개 비용 승수 대신 29개 요인을 사용한다. 29개 요인은 15개 비용 승수와 유사한 것으로 5개의 카테고리, 즉 크기 요소(5개), 제품 요소(5개), 플랫폼 요소(3개), 인력 요소(6개), 프로젝트 요소(10개)로 나뉜다.

3 기능 점수 기반 추정 모델

프로젝트(소프트웨어)의 크기를 측정하는 단위로 처음에는 LOC^lines of code^를 사용했는데 LOC의 문제점이 발견되면서 새로운 측정 방법이 제안되었다. 기능 점수는 1980년대에 LOC의 대안으로 제안되어 여러 차례 개선 및 확장되었다. 여기서는 처음 제안된 방법을 소개한다.

기능 점수 방법에서는 소프트웨어를 구성하는 요소를 다음의 다섯 가지로 본다.

- 외부 입력
- 외부 출력
- 외부 질의
- 내부 논리 파일
- 외부 인터페이스 파일

각 요소는 프로젝트의 명세를 바탕으로 단순, 평균, 복잡 수준으로 나누어 가중치를 부여한다. 프로젝트의 복잡도를 기초로 하여 각 요소에 부여될 가중치를 [표 11-2]에 제시했다. 프로젝트가 단순하다면 추정된 외부 입력 개수에 가중치 3을 곱하고 출력 개수에 4를 곱하는 등 각각의 요소에 가중치를 곱한다. 즉 단순 프로젝트에 대한 보정되지 않은 기능 점수unadjusted function point, UFP는 다음과 같이 구할 수 있다.

UFP = (입력 개수×3) + (출력 개수×4) + (질의 개수×3) + (내부 파일 개수×7)
+ (인터페이스 파일 개수×5)

UFP는 다섯 가지 요소를 얼마나 정확하게 추정했는지, 그리고 프로젝트의 복잡도가 단순한지, 평균인지, 복잡한지에 따라 값이 달라진다. 이때도 과거 프로젝트의 경험이 정확한 추정에 도움이 된다.

표 11-2 기능 점수 가중치

소프트웨어 요소	복잡도		
	단순	평균	복잡
입력(트랜잭션)	3	4	6
출력(화면 및 출력 양식)	4	5	7
질의	3	4	6
파일	7	10	15
응용 인터페이스	5	7	10

COCOMO와 마찬가지로 기능 점수 기반으로 노력 추정값을 구할 때도 영향을 주는 요소가 있다. 다음과 같은 14개 기술적 분야에 대한 복잡도를 고려하여 0~5의 점수를 부여한다.

- 데이터 통신
- 분산 데이터
- 성능 중요도
- 과중한 하드웨어 사용
- 높은 트랜잭션 비율
- 온라인 데이터 입력

- 온라인 업데이트
- 복잡한 계산
- 설치 용이성
- 오퍼레이션 용이성
- 이식성
- 유지보수성
- 엔드 유저의 효율
- 재사용성

기술적 복잡도 요인 14개의 합을 구하면 0(0×14)~70(5×14) 범위의 값이다. 기술적 복잡도 요인이 중요하지 않은 것으로 판단되면 0이고 아주 중요하다면 5로 배정된다. 이처럼 기술적 복잡도 요인의 합을 계산하여 총 복잡도 요인total complexity factor, TCF을 구할 수 있다.

TCF = 0.65 + [(0.01) × (14개 기술적 복잡도 요인의 합)]

TCF 값은 0.65~1.35로, 보정되지 않는 기능 점수이기 때문에 이 값을 UFP에 곱하면 최종 기능 점수를 구할 수 있다.

FP = UFP × TCF

기능 점수는 단지 크기에 대한 추정값이다. 기능 점수를 노력 추정으로 변환하려면 개발 팀의 생산성에 대한 자료가 필요하다. 즉 기능 점수를 MM 공수로 바꾸어야 하는데, 가령 개발 팀이 한 사람당 1개월에 평균 25 기능 점수의 규모를 개발했다고 하자. 계산한 프로젝트의 기능 점수가 117이라면 추정된 공수는 아래와 같다.

Effort = (314FP)/(25FP/1MM) = 12.56MM

기능 점수 기반 추정은 다른 추정 기법과 마찬가지로 어떤 기관에서 누가 하느냐에 따라 값이 달라져 일관성을 유지하기 어렵다. 그러나 기능 점수 100은 누가 언급하든 관계없이 같은 일의 분량이어야 한다. 이를 위해 국제 기능 점수 사용자 그룹은 관련 교육과 정보 교류를 통해 일관성을 유지하기 위해 노력하고 있다.

4 객체 점수 기반 추정 모델

객체지향 시스템을 개발할 때 객체를 기초로 한 추정 방법은 로렌츠 마크Lorenz Mark와 제프 키드Jeff Kidd가 제안했다. 기능 점수 방법처럼 최종 소프트웨어 제품의 구성 요소인 클래스의 개수, 클래스와 관련된 가중치를 바탕으로 추정한다. 추정된 객체지향 클래스의 개수는 앞서 소개한 추정 공식의 크기 매개변수가 된다. 객체 점수 기반 추정 기법은 다음과 같은 단계를 따른다.

① 문제 도메인에 있는 클래스의 개수를 추정한다. 클래스의 개수는 요구 분석과 UML 모델링을 통해 구할 수 있다.

② 사용자 입력의 종류를 분류하고 가중치를 다음의 기준에 따라 정한다.

- **UI 없음**: 2.0
- **단순한 텍스트 UI**: 2.25
- **그래픽 UI**: 2.5
- **복잡한 UI**: 3.0

③ ① 단계에서 추정한 클래스의 개수에 사용자 인터페이스 유형에 의한 가중치를 곱한다. 이 값에 원래 구한 클래스의 개수를 더하면 최종 클래스의 개수가 된다.

④ ③ 단계에서 추정한 총 클래스의 개수에 생산성 추정값인 MD를 곱한다. 일반적으로 생산성은 15~20의 값이다.

위의 네 단계를 수행하기 위해 준비되어야 할 것은 ① 단계에서의 클래스 개수 추정값과 클래스 하나를 개발하는 데 소요되는 MD 값이다. 이런 값은 과거 프로젝트의 경험과 설계 정보로부터 얻을 수 있다. 프로젝트 관리자와 설계 담당자가 함께 논의하여 클래스를 추정하고 사용자 인터페이스 유형을 정한다.

예제 11-1 객체 점수 기반 노력 추정하기

어떤 프로젝트에서 초기에 추정한 클래스가 50개이다. 사용자 인터페이스가 복잡한 유형이고, 생산성 추정값이 18MD일 때 프로젝트에 드는 노력은 얼마인가?

정답

프로젝트 클래스 50개에 복잡한 UI 유형의 가중치 3.0을 곱하면 150이고, 150에 원래의 추정 클래스 50을 더하면 200이다. 생산성이 클래스당 18MD라면 200×18=3600MD이다. 3600MD는 3600/365=9.86MY로 환산된다.

NOTE_ 비용 추정과 개발 계약

소프트웨어 개발을 의뢰하는 고객은 가능한 한 개발 비용을 고정하여, 비용 추정을 부정확하게 함으로써 발생하는 위험을 피하려고 한다. 하지만 개발자는 개발에 필요한 시간과 자원을 모두 보상받는 형태의 계약을 원한다. 부정확한 비용 추정으로부터 개발자를 보호하면서 고객이 이런 위험을 피하는 방법은 무엇일까? 해법은 전체 프로젝트에 대해 비용을 추정하되 첫 단계, 예를 들면 요구 분석 또는 설계 단계까지만 정해진 비용의 계약에 사인하는 것이다. 첫 단계 후에는 원래의 추정을 갱신하며, 위험이 클 것으로 판단되면 중지하고 그렇지 않으면 다음 단계를 반복한다. 즉 다음 단계에 대해 고정된 비용으로 계약하고 다음 단계의 비용을 추정하여 계속해나간다. 이런 방법은 양쪽 모두의 위험 부담을 덜어준다. 개발자는 비용을 제어하고 고객이 새로운 요구를 추가하려는 것을 막을 수 있다.

04 일정 계획과 관리

1 일정 계획의 작업 과정

전체 프로젝트를 작은 부분으로 나눈다면 일정 계획이나 작업 배정에 이용할 수 있다. 일정 계획이란 프로젝트의 각 작업을 어떤 순서로 수행하고 언제 시작하여 언제 끝낼지 결정하는 것이다. 프로젝트 관리자는 일정 계획 대비 진척도를 추적할 필요가 있는데, 일정 계획을 세울 때는 PERT program evaluation review technique 차트와 갠트 Gantt 차트가 유용하고 일정 관리를 할 때는 실적 가치 earned value 차트가 유용하다.

이 절에서는 여러 가지 차트를 이용하여 어떻게 일정을 계획하고 관리하는지 살펴본다. 먼저 일정 계획에 필요한 작업 과정은 다음과 같다.

① **WBS 찾기**: 개발 프로세스를 설정하고 각 단계에 필요한 작업 activity 을 분해하여 작업한 후 예상되는 결과를 정의한다. WBS work breakdown structure 는 개발 프로세스를 이루는 소작업들의 계층적인 목록을 말한다.

② **PERT 차트 작성하기**: 각 작업의 상호 의존 관계를 PERT 차트로 나타낸다.

③ **임계 경로 구하기**: PERT 차트에서 임계 경로 critical path 를 구하여 프로젝트 완료에 필요한 최소 기간을 구한다.

④ **갠트 차트 작성하기**: 확정된 결과를 갠트 차트로 그린다.

■ WBS 찾기

소프트웨어 개발 일정을 계획하려면 먼저 작업 분해가 잘되어 있어야 한다. 작업 분해는 프로젝트를 완성하는 데 필요한 모든 일을 계층적으로 찾아내는 것을 말한다. 소작업들의 계층적인 목록, WBS를 찾는 과정은 다음과 같다.

① 소프트웨어 프로젝트에서 개발할 산출물을 정한다.

② 중간 산출물을 포함한 모든 산출물을 생산하는 데 소요되는 작업 단계를 파악한다.

③ 각 작업의 실행 순서와 예상 소요 기간을 산정한다.

④ PERT 차트에 각 작업을 표시하여 완성한다.

■ PERT 차트 작성하기

PERT 차트는 각 작업이 완성되는 순서를 나타내는 차트로 CPM^critical path method^ 또는 선후 네트워크라고도 부른다. 각 작업에는 시작하기 전에 이미 끝나야 하는 선수 작업, 끝난 뒤에 시작할 수 있는 후속 작업이 있다. PERT 차트는 그래프의 일종으로 각 작업은 노드로 표시하고 작업 간 선후 관계는 간선으로 표시한다. 또한 모든 노드에는 각 작업에 걸리는 예상 시간을 나타낸다. 경우에 따라서는 낙관적인 추정값과 비관적인 추정값을 함께 나타낼 수도 있다.

■ 임계 경로 구하기

PERT 차트에서 가장 중요한 것 중 하나는 임계 경로를 결정하는 일이다. 프로젝트를 완결하는 데 필요한 최소한의 시간을 나타내는 임계 경로는 프로젝트의 시작 노드에서 종료 노드까지의 경로 중 누적 소요 시간이 가장 긴 경로이다. 임계 경로에 존재하는 작업은 여유 시간이 없으므로 이런 작업이 늦춰지면 프로젝트의 완성이 지연된다.

예를 들어 어떤 개발 프로젝트에서 프로토타입과 함께 요구 명세서, 설계, 코드, 테스트 계획서를 산출물로 정하고, 각 산출물을 생산하기 위한 작업과 프로젝트에 필요한 작업을 [표 11-3]과 같이 17가지로 파악했다고 하자.

표 11-3 WBS 사례

소작업	선행 작업	소요 기간 (주)	소작업	선행 작업	소요 기간 (주)
T1: 요구 취합		7.5	T10: 인스펙션(네트워크층)	T6	0.5
T2: 명세	T1	2.5	T11: 인스펙션(기능층)	T7	0.5
T3: 프로토타이핑		5	T12: 단위 테스트(UI층)	T9	2
T4: 설계	T2	8	T13: 단위 테스트(네트워크층)	T0	3
T5: 구현(UI층)	T4	3	T14: 단위 테스트(기능층)	T11	3.5
T6: 구현(네트워크층)	T4	6	T15: 통합 테스트	T12, T13, T14	2.5
T7: 구현(기능층)	T4	8	T16: 하드웨어와 통합	T15	1
T8: 테스트 계획	T2	5.5	T17: 시스템 테스트	T16	1.5
T9: 인스펙션(UI층)	T5	0.5			

[표 11-3]의 WBS에 있는 각 작업을 PERT 차트로 나타내면 [그림 11-7]과 같다. 시작 노드(S)에서 종료 노드(T18)까지 여러 가지 경로가 있는데, 그중에서 누적 소요 시간이 가장 긴 것은 S→T1→T2→T4→T7→T11→T14→T15→T16→T17→T18이다. 이 임계 경로의 작업 소요 시간을 합하면 35주이다.

임계 경로 이외의 다른 경로상에 있는 작업은 여유 시간이 존재할 수 있다. 예를 들면 T12 작업을 시작할 수 있는 가장 이른 시간earliest start time은 22.5주이고, T12 작업을 시작할 수 있는 가장 늦은 시간latest start time은 28주이다. 다시 말해 늦더라도 T12 작업을 28주에 시작하면 전체 일정에 영향을 주지 않고 끝낼 수 있다는 의미로, T12 작업에 주어진 여유 시간은 5.5주이다.

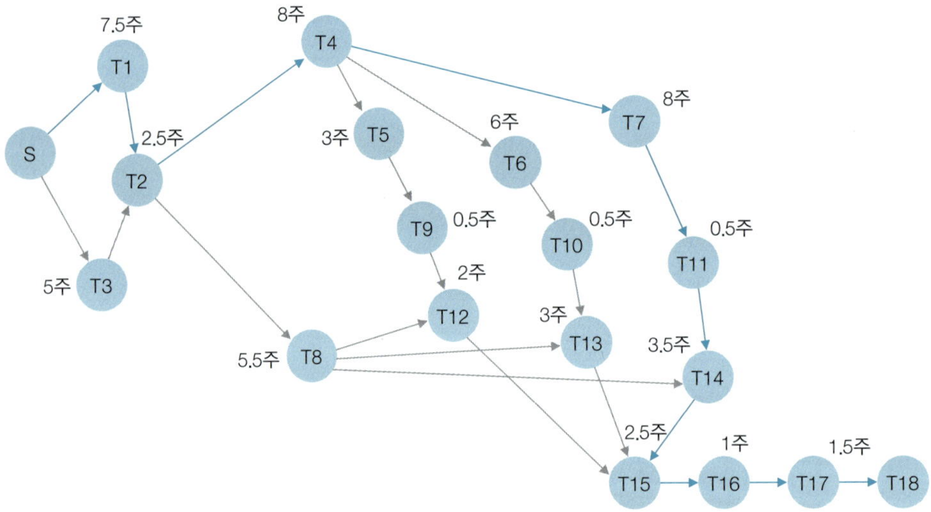

그림 11-7 PERT 차트

■ 갠트 차트 작성하기

갠트 차트는 프로젝트상 각 작업이 시작되는 날과 끝나는 날을 표시한 것이다. 갠트 차트는 UML의 시퀀스 다이어그램처럼 가로축은 시간을, 세로축은 해야 할 작업을 나타낸다. [그림 11-8]은 [그림 11-7]의 작업을 갠트 차트로 나타낸 것이다. 막대의 파란 부분은 여유 시간을 의미하고, 중간 점검 일정인 마일스톤은 마름모로 표시했다.

요구 취합 작업(T1)과 프로토타이핑 작업(T3)은 병행하여 수행할 수 있다. 또한 인스펙션은 구현의 일부가 완성되면 시작할 수 있고 테스트는 인스펙션이 완성되는 대로 시작할 수 있다. [그림 11-8]의 갠트 차트에는 작업에 누가 할당되었는지, 구현 작업과 테스트 작업의 세부 일정은 무엇인지 표시되지 않았다. 이런 정보는 요구가 더 명확해지고 분석이 진행되면 추가할 수 있다.

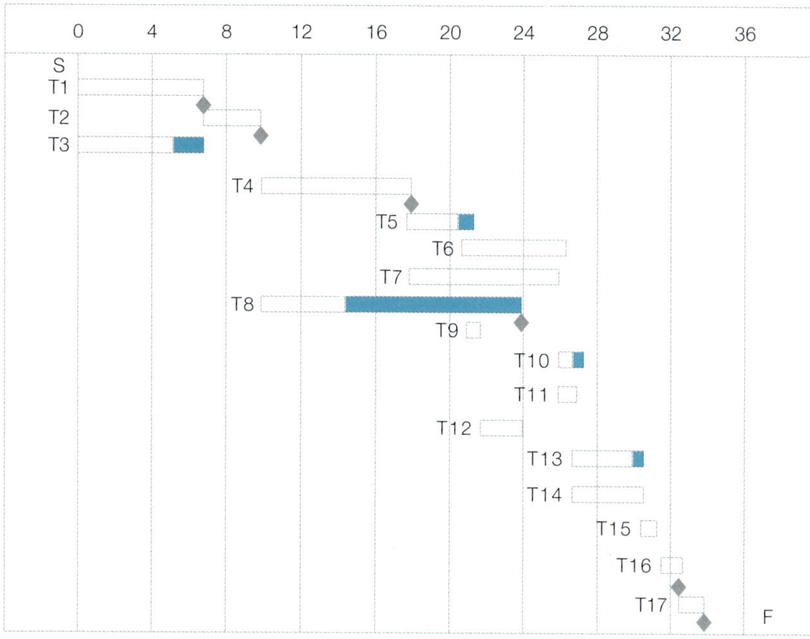

그림 11-8 갠트 차트의 예

2 애자일 일정 계획

PERT와 갠트 차트를 사용하는 전통적인 프로세스의 일정 계획과 달리 애자일 프로세스는 스토리 카드와 같은 도구를 사용한다. 스토리 카드에는 사용자 스토리, 비즈니스 우선순위, 스토리 점수, 연관된 스토리 등이 적혀 있다. 스토리 카드는 단어 암기 카드나 포스트잇 같은 것을 이용하여 우선순위나 연관성 등을 정렬하는 데 사용한다.

애자일 프로세스의 일정 계획을 세울 때는 먼저 사용자의 스토리를 적은 카드를 반복 단계별로 정리하여 세로로 나열한다. 카드에 적힌 스토리 점수는 사용 사례를 개발하는 데 소요되는 노력을 의미한다. 일정 계획을 세우기 위해 애자일 계획에서도 생산성 데이터가 필요하다. [그림 11-9]의 개발 일정을 보면 반복 #1은 3주 동안 스토리 점수 9점을 개발하고 반복 #2는 7점, 반복 #3은 9점, 반복 #4는 8점을 개발하도록 되어 있다. 이는 개발 팀이 한 주에 최대 스토리 점수 3점을 개발하는 생산성을 갖도록 계획한 것이다. 주의할 점은 각 열의 점수 합이 개발 팀의 작업 속도를 초과하지 않아야 한다는 것이다. 작업 속도는 생산성 통곗값으로 팀이 반복 주기를 완성하는 데 드는 평균 노력이다.

반복 #1: 3주 4/1~4/21	반복 #2: 3주 4/22~5/12	반복 #3: 3주 5/13~6/2	반복 #4: 3주 6/3~6/23
UC1: 스토리 1 점수: 5 우선순위: 1 선행: 없음	UC3: 스토리 3 점수: 2 우선순위: 1 선행: UC1, UC9	UC2: 스토리 2 점수: 4 우선순위: 4 선행: UC8	UC5: 스토리 5 점수: 3 우선순위: 4 선행: UC4
UC9: 스토리 9 점수: 4 우선순위: 2 선행: 없음	UC4: 스토리 4 점수: 5 우선순위: 2 선행: UC3	UC8: 스토리 8 점수: 5 우선순위: 3 선행: 없음	UC7: 스토리 7 점수: 5 우선순위: 4 선행: UC2

그림 11-9 애자일 프로세스의 일정 계획

애자일 일정 계획의 장점은 다음과 같다.

- 높은 우선순위의 사용 사례를 조기에 개발 및 설치할 수 있다.
- 사용 사례 사이에 선행 관계를 지킬 수 있다. [그림 11-9]에서 UC3이 반복 주기 #2에 할당된 것은 UC1과 UC9가 선행되어야 하기 때문이다.

3 실적 가치 차트

실적 가치란 계획 단계에서 수행하는 작업에 소모되는 노력에 대비하여 완성되어 측정된 작업의 양을 말한다. 다른 말로 '수행된 작업의 예산 비용'이라고 할 수 있다. 각 작업이 완성된 후에는 그 작업을 위해 원래 계획했던 MM^man-month^을 실적 가치에 누적한다. 예를 들어 어떤 프로젝트가 32.5MM의 노력이 들 것으로 계획했다고 가정했을 때, 이 프로젝트가 종료되면 실적 가치는 32.5MM이 된다.

하지만 작업이 지연되어 계획했던 것보다 더 많은 노력이 들 수도 있다. 실적 가치 차트는 [그림 11-10]과 같이 프로젝트가 계획된 일정보다 늦어지는 정도 또는 비용을 초과하는 정도를 측정하기 위해 사용될 수 있다.

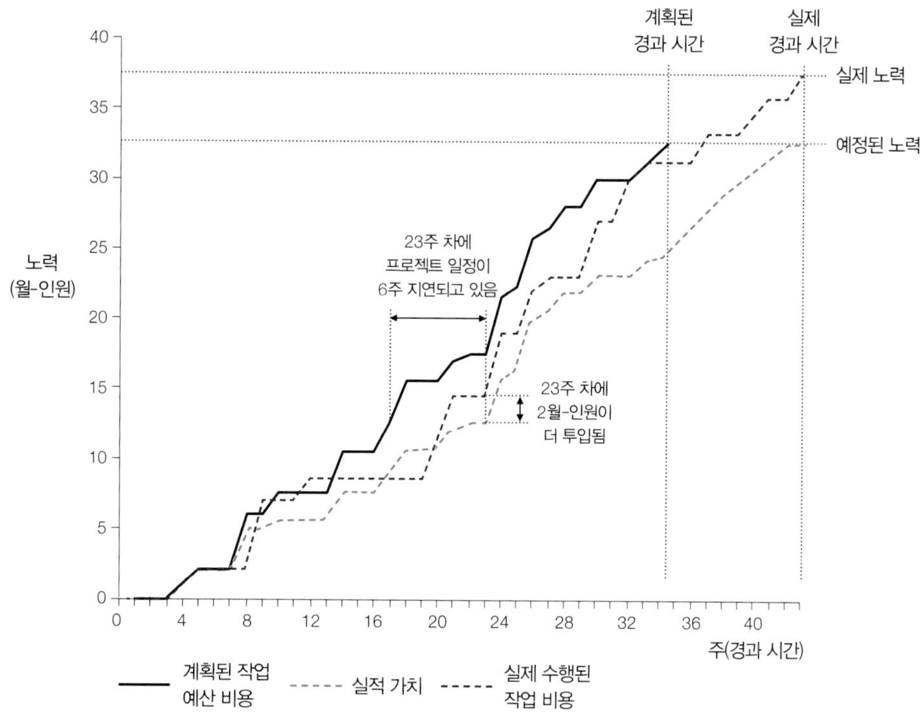

그림 11-10 실적 가치 차트

실적 가치 차트에는 다음 세 가지 곡선이 표시된다.

- **계획된 작업 예산 비용**: 표시된 시점까지 소모될 것으로 계획된 노력의 양을 의미하며 비용 산정이나 갠트 차트에서 계산할 수 있다. 굵은 선분으로 표시되었다.
- **실적 가치**: 수행된 작업의 예산상 비용을 말한다. 파란색 점선으로 표시되었다.
- **실제 수행된 작업 비용**: 검은색 점선으로 표시되었다.

프로젝트의 어느 시점에서도 실적 가치 곡선과 계획된 작업 예산 비용 간의 수평적 차이를 측정하면 일정이 얼마나 뒤져 있는지 알 수 있다. 또한 실적 가치 곡선과 실제 수행된 작업 비용의 수직적 차이를 측정하면 초과 비용을 측정할 수 있다. 이런 정보로 무장하면 프로젝트를 다시 정상 궤도에 올려놓을 수 있도록 중요하지 않은 요구 사항을 미룰 수 있다.

05 팀 구성

'조직한다'는 말은 팀을 구성한다는 의미로, 다수의 인력과 공동 목표가 주어졌을 때 각자의 임무와 역할이 무엇인지 결정하는 것이다. 단체 운동 경기를 상상해보자. 다섯 명이 한 팀을 이루어 농구 경기를 할 때 잘 조직된 팀은 각자의 역할이 잘 분담되어 있고 서로 협력한다. 한 선수가 공을 잡았을 때 다른 선수는 패스를 받기 위해 자기가 어떻게 할 것인지, 역할이 무엇인지 잘 알고 뛴다. 즉 잘 조직된 팀은 협력의 패턴이 뚜렷하다. 반면에 잘 조직되지 않은 팀의 선수들은 협력의 패턴도 없고 공을 잡으면 협력하지 않고 슛만 쏘아댄다. 이와 같은 현상이 소프트웨어 개발에도 일어날 수 있다.

소프트웨어는 다른 제품과 달리 조직 구성 방법이 프로젝트 결과물에 많은 영향을 미친다. 따라서 적절한 사람들로 팀을 구성하여 역할과 책임을 배정하고 팀 구성원으로 일하게 하는 조직 관리가 중요하다. 이 절에서는 소프트웨어 품질을 향상할 수 있는, 소프트웨어의 특성을 살린 조직 구성 방법을 소개한다.

1 조직 선택에 영향을 주는 요소

조직 선택에 영향을 주는 요소는 앞서 설명한 비용 예측에 사용되는 요소와 유사하다. 예를 들면 알맞은 조직 구성 방법은 프로젝트의 기간과 매우 밀접한 관계가 있다. 긴 프로젝트라면 사기를 높이고 이직을 줄이기 위해 개개인의 일에 대한 만족도를 높여야 한다. 경험이 많은 사람과 적은 사람이 적당히 혼합되어 있는 것이 좋다. 경험자는 도전적인 일에 매달리고 그 외의 일은 초보자가 하면서 경험자로부터 배울 수 있다.

대규모 소프트웨어 시스템은 요구의 변경 및 명세가 어렵다는 특성 때문에 프로젝트의 후반에 새로운 인원을 투입하면 그만큼 일정이 지연된다. 짧은 기간의 프로젝트에서는 이직이 그렇게 중요하지 않지만 대규모 프로젝트의 경우 이직의 최소화가 중요하다. 장기간의 프로젝트에서는 신참 프로그래머들의 실력이 향상되어 고참 프로그래머들이 다른 일에 신경을 쓸 수 있도록 그들의 몫을 담당하는 것이 중요하다. 단기와 장기 프로젝트의 조직 구성 방법은 한 경기에서 승리하기 위해 선수를 기용하는 방법과 시즌에서 우승하기 위해 선수를 기용하는 방법이 다른 것과 마찬가지이다.

프로젝트 팀 구성에 영향을 주는 다른 요소는 작업의 특성 및 팀 구성원들의 의사 교류 횟수에서 찾아볼 수 있다. 작은 팀은 단결력이 강하고 높은 사기를 유지할 수 있다. 한편 어떤 일은 아주 복잡해서 작은 팀으로 할 수 없는 경우도 있다. 일의 양과 복잡도는 마음대로 할 수 있는 것이 아니기 때문에 문제의 규모에 팀 규모와 조직을 맞추어야 한다. 대규모 문제에 적은 인원을 투입할 수는 없다. 또한 작은 문제에 많은 인원을 투입하는 것은 낭비를 초래하고 필요 이상의 결과를 얻게 된다.

소프트웨어 개발 팀은 여러 방법으로 조직할 수 있다. 한 가지 방법은 관리자와 부하의 계층적인 구조를 사용하는 것으로, 각 개인은 관리자가 위임한 작업을 수행하여 관리자에게 보고한다. 상반되는 개념은 에고레스egoless 팀이다. 이는 팀의 모든 사람이 동등하여 공동의 목표를 위해 협력하는 팀으로서 같이 일한다. 하지만 실제 사용되는 방법은 양극단의 중간 형태이다.

2 책임 프로그래머 팀

책임 프로그래머 팀chief programmer team은 작은 팀으로 구성된 인원이 한 관리자의 명령에 따라 일하고 결과를 보고하는 방식이다. 일반적으로 한 사람이 통제할 수 있는 비교적 소규모 문제에 적합하다.

- **책임 프로그래머**: 요구 분석과 설계, 중요한 부분의 프로그래밍 및 모든 중요한 기술적 판단을 내린다.
- **프로그래머**: 책임 프로그래머의 지시를 받아 프로그래밍을 한다. 2~5명의 프로그래머가 원시코드를 작성하고 테스트, 디버깅과 문서 작성을 담당한다.
- **보조 프로그래머**: 책임 프로그래머를 보좌하여 여러 가지 기술적 문제에 대해 자문한다. 또한 사용자, 품질 보증 담당자 등과의 섭외를 담당하며 책임 프로그래머의 감독 하에 분석, 설계, 구현도 담당한다.

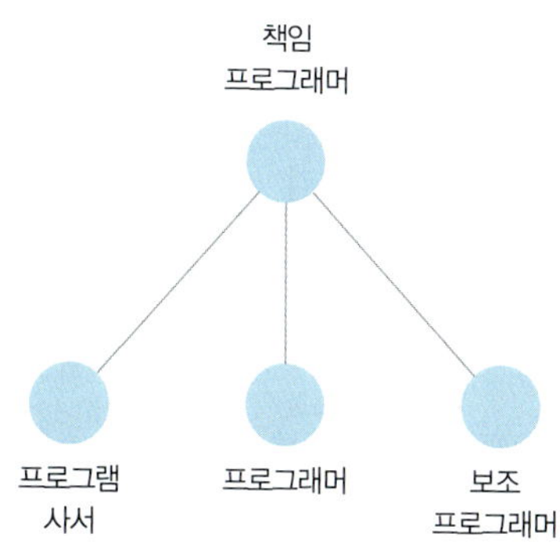

그림 11-11 책임 프로그래머 팀

- **프로그램 사서**: 프로그램 리스트, 설계 문서, 테스트 계획 등을 관리한다.

책임 프로그래머 팀은 외과 수술을 하는 팀과 유사하다. 수술을 하는 동안 집도한 의사가 완전히 팀 구성원을 관리한다. 그 외의 사람들은 집도한 의사를 보조하고 지시에 따른다. 따라서 팀 구성원은 개인적인 창의성을 발휘하거나 집단의 의견을 수렴할 시간이 없다. 소프트웨어 개발 수행에 관한 모든 권한과 의무를 책임 프로그래머에게 주고 기술 및 관리를 위한 지원 인력을 투입한다.

따라서 의사 결정이 집중되어 있어 신속하고 의사 교환 경로가 짧다. 그러나 이러한 형태의 조직은 책임 프로그래머 개인의 기술적 · 관리적 능력에 크게 의존할 수밖에 없다. 결국 책임 프로그래머 팀은 잘 알고 있는 문제나 한 사람의 지적 능력으로 파악 가능한 문제, 프로젝트의 완성이 다른 요인(예를 들면 팀의 사기, 개발 비용 등)보다 더 중요한 경우 알맞은 방법이다.

책임 프로그래머 팀의 장단점은 다음과 같다.

- **장점**: 소프트웨어 개발 경험이 적은 프로그래머가 프로그램을 작성할 수 있는 쉬운 문제, 또는 경험이 많은 프로그래머 한 사람과 여러 명의 초보 프로그래머가 한 팀으로 구성되는 경우에 적합하다. 초보 프로그래머를 훈련하기 위해 이런 조직을 택하기도 한다.
- **단점**: 모든 의사 결정이 한 사람에 의해 이루어지고 이를 위해 의사소통이 집중되므로 만약 문제가 생길 경우 실패할 수 있다. 책임 프로그래머의 일이 폭주할 수 있고 프로젝트의 성공이 한 사람의 능력과 문제의 규모, 복잡도에 크게 좌우되기도 한다. 책임 프로그래머의 선택이 프로젝트 성패의 중요한 갈림길이 되는 셈이다.

3 에고레스 팀

에고레스 팀은 의사 결정을 민주주의식으로 하며 모든 일을 공동의 일로 간주한다. 팀 구성원 각자가 서로의 일을 검토하고 다른 구성원이 일한 결과에 대해 같은 팀의 일원으로서 책임을 진다. [그림 11-12]는 에고레스 팀 구성에서 팀 구성원 사이의 관계와 의사 교환 패턴을 나타낸 것이다. 링 모양의 구조는 전체 팀 구성원이 계층 없이 동등한 레벨이라는 것을 보여준다.

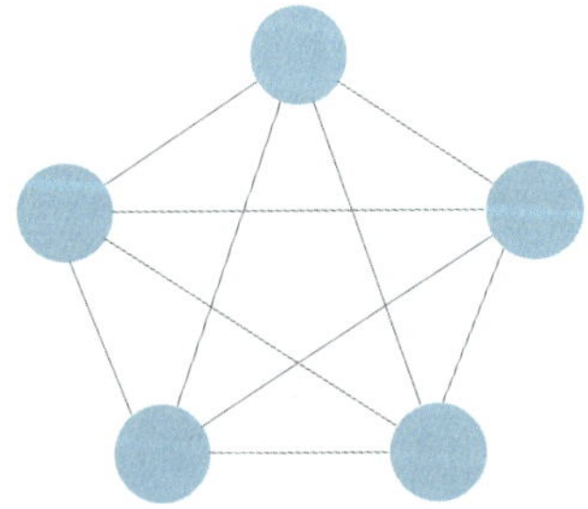

그림 11-12 에고레스 팀

에고레스 팀의 장단점은 다음과 같다.

- **장점**: 팀 구성원의 사기와 작업 만족도가 높아 이직률이 낮다. 각각의 구성원은 프로젝트에 더 적극적으로 임하고 문제에 책임감을 느낀다. 팀 구성원들의 의사 교환이 활발하며 다른 사람의 일을 함께 검토하고 이해하기 때문에 복잡하고 이해되지 않는 문제가 많은 장기 프로젝트에 적합하다.
- **단점**: 대규모 문제에는 적합하지 않다. 의사 교환을 하는 데 비용이 많이 들고 개개인의 생산성을 떨어뜨리기 때문이다. 모든 구성원이 만족할 만한 해결 방안을 찾기란 매우 어려운 일이다.

4 계층형 팀

계층형 팀은 군대 조직이나 관료 조직과 같은 엄격한 상하 관계가 있으며, 일정 계획이 엄격한 큰 프로젝트나 모든 구성원이 잘 훈련되어 있고 각자의 역할을 잘 이해하는 경우에 적합하다. 에고레스 팀에서는 팀 구성원 모두를 동등하게 보지만 계층형 팀에서는 책임 프로그래머 팀과 같이 경험자와 초보자를 구별한다.

계층형 팀의 구성과 의사 교환 경로는 [그림 11-13]과 같다. 고급 프로그래머(경험이 많은 프로그래머)는 초보 프로그래머에게 지시하고, 프로젝트 관리자의 지시에 따라 작업하고 보고한다. 프로젝트 관리자는 일을 지시하고, 검토회[walkthrough]에 참석하고, 문제점을 도출하고, 작업량을 조절하며, 기술적인 작업에 참여한다. 프로젝트 관리자와 고급 프로그래머에게 지휘 권한이 주어지지만 의사 교환은 초보 프로그래머나 중간 관리층으로 분산된다.

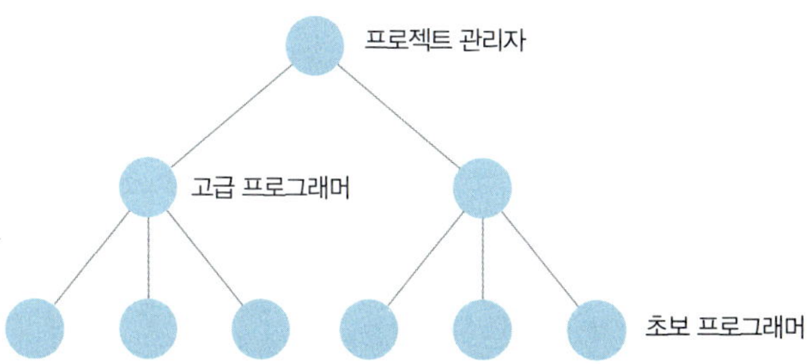

그림 11-13 계층형 팀

계층형 팀의 장단점은 다음과 같다.

- **장점**: 소프트웨어의 구조가 계층적으로 잘 나누어진 경우에 적합하다. 예를 들어 시스템을 세 개의 큰 부분으로 나눌 수 있다면 세 개의 팀을 구성하여 한 부분씩 담당하게 한다. 대규모 프로젝트의 경우 여러 계층으로 구성할 수도 있다.
- **단점**: 기술 인력이 관리를 담당하게 되므로 좋은 개발 경험이 사장될 수도 있다. 또한 기술 인력이 조직, 인력 및 업무를 잘 관리하는 능력을 겸비해야 하는 어려움도 있다.

계층형 팀은 구성원들이 효율적으로 의사소통을 하기 위해 의사 교환 경로를 과감히 줄여야 한다. 예컨대 프로젝트의 구성원을 5~7명의 책임 프로그래머 팀으로 나누고 각 책임 프로그래머 팀을 중견 프로그래머가 관리하는 방법을 들 수 있다.

NOTE_ 개발 팀의 적정 크기

소프트웨어 개발 팀을 조직할 때는 적정 크기로 설계해야 한다. 팀의 크기를 두 배로 하면 개발 기간이 반으로 줄어들 것 같지만 그렇지 않다. 시스템을 서브시스템으로 분할하면서 팀을 배정하여 설계가 더 복잡해지고 결합도가 높아져서 정보나 지식을 교환하는 데 드는 시간이나 노력이 커지기 때문이다. 또한 필요 이상으로 인원이 많으면 커뮤니케이션 횟수도 많아져서 비율적이다. 각 팀은 전체 소프트웨어 아키텍처만 이해하고 자신이 담당하는 서브시스템 및 관련 서브시스템과의 인터페이스만 알면 된다. 적정 팀 규모에 대한 유명한 규칙이 있다. 프레더릭 브룩스Frederick P. Brooks는 《맨먼스 신화The Mythical Man-Month》에서 "일정이 연기된 프로젝트에 더 많은 인력을 추가해도 프로젝트는 더 늦어진다"고 했다. 새로운 인력이 투입되면 이제까지 무엇을 해왔는지 이해하기 위해 시간이 필요한 데다 다른 팀원의 도움을 받아야 하기 때문이다.

06 프로젝트 계획서

프로젝트 계획서는 프로젝트가 진행되면서 계속 갱신되어야 한다. 또한 간결하고 독자가 이해하기 쉬워야 한다. 팀 구성원, 고객, 프로젝트 관리자, 계획서 안의 내용을 구현해야 하는 엔지니어 모두가 독자이기 때문이다. 프로젝트 계획서에 담길 내용은 다음과 같다.

- **목적**: 해결해야 할 문제를 기술한다. 목적은 요구 분석서에도 기술하지만 프로젝트 계획서에는 프로젝트의 비즈니스 목표, 즉 예상되는 수익을 기술한다. 가능하면 목표는 정량화한다.
- **배경 지식**: 지금까지 진행된 프로젝트의 간단한 이력과 관련자들을 기술하고, 프로젝트와 관련된 문서도 참조할 수 있도록 기술한다. 이 부분은 프로젝트를 진행하면서 계속 갱신한다.
- **프로세스**: 전체 프로세스 모델, 예를 들면 나선형 모델, 점증적 모델 등 프로젝트를 진행하면서 따를 절차를 기술한다. 특히 요구 수집, 설계, 구현, 품질 보증, 변경 관리, 위험 관리, 프로젝트 관리 등에 채택될 기술에 대해서도 약술한다. 또한 작성해야 할 문서와 문서의 내용, 프로젝트를 관리하기 위한 측정 방법 등도 기술한다. 자세한 정보는 규격이나 표준에 기술되어 있으므로 그것을 따른다고 언급해도 무방하다.
- **서브시스템과 릴리스 계획**: 시스템을 서브시스템과 여러 개의 릴리스로 나눌 때 이를 나타내고 각 서브시스템이나 릴리스에 배정된 인원 또는 팀을 표시한다. 아키텍처 모델을 참조할 수도 있다.
- **위험**: 프로젝트 전체 또는 서브시스템에 존재하는 결정적인 위험 요소나 어려운 점, 그리고 어떻게 이런 문제점과 위험을 모니터링하고 해결할 것인지를 기술한다. 이 부분도 프로젝트를 진행하면서 계속 갱신한다.
- **작업**: 각 서브시스템 또는 릴리스별로 완성되어야 할 작업을 나열한다.
- **비용 산정**: 계획한 작업과 서브시스템에 대해 현재 예측된 비용을 기술한다. 또한 총비용과 최소 및 최대 비용 예측값을 함께 제시한다.
- **팀 구성**: 팀 구성과 각 팀에서 필요한 기술, 앞으로의 교육 계획, 팀 구성원에게 할당된 직무를 기술한다.
- **일정**: 각 작업의 마감일을 설정한다. 갠트 차트와 CPM 네트워크에 각 작업에 배정한 인원과 기간 및 임계 경로를 표시한다.

요약

- 소프트웨어 개발 프로세스는 전통적인 폭포수 모델부터 점증적 모델, 나선형 모델, 진화적 모델 그리고 최근에 많이 언급되는 애자일 프로세스 등 다양하다.
- 소프트웨어를 개발하는 데 얼마만큼의 노력이 필요한지 추정해야 하지만 정확히 추정하기가 어렵다. 대표적인 노력 추정 모델은 COCOMO 추정 모델, 기능 점수 기반 추정 모델, 객체 점수 기반 추정 모델 등이다.
- PERT 차트는 각 작업의 선후 관계와 임계 경로를 나타내며, 갠트 차트는 각 작업의 시작과 끝이 언제 이루어지는지를 나타낸다. 또한 실적 가치 차트를 통해 프로젝트의 일정 지연이나 비용의 초과 지출을 추적할 수 있다.
- 프로젝트와 관련된 모든 정보는 프로젝트 계획서에 담아 고객이나 프로젝트 팀 구성원이 볼 수 있게 한다.

연습문제

01 다음과 같은 소프트웨어 시스템을 개발할 때 적용할 수 있는 적합한 개발 모델은?

> 전자교환기 소프트웨어 시스템은 지난 수십 년간 사용해왔으며, 새로운 기능이 추가되기보다는 다양한 하드웨어 플랫폼에 맞도록 최적화하는 일이 빈번히 일어났다.

① 폭포수 모델 ② 프로토타이핑 모델
③ 나선형 모델 ④ UP Unified Process 모델

02 다음은 UP Unified Process의 어떤 단계를 설명한 것인가?

> 시스템 아키텍처의 확립을 위한 설계 관련 작업의 비중이 크게 나타나고 프로젝트 계획을 상세히 작성한다.

① 도입 단계 ② 정련 단계
③ 구축 단계 ④ 전환 단계

03 익스트림 프로그래밍XP에 대한 설명으로 옳은 것은?

① 중소규모 프로젝트보다 대규모 프로젝트에 적합하다.

② 개발되는 코드에 대한 집단적 소유권collective ownership을 갖는다.

③ 요구 사항 분석 및 설계의 비중이 높다.

④ 문서화 작업으로 발생하는 부하가 증가된다.

04 소프트웨어 프로젝트의 소요 기간과 비용 추정에 대한 설명으로 옳지 않은 것은?

① COCOMO 추정 모델은 먼저 완성될 시스템의 규모를 추정하고 이를 준비된 식에 대입하여 소요 인원 · 개월man-month을 예측한다.

② 기능 점수 기반 추정 모델은 원시코드의 구현에 이용되는 프로그래밍 언어에 독립적이다.

③ 기능 점수 기반 추정 모델은 경험 중심적이기 때문에 비용을 산정하려면 단위 시간당 프로그래머의 생산성을 기능 점수로 나타낸 생산성 메트릭이 있어야 한다.

④ LOC 기반 추정 모델과 기능 점수 기반 추정 모델은 사용 정보만 다를 뿐 동일한 결과를 가져오므로 선택적으로 사용이 가능하다.

05 프로젝트 일정 계획을 세우는 데에는 액티비티 네트워크가 사용된다. 다음의 액티비티 네트워크를 가진 프로젝트를 종료하는 데 필요한 최소 시간은 얼마인가?

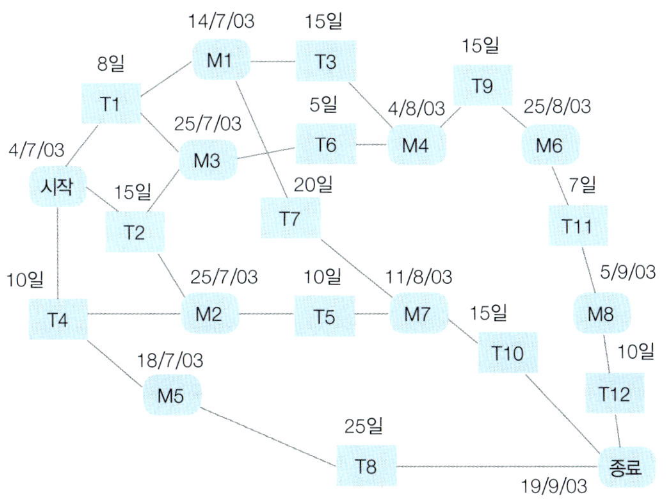

① 35일 ② 40일 ③ 52일 ④ 55일

06 COCOMO 추정 모델에서 사용되는 노력 승숫값을 구하는 데 사용되는 요소가 아닌 것은?

① 제품의 특성
② 컴퓨터의 특성
③ 개발 요원의 특성
④ 사용자의 특성

07 다음은 어떤 프로젝트를 구성하는 작업의 선행 작업과 소요 기간을 나타낸 것이다. 이러한 작업 의존 관계를 바탕으로 작업 D를 최대한 빠르게 시작할 수 있는 착수일과 최대한 늦추어 시작할 수 있는 착수일 간의 차이는?

작업	선행 작업	소요 기간(일)
A	start	2
B	start	4
C	A	3
D	B, C	2
E	C	4
end	B, D, E	

① 1일 ② 2일 ③ 3일 ④ 4일

08 익스트림 프로그래밍의 실무 관행에 해당하지 않는 것은?

① 짝 프로그래밍
② 소규모 릴리스
③ 구현 우선 개발
④ 점증적인 계획 수립

09 다음은 어떤 프로세스 모델에 대한 설명인가?

> 각 스프린트는 계획 회의로 시작한다. 스프린트 계획 회의에서는 제품 백로그의 항목을 비롯해 무엇을 출시하고 어떻게 개발할 것인지를 결정한다. 각 스프린트는 30여 일 지속되며 좀 더 짧거나 길 수도 있다.

① 익스트림 프로그래밍
② 스크럼
③ 크리스털
④ 스프린트

10 LOC 기법에 의해 예측된 총행수가 50,000행, 개발 참여 프로그래머가 5명, 프로그래머의 월평균 생산성이 200행일 때 개발 소요 기간은?

① 2,000개월　　② 200개월
③ 60개월　　④ 50개월

11 소프트웨어 개발 팀 구성에 대한 설명으로 옳지 않은 것은?

① 중앙 집중식 팀은 구성원이 한 관리자의 명령에 따라 일하고 결과를 보고하는 방식을 취한다.
② 중앙 집중식 팀은 한 사람이 통제할 수 있는 비교적 소규모 문제에 적합하다.
③ 분산형 팀은 의사 교환을 위한 비용이 크고 개개인의 생산성을 떨어뜨린다.
④ 분산형 팀의 의사 교환 경로는 계층적이다.

12 기능 점수 항목과 복합 가중값, 개발 예정인 소프트웨어의 기능 구성, 기능 점수와 코드 행수의 관계가 다음과 같이 주어졌을 때, 개발 예정인 소프트웨어의 예상되는 소스코드 행수를 가장 잘 추정한 것은?

기능 점수 항목 및 복합 가중값				소프트웨어 기능 구성(개수)		
기능 항목	단순	평균	복잡	단순	평균	복잡
외부 입력	3	4	6	4	1	0
외부 출력	4	5	7	2	4	0
외부 조회	3	4	6	2	2	2
내부 논리 파일	7	10	15	0	4	4
외부 인터페이스 파일	5	7	10	2	0	2

언어	평균 SLOC/FP
C	130
파스칼	90
C++	50
비주얼 베이직	30

① C 언어로 구현하면 24,000 SLOC[source line of code]로 추정된다.
② 파스칼 언어로 구현하면 19,000 SLOC로 추정된다.
③ C++ 언어로 구현하면 10,000 SLOC로 추정된다.
④ 비주얼 베이직 언어로 구현하면 5,000 SLOC를 넘지 않을 것으로 추정된다.

13 프로젝트 수행 시 발생하는 위험을 관리하고 최소화하는 것이 주된 목적인 소프트웨어 프로세스 모델은?

① 폭포수 모델　② 4세대 기법
③ 나선형 모델　④ 구축 및 수정 모델

14 소프트웨어 프로젝트 일정 계획을 위한 절차를 순서대로 바르게 나열한 것은?

> ㉠ WBS(work breakdown structure), 즉 개발 프로세스를 이루는 소작업을 파악한다.
> ㉡ 확정된 결과를 갠트 차트로 그린다.
> ㉢ PERT 차트에서 임계 경로를 구하여 프로젝트 완료에 필요한 최소 기간을 구한다.
> ㉣ 각 작업의 상호 의존 관계를 PERT 차트로 나타낸다.

① ㉠-㉡-㉢-㉣　② ㉠-㉣-㉢-㉡
③ ㉡-㉢-㉣-㉠　④ ㉢-㉣-㉠-㉡

15 다음은 진행 중인 어떤 프로젝트의 진행 상황을 추적하여 정리한 표이다. 4월 1일 현재 실적 가치는 얼마인가?

작업	추정 노력 (man-day)	누적 소비 노력 (man-day)	완료 추정일	실제 완료일
1	5	10	1/25	2/1
2	25	20	2/15	2/15
3	120	80	5/15	
4	40	50	4/15	4/1
5	60	50	7/1	
6	80	70	9/1	

① 71.4　② 77.8　③ 21.2　④ 12.1

Chapter 12

품질 보증

학습목표

▸ 소프트웨어 품질과 품질 특성을 이해하고 설명할 수 있다.

▸ 소프트웨어 품질 보증 시스템이 무엇이며 어떤 요소로 구성되는지 설명할 수 있다.

▸ 품질 확인 및 검증 방법을 알고 실행할 수 있다.

▸ 소프트웨어 제품 품질 측정 모델을 이해하고 메트릭을 이용하여 측정할 수 있다.

▸ 소프트웨어 프로세스 개선 모델을 이해하고 프로세스 수준을 파악할 수 있다.

00 개요

제조업에서 생산되는 제품은 품질 관리quality control를 한다. 생산 라인에서 샘플링 검사를 하여 제품이 요구 사항에 부합되는지 확인하고, 잘못되었을 때는 원인을 규명하여 설계나 생산 및 조립 방법을 수정한다. 소프트웨어에도 이와 같은 개념의 활동이 적용되는데 이를 품질 보증quality assurance이라 한다. 품질 보증은 소프트웨어 프로젝트의 프로세스와 제품의 품질을 관리하고 향상하는 작업으로, 작업 결과가 요구 사항에 적합한지 확인하기 위해 소프트웨어 개발 주기 전체에 인스펙션, 기술 검토, 테스트, 측정 등의 기법을 적용한다.

최근 소프트웨어에 대한 의존도가 높아지면서 소프트웨어 품질의 중요성이 더욱 강조되고 있다. 소프트웨어의 결함이 인명이나 재산에 큰 피해를 입힌 사례, 소프트웨어의 보안 체계가 바이러스의 침투에 무너져 막대한 손실을 가져온 사례를 보면 소프트웨어 품질의 중요성은 두말할 것도 없다. 소프트웨어 품질은 복합적인 요소를 가지고 있으며 좋은 품질의 소프트웨어를 개발하기가 쉽지 않지만 그 필요성만큼은 모두가 인정하고 있다.

이 장에서는 품질 보증 활동의 계획과 실행 및 품질 보증 시스템이 어떤 요소로 구성되는지 살펴본다. 또한 품질을 개선하는 주요 활동인 확인과 검증에 대해서도 알아본다. 그리고 품질 보증의 중요한 두 축인 제품 품질을 측정하는 방법과 프로세스 품질 개선 모델을 소개한다.

01 품질이란?

1 품질의 정의

좋은 연주가가 되려면 귀가 밝아야 하고, 좋은 미술가가 되려면 눈이 좋아야 한다. 마찬가지로 좋은 소프트웨어를 개발하려면 어떤 것이 좋은 소프트웨어인지 판단할 수 있어야 한다. 소프트웨어 품질은 바로 좋은 소프트웨어를 판단하는 기준이 된다.

1.1 외부 품질과 내부 품질

좋은 소프트웨어란 사용자의 요구에 부합하는 것이다. 따라서 소프트웨어를 설계하기 전에 어떤 요구를 소프트웨어에 담아야 할지 정해야 한다. 외부 품질external quality은 개발된 소프트웨어가 처음에 의도한 기능, 성능, 보안, 확장성, 신뢰성, 유지보수성, 이식성 등의 요구에 얼마나 적합한지를 나타내는 품질이다. 그리고 내부 품질internal quality은 좁은 의미의 소프트웨어 품질인 '결함 없음'을 뜻한다. 소프트웨어의 결함은 요구에 적합하지 않아 고장을 일으킬 수 있는 버그를 말한다. 내부 품질의 목표는 낮은 결함 밀도를 유지하여 신뢰성을 높이는 것이다. '결함 없음'은 개발자 관점에 가까운 내부 품질이자 외부 품질을 결정하는 요소이다.

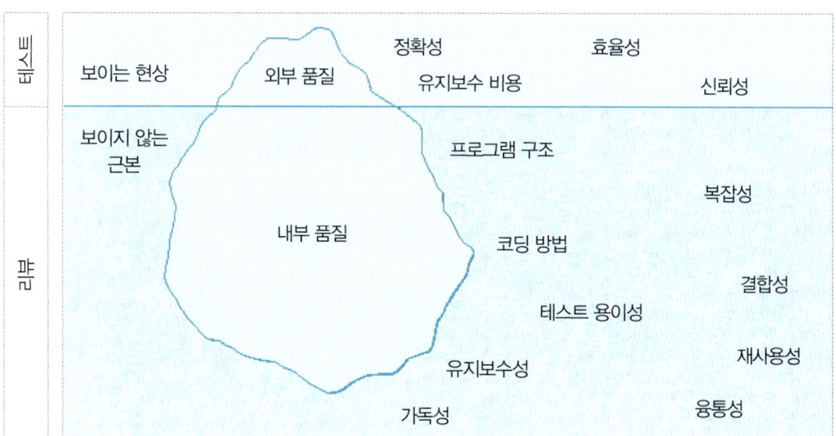

그림 12-1 소프트웨어 품질 빙산

외부 품질은 소프트웨어가 완성 단계에 이르러 시험 수행하거나 운영하는 중에 확인할 수 있다. 하지만 내부 품질은 개발 도중에도 확인할 수 있다.

1.2 IEEE의 품질 정의

미국의 국제전기전자기술자협회IEEE에서는 소프트웨어 품질을 다음과 같이 두 가지로 정의하고 있다.

- 시스템이나 컴포넌트, 프로세스가 명시된 요구를 만족시키는 정도
- 시스템이나 컴포넌트, 프로세스가 사용자, 고객의 요구나 기대를 만족시키는 정도

두 가지 정의를 제시한 이유는 명세에 대한 근본적인 이해와 요구에 대한 인식의 차이 때문이다. 필립 크로스비Philip B. Crosby는 소프트웨어가 개발 초기에 수립한 명세와 얼마나 적합한지 나타내는 정도를 소프트웨어 품질이라고 했으며, 조지프 주란Joseph M. Juran은 고객의 요구를 충족하여 고객이 제품에 대해 느끼는 만족의 정도를 소프트웨어 품질이라고 했다. 주란은 고객의 진정한 만족을 소프트웨어 품질의 궁극적인 목표로 보았다.

그런데 주란의 정의를 채택한다면 개발자는 더 많은 역량을 검사와 수정, 고객의 요구 명세화에 투입해야 한다. 이 정의의 가장 큰 결점은 고객이 소프트웨어 명세의 정확성과 완벽성에 대한 책임을 면하게 된다는 것이다. 그러면 고객은 이미 확정된 프로젝트 명세와 다른 요구를 제시할 수도 있고, 결과적으로 개발하는 동안에 변화하는 사용자의 요구를 프로그램이 잘 만족시킨다는 것을 증명하기가 어려울 수도 있다.

1.3 프레스먼의 품질 정의

로저 프레스먼Roger S. Pressman은 소프트웨어 품질을 '명시된 기능과 성능 요구, 문서화된 개발 표준뿐만 아니라 전문적으로 개발된 소프트웨어가 지닌 묵시적인 특성에 대한 적합성'이라고 정의했다. 프레스먼은 소프트웨어가 만족시켜야 할 품질 보증에 관한 사항을 다음과 같이 제시했다.

- 소프트웨어가 외부에 제공하는 계산 결과는 설계 당시 명시된 기능 요구를 만족시켜야 한다.
- 계약에 명시된 소프트웨어 품질 표준을 따라야 한다.
- 개발자가 따라야 할 최신의 좋은 개발 방법good software engineering practice을 사용해야 한다.

프레스먼의 품질 정의는 개발한 소프트웨어가 사용자의 요구에 맞는지 테스트하는 데 실무적인 접근 방향을 제공한다.

NOTE_ 소프트웨어의 품질 결함으로 인한 피해 사례

소프트웨어의 품질이 얼마나 중요한지는 소프트웨어 장애 사례를 통해 알 수 있다. 소프트웨어의 작은 결함으로 인해 큰 피해를 입었던 사례는 상당히 많다.

- 1980년 6월 미국 네브래스카 주 오마하 부근의 북부방위사령부NORAD는 미국 본토가 모 잠수함에서 발사된 미사일 두 개의 공격을 받고 있다는 잘못된 경보를 울렸다. 18분 후에 징후가 없다고 정정했으나 그 사이 B-52 폭격기가 출동하고 지상군은 모두 경계 태세에 돌입했다. 잘못된 경보를 울린 원인은 통신 시스템 안에 있는 작은 집적회로의 고장으로 밝혀졌다.
- 1991년 패트리엇 미사일의 고장도 소프트웨어의 결함 때문으로 판명되었다. 사우디아라비아에서 작전 수행 중 공격받은 스커드 미사일을 제대로 추적 · 방어하지 못하여 막사에 있던 미군 28명이 사망하고 98명이 부상을 입었다. 공격 미사일의 속도와 레이다 감지 시간을 근거로 다음 예상 위치를 계산하는 알고리즘이 문제의 원인이었다. 시간을 1/10초 단위의 숫자로 발생시키기 위해 1/10을 곱하는 과정 중 계산이 24비트의 고정 소수점 레지스터에서 이루어지면서 24번째 비트에서 숫자가 잘려나갔다. 이렇게 시간값이 증가하면서 결국 속도에 큰 오차가 발생하여 다음 위치의 계산이 부정확해진 것이다.
- 1990년 1월 AT&T 장거리 전화의 9시간 불통은 소프트웨어 버그로 인한 것이었다. 이 사건으로 뉴욕 시 교환기 시스템과 미국 내 장거리 전화 네트워크 서비스가 마비되었다. ACM 소프트웨어 공학 뉴스레터에 따르면 switch 블록 안의 조건문에 문제가 있었던 것으로 밝혀졌다. break 문장이 if then else가 모두 끝난 뒤에 나와야 하는데 if 조건 후에 잘못 배치되었고, 이러한 오류가 있는 버전을 테스트 없이 패치한 후 설치하여 문제가 발생한 것이다.
- 1996년 4월 프랑스에서 발생한 아리안 5호의 폭발 사고는 소프트웨어 안에 숨어 있는 버그의 위력을 실감한 사례이다. 5억 달러에 달하는 거금이 투입된 유럽의 상업용 우주선 아리안 5호는 발사된 지 불과 40여 초 만에 공중에서 폭발하여 수많은 사람을 놀라게 했다. 유럽우주기구Europe Space Agency와 프랑스 우주연구센터의 조사 팀에 의하면 5억 달러를 허공에 뿌린 충격적인 사고의 원인이 에이다Ada 언어로 작성된 소프트웨어 내부의 버그로 밝혀졌다. 사고는 64비트 숫잣값을 16비트 정수로 변환하는 과정에서 일어났다. 문제가 된 모듈은 보다 작은 수에 한해 정상적으로 작동하는데 그보다 큰 수가 입력되는 바람에 오버플로가 발생했다. 즉 변동 소수점 오류로 인해 예외가 발생했는데, 64비트 정수를 16비트 부호가 있는 정수로 변환할 때 예상값보다 큰 값이 적용되어 수직 속도가 32767을 초과한 것이다. 아리안 4호에 사용된 모듈을 테스트 없이 재사용한 것으로, 아리안 4호에서는 문제가 없었으나 아리안 5호의 경우 예외 처리가 없어 폭발을 일으키고 말았다.
- 1999년 9월 미국항공우주국NASA이 발사한 목성 기후 위성이 목성 궤도에서 사라져 너무 낮은 고도로 비행하다 결국 화성 대기권에 부딪혀 추락했다. 고장의 원인은 콜로라도 개발 팀과 캘리포니아 개발 팀 사이의 정보 전달 오류로 밝혀졌다. 위성 운행을 위한 단위로 한 팀은 영국식 단위(인치, 피트, 파운드)를 사용하고 다른 팀은 미터식 단위를 사용했던 것이다.

2 품질의 관점

바버라 키치넘Barbara A. Kitchenham과 샤리 로런스 플리거Shari Lawrence Pfleeger는 소프트웨어 품질을 바라보는 관점을 다음과 같이 다섯 가지로 나누었다(Pfleeger, 2002).

- **사용자 관점**: 사용자의 요구와 목적을 얼마나 만족시키느냐를 소프트웨어 품질로 보는 관점이다.
- **제조자 관점**: 프로세스 표준을 잘 따르고 있는지 그 적합성을 소프트웨어 품질로 보는 관점이다.
- **제품 관점**: 제품이 가진 원천적 특성에 초점을 두고, 소프트웨어 내부 품질 측정값을 제어하여 외부 품질을 개선하는 것을 소프트웨어 품질로 보는 관점이다.
- **가치 중심 관점**: 소프트웨어에 대해 지불하려는 고객의 가치를 소프트웨어 품질로 보는 관점이다.
- **초월적 관점**: 소프트웨어 품질을 정의하기 어렵다고 보고 사용자를 만족시키는 보이지 않는 특성을 소프트웨어 품질로 보는 관점이다.

이 책에서는 위의 다섯 가지 관점을 축소하여 다음과 같은 두 가지 관점에서 살펴보자. 이는 소프트웨어 개발과 관련된 사람들의 역할과 책임에 따라 구분한 것이다.

■ 소비자 관점

소프트웨어 제품을 이용하거나 서비스를 받는 사람을 소비자라고 한다. 소프트웨어 소비자에는 고객customer과 사용자user가 있는데, 고객은 소프트웨어 제품이나 서비스의 발주를 책임지고 사용자는 여러 가지 목적으로 소프트웨어 제품이나 서비스를 사용한다. 사용자의 개념은 인간이 아닌 다른 소프트웨어, 임베디드 하드웨어, 소프트웨어가 작동하는 운영 환경 등으로 확장할 수 있다.

■ 생산자 관점

소프트웨어 제품의 개발, 관리, 마케팅, 서비스를 담당하는 역할을 말한다. 생산자의 의미를 넓게 보면 추가된 제품 또는 서비스를 공급하거나, 패키징하거나, 인증하는 일을 하는 제삼자도 생산자로 볼 수 있다.

소비자 관점과 생산자 관점의 두 그룹은 그룹 내에 서브그룹을 둘 수 있다. 하지만 각 그룹에 공통되는 관점이 분명히 있다. 소비자는 외부에 드러나는 관찰된 동작에 관심이 있고, 생산자는 이러한 동작을 일으키는 내부 사항에 관심이 있다. 다시 말해 외부적 관점은 소프트웨어 시스템을 블랙박스로 간주하여 동작만 관찰할 수 있고 내부를 들여다보지 못한다. 반면에 내부적 관점은 투명한 화이트박스로 간주하여 내부가 어떻게 되어 있고 어떻게 작동하는지 볼 수 있다.

2.1 소비자 관점의 품질 요소

사용자가 소프트웨어 품질에 기대하는 요소 중 가장 기본이 되는 것은 신뢰성이다. 신뢰성은 명세된 기능이 오랫동안 정확히 잘 작동하는 것을 말한다. 사용 용이성 또한 신뢰성 못지않게 중요한 품질 요소이다. 과거에 PC에서 사용하던 텍스트 기반의 명령어를 대체하기 위해 GUI를 채택하는 것은 일반 사용자들이 사용 용이성에 더 관심을 갖기 때문이다.

또한 쉽게 설치하고 바로 작동되는plug-and-play 설치 용이성도 소프트웨어 사용자들이 중요하게 생각하는 품질 요소이다. 소비자를 인간이 아닌 사용자, 즉 관련 시스템으로 확장한다면 소프트웨어와 주변 시스템 사이에 동작이 원활하고 상호작용에 문제가 없는 상호운용성inter-operability이나 적응성adaptability도 중요한 요소로 생각할 수 있다.

결국 소비자 입장에서의 품질 관점은 사용자 관점에 비용적인 면을 추가한 것이라고 할 수 있다. 이는 품질에 대한 가치 중심적 관점으로, 고객이 소프트웨어에 비용을 지불할 것인지 결정하는 역할을 한다.

2.2 생산자 관점의 품질 요소

소프트웨어 생산자에게 가중 중요한 품질 요소는 명세에 맞는 소프트웨어 제품을 생산하거나 서비스 협약에 맞는 서비스를 제공하여 계약 당시 의무를 다하는 것이다. 좀 더 자세히 말하면 제품 컴포넌트를 개념적으로 통일하거나 컴포넌트 사이의 결합을 줄여서 좋은 설계를 만드는 등 제품 내부의 특성을 좋은 품질과 연관시키는 것이다.

생산자(또는 서비스 관리자)는 소프트웨어 프로세스와 관련 표준, 방법론, 언어, 도구 등을 적절하게 선택하여 품질을 높이려 한다. 품질에 대해 사용자가 지닌 기대치를 품질 목표로 정하여 거기에 맞는 품질 보증 전략을 세우고 관리하기도 한다. 좀 더 세부적으로 구분하여 생산자가 중요시하는 품질 요소를 살펴볼 수도 있다. 소프트웨어 서비스와 관련된 생산자는 사용성usability과 수정 가능성modifiability을, 유지보수 담당자는 유지보수성maintainability을, 소프트웨어 패키징 공급자는 이식성portability을, 제품 마케터는 이윤과 고객 가치를 중요한 품질 요소로 본다.

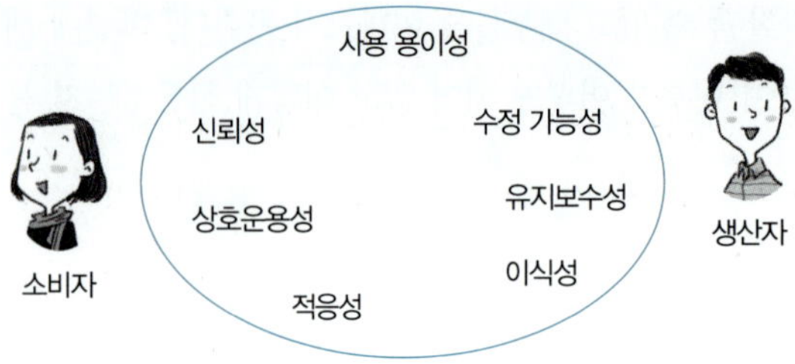

그림 12-2 소비자 및 생산자 관점에 따른 소프트웨어 품질 요소

3 품질 특성

소프트웨어의 사용성 측면, 재사용성 측면, 유지보수성 측면에서 사용자를 만족시키려면 어떤 특성을 고려해야 할까? 품질 특성quality factor은 소프트웨어의 사용 및 유지보수와 관련된 여러 속성을 그룹별로 정리한 것이다. 품질 특성은 사용자의 요구를 정의할 때 관심을 두는 품질 요구가 무엇인지 구체적으로 정의하는 데 사용된다.

3.1 맥콜의 품질 모델

소프트웨어의 품질 특성을 정리하여 모델로 제시한 사례가 많지만 맥콜McCall이 정의한 열한 가지 특성 모델을 대표적으로 꼽을 수 있다. 맥콜은 소프트웨어 품질을 크게 제품 운영, 제품 개정, 제품 전환이라는 세 가지 그룹으로 나누어 정의했다. [그림 12-3]은 맥콜의 모델을 품질 트리로 표현한 것이다.

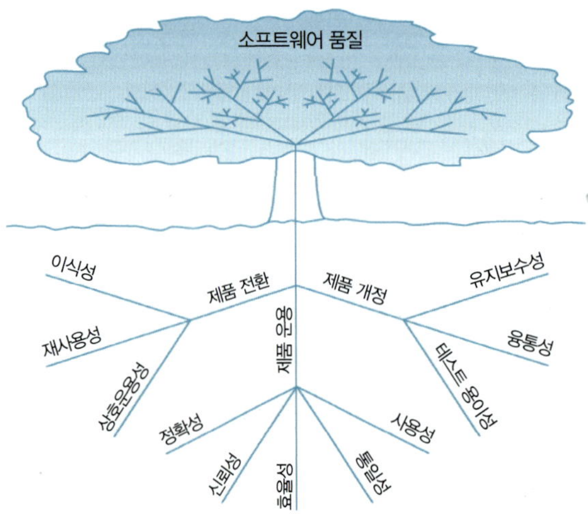

그림 12-3 맥콜의 품질 모델

- **제품 운영에 관련된 특성**: 정확성, 신뢰성, 효율성, 통합성, 사용성
- **제품 개정에 관련된 특성**: 유지보수성, 융통성, 테스트 용이성
- **제품 전환에 관련된 특성**: 이식성, 재사용성, 상호운용성

맥콜의 모델이 제시된 후 마이클 에번스Michael W. Evans와 존 마르치니악John J. Marciniak, 존 도이체John Deutsch와 제이슨 윌스Jason Wills는 12~15개의 특성으로 보완·확장한 모델을 내놓았다. 그러나 이는 근본적으로 맥콜의 모델과 크게 다르지 않다.

표 12-1 소프트웨어 품질 모델의 비교

품질 특성	맥콜의 모델	에번스와 마르치니악의 모델	도이체와 윌스의 모델
정확성	✓	✓	✓
신뢰성	✓	✓	✓
효율성	✓	✓	✓
통합성	✓	✓	✓
사용성	✓	✓	✓
유지보수성	✓	✓	✓
융통성	✓	✓	✓
테스트 용이성	✓		
이식성	✓	✓	✓
재사용성	✓	✓	✓
상호운용성	✓	✓	✓
검증성		✓	✓
확장성		✓	✓
안전성			✓
관리 용이성			✓
생존 가능성			✓

3.2 ISO-9126 품질 모델

품질 특성에 대한 여러 가지 모델을 하나의 표준으로 제시한 것이 ISO-9126이다. ISO-9126은 소프트웨어 품질에 대한 기본 참조 모델을 제시하고 각 품질 특성을 정의하며 측정 방법도 제안하고 있다.

ISO-9126에서는 소프트웨어의 품질을 계층적으로 정의하고 있다. 즉 높은 수준의 품질 특성을 여섯 가지로 나누고 각 특성 아래에 부특성을 그루핑했다.

■ **기능성functionality**

소프트웨어 설계에 명시된 기능 및 특성과 관련된 속성의 집합을 말한다. 기능은 명시된 요구뿐만 아니라 묵시적인 요구도 만족시켜야 한다. 기능성에 속하는 부특성은 다음과 같다.

- 적합성suitability
- 정확성accuracy
- 상호운용성interoperability
- 보안성security

■ **신뢰성reliability**

주어진 시간 동안 주어진 조건 아래 어떤 성능 수준을 유지하기 위한 능력과 관련된 속성의 집합이다. 신뢰성에 속하는 부특성은 다음과 같다.

- 성숙성maturity
- 내고장성fault tolerance
- 회복성recoverability

■ **사용성usability**

소프트웨어 사용 시 이루어지는 개인적 평가와 관련된 속성의 집합이다. 사용성에 속하는 부특성은 다음과 같다.

- 이해 용이성understandability
- 학습성learnability
- 운용성operability

■ **효율성efficiency**

소프트웨어가 사용하는 자원 및 소프트웨어의 성능 수준과 관련된 속성의 집합이다. 효율성에 속하는 부특성은 다음과 같다.

- 시간 측면
- 자원 측면

■ **유지보수성maintainability**

명시된 수정에 드는 노력과 관련된 속성의 집합이다. 유지보수성과 관련된 부특성은 다음과 같다.

- 분석 가능성analyzability
- 변경 가능성changeability
- 안정성stability
- 테스트 가능성testability

■ **이식성portability**

한 환경에서 다른 환경으로 전환될 수 있는 소프트웨어의 능력과 관련된 속성의 집합이다. 이식성에 해당하는 부특성은 다음과 같다.

- 적응성adaptability
- 설치 용이성installability
- 적합성conformance
- 대체성raplaceability

ISO-9126의 품질 특성은 맥콜 및 그 후속 모델과 몇 가지 차이가 있다. 가장 큰 차이점은 다른 모델에서 정의하지 않은 기능성이 들어 있다는 것이다. ISO-9126에서는 명세 준수 판단이 기능 요구로부터 시작된다고 보기 때문이다.

시스템의 요구를 정의하기 위해 ISO-9126의 품질 모델을 사용하면 목적과 운용 성능을 명확히 정의할 수 있다. 예를 들어 적응성이 높은 룰 기반의 검사 시스템을 개발한다고 하자. 적응성을 높이려면 검사 룰이 쉽게 변경될 수 있어야 한다. 룰 기반의 추론 엔진 기능은 여러 가지 방법으로 구현될 수 있다. 그러나 다른 방법, 예컨대 컴포넌트 기반과 같은 아키텍처로는 적응성을 높일 수 없다.

ISO-9126은 소프트웨어 품질과 관련된 여러 속성을 나타내기 위한 프레임워크를 제공한다. 프레임워크에 있는 부특성은 여러 품질 특성에 속할 수 없도록 엄격한 구조를 가지고 있다. 하지만 어떤 품질 속성은 여러 개의 특성에 걸쳐 있을 수도 있다. 예를 들면 중복성redundancy은 효율성과 유지보수성에 모두 영향을 준다. 따라서 여러 품질 특성 사이의 관계가 더욱 융통성 있게 정의되어야 특정한 품질 관점이 다른 품질 속성이나 메트릭으로 쉽게 전환된다.

이러한 이유로 많은 회사는 품질 프레임워크를 커스텀화하여 자신의 비즈니스나 마케팅 환경에 맞게 적용하고 있다. 대표적인 사례는 IBM의 CUPRIMDS^capability, usability, performance, reliability, installability, maintenance, documentation, service^ 모델로, IBM에서 개발된 소프트웨어 제품의 품질을 측정하기 위해 사용하고 있다.

ISO-9126 모델은 소프트웨어가 발전되면서 계속 진화해나가야 한다. 게임, ERP, 모바일 소프트웨어, 임베디드 소프트웨어, 웹 기반 애플리케이션 등 새로운 유형의 소프트웨어에 고유한 품질 특성이 계속 추가되어 발전되어야 한다. 예를 들어 웹 기반 애플리케이션에서 가장 중요한 품질 특성은 신뢰성, 사용 용이성, 보안성이며 그다음으로 사용성, 확장성, 유지보수성, 시장 출시 시간^time to market^ 등이다.

3.3 품질 관점과 품질 특성의 관계

소프트웨어 품질에 문제가 있고 적합하지 않다는 것을 나타내는 주된 품질 특성은 역시 기능적인 정확성이나 명세에 대한 적합성이다. 다른 품질 특성, 예컨대 사용성이나 이식성 등은 부수적인 것이다. 정확성은 품질 프레임워크에 있는 여러 품질 특성 및 부특성과 관련된다. 우리의 생활이나 비즈니스 업무는 소프트웨어에 많이 의존하므로 정확성은 가장 중요한 품질 특성이다.

앞서 언급했듯이 품질에 대한 관점은 소비자와 생산자 그룹, 즉 외부 품질(소비자 관점의 품질)과 내부 품질(생산자 관점의 품질)로 나누어진다. [표 12-2]에 품질 관점과 품질 특성의 관계를 정리했다.

표 12-2 품질 관점과 품질 특성의 관계

관점	속성	
	정확성	기타 특성
소비자/외부 관점(사용자, 고객)	고장 관련 특성	사용성, 유지보수성, 이식성, 성능, 설치 용이성, 가독성 등
생산자/내부 관점(개발자, 관리자, 테스터 등)	결점 관련 특성	설계, 크기, 변경, 복잡성 등

외부 관점, 즉 사용자나 고객 등 소프트웨어 소비자 관점에서 정확성 중심으로 품질을 살펴보자면 고장과 관련된 여러 가지 속성으로 정의할 수 있다. 사용자나 고객에게 중요한 것은, 고장 없이 소프트웨어를 실행하고 고장이나 원치 않는 이벤트가 발생했을 때는 그 영향을 최소화하는 것이다.

02 품질 보증

최근 자동차 등 제조업 분야에서 제품 결함에 의한 기업의 법적 책임 문제를 크게 다루고 있다. 각 기업은 좋은 품질의 제품을 합리적으로 생산하기 위해 품질 관리 활동에 매진 중이다. 제품 설계부터 원재료의 구입, 제조, 검사, 판매 후 소비자가 사용하기까지 그 범위를 확대하여 종합적으로 수행하고 있다. 소프트웨어도 이와 같이 종합적으로 품질을 관리하는 활동이 필요한데 이를 품질 보증quality assurance이라 한다. 이는 소프트웨어의 결함을 다루는 모든 활동을 말한다.

소프트웨어 품질 보증은 개발 프로세스와 매우 밀접한 관련이 있다. 따라서 품질 보증을 잘하려면 개발 전, 개발 중, 개발 후, 각 단계에서 어떤 활동을 해야 하는지 잘 알아야 한다. 이 절에서는 개발 각 단계에 해야 할 품질 보증 활동을 살펴보자.

앞에서 소프트웨어의 여러 가지 품질 중 무엇보다 정확성이 중요하다고 언급했다. 따라서 품질 보증 활동도 소프트웨어의 결함이 적다는 것을 보이는 데 초점을 맞추어야 한다. 그러자면 소프트웨어가 요구에 적합하게 잘 만들어졌는지 확인하고 시험해보는 작업인 분석과 테스트 작업이 필요하다. 즉 숨어 있는 결함을 찾기 위해 설계나 코드를 분석하고 샘플 데이터를 입력하여 소프트웨어의 동작을 테스트하는 것이 품질 보증 활동의 핵심이다.

그림 12-4 **소프트웨어 품질 보증과 테스트**

1 품질 보증의 정의

소프트웨어 품질 보증에 대한 정의는 결함을 다룬다는 점은 동일하지만 어떤 점을 강조하느냐에 따라 여러 가지가 있다. 주란이 정의 내린 바와 같이 소프트웨어가 양질의 기능을 수행한다는 확신을 주기 위한 모든 활동을 품질 보증이라고 할 수 있다. 이 정의를 바탕으로 IEEE의 소프트웨어 공학 용어 표준에는 품질 보증이 다음과 같이 정의되어 있다.

- 제품이나 부품이 기술적인 요구를 만족시킨다는 확신을 주는 데 필요한, 계획되고 체계적인 여러 가지 활동을 말한다.
- 제품의 개발 또는 제조 과정을 평가하기 위해 설계된 작업을 말한다. 품질 관리와는 구별되는 개념이다.

위 정의에는 다음과 같은 세 가지 특이점이 있다. 첫째, 품질 보증은 소프트웨어 개발의 여러 단계에 통합될 여러 가지 활동을 계획하고 적용한 것이다. 이런 활동은 소프트웨어 제품이 모든 기술적 요구를 만족시킨다는 확신을 고객에게 주는 역할을 한다. 둘째는 소프트웨어 개발 프로세스를 언급하고 있다는 점이다. 셋째는 기술적인 요구의 명세와 관련된다는 점이다.

IEEE의 정의는 체계적인 계획과 구현을 강조했지만 유지보수, 일정, 예산 문제 등 여러 방면의 중요한 이슈가 빠져 있다. 품질 보증의 범위를 다음과 같은 측면에서 좀 더 넓게 확장한다면 고객의 요구를 만족시키는 품질 보증 작업이 될 것이다.

- 품질 보증은 개발 과정에만 적용되는 것이 아니다. 제품이 서비스되는 긴 시간 동안 적용되어야 할 작업이다. 따라서 유지보수 단계를 추가해야 품질 보증의 정의가 더 완벽해진다.
- 품질 보증 활동이 기술적인 요구 측면에 국한되어 있는데 일정이나 예산과 관련된 활동도 포함되어야 한다. 이렇게 확장하는 이유는 일정 및 예산을 지키는 일이 기능 및 기술적인 요구와도 관련이 깊기 때문이다. 기능적인 요구를 만족시키지 못할 것 같아 수정해야 한다면 프로젝트의 일정도 변동될 수밖에 없다. 개발 프로젝트와 유지보수에 할당된 예산과 자원의 제약이 매우 크다면 역시 같은 결과를 초래한다.

위의 두 가지 관점을 반영하여 소프트웨어 품질 보증의 확장된 정의는 다음과 같다.

> "품질 보증이란 소프트웨어 개발 과정이나 유지보수 과정을 고려한 기능적 요구뿐만 아니라 일정과 예산 범위를 준수하는 관리적 요구도 만족시킨다는 확신을 주기 위한 체계적이고 계획적인 활동이다."

이와 같이 확장된 정의는 성숙한 소프트웨어 프로세스의 모델을 제시하는 CMM Capability Maturity Model의 가이드라인에도 잘 들어맞는다.

2 품질 보증의 원리

품질 보증은 소프트웨어의 설계나 구현, 유지보수가 제대로 이루어지는지 검토하고 모니터링하는 작업이다. 품질 보증을 잘하려면 현재 무엇을 하고 있는지, 그리고 앞으로 무엇을 해야 하는지 잘 알아야 한다. 특히 개발 중인 소프트웨어의 요구와 명세상 목표를 분명히 알고, 이것과 현재 하고 있는 것이 어떤 차이가 있는지 파악해야 한다. 소프트웨어 개발 프로세스 단계에서 만족시켜야 할 품질 보증의 원리는 다음과 같다.

■ 현황 파악

현재 무엇을 하고 있는지 잘 알아야 한다. 이를 파악하는 방법에는 개발 일정 중 적절한 시점에 마일스톤이라는 중간 점검 일정을 정하고 결과물을 검토한 후 정기적 또는 부정기적으로 진행 상황을 보고하게 하는 방법이 있다. 이러한 방법을 동원하여 개발 과정을 추적하고 모니터링하면 결함을 줄일 수 있다.

■ 목표 파악

앞으로 무엇을 해야 하는지 알아야 한다. 사용자의 요구를 파악하려면 사용자에게 자주 피드백을 받아 분석하고 이를 잘 검토해야 한다.

■ 차이 인식

현황과 목표의 차이를 인식해야 한다. 소프트웨어를 개발한 후에는 인수 테스트 작업을 통해 사용자의 요구와 결과물에 차이가 없는지 확인한다. 차이를 확인하는 방법은 다음과 같다.

- **정형적 방법**: 요구 사항을 수학적으로 명시하여 애매함을 줄이고 이를 기초로 구현된 소프트웨어의 특성을 검증한다.
- **테스트**: 입력값을 주고 소프트웨어를 실행하여 예상되는 결과가 나오는지 조사한다.
- **인스펙션**: 체크리스트를 준비하여 요구, 설계, 코드를 검토한다.
- **메트릭스**: 관련된 품질의 특성을 측정한다.

3 소프트웨어 개발 프로세스와 품질 보증

소프트웨어 개발 프로세스 과정에서 품질 보증 활동이 이루어지는 핵심 단계는 테스트 단계이다. 그 외 품질 보증 활동은 단계와 단계 사이에 이루어지거나 소프트웨어 개발 전 단계에 걸쳐 수행된다. 폭포수 모델을 예로 들어 살펴보자.

① **품질 보증 활동은 테스트 단계에 초점을 두고 수행된다.**

폭포수 모델에서는 소프트웨어 개발이 순차적으로 진행되며 특히 문서화와 설계를 강조한다. 개발은 계획, 요구 분석, 명세, 설계, 코딩, 테스트, 릴리스, 릴리스 후 제품 지원 순으로 이루어진다. 이 중에서 품질 보증 활동의 핵심은 테스트로, 폭포수 모델의 개발 각 단계를 엮어주고 통합하는 역할을 한다.

② **품질 보증 활동은 각 단계에서 다음 단계로 전환되는 과정에도 수행된다. 특히 테스트와 릴리스 사이의 리뷰는 인수 테스트와 함께 진행된다.**

테스트 단계의 품질 보증 활동을 제외한 품질 보증 활동은 소프트웨어 개발 프로세스 각 단계 사이에 이루어진다. 예를 들면 한 단계에서 다음 단계로 넘어갈 것인지를 결정하는 판단 기준으로 품질이 적용된다. 작업 결과가 품질 계획이나 표준을 충족하고 잘 따랐는지 검토하는 식이다.

③ **기타 품질 보증 활동은 소프트웨어 개발 프로세스 전 단계에 걸쳐 수행된다.**

소프트웨어 초기 단계에는 결함 방지에 집중하고, 코딩과 테스트 단계에는 결함 제거에, 운용 단계에는 결함 허용성에 집중한다. [그림 12-5]는 폭포수 모델에서 품질 보증 활동이 어떤 단계에 이루어지는지를 보여준다. 이는 크게 세 가지 활동으로 구분된다.

- **결함 방지**: 소프트웨어의 결함을 방지하는 활동은 결함이 주입되기 전, 즉 소프트웨어 개발 초기에 집중적으로 진행한다. 설계 초기에 개념적인 실수, 제품 응용 분야에 대한 미숙, 개발 방법론의 경험 부족으로 오류가 발생할 가능성이 높기 때문이다.
- **결함 제거**: 실행 단계에만 탐지되는 동적인 문제는 구현 단계가 되어야 발견된다. 이런 이유로 테스트 기법을 사용하여 중간 이후 단계에 결함을 탐지하고 제거한다.
- **결함 허용성**: 개발 이후 운용 단계에는 결함이 있더라도 운용에 지장이 없도록 하는 결함 허용성에 초점을 둔다. 시스템을 보다 안전하게 하고 고장이 나더라도 큰 영향이 없도록 필요한 기능을 추가한다.

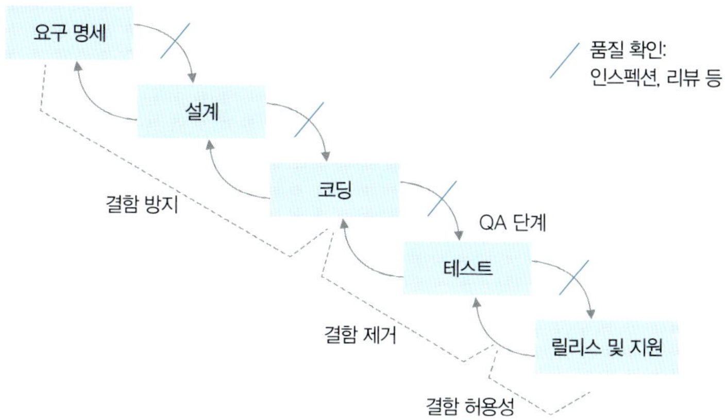

그림 12-5 폭포수 모델에서의 품질 보증 활동

4 품질 보증 시스템

각 기관마다 여건과 개발 환경에 따라 품질 보증 활동이 조금씩 다를 수 있다. 그러나 공통적으로 필요한 요소가 무엇인지, 일반적으로 어떤 요소가 필요한지 알아두어야 한다. 다음은 품질 보증 시스템을 구성하는 여섯 가지 요소로, 소프트웨어 개발 및 유지보수 환경은 품질 보증 요소에 직접적으로 영향을 준다.

- **프로젝트 시작 전 요소**: 필요한 자원, 일정, 예산을 고려하여 소프트웨어 개발 및 품질 계획을 세우는 데 필요한 요소를 말한다.
- **프로젝트 생명주기 중 요소**: 프로젝트 개발 생명주기는 개발 주기와 유지보수 주기로 구성된다. 개발 주기에는 설계와 프로그래밍의 오류를 찾기 위해 리뷰, 전문가 의견, 테스트 등이 포함되고, 유지보수 주기에는 유지보수 유형에 따라 다양한 요소가 포함된다.
- **품질 인프라 요소**: 기관의 축적된 경험을 바탕으로 교육, 절차, 문서 등 오류율을 줄이기 위한 여러 가지 방법을 말한다.
- **품질 관리 요소**: 일정을 최소화하고 예산이 초과되는 것을 방지하기 위한 프로세스 관리 또는 품질 측정 요소를 말한다.
- **표준화 요소**: 국제적인 전문 지식을 이용하고 다른 기관과의 협력, 품질 시스템의 성과를 측정하기 위한 요소를 말한다.
- **조직 기반 인력**: 관리자, 테스트 전문가 등 품질 보증 인력에 대한 요소이다. 품질 보증 요소를

구현하고 이를 통해 결함을 방지하거나 발견하려고 노력한다.

[그림 12-6]에 품질 보증 시스템의 각 요소를 정리하여 나타냈다.

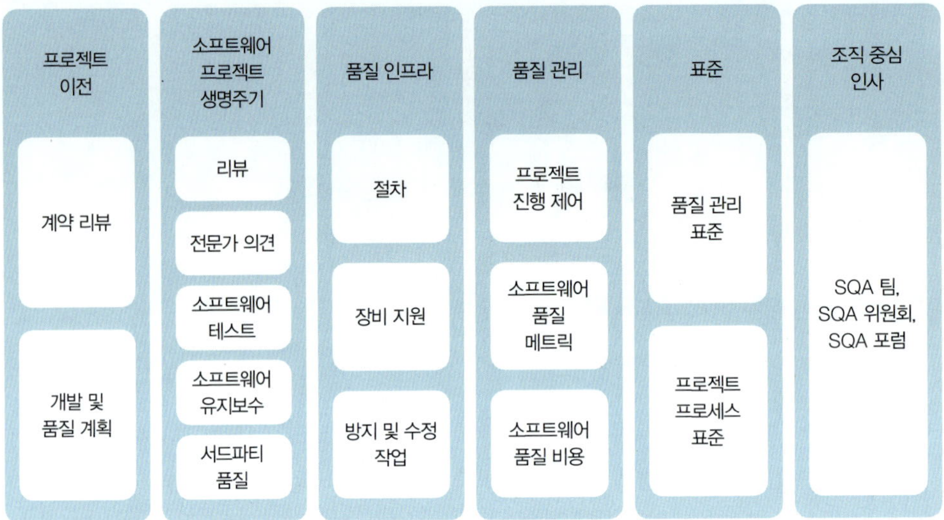

그림 12-6 품질 보증 시스템의 요소

03 확인과 검증

1 확인과 검증

품질 보증의 중요한 원리는 현황과 목표를 잘 파악하고 그 차이를 인식하는 것이다. 현황과 목표를 소프트웨어 개발의 어떤 단계에서 어떻게 검증하고 확인하는지 아는 것이 품질 보증의 핵심이다. 그 방법을 알아보기 전에 확인verification과 검증validation의 차이를 살펴보자.

확인은 'Are we building the product right?', 즉 올바르게 제품을 만들고 있는지 검사하는 작업이다. 다시 말해 명세와 구축이 잘 들어맞는지 확인하는 것이다. 여기서 명세는 구축 이전 단계에 만들어놓은 결과이고, 구축은 현 단계에 명세를 기초로 작업한 결과이다. 예를 들면 구조 설계를 바탕으로 상세 설계 작업을 한 후에는 구조 설계와 일관성이 있는지 검증한다. 상세 설계는 다음 단계인 코딩 단계의 명세가 된다.

검증은 'Are we building the right product?', 즉 올바른 제품을 만들었는지 판단하는 작업으로, 완성 단계에 제품 요구에 적합한지 확인하는 것이다. 요구를 만족시킨다는 것은 요구 명세에 적합하다는 것과 의미가 다르다. 명세는 문제에 대한 특정한 해결 방법을 기술한 것이며, 제안된 해결 방법으로 목표를 달성할 수도 있고 그렇지 못할 수도 있기 때문이다. 게다가 명세는 사람이 작성한 것이므로 실수가 포함될 수도 있다.

[그림 12-7]은 소프트웨어 개발 프로젝트에서 단계별 결과물과 확인 및 검증 작업의 관계를 나타낸 것이다. 확인 작업은 이웃한 쌍의 단계에서 명세와 설계 또는 설계와 코드 사이의 일관성을 확인하는 것이다. 반면 검증 작업은 시스템이 의도한 목적을 실제로 잘 만족시키는지 측정하는 것이다. 검증 작업은 주로 전체 시스템의 명세와 최종 코드에 대해 수행한다. 분석 단계에 이루어진 전체 시스템 명세와 실제 요구의 차이를 비교하는데, 이를 통해 명세가 목표를 만족시키는 제품을 구축하는 적절한 가이드였는지 확인한다. 또한 최종 코드에 대해 실제 요구와 최종 제품의 차이를 파악하는데, 이는 주로 명세에 아직 해결되지 않은 문제가 있는지 확인하는 것이다.

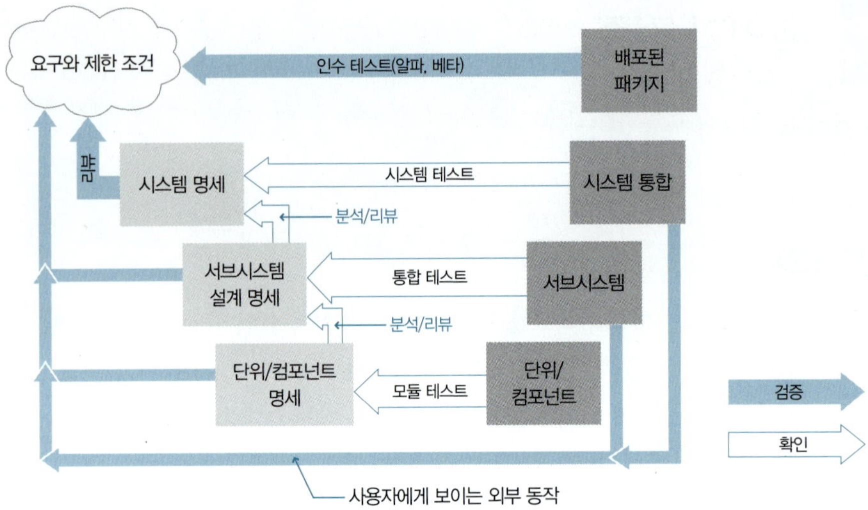

그림 12-7 확인과 검증

> **NOTE_** [그림 12-7]에 나타내지 않은 중요한 검토 작업이 하나 있다. 바로 이웃한 두 단계에서 나온 결과물을 비교 · 검토하는 작업뿐만 아니라 각 단계의 결과물 안에서 일관성과 형식에 대해서도 검토하는 일이다. 프로그램의 정확성은 명세에 근거해서 판단한다. 하지만 코딩 표준 같은 형식에 맞지 않는 프로그램 안의 부정확성은 단독으로도 판단할 수 있다.

검증 작업은 주로 결과물을 검토하는 방식으로 수행된다. 품질 보증을 위해 IEEE의 표준에서 제안한 기본적인 검증 작업은 다음과 같다(IEEE 730, 1989).

- 요구 검증
- 예비 설계 검증
- 주요 설계 검증
- 기능 검증
- 물리적 검증
- 프로세스 검증
- 관리 검증
- 소프트웨어 형상 관리 계획 검증
- 프로젝트 완료 후 검증

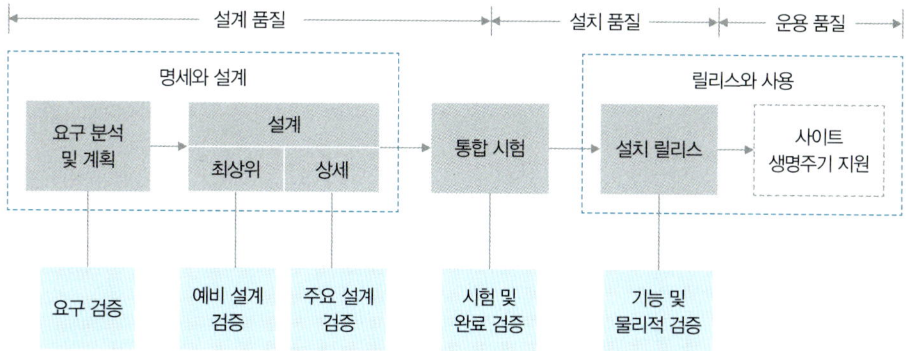

그림 12-8 **품질 보증을 위한 검증 작업**

2 확인과 검증 방법

확인과 검증을 하는 구체적인 방법은 그 경계를 명확히 구분하기가 어렵다. 명세와 구축이 잘 들어맞는지 확인하는 작업을 올바른 제품이 만들어졌는가라는 의미에서 수행하면 검증 작업이 될 수 있기 때문이다. 그러므로 여기서는 확인과 검증의 구분 없이 방법론을 소개하겠다.

확인과 검증을 하는 방법은 정적인 방법과 동적인 방법으로 나눌 수 있다. 정적인 방법은 소프트웨어를 실행하지 않고 제품의 정확성을 확인하는 것이며, 동적인 방법은 제품이나 프로토타입을 실행하는 방법이다. 소프트웨어 테스트는 시스템이나 컴포넌트를 실행하기 위한 동적인 방법에 해당한다. 따라서 소프트웨어 테스트와 정적인 방법은 서로 보완적이며 둘 다 품질 보증에서 중요한 역할을 한다.

확인과 검증을 위한 정적인 방법의 대표적인 예로는 인스펙션, 워크스루, 동료 검토가 있다. 이러한 기법은 소프트웨어를 직접적으로 실행하지 않고 수작업으로 수행된다.

2.1 인스펙션

인스펙션은 페이건의 논문(Fagan, 1976)이 발표된 후 품질 개선과 비용 절감을 위한 기법으로 사용되고 있다. 이는 소프트웨어 설계와 코드의 품질을 검증하는 데 탁월한 효과를 보인다. 인스펙션을 처음 접하면 상당히 많은 시간과 비용이 소요된다고 생각할 수 있다. 그러나 테스트 단계에서 결함을 수정하는 데 소요되는 비용보다 적은 노력으로 사전에 결함을 발견할 수 있으므로 품질 향상에 크게 기여한다.

인스펙션은 미리 준비한 공통 오류, 변칙, 표준이나 관례의 부적합 리스트로 제품을 확인하는 작업이다. 예를 들면 자동차 인스펙션은 여러 가지 부품에 대한 문제 리스트를 준비하여 확인하는 것이다. 헤드라이트 스위치를 눌러보고 불이 들어오는지 조사하는 등 각 아이템이 잘 작동하는지 기계적으로 검사한다. 이와 마찬가지로 코드 인스펙션은 다음과 같이 흔히 일어나는 오류를 찾아내는 데 사용된다.

- 초기화되지 않은 변수, 객체, 참조, 또는 포인터
- 잘못된 다형성이 있는 함수의 호출
- 부정확한 함수 호출(예를 들면 잘못된 매개변수를 함수로 전달하거나 매개변수를 혼동하는 경우)
- 종료되지 않는 반복이나 잘못된 종료 조건
- 배열의 차원이 맞지 않아 배열의 인덱스가 범위를 벗어남
- 런타임 예외가 발견되지 않고 처리되지 않음
- 포인터 사용의 문제(예를 들면 메모리가 할당되었지만 반환되지 않거나 메모리가 소모되는 경우)
- 자료 흐름의 변칙(예를 들면 객체가 생성되었으나 사용되지 않는 경우)
- 부모 클래스의 기능에 대한 중복 구현이 생략되어 부모 클래스에 디폴트로 구현된 부분이 호출됨
- 부정확하고 모순되며 불완전한 비즈니스 로직
  - 부정확한 비즈니스 로직: if 조건이 잘못 기술됨
  - 모순된 비즈니스 로직: 같은 조건이 같은 결과를 낳아야 하는데 그렇지 않은 경우(예를 들면 평점=3.0이 어느 곳에서는 합격이고 다른 곳에서는 불합격인 경우)
  - 불완전한 비즈니스 로직: if 조건에 else가 있어야 하는데 구현에서 빠짐
- 자료 구조와 자료 요소의 잘못된 사용
- 산술식, 관계식, 논리식의 오류(예를 들면 - 대신 +를 쓰거나, >= 대신 >를 쓰거나, && 대신 ||를 쓴 경우)
- 잘못된 입출력 문장(예를 들면 잘못된 파일을 읽었거나 포맷이 틀린 경우)
- 잘못된 라이브러리 함수의 호출
- call by value와 call by reference의 잘못된 사용

인스펙션은 요구, 명세, 도메인 모델, 사용 사례, 설계 다이어그램, 프로그램 원시코드, 정적

및 동적 페이지, 사용자 인터페이스 설계, 테스트 계획, 테스트 케이스에도 적용할 수 있다. 인스펙션의 대상이 되는 모듈은 새로 개발하는 모듈이나 수정하는 모듈이며, 이미 개발된 모듈은 간단히 인터페이스만 점검한다.

시스템 설계에 대한 인스펙션은 모듈의 전반적인 설계나 기능을 점검한다. 인스펙션의 주 관심사는 소프트웨어 요구, 성능 명세 관련 사항, 인터페이스 설계 등이다. 이 단계에서 소프트웨어의 상위 구조가 결정되어 소프트웨어 설계 명세서에 기록된다. 시스템 설계 명세서에 포함된 다음과 같은 사항을 인스펙션한다.

- 설계 작업의 입력(계약 등)
- 하드웨어 자원에 대한 기능 할당
- 기능 흐름
- 타이밍, 동기화에 대한 설계
- 인터페이스
- 분할 과정
- 모듈별 설계 정의

시스템 구조 설계는 성능에 매우 큰 영향을 준다. 따라서 자원 효율성을 예측하고 이에 대비한 설계가 되었는지 살펴보아야 한다. 하드웨어와 연관된 경우 시스템 엔지니어링 설계 부서와도 긴밀히 협조하여 인스펙션할 필요가 있다.

인스펙션은 주로 기술 스태프만 참석한 상태에서 진행한다. 진행 과정은 크게 여섯 단계, 즉 계획, 사전 교육, 준비, 인스펙션 회의, 수정, 후속 조치 단계를 거친다. 모든 인스펙션 과정의 책임과 권한은 인스펙션 주재자moderator에게 있다.

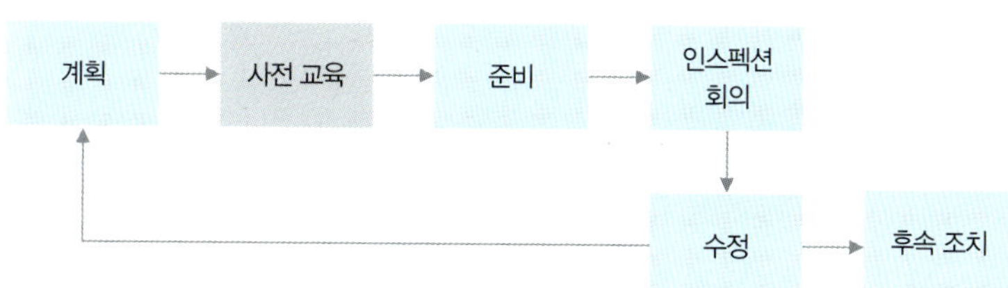

그림 12-9 인스펙션 과정

2.2 워크스루

워크스루walkthrough는 단순한 테스트 케이스를 이용하여 제품을 수작업으로 수행해보는 것이다. 제품을 생산한 개발자는 워크스루를 수행하도록 팀을 독려한다. 개발자가 크게 읽는 동안 단계별로 제품을 검토하여 의심나는 부분이나 토론을 유도하기도 한다. 워크스루는 차를 살 때 영업 사원이 차의 기능이나 성능을 보여주거나 설명하는 동안 구매자가 궁금증이 있는 부분을 명확히 이해하기 위해 질문하고 토론하는 것과 같다.

워크스루는 명세, 설계 다이어그램, 원시코드, 동적 페이지, 사용자 인터페이스 설계 등에도 적용할 수 있다. 특히 복잡하거나 새로운 알고리즘, 반복, 멀티스레드, 실시간 동작, 병행 처리와 같은 기능이나 동작을 이해하려고 할 때 유용하다. 워크스루를 할 때는 개발자가 포함된 기술 스태프들이 참석한다. 워크스루의 절차는 다음과 같다.

① 필요하다면 참석자에게 제품의 개요를 설명한다.

② 개발자가 결과물을 소리 내어 읽고 필요하면 설명한다. 다른 팀원은 질문하고 문제를 제기하며, 개발자는 문제에 대답하고 타당성을 설명한다. 후속 작업을 파악하고 기록한다. 개발자가 문제를 수정할 예정 기간을 정한다.

③ 개발자가 문제점을 고친 뒤 정리 리스트를 작성하고 참석자들에게 사인을 받는다.

2.3 동료 검토

동료 검토peer review는 동료가 제품을 검토하는 것이다. 동료는 제품의 여러 측면을 정성적으로 평가하도록 설계된 검토 질문 가이드에 따라 검토를 수행한다. 평가는 검토자의 지식, 경험, 배경, 심각성에 크게 영향을 받기 때문에 제품에 대한 검토자의 평가는 매우 다양할 수 있다. 따라서 검토 회의는 검토 결과를 토론하는 형식으로 진행한다. 동료 검토의 절차는 인스펙션과 거의 동일하며, 다만 같은 배경과 전문성을 가진 검토자가 참여해야 한다는 것이 다르다.

동료 검토도 모든 소프트웨어 프로젝트 결과물에 적용할 수 있다. 요구 명세, 도메인 모델, 사용 사례, 각종 설계 다이어그램, 원시코드, 정적 및 동적 페이지, 사용자 인터페이스 설계, 테스트 계획, 테스트 케이스 등에 적용된다. 동료 검토는 정확성, 효율성, 사용자 친근성, 기타 품질 특성에 대해 사람이 판단할 필요가 있는 문제점을 파악하는 데 효과적이다.

04 품질 측정

1 측정과 메트릭

정성적으로 소프트웨어의 품질을 평가하는 것은 의미가 없다. 정성적인 표현에는 주관적인 요소가 많이 개입되기 때문이다. 예를 들면 A라는 사람은 모듈 M이 복잡하다고 했더라도 B는 복잡하지 않다고 할 수 있다. 따라서 좀 더 객관적인 측정 방법이 필요하다.

소프트웨어 측정software measurement은 소프트웨어의 속성을 객관적이고 정량적으로 평가하는 것으로 다음과 같은 세 가지 방법이 있다.

- 모듈의 크기를 바이트 크기로 측정한다.
- 원시코드의 줄 수를 세어 측정한다.
- 원시코드의 문장 수를 세어 측정한다.

위와 같은 방법으로 측정하면 소프트웨어 모듈의 크기를 비교할 수 있다. 주의할 점은 비교 대상에 모두 같은 측정 방법을 사용해야 한다는 것이다. 예를 통해 살펴보자. 모듈 M1와 M2의 크기를 각각 s1과 s2라고 하자. 같은 방법으로 측정한 결과 s1이 s2보다 크면 M1이 M2보다 크다고 할 수 있다. 그런데 s1과 s2를 다른 방법으로 측정한 상태에서 M1과 M2를 비교하면 문제가 된다.

이러한 문제는 다른 속성에서도 찾아볼 수 있다. 복잡도를 측정하는 방법은 여러 가지이다. 맥케이브의 사이클로매틱 복잡도, 알고리즘 수행에 필요한 시간을 이론적으로 나타내는 빅오 복잡도가 있는데 이러한 것의 측정 방법을 표준화할 필요가 있다.

소프트웨어 메트릭software metric은 표준화된 소프트웨어 측정 방법이다. 그런데 대부분의 소프트웨어 공학 관련 문헌에서는 메트릭과 측정을 구별하지 않는다. 측정 방법이 공식적으로 표준화되지 않았기 때문이다. 다만 암묵적으로 메트릭을 표준 측정 방법으로 받아들이고 있다.

소프트웨어 측정과 메트릭의 장점은 소프트웨어를 수준별로 평가할 수 있다는 것이다. 예컨대 모듈이나 클래스는 천 줄이 넘으면 크다고 간주한다. 큰 모듈이나 클래스는 이해하고 테스트하며 유지보수하기가 어렵다. 이런 경우 천 줄이라는 측정값은 모듈이 크다는 것을 나타내는 지표[indicator]가 될 수 있다.

지표의 다른 예로 함수가 열 개 이상의 분기를 가지면 복잡한 것으로 간주된다. 지표는 측정 방법, 즉 메트릭이 필요하다. 지표는 경고 표시뿐만 아니라 성취해야 할 품질 목표를 표시하는 데도 유용하다. 예를 들면 크기와 복잡도 메트릭을 계산하는 도구는 큰 클래스와 너무 복잡한 클래스에 붉은색으로 경고 표시를 할 수 있다. 이렇게 함으로써 개발자가 그 클래스의 품질 개선에 좀 더 신경을 쓰게 할 수 있다.

지금까지 소프트웨어의 속성을 측정하는 다양한 메트릭이 연구 및 발표되었다. 프로세스 메트릭, 프로젝트 메트릭, 제품 메트릭 등이 있는데, 이 중에서 제품 메트릭은 품질 메트릭과 크기 메트릭 같은 것을 말한다. 이 책에서는 가장 보편적인 품질 메트릭을 살펴보겠다. 품질 메트릭은 전통적인 방법의 품질 메트릭과 객체지향 품질 메트릭이 있으며, 일부 전통적인 방법의 품질 메트릭은 객체지향 소프트웨어에도 적용할 수 있다.

2 전통적인 품질 메트릭

전통적인 품질 메트릭의 일부를 [표 12-3]에 제시했다. 메트릭은 요구 메트릭(R), 설계 메트릭(D), 코드 메트릭(C), 시스템 메트릭(S)으로 분류되고 이를 통해 요구 명세, 설계, 코드, 시스템의 품질 등을 측정할 수 있다.

[표 12-3]에서 '요구의 비모호성'은 소프트웨어 요구 명세서에 기술된 각 요구 사항이 여러 가지로 해석되지 않고 한 가지 의미로만 해석되는 정도를 나타낸다. 여러 사람이 요구 명세를 검토하여 모두 한 가지 방법으로만 해석하는 요구의 비율로 측정한다.

'요구의 완전성'은 요구 명세서에 기술된 시스템의 상태와 시스템에 대한 외부 자극이 완전한 정도를 나타낸다. 즉 요구 분석 명세서는 시스템의 모든 가능한 상태와 모든 가능한 외부 자극을 포함한다. 메트릭을 도출하려면 시스템을 상태 변환 머신으로 보고 상태와 자극을 상태와 생성된 반응으로 매핑해야 한다.

$$f(state, stimulus) \rightarrow (state, response)$$

f 함수가 완벽하게 매핑되면 요구 분석 명세서는 완벽한 것으로 여겨진다. 요구 분석 명세서

가 n_s개의 상태, n_i개의 자극을 명시하고 있다면 총매핑의 개수는 $n_s \times n_i$이다. 따라서 요구 분석 명세서에 기술된 고유한 기능의 개수 n_u를 세어 요구 분석 명세서의 완벽성을 측정할 수 있다. $n_u = n_s \times n_i$이면 가능한 상태와 자극의 조합에 대한 기능이 있는 것이다. 이런 경우 요구 분석 명세서는 100% 완벽하다.

'요구의 정확성'은 요구가 정확한지 알지 못할 것이라는 관찰을 전제로 한다. 검증할 수 있거나 아니면 아직 검증할 수 없는 요구 전체에 대한 검증 가능한 정확한 요구의 비율이다. 즉 아직 검증되지 않은 요구(n_{nv})를 분모로 하여 이에 대비한 정확한 기능의 비율을 계산한다.

'요구의 일관성'은 서로 상충하는 요구의 수를 센다. 예를 들어 요구 분석 명세서가 100개의 요구, r_1, r_2, …, r_{100}을 가지고 있고 r_i와 r_j가 상충된다면 동시에 만족시킬 수 없다. 따라서 일관성은 (100 − 2)/100 = 98%이다. 요구에 상충되는 것이 하나도 없다면 요구 분석 명세서는 100% 일관적이다. 요구에 일관성이 없다는 것은, 예컨대 '사용자는 세션 로그아웃 시간을 지정할 수 있어야 한다'고 명세에 쓰여 있지만 다른 요구에 '웹마스터가 모든 사용자의 세션 로그아웃 시간을 지정해야 한다'고 되어 있는 것과 마찬가지이다.

표 12-3 전통적인 품질 메트릭

품질 메트릭	유형	설명	계산
요구의 비모호성 (Q1)	R	총 요구 수(n_r)에 대비하여 검토인이 요구에 대해 동일한 의미적 해석을 하는 요구의 수(n_{ui})의 비율을 말한다.	$Q1=n_{ui}/n_r$
요구의 완전성 (Q2)	R	상태와 자극의 모든 가능한 조합의 수($n_s \times n_i$)에 대비하여 요구에 명시된 고유한 기능의 수(n_u)의 비율을 말한다. n_s는 상태의 수이고, n_i는 요구에 표시된 입력과 자극의 수이다.	$Q2=n_u/(n_s \times n_i)$
요구의 정확성 (Q3)	R	요구의 총개수($n_r=n_c+n_{nv}$)에 대비하여 검증된 정확한 요구(n_c)의 비율을 말한다. n_{nv}는 아직 정확한 요구로 검증되지 않은 요구의 수이다.	$Q3=n_c/n_r=n_c/(n_c+n_{nv})$
요구의 일관성 (Q4)	R	요구의 총개수(n_r)에 대비하여 상충되지 않는 해석을 가진 요구(n_r-n_{ci})의 비율을 말한다. n_{ci}는 검토인에 의해 상충된 요구라고 알려진 요구의 수이다.	$Q4=(n_r-n_{ci})/n_r$
팬 인	D	호출한 모듈의 개수를 말한다. 팬 인이 높은 모듈은 고장을 자주 일으키고 너무 많은 책임이 배정되어 있다. 또한 변경되면 다른 많은 모듈에 영향을 준다.	

표 12-3 전통적인 품질 메트릭(계속)

품질 메트릭	유형	설명	계산
팬 아웃	D	주어진 모듈에 의해 호출된 모듈의 수이다. 팬아웃이 높으면 너무 많은 다른 모듈을 요구하기 때문에 재사용하기가 어렵다. 다른 모듈의 수정에 영향을 받고, 다른 모듈과의 상호작용 때문에 이해하기 어렵다.	
응집력	D	모듈에 있는 기능이 모듈의 핵심 기능과 얼마나 관련이 있는지를 나타낸다. 6~1의 수준으로 측정한다. 기능적 응집, 교환적 응집, 절차적 응집, 시간적 응집, 논리적 응집, 우연적 응집이 있다.	
결합력	D	모듈 사이의 데이터 의존성을 나타낸다. 6~1의 수준으로 측정한다. 데이터 결합, 스탬프 결합, 제어 결합, 외부 결합, 공통 결합, 내용 결합이 있다.	
모듈성	D	응집력과 결합력을 기반으로 측정한다. 응집력이 높고 결합력이 낮을수록 모듈성이 높다. 수식에서 a와 b는 응집력과 결합력에 대한 가중치이다.	모듈성=(a×응집력+b×결합력)/(a+b)
모듈 설계 복잡도	D	모듈을 서브루틴 모듈로 통합하기 위해 필요한 통합 테스트의 횟수이다. '서브루틴 모듈을 호출하기 위한 선택 노드의 수+1'로 계산한다. 수식에서 d는 구조도에서 서브루틴 모듈에 대한 선택적 호출의 수이다.	m_{dc}=d+1
설계 복잡도	D	구조도에서 모듈 M을 루트로 했을 때 서브트리의 수이다. 트리의 자식 노드는 모두 다르고 1로 센다.	S_0(leaf)=1 S_0(M)=S_0(child$_1$)+⋯+S_0(child$_n$)+m_{dc}
통합 복잡도	D	계층적 모듈 구조나 구조도의 모듈을 통합하기 위해 필요한 통합 테스트 케이스의 최소수이다. 수식에서 n은 모듈 구조에서의 모듈 수를 나타낸다.	S_1=S_0−n+1
LOC(lines of code)	C	원시코드의 줄 수를 말한다. LOC 값이 크면 소스코드를 정확히 이해하고 테스트 및 유지보수하기가 어렵다.	주석을 제외한 원시코드의 줄 수
사이클로매틱 복잡도(CC)	C	독립된 제어 흐름 그래프 경로의 수로 함수의 제어 흐름도로부터 도출한다. 제시된 세 가지 계산식 중 하나로 계산한다.	① 함수에 사용된 원자적 조건 분기의 수+1 ② 간선의 수−노드의 수+2 ③ 흐름도에 있는 폐쇄된 영역의 수+1
신뢰도	S	평균 고장 간격으로 나타낸다. 시스템이 고장 난 후부터 다음 고장이 날 때까지 정상 가동되는 평균 시간을 말한다.	평균 고장 간격(MTBF)= 평균 고장 시간(MTTF)+ 평균 수리 시간(MTTR)
가용성	S	사용해야 할 때 시스템이 운용되어 접근할 수 있는 정도를 말한다.	가용성=MTBF/(MTBF+MTTR)

3 객체지향 품질 메트릭

객체지향 패러다임은 캡슐화, 상속, 다형성, 동적 바인딩 등 강력한 기능을 가지고 있으며 객체지향 품질 메트릭에도 이러한 기능이 반영되어야 한다. 여기서는 객체지향 프로그램의 측정 방법으로 널리 알려진 시암 치댐버Shyam R. Chidamber와 크리스 케머러Chris F. Kemerer의 메트릭을 소개한다(Chidamber, 1994).

3.1 클래스당 가중 메소드WMC

클래스당 가중 메소드weighted method per class는 클래스 안에 있는 메소드의 복잡도 메트릭의 합으로 계산한다.

$$WMC(C) = C_{m1} + C_{m2} + \cdots + C_{mn}$$

$C_{mi}(i=1, 2, \cdots, n)$는 클래스 C에 있는 메소드의 복잡도이다. 복잡도 메트릭은 적용할 수 있는 어떤 메트릭이든 사용할 수 있다. 이 책에서는 9장에서 언급한 사이클로매틱 복잡도를 사용한다.

예제 12-1 클래스당 가중 메소드 구하기

자료 구조 스택을 구현한 클래스의 클래스당 가중 메소드를 구해보자. 스택은 고정된 크기의 배열을 이용하여 구현하는데, 이때 사용하는 여섯 개의 메소드는 다음과 같다.

push(int x), pop(), top(), isEmpty(), Stack()

push(int x)는 스택이 비어 있는지 확인하여 새로운 요소를 추가하고, pop()은 꽉 차 있는지 보고 삭제하는 역할을 한다. 각 메소드의 사이클로매틱 복잡도는 2이다.

정답

위의 공식에 대입하면 스택 클래스의 클래스당 가중 메소드는 8이다. 클래스를 시험하고 유지보수하는 데 필요한 노력과 시간은 이 수치에 비례한다. 조건문이 많으면 애플리케이션 고유의 여러 가지 옵션을 고려하게 되어 그만큼 다른 프로젝트에 그 클래스를 적용하기가 어렵기 때문이다.

3.2 상속 트리의 깊이DIT

상속 트리의 깊이depth of inheritance tree는 상속 트리의 루트로부터 해당 클래스까지 가장 깊은 상속 경로를 의미한다. 하나 이상의 루트를 가진 경우 주의해야 한다.

DIT(C)=0, 부모 클래스가 없는 경우

DIT(C)=1+max({DIT(C'): C'은 해당 클래스의 직계 부모 클래스})

예제 12-2 상속 트리의 깊이 구하기

다음 클래스 다이어그램의 각 클래스에 대한 상속 트리의 깊이값을 구해보자.

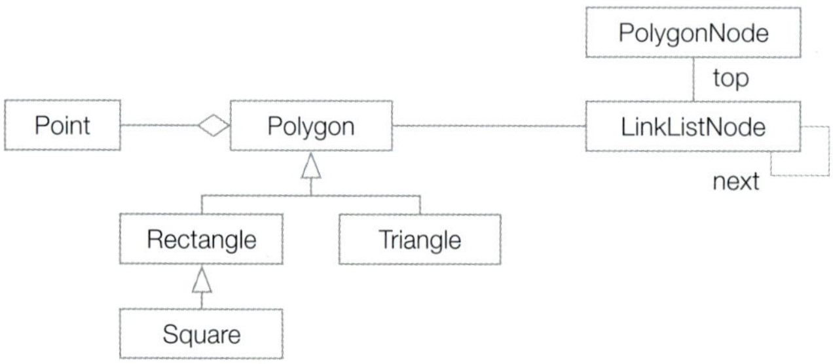

그림 12-10 다각형 표현을 위한 클래스 다이어그램

정답

DIT=0: Point, Polygon, LinkListNode, PolygonNode 클래스

DIT=1: Rectangle, Triangle 클래스

DIT=2: Square 클래스

조상 클래스는 클래스가 사용하는 메소드를 재정의하여 다시 구현하고 있다. 이런 경우 클래스의 동작이 영향을 받아 예측하기 어렵다. 따라서 상속 트리의 깊이값이 클수록 클래스가 메소드를 상속받고 사용할 확률이 더 커진다. 클래스의 동작은 더욱 예측하기 어려워진다.

3.3 자식 노드의 개수NOC

자식 노드의 개수number of children는 해당 클래스의 상속 구조에서 직계 자식 클래스의 수를 세어 구한다.

NOC(C) = |{C': C'는 C의 직계 자식 클래스}|

* |S|는 집합 S의 요소 수이다.

예제 12-3 자식 노드의 개수 구하기

[그림 12-10]에서 각 클래스의 자식 노드 개수를 구해보자.

정답

NOC = 0: Point, Square, LinkListNode, PolygonNode, Triangle

NOC = 1: Rectangle

NOC = 2: Polygon

일반적으로 자식 노드의 개수가 많을수록 해당 클래스의 기능을 재사용할 확률이 높아진다. 또한 해당 클래스가 변경되면 자식 클래스가 영향을 받는다. 자식 노드는 상속된 기능을 사용하기 때문에 해당 클래스의 동작과 수정 여부의 영향을 받는다.

3.4 객체 클래스 사이의 결합CBO

객체 클래스 사이의 결합coupling between object classes은 해당 클래스가 의존하는 클래스의 개수를 세어 구한다.

CBO(C) = |{C': C 클래스가 C' 클래스에 의존함}|

의존 관계는 상속과 집합 관계를 포함한 개념이다. 서브클래스가 부모 클래스에 의존하고 집합 클래스가 부분 클래스에 의존하기 때문이다. 또한 클래스는 다른 클래스를 호출하거나 사용하고 다른 클래스를 생성함으로써 의존 관계가 성립된다.

예제 12-4 객체 클래스 사이의 결합값 구하기

[그림 12-10]에 있는 객체 클래스 사이의 결합값을 구해보자.

정답

CBO = 0:

CBO = 1: Point와 Polygon 클래스 사이

CBO = 2: Polygon은 Point와 LinkListNode의 영향을 받음

CBO = 3: LinkListNode는 자기 자신과 Polygon, PolygonNode의 영향을 받음

해당 클래스가 의존하는 클래스가 많을수록 테스트하기 어렵다. 클래스가 의존하는 클래스가 구현되지 않고 테스트도 되지 않았다면 이를 시뮬레이션하기 위해 테스트 스터브가 구현되어야 하기 때문이다. 어떤 클래스 C가 다른 클래스에 의존한다면 C 클래스를 이해하기 위해서는 의존하는 클래스를 이해해야 한다. 예를 들어 LinkListNode 클래스를 이해하려면 Polygon, PolygonNode와 자신의 클래스를 알아야 한다. 만일 이러한 의존 클래스가 구현되지 않았다면 LinkListNode 클래스를 테스트하기 위해 의존 클래스에 대한 테스트 스터브를 구축해야 한다. 따라서 객체 클래스 사이의 결합값이 클수록 이해하고, 테스트하고, 유지보수하고, 재사용하기가 어렵다.

3.5 클래스의 책임RFC

클래스의 책임response for a class은 클래스의 메소드 개수에 그 클래스의 메소드가 호출하는 메소드의 개수를 더한 값으로 구한다.

RFC(C)=|{m: m은 클래스의 메소드 또는 C 클래스의 메소드에 의해 호출되는 메소드 m}|

예제 12-5 클래스의 책임값 구하기

다음은 다각형의 Rectangle 클래스를 구현한 것이다. 여기서 클래스의 책임값을 구해보자.

```
class Rectangle {
    point P1, P2, P3, P4;
public:
    Rectangle(float pt1x, pt1y, pt2x, pt2y, pt3x, pt3y, pt4x, pt4y) {
        pt1=new point(pt1x, pt1y);
        pt2=new point(pt2x, pt2y);
        pt3=new point(pt3x, pt3y);
        pt4=new point(pt4x, pt4y);
    }
    float length(point r, point s) {
        return sqrt((r.getx()-s.getx())^2+(r.gety()-s.gety())^2;
    }
    float area() {
        return length(pt1, pt2) * length(pt1, pt3);
    }
}
```

정답

Rectangle 클래스의 책임값을 구하려면 클래스 안의 메소드와 호출한 메소드를 파악해야 한다. 클래스 안에 있는 메소드는 Rectangle, length, area, 세 개이고 호출한 메소드는 point, getx, gety, 세 개이므로 클래스의 책임값은 6이다.

3.6 메소드의 응집 결핍LCOM

메소드의 응집 결핍lack of cohesion in methods은 해당 클래스의 속성을 공유하지 않는 메소드 쌍의 개수를 세어 구한다. C 클래스의 메소드 개수를 n이라고 할 때 이 메소드의 응집 결핍값은 다음과 같이 계산된다.

$$LCOM = n*(n-1)/2 - 2*|\{(m_i, m_j):\ m_i\text{와 } m_j\text{가 C의 속성을 공유}\}|$$

예제 12-6 메소드의 응집 결핍값 구하기

[예제 12-5]의 Rectangle 클래스에서 메소드의 응집 결핍값을 구해보자. 메소드는 세 개이며 속성을 공유하는 메소드 쌍은 Rectangle과 area이다.

정답

$$LCOM = 3*(3-1)/2 - 2*|\{(\text{Rectangle, area})\}| = 3 - 2 = 1$$

메소드의 응집 결핍값이 크다는 것은 클래스 안에 있는 요소 사이에 공유하는 속성이 없고 클래스가 모듈로서 응집도가 떨어진다는 의미이다. 따라서 어떤 클래스에서 메소드의 응집 결핍값이 크다면 클래스를 분할하여 응집도를 높여야 더 좋은 모듈이 된다.

05 프로세스 품질 개선

소프트웨어의 품질 저하 문제는 경험 부족에서 비롯되는 경우가 많다. 1991년 미국 정부의 회계국에 따르면 전 세계의 대형 프로젝트 중 단 1%만이 목표를 달성했다고 한다. 그 외에는 개발 비용이 수백만 달러를 초과하거나, 몇 개월이 아니라 몇 년씩 납기일이 지연되거나, 수십억 달러의 개발 비용이 투입되었음에도 불구하고 실패로 끝났다고 한다.

1980년대 후반에 등장한 소프트웨어 도구도 품질 문제를 해결해주지 못했다. 결국 개발 팀의 경험과 작업 프로세스가 제대로 되지 않으면 아무리 좋은 도구가 있거나 개인의 능력이 탁월해도 좋은 품질의 소프트웨어를 개발할 수 없다. 소프트웨어의 품질은 인력, 기술, 절차, 도구가 어우러져 통합된 프로세스, 즉 경험에 기초한 질서 있고 규칙적인 작업에 의해서만 높일 수 있다. 와츠 험프리Watts Humphrey의 말처럼 소프트웨어 시스템의 품질은 그것을 개발하는 데 사용된 프로세스의 품질에 의해 좌우된다.

그동안 기존 소프트웨어 개발 프로세스의 차이를 연구하고 개선 모델을 제시하려는 노력이 많이 있었다. 그중에서 특히 많이 알려진 개선 모델로는 미국 국방성의 CMM과 ISO의 SPICE가 있다.

1 CMM

CMMCapability Maturity Model은 현재의 프로세스 상태를 벤치마킹하고 어떤 부분을 향상할 것인지 전략을 세워 프로세스를 개선하려는 목적으로 제정되었다. 한정된 작업에 초점을 두어 공격적으로 활동함으로써 개발 조직의 프로세스를 계속적으로 향상한다. CMM은 소프트웨어 엔지니어링 및 관리를 조직에 정착시키는 데 도움을 준다.

CMM은 1992년 미국 국방성의 지원으로 설립된 카네기멜론대학의 소프트웨어공학연구소SEI가 프로세스 성숙도를 위한 프레임워크로 제시한 모델이다. 1998년 2.0 버전으로 발전되어 소프트웨어 개발 조직의 프로세스를 벤치마킹하고 개선하기 위한 자료로 사용되고 있다.

CMM은 두 가지 목적으로 사용된다. 하나는 미래의 고객이 소프트웨어 공급업자가 어떤 점이 부족하고 어떤 점이 강한지 발견할 수 있도록 평가 기준을 정립하려는 것이고, 또 하나는 소프트웨어 개발자 스스로 프로세스 능력을 평가하고 개선 방향을 설정하기 위함이다.

1.1 CMM 레벨

CMM은 프로젝트 수행 경험에 따라 프로세스의 성숙도 수준을 다섯 가지로 나누고, 각 수준별로 프로세스 성숙도를 높이기 위해 필요한 작업을 우선순위를 매겨 제시하고 있다.

표 12-4 CMM 모델

레벨	초점	주요 프로세스 영역	결과
5. 최적 단계 (optimizing)	계속적인 개선	• 프로세스 변경 관리 • 기술 변경 관리 • 결함 방지	생산성과 품질
4. 관리 단계 (managed)	제품 및 프로세스 품질	• 소프트웨어 품질 관리 • 정량적 프로세스 관리	
3. 정의 단계 (defined)	엔지니어링 프로세스	• 조직 프로세스 집중 • 조직 프로세스 정의 • 동료 검토 • 교육 프로그램 • 그룹 간 협력 • 소프트웨어 제품 엔지니어링 • 통합 소프트웨어 관리	
2. 반복 단계 (repeatable)	프로젝트 관리	• 소프트웨어 프로젝트 계획 • 소프트웨어 프로젝트 추적 및 감독 • 소프트웨어 외주 계약 관리 • 소프트웨어 품질 보증 • 소프트웨어 형상 관리 • 요구 사항 관리	
1. 초보 단계(initial)	영웅적 개인		위험

■ **레벨 1: 초보 단계**

소프트웨어 개발이 임시방편으로 이루어지며 때로는 무질서한 상태를 띠는 수준이다. 프로세스가 정확히 정의되지 않고 개인의 능력에 많이 의존한다. 소프트웨어 개발 조직이 소프트웨어 개발이나 유지보수를 위한 환경을 안정적으로 지원하지 않는다. 조직 내에서의 관리가 제대로 이루어지지 않아 소프트웨어의 품질이 크게 손상될 수 있다.

심각한 경우는 계획된 프로젝트 절차를 뛰어넘어 코딩과 테스트 작업으로 전환한다. 납기일을 맞추기 위해 프로세스의 품질을 보증하려는 작업도 무시된다. 프로젝트의 성공이 유능한 관리자나 경험 많은 개인의 활동에 의존하게 된다. 유능한 관리자나 프로그래머가 떠나면 프로세스가 불안정해져서 실패로 끝날 가능성이 많다.

레벨 1의 특징은 예측이 불가능하다는 것이다. 프로세스의 입력과 과정이 정해져 있지 않아 작업 결과를 예측할 수 없고 작업이 고르게 진행되지 않기 때문이다. 따라서 유사한 작업에 대한 프로젝트가 반복적으로 진행되더라도 개발 생산성이나 품질에 큰 차이가 난다.

■ **레벨 2: 반복 단계**

기본적인 프로젝트 관리 프로세스가 확립되어 비용, 일정, 기능에 대한 예측과 추적이 가능한 수준이다. 프로세스에 요구되는 기본 원칙이 잘 지켜져서, 같은 식의 문제를 해결하기 위해 개발을 반복할 때마다 쉽게 성공할 수 있다. 조직은 소프트웨어 프로젝트 관리를 위한 정책을 입안하고 절차대로 실행한다. 새 프로젝트의 계획과 관리는 개인의 경험보다는 과거의 데이터에 의존한다.

레벨 2의 주된 특징은 소프트웨어 프로젝트를 효과적으로 관리하는 프로세스가 전사적으로 잘 정착되어 있다는 것이다. 프로젝트에 따라 특정한 프로세스가 추가되거나 생략되더라도 과거 프로젝트에서 소프트웨어 개발에 성공한 경험을 재현할 수 있다. 여기서 효과적인 프로세스란 잘 훈련되고, 문서화되고, 실행되고, 측정되는 것을 의미한다.

이 수준의 프로젝트에서는 기본적인 소프트웨어 관리가 이루어진다. 프로젝트는 이전 프로젝트의 결과와 현재 프로젝트의 요구 차이를 근거로 수행된다. 프로젝트 관리자는 소프트웨어 비용과 일정, 기능을 추적할 수 있고 문제가 발생하면 바로 인식한다. 소프트웨어 요구와 이를 만족시키기 위해 개발된 결과물은 반드시 확인한다. 또한 소프트웨어 프로젝트 표준이 잘 정의되어 있고 조직이 표준을 잘 준수하는지 확인한다.

레벨 2의 프로세스 능력을 한마디로 요약하면 원리 원칙을 준수한다는 것이다. 프로젝트의 계획과 추적이 안정적이며 이전의 개발에서 성공했던 일을 되풀이할 수 있다는 것이 특징이다. 프로젝트 프로세스가 관리 시스템의 효과적인 통제하에 이루어지며 과거 프로젝트의 실적을 근거로 현실적인 계획을 수행한다.

■ **레벨 3: 정의 단계**

관리와 엔지니어링을 위한 소프트웨어 프로세스가 잘 문서화되어 규격으로 만들어져 있는 수준이다. 따라서 기관 전체가 표준 소프트웨어 프로세스를 따른다. 단, 기관의 표준이 하나일 필요는 없다. 각 프로젝트 조직은 기관에서 제정한 표준 프로세스 중 하나를 선택하거나 커스텀화하여 채택한다.

레벨 3에서 표준으로 확립된 프로세스는 소프트웨어 관리자와 엔지니어에게 많은 도움을 준다. 또한 기관 내에 소프트웨어 엔지니어링 프로세스 그룹software engineering process group, SEPG이 조직되어 소프트웨어 프로세스를 전담한다. SEPG는 스태프와 관리자를 위해 부여된 역할을 잘 수행하도록 지식과 기술을 가르치는 교육도 담당한다.

기관에서 정한 프로세스 표준은 프로젝트의 독특한 특성에 따라 약간의 조정을 할 수도 있다. 소프트웨어 프로세스는 엔지니어링 프로세스와 관리 프로세스가 잘 통합될 수 있도록 정의되어야 한다. 잘 정의된 프로세스는 평가 기준, 입력, 작업을 수행하기 위한 표준과 절차, 결과, 완성 기준을 포함해야 한다.

레벨 3의 소프트웨어 프로세스는 표준화되어 있고, 일관성이 있으며, 소프트웨어 엔지니어링과 관리 활동이 안정적이고, 성공적으로 되풀이될 수 있다. 개발 공정, 비용, 일정, 기능이 통제되고 소프트웨어 품질에 대해 추적이 가능하다. 이러한 프로세스 능력은 소프트웨어 프로세스가 잘 정의되고 전체 조직이 작업과 역할, 의무를 잘 이해하기 때문에 가능하다.

■ **레벨 4: 관리 단계**

레벨 4의 특징은 소프트웨어 프로세스와 제품 품질에 대한 자세한 측정이 이루어진다는 것이다. 즉 소프트웨어 프로세스와 제품을 정량적으로 이해하고 통제할 수 있다. 이 수준에 해당되는 조직은 소프트웨어 제품과 프로세스에 대한 정량적인 목표를 세운다. 프로젝트의 모든 작업을 생산성과 품질 측면에서 측정하며, 정의된 프로세스에 대해 데이터를 모으고 분석하여 소프트웨어 프로세스 데이터베이스에 저장한다. 또한 잘 정의되고 일관된 측정 방법으로 소프트웨어 프로세스를 측정한다. 이는 소프트웨어 프로세스와 제품을 평가하는 데 객관적인 기초 자료가 된다.

레벨 4에서는 프로세스 수행 성과의 편차를 허용 범위 내로 줄여 제품과 프로세스를 관리한다. 프로세스가 측정되고 정해진 범위 내에서 이루어지므로 프로세스 성과를 정확히 예측할 수 있다. 기관은 이를 통해 프로세스와 제품에 대한 품질의 추세를 예측한다. 만일 정해진 범위를 벗어나면 바로잡기 위한 조치를 취하여 품질 예측 가능성을 높일 수 있다.

■ **레벨 5: 최적 단계**

레벨 5의 특징은 프로세스에 대한 정량적인 피드백과 획기적인 아이디어, 기술로써 지속적으로 프로세스를 향상한다는 것이다. 프로젝트 프로세스의 생산성을 향상하기 위해 오래된 기술과 방법론은 적절히 퇴출시킨다.

이 수준에서는 전체 조직이 지속적인 프로세스의 개선을 위해 노력한다. 또한 결함을 방지할 목적으로 프로세스의 약점과 강점을 미리 파악한다. 소프트웨어 프로세스의 효율성에 대한 데이터를 사용하여 새로운 기술을 도입하고 소프트웨어 프로세스의 변경에 의한 비용과 수익을 분석한다. 최고의 소프트웨어 엔지니어링 기술을 찾아내고 이를 이용하여 혁신을 추구한다.

레벨 5의 소프트웨어 프로젝트 팀은 결함을 파악하여 그 원인을 분석한다. 소프트웨어 프로세스를 평가하고, 결함이 재발하는 것을 방지하며, 노하우를 다른 프로젝트에 전수한다. 레벨 5의 프로세스 능력으로 꼽을 수 있는 가장 큰 특징은 '계속적인 개선'이다. 개발 기관이 프로세스 능력의 범위를 향상하기 위해 계속 노력하며 그럼으로써 프로젝트 단위의 프로세스 성과를 향상한다.

1.2 CMM 구조

CMM 모델의 구조는 [그림 12-11]과 같다. 모델에는 각 프로세스 영역별 활동 조건, 목표, 실행 또는 제도화, 활동 및 기반 구조 등이 자세히 설명되어 있다.

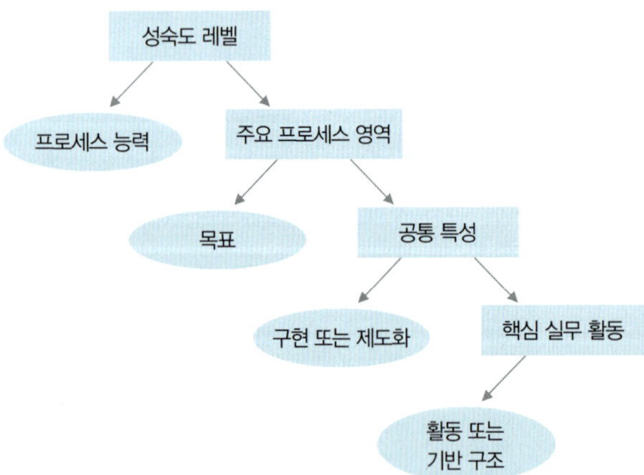

그림 12-11 CMM 모델의 구조

CMM 모델은 각 성숙도에 대해 주요 프로세스 영역key process area을 정의한다. [표 12-4]의 세 번째 칸에 제시했듯이, 예를 들어 레벨 2가 되려면 여섯 가지 활동, 즉 프로젝트 계획, 프로젝트 추적 및 감독, 외주 계약 관리, 품질 보증, 형상 관리, 요구 사항 관리 활동이 있어야 한다. 주요 프로세스 영역에는 정확한 목표가 무엇인지 정의되어 있으며, 각 프로세스 영역은 다시 공통 특성으로 구성된다.

공통 특성은 다음과 같은 속성으로 구성된다.

- **실행 합의**commitment to perform: 해당 프로세스 영역, 예를 들면 요구 관리와 같은 업무가 조직의 모든 사람, 특히 경영 관리자가 동의하고 법제화하여 그 업무를 실행할 수 있는 기본적인 정의와 합의가 되어 있는지를 의미한다.
- **실행 능력**ability to perform: 프로젝트 단위 또는 기관의 전체 조직이 프로세스를 완전하게 실행하기 위한 기본 조건으로 자원, 조직, 교육 등이 포함된다.
- **수행 활동**activities performed: 주요 프로세스 영역의 작업을 수행하는 데 필요한 역할, 절차, 작업 수행, 추적, 피드백 등을 나타낸 부분이다.
- **측정 및 분석**measurement and analysis: 프로세스를 측정하고 분석해야 할 필요성을 다룬다. 실행된 활동에 대해 상태와 효율성을 검토할 수 있는 측정 방법의 예도 일부 기술되어 있다.
- **구현 검증**verifying implementation: 수행한 작업이 정의된 표준 프로세스와 부합된다는 것을 보증하기 위한 작업이 기술되어 있다. 관리자와 품질 보증 조직이 검토하고 감사하는 작업이 포함된다.

핵심 실무 활동key practices은 프로세스 영역의 목표를 만족시키는 데 필요한 업무 활동을 자세히 표현한다. 주요 프로세스 영역을 실행하고 제도화하는 데 가장 기본적이고 중요한 기반 구조 및 활동을 나타낸다. 예를 들어 프로젝트 계획 영역을 잘하려면 비용 산정이 이루어져야 하며 생명주기가 잘 정의되어 일정과 투입 자원에 대한 계획이 문서화되어야 한다는 것이다. 핵심 실무 활동에 대해 CMM에는 활동 항목만 나열되어 있으며 이를 어떤 방법으로 수행해야 하는지는 언급되지 않았다(Paulk, 1994).

1.3 CMMI

CMM은 소프트웨어를 생산하는 프로세스의 성숙도를 다룬 모델이지만 CMMICapability Maturity Integration는 소프트웨어뿐만 아니라 시스템, 제품까지 다루는 형태로 발전한 모델이다. 하드웨어만 개발하는 조직, 소프트웨어만 개발하는 조직, 하드웨어와 소프트웨어를 통합 개발하는 조직 모두를 대상으로 프로세스 개선이 가능하며 조직의 규모별, 요구별 개선에 유연하게 대응한다. 또한 측정 프로그램 개발 및 분석 활동이 강화되었으며, 특히 비즈니스 전략과의 일관성에 초점을 두어 장기적인 측면의 개선에 효과적이다.

2 SPICE

SPICE[Software Process Improvement and Capability dEtermination]는 소프트웨어 프로세스 평가를 위한 국제 표준을 제정하는 국제적인 표준화 프로젝트이다. 미국 국방성의 CMM과 유사한, 프로세스 평가를 위한 모델을 제시하고 심사 과정도 제안한다. 1995년에 ISO/IEC 15504라는 규격으로 완성되었으며 우리나라를 포함한 20여 개국이 표준화 제정을 계속하고 있다. 또한 SPICE를 기준으로 한 심사와 평가가 양성된 심사원에 의해 이루어지고 있다.

SPICE가 제정된 목적은 다음과 같다.

- 개발 기관이 프로세스를 개선하려고 스스로 평가하기 위해
- 기관에서 정한 요구 조건을 만족시키는지 개발 조직이 스스로 평가하기 위해
- 계약을 맺도록 수탁 기관의 프로세스를 평가하기 위해

SPICE는 CMM과 마찬가지로 프로세스 심사를 위한 참조 모델을 제공한다. 즉 개발 성숙도에 따라 차별화된 수준을 정의하고 각 수준의 특징을 밝혀 심사할 때 어떤 기관이 어떤 수준에 있는지 판단할 수 있도록 예시한다.

SPICE와 CMM의 중요한 차이점은 성숙도 레벨과 심사 영역의 구분이다. CMM은 레벨 1부터 5까지 다섯 개의 성숙도 수준을 정의하지만 SPICE는 레벨 0부터 5까지 여섯 개의 수준으로 나누고 있다. 또한 CMM은 어떤 기관의 프로세스 능력을 여러 분야에 걸쳐 평가하여 하나의 레벨로 평가하는 일차원적 구조이지만 SPICE는 각 프로세스 영역마다 능력에 대한 평가를 별도로 할 수 있는 이차원적 구조이다. 이러한 SPICE의 이차원적 구조를 [그림 12-12]에 나타냈다.

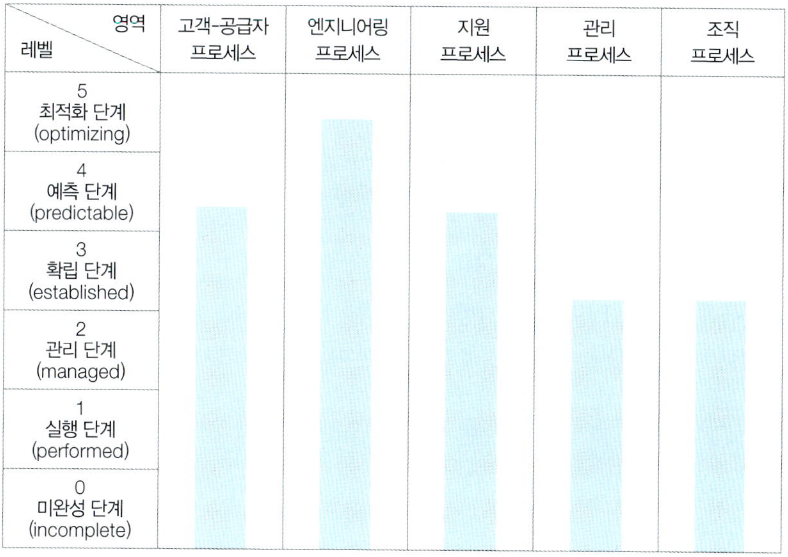

그림 12-12 SPICE의 이차원 모델

SPICE에서 다루는 프로세스 영역은 다음과 같다.

- **고객-공급자 프로세스**: 소프트웨어를 개발하여 고객에게 제공하며 소프트웨어를 정확하게 운용하고 사용하도록 지원하기 위한 프로세스이다. 발주, 공급자 선정, 고객 인수, 요구 사항 도출, 공급, 운영 등이 이 범주에 속한다.
- **엔지니어링 프로세스**: 시스템과 소프트웨어 제품을 개발하는 모든 프로세스를 말한다. 요구 분석, 설계 및 실험, 구축, 통합 등이 이 범주에 속한다.
- **지원 프로세스**: 문서화, 형상 관리, 품질 보증, 검증, 확인, 검토 등 개발 활동을 지원하는 프로세스이다.
- **관리 프로세스**: 일반적인 소프트웨어 프로젝트에서 일어나는 관리 활동을 말한다. 프로젝트 관리, 품질 관리, 위험 관리 등이 이 범주에 속한다.
- **조직 프로세스**: 조직의 업무 목적을 수립하고 조직이 업무 목적을 달성할 수 있도록 도움을 주는 프로세스이다. 프로세스의 정의, 심사, 개선, 인적 자원 관리, 기반 구조, 측정, 재사용에 관한 사항 등이 이 범주에 속한다.

SPICE에서 정한 여섯 단계의 능력 수준은 CMM의 레벨과 일부 유사하다.

- **레벨 0(미완성 단계)**: 프로세스가 목표 달성에 실패하는 경우가 많고 작업 산출물이나 결과가

존재하지 않는다.

- **레벨 1(실행 단계)**: 프로세스가 작업 목표를 어느 정도 달성한다. 그러나 프로세스를 성공적으로 완수하도록 철저하게 계획되거나 추적되는 수준은 아니다. 조직 내의 구성원은 더 철저한 관리가 수행되고 더 강화된 노력을 기울여야 한다고 생각한다. 구별된 작업 산출물이 존재하고 이를 근거로 목표 달성 여부가 결정된다.
- **레벨 2(관리 단계)**: 프로세스가 정해진 절차에 따라 이루어져 산출물을 내며 모든 작업이 계획 및 추적된다. 산출물은 명시된 표준과 요구 사항에 부합한다. 레벨 1과의 차이점은 정해진 시간과 자원 한도 안에서 프로세스를 수행하며 정해진 품질 요구 사항을 만족시키는 산출물을 낸다는 것이다.
- **레벨 3(확립 단계)**: 소프트웨어 엔지니어링 원리를 바탕으로 프로세스를 정의하며 이를 이용하여 프로세스를 수행하고 관리한다. 정의된 프로세스가 표준화 및 문서화되어 있다. 프로세스를 수행할 때는 표준 프로세스를 알맞게 조정하여 승인을 받은 후 사용한다. 레벨 2와의 차이점은 프로세스에 정의된 성과를 달성할 수 있도록 표준으로 정의된 프로세스를 사용한다는 것이다.
- **레벨 4(예측 단계)**: 프로세스의 목표를 달성하기 위해 정해진 프로세스를 수행하되 통제 범위 내에서 일관성 있게 수행한다. 프로세스를 수행한 후 자세한 측정값을 수집하고 분석한다. 이를 이용하여 프로세스 능력을 정량적으로 이해하며 수행을 예측하고 정량적으로 관리하는 성숙된 능력을 발휘할 수 있다. 따라서 작업 후 산출물의 품질도 정량적으로 알 수 있다. 레벨 3과의 차이점은 정해진 성과를 달성하기 위해 표준 프로세스를 수행하고 그 결과를 일정한 한도 내에서 통제한다는 것이다.
- **레벨 5(최적화 단계)**: 프로세스가 최적화되어 있어 현재 프로젝트뿐만 아니라 미래에 수행할 프로세스도 성공시킬 수 있는 수준이다. 프로세스를 수행할 때 달성할 정량적인 목표를 설정하고 실제 수행하면서 피드백을 받는다. 그리고 이를 토대로 프로세스를 모니터링하여 지속적으로 개선해나간다. 프로세스를 최적화하기 위한 혁신적인 아이디어와 기술을 시범적으로 적용하고 도입하여 비효율적인 프로세스는 과감히 바꾼다. 레벨 4와의 차이점은 현재 정의된 표준 프로세스를 향상하기 위한 역동적인 변화 및 시도가 있다는 것이다.

06 품질 보증 계획과 품질 제어

품질 관리는 각 프로젝트가 일정한 품질을 유지할 수 있도록 최적의 프레임워크를 적용하고 실현하는 작업이다. 품질 관리는 다음과 같은 두 가지 활동으로 구성된다.

- **품질 보증 계획**: 프로젝트 초반에 이루어지는 활동이다. 특정 프로젝트에 대한 품질 계획을 작성한다.
- **품질 제어**: 프로젝트 전반에 걸쳐 이루어지는 활동이다. 품질 보증 계획이 실제로 잘 실행되는지 모니터링하고 현실적으로 수정이 필요하면 수정한다.

1 품질 보증 계획

품질 보증 계획은 프로젝트 초기에 이루어진다. 품질 프레임워크의 가이드에 따라 프로젝트 고유의 필요성을 고려하여 품질 보증 계획을 수립한다. 이때 프로젝트를 위한 품질 목표와 소프트웨어 시스템에 포함될 산출물, 프로젝트에 적용할 수 있는 프로세스, 방법론, 표준, 절차, 메트릭을 정의한다. 계획에는 다음과 같은 사항이 기본적으로 포함되어야 한다.

- **목적**: 계획의 목적과 범위, 제품이나 시스템, 사용 이유를 명시한다.
- **관리**: 팀 구성원의 역할과 의무를 포함한 프로젝트 조직과 팀 구조를 기술한다. 가장 중요한 것은 누가 품질 보증 기능과 활동의 책임을 지고, 할 일은 무엇이며, 각 구성원의 책임은 무엇인가이다.
- **표준과 관례**: 문서 표준, 형식 표준, 코딩 표준, 주석 표준 등 품질 보증 표준에 포함될 사항을 명시한다.
- **리뷰와 감리**: 프로세스가 정확히 실행되었는지 검토할 방법, 즉 인스펙션과 워크스루, 리뷰 방법을 명시한다.
- **형상 관리**: 프로젝트의 형상 관리 활동을 명시한다.
- **프로세스, 방법론, 도구, 기술**: 소프트웨어 시스템 개발과 품질 활동을 실시하는 데 사용될 프

로세스, 방법론, 도구, 기법을 명시한다.

- **메트릭, 지표:** 소프트웨어 결과물을 측정하고 평가하는 데 적용될 메트릭과 지표, 메트릭의 허용 범위를 명시한다. 예를 들면 사이클로매틱 복잡도가 10이 넘는 것은 허용하지 않음을 명시할 수 있다.

다음은 IEEE에서 제시한 소프트웨어 품질 보증 계획 표준 권고안이다.

1. 계획 목표
2. 관련 문서
3. 관리
   3.1 조직
   3.2 작업
   3.3 책임
4. 문서화
   4.1 목적
   4.2 기본적으로 요구되는 문서
5. 표준, 실습, 관례, 메트릭
   5.1 목적
   5.2 내용
6. 검토와 검사
   6.1 목적
   6.2 요구되는 검토 사항
7. 테스트
8. 문제 보고 및 수정 작업
9. 도구, 기술, 방법
10. 코드 관리
11. 미디어 관리
12. 공급자 관리
13. 기록 취합, 관리, 보관

2 품질 제어

품질 제어는 품질 보증 계획이 정확하게 실행되고 있는지 확인하는 작업을 말한다. 이 과정에서 관리자에게 프로세스의 개선을 위해 제안을 하고 수용된 제안이 적절히 실현되고 프로세스에 녹아들었는지 확인한다. 품질 제어를 위해 꼭 필요한 활동으로는 품질 보증 교육을 꼽을 수 있다. 품질 보증 교육의 목표는 품질 보증의 중요성, 기관의 품질 보증 표준과 절차, 사용 가능한 품질 보증 도구 및 도구의 사용법을 개발자에게 가르치는 것이다. 이 교육을 통해 개발자는 품질 보증 활동을 수행할 수 있게 된다. 예를 들면 워크스루, 인스펙션, 리뷰 기술을 교육하면서 인스펙션과 리뷰를 위한 체크리스트를 개발할 수 있다.

품질 제어 활동을 할 때는 품질 관련 데이터를 모아놓은 데이터베이스를 사용한다. 여러 가지 종류의 품질 관리 데이터를 모아 처리하고 분석하기 위해서이다. 그러므로 적어도 출시 후에 발견된 결함은 근본적인 원인 분석을 위해 데이터베이스에 입력해야 한다. 근본 원인 분석을 통해 개발 조직은 소프트웨어 개발 주기 중 취약점을 파악하고 개선이 필요한 영역에 노력을 집중할 수 있다.

요약

- 소프트웨어 품질을 보증하기 위해서는 확인과 검증, 테스트 등 여러 가지 기법뿐만 아니라 품질 보증을 위한 요소로 구성된 '품질 보증 시스템'을 구성해야 한다.
- 품질 보증 시스템을 구성하는 요소는 프로젝트 시작 전 요소, 프로젝트 생명주기 중 요소, 품질 인프라 요소, 품질 관리 요소, 표준화 요소, 조직 기반 인력 등이다. 검증과 확인을 위한 방법으로는 인스펙션, 워크스루, 동료 검토 등이 있다.
- 소프트웨어의 품질을 위해서는 개발 프로세스 측면의 검토와 확인뿐만 아니라 제품 자체의 품질을 객관적으로 측정하고 향상하는 작업이 필요하다. 제품의 품질을 측정하는 방법으로는 메트릭 기법이 있고, 프로세스의 성숙도를 모델로 제시하는 프로세스 개선 모델로는 CMM과 SPICE가 있다.
- 낮은 품질의 소프트웨어를 릴리스함으로써 겪게 되는 사고의 피해를 생각한다면 품질 보증을 하는 데 드는 비용은 아깝지 않다. 작은 소프트웨어 프로젝트에도 품질 보증 기법을 동원하여 품질 향상을 꾀할 필요가 있다.

연습문제

01 맥콜의 품질 모델에 대한 설명으로 옳지 않은 것은?

① 추적 가능성, 완벽성, 일관성은 정확성과 직접적인 관련이 있는 품질 요소이다.
② 내부 품질과 외부 품질의 관계를 설명하는 모델이다.
③ 신뢰성, 효율성, 상호운영성은 외부 품질을 나타내는 요소이다.
④ SPICE는 맥콜의 품질 모델에 바탕을 둔, 품질 향상을 위한 가이드라인이다.

02 다음 설명에 해당하는 것은?

> - 소프트웨어 품질을 평가하기 위한 국제 표준이다.
> - 소프트웨어 제품 품질 관련 모델들을 통합하기 위한 모델로 제시되었다.
> - 품질 관리, 품질 모델, 품질 측정, 품질 요구 사항, 품질 평가 부문 등으로 구성된다.

① ISO 12207　　② ISO 14764
③ ISO 25000　　④ ISO 26262

03 소프트웨어 품질 목표 중 사용자가 요구한 기능을 충족하는 정도를 의미하는 것은?

① 신뢰성 ② 이식성 ③ 정확성 ④ 효율성

04 소프트웨어 품질 보증과 가장 거리가 먼 것은?

① 소프트웨어 품질 확보를 위한 요구 제정
② 소프트웨어를 개발, 운용, 유지보수하기 위한 절차의 제정과 실행
③ 소프트웨어 개발 모형을 정하고 각 단계에 필요한 액티비티를 분해하며 작업 후 결과를 제정하고 실행
④ 소프트웨어의 품질에 영향을 미치는 액티비티를 평가하기 위한 절차의 제정과 실행

05 소프트웨어 품질에 관한 국제 표준 규격인 ISO 9126의 품질 특성에 대한 설명으로 옳지 않은 것은?

① 유지보수성: 변경 및 오류 사항의 교정에 대한 노력을 최소화하는 정도
② 기능성: 주어진 조건에서 기능이 정상적으로 계속 동작하는 정도
③ 사용성: 사용에 필요한 노력을 최소화하고 쉽게 사용할 수 있는 정도
④ 효율성: 요구되는 기능을 수행하는 데 필요한 자원의 소요 정도

06 좋은 소프트웨어가 가져야 할 특성에 대한 설명으로 옳지 않은 것은?

① 확실성: 신뢰성, 보안성, 안전성을 포함하는 포괄적인 특성이다.
② 결함 내성: 소프트웨어는 고객의 변경 요구를 수용할 수 있는 방법으로 작성되어야 한다.
③ 사용 편리성: 사용자가 소프트웨어를 편리하게 사용할 수 있어야 한다.
④ 효율성: 소프트웨어는 메모리, 프로세서와 같은 자원을 낭비하지 않아야 한다.

07 CMM과 CMMI의 차이에 대한 설명으로 옳은 것은?

① CMM은 소프트웨어 개발 프로세스의 성숙도를 다루고 CMMI는 하드웨어, 네트워크 등 CMM에서 제외된 부분의 성숙도를 다룬다.
② CMM은 아날로그 유형의 성숙도를 다루고 CMMI는 디지털 유형의 성숙도를 다룬다.
③ CMM과 CMMI는 같은 내용을 다루되 단지 CMM의 최신 버전을 CMMI라고 한다.
④ CMM은 소프트웨어 개발 프로세스의 성숙도를 다루고 CMMI는 소프트웨어, 시스템, 제품을 포함하는 세 분야를 통합 평가하는 모델이다.

08 다음 중 CMM 레벨 3의 주요 프로세스 영역에 해당되지 않는 것은?

① 통합 소프트웨어 관리 ② 교육 프로그램
③ 소프트웨어 품질 보증 ④ 동료 검토

09 소프트웨어 품질 특성의 측정 방법에 대한 설명으로 옳지 않은 것은?

① 요구의 정확성: 요구의 총개수 대비 상충되지 않는 해석을 가진 요구의 비율
② 사이클로매틱 복잡도: 독립된 제어 흐름 그래프 경로의 수
③ 신뢰도: 평균 고장 간격(MTBF) = 평균 고장 시간(MTTF) + 평균 수리 시간(MTTR)
④ 가용성: 사용이 필요할 때 시스템이 운용되어 접근할 수 있는 정도

10 다음은 어느 조직의 프로세스 수행 능력 수준을 조사한 것이다. 이 수준을 SPICE에서 정의한 프로세스 능력 수준으로 평가한다면 해당하는 단계는?

> 프로세스가 소프트웨어 엔지니어링 원리에 의해 정의된 표준화 프로세스를 이용하여 수행되고 관리된다. 또한 프로세스의 달성이 철저하게 계획되고 추적된다. 하지만 프로세스 수행에 대한 상세한 측정치가 수집 및 분석되지는 않는다.

① 레벨 1 ② 레벨 2
③ 레벨 3 ④ 레벨 4

11 품질 보증을 위해 ISO 9001 모델이 다루는 범위에서 관리 책임과 품질 시스템이 바르게 짝지어지지 않은 것은?

① 프로세스 제어: 검사와 시험 ② 계약 검토: 수정 활동
③ 문서 통제: 품질 보고서 ④ 서비스 제공: 구매

12 객체지향 프로그램에서 어떤 클래스의 LCOM 값이 크다는 것은 무엇을 의미하는가?

① 클래스의 결합이 높아 유지보수에 비용이 많이 들 것이다.
② 클래스의 책임이 커서 이해하고 테스트하는 데 노력이 많이 든다.
③ 클래스의 응집도가 높아서 바람직한 좋은 설계이다.
④ 클래스 안에 있는 요소들 사이에 공유하는 속성이 없어서 분할하는 것이 좋다.

13 품질 보증 시스템을 이루는 요소의 카테고리를 잘못 분류한 것은?

① 프로젝트 사전 요소: 계약 검토, 품질 보증 계획

② 프로젝트 개발 주기 요소: 절차, 교육, 문서 등 오류율을 줄이는 여러 가지 기법

③ 품질 표준화: 다른 기관과의 협력, 품질 시스템의 성과를 측정하기 위한 요소

④ 품질 관리: 일정 최소화, 예산 초과 방지 등을 위한 프로세스 관리 또는 품질 측정 요소

14 다음은 소프트웨어 프로젝트의 어떤 검증 기법에 해당하는가?

> 기술 스태프만 참석하며 진행 과정은 크게 여섯 단계, 즉 계획, 사전 교육, 준비, 회의, 수정, 후속 조치 단계를 거치는 검증 방법이다.

① 인스펙션 ② 워크스루

③ 동료 검토 ④ 테스트

15 다음 중 품질 보증 계획서에 포함될 필요가 없는 것은?

① 관리 조직 ② 테스트 케이스

③ 갠트 차트 ④ 검토 및 확인 방법

Appendix

부록

A UML 표현 방법

B 용어 설명

A UML 표현 방법

본문의 여러 곳에서 설명한 UML 표기법을 한 번에 살펴볼 수 있도록 일목요연하게 정리했다. UML 표기법을 더 깊이 이해하고자 한다면 UML 사이트(http://www.uml.org/)의 UML 명세를 참조하기 바란다.

1 사용 사례 다이어그램(3장)

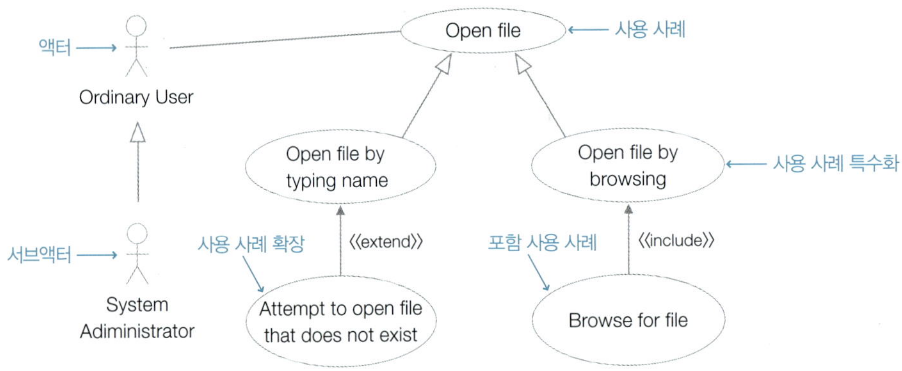

2 클래스 다이어그램(4장)

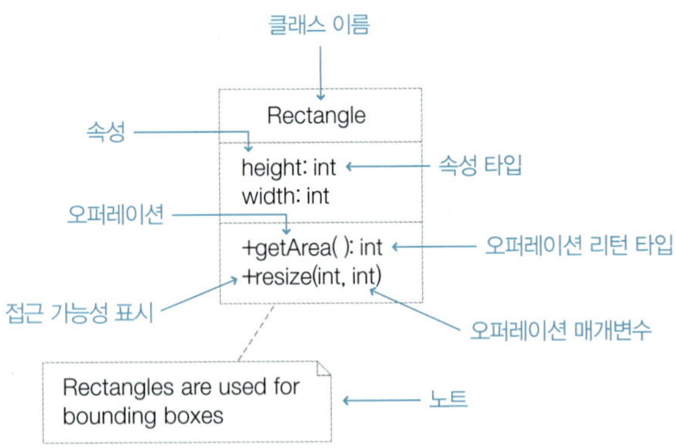

3 연관 관계와 다중도(4장)

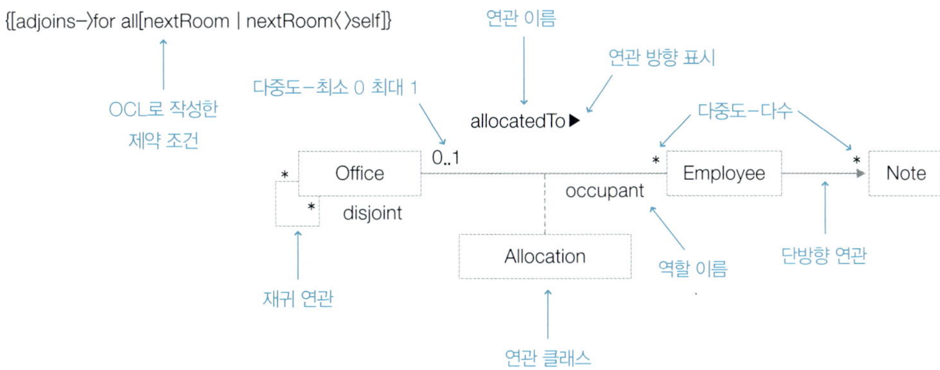

4 집합 관계(4장)

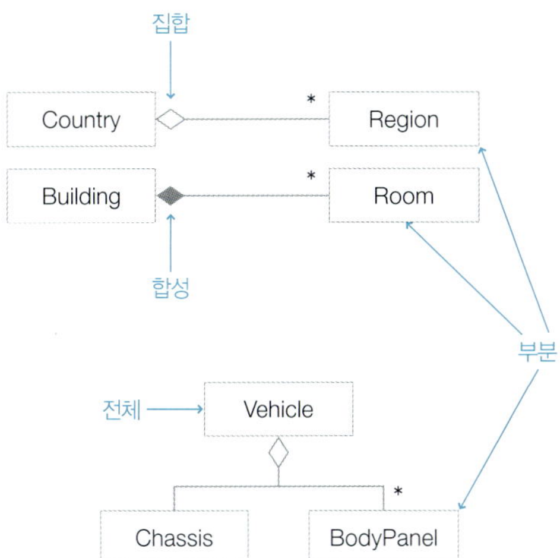

5 일반화와 인터페이스(4장)

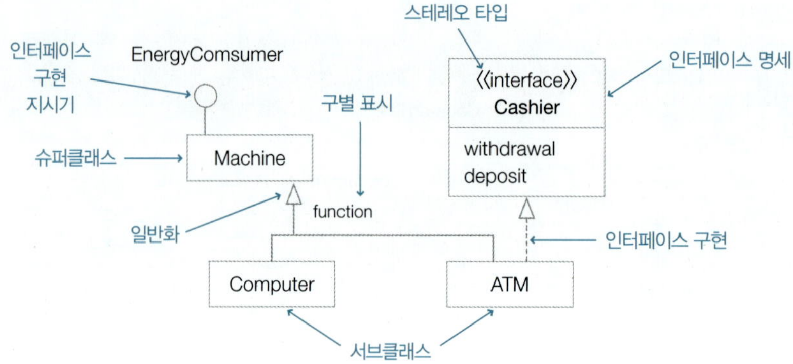

6 시퀀스 다이어그램(5장)

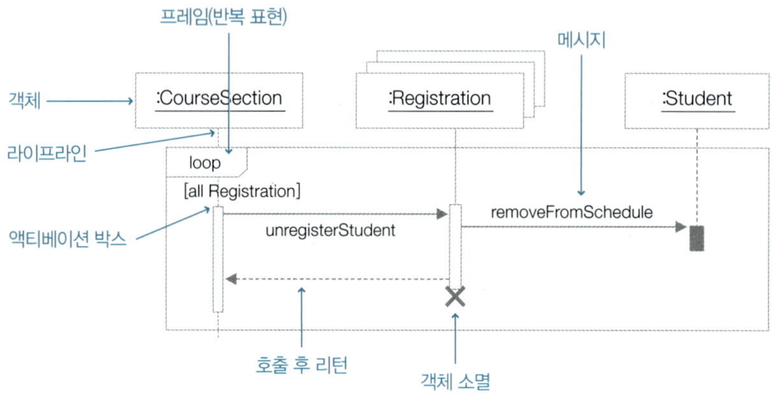

7 커뮤니케이션 다이어그램(5장)

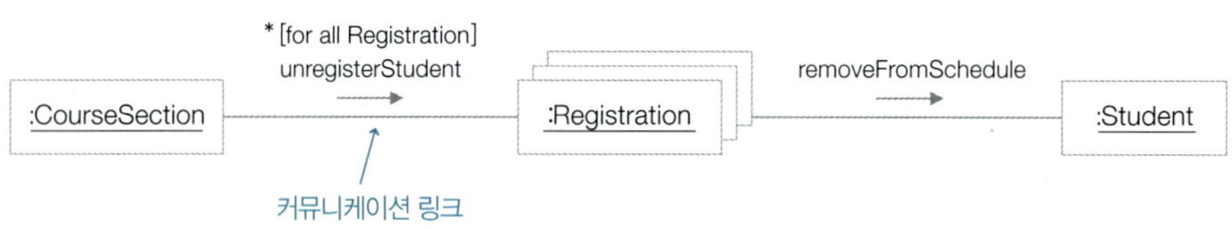

8 상태 다이어그램(5장)

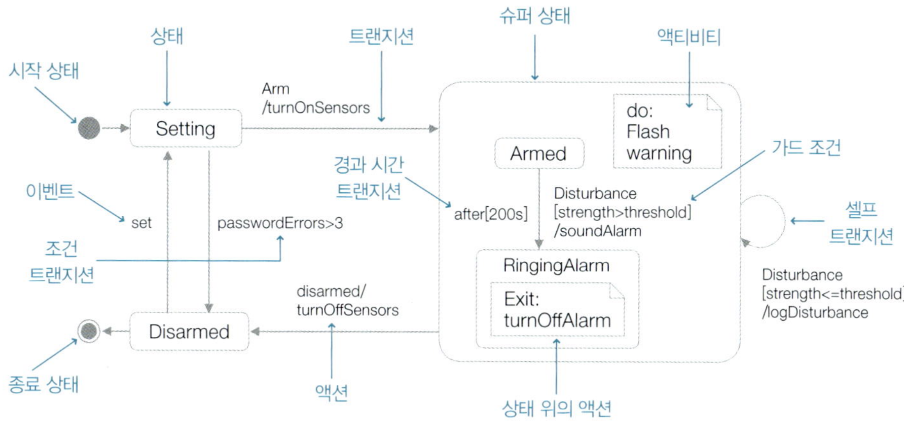

9 액티비티 다이어그램(5장)

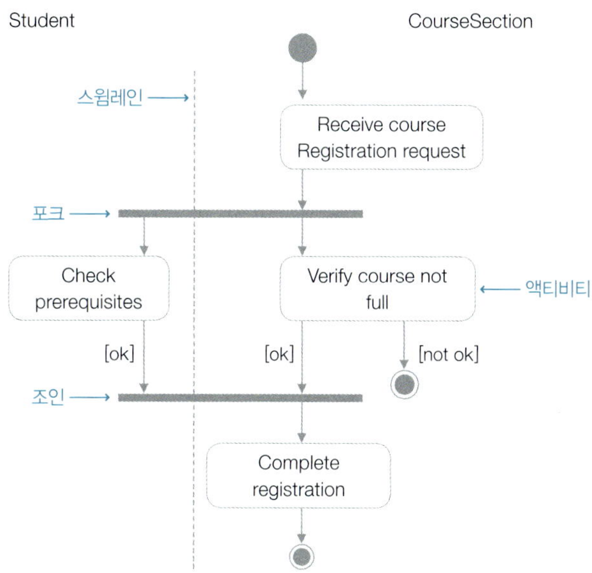

10 패키지 다이어그램(6장)

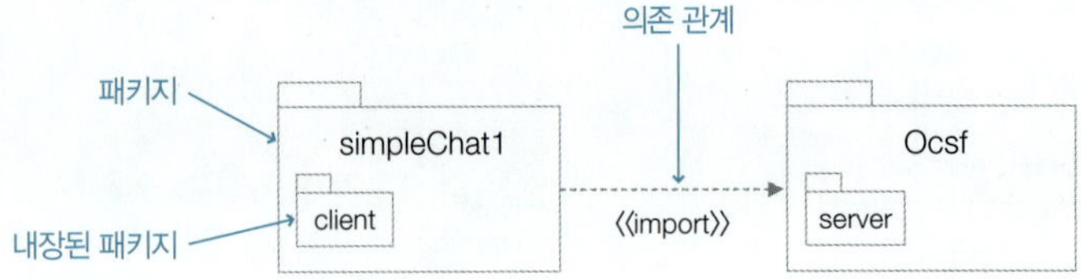

11 컴포넌트 다이어그램(6장)

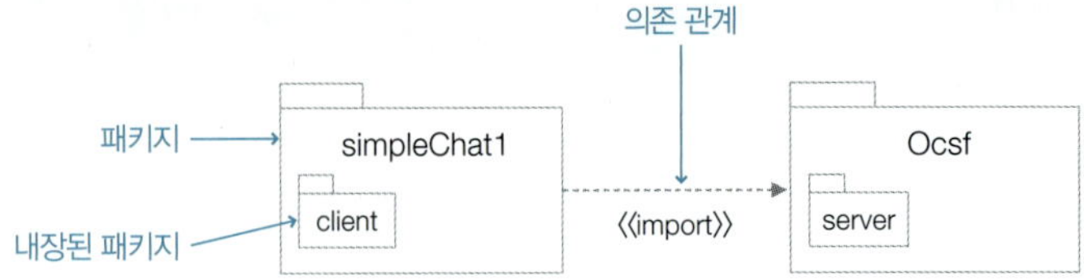

12 배치 다이어그램(6장)

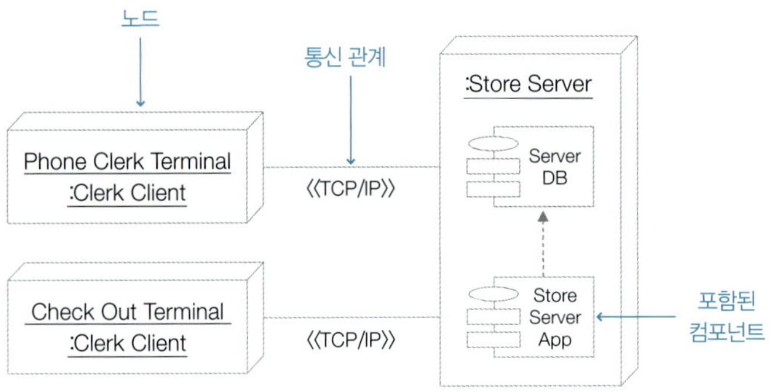

B 용어 설명

이 책에 등장하는 전문 용어는 대부분 본문에서 설명했으나 관심 있는 주제만 선별해서 살펴보고자 하는 독자를 위해 용어 설명을 부록에 실었다. 외래어 가운데 우리말로 표현할 수 있는 용어는 가급적 한글화했다.

ㄱ

가드 조건(guard condition)
상태 다이어그램에서 이벤트가 언제 일어날지 결정하는 조건이다.

가용성(availability)
시스템이 수행되어 사용자에게 서비스를 제공하는 기간을 확률로 나타내는 소프트웨어 품질을 말한다.

개발 프로세스(development process)
대표적인 개발 절차, 즉 프로세스 모델에 따라 정한 특정 프로젝트의 개발 절차이다.

객체(object)
객체지향 시스템에 존재하는 데이터 요소로 아이덴티티와 행위, 속성을 갖는다.

객체지향 테스트(object oriented test)
객체지향 프로그램의 특수한 속성에 초점을 둔 테스트 방법이다.

객체지향 패러다임(object oriented paradigm)
소프트웨어를 클래스의 모임으로 간주하고 각 클래스는 여러 가지 오퍼레이션에 대한 책임을 갖는다. 실행될 때는 객체로 인스턴스화되는 소프트웨어 설계 및 프로그래밍 방법이다.

갠트 차트(Gantt chart)
소프트웨어 엔지니어링 각 작업의 시작일과 종료일을 그림으로 나타낸 차트이다.

검증(verification)
소프트웨어 개발 작업의 산출물이 정해진 규칙, 절차, 표준에 맞는지 정확성, 일치성 등을 평가하는 과정이다.

결함(defect)
소프트웨어를 이루는 요구 분석, 설계, 코드와 같은 요소에 포함된 결점을 말한다.

결합도(coupling)
소프트웨어 모듈 사이에 존재하는 의존도를 말한다. 소프트웨어를 설계할 때 결합도를 낮추는 것이 중요하다.

경계 테스트(boundary test)
동치 클래스의 경계 부분을 집중적으로 테스트하는 방법이다.

계층 응집(layer cohesion)
서비스에 접근하고 제공하기 쉽도록 API 또는 하드웨어 인터페이스를 통해 제공하는 응집 형태를 말한다.

계층적 팀(layers team)
모두 관리자에게 보고하고 관리자로부터 위임된 작업을 수행하는 엄격한 팀 구조를 말한다.

고장(failure)
시스템이 보이는 이상 현상을 말한다.

공통 결합(common coupling)
컴포넌트들이 전역 변수를 사용하여 자료를 공유하는 결합 정도를 말한다.

교환적 응집도(communicational cohesion)
같은 자료에 접근하는, 한 모듈 안에 있는 요소들의 응집 정도를 말한다.

구성 관계(composition)
집합 관계가 깨지면 부품이 소멸되는 강력한 집합 관계를 말한다.

구현(implementation)
설계를 실행할 수 있는 소프트웨어로 바꾸는 과정, 즉 '프로그래밍'을 말한다.

글루 코드(glue code)
재사용된 COTS 소프트웨어를 연결하는 데 사용되는 코드이다.

기능적 요구(functional requirement)
시스템에 의해 사용자에게 제공되는 기능 또는 서비스를 말한다.

기능적 응집(functional cohesion)
한 가지 기능을 수행하는 요소들이 같은 모듈에 묶여 있는 응집 형태를 말한다.

기능 점수(function points)
시스템 규모를 산정하기 위해 요구된 기능을 카운트하는 방법이다.

ㄴ

나선형 모델(spiral model)
프로토타이핑과 반복적 접근법을 포용한 점증적 개발 프로세스 모델이다.

내용 결합(content coupling)
어떤 컴포넌트가 다른 컴포넌트의 내부 데이터를 변경하는, 바람직하지 않은 결합 관계를 말한다.

노력(effort)
작업이나 프로세스에 사용된 노동력을 말한다. 주로 man-month 또는 man-day로 표현한다.

ㄷ

다형성(polymorphism)
객체지향 시스템에서 하나의 추상 오퍼레이션이 여러 클래스의 다른 메소드로 실행될 수 있는 성질을 말한다.

단위 테스트(unit test)
모듈이나 컴포넌트를 격리하여 테스트하는 방법이다.

데드록(deadlock)
두 개 이상의 스레드가 서로를 위해 대기하는 고장 현상을 말한다.

데이터 결합(data coupling)
한 컴포넌트가 다른 컴포넌트에 간단한 데이터를 인수로 전달함으로써 결합된 정도를 말한다.

도메인(domain)
소프트웨어 사용자가 작업하는 비즈니스 또는 기술 분야의 일반적인 지식으로, 소프트웨어 엔지니어는 도메인 분석에 의해 이해하게 된다.

도메인 분석(domain analysis)
문제 이해와 요구 분석을 할 때 좋은 결정을 내리기 위해 배경 정보를 충분히 알아가는 과정을 말한다.

도메인 전문가(domain expert)
일정한 도메인에 대한 지식과 경험을 가진 전문가이다. 도메인 전문가는 소프트웨어에 대한 전문 지식이 없을 수도 있다.

동기화(synchronization)
한 스레드만이 특정 시각에 한 객체에 접근할 수 있게 보장하는 메커니즘이다.

동시식 통합(big bang integration)
시스템을 구성하는 컴포넌트를 일시에 통합하여 테스트하는 방법이다.

동적 바인딩(dynamic binding)
특정 메소드에 대한 호출을 바인딩하는 과정이다. 다형성으로 인해 런타임에 동적으로 관련 메소드가 결정된다.

동치 클래스(equivalence class)
소프트웨어 테스트에서 동질의 반응을 보일 것이라고 취급하는 입력 집합을 말한다.

동치 클래스 테스트(equivalence class test)
동치 클래스를 결정한 후 각 클래스마다 하나의 테스트 케이스로 시험하는 방법이다.

드라이버(driver)
하향식 통합 테스트를 할 때 하위층 서비스를 시험 구동하는 간이 프로그램이다.

디자인 패턴(design pattern)
자주 접하는 설계 문제를 해결해주는 증명된 솔루션을 체계적으로 정리한 것이다.

ㄹ

라이프라인(lifeline)
객체가 존재하는 동안을 나타내는 시퀀스 다이어그램의 점선을 말한다.

레거시 시스템(legacy system)
처음에 개발한 인력이 더 이상 살펴보지 않는 낡은 소프트웨어 시스템을 말한다.

로킹(locking)
부적절한 동시 접근을 피하기 위해 자원을 예약해두는 메커니즘이다.

리그레션 테스트(regression test)
소프트웨어에 변경을 가한 후 일부 테스트 케이스로 시스템을 다시 테스트하는 작업이다.

리뷰(review)
소프트웨어 문서를 통해 체계적으로 검토하고 확인하는 절차를 말한다.

리얼타임 소프트웨어(real-time software)
외부 환경에 대해 즉시 반응하는 소프트웨어이다.

리엔지니어링(reengineering)
유지보수의 일종으로 소프트웨어 시스템의 일부를 개선하거나 교환하는 작업이다.

리팩토링(refactoring)
리엔지니어링의 일부로 수행되는 것으로 설계를 부분적으로 수정하는 작업이다.

링크(link)
객체가 다른 객체를 레퍼런스하는 것을 나타낸다. 연관 관계의 인스턴스이다.

ㅁ

메모리 누수(memory leak)
프로그램이 메모리를 요구하면서도 더는 필요하지 않은 메모리를 반환하지 않는 현상을 말한다.

메소드(method)
클래스에 있는 오퍼레이션의 실체적 구현을 말한다.

메시지(message)
컴포넌트가 상호작용하기 위해 보내는 정보를 말한다.

메트릭(metric)
소프트웨어 산출물 또는 프로세스의 측량을 말한다.

모델(model)
시스템에 대한 관점을 이해 가능하고 분석할 수 있는 방법으로 표현한 추상적인 것이다.

모듈(module)
파일, 메소드, 패키지와 같이 프로그래밍 언어 수준으로 정의된 컴포넌트를 말한다.

모듈화(modularization)
시스템이 높은 응집과 낮은 결합, 단순한 인터페이스를 가진 컴포넌트, 즉 모듈로 분할된 정도를 말한다.

ㅂ

반복적 개발(iterative development)
소프트웨어의 전체 기능을 나누어 단계적으로 개발해나가는 방법이다. 처음에는 중요하고 간단한 기능만 포함하여 개발하고, 반복되는 다음 단계에는 더 많은 기능을 포함하여 개발한다.

반응 시간(response time)
사용자가 명령을 내린 후 시스템이 결과를 제공할 때까지 걸리는 시간이다.

방법론(methodology)
어떻게 수행할지 프로세스를 단계적으로 기술한 것이다.

배치(deployment)
소프트웨어와 이를 이루는 컴포넌트를 분배하고 설치하는 과정이다.

배치 다이어그램(deployment diagram)
실행 시간에 하드웨어 컴포넌트가 연결되고 어떤 소프트웨어 컴포넌트가 존재하는지를 나타내는 UML 다이어그램이다.

버그(bug)
프로그램 안에 포함된 결함이나 고장을 말한다.

베타 테스트(beta test)
정상적인 작업 환경에서 사용자나 고객이 수행하는 테스트 방법이다.

부작용(side effect)
프러시저를 수행했을 때 나와야 할 결과 이외에 예상치 못한 결과가 나와 시스템의 상태가 변하는 것을 말한다.

분할 정복(divide and conquer)
큰 것을 더 쉽게 다룰 수 있는 작은 단위로 분할하는 원리이다.

브레인스토밍(brainstorming)
아이디어나 의견, 답을 얻기 위해 그룹 구성원들이 생각을 쏟아놓는 회의이다.

브로커(broker)
시스템 컴포넌트들이 네트워크의 여러 노드에 분산되어 투명한 아키텍처 패턴이다.

블랙박스 테스트(black-box test)
입력을 주어 출력을 관찰하는 테스트 형태이다. 단, 테스트되는 프로그램 내부를 관찰할 수는 없다. 블랙박스 테스트의 반대는 화이트박스 테스트이다.

비기능적 요구(non-functional demand)
시스템이 제공하는 서비스, 즉 기능을 제외한 설계 제약 조건에 대한 요구를 말한다.

비용 산정(cost estimation)
작업이나 프로젝트에 소요되는 기간과 노력을 산정하는 과정을 말한다.

비용 수익 분석(cost benefit analysis)
비용과 수익을 평가하여 어떤 일을 할지 여부를 결정하는 과정을 말한다.

비즈니스 프로세스(business process)
기업이나 기관의 직원이 수행하는 업무 과정을 말한다. 소프트웨어 시스템은 비즈니스 프로세스를 자동화한다.

빅뱅 테스트(big-bang test)
시스템을 이루는 모듈을 동시에 한꺼번에 통합하는 테스트로 권할 만한 방법은 아니다.

빌드(build)
소프트웨어의 모든 컴포넌트를 컴파일하고 통합하는 과정이다. 최종 빌드가 있다면 거기에 변경을 추가한다.

ㅅ

사용 사례(use case)

사용자가 시스템을 사용하는 방법(사용자의 액션과 시스템의 반응)을 단계적으로 기술한 것이다.

사용 사례 다이어그램(use case diagram)

액터와 사용 사례, 그리고 그 관계를 나타낸 UML 다이어그램이다.

사용성(usability)

사용자가 소프트웨어를 쉽게 배우고 사용할 수 있는 품질 특성을 말한다.

사용자(user)

소프트웨어를 사용하는 사람을 말한다.

상세 설계(detail design)

서브시스템 내부의 설계를 말한다.

상속(inheritance)

어떤 클래스에 정의된 요소가 다른 클래스에 의해 소유된 것을 말한다.

상태(state)

시스템이나 객체가 이벤트에 대해 특정한 방법으로 반응하는 상황을 말한다.

상태 다이어그램(state diagram)

상태와 트랜지션을 이용하여 외부에서 보이는 시스템이나 객체의 동작을 나타낸 다이어그램이다.

상향식 설계(bottom-up design)

유틸리티와 같은 낮은 층의 상세한 컴포넌트를 먼저 설계하고 상위층의 컴포넌트를 나중에 설계하는 방법이다.

샌드위치 테스트(sandwich test)

최상위층과 하위층을 테스트하고 이후에 통합 시험해나가는 점증적 테스트 방법이다.

서브시스템(subsystem)

더 큰 시스템의 부분이 되는 시스템으로 정의된 인터페이스를 가진다.

서브클래스(subclass)

슈퍼클래스를 확장하여 정의한 클래스로 자료와 함수를 상속받은 클래스이다.

설계 결정(design decision)

여러 개의 설계 후보 중에서 가장 비용 수익 효과가 큰 안을 결정하는 과정을 말한다.

설계 범위(design space)

가능한 모든 설계 대안의 집합을 말한다.

소프트웨어(software)
컴퓨터에서 실행되는 프로그램과 관련 데이터를 말한다.

소프트웨어 공학(software engineering)
고객의 문제를 해결해주기 위해 품질 좋은 대규모 소프트웨어 시스템을 정해진 시간과 비용으로 개발하거나 발전시키는 체계적인 과정을 말한다.

소프트웨어 아키텍처(software architecture)
서브시스템으로 분할하고, 서브시스템 사이의 인터랙션을 결정하며, 서브시스템의 인터페이스를 정하는 설계 과정을 말한다.

소프트웨어 엔지니어(software engineer)
소프트웨어 공학 기술을 배우고 수행 경험이 쌓인 사람을 말한다.

소프트웨어 위기(software crisis)
1970년대 말 소프트웨어 개발자가 좋은 품질의 소프트웨어를 정해진 시간과 예산 안에 인도하지 못하던 현상을 말한다.

속성(attribute)
모든 클래스의 인스턴스에 존재하는 속성을 나타내는 정보이다.

순차적 응집(sequential strength)
프러시저 하나가 다음 프러시저에 입력을 제공하며 두 프러시저가 같은 모듈에 존재할 때 이루는 응집도를 말한다.

스레드(thread)
동시에 실행될 수 있는 수행 경로를 말한다.

스윔레인(swimlane)
UML 액티비티 다이어그램에서 분할의 의미로 그리는 선을 말한다. 같은 스윔레인 안에 있는 액티비티는 동일한 클래스와 관련된다.

스탬프 결합(stamp coupling)
메소드 인자의 타입이 클래스 형태인 결합도를 말한다.

스터브(stub)
시험하려는 대상과 같은 인터페이스를 가졌으나 실제로 데이터 조작을 하지는 않는 모의 모듈을 말한다.

스테레오타입(stereotype)
특별한 것을 나타내는 UML의 표현 방법으로 《 》 안에 표기한다.

스트레스 테스트(stress test)

최소한의 형상[configuration]에서 최대 부하를 주어 얼마나 견디는지 확인하는 테스트이다.

시간적 응집(temporal cohesion)

프로그램 수행에서 동일 단계에 사용될 요소들을 묶은 응집도를 말한다.

시나리오(scenario)

사용 사례의 인스턴스로 특정 액터, 시간, 데이터를 포함한다.

시스템(system)

정확한 책임과 목적을 가지고 있으며 하드웨어나 소프트웨어로 구성된 논리적인 개체를 말한다.

시퀀스 다이어그램(sequence diagram)

객체 집합에 의해 메시지를 교환하는 순서를 나타내는 UML의 인터랙션 다이어그램이다.

신뢰성(reliability)

시스템 고장 빈도로 측정할 수 있는 소프트웨어의 중요한 특성이다.

실적 가치(earned value)

계획 단계에서 작업에 의해 소모될 것이라 예측한 노력에 대비하여 완성되어 측정된 작업량을 말한다.

실적 가치 차트(earned value chart)

프로젝트 진행 상황을 추적하는 데 사용하는 다이어그램이다. 계획된 일정에 뒤처지거나 예산이 초과되는 규모를 알 수 있다.

ㅇ

아키텍처 모델(architectural model)

소프트웨어 아키텍처 수행 결과로 작성한 문서를 말한다.

아키텍처 패턴(architectural pattern)

소프트웨어 구조를 설계할 때 흔히 사용되는 형식 또는 패턴이다. 아키텍처 스타일이라고도 한다.

아키텍트(architect)

아키텍처에 대한 의사 결정의 책임을 지는 사람을 말한다.

알파 테스트(alpha test)

소프트웨어 개발 팀의 감독하에 사용자와 고객이 수행하는 테스트이다.

액션(action)

상태 다이어그램에서 트랜지션이 일어나거나 어떤 상태로 출입할 때 즉시 일어나는 것을 말한다.

액터(actor)
시스템과 인터랙션할 때 사용자나 다른 시스템이 하는 역할을 말한다.

액티베이션 박스(activation box)
순차 다이어그램에서 객체가 실행되는 기간을 나타내는 상자이다.

액티비티(activity)
시스템이 특정 상태에 있는 어떤 기간 동안 일어날 수 있는 활동을 말한다.

액티비티 다이어그램(activity diagram)
순서 있는 액티비티 집합을 나타내는 UML 다이어그램이다.

어댑터(adapter)
인터페이스가 맞지 않아 직접 사용할 수 없기 때문에 도입하는 어댑터 패턴에서 위임을 받아 인터페이스를 바꿔주는 클래스를 말한다.

에고레스 팀(egoless team)
구성원 모두 동등한 합의에 따라 결정하고 공동의 목표를 위해 같이 협력하는 팀 구조를 말한다.

엔지니어링(engineering)
과학적 · 경제적 지식을 가지고 원리에 따른 체계적 방법으로 제품 설계 및 제조, 유지보수에 관한 문제를 해결하는 과정을 말한다.

역할(role)
연관 관계 한쪽 끝에 있는 클래스가 다른 클래스에 대해 어떤 역할을 하는지 나타내는 것이다.

연관(association)
두 클래스 사이의 관계를 말한다. 관계가 있다는 것은 클래스에 속하는 객체들 사이에 링크 집합이 존재함을 의미한다. UML 클래스 다이어그램에서는 두 클래스를 잇는 선분으로 나타낸다.

연관 클래스(association class)
클래스의 인스턴스가 다대다 연관 관계의 링크를 나타내는 경우 그 클래스를 연관 클래스라고 한다.

영향 분석(impact analysis)
변경에 의한 모든 영향을 추적하고 문서화하는 과정을 말한다.

예외(exception)
정상적인 처리 흐름에서 벗어나 특수한 처리가 필요한 프로그램 상태를 말한다.

오류(error)
시스템에 결함을 유발하는 소프트웨어 엔지니어의 실수나 잘못된 결정을 말한다.

오퍼레이션(operation)
하나 이상의 클래스에 의해 수행될 수 있는 추상적인 것이다. 오퍼레이션은 메소드 집합으로 구현된다.

옵서버(observer)
클래스의 인스턴스가 다른 클래스의 인스턴스가 변경되면 이를 알고 대응 작업을 할 수 있도록 설계된 패턴을 말한다.

완전형 유지보수(completive maintenance)
리엔지니어링을 포함하여 넓은 의미에서 개선을 위해 이루어지는 유지보수 유형이다.

요구(requirement)
고객의 문제를 적절히 해결하기 위해 소프트웨어와 관련된 모든 당사자가 합의한 문장을 말한다.

요구 명세서(requirement specification)
요구를 더 자세히 기술한 스펙이다.

요구 분석(requirement analysis)
소프트웨어 시스템의 요구를 결정하는 과정을 말한다.

요구 분석서(requirement document)
요구 집합을 기술한 문서이다.

요구 안전성(stability)
요구가 변경될 것 같은 정도를 말한다.

위임(delegation)
프러시저 안에서 이웃 클래스의 멤버 함수를 호출하는 것을 말한다. 이를 통해 프러시저 안에서 하지 못하는 작업을 다른 클래스에 맡긴다.

위험 관리(risk management)
위험 평가, 계획 변경 등 위험을 제거하기 위한 활동을 말한다.

유지보수(maintenance)
사용자에게 릴리스한 후 소프트웨어에 가하는 수정과 관련된 작업을 말한다.

유지보수성(maintainability)
소프트웨어를 최소의 비용으로 수정할 수 있게 하는 소프트웨어의 품질 특성을 말한다.

유틸리티 응집(utility cohesion)
논리적으로 강하게 관련되지는 않지만 같은 유틸리티로 분류되어 묶인 요소의 응집도를 말한다.

응용 프로그램 인터페이스(API)

서비스로 제공하는 공개 프러시저나 메소드를 말한다.

응집도(cohesion)

같은 모듈 안에 있는 요소들이 밀접하게 관련된 정도를 말한다. 밀접한 것은 같은 모듈 안에 두고 관련 없는 것은 모듈 밖으로 몰아내어 응집도를 높이는 것이 좋다.

이벤트(event)

상태 다이어그램에서 시스템이나 객체의 상태를 변경하는 메시지나 시간 경과를 말한다.

이식성(portability)

소프트웨어가 여러 가지 다른 하드웨어나 소프트웨어 환경에서 최소의 변경으로 실행될 수 있는 성질을 말한다.

익스트림 프로그래밍(eXtreme Programming)

소규모 프로젝트에 적용할 수 있는 점증적이고 사용자 중심의 개발 방법이다.

인수 테스트(acceptance test)

개발된 소프트웨어가 대금을 지불할 가치가 있는 것인지 결정하기 위해 고객이 스스로 수행하는 테스트를 말한다.

인스턴스(instance)

'객체'와 동의어이다.

인스턴스 메소드(instance method)

특정 객체의 배경 아래 수행되는 메소드를 말한다. 주어진 객체의 인스턴스 변수에 접근한다.

인스펙션(inspection)

결함을 찾기 위해 여러 사람이 문서나 프로그램을 체계적으로 점검하는 과정을 말한다.

인터랙션 다이어그램(interaction diagram)

소프트웨어 시스템의 동적인 측면을 나타내는 모델이다. UML의 순차 다이어그램이나 협동 다이어그램이 여기에 속한다.

인터페이스(interface)

외부에서 사용하도록 모듈에 의해 제공된 공개 오퍼레이션을 말한다.

일반화(generalization)

공통점을 가진 유사한 개체들 사이의 관계를 말한다. UML 다이어그램에서는 슈퍼클래스와 서브클래스 사이에 삼각형 머리를 가진 화살표로 표시한다.

일정(schedule)

작업에 할당된 기간을 말한다. 프로젝트에 소요되는 총기간을 의미하기도 한다.

일정 계획(scheduling)

작업 순서, 작업 시작일, 완료 예정일을 결정하는 작업을 말한다.

임계 경로(critical path)

PERT 네트워크에서 프로젝트를 끝낼 수 있는 최소 시간을 나타내는 경로이다.

임베디드 소프트웨어(embedded software)

특정 하드웨어 장치에서 실행되도록 설계된 소프트웨어로 대부분 롬에 저장되어 장치에 탑재된다.

임포트 결합(import combination)

다른 컴포넌트를 임포트하는 선언이 있는 결합의 한 유형이다.

ㅈ

자원(resource)

소프트웨어의 개발, 운용, 유지보수에 소비되는 모든 것, 즉 시간, 재정, CPU 시간, 메모리, 파일 등을 말한다.

잠금(locking)

부적절한 동시 접근을 피하기 위해 자원을 미리 확보해두는 메커니즘이다.

재귀적 합성(recursive composition)

컨테이너 클래스가 기본 요소뿐만 아니라 기본 요소를 포함하고 있는 컨테이너 자체도 포함할 수 있는 구조를 말한다.

재사용(reuse)

한 군데 이상에서 같은 코드나 설계를 사용하는 것을 말한다.

재사용성(reusability)

제품이나 프로세스가 원래 설계된 환경과 다른 곳에서 사용될 수 있는 성질을 말한다.

재정의(overriding)

어떤 클래스 안에 있는 메소드가 상속된 클래스 안에서 다시 정의되는 경우를 말한다.

적응형 유지보수(adaptive maintenance)

환경 변화에 대처하기 위해 소프트웨어를 수정하는 유지보수의 일종이다. 여기서 환경 변화란 운영체제, 하드웨어, 플랫폼, 컴파일러, 소프트웨어 라이브러리, 데이터베이스 구조의 변경 등을 들 수 있다.

전제 조건(precondition)

알고리즘이나 메소드, 사용 사례가 실행되기 전에 만족시켜야 할 조건이다.

전파 현상(propagation)
집합에 속한 오퍼레이션이 호출되면 부분에 속한 오퍼레이션이 호출되도록 전파하는 현상이다.

절차적 응집(procedural cohesion)
차례로 호출되는 요소들이 한 모듈에 묶여 있는 응집 정도를 말한다.

절차적 패러다임(procedural paradigm)
소프트웨어의 설계와 프로그래밍 작업에서 프러시저의 계층hierarchy을 고려하는 방법이다.

점증적 개발(incremental development)
소프트웨어를 여러 번의 릴리스로 개발하는 프로세스 모델이다.

점증적 테스트(incremental test)
서브시스템을 격리하여 테스트한 후 서브시스템을 계속 통합하는 테스트 방법이다.

정보 은닉(information hiding)
복잡한 내부 사정을 숨겨서 추상성을 높이는 것을 말한다.

정적 메소드(static method)
'클래스 메소드'와 동의어이다.

정정 유지보수(corrective maintenance)
소프트웨어 안의 결함을 수정하는 유지보수 유형이다.

정형적 언어(formal language)
모델링할 목적으로 사용하는 수학적 언어이다.

제어 결합(control coupling)
한 컴포넌트가 다른 컴포넌트의 실행 순서를 좌우하는 결합 정도를 말한다.

주문형 소프트웨어(custome software)
특정 고객의 특수한 요구를 만족시키기 위해 개발된 소프트웨어이다.

진화(evolution)
변경된 요구를 만족시키거나 오류를 수정하거나 리엔지니어링하기 위해 소프트웨어가 지속적으로 수정되는 과정을 말한다.

진화적 모델(evolutional model)
개발 과정이 산을 오르는 것과 같은 관점의 프로세스 모델이다.

집합(aggregate)
어떤 클래스의 인스턴스가 다른 클래스의 인스턴스를 포함하는 것을 나타내는 관계이다. UML의 클래스 다이어그램에서는 선분 위에 마름모로 표시한다.

ㅊ

책임(responsibility)

시스템이 하도록 요구된 것으로 특정 클래스에 할당된다.

책임 프로그래머 팀(chief programmer team)

계층적 팀과 에골레스 팀 사이의 중간 조직 구조이다. 책임 프로그래머는 여러 전문가와 함께 프로젝트를 이끈다.

추상(abstraction)

복잡하고 상세한 것을 과감히 생략하고 근본적인 핵심을 축약하여 표현한 것이다.

추상 오퍼레이션(abstract operation)

상위 클래스에 정의되어 서브클래스에서 다른 방법으로 구현될 수 있는 불완전한 오퍼레이션이다.

추상 클래스(abstract class)

인스턴스를 가질 수 없는 클래스를 말한다.

추상 팩토리 패턴(abstract factory pattern)

객체의 그룹을 생성하거나 의존적 관계인 객체를 생성할 때 객체의 생성을 추상화하는 패턴을 말한다.

추적성(traceability)

결정을 내리게 된 정보를 찾아내는 능력을 말한다.

층(layer)

서비스의 집합을 제공하는 서브시스템을 말한다.

ㅋ

캡슐화(encapsulation)

알고리즘이나 자료 구조를 모듈 내부에 포함하여 자세한 내부 사항을 모듈 인터페이스 안에 숨기는 개념을 말한다.

커뮤니케이션 링크(communication link)

커뮤니케이션 다이어그램에서 메시지를 보내는 객체 사이에 그린 선을 말한다.

커버리지(coverage)

테스트 집합에 포함된 경로, 문장, 분기의 비율을 말한다.

컨트롤(control)

사용자 인터페이스의 컴포넌트로 위젯이라고도 한다.

컨트롤러(controller)

MVC 아키텍처 패턴에서 사용자의 상호작용을 제어하는 데 사용되는 클래스를 말한다.

컴포넌트(component)

명확한 역할을 가지고 있으며 독립될 수 있는 소프트웨어 또는 하드웨어 부품으로 같은 기능을 하는 다른 컴포넌트로 교환될 수 있다.

컴포넌트 다이어그램(component diagram)

컴포넌트와 그것들 사이의 관계를 나타내는 UML 다이어그램이다.

컴포지트(composite)

일반적인 연관 대신에 집합을 사용한 특수한 계층적 패턴을 말한다.

클라이언트 서버(client server)

시스템이 클라이언트와 서버로 나누어진 아키텍처 패턴을 말한다.

클래스(class)

절차적 추상과 자료 추상이 모두 제공되는 소프트웨어 모듈을 말한다. 유사 객체의 집합에 대한 정의이다.

클래스 다이어그램(class diagram)

클래스와 클래스 사이의 관계를 나타낸 UML 다이어그램이다.

클래스 메소드(class method)

객체에 대해 실행되는 인스턴스 메소드와 달리 클래스에 대해 실행되는 메소드를 말한다.

클래스 변수(class variable)

클래스의 모든 인스턴스에 의해 공유되는 데이터 아이템을 말한다.

클래스 설계(class design)

연관, 속성, 상호작용, 상태 등 클래스의 여러 기능을 설계하는 일 또는 결과를 말한다.

클론(clone)

복제된 코드의 덩어리로 하나 이상의 원시코드 라인이 복사된 것을 말한다.

클론 메소드(clone method)

새로운 객체를 만들 때 기존 객체를 복제하여 만든 메소드를 말한다.

ㅌ

타입 사용 결합(type use combination)

여러 컴포넌트가 같은 자료 타입 정의를 사용하는 결합 유형을 말한다.

테스트(test)

시스템이 잘 작동하는지 확인하기 위해 테스트 케이스를 실행하는 작업이다.

테스트 계획(test plan)

테스트 작업을 통제하고 관리하기 위해 따라야 할 테스트 절차나 과정, 도구, 테스트 케이스를 적은 문서를 말한다.

테스트 용이성(testability)

시스템에 테스트 코드가 삽입되어 자동으로 테스트할 수 있는 성질을 말한다.

테스트 케이스(test case)

소프트웨어 시스템에 포함된 결함을 발견하기 위해 설계한 명령 또는 입력값의 집합을 말한다.

테스트 하니스(test harness)

테스트가 가능하도록 삽입된 코드나 도구를 말한다. 프로그램의 입력을 받아들이거나 빠진 컴포넌트를 대신하거나 실행 결과와 예상 결과를 비교하려는 목적으로 사용한다.

통합 테스트(integration test)

시스템을 통합하는 과정의 테스트를 말한다.

트랜잭션 처리(transaction processing)

트랜잭션 사령이 트랜잭션을 입력받아 처리기에 배분하는 아키텍처 패턴을 말한다.

트랜지션(transition)

이벤트에 반응하여 상태가 변화하는 것을 말한다.

ㅍ

파레토 법칙(Pareto principle)

이익의 80%는 20%의 작업에 의해 얻어진다는 원리이다.

파이프라인(pipeline)

파이프 필터 아키텍처 패턴에서 데이터를 전송하는 프로세스를 말한다.

파이프 필터(pipe-and-filter)

표준 포맷의 데이터가 프로세스(필터) 집합에 차례로 입력되어 일정한 방법으로 변형되는 아키텍처 패턴을 말한다.

패키지(package)

논리적으로 관련되어 한 그룹으로 묶인 요소들의 모임을 말한다.

패키지 다이어그램(package diagram)

패키지와 그것들의 관계를 나타내는 UML 클래스 다이어그램이다.

패턴(pattern)
특정 문제에 대해 잘 이해하고 정의한 솔루션을 말한다.

팩토리 패턴(factory pattern)
어떤 클래스의 인스턴스를 생성할지에 대한 결정이 서브클래스에서 이루어지도록 서브클래스에 인스턴스 생성의 책임을 미루는 디자인 패턴을 말한다.

퍼사드(facade)
패키지에 간단한 인터페이스를 제공하기 위해 클래스를 만드는 패턴을 말한다.

폭포수 모델(waterfall model)
단계적으로 작업하는 시스템 모델을 말한다.

품질(quality)
사람들에게 더 높은 만족을 줄 수 있는 소프트웨어 제품 또는 프로세스의 속성을 말한다.

품질 보증(quality assurance)
품질을 높이기 위한 여러 가지 활동과 기법이다. 확인과 검증, 리뷰, 인스펙션, 테스트 작업이 포함된다.

프레임워크(framework)
다수의 시스템에 필요한 기능을 수행하는, 뼈대가 될 만한 소프트웨어 컴포넌트를 말한다.

프로세스(process)
일정한 기간 동안 수행하는 작업으로, 유용한 결과를 도출하기 위해 대개 시간과 자원이 소요된다. 소프트웨어에서는 프로젝트를 위한 개발 프로세스를 의미한다.

프로세스 모형(process model)
프로젝트를 소작업으로 조직화하는 일반적인 방법을 말한다.

프로세스 표준(process standard)
소프트웨어를 개발하는 방법 또는 절차를 잘 정리한 규격서를 말한다.

프로젝트 계획(project plan)
프로젝트의 작업, 절차, 방법에 대한 모든 내용을 기술한, 프로젝트 관리에 사용되는 문서를 말한다. 프로세스 모형, 작업, 리스크, 비용 산정, 팀 구성, 일정 등이 기술되어 있다.

프로젝트 관리(project management)
프로젝트 수행에 필요한 모든 작업을 계획하고 제어하는 일을 총칭한다.

프로토타입(prototype)
주로 요구를 더 자세히 이해하기 위해 만든 시스템 버전을 말한다.

프록시(proxy)
큰 메모리가 필요하거나 로드 시간이 긴 무거운 객체를 대신하는 객체를 사용하는 패턴을 말한다.

피드백(feedback)

사용자의 액션에 대해 시스템의 사용자 인터페이스에서 일어나는 반응을 말한다.

필터(filter)

단순한 입력을 받아 처리하고 이를 입력과 유사한 형태의 출력으로 내보내는 컴포넌트를 말한다.

ㅎ

하향식 테스트(top-down test)

상위층 컴포넌트를 먼저 테스트하고 아직 구현되지 않은 컴포넌트를 시뮬레이션하는 모의 컴포넌트를 만들어 아래쪽으로 내려오면서 테스트하는 통합 방법이다.

협동 다이어그램(collaboration diagram)

커뮤니케이션 링크로 연결된 객체 사이의 메시지 교환을 나타낸 UML 다이어그램이다.

화이트박스 테스트(white-box test)

테스트 대상이 되는 원시코드를 자세히 관찰하면서 테스트한다는 의미로 글래스박스 또는 오픈박스 테스트라고도 한다.

확인(validation)

요구와 설계가 고객의 문제를 해결하는지 확인하는 과정을 말한다.

효율성(efficiency)

적은 자원을 사용하여 제품을 만들거나 프로세스를 운영하는 정도로 중요한 품질 특성 중 하나이다.

후크(hook)

다른 설계자에게 추가 기능을 넣을 수 있도록 하기 위해 의도적으로 설계한 것이다. 원래 초기 시스템에는 없었으나 시스템이 확장되거나 재사용되면서 구현되도록 설계한 것이다.

후크 메소드(hook method)

호출자에게 아무것도 리턴하지 않는 메소드로 서브클래스에서 재정의하도록 설계한다.

흐름도(flow chart)

알고리즘의 모든 경로를 나타내는 그래프이다.

A~U

API(application programming interface)

서비스를 제공하는 공개된 프러시저나 메소드를 말한다.

assertion

참이 되어야 하는 문장을 말한다. 거짓이 되면 소프트웨어는 실행을 중단한다.

CMM(Capability Maturity Model)
미국 카네기멜론대학 소프트웨어공학연구소SEI가 제안한 소프트웨어 프로세스 성숙도 수준으로 5단계로 구성되었다.

COCOMO(Constructive Cost Model)
프로그램 크기로부터 프로젝트에 드는 노력(man-month)을 추산하는 비용 예측 방법이다.

COTS(commercial off-the-shelf)
범용 소프트웨어를 말한다.

JAD(joint application development)
관련자 모두가 정해진 곳에서 만나 집중적으로 요구를 정의하는 방법이다.

man-month
노력을 측정하는 단위로 한 사람이 1개월 동안 하는 일의 양을 나타낸다.

MVC(Model-View-Controller)
시스템의 기능적인 층을 두 가지 UI 측면, 즉 뷰와 제어 부분으로부터 분리하는 아키텍처 패턴을 말한다.

OCL(Object Constraint Language)
UML에서 불리언 제한 조건과 assertion을 작성하는 데 사용하는 언어이다.

PERT 차트
작업을 완수해야 할 순서를 나타내는 다이어그램이다.

stakeholder
프로젝트나 조직의 성패로 영향을 받는 사람이나 기관을 말한다. 소프트웨어 프로젝트를 위한 stakeholder는 사용자, 고객, 소프트웨어 개발자, 관리자이다.

UML(Unified Modeling Language)
소프트웨어의 여러 측면을 모델링하기 위한 표준 언어를 말한다.

정답 및 해설

1장

정답

01. ②	02. ③	03. ③	04. ④	05. ④
06. ③	07. ②	08. ③	09. ②	10. ②
11. ④	12. ①	13. ①	14. ④	15. ②

해설

01. 센서 안의 프로그램은 주로 제어용 프로그램으로 임베디드 유형이다.

02. 주문형은 특수 응용 분야이므로 요구 분석이 중요하고 패키지형이라도 요구 분석은 명확해야 한다. 자료 처리형은 리얼타임 제약이 상대적으로 느슨하다.

03. 요구를 정확히 반영하여 구현되는 품질을 정확성이라 한다.

04. 소프트웨어는 개발자, 발주자(고객), 사용자에 따라 다른 품질 관점을 보인다.

05. 소프트웨어 규모와 복잡도가 증가하지만 개발 기술과 비용이 따라가지 못하는 현상을 소프트웨어 위기라고 한다.

06. 소프트웨어 공학은 최소의 비용으로 좋은 품질의 소프트웨어를 계획된 일정에 개발하는 것이다.

07. 도구는 어떤 도구를 사용할 것인지를 다루는 주제이다.

08. 소프트웨어 공학은 협동 작업으로 이루어지는 개발 과정에 적용되는 공학적 원리를 의미한다.

09. 소프트웨어의 기능이 정상인가를 확인하는 작업을 테스트라고 한다.

10. 고객은 소프트웨어의 개발 및 구매를 발주하고 확보하는 역할을 한다.

11. 객체는 자료와 관련 함수의 집합체이다.

12. 소프트웨어 공학의 핵심은 문제를 추상적으로 표현하는 데 있다.

13. 하드웨어의 비용은 급속히 하강하여 소프트웨어 개발에 고려할 만한 요소가 아니다.

14. 일반적으로 인터페이스 설계 단계에서는 사용자 인터페이스를 설계하고 서브시스템의 인터페이스는 아키텍처 설계에서 이루어진다.

15. 새 시스템은 소프트웨어의 뼈대가 되는 구조 설계가 중요하다. 컴포넌트 기반 개발은 조립과 커스터마이징이 중요하다. 임베디드는 전체 시스템을 먼저 설계한 후 하드웨어 요소와 병행하여 개발한다.

2장

정답

01. ①	02. ①	03. ②	04. ④	05. ④
06. ②	07. ②	08. ③	09. ②	10. ①
11. ④	12. ③	13. ①	14. ②	15. ②

해설

01. 객체지향은 클래스에 바탕을 둔 기법으로 클래스는 자료와 프러시저를 묶어놓은 것이다.

02. 인스턴스는 클래스의 구체적인 객체이다.

03. 다른 객체에 필요한 것만 오픈하고 될 수 있는 한 정보를 숨기는 원칙을 정보 은닉이라 한다.

04. 상위 클래스의 변수가 사용된 자리에 하위 클래스의 인스턴스가 사용될 수 있는 것이 다형성이다.

05. 객체는 변수와 관련 함수로 구성된다.

06. 데이터와 함수를 묶는 개념을 캡슐화라고 한다.

07. 객체의 공통된 특징을 묶어 정의한 것이 클래스이다.

08. 캡슐화되면 객체 안의 응집도가 강해져서 재사용이 쉽고 오류가 객체 안에 국부화되어 파급 효과가 적다. 또한 인터페이스가 간단해진다.

09. 객체의 공통된 성질을 모아 클래스로 정의하는 것을 추상화의 원리라 한다.

10. 클래스 내의 함수는 오퍼레이션으로 객체의 행위를 나타내며 메소드로 구현된다.

11. 상속이 선언된 곳은 언제나 일반화 관계에 있다. draw() 같은 이름이 다른 여러 클래스에 정의된 것을 다형성이라 한다.

12. 같은 이름의 함수가 다른 여러 클래스에 정의된 것을 다형성이라 한다.

13. 클래스 다이어그램은 정적인 관점을 가지며 협동, 상태, 활동 다이어그램은 동적인 관점을 가진다.

14. 클래스의 속성은 클래스 다이어그램 안에 표시된다.

15. 객체 사이의 메시지 교환을 시간의 흐름에 따라 나타낸 것은 시퀀스 다이어그램이다. 상태 다이어그램은 객체 또는 서브시스템의 상태 변화를 나타낸다.

3장

정답

01. ④	02. ④	03. ①	04. ②	05. ③
06. ②	07. ④	08. ②	09. ②	10. ④
11. ②	12. ③	13. ③	14. ②	15. ③

해설

01. 요구에 대한 구현 방안은 설계 단계에 고려한다.

02. 여러 사람이 모여 효과적으로 정보를 추출하는 방법은 브레인스토밍이다. 인터뷰는 정확한 요구 추출을 목적으로 하며 요구에 대한 오해를 줄일 수 있다.

03. 인터뷰 일정은 분산시키고 오래 걸리지 않을 것으로 예상되더라도 각 인터뷰마다 여유 시간을 두어야 한다.

04. 요구는 시스템이 무엇을 하는가를 나타낸다.

05. 요구 사항은 당연한 것이라도 오해의 소지가 없도록 명확히 기술해야 한다.

06. 기능적 요구는 입력 또는 출력 기능과 시스템이 무엇을 하는가의 관점으로 파악한다. 하드웨어 사용 관계, 이식성은 기능 외적인 요구이다.

07. 구조도는 설계 단계에 모듈의 구조를 나타낸 것이다.

08. 시스템의 이용 가능성은 제품 자체의 요구가 아니다.

09. 20세 이상의 작업자에 대한 사용 편리성은 객관적인 측정이 불가능하다.

10. 정형 명세 기법을 도입하면 안전성, 신뢰성, 보안성 등을 검증하기가 더 쉽다.

11. 사용 사례는 사용자와 시스템 사이의 상호작용을 나열한 것이다.

12. 포함 관계는 공통적인 이벤트를 하나로 모아 표현하기 위해 사용한다.

13. 액터는 시스템 외부에 있는 사람, 다른 시스템을 모두 포함한다.

14. 무결성은 오류 없이 완벽하게 작성되어야 함을 나타내는 성질이고, 명확성은 모호한 점 없이 간결하고 명쾌하게 작성되어야 함을 나타내는 성질이다. 추적 가능성은 요구가 쉽게 설계되어 구현되었을 때 추적이 쉬워야 한다는 성질이다.

15. 잘못된 요구에 대한 비용에 따라 요구 분석 명세의 상세 수준을 달리하지만 검토하는 방법에 따라 달리할 수는 없다.

4장

정답

01. ③	02. ②	03. ③	04. ④	05. ③
06. ④	07. ③	08. ②	09. ②	10. ①
11. ③	12. ①	13. ②	14. ④	15. ④

해설

01. 클래스 모델링은 정적인 의미만을 표현한다. 분할과 결합은 동적인 개념이다.

02. 택시는 자동차의 일종으로 is-a 관계가 성립하므로 일반화 관계이다.

03. 전체와 부분 관계의 객체가 공동 운명체라면 합성 관계이다.

04. 강좌가 학생 및 교수 객체에 링크되어야 한다.

05. 다중도는 상대편 객체 하나에 몇 개의 객체가 연관되는지를 나타낸 것이다.

06. 집합이나 합성은 전체와 부분 관계가 성립해야 한다.

07. 다중도는 연관된 상대편 객체의 개수를 의미한다.

08. 클래스는 일반적인 정의이며 특정 값을 가지지 않는다.

09. 속성은 객체의 상태를 나타내며 행위는 오퍼레이션이 나타낸다.

10. 상속 관계는 클래스 수준의 관계이다.

11. 클래스의 초기 집합을 찾아내고 중요한 클래스를 중심으로 연관 관계와 필요한 속성을 파악하며 클래스의 주요 임무를 찾아낸다. 임무에 필요한 오퍼레이션을 결정한다.

12. is-a 관계에 있는 것은 상속 관계로 정의해야 한다.

13. 두 가지 영역, 도메인 영역과 솔루션 영역에서 클래스를 발견할 수 있다.

14. 클래스의 이름은 자료와 오퍼레이션을 총망라한 의미로 주로 명사를 사용한다.

15. 항공기 클래스의 생성은 시스템에서 다른 부분의 역할이다.

5장

정답

01. ①	02. ①	03. ④	04. ④	05. ③
06. ②	07. ①	08. ④	09. ①	10. ①
11. ②	12. ③	13. ②	14. ③	15. ④

해설

01. 배치 다이어그램은 시스템이 어떤 하드웨어 노드에 설치될 것인지를 나타내는 정적인 관점을 가진다.

02. 클래스 다이어그램은 시스템에 어떤 클래스가 존재하며 클래스 사이의 관계가 무엇인지 나타내는 정적인 측면의 모델이다. 협동, 상태, 활동 다이어그램은 모두 동적인 측면의 모델이다.

03. 액션은 상태 다이어그램에서 상태 안에 머무는 동안에 이루어지는 작업을 나타낸다.

04. Bill 객체와 Purchase 객체는 연관 관계이다.

05. 시퀀스 다이어그램은 사용 사례 내부의 객체들이 어떻게 협력하는지를 나타낸다.

06. 모두 동적 모델이며 나타내는 형태만 다르다.

07. 시퀀스 다이어그램은 사용 사례의 내부 객체와 그것들의 상호작용 순서를 나타낸 것이다.

08. 객체의 상태 변화는 상태 다이어그램에 표시한다.

09. 외부 사용자에게 메시지를 받는 것은 UI 객체이다.

10. 상태란 시스템이나 객체가 가진 일시적 값에 의해 결정되는 상태이다.

11. 액션이란 상태 안에서 수행되는 작업으로 트랜지션 후 수행된다.

12. 상태 다이어그램에서 조건은 상태 변화에서 사용된다.

13. 내장된 상태 안으로 변환되면 시작 상태에 머물게 된다.

14. 메시지의 호출 흐름은 인터랙션 다이어그램이 표현한다.

15. 클래스의 연관 등 구조적 측면은 동적 모델링 대상이 아니다.

6장

정답

01. ① 02. ① 03. ③ 04. ③ 05. ④
06. ① 07. ① 08. ④ 09. ③ 10. ③
11. ① 12. ③ 13. ① 14. ① 15. ④

해설

01. 아키텍처는 논리적 구성을 기반으로 한 시스템의 구조도이다.

02. 여러 가지 설계 대안을 망라한 것을 설계 범위라고 한다.

03. 분해성은 복잡도를 줄이기 위한 개념이고, 조립성은 재사용을 위한 개념이며, 이해도는 단순성을 위한 개념이다.

04. 모듈 내부 요소 간의 기능적 연관도를 응집력이라고 한다.

05. 같은 데이터에 접근하거나 수정하는 작업은 교환적 응집, 하나의 출력이 다른 작업의 입력이 되면 순차적 응집이라고 한다.

06. 다른 모듈 내부의 변숫값을 수정하는 것은 내용 결합이다.

07. 모듈 간의 의존도가 크면 결합도도 높아진다. 제어 결합은 공통 결합보다 결합도가 낮다.

08. 복잡한 시스템을 독립적으로 작업할 수 있게 한다.

09. 아키텍처 설계는 목표와 시스템의 타입을 결정한 후 커스터마이징하는 과정이 필요하다.

10. 하드 코딩이란 상수가 코드 내에 포함되어 변경에 유연하지 못한 프로그램을 의미한다.

11. 윈도우 수행으로 D 안은 배제한다. 30Kbps 제약으로 A 안과 B 안을 고려할 수 있는데 A 안은 CPU 효과성을 만족시킨다.

12. 모델은 데이터 및 데이터 처리에 대한 로직이 있다.

13. 스프레드시트 시스템은 MVC 유형이다.

14. CORBA는 클라이언트 서버 유형이다.

15. 설계 도구는 설계 문서에 꼭 포함될 내용이 아니다.

7장

정답

01. ④ 02. ② 03. ③ 04. ① 05. ①
06. ② 07. ④ 08. ③ 09. ② 10. ①
11. ① 12. ② 13. ③ 14. ③ 15. ④

해설

01. 디자인 패턴은 재사용 가능한 설계의 템플릿으로 라이브러리가 아니다.

02. 모든 패턴은 클라이언트 코드와 애플리케이션 자체, 애플리케이션을 셋업하는 코드로 구성된다.

03. 여러 가지 뷰어가 상태에 따라 다른 동작을 하므로 옵서버 패턴이 적용된다.

04. 브리지 패턴은 행위적 요소가 강한 유형의 패턴이다.

05. 객체의 기본 기능을 동적으로 추가하고 삭제할 수 있는 패턴은 데코레이터 패턴이다.

06. 서브시스템에 대해 통합된 인터페이스를 제공하려면 퍼사드를 사용해야 한다.

07. 필요할 때만 메모리에 로드하기 위해서는 프록시가 필요하다.

08. 호가를 데이터로 공유하고 이것의 변경을 반영하는 옵서버를 다루어야 하는 패턴이다.

09. 직접 연관되어 메시지를 보내는 경우 재사용하기가 어렵다. 서로의 존재를 모르는 상태로 메시지를 주고받으려면 중재자를 통해야 한다.

10. 다른 객체의 상태에 의존하고 이를 관찰하는 것을 옵서버라고 한다.

11. 구현부를 추상층에서 구별하여 각각 독립적으로 연결시킬 수 있는 구조를 브리지라고 한다.

12. 객체의 패밀리를 스타일에 따라 선택할 수 있도록 만든 것은 추상 팩토리 패턴이다.

13. 클래스 안의 정적 변수는 객체들이 공유하기 위해 유일하게 존재한다.

14. C 클래스는 상속을 이용하여 S에 구현된 템플릿 메소드를 확장하고 있다.

15. 알고리즘을 캡슐화하여 필요에 따라 다른 알고리즘을 적용하게 하기 위한 패턴이 정책 패턴이다.

8장

정답

01. ④	02. ②	03. ④	04. ②	05. ②
06. ②	07. ②	08. ④	09. ②	10. ②
11. ②	12. ③	13. ②	14. ④	15. ④

해설

01. 인스펙션 체크리스트는 코딩 작업 후 검토 단계에 필요하다.

02. 코딩하기 전에는 코딩 표준을 준비하고 코딩 후에는 인스펙션과 테스트를 실시한다.

03. 클래스의 상호작용은 설계 단계에서 동적 모델링 시 표현된다.

04. 소스코드는 항상 설계 문서와 일치시키는 것이 좋다.

05. 구체적인 클래스보다 추상 클래스나 인터페이스에 의존하는 것이 더 융통성이 있다. 리스코프 교체는 서브 타입이 베이스 클래스 타입에 대체되어 사용될 수 있어야 한다는 규칙이다. 의존 관계 역전은 높은 추상성을 가진 모듈이 구체적인 모듈에 의존해서는 안 된다는 규칙이다.

06. 예외는 처리할 수 있는 더 넓은 범위로 넘겨야 안전하다.

07. 구체화된 클래스의 객체는 베이스 클래스의 일종이다.

08. 임시 변수는 그 역할만 표현하고 의미를 구체적으로 표현하지 않는 것이 좋다.

09. 코드가 어떤 작업을 하는지보다는 왜 그런 작업을 수행하는지 설명해야 한다.

10. 서브클래스가 베이스 클래스의 타입 정의를 벗어나지 않아야 한다는 것이 리스코프 대체 규칙이다.

11. 리팩토링은 동작의 변화 없이 설계 구조를 개선하는 작업이다.

12. 리팩토링의 목적은 기능은 변화시키지 않고 구조나 향후 문제가 될 점을 개선하는 것이다.

13. 익스트림 프로그래밍은 짝 프로그래밍을 통해 코드 리뷰와 테스트 중심 개발을 구현하고 있다.

14. 경로 분석은 실행 가능 경로를 식별하는 것이므로 동적 분석에 해당된다.

15. 메소드 추출은 동일한 코드 블록을 메소드로 추출하는 것이고, 메소드 이동은 다른 클래스의 변수를 많이 사용하는 메소드를 옮기는 것이다.

9장

정답

01. ③	02. ④	03. ③	04. ②	05. ①
06. ②	07. ④	08. ①	09. ④	10. ②
11. ②	12. ①	13. ③	14. ④	15. ③

해설

01. 전수 테스트는 작은 소프트웨어라도 불가능하며 비효율적이다. 테스트의 목적은 결함을 발견하는 것이다.

02. 모듈 내의 논리 구조상 오류는 화이트박스 테스트로 발견한다.

03. 모듈 내부의 단위 시험을 먼저 하고 인터페이스를 시험하는 통합 테스트를 하며, 그 후에 요구 사항에 대한 시스템 테스트를 단계적으로 한다.

04. 화이트박스 테스트는 모듈 내부의 구조를 시험하는 방법이다.

05. 논리적인 구조를 검사하는 것은 화이트박스 테스트이다.

06. 경곗값은 입력값의 최솟값, 최댓값 주변의 값이다.

07. 동시식 통합 테스트는 오류의 위치를 찾기 어렵다. 인스펙션은 실행이 동반되지 않는 작업이다.

08. X 값의 조건을 잘 살펴보면 이론상으로 나올 수 있는 모든 경로가 다 나올 수는 없다.

09. 기본 경로는 이론상 나올 수 있는 제어 흐름의 모든 경로를 포함해야 한다.

10. && 조건은 양쪽이 모두 참과 거짓인 경우, ||는 어느 한쪽이 참 또는 거짓인 경우가 포함되어야 한다.

11. 상향식 통합은 낮은 수준의 모듈을 클러스터로 결합한 후 드라이버를 작성하고 클러스터를 검사한다. 계속 상위로 올라가면서 결합하고 테스트한다.

12. 상향식 통합은 하위 원자 모듈부터, 하향식은 최상위 중요한 인터페이스부터 수행한다.

13. 내부의 모든 조건(x〈50||y〉=30)과 모든 결정(true, false)이 실행되어야 한다.

14. 인터페이스에서 실시되는 검사, 입력과 출력에 의한 기능 검사는 모두 블랙박스 테스트이다.

15. 정적 분석은 프로그램의 실행 없이 오류 가능성이 있는 부분을 분석하여 알려주는 것이다.

10장

정답

01. ③	02. ②	03. ①	04. ③	05. ④
06. ③	07. ②	08. ②	09. ②	10. ②
11. ②	12. ③	13. ①	14. ②	15. ③

해설

01. 유지보수에서 가장 노력이 많이 필요한 부분은 프로그램 이해이다.

02. 개발과 관련된 문서, 실행 파일, 원시코드 파일은 모두 형상 관리 항목이다.

03. 기능 개선의 경우 광범위한 개선형 유지보수로 볼 수 있고, 환경이 바뀐 경우 적응형 유지보수로 볼 수 있다.

04. 형상 통제 위원회는 형상 관리자, 검사역, 품질 담당자 등 개발 경험이 있는 엔지니어로 구성된다.

05. 형상 상태 보고는 형상 상태를 보관하고 추적하는 작업이다.

06. 형상 항목을 생성하는 것은 개발 단계의 활동이다.

07. 역공학은 낮은 추상도에서 높은 추상도로 바꾸는 작업이며, 형상 관리는 프로그램 개발 과정에서도 이루어진다.

08. 형상을 구성하는 요소를 파악하고 통제하는 것을 베이스라인이라고 한다.

09. 상속에 의존하는 경우 강하게 결합하여 변경에 영향을 준다.

10. 원시코드와 같은 상세한 표현에서 추상적인 분석, 설계 정보를 꺼내는 작업을 역공학이라고 한다.

11. 리엔지니어링에는 코드를 재구축하거나 커스터마이징하는 일과 순방향 엔지니어링이 포함된다.

12. 형상 제어 위원회는 형상 관리를 위한 제어 작업을 한다.

13. 잠재적인 오류를 수정하는 유지보수는 개선형 유지보수이다.

14. 변경 요청서를 모아 분석한 후 회의를 소집하여 책임을 할당하며 그 결과를 받아 확인하고 다음 버전에 반영한다.

15. 개선 위치를 파악한 후에는 전략을 선택해야 한다.

11장

정답

01. ①	02. ①	03. ②	04. ④	05. ④
06. ④	07. ②	08. ④	09. ②	10. ④
11. ④	12. ③	13. ③	14. ②	15. ③

해설

01. 폭포수 모델은 크고 복잡하며 오래 지속되는 프로젝트에 적합하다.

02. UP는 도입 단계에서 먼저 전체 시스템의 아키텍처를 확립한 후 반복하면서 점증적으로 발전시켜나가는 프로세스 모델이다.

03. XP는 빠른 사이클 위주의 소규모 프로젝트에 적합하며 구현 위주의 개발 프로세스이다.

04. 기능 점수는 입력, 출력, 질의 등의 정보를 사용하여 추정하므로 LOC 기반의 추정과 다르다.

05. 시작 노드에서 종료 노드까지의 누적이 최장인 경로를 구하면 된다.

06. COCOMO 모델의 노력 승숫값을 구하기 위한 요소는 제품, 컴퓨터, 개발 요원, 프로젝트의 특성 등이다.

07. 작업 D는 최소 5일부터 시작할 수 있고 늦어도 7일에는 시작되어야 한다. 따라서 차이는 2일이다.

08. XP에서는 계획을 따라 하는 것보다 변경에 잘 대응하는 것을 중요하게 여긴다.

09. 점증적 개발의 사이클을 스프린트라고 부르고 백로그를 정의하는 방법은 스크럼이다.

10. 팀의 총생산성은 월 1,000행이다. 따라서 50개월이 걸려야 5,000행 생산이 가능하다.

11. 분산형 팀의 의사 교환 경로는 모든 팀원과 동등하게 교환되는 완전 그래프 형태이다.

12. 외부 입력: 단순(3×4)+평균(4×1)+복잡(6×0)=16

외부 출력: 단순(4×2)+평균(5×4)+복잡(7×0)=28

외부 조회: 단순(3×2)+평균(4×2)+복잡(6×2)=26

내부 논리 파일: 단순(7×0)+평균(10×4)+복잡(15×4)=100

외부 인터페이스 파일: 단순(5×2)+평균(7×0)+복잡(10×2)=30

전체 기능 점수=200

C++ 언어로 구현 시 평균 기능 점수당 행수가 50이므로 200×50=10,000 SLOC이다.

13. 나선형 모델의 목적은 위험을 관리하고 최소화하는 것이다.

14. 먼저 WBS를 파악하고 이를 PERT 차트로 그린 후 임계 경로를 구한다. 각 작업의 시작일, 종료일, 여유 시간을 구하여 최종적으로 갠트 차트를 그린다.

15. 4월 1일 현재 완료된 작업은 1, 2, 4이다. 이때까지의 추정 소요 노력은 70MD이며, 프로젝트 완료

를 위한 총노력은 330MD이다. 따라서 실적 가치는 70/330×100이다.

12장

정답

01. ④ 02. ③ 03. ③ 04. ③ 05. ②
06. ② 07. ④ 08. ③ 09. ① 10. ③
11. ④ 12. ④ 13. ② 14. ① 15. ②

해설

01. SPICE는 프로세스 개선을 위한 ISO 모델이다.

02. 소프트웨어 품질 평가 모델인 ISO 9126과 소프트웨어 평가 절차 모델인 ISO 14598을 통합한 것이 ISO 25000이다.

03. 신뢰성은 오류가 얼마나 포함되어 있으며 잘 가동하는지를, 이식성은 얼마나 쉽게 다른 환경에 이식할 수 있는지를, 효율성은 얼마나 효율적인지를 의미한다.

04. 소프트웨어 개발 모델의 각 액티비티를 분해하고 정의하는 것은 프로젝트 관리 중 계획에 해당한다.

05. 특정 조건에서 사용될 때 명시된 요구와 내재된 요구를 만족시키는 기능을 제공하는 소프트웨어 제품의 능력이다.

06. 고객의 변경 요구를 수용하는 특성은 유지보수성과 변경 용이성이다. 결함 내성은 결함이 있더라도 수행될 수 있는 특성을 말한다.

07. CMMI는 소프트웨어뿐만 아니라 시스템, 제품을 포함하는 성숙도를 다루는 통합 모델이다.

08. 소프트웨어 품질 보증은 레벨 2의 주요 프로세스 영역이다.

09. 요구의 정확성은 요구의 총개수 대비 검증된 정확한 요구의 비율로 나타낸다.

10. 레벨 3은 소프트웨어 공학의 원리가 잘 정의되어 프로세스를 잘 추적할 수 있는 수준이다.

11. 서비스를 제공하는 품질 시스템은 통계적 기법이다.

12. LCOM은 클래스의 공유 결핍, 즉 메소드들이 서로 다른 자료를 사용하여 분할할 필요가 있다는 의미이다.

13. 절차, 교육, 오류 방지 등은 품질 인프라 요소이다.

14. 사전 교육과 체크리스트를 통해 검토하고 회의하는 것은 인스펙션이다.

15. 테스트 케이스는 테스트 계획서에 기술해야 한다.

찾아보기